REVUE INTERNATIONALE D'HISTOIRE DE LA PSYCHANALYSE

1

1988

La psychanalyse et les psychanalystes dans le monde durant la Deuxième Guerre mondiale

FREUD 1887 :
UN DOCUMENT INÉDIT

Presses Universitaires de France

ISBN 2 13 041788 4

Dépôt légal — 1re édition : 1988, juin

108, boulevard Saint-Germain, 75006 Paris

SOMMAIRE

Autres pays d'Europe

L'émigration des psychanalystes

ÉTUDES ET DOCUMENTS INÉDITS

REVUE DES LIVRES ET DES REVUES

ACTUALITÉS DE L'HISTOIRE DE LA PSYCHANALYSE

INDEX ALPHABÉTIQUE

Editorial

Le projet de créer une revue spécialement destinée à publier des travaux et des documents concernant l'histoire de la psychanalyse a pu surprendre certains. La psychanalyse n'est-elle pas encore bien vivante, une théorie et une pratique à l'orée de leur évolution ? Peut-on écrire l'histoire d'idées toujours nouvelles dans les réactions qu'elles entraînent, de personnages encore si proches que leurs parents, leurs amis ne manqueront pas d'être choqués de les voir traités comme s'il s'agissait d'objets abstraits ?

*Les réactions avaient été semblables lorsque l'*Association internationale d'Histoire de la Psychanalyse *a été fondée, mais la suite a montré que la gageure pouvait être tenue. Le libellé en anglais de cette association est d'ailleurs plus modeste « for the* History *» marquant un simple désir d'œuvrer « pour » une histoire que d'autres, dans des temps plus éloignés, seront sans doute mieux à même que nous d'élaborer.*

*Toutefois, et chaque jour davantage, des chercheurs s'intéressent à ce qui s'est passé depuis qu'à la fin du XIX*e *siècle un médecin de Vienne a commencé la découverte et la théorisation de bien étranges phénomènes. Les tiroirs s'ouvrent, laissant apparaître des lettres, des manuscrits impubliés, des photographies inconnues, les traces de la vie d'hommes et femmes qui se sont lancés, depuis tout juste quatre-vingts ans, dans une aventure dont on mesure mal aujourd'hui ce qu'elle comportait alors d'audace. D'autres armoires restent solidement cadenassées sur des liasses de papiers qu'on croirait porteurs de secrets explosifs et qui exaltent l'imagination de plus d'un, la convoitise d'autres. Des livres et des articles paraissent, des réunions se tiennent, çà et là, sans qu'on sache bien où et comment en être informé.*

Rev. Int. Hist. Psychanal. 1988, 1, 7-9

Il semble donc que le moment soit venu d'offrir à ces travaux des lieux réguliers et définis de rencontres et d'échanges. Le rendez-vous annuel que leur propose la Revue *est l'un d'eux, et non le moindre. Ouverte à tous les courants d'idées, sans exclusive, elle vise à recueillir et à diffuser le plus largement possible les études nouvelles, les réflexions originales et les documents inédits qui traitent dans le monde de la biographie de Sigmund Freud, de celles des pionniers qui vinrent le rejoindre, de l'histoire du mouvement psychanalytique né de ce cercle initial, avec ses remous et ses scissions, de la place des découvertes freudiennes dans l'histoire des idées et dans le cours des événements de notre temps.*

Le contenu de ce premier numéro témoigne du sérieux avec lequel ces thèmes peuvent maintenant être abordés, même et surtout lorsqu'ils sont parmi les plus brûlants, comme c'est le cas pour des études qui portent sur des faits dramatiques distants de moins de cinquante ans et impliquent des personnes physiquement ou affectivement encore très présentes.

Inspiré par les travaux de la « Première Rencontre internationale de l'A.I.H.P. » (Paris, 1er-3 mai 1987) dont il reproduit un certain nombre, ce recueil présente un panorama qui dépasse l'histoire de la seule psychanalyse pour s'inscrire dans celle des hommes du XXe siècle. La rigueur de son projet a permis que les légitimes méfiances s'atténuent et que, grâce à Pearl King et Riccardo Steiner, les Archives de la British Psychoanalytical Society ou, grâce à Regine Lockot, les Bundesarchiv de Coblenz s'ouvrent et permettent à nos lecteurs de consulter dans un contexte qui exclut toute exploitation scandaleuse des documents jusqu'ici tenus secrets : le rapport fait en 1945 par John Rickman sur les psychanalystes allemands qui avaient continué d'exercer sous le régime de l'Institut de Psychothérapie de Berlin, les lettres échangées entre Ernest Jones, président de l'Association psychanalytique internationale, et Anna Freud, les premières lettres échangées après la Libération de Paris entre les responsables de la S.P.P. et ce même Ernest Jones, quelques documents non encore publiés concernant les relations établies entre René Laforgue et Matthias Göring, etc.

Chaque fois que cela a été possible, leur traduction en français est accompagnée du texte original, afin de porter à la connaissance de nos lecteurs des documents de travail fiables que j'aurais préféré pouvoir présenter sous la forme de fac-similés, ce que les impératifs économiques actuels ne permettent malheureusement pas. Le risque pris par les Presses Universitaires de France en donnant corps à cette Revue *n'est pas mince. Si nous savons qu'un certain nombre de chercheurs ont désormais choisi l'histoire de la psychanalyse comme objet d'études, il est encore impossible de prévoir combien de personnes de langue française, psychanalystes ou non, historiens ou non, bref combien d'hommes et de femmes s'intéressant à la vie culturelle de leur époque nous suivront dans notre entreprise.*

Je souhaite que des éditeurs étrangers aient le même courage et entreprennent d'en réaliser les versions allemande, anglaise, espagnole, italienne, etc., qui donneront son sens plein au qualificatif « internationale » de son titre.

J'espère surtout que la qualité des travaux qui y sont présentés inciteront les lecteurs à contribuer activement à l'élaboration des prochains numéros qui, comme celui-ci, seront centrés sur un thème (« Freud, *sa correspondance et ses correspondants* », « *La psychanalyse profane* », « *Psychanalyse et histoire* », *etc.) mais resteront ouverts à toute étude comme à tout document original d'intérêt général sans rapport avec lui.*

Une revue qui se crée ne peut être qu'imparfaite. Ce sont les réactions de ceux qui la consultent qui permettent son amélioration et son développement. Vous avez donc la parole pour que se constitue peu à peu un instrument de travail indispensable aux chercheurs de demain.

Alain de MIJOLLA

La psychanalyse et les psychanalystes dans le monde durant la Deuxième Guerre mondiale

Quelques réflexions sur l'attitude de Freud durant la période nazie « Jo, comme Juif »

JANINE CHASSEGUET-SMIRGEL

Les éléments pour décrire et comprendre l'attitude de Freud durant la période nazie nous font cruellement défaut. En raison de ce manque, on est obligé de reconstruire. Mon hypothèse de départ est qu'il est impossible de comprendre l'attitude de Freud et de porter un jugement sur elle sans faire un retour en arrière pour replacer les problèmes qui nous intéressent dans leur contexte historique et idéologique, dans un premier temps. Dans le second temps, je tenterai de rassembler quelques éléments qui nous permettent, me semble-t-il, de nous former une opinion sur le sentiment et l'attitude de Freud vis-à-vis du nazisme.

L'assimilation juive depuis les Lumières et à l'époque de Freud[1]

D'une façon générale on peut trouver de nombreux éléments dans les écrits de Freud pour étayer sa fidélité à son appartenance juive. On peut cependant en trouver d'autres pour démontrer un désir inconscient de renier sa judéité. *Cet alliage d'éléments contradictoires me semble faire partie intrinsèque de l'identité juive.* C'est cette contradiction qu'il s'agit de rendre consciente et non de résoudre dans les analyses de patients juifs. Etre juif

Janine Chasseguet-Smirgel est membre de la Société psychanalytique de Paris, vice-présidente de l'Association internationale de Psychanalyse.

1. Des historiens seraient mieux habilités que moi pour rédiger cette partie. Je ne peux cependant éviter d'en parler en raison de l'importance de ses implications psychologiques.

Rev. Int. Hist. Psychanal. 1988, 1, 13-31

dans la diaspora a été pendant deux millénaires d'accepter de s'inscrire dans la lignée de ceux qui ramassent, sans mot dire, leur chapeau jeté dans le caniveau par un chrétien. Ceci ne peut aller sans conflits. La meilleure façon de supporter cette situation, et la baisse d'estime de soi qu'elle comporte, a été, au moins jusqu'aux « Lumières », d'adhérer pleinement à la religion juive qui rend ses fidèles conscients d'appartenir à un peuple — une petite tribu bédouine à l'origine — choisi par Dieu pour recevoir la Loi et devenir ses prêtres. La notion d'élection a permis au peuple juif d'accepter l'immense sacrifice instinctuel et l'ascèse intellectuelle et même esthétique que représentait le renoncement au paganisme et à l'idolâtrie.

La religion permet au peuple juif de retrouver sa dignité, et la Bible devient sa « patrie portative », pour reprendre la belle expression de Heinrich Heine[2].

Les « Lumières » auront un double effet sur le sort des Juifs d'Europe : d'une part, elles ébranleront la foi religieuse, y compris le judaïsme; de l'autre, elles associeront peu ou prou les Juifs à leur élan humanitaire et humaniste. Des non-Juifs éclairés, tel Lessing, vont plaider en faveur de l'émancipation juive. Le protégé de Lessing, Moïse Mendelssohn, écrit : « C'est une chance pour nous qu'on ne puisse insister sur les droits de l'homme sans réclamer, en même temps, des droits pour nous » (cité *in* Hanna Arendt, 1958). Aucun mouvement de libération des Juifs de l'époque ne leur permet de garder leur identité. Ils doivent ou bien devenir « hommes des Lumières », ou bien rester dans le ghetto. Les Juifs sentent une impatience grandissante et cherchent à « modifier la place des Juifs dans l'Etat » (David Friedländer, cité *in* Hanna Arendt, 1958). C'est ainsi qu'en 1799 David Friedländer, dans *L'épître de quelques chefs de famille juifs*, propose le baptême en tant que « manifestation publique d'intégration dans la société »

2. Cette estime de soi préservée par la religion est justement parfaitement exprimée par Heine — ce Juif converti, car, selon son mot fameux, « *le* baptême est le billet d'entrée à la culture européenne » — dans l'une de ses « Mélodies hébraïques » intitulée « La Princesse Sabbat » dont je cite ici un extrait :

La Princesse Sabbat

Au livre des contes d'Arabie
Nous voyons des princes enchantés
Qui parfois reprennent leur forme
Ancienne et leur beauté.

. . . .

C'est un Prince d'un tel destin
Que mon chant glorifie. Il a nom
Israël. Et la formule d'un sortilège
L'a transformé en un chien.

Chien, avec des pensers de chien,
Il fait le roquet la semaine entière,
Dans la boue et les ordures de la vie,
Sous les railleries des gamins des rues.

Mais chaque vendredi, le soir,
Quand le crépuscule vient, tout à coup,
L'enchantement cesse et le chien
Redevient, une fois encore, un être humain.

Un homme, avec des sentiments humains,
La tête haute et le cœur haut placé ;
En habits de fête, proprement paré,
Il entre dans la salle de son Père.

(in *op. cit.*, 1958). Les chefs religieux se montrent réticents à l'égard de cette idée. Mais le mouvement de conversion s'amorce et continuera même lorsque l'occupation napoléonienne conférera aux Juifs de plusieurs Etats allemands la pleine citoyenneté qui, du reste, leur fut retirée à la chute de Napoléon (voir Abram Léon Sachar, *Histoire des Juifs*, 1964). On ne pouvait être juif dans la plupart des Etats allemands et avoir accès à la culture. En particulier, les universités étaient fermées aux Juifs et bien entendu un nombre étendu de professions.

Dans son livre sur *Rahel Varnhagen*, Hanna Arendt montre l'antisémitisme et la haine de soi de cette Juive berlinoise qui tint l'un des plus célèbres salons littéraires romantiques : elle écrivait par exemple à son frère :

> Le Juif, c'est lui qu'il faut exterminer en nous, voilà une vérité sacrée, dût-on y perdre la vie (p. 163-164).
>
> Les Juifs forment une « nation déchirée, guenilleuse et ce qui est pis que tout cela — objet d'un mépris mérité » (p. 266).
>
> Il fallait donc tout tenter successivement : changer de nom, c'est d'une « importance décisive »; cela faisait d'elle « extérieurement une autre personne », du moins à ce qu'elle croyait. Puis vint le baptême ; [...] « il n'y a pas de raison de vouloir se cramponner à l'apparence de la religion de sa naissance » [...]. Le plus important : « faire aussi baptiser les enfants. Il faut qu'ils n'entendent plus jamais parler autrement de ces folies historiques que de tout le reste de l'histoire » (p. 269).

Cet acharnement quasi mélancolique contre le moi contenant la judéité cessera cependant peu de temps avant la mort. A la fin de sa vie, Rahel Varnhagen se remit à écrire en caractères hébraïques. Mourante, elle aurait dit, selon son mari : « Ce fut pour moi, si longtemps, dans ma vie, la honte extrême, la souffrance et le malheur le plus amer : être née juive — désormais je ne voudrais pour rien au monde y renoncer » (p. 19).

Si j'ai rapporté (brièvement) cet itinéraire d'une Juive allemande du premier tiers du XIXe siècle (elle est morte en 1833), c'est qu'il me paraît exemplaire, bien que caricatural, de ce qu'est et que sera encore l'assimilation juive pendant un siècle au moins. Elle s'accompagne, on ne saurait trop le souligner, d'une entrée des Juifs de plain-pied dans l'économie et la culture européennes. Elle ne prend pas toujours la forme d'un refus de soi et de l'antisémitisme que l'on voit chez Rahel. Elle peut se présenter comme un déchirement et se liera à une résistance pathétique, par exemple chez Heine, qui disait qu'il était simplement « baptisé, non converti ». Il jurait « de s'engager fougueusement pour la cause des Juifs et de leur égalité de droits civils; dans les temps pires qui vont inéluctablement venir, la crapule germanique entendra ma voix, je crierai assez fort pour qu'elle pénètre dans les brasseries et les palais d'Allemagne »[3] (cité par Hanna Arendt, 1958, p. 274).

Si l'on se rapproche un peu plus du temps de Freud, on trouve en 1844, soit douze ans avant sa naissance, l'article de Karl Marx, « La question juive », réponse aux thèses de Bruno Bauer. Petit-fils de rabbin, fils de Juif converti, Karl Marx est bien représentatif du destin juif issu des « Lumières »[4]. Aussi, je pense légitime de rappeler ici quelques phrases de Marx qui se situent dans le droit fil de la position assimilationniste dont la conséquence naturelle est la *Selbst-hass* :

Quel est le fondement profane du judaïsme ? Le besoin *pratique*, *l'intérêt personnel*[5].

Quel est le culte profane du Juif ? Le *trafic*[6]. Quel est son Dieu profane ? [...] *L'argent*[7].

[...]

Quel est en lui-même le fondement de la religion juive ? Le besoin pratique, l'égoïsme.

C'est pourquoi le monothéisme juif est en réalité le polythéisme des multiples besoins, un polythéisme qui fait lui-même des lieux d'aisance un objet de la loi divine [...].

L'argent est le dieu d'Israël, devant lequel aucun autre dieu n'a le droit de subsister.

[...]

Le dieu des Juifs s'est sécularisé, il s'est transformé en un dieu du monde. La lettre de change est le véritable dieu du Juif.

La loi sans base ni enracinement du Juif n'est que la caricature religieuse de la moralité sans base ni enracinement...

3. Et pourtant, ni la conversion ni l'assimilation, aussi poussées soient-elles, ne résoudront le problème juif. Déjà Grattenauer, dès le début du siècle, dans une brochure parue en Prusse intitulée *Contre les Juifs*, proclame qu'il parle « non de tels ou tels Juifs... non d'un quelconque individu juif, mais du Juif en général, du Juif tel qu'il est, partout et nulle part » (cité par Hanna Arendt, in *op. cit.*, p. 111) et prétend que les Juifs apparemment fondus dans la population étaient plus typiques que les Juifs en caftan. Intéressante préfiguration de l'antisémitisme moderne.

On peut, en fait, soupçonner que l'antisémitisme — la doctrine raciste — est venu relayer l'anti-judaïsme — l'opposition à la religion juive — *en raison même du succès de l'assimilation*. On ne peut qu'être frappé de voir apparaître le terme « antisémitisme » pour la première fois en 1873, en pleine crise économique il est vrai, sous la plume du journaliste allemand Wilhelm Marr (cité par Abram Léon Sachar (1958), in *Histoire des Juifs*, Paris, Flammarion, 1973) alors que la loi fondamentale constitutive de l'Empire allemand qui accordait des droits aux Juifs égaux à ceux des autres citoyens allemands datait de 1871 (*in* Reinhardt Rürup (1975), Emancipation et antisémitisme, in *Kritische Studien zur Geschiehtswissenschaft*, vol. XV, Göttingen, Vandenhoeck & Ruprecht).

4. Pour anticiper toute critique qui voudrait que voir en Marx un représentant de la *Selbst-hass* juive est ne rien comprendre au marxisme, et que de découvrir entre les paroles haineuses de Marx à l'endroit du judaïsme et le délire antisémite moderne une filiation constitue une erreur de jugement, je dirai : 1 / que l'histoire interdit que l'on fasse une césure absolue entre des théories qui découlent manifestement l'une de l'autre : l'opposition au judaïsme ne peut ni théoriquement, ni chronologiquement être séparée de l'antisémitisme moderne; 2 / qu'un même vocabulaire ne saurait recouvrir des idées fondamentalement différentes.

5. Souligné par Marx.

6. *Ibid.*

7. *Ibid.*

Pour ceux qui penseraient que le judaïsme n'est combattu qu'en tant qu'aliénation religieuse parmi d'autres (et encore, s'agissant du problème juif, aucune parole, même au milieu du XIXe siècle, n'est jamais innocente), il convient de citer cette phrase :

Le christianisme est la pensée sublime du judaïsme, le judaïsme est l'application vulgaire du christianisme...

Deux Juifs de langue allemande. En voici un troisième, viennois de surcroît, et contemporain de Freud, Otto Weininger, qui en 1903 publie *Geschlecht und Character* (Sexe et caractère)[8]. Il se suicide la même année. L'un des chapitres de son livre où se déploie une misogynie maladive s'intitule « Les Juifs ». En voici quelques extraits :

L'antisémitisme du *Juif*[9], si virulent, montre que personne, le connaissant, ne trouve le Juif aimable...

Les Juifs, comme les femmes, préfèrent les biens mobiliers aux biens immobiliers [...]. C'est ce qui explique la fascination juive du communisme [...]. [Le Juif manifeste une ignorance à l'égard] de l'idée même de l'Etat [...]. C'est pour cela que toutes les tentatives sionistes sont vouées à l'échec.

L'Aryen a le désir de connaître ses ancêtres [...] il les honore parce qu'il accorde du prix à son passé, ce que ne fait pas le Juif [*sic*].

[La vie juive] est celle du rhizome s'étendant à la terre entière.

Il faut que le Juif renonce à cette entreprise impossible qui est de vouloir se respecter lui-même en tant que *Juif*[10] comme le voudrait l'Aryen, et fasse en sorte qu'on puisse le considérer comme un *être humain*[11].

[...] le divin en l'homme n'est autre que l'âme, *dont le Juif absolu est privé*[12].

L'identification du Dieu des Juifs et du Dieu des Chrétiens est l'insulte la plus grave qu'on puisse faire à ce dernier. Il n'y a là aucune religion issue de la raison pure, mais une superstition de vieille femme et une vile peur.

La fuite dans la matière, le besoin de tout ramener à elle supposent l'absence de moi intelligible, et sont donc essentiellement juifs.

Quant à Jehovah, « c'est une *idole abstraite*[13] devant laquelle il [le Juif] ressent une terreur d'esclave[14]. Bref : « Le Juif est véritablement "l'enfant maudit de Dieu sur terre". »

Cette *Selbst-hass* n'est pas limitée au XIXe siècle. Elle continuera au XXe

8. Freud le cite dans une note du Petit Hans. Il est de surcroît mêlé à une sombre histoire entre Freud et Fliess. Lui-même avait lu les *Etudes sur l'hystérie*. Il fut énormément commenté pendant des décennies en Europe centrale.

9. Souligné par O. Weininger. Si, dans plusieurs phrases d'O. Weininger, on retrouve comme l'écho de celles de Marx, dans d'autres on retrouve celles de Hegel.

10. *Ibid.*

11. *Ibid.*

12. *Ibid.*

13. *Ibid.*

14. *Ibid.*

comme en témoigne, entre bien d'autres, une bonne part des écrits de Simone Weil. On y rencontre des attaques contre les Juifs en parfaite continuité avec les précédentes. Voici, par exemple, un extrait de « La pesanteur et la grâce » (cité par Giniewski, in *Simone Weil ou la haine de soi*, 1978) :

> Israël, tout est souillé et atroce, comme à dessein, à partir d'Abraham inclusivement (sauf quelques prophètes). Comme pour indiquer tout à fait clairement : Attention ! Là c'est le mal !
>
> Peuple élu pour l'aveuglement, élu pour être le bourreau du Christ. Les Juifs, cette poignée de déracinés a causé le déracinement de tout le globe terrestre [...]. La malédiction d'Israël pèse sur la chrétienté. Les atrocités, l'Inquisition, les exterminations d'hérétiques et d'infidèles, c'était Israël. Le capitalisme, c'est Israël (et l'est encore dans une certaine mesure...). Le totalitarisme, c'est Israël, notamment chez ses pires ennemis.

Dans un texte inédit (compulsé par Giniewski) Simone Weil exprime le vœu que l'on « puisse encourager les parents juifs à ne pas dire à leurs enfants qu'ils sont juifs » (p. 47).

Mon but est, à l'aide de ces quatre exemples, de montrer le contexte dans lequel l'identité juive de Freud s'est développée. Ces éléments sont bien connus de beaucoup. D'autres — juifs ou non juifs — les trouveront surprenants et leur accoleront l'étiquette de psychose. Qu'on s'en souvienne bien : c'est cette psychose juive qui, pour une part, entourait Freud. Pour profondément antipathique qu'elle fût, il ne s'agit pas de se tromper de cible : c'est l'antisémitisme qui en est la cause.

Ceci m'amène à considérer la situation des Juifs à la fin du XIXe siècle, et entre les deux guerres, comme dominée par un antisémitisme virulent et par des tentatives de solution que l'on peut, schématiquement, classer en trois, puis en quatre catégories :

— La solution religieuse, c'est-à-dire une lutte constante, tant externe qu'interne, en faveur de la foi et de la loi juives, qui s'accompagne d'une ségrégation non seulement imposée mais, à la limite, voulue par les sujets eux-mêmes, car inéluctablement liée à l'affirmation de l'identité juive. Elle rejette les Juifs de la société et de la culture ambiantes.

— La solution assimilatrice, qui va de l'abandon de certaines pratiques religieuses au reniement total de la judéité dont le cas de figure extrême, anticipé par Rahel Varnhagen, consiste à élever les enfants dans l'ignorance de leurs racines juives, voire dans l'antisémitisme, « solution » fréquente pour les rejetons de mariages mixtes.

— La solution sioniste commença à se dessiner vers 1870 et se précise avec l'ouvrage de Theodor Herzl, *L'Etat juif* (1896), conséquence directe de l'Affaire Dreyfus.

— Enfin, la fin du XIXe siècle et le XXe verront l'adhésion massive des intellectuels et des prolétaires juifs au communisme. On sait que ces derniers se groupèrent dans un mouvement — « le *Bund* » — dont l'autonomie fut refusée par les bolcheviques. La solution du problème juif par le communisme dans lequel tant de Juifs — guidés de surcroît par un idéal socialiste directement issu de la Bible, souvent à leur insu — mirent tant d'espoir, devait aboutir à l'écrasement le plus absolu de l'identité juive dont le témoignage extrême est la négation par le régime soviétique de la spécificité de « la solution finale », considérée comme un simple avatar du capitalisme, l'exécution des écrivains et des poètes juifs par Staline, l'histoire du complot des « assassins en blouse blanche », le refus de reconnaître la culture juive, la propagande antisioniste actuelle qui prétend quotidiennement que les camps de concentration ont été créés grâce à l'alliance des nazis et des sionistes, etc. Mais je ne fais que mentionner cet aspect, car rien ne permet de penser que Freud ait été attiré, ne fût-ce qu'un instant, par le communisme.

Un juif de la diaspora, dans les conditions qui sont les siennes à la fin du XIXe siècle et dans le premier tiers du XXe, qui ne serait pas ambivalent vis-à-vis de sa judéité, échapperait tout simplement aux lois qui gouvernent la psyché humaine[15].

Quant à ceux qui reprochent à Freud les traces de son ambivalence vis-à-vis de son identité juive, je crains qu'ils ne confondent les effets avec les causes. Sans antisémitisme, cette ambivalence aurait certainement été

15. Je voudrais rapidement rappeler que cette ambivalence se repère chez Freud dans plusieurs thèmes : principalement dans le thème romain (c'est-à-dire les rapports de Freud à la Rome chrétienne), dans le « mot d'esprit », dans celui du sionisme, celui de Moïse, enfin dans le thème « jungien ».

Je renvoie, pour le thème romain et pour Moïse, à l'excellent article de Martin Bergman (1976), Moses and the Evolution of Freud's Jewish Identity, in *Judaism and Psychoanalysis*, publié sous la direction de M. Ostow. (Tous les articles de cet ouvrage sont intéressants pour notre sujet.) Pour le thème romain, les deux volumes de Didier Anzieu, *L'autoanalyse de Freud* (1975), fournissent de très précieux renseignements. Rappelons, au sujet de Moïse, l'étude de Marthe Robert (1975) même si ses conclusions n'emportent pas la conviction.

En ce qui concerne le sionisme, référons au livre, inédit au moment où j'écris, de Jacky Chemouni, *Freud et le sionisme*. C'est la correspondance de Freud et d'Abraham et de Freud avec A. Zweig qui nous fournit les éléments les plus sûrs pour apprécier le caractère avant tout positif de la relation de Freud à l'espoir du retour des Juifs en Palestine.

En ce qui concerne le mot d'esprit, il est intéressant de constater que Freud collectionnera les histoires juives et écrit un livre où il leur donne une place quasi exclusive (*Le mot d'esprit et ses rapports avec l'inconscient*, 1905) pour dire, cependant, qu'elles ne sont juives que par leur « décor », leur fond n'étant que « tout bonnement humain » (p. 71). Cependant, il demande à Pfister, à la fin d'une lettre (9 octobre 1918) : « Tout à fait en passant, pourquoi la psychanalyse n'a-t-elle pas été créée par l'un de tous ces hommes pieux; pourquoi a-t-on attendu que ce fût un Juif tout à fait athée ? » tout en s'efforçant de se trouver un dauphin chrétien.

Le thème « jungien » témoigne à la fois de l'attirance de Freud pour le monde gentil et de la nécessaire universalisation de la psychanalyse, de son inévitable sortie du ghetto.

infiniment réduite. De surcroît, et dans l'ensemble, Freud fut « un bon Juif » comme je tenterai de le montrer dans la suite de cet exposé.

Il ne faut pas oublier qu'au plan collectif l'assimilation a conduit à la Réforme religieuse qui, dans ses formes extrêmes, constitue une sorte de folie groupale. Dans certains cas, des rabbins allemands ont préconisé l'abandon de symboles fondamentaux du judaïsme, telles la circoncision, la célébration du Shabbat le samedi qui, dans certaines synagogues réformées d'Allemagne, avait lieu le dimanche, de l'hébreu, auquel l'allemand fut substitué. Enfin s'affirma le caractère uniquement religieux du judaïsme et non plus national (Samuel Goldheim, 1806-1860, et Abraham Geiger, 1830-1874). Ce dernier publia en 1854 un livre de prières d'où étaient exclues toutes celles qui exprimaient l'espoir d'une restauration d'un Etat juif en Palestine et de la reconstruction du Temple (cf. I. Epstein (1959), *Le judaïsme*, Paris, Payot, 1980).

C'est donc seulement en tenant compte de cette folie individuelle et collective issue de l'antisémitisme ambiant que l'attitude de Freud peut être jugée. Cette folie me semble constituer le prélude de la *Gleichschaltung*, la mise au pas, le nivellement forcé de toutes les institutions allemandes par le Parti national-socialiste et de la dissolution de tout qui n'était pas « *völkish* », une « solution finale » douce dans la mesure où les Juifs disparaissent dans leur identité mais non encore physiquement.

Freud face à son appartenance allemande et au nazisme

Freud, à l'âge de dix-sept ans, a fait partie d'un groupe d'étudiants nationalistes et durant la guerre de 1914-1918 ses sympathies sont allées tout entières à l'Allemagne. Jones rapporte que Freud aurait « fait don de toute sa libido à l'Autriche-Hongrie » (Jones, *La vie et l'œuvre de Sigmund Freud*, vol. II, p. 182). On peut, à cette occasion, noter qu'il s'affirme le plus souvent « allemand » (et non autrichien). Sa correspondance avec Abraham le montre heureux des victoires de l'Allemagne, inquiet de ses défaites. Cependant, le 15 janvier 1919 (in *op. cit.*, vol. II, p. 219), il écrit à Jones « qu'une victoire allemande aurait sans doute asséné un coup plus dur encore aux intérêts de l'humanité en général ».

En ce qui concerne la culture de Freud, elle s'affirme comme classique et donc internationale. Elle contribue ainsi à l'universalisation de la psychanalyse. Freud se réfère aux écrivains allemands quand ils se situent dans la tradition humaniste dont Goethe est le meilleur exemple. Ceci n'empêche pas son œuvre d'être inspirée par une part allemande inavouée : le romantisme, comme l'ont souligné Henri et Madeleine Vermorel (*in* « Freud romantique ? », 1985), et comme j'ai essayé de l'interpréter dans Le paradoxe de la méthode freudienne (1985), in *Sexuality and Mind.* De même, la part juive de la culture de Freud occupe bien plus de place que celle qui est manifeste dans son œuvre, si l'on tient compte de ses aspects souvent inconscients. Le rôle central du complexe d'Œdipe, du *Vater complex* par exemple, est à mettre en relation avec le monothéisme juif.

Les indices de l'attitude de Freud vis-à-vis de sa germanité durant la période nazie, on les trouve essentiellement dans sa correspondance avec Arnold Zweig. En contrepoint, y éclate l'affirmation de sa judéité et de sa sympathie pour le sionisme. Le 7 janvier 1932 Freud écrit :

> CHER A. Z.
>
> Ma femme pense que la photographie d'un vieux Juif qui vous a été envoyée à Noël ne nous est par parvenue. Je ne vous écris que pour le cas où il conviendrait de la remplacer.
>
> Très cordialement,
> Votre Fr.

Le 8 mai 1932, il écrit à « Maître Arnold », émigré en Palestine :

> [...] Ce pays à la fois tragique et enthousiasmant que vous avez visité doit vous être apparu bien curieux. Pensez qu'aucun progrès n'est lié au lambeau de terre de *notre mère-patrie*[16] [...] la Palestine n'a rien formé que des religions, des extravagances sacrées, des essais présomptueux de dompter le monde des apparences extérieures par le monde intérieur du désir, et nous sortons de là (bien que l'un d'entre nous se croie aussi allemand, et l'autre non), nos ancêtres ont habité là-bas un demi-millénaire, peut-être un millénaire entier...

(Le 17 juin 1936, il gourmandera plaisamment Maître Arnold : « Ma Jofie tient à l'exactitude et ne veut pas que vous l'appeliez Zofie, Jo comme Juif. » Il s'agit de son chow-chow. Jofie veut dire « Jolie » en hébreu.) Autrement dit, moins d'un an avant l'avènement de Hitler au pouvoir, Freud s'affirme juif et uniquement juif, descendant des Hébreux, et cette attitude ne l'abandonnera pas jusqu'à sa mort. Sa mère-patrie est la Palestine et il renie en même temps son appartenance au peuple allemand. Car c'est lui qui ne se croit pas (ou ne se croit plus) allemand. En effet, le 18 août 1932, il écrit encore :

> Alors peut-être qu'un jour les nazis s'occuperont de moi. Vous me racontez vos tourments : quant à cela, croyez-moi, *c'est une folie de croire que l'on doit être allemand. Ne doit-on pas laisser à lui-même ce peuple abandonné de Dieu*[17] *?*

16. Souligné par moi.
17. Souligné par moi.

Mais revenons une dizaine d'années en arrière et voyons Freud aux prises avec le problème si souvent débattu et rebattu de l'amour malheureux que les Juifs allemands ont porté à l'Allemagne. J'ai rappelé que Freud, à dix-sept ans, était nationaliste et qu'il revendiqua pendant un certain temps sa germanité plutôt que son appartenance à la double monarchie. Voilà une maladie de jeunesse qui lui est vite passée. Car, quand l'Allemagne est encore un peu plus saisie par l'antisémitisme, Freud laisse tomber les Allemands et leur « spiritualité » pour s'affirmer juif avant tout et prôner les valeurs juives. Un nommé Erich Leyens, jeune Juif allemand, se sentait fort marri de n'être point admis dans un mouvement de jeunesse créé en Allemagne en 1920 par un nommé Hans Blüher. Celui-ci était psychanalyste, homosexuel, nationaliste et antisémite et pourvu d'un certain talent. Indubitablement son mouvement anticipait sur les rassemblements nazis. Il avait écrit en 1920 un livre, *Reich allemand, judaïsme et socialisme*, où il reconnaissait que « quelques-unes des grandes réalisations de la science contemporaine sont dues aux Juifs (Sigmund Freud, Wilhelm Fliess, Albert Einstein) ». Mais en 1923, dans un livre intitulé *Secessio Judaica*, il déclara que « Juifs et Allemands ne sauraient emprunter le même chemin. Tout peuple qui prête l'oreille à la voix des Juifs est perdu ».

Erich Leyens en appela à Freud. Celui-ci lui répondit de Badgastein où il était allé se reposer après sa première opération. Voici un extrait de cette lettre, datée du 4 juillet 1923 (publiée en 1979) :

> [...] Je pense que je vous comprends et que je comprends votre situation. Je n'ai pas besoin de vous assurer de toute ma sympathie. Mais j'aimerais vous déconseiller de vous miner dans un combat sans espoir contre les courants « spiritualistes » de l'Allemagne d'aujourd'hui. Les psychoses des peuples sont inaccessibles aux arguments. Justement les Allemands auraient dû l'apprendre pendant la dernière guerre mais ils en semblent incapables. Laissons-les.
>
> Blüher est l'un des prophètes de cette époque déboussolée. Et certainement pas le plus estimable. Il n'a rien à faire avec la science analytique. Aussitôt que l'analyse s'approche de son *typus inversus* il la persécute et se réfère à l'intuition souveraine de son âme allemande. Qu'il me cite autant de fois qu'il le veut, qu'il me reconnaisse ou qu'il triomphe de moi, je n'aurai jamais un mot pour lui.
>
> Tournez-vous donc vers les choses qui sont susceptibles d'élever les Juifs au-dessus de ces folies et — ne prenez pas mal ce conseil, résultat d'une longue vie — ne cherchez pas à vous imposer aux Allemands.
>
> Avec mes cordiales salutations.

En 1936, Erich Leyens écrit à Freud pour lui dire combien il avait été déçu par sa réponse de 1923 et qu'il reconnaissait maintenant que Freud avait raison. Freud lui dit alors (24 juillet 1936) :

J'ai eu raison en tant que pessimiste contre l'enthousiaste, en tant que vieil homme contre le jeune — que j'eusse eu tort aurait tellement mieux valu[18].

A ceux qui s'étonnent du silence de Freud lorsque la nuit allait tomber sur l'Europe, il convient de rappeler que Freud avait soixante-dix-sept ans en 1933 et qu'il souffrait d'un cancer depuis dix ans. Le 25 octobre 1933, il écrit à Maître Arnold :

Je ne peux pas monter les escaliers et me voici donc aux arrêts chez moi. Je crois que j'ai acquis le droit à une mort soudaine, d'origine cardiaque; ce n'est pas une mauvaise éventualité [...] je n'écrirai presque plus rien [...]. Ça me rappelle un certain Chasen [c'est-à-dire un chantre à la synagogue] : il vivra, il ne chantera plus.

Le 28 janvier 1934 : « Je ne travaille plus, les organes ne suivent pas bien. » Si on lit sa correspondance qu'il échange avec ses proches à cette époque, elle est tout entière marquée par la souffrance et des plaintes pudiques, le plus souvent humoristiques, concernant ses opérations de la mâchoire et sa prothèse. Se référant à l'année 1934, Jones note que la famille Freud avait loué une maison à Grinzing : « Une partie du jardin toutefois ne lui [il s'agit de Freud] était accessible qu'en fauteuil roulant » (vol. III, p. 216).

Mais outre l'âge et la maladie, ce qui accable Freud — et ceux qui l'accusent aujourd'hui n'en tiennent aucun compte — est tout simplement la situation faite aux Juifs en Europe durant les années brunes. Comment peut-on, si on a une quelconque connaissance historique, imaginer que Freud aurait pu élever quelque protestation publique contre les nazis et contre le sort fait aux Juifs en Europe sans que cela n'aggrave fatalement le sort des Juifs en général et des analystes en particulier ? C'est vraiment faire fi de la pensée folle qui avait cours alors, pensée dont nous retrouvons l'essence dans la querelle qui a eu lieu au cours de l'année 1986 autour de l'étude de l' « historien » allemand Emil Nolte. La thèse de celui-ci est que Hitler ne pouvait pas ne pas déclarer la guerre en 1939 et ne pouvait pas ne pas poursuivre les Juifs et les exterminer, car Haïm Weizman, le futur président de l'Etat d'Israël, avait proclamé que les Juifs allaient combattre les Allemands aux côtés des Anglais. De surcroît, Hitler n'a fait, toujours selon le même historien, qu'emprunter l'idée des camps de concentration aux Soviétiques. Il n'a fait qu'imiter « la solution asiatique » — entendez la solution juive — puisque les premiers communistes étaient essentiellement juifs[19].

18. Je remercie Karen Brecht de m'avoir fait connaître ce texte.

19. Discussion dans *Die Zeit,* série 24-49, octobre et novembre 1986, entre E. Nolte et J. Habermas, E. Jäckel, H. Schulze, M. Broszat, T. Nipperdey.

Remarquons que si, aujourd'hui, il se trouve suffisamment de gens dans le monde et en Allemagne pour échapper à cette pensée et pour la critiquer, il n'en était pas de même dans les années 30 où toute parole juive était happée et broyée dans une moulinette dont seul était pris en compte le produit final : un magma où la cause et l'effet avaient disparu, c'est-à-dire la logique reposant sur le principe paternel (*le père est la cause de l'enfant*, comme le dit Béla Grünberger). C'est la *Gleichschaltung* appliquée aux productions mentales. Ainsi, toute protestation juive devient *cause* (et non effet) de l'antisémitisme (j'ai décrit ailleurs cette pensée an-historique *in* La matrice archaïque du complexe d'Œdipe, 1984, in *Sexuality and Mind*, 1986) à l'instar de l'assassinat du conseiller à l'ambassade d'Allemagne en France, Vom Rath, par le Juif Grynspan (le 7 novembre 1938), acte de désespoir et de protestation contre les exactions nazies, qui fut le prétexte de la *Kristallnacht* (du 9 au 10 novembre 1938) au cours de laquelle les vitrines des magasins juifs furent brisées ainsi que les fenêtres des synagogues. Certaines synagogues furent incendiées et les boutiques juives pillées.

En fait, durant ces années, Freud a l'esprit constamment occupé par le problème juif[20]. Le 8 avril 1933, donc deux mois après la prise de pouvoir de Hitler, il écrit à Marie Bonaparte (Jones, in *op. cit.*, vol. III, p. 202) :

> Je suis heureux et fier d'apprendre combien de sympathie et d'aide vous accordez aux victimes de la persécution en Allemagne,

mais il pense que si le mouvement nazi touche l'Autriche « il ne pourra pas conduire à de tels excès ». Cet optimisme était partagé par 90 % des Juifs européens. Pour anticiper l'horreur, il eût fallu qu'ils se laissent aller à s'identifier aux nazis, ce qui, pour diverses raisons liées, entre autres, à la condition qui leur était faite depuis des siècles et aux accusations qui étaient projetées sur eux, s'est avéré impossible. Il s'agit là encore d'un effet de l'antisémitisme, effet auquel Freud lui-même n'a pas échappé. C'est à plusieurs reprises qu'il formule l'espoir que « l'ignominie allemande nous sera épargnée... », (6 décembre 1933, lettre au poète espagnol Xavier Boveda, *in* Jones, vol. III, p. 211). Cependant, le 13 février 1935, il écrit à Arnold Zweig :

> Je vois une nuée de calamités recouvrir le monde.

20. A mon avis, les clés nous manquent pour comprendre *Moïse et le monothéisme* (1939) dans son intégralité. Freud y pose cependant une vraie question : « Pourquoi le Juif ? » (voir sa lettre à Arnold Zweig du 30 septembre 1934 : « En face des nouvelles persécutions, on se demande de nouveau comment le Juif est devenu ce qu'il est et pourquoi il s'est attiré cette haine éternelle »). Je pense que nous n'avons pas encore mis à jour toutes les intentionalités du *Moïse*.

Le 2 mai 1935, il lui écrit encore : « Naturellement mon idée de partager votre printemps sur le mont Carmel n'était qu'un fantasme », et lui parle de la lettre qu'il avait rédigée pour Thomas Mann à l'occasion du soixantième anniversaire de celui-ci : « J'y ai glissé un avertissement qui, je l'espère, sera compris ». En fait, cet avertissement — Thomas Mann avait après la Première Guerre mondiale adopté des positions nationalistes de mauvais augure — est le suivant :

> Je me permettrai néanmoins autre chose : au nom d'un nombre considérable de vos contemporains, je puis vous exprimer le ferme espoir que vous ne ferez ou ne direz jamais rien — les paroles d'un auteur ne sont-elles pas des actes ? — qui soit lâche et bas — que même dans des temps et des situations propres à troubler le jugement, vous choisirez le droit chemin et l'indiquerez aux autres.
>
> Votre cordialement dévoué,
> Freud

(in *Sigmund Freud : Correspondance 1873-1939*).

Ce message, on le sait, fut entendu. Car, en fait, *seuls des non-Juifs auraient pu élever la voix contre le nazisme et l'antisémitisme*. Lorsque Freud, selon une communication de Jeanne Lampl-de-Groot faite au Congrès de Hambourg (juillet 1985), a dit à Félix Boehm au sujet des analystes allemands devant l'obligation qui leur était faite par les nazis d'exclure les analystes juifs de la D.P.G. : « Je n'ai rien à leur demander, ni rien à exiger d'eux », il fit la seule réponse possible (digne, amère et hautaine). Les donneurs de leçon — allemands et autres — qui exigent de Freud une autre réponse n'ont pas compris ou ont oublié ce qu'étaient le nazisme et la situation des Juifs en Europe. De surcroît, comme je l'ai dit ailleurs (*in* « Nous agitons la chevelure blanche du temps : Réflexions sur le Congrès de Hambourg », 1986), ils participent inconsciemment à la tentative nazie de rendre les Juifs responsables de leur propre sort. Ce qui est arrivé aux Juifs au XXᵉ siècle est le problème de la société chrétienne dans laquelle les Juifs vivaient, cette société qui, en Allemagne, était depuis le XIXᵉ siècle infiltrée, de surcroît, par un retour au paganisme. Je tiens les accusations — souvent violentes — dont Freud est l'objet aujourd'hui pour un signe d'un retour du refoulé. Car c'est le silence des « Aryens » qui fait problème, non celui des Juifs. L'attitude qui consiste à accabler les victimes me paraît éminemment suspecte. N'est-elle pas le meilleur moyen de se laver de la culpabilité vis-à-vis du génocide, culpabilité dont nous sommes tous porteurs ?

J'ai souvent eu l'occasion (en particulier in *L'idéal du moi*, 1973) de souligner l'importance du concept d'*Hilflosigkeit* du nouveau-né (en français « état de détresse », « *helplessness* » en anglais) décrit par Freud en particulier dans *Inhibition, symptôme et angoisse* (1926). Rappelons ce passage bien connu :

> Le facteur biologique est l'état de détresse et de dépendance très prolongé du petit d'homme. Par rapport à celle de la plupart des animaux, l'existence intra-utérine de l'homme est relativement abrégée, il est moins achevé qu'eux lorsqu'il est jeté au monde. L'influence du monde extérieur réel s'en trouve renforcée, la différenciation du moi d'avec le ça est acquise précocement, les dangers du monde extérieur réel prennent une importance plus grande et la valeur de l'objet qui seul peut protéger contre ces dangers et remplacer la vie intra-utérine perdue en est énormément augmentée. Ainsi donc le facteur biologique est à l'origine des premières situations de danger et crée le besoin d'être aimé qui n'abandonnera plus l'être humain (p. 82-83).

Dans le même texte Freud dit également :

> La mère qui d'abord avait satisfait tous les besoins du fœtus par les dispositifs somatiques de la grossesse continue, après la naissance encore, à remplir la même fonction [...]. L'objet maternel psychique remplace pour l'enfant la situation fœtale biologique (p. 62-63).

Or, leur situation en Europe durant la période nazie a fait retrouver aux Juifs *l'état de détresse du nouveau-né* et leur a fait subir une succession de pertes qui les ramenaient à l'impuissance originelle de l'être humain. Il ne s'agissait pas seulement de la perte de leurs droits en Allemagne, puis en Autriche, puis en Europe occupée (Lois de Nuremberg), il ne s'agissait pas encore de l'anéantissement physique qui allait emporter six millions d'entre eux, mais des accusations permanentes dont ils étaient l'objet à travers la propagande nazie et la littérature fasciste européenne et l'impossibilité d'échapper à ces accusations puisque tous les moyens antérieurs d'assimilation avaient échoué et que leur « tare » était supposée être inscrite dans leur sang même. Or *toutes les accusations*, les plus folles et les plus contradictoires soient-elles, *rencontrent une vérité inconsciente* : nous sommes tous rapaces, cruels, avides, ambitieux. Ces accusations aboutissaient à un sentiment de déréliction, lié à *l'abandon par le surmoi*. De surcroît, la société tout entière faisait chorus ou, au mieux, gardait le silence. Autrement dit, les amis, les voisins, les « alliés », bref les semblables qui, pour une part, constituent un substitut de la matrice nourrissante et enveloppante perdue, étaient étrangement absents. Enfin, le maintien d'un bon objet interne reste, à des degrés divers, menacé par un environnement implacablement hostile. Il n'est jamais totalement acquis et les aléas de la vie le renforcent ou le font disparaître, instituant à la place une instance cruelle, précipitant le sujet dans un gouffre sans fond.

Freud, le 22 juin 1936, devant les événements qui ont lieu à l'intérieur de la psychanalyse et devant « l'engagement de l'Autriche sur la voie du national-socialisme [qui, lui] semble maintenant inévitable », écrit à A. Zweig :

> Tous les destins se sont ligués avec la canaille. J'attends avec toujours moins de regret que pour moi le rideau tombe.

Et jusqu'à ce que le rideau tombe, le 23 septembre 1939, Freud se montra un Juif fidèle — *autant que faire se pouvait* — à son identité juive comme le montre toute la correspondance qui nous est accessible.

Si les analystes allemands ont intégré les institutions du IIIe Reich, il est dérisoire et absurde, à mon avis, d'en rendre Freud responsable. J'irai même jusqu'à penser que c'est là une persécution continuée par d'autres moyens. Il n'était qu'un Juif comme un autre devant la machine à anéantir psychiquement et physiquement les Juifs, mise en place par les nazis. C'est-à-dire rien, « la Rose de Personne » pour reprendre le titre d'un recueil de Paul Celan (1963) où le poète reproche à Dieu son absence durant le Shoah. Mais, en fait, l'abandon de Dieu n'est rien d'autre que celui des hommes, et son silence, celui de tous.

Mme Janine Chasseguet-Smirgel,
82, rue de l'Université,
75007 Paris, France.

Mots clés

Antisémitisme – Haine de soi – Nazisme – Politique (contrainte).

BIBLIOGRAPHIE

Arendt H. (1958) *Rahel Varnhagen*, New York, Harcourt Brace Jovanovich; trad. de l'all. par H. Plard, Paris, Tierce, 1986.
Bergman M. (1979) Moses and the Evolution of Freud's Jewish Identity, in *Judaism and Psychoanalysis*, éd. M. Ostow, New York, Intern. Univ. Press.
Celan P. (1963) *La rose de personne*, éd. bilingue trad. de l'all. par M. Broda, Paris, Nouveau Commerce, 1977.
Chasseguet-Smirgel J. (1973) *The Ego Ideal*, New York, Norton, 1985.
— (1984) La matrice archaïque du complexe d'Œdipe, in *Sexuality and Mind*, New York, N.Y.U.P., 1986.
— (1985) Le paradoxe de la méthode freudienne, in *Sexuality and Mind*, New York, N.Y.U.P., 1986.
— (1986) Nous agitons la chevelure blanche du temps; réflexions sur le Congrès de Hambourg, 1985, *Rev. franç. Psychanal.*, *50*, 3, 1021-1032.
Epstein I. (1959) *Judaism*, New York, Pelican Books; *Le judaïsme*, trad. de l'angl. par I. Jospin, Paris, Payot, P.B.F., 1980.
Freud S. (1926) *Inhibition, symptôme, angoisse*, trad. all. M. Tort, Paris, P.U.F., 1973; *S.E.*, XX.
— (1939) *Moïse et le monothéisme*, trad. all. A. Berman, Paris, Gallimard, 1975; *S.E.*, XXIII.

Freud S. Short Address for Thomas Mann's 60th Birthday, *S.E.*, XXII, p. 255; *Correspondance*, trad. de l'all. A. Berman, Paris, Gallimard, 1966.
— (1909-1939) *Correspondance de Sigmund Freud avec le Pasteur Pfister*, trad. de l'all. par L. Jumel, Paris, Gallimard, 1966, coll. dirigée par J.-B. Pontalis.
— (1907-1926) *Sigmund Freud Karl Abraham correspondance*, trad. de l'all. par F. Cambon et J. P. Grossein, Paris, Gallimard, 1969.
— (1927-1939) *Sigmund Freud Arnold Zweig correspondance*, trad. de l'all. par L. Weibel, Paris, Gallimard, 1973.
Giniewski P. (1978) *Simone Weil ou la haine de soi*, Paris, Berg International.
Grubel F. (1979) Drei Freud. Korrespondensen im Archiv des Leo Baeck Instituts New York. Juden und Deutsch, in *Jahrbuch der Psychoanalyse*, XI, Bern, Stuttgart, Wien, Hüber, p. 73-80.
Heine H. (1851) Mélodies hébraïques, in *Romancero*, trad. de l'all. par L. Sauzin, Paris, Aubier, 1976.
Herzl Th. (1896) *L'Etat juif*, Paris, Stock, 1981.
Jones E. *La vie et l'œuvre de Sigmund Freud*, vol. 2, trad. par A. Berman, Paris, P.U.F., 1961; vol. 3, trad. L. Flournoy, Paris, P.U.F., 1969; *Sigmund Freud : Life and Work*; vol. II : *Years of Maturity 1901-1919*, London, Hogarth Press, 1955; vol. III : *The Last Phase 1919-1939*, London, Hogarth Press, 1957.
Lampl-de-Groot, J. Communication verbale au Congrès de l'A.P.I., Hambourg, 1985.
Marx K. (1844) *A propos de la question juive*, trad. de l'all. par M. Simon, Paris, Aubier-Montaigne, 1971.
Rürup R. (1973) Emancipation and Antisemitism, in *Kritische Studien Zur Geschiehtswissenschaft*, vol. XV, Göttingen, Vandenhoeck & Ruprecht.
Sachar A. L. (1964) *A History of the Jews*, New York, Alfred A. Knopf; *Histoire des Juifs*, trad. de l'angl. par Benoît Braun, Paris, Flammarion, 1973.
Steiner G. (1971) *Dans le château de Barbe-Bleue*, trad. de l'angl. par L. Lotringer, Paris, Seuil, 1970.
Vermorel H. et M. (1986) Was Freud a Romantic ?, in *Int. J. Psychoanal.*, *13*, 1, 15-37; Freud romantique ?, in *Rev. franç. Psychanal.*, *50*, 3, 1035-1062.
Weininger O. (1903) *Geschlecht und Character*; *Sexe et caractère*, trad. de l'all. par D. Renaud, Lausanne, L'Age d'Homme, 1975.
Die Zeit, octobre-novembre 1986, Discussion entre E. Nolte et J. Habermas, E. Jäckel, H. Schulze, M. Brozat et T. Nipperdey.

RÉSUMÉS

Mon but est de situer la question de l'attitude de Freud face au nazisme dans une perspective historique, c'est-à-dire d'articuler les faits entre eux.

Grâce à l'étude de certains documents il est possible de constater que, dès les prodromes du nazisme, Freud arrache ses racines germaniques, pour se fonder essentiellement sur les valeurs juives. Il conseille de renoncer à combattre « les courants "spiritualistes" de l'Allemagne d'aujourd'hui ». Et dit des

Allemands : « Laissons-les » (1923). « Ne faut-il pas laisser à lui-même ce peuple abandonné de Dieu » (1932).

Les reproches faits à Freud d'avoir été indifférent, voire complaisant vis-à-vis du destin de la psychanalyse allemande, ne prennent pas en compte la situation concrète de Freud et des Juifs européens en général durant les années brunes.

Quant à ceux, peu nombreux on peut l'espérer, qui tiennent aujourd'hui l'humour triomphant de Freud (à la veille de quitter Vienne il fut sommé d'affirmer avoir été correctement traité. Il aurait écrit : « Je puis recommander chaleureusement la Gestapo à tout le monde ») pour un soutien réel de la Gestapo, mon propos ne s'adresse pas à eux. Ils ont franchi une limite au-delà de laquelle *mon* ticket n'est plus valable.

A few remarks on Freud's attitude to the Nazis, « Jo as Jew »

My aim is to put the question of Freud's attitude to Nazism in historical perspective, that is to get the facts straight.

From the study of some documents it can be established that from the very first symptoms of Nazism, Freud tore up his Germanic roots in order to base himself essentially on Jewish values. His advice is to give up fighting « the spiritual currents of the Germany of today ». He says of the Germans : « Let us give them up » (1923). « Should we not leave to itself this people abandoned by God » (1932).

Reproaching Freud with having been indifferent towards or even acquiescing in the fate of German psycho-analysis overlooks the concrete situation of Freud and European Jews in general during the « brown years ».

As for those, few in number one hopes, who today regard Freud's jubilant humour when, on the eve of his departure from Vienna, he was ordered to state that he had been correctly treated and is supposed to have written : « I can warmly recommend the Gestapo to everyone », as genuine support for the Gestapo, my word are not addressed to them. They have passed a barrier beyond which my ticket is no longer valid.

Einige Betrachtungen betr. Freuds Verhalten während der Nazizeit, « Jo wie Jude »

Mein Ziel ist es, die Frage nach Freud's Einstellung gegenüber dem Nazismus in einen historischen Zusammenhang zu bringen, d.h. die Ereignisse gesondert zu betrachten.

Anhand einiger Dokumente lässt sich feststellen, daß Freud von den ersten Anfängen des Nazitums seine germanische Herkunft preisgab, um sich hauptsächlich auf jüdische Werte stützen zu können. Er rät, aufzugeben, die « spiritistischen Bewegungen des heutigen Deutschlands » zu bekämpfen. Und sagt über die Deutschen : « lasst sie » (1923), und « soll man dieses gottverlassene Volk sich nicht selbst überlassen ? » (1932).

Die Vorwürfe gegenüber Freud, parteilos bzw. voller Gleichgültigkeit gewesen zu sein, oder gar selbstgefällig gegenüber der Zukunft der deutschen

Psychoanalyse, beziehen nicht die konkrete Lage Freud's und der europäischen Juden in den braunen Jahren ein.

Wenn es allerdings um die geht, die hoffentlich in der Minderheit sind und meinen, daß Freud eine Stütze der Gestapo war, so kehre ich ihnen den Rücken. (Bevor Freud Wien verließ, wurde er aufgefordert zu bestätigen, korrekt behandelt worden zu sein. So schrieb er : « Ich kann die Gestapo jedermann herzlichst empfehlen. »)

Diejenigen, die so denken, haben eine Grenze überschritten, welche ich nicht mehr gutheißen kann.

Alcune riflessioni sull'atteggiamento tenuto da Freud durante il periodo nazista

Il mio scopo è quello di situare in una prospettiva storica il problema dell'atteggiamento di Freud di fronte al nazismo, e cioè di articolare i fatti tra di loro.

Grazie allo studio di alcuni documenti, si puo' constatare che, già dagli inizi del nazismo, Freud recide le sue radici germaniche per basarsi essenzialmente sui valori ebraici. Egli consiglia di rinunciare a combattere « le correnti "spiritualiste" della Germania d'oggi ». E dei tedeschi dice : « Lasciamoli perdere » (1923). « Non bisogna abbandonare a se stresso questo popolo dimenticato da Dio ? » (1932).

Il rimprovero fatto a Freud di essere stato indifferente, addirittura compiacente, di fronte al destino della psicanalisi tedesca, non tiene conto della situazione concreta di Freud, e degli ebrei europei in generale, negli anni « bruni ».

Le mie parole non sono rivolte a coloro — pochi si spera — che oggi ritengono che il trionfante « humour » di Freud sia stato un reale sostegno della Gestapo (prima di lasciare Vienna gli fu ingiunto di dichiarare di essere stato trattato correttamente. Egli avrebbe scritto : « Posso raccomandare la Gestapo caldamente a tutti »). Questi hanno superato il limite oltre il quale il *mio* biglietto non è più valido.

Reflexiones sobre la actitud de Freud durante el periodo nazi

Me propongo ubicar la cuestión de la actitud de Freud frente al nazismo en una perspectiva histórica, es decir, por medio de una articulación de los hechos entre sí.

El estudio de ciertos documentos permite comprobar que ya en los pródromos del nazismo Freud extirpó sus raíces germánicas para basarse esencialmente en los valores judíos. Aconseja que se renuncie a combatir « las corrientes "espiritualistas" de la Alemania de hoy ». De los alemanes dice : « dejémoslos » (1923). « ¿Acaso no debemos abandonar a sí mismo ese pueblo dejado de Dios? » (1932).

Los reproches que se formulan a Freud, de haberse mostrado indiferente o complaciente frente al destino del psicoanálisis en Alemania, no toman en cuenta la situación concreta de Freud y de los judíos europeos en general durante los años pardos.

Hay algunos (espero que no sean muchos) que insisten en dar al humor triunfante de Freud (antes de partir de Viena, se le pidió que declarara que había sido bien tratado, y se afirma que escribió : « Puedo recomendar calurosamente la Gestapo a todo el mundo ») el valor de un apoyo real a la Gestapo. Mis palabras no se dirigen a ellos : han rebasado un límite más allá del cual *mi* billete ya no es válido.

Le mouvement psychanalytique dans le monde durant les années de guerre (1939-1945) selon les archives de l'A.P.I.

ADAM LIMENTANI

En acceptant de dresser le bilan du mouvement psychanalytique au cours de la Deuxième Guerre mondiale, d'après les documents disponibles aux archives de l'A.P.I., je savais bien qu'il n'y avait guère de quoi écrire une étude conséquente. Jusqu'en 1949, à l'expiration du quatrième mandat de Ernest Jones à la présidence de l'A.P.I., la plupart des archives n'étaient pas conservées dans les bureaux de l'Association — cette dernière ne disposant pas d'un local permanent. Aussi suis-je très reconnaissant à toutes les sociétés et aux membres qui ont bien voulu m'adresser des renseignements sur la période en question. Tous ces documents ont permis de commencer à combler sérieusement les trous des Archives. Mais les trous en question demeuraient considérables, en sorte qu'après m'en être entretenu avec le maître d'œuvre de cette conférence, le Dr A. de Mijolla, nous convînmes que je compléterais toutes les informations que je pourrais tirer des archives en consultant la bibliothèque que nous sommes en train de constituer. Cette démarche s'avéra productive à bien des égards.

Pendant la guerre, l'A.P.I. avait virtuellement cessé toute activité, à tel point qu'elle ne publia aucun bulletin en 1941, 1942, 1943 et 1944. L'organisation se trouvait en fait entièrement entre les mains de son pré-

Adam Limentani est psychanalyste, ancien président de l'Association psychanalytique internationale, archiviste de l'A.P.I.

L'auteur remercie tous ceux qui lui ont écrit en réponse à sa demande d'informations sur la période 1939-1945. Il est particulièrement reconnaissant à ses correspondants d'Argentine, d'Australie, du Brésil, du Danemark, de Finlande, de Hongrie, d'Italie et de Suisse.

sident, le Dr Jones, et de son secrétaire, le Dr Edward Glover. Dans une note quelque peu laconique, parue dans la *Psychoanalytic Review* en 1941, Jones et Glover annoncèrent qu' « ... un comité d'urgence avait été formé au sein de l'American Psychoanalytic Association ». Et d'ajouter qu' « ils avaient constaté le développement d'une situation critique dans la vie de nombre de leurs collègues en Angleterre, tant européens que britanniques. L'intensification des raids aériens à Londres a créé une situation aiguë. Certains collègues sont dans l'impossibilité de partir en raison des restrictions légales, ou ne sont pas en mesure de pratiquer ». Cette note ne témoigne pas des immenses efforts déployés pour faire face à l'exode massif des Européens.

Que l'on me permette ici de rappeler la composition de l'A.P.I. à la fin de l'année 1938 : elle comptait alors 560 membres (dont 30 % vivaient aux Etats-Unis), répartis entre les sociétés suivantes — américaine, britannique, hollandaise, dano-norvégienne, française, allemande, indienne, japonaise, finno-suédoise, suisse et viennoise. A l'époque, l'Italie faisait les démarches nécessaires pour obtenir son affiliation. Au début de l'année 1939, le secrétaire, le Dr Glover, avait annoncé que l'Association connaissait des difficultés en raison de la situation mondiale, tout en précisant qu'il convenait d'ajourner *sine die* le XVIe Congrès. Les liens avec l'A.P.I. ne tardèrent pas à se relâcher, et en 1942 l'Association n'avait plus l'adresse des sociétés dano-norvégienne, française, finno-suédoise et hongroise. Le groupe finno-suédois disparut aussi carrément avec la mort du seul membre finlandais, Y. Kulowesi, qui avait été formé par Federn, sans laisser le moindre disciple. Je n'ai pu retrouver la trace des trois élèves qu'il avait en didactique, mais j'imagine qu'ils ont poursuivi leur carrière ailleurs qu'en Scandinavie. Par ailleurs, ce pays étant resté à l'écart de la guerre, les travaux généraux purent continuer sans entraves en Suède. Cette Société s'étoffa peu à peu, si bien qu'en 1945 elle comptait huit membres et deux associés qui se réunissaient régulièrement; mais la psychanalyse était confinée à Stockholm. Le seul soubresaut des années de guerre fut ainsi une proposition visant à bannir l'analyse profane, et cette question sembla alors accaparer toutes les activités du groupe.

Le groupe dano-norvégien fut, inévitablement, l'une des premières victimes. Il ne subsiste pas la moindre trace de travail psychanalytique classique accompli au sein du groupe danois, avant qu'il ne refît surface le moment venu.

Les perspectives politiques et sociales dominantes réservèrent un même sort à la Société japonaise, qui fut amenée à suspendre toute activité psychanalytique.

Si l'on fait abstraction de la situation en Allemagne et à Vienne, qui a fait l'objet d'autres études, le sort du reste de l'Europe entre 1939 et 1945 fut pour le moins partagé.

En Italie, par exemple, le mouvement psychanalytique hiberna purement et simplement, puisque, à partir de 1938, le climat fasciste de l'époque ne lui laissa plus aucune liberté. Bientôt les plus éminents analystes, qu'il faut saluer comme d'authentiques pionniers, se préparèrent à l'exil. Servadio se réfugia en Inde, où il participa à la vie scientifique de la société locale, même s'il dut séjourner quelque temps dans un camp d'internement. Hirsch émigra au Venezuela, tandis que Kovacs se fixa en Suisse, où il mourut peu après. Edoardo Weiss, dont vous a entretenu Anna Maria Accerboni, choisit les Etats-Unis, où il continua à se montrer actif et créatif. Alors que Levi-Bianchini, le fondateur du noyau italien d'origine, préféra la clandestinité, les trois ou quatre autres analystes restants ne purent guère faire plus que de consacrer toute leur énergie à leur survie immédiate (Servadio, 1965). Néanmoins, nous commençons à entrevoir comment les pertes essuyées par un pays profitèrent à d'autres, assurant ainsi la survie des individus, certes, mais aussi celle de la psychanalyse.

Bien que le cas de la Hongrie ait été étudié par des collègues qui en avaient une expérience personnelle directe, je me permettrai de commenter brièvement les conditions locales à seule fin de mettre en évidence les difficultés auxquelles se heurtèrent les psychanalystes travaillant dans un Etat policier ou dans un pays sans démocratie. On dénombrait 26 psychanalystes actifs en Hongrie en 1939, mais bientôt une bonne partie d'entre eux, dont le Dr Pfieffer, fut internée en camps de concentration. Un seul en sortit, peut-être deux. Quelque part dans les années 1940, il y avait encore sept médecins et dix profanes en analyse didactique[1]. Dans le *Bulletin of the Sigmund Freud House*, Livia Nemes (1985) nous a raconté comment la Société avait perdu un quart de ses membres à la suite des lois antijuives et de l'annexion de l'Autriche. Certains analystes viennois y avaient bel et bien cherché refuge — ainsi de Otto Fleischmann, Kato Vertes et Miklos Sugar — bien que quelques années durant la psychanalyse eût été soupçonnée de pencher à gauche et d'être une science juive. Un agent de police était présent à toutes les réunions et prenait des notes, mais sans doute cette mesure s'appliquait-elle à toutes les assemblées. En 1941, enfin, tous les

1. Il est regrettable que, pour ce pays comme pour d'autres, nous n'ayons pas d'archives détaillées relatives à l'expérience des patients en analyse ou des candidats en formation dans les circonstances défavorables créées par les bouleversements sociaux. Cette répugnance à confier au papier les réactions émotionnelles des partenaires de la situation analytique n'est pas le propre de la Seconde Guerre mondiale. C'est un trait que l'on retrouve souvent dans des pays où, de l'aveu commun, bien des analystes vivaient dans des conditions difficiles, quand ils n'étaient pas malmenés par les autorités, persécutés ou même torturés. Je doute que l'explication de cette absence d'information vitale ne soit qu'une simple affaire de respect de la confidentialité.

Juifs furent écartés de la direction et les séminaires furent interrompus. Il est cependant surprenant qu'au moment où I. Hermann publia son ouvrage sur les instincts primordiaux, *Man's Primordial Instincts* (1943), les pages relatives au militarisme et à l'antisémitisme passèrent sans difficulté, tandis que les parties qui « outrageaient la morale publique », comme celles sur la masturbation et la vie sexuelle des femmes, furent censurées. Hermann fit certainement preuve d'un très grand courage en continuant à publier en 1945 une étude sur « La psychologie de l'antisémitisme », dans laquelle il examinait le problème du point de vue de l'agression.

Si l'on continue avec les pays du front, la Hollande connut pendant la guerre une situation à la fois facile et critique. Avec ses deux groupes d'Amsterdam et de La Haye, la Société hollandaise avait à peine surmonté ses dissensions internes qui avaient menacé sa survie en tant que Société au début des hostilités. Elle poursuivit ses activités de manière tout à fait normale et positive et, au départ, ses membres n'eurent aucune difficulté à continuer leurs travaux scientifiques. La situation se faisant plus dangereuse, certains patients (les hommes) durent renoncer à l'analyse, mais ils ne devaient pas tarder à reprendre. Peu à peu, les choses se dégradèrent, surtout lorsque les Juifs furent bannis des sociétés. C'est le groupe de La Haye qui en souffrit le plus — les Katan entrant dans la clandestinité tandis que bien d'autres émigrèrent aux Etats-Unis. Peu satisfait des conditions prévalant à Amsterdam, le groupe décida de se dissoudre tout en continuant à se réunir en privé. Il se reconstitua cependant dès 1944 sous la forme d'un centre de formation, rassemblant alors seize candidats en analyse didactique sous la houlette des Drs J. Lampl-de Groot et R. Le Coultre. Se réunissant dans des locaux privés, ils purent ainsi continuer à travailler de 1944 à 1945[2].

Bien que la situation européenne ait, apparemment, peu affecté le sort de la psychanalyse en Suisse, il serait juste de dire qu'entre 1939 et 1945 le mouvement psychanalytique a langui dans la majeure partie de l'Europe continentale.

Encore un peu plus loin, géographiquement, la Société de Palestine avait pris un nouveau souffle avec l'arrivée de certains émigrés allemands, et notamment de Eitingon qui, hélas ! devait mourir peu après son arrivée.

2. Ainsi le Pr E. C. M. Frijling-Schreuder écrit-il : « Devenues clandestines, les activités se poursuivirent au domicile du docteur et de Mme Lampl, R. Le Coultre, Mme Groen et Herman Van der Sherren... Même s'il était très difficile de se chauffer et de s'éclairer, les activités scientifiques et didactiques continuèrent, les analyses didactiques se prolongèrent jusqu'à l'hiver dernier, c'est-à-dire jusqu'au jour où la faim, le froid et la fatigue devinrent trop épuisants et où il devint trop dangereux de sortir dans les rues... Je ne pris part à tout ceci qu'en tant qu'élève, étant entré en analyse avec le Dr Lampl juste avant la guerre, mais jamais je n'oublierai le prix de cette longue phase d'activité en cette période d'inquiétude et de dangers quotidiens ».

On trouve un écho de son influence créatrice dans le nombre de réunions scientifiques organisées en 1940, ainsi que dans la diversité des thèmes débattus ; en 1942, par exemple, le Dr Ellen présenta un exposé sur « L'idéologie du nazisme » tandis que plusieurs études portèrent sur les traumatismes et les névroses de guerre. Les travaux se poursuivirent malgré une foule de difficultés, et à la fin de l'année 1945 on ne comptait pas moins de huit candidats en didactique, cependant que les membres de la Société avaient été invités à travailler pour le Mental Hygiene Department.

Non loin de là, la Société indienne était elle aussi active, avec plusieurs élèves en formation. Chose intéressante, ses réunions scientifiques étaient ouvertes aux membres des forces américaines et britanniques.

Mais revenons maintenant au cas de la Grande-Bretagne, où, en comparaison des autres pays, le mouvement ne perdit pas grand-chose de son élan. En fait, pendant une longue période, la vie scientifique de la Société ne fut guère perturbée, au point qu'il n'y eut pas moins de quatorze réunions en 1939-1940. L'une d'elles fut consacrée à un « Colloque sur les facteurs psychologiques dans le moral en temps de guerre, avec référence spéciale aux situations de type "quisling" qui induisent cette réaction » — colloque sur lequel je vais revenir. Par ailleurs, les cours et les séminaires ne purent se tenir avec quelque régularité tout au long de la guerre. En 1942, la Société avait encore dix-huit candidats en didactique, sept ayant dû suspendre leur formation après avoir été appelés sous les drapeaux. L'afflux de réfugiés n'avait pas été sans conséquence. Pendant un temps, la psychanalyse prospéra en province, avec l'ouverture à Manchester d'une nouvelle branche à la suite de l'arrivée des Balint, des Isakower et, plus tard, des Aufreiter. A la fin de la guerre, ce groupe était fort actif et ne comptait pas moins de huit candidats.

Si les effets de la vie dans une Angleterre dévastée par la guerre commencèrent à perturber la vie de la Société, il n'y eut certainement aucun effet négatif visible sur la créativité scientifique de ses membres. C'est dans ces années-là que Melanie Klein écrivit ses études pionnières sur le deuil et son rapport avec les états maniaco-dépressifs (1940), et sur le complexe d'Œdipe à la lumière des premières angoisses (1945). Cette même période vit l'introduction d' « Une psychopathologie révisée des psychoses et des névroses » par Fairbairn, et ainsi de suite. Il y eut aussi des études importantes signées par P. Heimann, E. Glover, J. Bowlby, S. Isaacs, etc. Mais un coup d'œil sur l'index des numéros alors inévitablement bien plus minces de l'*I.J.P.A.* rendrait mieux justice à ce que je tente ici de décrire.

A l'époque, je travaillais en qualité de médecin militaire dans certains hôpitaux psychiatriques de l'armée de terre à la campagne. Je ne connaissais guère la British Psycho-Analytical Society, sinon pour avoir assisté de temps à autre à des conférences données par quelques-uns de ses membres dans des conditions de fortune au début de l'année 1940. Le peu que j'en savais se résumait à ceci : alors que je rêvais quant à moi du jour où tout serait terminé et où je pourrais commencer ma formation psychanalytique, la Société était plongée dans une âpre lutte pour le pouvoir, à connotations scientifiques; à moins que ce ne fût l'inverse : elle était déchirée par des questions scientifiques controversées, avec en toile de fond une lutte pour le pouvoir.

Ces discussions, qui se déroulèrent en 1943-1944, stimulèrent les inconditionnels des théories et de la technique de M. Klein tout en donnant aux critiques une intensité renouvelée. Sans résoudre grand-chose au niveau scientifique, ces discussions réussirent parfaitement à maintenir la cohésion de la Société. Il en résulta aussi la formation de trois groupes, ce qui devait me créer un problème le jour où je décidai de poser ma candidature pour une didactique — mais cela m'emmènerait trop loin de mon sujet. Bien entendu, les archives de l'A.P.I. ne contiennent pas grand-chose, en fait rien, sur tout cela, hormis que les tensions qui suivirent le changement de climat au sein de la Société aboutirent à la démission de Edward Glover en 1944 et à son remplacement au secrétariat de l'A.P.I. par Anna Freud.

Il semblerait qu'il faille plus qu'une guerre mondiale pour dissuader les analystes de se déchirer, et nous verrons que l'Angleterre ne fut pas seule dans ce cas. Ce constat m'a aidé par la suite à avoir une vision moins noire de quelques événements touchant les cercles psychanalytiques.

Mais, après avoir évoqué l'allant de la vie scientifique en Angleterre, je m'efforcerais de présenter les contributions qui traduisent le mieux la situation de l'époque. Sur ce point, ma recherche n'a pas tenu ses promesses, car il n'y avait pas grand-chose pour se faire une idée de la vie que pouvait mener un analyste dans la Grande-Bretagne en guerre[3]. Dans la littérature que j'ai sondée, je n'ai rien trouvé ou presque sur les troubles des analystes confirmés tenus d'accomplir une nouvelle analyse personnelle pour être autorisés, en vertu d'une réglementation plus draconienne, à analyser des candidats — chose, par exemple, à laquelle on aurait pu s'attendre en Angleterre. Je n'ai pas trouvé non plus la moindre référence aux troubles affectant les nouveaux immigrés, qui n'étaient pourtant que trop évidents pour les quelques psychiatres parmi nous qui travaillaient sur le terrain avec la population civile et militaire. Mais, bien sûr, et je dois ici y insister,

3. Le « Narrative of a child analysis » de M. Klein, publié bien des années plus tard (Hogarth Press, 1975), en fournit une exception notable. Richard, le sujet de l'analyse, se montre fort préoccupé par la guerre, ainsi que l'on peut en juger d'après ses associations et ses dessins fascinants.

mon examen de la littérature s'est limité aux années de guerre et aux revues de psychanalyse disponibles à l'époque, *i.e.* à l'*I.J.P.A.*, au *Psychoanalytic Quarterly*, à *Imago* et à la *Psychoanalytic Review* sans oublier un petit nombre de livres. Il y eut cependant un certain nombre d'exceptions notables dans la routine des contributions psychanalytiques.

Parmi les plus remarquables, il faut citer l'essai de Jones sur « La psychologie du quislinguisme » (1941), dans lequel il se demande si le quislinguisme ne fut pas l'arme secrète de Hitler. Les victimes de cette forme particulière d'état d'esprit et de comportement sont singulièrement inconscientes du processus dont elles sont la proie. Le phénomène en question repose en effet sur l'inaptitude à comprendre un ennemi — incapacité qui s'accompagne d'un déni, sinon d'une approbation, de son agressivité. Les personnes affectées de ce syndrome disaient : que vous soyez ou non soumis aux nazis ne change pas grand-chose. De même, qui fuyait la réalité prétendait aussi que la guerre pouvait cesser; ou encore que, si agression il y avait sous le régime nazi, celui-ci recherchait l'apaisement, ou avait de bonnes raisons. Ainsi Jones repéra-t-il quelques personnalités de ce type dans la « haute société » — soit qu'elles eussent peur du bolchevisme, soit qu'elles ne fussent pas tout à fait assurées de la légitimité de leurs privilèges. Il note la fréquence des rêves de torture ayant trait à Hitler, ou d'amicale sympathie envers lui. En l'espèce, la projection des pulsions du ça sur les nazis est une explication possible, associée à une admiration pour les imagos irrésistibles du père, au déni du danger et au refoulement de la peur. Les efforts pour transformer l'image d'un père mauvais en bon père vont de pair avec l'auto-illusion de Quisling et la croyance au succès inévitable de l'adversaire — croyance qui débouche, en conséquence, sur le sentiment que les mauvais objets intérieurs projetés sur l'ennemi extérieur sont une bonne chose. Il faut déplorer, en l'occurrence, l'identification du sadisme à la vigueur sexuelle. La soumission au père dangereux, son acceptation et l'identification avec lui peuvent opérer chez une seule et même personne. L'auteur montre aussi comment se dégagent là encore des solutions fortement homosexuelles; à défaut d'une opposition totale, les rapports avec l'ennemi sont toujours complexes. Lorsque l'un des patients de Jones affirmait avec force qu'il fallait restituer à l'Allemagne ce qu'on lui avait pris, il voulait dire par là que le père exigeait que lui fût rendu le pénis dont il avait été floué. Ce type de fantasme aurait pu rendre compte de l'inactivité des Alliés dans un premier temps, mais aussi de l'effet d'une possible mauvaise conscience. Jones s'intéressa surtout au rôle masochiste de l'admiration de l'ennemi qui, dans son esprit, avait sans doute joué en Norvège et au Danemark, et que l'on pouvait rattacher à celle d'un frère cadet qui s'identifie avec l'aîné (le dictateur).

Le président de l'A.P.I. fit suivre cet essai par un autre sur le thème « Comment sauver la civilisation ? » (1943), mais ce dernier, me semble-t-il, fut moins heureux. Il était patent qu'il s'appuyait une fois encore sur l'expérience que lui donnait son travail en cours avec des patients, ainsi lorsqu'il commence par montrer comment des angoisses individuelles créent des fantasmes d'ennemis, allant de pair avec des projections et des introjections. Et ceci, pensait-il, allait bien au-delà de l'influence de la suggestion par la presse et les media. Cela permettait aussi de comprendre pourquoi les hommes politiques étaient capables de faire agir les gens au gré de leurs caprices. L'omnipotence infantile était projetée sur un possible dictateur, rendu fou par le triomphe. L'auteur achève son essai sur un vœu pieux, exprimant l'espoir que les chefs d'Etat fassent un jour une analyse. Les allusions que contient cet article ne pouvaient guère échapper au lecteur; il n'en reste pas moins surprenant que Jones n'ait pas mentionné les autodafés de livres en Allemagne. La civilisation peut-elle réellement survivre sans livres ?

La guerre se prolongeant, les contributions dignes d'être signalées se firent plus rares. Glover (1942) se pencha sur les effets psychologiques de l'état de guerre sur la population civile. Il observa ainsi comment la majorité des patients avaient d'abord réagi à la crise de Munich en se montrant bouleversés, puis avaient laissé paraître une amélioration par rapport à leurs précédents symptômes. Une minorité affecta l'indifférence, mais d'aucuns furent la proie d'une peur panique, redoutant d'être abandonnés par leur analyste, d'être blessés lors de raids aériens, effrayés par l'impuissance et la confusion, avec des symptômes de conversion et des somatisations. Par ailleurs, il se trouva d'autres analystes pour s'intéresser au sort des enfants et des femmes en particulier. Sylvia Payne (1943) aborda la question de la mobilisation et de l'évacuation des femmes, qui créaient de sérieux problèmes avec les enfants. Tout en appelant de ses vœux des analystes pour enfants mieux formés, Payne montre comment la nouvelle situation a ouvert aux femmes des possibilités de liaisons extraconjugales et homosexuelles. Il semble que l'auteur n'ait pas bien compris comment la guerre a elle-même concouru à l'émancipation des femmes.

Avec leur livre sur les *Enfants sans famille* (1944), Anna Freud et le Dr Burlingham attirèrent l'attention sur le sort difficile des enfants forcés de s'adapter à un nouveau milieu. L'appartenance à un même groupe d'âge avait un avantage évident : celui de permettre un certain contrôle de la jalousie. Mais les auteurs concluent en soulignant à quel point il s'agissait d'un environnement artificiel, quelle que soit son utilité.

Mais je voudrais maintenant achever ce tour d'horizon de la littérature des îles Britanniques en mentionnant une étude remarquable d'un analyste britannique, Charles Anderson (1944); il fut jugé assez important pour mériter de figurer dans *The Year Book of Psychoanalysis*, dont la publication débuta en 1945. L'étude de Anderson porte sur 5 000 patients admis dans un centre de traitement des névroses. Manifestes ou latentes, les tendances homosexuelles avaient été le facteur déterminant à l'origine des troubles névrotiques pour 8 % de la population du centre. Parmi ceux-ci, 4 % étaient des homosexuels instables et conscients, 4 % étaient des cas latents. L'instabilité résultait des attitudes hostiles de la collectivité, les mécanismes de défense s'exprimant alors par l'angoisse ou par des réactions hystériques ou paranoïdes. De même, l'inclusion dans un groupe d'hommes pouvait réactiver et intensifier des tendances homosexuelles latentes. Plus éprouvante encore était l'expérience de la guerre active qui pouvait se solder par la réactivation de penchants sadomasochistes (p. 236). Et toute l'importance de cette étude apparaît lorsque l'auteur montre avec force comment les penchants masochistes, si communs chez les invertis, s'exprimaient, non seulement directement dans les activités sexuelles, mais aussi par des voies indirectes et détournées, fort éloignées de l'anormalité sexuelle. Dans certains cas, surtout chez les homosexuels latents, tout se passait « comme si les tendances destructrices étaient nées *de novo* » (p. 231). Avec la levée des interdits, les mécanismes de défense contre les pulsions se désintègrent tandis que se réactivent des tendances refoulées avec succès pendant de nombreuses années. Riche en matériaux cliniques bien décrits, cette étude est, à mon sens, utile à quiconque tâche de comprendre la conduite des militaires et autres catégories de personnel associés à l'organisation des camps d'extermination et de concentration.

D'une manière générale, le manque d'études donne sans doute à penser que dans un état de guerre l'application de la psychanalyse est confinée à une bonne intelligence du processus impliqué, cependant que son application doit se heurter à toutes sortes de difficultés insurmontables[4].

En sa qualité d'ancien médecin-chef de l'armée de terre britannique, Thorner (1946) explique on ne peut plus clairement que la psychanalyse l'a considérablement aidé à comprendre les problèmes narcissiques en jeu dans le cas d'un homme athlétique blessé, mais l'application de telles intuitions était extrêmement difficile, sinon impossible. Thorner ne pensait pas qu'il y eût grande différence entre les névroses de guerre et celles de temps de paix, hormis qu'un psychiatre militaire voyait des cas que l'on

4. La célèbre psychanalyste Ilse Hellman, qui accomplit sa didactique à Londres de 1941 à 1945, m'a raconté comment le travail avec des patients à la London Clinic of Psycho-Analysis mettait le personnel dans des situations passablement difficiles. En cas de raids aériens, par exemple, tous les thérapeutes et les patients devaient se réfugier au sous-sol immédiatement. A la longue, l'exercice finit par devenir un peu embarrassant, et l'on envisagea même de prévoir deux pièces, 'une pour les thérapeutes et l'autre pour les patients, mais ce projet resta lettre morte.

ne rencontre ordinairement pas en période de paix. Et de conclure d'un ton lugubre qu'une organisation qui intègre des hommes qui ne l'ont pas choisie doit compter avec le possible effondrement de ces derniers.

Tournant mes regards vers d'autres régions du Continent, je voudrais maintenant insister sur le fait suivant : la nouvelle situation parut en effet réactiver l'esprit pionnier des psychanalystes, qui avaient sans doute eu un tantinet tendance à se reposer sur leurs lauriers au vu des progrès réalisés par leur méthode, à travers le Continent, certes, et surtout aux Etats-Unis. Certains psychanalystes se virent alors contraints et forcés d'aller travailler dans des régions où ils se retrouvèrent complètement isolés. D'aucuns ne réussirent pas à surmonter les difficultés et durent rejoindre leurs collègues des grandes villes ou d'autres pays ou s'en allèrent tout simplement travailler dans des centres psychiatriques, perdant ainsi tout contact avec le travail psychanalytique proprement dit[5].

D'autres, sans doute pourvus d'un esprit pionnier mieux trempé, s'accrochèrent et réussirent à attirer un nombre suffisant de collègues autour d'eux, obtenant de ce fait un certain nombre de résultats significatifs pour l'avenir du mouvement psychanalytique dans le pays où ils poursuivaient leurs activités. L'Australie et l'Argentine en donnent de remarquables exemples.

La Société australienne : parmi les psychanalystes qui quittèrent la Hongrie au début des hostilités se trouvait notamment Clara Lazar-Geroe. En route vers l'Australie, où elle devait rejoindre le Dr Roy Winn qui y pratiquait l'analyse depuis quelques années, elle devint membre de la Société britannique. L'arrivée d'une dizaine de collègues hongrois, promise par Jones, ne devait pas se concrétiser. Aucunement ébranlés, les deux pionniers surent cependant éveiller un intérêt suffisant dans la population locale, qui leur fournit les finances nécessaires pour créer l'Institut de Melbourne. En 1942, Clara Geroe animait un cercle d'étude, qui se réunissait toutes les semaines et qui rassemblait de 25 à 30 personnes, dont plusieurs mili-

5. D'une manière générale, les efforts d'hommes isolés ne semblent guère avoir été couronnés de succès. Nous avons déjà signalé comment, avec la disparition de Kulowesi en Finlande, la psychanalyse traversa une longue période de stagnation avant de retrouver son élan. D'autres exemples semblables se sont produits en d'autres pays. En Grèce, le Dr D. Kouretas, analyste formé en France et qui travailla à Athènes pendant la guerre, forma un petit groupe avec G. Zavitzianos, qui se retira presque aussitôt, et un poète, Andreas Embericos, qui avait suivi une analyse personnelle, mais pas une didactique, et se vit privé du droit d'exercer (A.I.H.P., *Journal*, automne 1986, no 2). Une autre tentative individuelle pour propager la psychanalyse fut le fait du Canadien Brock Chisholm, qui avait fait une analyse avec Edward ou James Glover. Pendant la guerre, en qualité de chef d'escadron dans l'armée de terre canadienne, il prit sur lui d'initier à la psychanalyse les psychiatres des forces canadiennes et britanniques et lança une série de séminaires de week-end et de groupes de discussion. Mais à l'occasion d'une conférence donnée au William Anderson White Memorial, il eut le malheur d'exhorter la psychiatrie à défendre la paix et le progrès social et fut vertement désavoué par l'establishment (A. Parkin, 1987).

taires américains et britanniques. Il y eut aussi des cours sur les problèmes d'éducation tandis que fut lancé un programme de formation. La suite relève de l'histoire de l'A.P.I. Peu après, la Société australienne fut reconnue comme branche de la Société britannique, et le moment venu elle se transforma en groupe d'étude, d'où naquit l'actuelle Société.

L'Association argentine : l'esprit pionnier se manifesta avec plus d'évidence encore en Amérique latine, où la fondation et le développement de l'Association argentine de Psychanalyse comptent parmi les événements les plus notables de l'histoire de l'A.P.I. Né en Espagne et formé à Berlin, Angel Garma espérait lancer un nouveau groupe d'analyse dans son pays natal, lorsque la guerre civile espagnole le força à émigrer. Ayant trouvé refuge à Paris, il fut bientôt obligé de fuir devant l'arrivée des forces allemandes d'occupation. Il partit sans tarder pour Buenos Aires, où vivaient encore quelques membres de sa famille. Sitôt arrivé, il rassembla un petit groupe composé de C. Carcamo, Arnaldo Rascovsky (qui entra plus tard en analyse avec lui) et G. Ferrari. En 1942, ils avaient fondé leur Société, et en 1943 ils obtinrent la reconnaissance officielle de l'A.P.I. tout en étant habilités à faire des didactiques. De 1944 à la fin de la guerre, les rapports entre l'Association argentine et l'A.P.I. furent plus distendus, mais celle-ci n'affecta aucunement l'enthousiasme des pionniers argentins. En 1944, leur présence fut très remarquée au cours de l'Assemblée extraordinaire de la Société argentine de Neurologie et de Psychiatrie, à laquelle participa un bon contingent de représentants latino-américains. Par suite, le président Rascovsky fut invité à São Paulo et à Rio de Janeiro, pour y donner des cours et y animer des séminaires. Tout cela suscita un intérêt croissant de la part des psychiatres brésiliens qui, le moment venu, devaient venir se former à Buenos Aires. Il est hors de doute que c'est dans le travail accompli par le groupe argentin que le remarquable développement de la psychanalyse brésilienne trouva son élan, avant de pouvoir prendre un nouveau départ avec l'arrivée massive d'immigrés européens dans les années suivantes (F. Casio, 1962, 1976).

Les trésors d'enthousiasme du quartet d'origine les poussèrent aussi à se doter d'un support pour exprimer leur créativité. En 1943 parut donc le premier numéro de la *Revista de Psicoanalisis* — revue illustrée qui publia un certain nombre d'articles fascinants, qui valent encore d'être lus aujourd'hui. Dans les années suivantes, James Strachey, le rédacteur en chef de l'*I.J.P.A.*, devait ainsi observer : « Ce premier numéro est somptueusement édité, joliment imprimé. Quant au fond, il ne témoigne pas moins de l'aune à laquelle le rédacteur en chef [de la *Revista*] entend être jugé : un début prometteur ». A côté d'articles originaux de Carcamo sur certains aspects de la religion maya et aztèque et le sacrifice humain, et de l'étude de Garma sur « El metodo psicoanalítico di interpretación de sueño », la revue se donna de nouvelles ambitions en introduisant des études en anglais d'auteurs aussi importants que M. Klein et F. Alexander, ainsi que des recensions d'ouvrages et une revue des revues. Les conditions étaient réunies d'une dissémination de premier ordre des informations psychanalytiques en provenance du monde entier — chose jusqu'alors sans équivalent dans les autres revues. Au demeurant, l'A.P.I. devait relativement tarder à suivre son exemple.

Dans les autres régions de l'Amérique latine, le mouvement psychanalytique ne connut, hélas ! pas un développement aussi rapide, alors même que durant les années de guerre Adelaide Koch, une psychanalyste allemande, rejoignit Marcondes à São Paulo et y lança un programme de formation. A la fin de la guerre, il n'y avait pas moins de sept candidats en analyse didactique à São Paulo, où avait été fondée une nouvelle société.

Mon exposé couvrant les années 1939 à 1945 dans le monde, je m'autoriserai de ce privilège pour présenter quelques pensées et réflexions sur la psychanalyse aux Etats-Unis, bien que ce sujet ait déjà été largement abordé par d'autres. De l'avis de Freud lui-même, à ce qu'il en dit dans sa « Contribution à l'histoire du mouvement psychanalytique » (1915), l'accueil qu'il reçut aux Etats-Unis lorsqu'il donna ses conférences à l'Université Clark ressemblait fort à un rêve devenu réalité. Eût-il visité le Continent dans les années 1940, je crois qu'il eût été également impressionné, même si la guerre s'y fit sentir aussi ici et là.

La vitalité de toute société se manifeste dans ses activités de formation, et il importe donc de noter qu'en 1940 on dénombrait 106 candidats à New York et 108 en d'autres centres. En 1943, il y avait au total 82 candidats en analyse didactique, 83 en supervision, plus 64 dans les forces armées. En 1944, alors qu'une nouvelle société avait ouvert ses portes, ces chiffres étaient respectivement de 144, 105 et 14; en 1945, la formation se poursuivait à Boston, Chicago, Detroit, New York, Philadelphie, San Francisco, Topeka, Washington et Los Angeles; il y avait alors 204 candidats en didactique, pour 81 formations interrompues[6].

Je dois en outre préciser que la plupart des centres continuèrent, semble-t-il, à organiser des réunions scientifiques, même si celles-ci furent considérablement perturbées à New York à partir de 1943. Si la psychanalyse était donc dans un état florissant en Amérique du Nord, elle n'en avait pas moins un certain nombre de problèmes.

La *Psychoanalytic Review* publia en 1942 (p. 202) un communiqué du conseil d'administration de la Société de New York à propos de divergences

6. Reports from American Affiliate Societies, *I.J.P.A.*, 1943, p. 44-45.

locales qui s'étaient manifestées au cours du printemps 1941 et s'étaient soldées par la démission de 5 des 88 membres et de 14 candidats sur 110. Ces dissidents s'en étaient allés former une « Association for Psychoanalysis » avec un Institut de formation. La querelle avait éclaté au sujet de la réorganisation et de la régularisation du programme de formation pour la masse des étudiants. Les dissidents s'étaient en conséquence estimés victimes de mesures discriminatoires. Or, la réorganisation exigeait simplement une analyse préparatoire, la supervision du traitement des patients et la possibilité ouverte aux candidats de suivre toute une série de séminaires. Théories et découvertes nouvelles devaient être au préalable soumises lors de réunions scientifiques. On ne s'en étonnera guère pour peu que l'on se souvienne que ce n'est qu'en 1938 que l'American Psychoanalytic Association avait décidé de prévenir toute interférence de l'A.P.I. en mettant en œuvre un programme unifié sous sa propre responsabilité.

Peut-être ces troubles qui agitèrent la Société de New York n'étaient-ils qu'un signe de bonne santé, mais nous devons les considérer à la lumière des inévitables conséquences de l'immigration massive d'Europe avec son très large éventail de spécialistes et sa sensibilité aux nouvelles approches théoriques ou techniques.

La première secousse lourde de conséquences fut le fait de F. Alexander, avec la publication de son livre, *A Study of Irrational Forces in Social Life*. Ainsi s'affirma le mouvement des néo-freudiens, mais, en conséquence, l'auteur s'exposa au courroux de l'establishment parce qu'il avait le sentiment que les analystes exagéraient l'importance du complexe d'Œdipe. La défection de Alexander fut, bien sûr, durement ressentie, d'autant qu'avec Fenichel et d'autres il avait contribué à éveiller l'intérêt pour la médecine psychosomatique, au point qu'une revue lui était désormais entièrement consacrée.

L'intérêt pour la médecine psychosomatique bénéficia sans nul doute de la présence massive des psychanalystes dans les facultés de médecine et les centres psychiatriques aux Etats-Unis. Parallèlement à l'intérêt croissant suscité par le fait, désormais bien établi, qu'un tiers des cas examinés par les médecins avaient une composante psychosomatique, le mouvement des thérapies de groupe connut un essor rapide et fut ainsi largement épaulé par les psychanalystes.

La guerre, en définitive, eut peu d'effet sur la créativité de nos collègues américains. Témoin, la nouvelle vogue d'écrits destinés aux profanes sur toutes sortes de questions médicales. Le nombre de livres et d'études psychanalytiques ne laisse pas d'impressionner, mais il serait impossible ne fût-ce que de les énumérer ici. Je me contenterai de distinguer une poignée de contributions qui, à mon sens, intéressent nos discussions. Il y eut, par exemple, *Psychoanalysis Today* de S. Lorand[7], ouvrage fort intéressant, dans lequel des spécialistes traitaient de divers aspects de la normalité et de la psychopathologie de la personnalité, aussi bien que d'autres thèmes d'ordre psychosomatique touchant à la criminologie, à l'art, à la sociologie et à la littérature, sans oublier la religion et l'anthropologie. Toute allusion à ce qui s'était passé dans l'Allemagne nazie brillait cependant par son absence. Mais cette lacune fut amplement compensée par « The psychoanalysis of antisemitism » d'Otto Fenichel (1940), dans lequel celui-ci décrivait un processus de déplacement stimulé de l'extérieur, dans la mesure où les « Juifs se prêtent tout particulièrement aux projections des gens en raison de leur mode de vie, social et religieux, qui les fait paraître étrangers parmi leurs hôtes », alors même que ceci ne s'appliquait pas, semble-t-il, à la vie contemporaine. Fenichel estimait qu'il y avait un problème d'assimilation à Berlin, où les nazis se servaient des Juifs comme boucs émissaires à cause de leurs cheveux bruns et de leur teint basané, qui leur donnaient l'air d'étrangers tout en en faisant une cible idéale de projections. Le Juif finit par représenter la sexualité vile et salace[8].

D'une manière générale, les rares études consacrées à la guerre sont quelque peu décevantes. L'une d'elles, de R. Sterba (1943), ne manque pourtant pas d'intérêt. Evoquant la « métapsychologie de la morale », il présente la morale de guerre comme un phénomène régressif qui met un terme aux aspirations individuelles — suivant un phénomène semblable à celui que connaissent les populations primitives. Les émotions collectives deviennent créatrices et sont bien au-dessus de l'égoïsme. La participation à la guerre ne va pas sans susciter des réponses du moi, dès lors que l'honneur national se confond avec la satisfaction narcissique sous la forme d'illusions mégalomaniques : ainsi, de la croyance en l'appartenance à un peuple supérieur.

Mais guerre ou non, les psychanalystes se préoccupaient surtout de l'évolution de la pratique et de la théorie psychanalytiques — auxquelles fut consacré en 1943 un colloque qui ne devait être publié qu'en 1945. Le principal orateur fut G. Zilboorg, qui commença en ces termes : « Que la psychanalyse traverse une crise est une impression persistante que l'on partage à l'intérieur comme à l'extérieur de la profession. Cette crise, qui se traduit par de profondes dissensions et des mouvements schismatiques, est bien plus profonde que l'intense expression d'un affect affiché de manière occasionnelle, et beaucoup plus modeste que les évidentes manifestations d'indépendance que l'on a vues dans les conflits des dernières années » (p. 79).

7. Publié par International Press, New York, 1944.
8. Dans *Mein Kampf*, Hitler accuse les Juifs d'avoir violé la mère patrie.

Et Zilboorg de déplorer que « l'héritage laissé par Freud au beau milieu d'une formidable crise ne fut ni reçu ni accepté de bonne grâce ». Il pensait en outre que la participation émotionnelle des psychanalystes aux troubles provoqués par l'hitlérisme puis la déroute de la France était nécessairement plus grande que celle du scientifique moyen en toutes sortes de domaines, parce que « les grandes migrations involontaires ont fort peu changé la position psychosociologique du chimiste, du chirurgien ou du mathématicien. Ceux-ci pouvaient s'estimer, et se sentaient, nécessaires ». En l'espèce, l'auteur préfère passer sous silence les décisions déchirantes que durent prendre certains hommes de science avant de se résoudre à l'émigration pour des raisons purement morales ou autres. Il avait cependant raison de penser que « les renvois de courant et les courants de fond du langage psychologique et de l'imagerie affective ne sauraient être ingérés et assimilés de force en une seule décennie. En temps de paix, nous étions à même de nous sentir solidaires à Innsbruck, Oxford et Lucerne, et d'apprendre, de comprendre et d'assimiler ».

Zilboorg insista encore sur un autre fait : l'analyste est formé pour les thérapies individuelles; or, en temps de guerre, les demandes affluent de toutes sortes de sources, et il est possible que le psychanalyste ne se sente pas apte à répondre à de telles demandes, ou, s'il le fait, il doit alors composer, et s'ensuivront toutes sortes de choses. « Aussi, ajouta-t-il, voici que nous devenons des sociologues de terrain, des philosophes ou des ethnologues, alors que nous ne sommes encore rien de tout cela. » Désavouant par ailleurs les « fallacieuses mais inévitables tentatives pour payer les rançons que l'époque semble exiger de nous », il reconnaissait cependant à juste titre que « nous sommes absorbés par cette nouvelle science de l'esprit humain, au détriment de maints centres d'intérêt sociaux et culturels d'une importance vitale... pendant tout ce temps, l'orage couvait, puis il a éclaté, et nous nous sommes alors retrouvés pris au milieu d'une éruption volcanique, totalement impréparés... nous étions presque totalement accaparés par la psychanalyse, et la psychanalyse, Freud ne nous ont pas préparés à affronter les éruptions révolutionnaires dont nous sommes les victimes ».

A mon sens, il est une chose que Zilboorg n'a pas comprise : ce dont il se plaignait, autrement dit le fait que les psychanalystes ne s'étaient que trop laissés accaparer par toutes sortes de matières telles que la philosophie, la sociologie, l'ethnologie, etc., résultait précisément de leur ignorance totale de l'orage qui couvait.

Force nous est aussi de reconnaître à regret, cependant, que nos chefs n'ont pas adopté une politique d'apaisement, et ce pour des raisons autres que celles affichées.

J'ai jadis prétendu que nous n'aurions pas agi différemment en quoi que ce fût si les événements des années 1930 se déroulaient aujourd'hui. Je n'en ai pas moins été plutôt déconcerté de voir à quel point les revues de l'époque ont peu évoqué ce qui se passait dans l'Europe occupée par les nazis, même s'il est fort possible que j'aie ici et là laissé passer quelques contributions importantes. Abstraction faite des gloses que je cherchais sur la persécution politique et les mauvais traitements, je n'ai trouvé en fait que de fort rares allusions à ce que pouvait représenter l'analyse d'hommes et de femmes dans des conditions aussi éprouvantes.

Peut-être ceux qui ont vécu la crise en tant que psychanalystes ont pu penser que Karl Menninger, alors président de l'American Association, avait sans doute péché par excès d'optimisme lorsque, dans son message de félicitations à l'Association argentine, il avait écrit en 1943 : « La mort du premier d'entre nos maîtres, Sigmund Freud, la conflagration mondiale, la désorganisation de la vie de nos collègues, avec tout ce que cette tragédie signifie, ne changeront pas la science, n'empêcheront pas la psychanalyse de reforger un modèle qui sera suivi ».

Les psychanalystes ont répondu à cette attente, mais j'aimerais conclure par quelques mots d'un collègue français, le Dr Leuba, qui dans son premier rapport à Anna Freud, alors secrétaire de l'A.P.I., écrivait : « Dans l'ensemble, on peut dire que durant les terribles années de l'Occupation, loin d'avoir cédé du terrain le mouvement psychanalytique n'a fait au contraire que gagner en vitalité ». Ce constat résumerait assez bien, me semble-t-il, l'état du mouvement psychanalytique dans le monde en 1945.

Traduit de l'anglais
par Pierre-Emmanuel Dauzat

Adam LIMENTANI,
38, Penshuzst Gardens,
Edgware, Mid. HA8 9TP, Angleterre.

Mots clés

Antisémitisme – Emigration – Nazisme (idéologie) – Politique (contrainte) – Quislinguisme.

BIBLIOGRAPHIE

Anderson C. (1944) On certain conscious and unconscious homosexual responses to warfare, *Yearbook of Psychoanalysis*, vol. I, p. 215-226.

Casio F. R. (1962) Historia de la Association Psicoanalitica Argentina, *Rev. de Psicoanalisi*, p. 24-25.

— (1976) Historia del movimento psicoanalitico latin americano, in *Die Psychologie des 20 Jahrhundertz*, Zurich, Kindler Verlag.

Fenichel O. (1940) Psychoanalysis of antisemitism, *American Imago*, vol. 1, n° 2, p. 538.

Freud A. et Burlingham D. (1944) *Infant without Families*, Medical War Books, New York, International University Press.
Glover E. (1942) Notes on the psychological effects of war conditions on the civilian population, *Int. J. Psychoanal.*, 23.
Jones E. (1941) The psychology of quislingism, *Int. J. Psychoanal.*, 22, p. 1-12.
— (1943) How can civilization be saved, *Int. J. Psychoanal.*, 24, p. 1-7.
Menninger K. (1943) Congratulory message, *Rev. de Psicoanalisi*, vol. 1, nº 1.
Nemes L. (1985) The Fate of Hungarian psychoanalysts during the time of fascism, *Sigmund Freud House Bulletin*, 9/2.
Parkin A. (1987) *History of the Canadian Society*, Psychoanalytic in Canada, Toronto, The Toronto Psychoanalytic Society.
Payne S. (1943) Criteria for the training in child analysis, *Int. J. Psychoanal.*, vol. 24, 1 et 2, p. 61-63.
Servadio E. (1965) La psicoanalisi in Italia, *Rev. de Psicoanalisi*, p. 44-47.
Sterba R. (1943) On the metapsychology of morality, *Bulletin of Menninger Clinic*, 2, 69.
Thorner H. (1946) The treatment of psychoneurosis in the British Army, *Int. J. Psychoanal.*, 27, p. 52-59.
Zilboorg G. (1943) Symposium on present trends in psychoanalytic theory and practice, *Yearbook of Psychoanalysis*, vol. 1, p. 79-93.
Autres sources : Bulletins de l'International Psychoanalytic Association, in *Int. J. Psychoanal.*, 1939-1945; Association internationale d'Histoire de la Psychanalyse, *Journal*, automne 1986, nº 2.

RÉSUMÉS

Voici un tour d'horizon des activités et des développements des douze sociétés membres de l'Association psychanalytique internationale du début de la Deuxième Guerre mondiale jusqu'en 1945. L'auteur montre à quel point la guerre a affecté l'activité des sociétés en Europe, en comparaison de celles d'autres régions du monde. Il note aussi comment, aux Etats-Unis, la psychanalyse connut un relatif essor, partiellement dû à l'émigration des psychanalystes européens tandis qu'en Amérique du Sud et en Australie se formaient de nouvelles sociétés. Compte tenu de la rareté des matériaux que l'on trouve dans les archives de l'A.P.I., l'auteur s'est fondé sur la littérature spécialisée chaque fois qu'elle avait trait aux affaires mondiales contemporaines et à la manière dont la situation de guerre affecta les individus et les groupes dans les divers pays.

The psychoanalytic movement during the years of the war (1939-1945) according to the archives of the I.P.A.

This is an overview of the activities and developments within the twelve component Societies of the International Psychoanalytic Association from the outbreak of the Second World War to its end in 1945. The author describes how the war had deeply affected the activities of the societies within Europe, as compared with other parts of the world. He notes how in the United States of America psychoanalysis was in a comparatively buoyant state, to some extent owing to migration of psychoanalysts from Europe, whilst in South America and Australia new societies were formed. In view of the scarcity of material to be found in the Archives of the I.P.A., the author has made full use of relevant literature whenever it was concerned with contemporary world affairs, and the manner in which the war situation affected individuals and groups in various countries.

Die psychoanalytische Bewegung während der Kriegsjahre
— nach Archivmaterial der I.P.V.

Dies ist ein Überblick auf die Aktivitäten und Entwicklung der zwölf Verbände, die der internationalen psychoanalytischen Vereinigung (I.P.V.) angehören, von Anfang des zweiten Weltkrieges bis 1945. Der Autor zeigt, in wiefern der Krieg die Aktivitäten der Verbände in Europa, im Gegensatz zu solchen in anderen Ländern der Welt, beeinflußt hat. Er bringt ebenfalls hervor, wie die Psychoanalyse in Amerika einen relativen Aufschwung erfahren hat, verstärkt durch die Emigration der europäischen Psychoanalytiker, während sich in Südamerika und Australien neue Verbände auftaten. Mit Rücksicht auf die wenigen Unterlagen, die man in den Archiven der I.P.V. findet, basiert der Autor einerseits auf Speziallitteratur, wenn es sich um zeitaktuelle internationale Geschehnisse handelt und andererseits, wenn es darum geht, wie die Kriegssituation das Individuum und Gruppen in diversen Ländern beeinflußte.

La psicanalisi nel mondo durante gli anni di guerra (1939-1945) secondo gli archivi dell'I.P.A.

Ecco uno sguardo panoramico sulle attività e sugli sviluppi delle dodici associazioni che furono membri dell'International Psychoanalytic Association dall'inizio della Seconda Guerra mondiale fino al 1945. L'autore dimostra fino a che punto la guerra colpi' l'attività delle associazioni in Europa rispetto a quelle di altre regioni del mondo. Inoltre, egli sottolinea come negli Stati Uniti la psicanalisi abbia conosciuto uno slancio relativo, dovuto in parte all'emigrazione degli psicanalisti europei, mentre in America del Sud ed in Australia si formavano nuove associazioni. Tenuto conto che negli archivi dell'I.P.A. si trovano scarsi documenti, l'autore si è basato sulla letteratura specializzata ogni qualvolta essa facesse riferimento agli affari mondiali contemporanei e al modo in cui la situazione di guerra colpi' gli individui ed i gruppi nei diversi paesi.

El movimiento psicoanalítico en los años de la guerra (1939-1945)
a través de los archivos de la I.P.A.

Se presenta un panorama de las actividades y la evolución de las doce sociedades miembros de la Asociación Psicoanalítica International (I.P.A.) desde los comienzos de la segunda guerra mundial hasta 1945. Se puede ver con qué intensidad la guerra afectó a las sociedades europeas, a diferencia de las de otras regiones. En los Estados Unidos se observa un desarrollo debido en parte a la emigración de psicoanalistas europeos; en América del Sur y Australia se forman nuevas sociedades. Teniendo en cuenta la escasez de materiales depositados en los archivos de la I.P.A., el autor recurre a las publicaciones especializadas cuando reflejan los asuntos mundiales contemporáneos y la manera en que la guerra afecta a las personas y los grupos de diferentes países.

Continuités et développement de la psychanalyse et de la psychothérapie en Allemagne depuis 1939

GEOFFREY COCKS

Non loin de Winslow, dans le haut désert du nord de l'Arizona, se trouve le cratère Barringer. Large de plus de 1 200 mètres pour 174 mètres de profondeur, il s'est formé il y a 50 000 ans lorsqu'un météore vint s'enfoncer dans la terre avec une force explosive équivalant à 1,7 mégatonne de T.N.T. Quiconque a pu en mesurer l'impact trouvera sans doute la sobriété de la description et de l'analyse scientifiques fort loin de la réalité renversante de l'événement. Une telle disparité de perspectives va de soi dès lors que l'on se penche sur l'impact du national-socialisme. La multiplication des études toujours plus spécialisées et sophistiquées consacrées à Hitler et aux nazis risque d'enlever au phénomène son impact de force massive et irrationnelle de destruction tout en menaçant d'affaiblir notre indignation morale. De même qu'il est peu fréquent qu'un météore pénètre la protection assurée par l'atmosphère terrestre, un phénomène aussi absolument condamnable que le nazisme constitue, par son ampleur, une éruption rare dans le manteau de la civilisation humaine. Aussi notre condamnation des nazis doit-elle être sans cesse réitérée. Ils incarnent, suivant la formule de Camus, la peste brune et noire de notre temps. En même temps, cependant, nous ne devons pas laisser la passion morale estomper la clarté de l'analyse historique, car alors nous risquerions de nous priver d'une intelligence plus complète et utile du cours et des conséquences du totalitarisme au XXe siècle.

Geoffrey Cocks est historien, professeur à l'Albion College (Michigan, U.S.A.).

Rev. Int. Hist. Psychanal. 1988, 1, 51-70

Les questions d'éthique personnelle et professionnelle ont occupé une place importante dans l'histoire mouvementée de la psychanalyse sous le Troisième Reich. Les études pionnières de chercheurs allemands comme Regine Lockot, Volker Friedrich et Lüdger Hermanns, aussi bien que les critiques de Dahmer, Lohmann et Rosenkötter, Brainin et Kaminer nous ont largement éclairé sur les vicissitudes de la morale des psychanalystes allemands sous Hitler. Cette critique sévère de leurs aînés par la jeune génération de psychanalystes ouest-allemands représente une précieuse *Vergangenheitsbewältigung* (la maîtrise du passé) en harmonie avec le tournant des recherches historiques allemandes depuis les années 1960 — tournant qui s'est manifesté par une dénonciation du refoulement du passé au profit d'une histoire politique et sociale critique de l'Allemagne moderne.

Il s'agit là d'un courant indispensable et important mais qui, à mon sens, mérite d'être amplifié d'un triple point de vue pour étoffer sa portée critique. En premier lieu, l'accent mis sur les individus et leurs défaillances morales doit être complété par la prise en considération du contexte structurel, c'est-à-dire des institutions. En second lieu, il convient de resituer l'histoire de la psychanalyse dans le cadre de l'histoire de la médecine, de la psychiatrie, de la psychothérapie et de la psychologie (le terme synoptique étant en l'occurrence celui de « psychothérapie »). Et en troisième et dernier lieu, la critique de gauche qui inspire certaines études doit être complétée en sorte que les éléments de psychothérapie, et la société bourgeoise de l'époque en général, ne soient pas purement et simplement assimilés au national-socialisme. Les développements en ce domaine ont porté autant sur des tendances persistantes que sur le nazisme présenté tout simplement comme le point culminant ou l'illustration desdits courants. L'étude scrupuleuse du contexte est d'autant plus importante que l'histoire elle-même risque de se fourvoyer dans les émotions *allzumenschlich* (bien trop humaines) du discours politique et professionnel contemporain, en particulier lorsque l'on est en présence d'un sujet comme le nazisme qui appelle une condamnation morale des plus fermes. L'indignation morale est donc une condition nécessaire mais non pas suffisante de l'intelligence du nazisme.

L'historien Martin Broszat (1985) a très justement appelé de ses vœux une « historicisation » du national-socialisme de sorte que l'objectivité puisse davantage contribuer à l'intelligence de la complexité de cette période. Le propos n'est pas d'ouvrir la voie à l'apologétique, mais de porter des jugements intellectuels et moraux encore plus précis et mesurés dans des domaines plus éloignés de l'exercice direct du mal sous le Troisième Reich. Les recherches sur l'histoire de la psychothérapie sous le Troisième Reich montrent que sa survie et son développement entre 1933 et 1945 ont eu du bon et du mauvais. Il est clair que les individus impliqués n'ont pas fait preuve de la plus haute moralité et que trois facteurs ont concouru à les pousser à collaborer avec le régime hitlérien : 1 / la sensibilité personnelle et professionnelle aux points de vue nazis; 2 / l'opportunisme; et 3 / des conditions structurelles modifiant ou dominant la morale personnelle. S'interroger sur un faisceau complexe de mobiles, ce n'est pas ôter le fardeau de la culpabilité des épaules de ceux qui méritent de le porter, mais plutôt situer les questions de morale dans le contexte social, historique et institutionnel qui est le leur, afin de mieux comprendre le phénomène que fut le Troisième Reich et sa place dans l'histoire allemande, européenne et occidentale.

La nazification incomplète de l'Allemagne, le degré d'autonomie laissée par « l'expertisme » et le souci nazi de la productivité humaine permirent aux psychothérapeutes du Troisième Reich de réaliser, dans une certaine mesure, des travaux solides et moralement défendables. Etant donné leur degré d'autonomie professionnelle, les psychothérapeutes, comme bien d'autres, portent une plus lourde part de responsabilité morale pour des actes qu'ils ont commis ou par omission. Mais au-delà même de la déréliction morale des individus, le blâme s'applique aux ambiguïtés morales des idées, des méthodes et des institutions. Ce fait nous conduit à nous pencher sur les contextes historiques qui ne sont pas moins dérangeants — à vrai dire, par leur prolongement des ambiguïtés morales au-delà des années 1933 à 1945, ils sont plus dérangeants — mais sont aussi plus compliqués. Si, comme l'a soutenu l'historien Dirk Blasius (1981), il s'est trouvé des psychiatres pour assigner des limites à la politique nazie de stérilisation et d'extermination des « malades mentaux incurables », alors le traitement psychothérapeutique des Allemands que les nazis jugeaient racialement précieux doit regorger d'ambiguïtés morales et pratiques plus grandes encore. Et puisque nous ne nous intéressons pas aux actes de brutalité et de sadisme dirigés contre ceux que les nazis tenaient pour des ennemis de race — je pense, par exemple, aux pratiques des médecins des camps de concentration nazis décrits dans le récent ouvrage de Robert Lifton (1986) —, nous devons, historiens et psychanalystes réunis, méditer et expliquer les motifs et les actions qui furent « surdéterminés », procédant d'un complexe de traditions propres à l'Allemagne, de traditions de la société industrielle moderne et de faiblesses humaines générales.

Dans cette étude, je me propose ainsi de présenter un tour d'horizon de l'histoire de la psychanalyse et de la psychothérapie en Allemagne depuis 1939 en abordant cinq thèmes interdépendants : 1 / l'historiographie de la psychanalyse et de la médecine; 2 / la psychanalyse dans le contexte des deux guerres mondiales; 3 / l'histoire intérieure du Troisième Reich; 4 / la place de l'Institut Göring dans l'appareil sanitaire de l'Etat nazi;

et 5 / l'examen, en guise de conclusion, de quelques questions fondamentales sur les continuités dans l'histoire de la psychothérapie dans l'Allemagne moderne.

L'histoire de la psychanalyse et de la médecine a progressé en trois vagues. La première, qui persiste encore aujourd'hui, a été le produit des praticiens et des admirateurs qui imaginent une ligne ininterrompue de progrès de la science au service de l'espèce humaine. Plus récemment, cette forme d'histoire whig a été éclipsée par une école de pensée critique, souvent d'inspiration marxiste, qui insiste sur la dynamique socialement intéressée des professionnels et des corps de métier aussi bien que sur le phénomène social plus général de l'enfermement bourgeois et de la stigmatisation des malades mentaux au nom du contrôle rationnel et de l'ordre économique. Tout en partant souvent de la deuxième, la troisième vague a privilégié la recherche historique minutieuse ainsi que l'analyse de l'histoire sociale de la science, de la médecine et, plus généralement, des corps de métier.

La plupart des psychanalystes ont traditionnellement considéré leur discipline comme une science pour donner la première place aux discussions portant sur le développement de la théorie et de la pratique et aux contributions individuelles des pionniers ou des découvreurs. Tout essai d'histoire de la « science » psychanalytique appelle cependant trois réserves. Premièrement, la question de savoir si la psychanalyse peut être considérée comme une science, et, si oui, en quel sens, fait l'objet d'un débat permanent. Deuxièmement, s'il est possible de définir la psychanalyse comme une science, nous devons la penser, comme toute science, en termes d'une série de paradigmes, et non pas comme un ensemble de « vérités » établies de l'extérieur. Et troisièmement, en complément des dynamiques internes du domaine, nous devons situer la psychanalyse à chaque stade de son histoire dans le contexte politique et social qui est le sien.

C'est sur cette dynamique extérieure que porte avant tout cet essai. Nulle science n'est plus étroitement liée à la société que la médecine pour la simple raison que les médecins ont directement affaire aux individus. Et il n'est aucun domaine de la médecine qui ait des attaches plus intimes avec les êtres humains comme membres de la société que celui des médecins et des profanes qui traitent les maladies mentales, quelles qu'en soient la nature et la gravité. S'il en est ainsi, c'est que d'une manière ou d'une autre les valeurs et intérêts individuels et sociaux jouent un rôle de part et d'autre de la relation thérapeutique.

Ne perdons pas de vue qu'il convient d'étudier la psychanalyse en liaison avec l'histoire de la psychothérapie et de la psychologie qui a, *grosso modo*, culminé entre 1940 et 1980 dans un défi institutionnel, couronné de succès, lancé à une psychiatrie largement physicaliste au sein comme à l'extérieur du corps médical. Ainsi, en son sens le plus ambitieux, notre tâche requiert un examen d'un aspect inédit et d'une importance capitale de l'histoire de la médecine au XXe siècle, d'un thème qui, dernièrement, a beaucoup retenu l'attention des historiens. Ute Frevert (1985), entre autres, a montré comment la société allemande s'était « médicalisée » à la fin du XIXe siècle, autrement dit comment on en est venu à considérer les problèmes sociaux, et ainsi à les fausser, comme des questions d'hygiène individuelle et d'intervention médicale professionnelle — évolution qui servait largement les intérêts de l'Etat et du corps médical. Claudia Huerkamp (1980) a suivi les luttes des médecins allemands au XIXe siècle pour asseoir leur position sur le marché au sein d'une société capitaliste en pleine mutation tandis que Michael Kater (1985*a*, 1985*b*, 1987) a suivi la poursuite de cette évolution historique jusqu'en 1945. S'agissant de la psychiatrie, Jan Goldstein (1982) a démontré en quoi cette discipline reflétait l'anticléricalisme de la IIIe République en France et avait contribué à sa propagation. Pour l'Allemagne, Klaus Dörner (1973) a présenté une approche critique du sacrifice bourgeois des personnes institutionnellement aliénées au profit d'un ordre social rationnel et d'un environnement propice aux affaires. Hannah Decker (1977) et Regine Lockot (1985) ont étudié la psychanalyse en Allemagne — l'une à partir de l'accueil divers que lui réservèrent les médecins jusqu'en 1907, l'autre en évoquant sa coordination sous le nazisme — tandis qu'Ulfried Geuter (1984) et moi-même (1985) avons respectivement décrit la professionnalisation de la psychologie et de la psychothérapie sous le régime nazi.

Nous ne manquons pas non plus d'études consacrées à l'impact de la Deuxième Guerre mondiale sur la société. L'histoire de la psychanalyse et de la psychothérapie pendant la guerre forme, en effet, une partie indispensable du progrès de notre connaissance de la nature et des effets du plus grand conflit de l'histoire humaine. Une étude de la psychanalyse dans le monde est d'autant plus importante qu'il y a peu de temps encore on faisait largement l'impasse sur son histoire dans ces années alors que l'on ne comptait plus les tableaux de la psychanalyse avant, pendant et après la Première Guerre mondiale. Les raisons de cette disparité tiennent au potentiel hagiographique supérieur de l'histoire de la psychanalyse dans la seconde décennie de ce siècle. Freud, bien sûr, était encore en vie : à la veille de la guerre, il avait défendu l'intégrité de sa conception de la psychanalyse en bannissant Adler et Jung du mouvement, tandis que l'immédiat après-guerre avait vu paraître quelques-uns de ses travaux théoriques et métaphysiques les plus incisifs. La guerre elle-même consacra l'échec dramatique de la psychiatrie positiviste tout en confirmant de manière stupéfiante la validité et l'utilité de l'approche psychodynamique. Bien que Freud comme Karl Abraham se soient fort opportunément inquiétés des dangers de la popularité de leur science qui s'ensuivit — craignant littéralement, pourrait-on dire, qu'elle ne fût « gâchée par son succès » — les traitements de cette époque ont généralement l'éclat des premières victoires d'une nouvelle science sur des forces qui avaient longtemps paru supérieures. Et alors même que la psychanalyse était loin d'être universellement acceptée, ses réussites d'alors jetèrent les bases de ses progrès significatifs dans les années 1920.

Par ailleurs, ces succès devaient multiplier les possibilités d'un développement encore plus grand avant et pendant la Deuxième Guerre mondiale. Nous commençons tout juste à prendre conscience de la signification et de l'ampleur de cette évolution, non seulement pour la psychanalyse mais aussi, et plus généralement, pour la psychothérapie et la psychologie. Cette histoire a été brouillée, refoulée même, car elle paraît à première vue absente tandis que foisonnent les ambiguïtés de la cooptation aux différents niveaux de la société et du gouvernement. Cette situation contraste avec le climat vivifiant des années antérieures, faites de découvertes et de luttes sans compromis. Freud lui-même est absent puisqu'il devait mourir vingt-deux jours après le début d'une guerre qui semblait apporter une nouvelle confirmation à ses lugubres méditations de 1915 à 1930 sur l'agression humaine. Son départ d'Autriche en 1938 fut le dernier acte de la tragédie d'un mouvement psychanalytique autonome en Europe centrale — d'une tragédie qui, cela n'a rien de surprenant, a préoccupé ses chroniqueurs. De ce point de vue, une césure apparaît dans le développement de la psychanalyse en Europe, la continuité ne se manifestant que dans les havres de salut du Nouveau Monde.

Mais l'on ne pouvait aussi facilement revenir sur l'intrusion de la psychologie dans la médecine sous l'impulsion de la psychanalyse, en particulier au début d'une guerre qui allait entraîner une mobilisation sans précédent de la médecine et de la psychologie (Menninger, 1948). Une guerre aussi désastreusement dirigée contre les civils exigeait des services d'urgence qui restèrent en activité dans l'immédiat après-guerre. Le rôle de la Clinique Hampstead dans le traitement des enfants déplacés et des orphelins victimes des raids aériens des nazis contre l'Angleterre en est un exemple notable (Burlingham et Freud, 1942). Dans le même temps, cependant, ces efforts humanitaires s'accompagnèrent d'une institutionnalisation plus poussée de la psychothérapie qui fit ressortir les ambiguïtés éthiques de la théorie et de la pratique.

Naturellement, rien n'est plus facile que de dresser l'inventaire des abus de la psychothérapie dans l'Allemagne nazie, et ce non seulement en termes de violations des droits de l'homme et des normes éthiques, mais aussi en raison de la tendance surdéterminée, dans le domaine de la psychologie proprement dite, à la subordination du patient individuel aux normes sociales. Sous Hitler, celle-ci impliquait le sacrifice potentiel à la peur constante de la police, aux exigences de haute productivité, ainsi qu'aux dangers et tensions de la guerre. Et même si tel ou tel patient ne souffrait pas directement de ces conditions, le succès de son traitement et de son adaptation au milieu social contribua aux efforts d'un régime pour infliger des souffrances à d'autres peuples. Ne nous laissons pas aveugler par la confluence sans parallèle de pouvoir et d'atrocité incarnée par le national-socialisme : à côté de la barbarie bien particulière du nazisme, prévalaient pour une part en Allemagne les mêmes conditions structurelles que l'on retrouvait ailleurs dans les champs convergents de la psychologie et de la médecine. Compte tenu des tendances à l'institutionnalisation des années 1930 et 1940, que nous examinerons de plus près par la suite, nous devrions être surpris que la psychothérapie n'ait pas enregistré en Allemagne de progrès significatifs, alors que le travail en ce domaine avait atteint un haut niveau de développement avant 1933. La persécution par les nazis de ce qu'ils appelaient la psychanalyse « juive » n'y changea rien.

En faisant abstraction de l'intégration éthiquement problématique de la psychanalyse, de la psychothérapie et de la psychologie à l'establishment médical et social pendant la Deuxième Guerre mondiale, les précédents tableaux ne nous ont pas permis de percevoir clairement les continuités de la théorie et de la pratique des années 1930 et 1940 jusqu'à aujourd'hui. Ainsi la survie de la psychothérapie dans l'Europe occupée par les nazis et son développement continu, quoique subordonné à certaines conditions, comme science et comme profession, en particulier en Allemagne, nous obligent-ils à nous pencher encore plus attentivement sur les problèmes inhérents à la théorie et à la pratique de la psychothérapie dans la société. En tant que cas extrême, l'histoire de la psychothérapie sous le Troisième Reich ne nous offre pas seulement une perspective historique nécessaire sur le développement de ce domaine en Allemagne, mais aussi une étude de cas riche en enseignements des aspects problématiques de l'institutionnalisation de la psychothérapie.

Russell Jacoby (1983) a récemment plaidé que la transplantation de la psychanalyse du milieu culturel viennois et berlinois dans le climat culturel plus pragmatique de l'Amérique avait transformé la psychanalyse en docile moyen d'adaptation sociale entre les mains du corps médical, au lieu de lui conserver son caractère d'instrument socialement critique de libération personnelle. Mais, outre que beaucoup d'analystes européens étaient loin d'être aussi engagés à gauche que ceux dont Jacoby décrit l'opposition au courant analytique américain dominant, l'Europe connaissait le même conformisme des conditions médicales, professionnelles et sociales. Les nazis n'ayant pas balayé mais plutôt exploité une bonne partie de l'élite allemande, ces traditions et ces tendances ont non seulement persisté mais se sont aussi nourries de l'insistance nazie sur l'unité et l'utilité sociales. La tendance à la professionnalisation de la psychothérapie reposait somme toute sur les moyens qu'elle avait d'obtenir un statut officiel au sein du système universitaire, de la bureaucratie médicale de l'Etat et des systèmes d'assurance publics ou privés en démontrant qu'elle aidait efficacement la société à réduire le fardeau des désordres psychologiques. Les naïvetés et enthousiasmes spécifiques de la culture allemande s'ajoutèrent à l'opportunisme professionnel zélé des psychothérapeutes non juifs, réunis sous la houlette de Matthias Heinrich Goering pour exploiter avec un grand succès un régime nazi qui avait grand besoin d'experts pour préparer le peuple à la guerre.

Dans l'Allemagne nazie, le conflit professionnel entre psychothérapie et psychiatrie ainsi que l'obéissance à l'autorité politique, ou son exploitation, prirent de nouvelles dimensions, d'abord du fait de la menace sans précédent pesant sur la science en général en raison des interventions potentielles ou réelles des nazis et, ensuite, à cause des grandes possibilités professionnelles offertes, avant tout, par la personne même de Goering. L'histoire de cette période est une excellente illustration de la manière dont les idées passent à travers les institutions et peuvent elles-mêmes avoir des effets éthiquement ambigus, en particulier dans un domaine tel que la psychothérapie qui s'intéresse aux désordres limitrophes entre l'individu et la société. De même qu'aux Etats-Unis, la pratique de la psychothérapie en Allemagne était à cette époque dominée par les médecins. En 1938, par exemple, Goering (1938) en personne observa qu'il ne fallait former de thérapeutes profanes qu'aussi longtemps que l'on manquerait de médecins pratiquant la psychothérapie. L'une des grandes peurs de Freud était, bien entendu, que les médecins investissent la psychanalyse pour tenter de la réduire et d'en faire une science physique parmi d'autres. En Allemagne, l'héritage romantique de la psychothérapie en opposition à la psychiatrie positiviste dominante avait certes amoindri ce danger, mais le travers communautaire du romantisme allemand, l'essor opportuniste de la thérapie profane au sein et à l'extérieur de l'Institut Goering, ainsi que les options conservatrices et souvent pro-nazies du corps médical contribuèrent à infléchir la psychologie médicale, à la mettre au service de l'ordre social et de l'autorité politique. Sherry Turkle a cependant démontré que ce problème n'était pas propre à l'Allemagne nazie. Dans son étude des problèmes de l'institutionnalisation de la psychanalyse en France, en effet, elle décrit les médecins comme « un groupe social on ne peut plus pressé de privilégier l'utile » (Turkle, 1978, p. 49) tout en étant particulièrement sensible à la « généralisation de la compétence technique » s'agissant des problèmes moraux et sociaux (Veatch, 1973).

Cette question est d'autant plus importante que tout psychothérapeute, profane ou médecin, occupe une position absolument cruciale entre l'individu et la société. Le psychothérapeute jouit d'un certain pouvoir sur le patient et il est clair que cette relation, volontaire ou obligatoire, peut être un moyen efficace de préserver et de consolider les normes sociales. Tandis que, « dans l'ensemble, la profession des psychothérapeutes se prétend attachée à la priorité absolue des intérêts du patient individuel » (Horowitz, 1977, p. 161), il est presque impossible de faire la part des choses entre les créances institutionnelles sur la fourniture, le coût et le résultat de la thérapie, les attitudes du thérapeute et du patient, et le climat social dominant.

De même que les récents travaux sur l'histoire de la Deuxième Guerre mondiale, l'étude de la psychothérapie sous le Troisième Reich s'inscrit dans le cadre d'une recherche plus vaste concernant l'impact du national-socialisme sur la société allemande. S'agissant des praticiens, nos connaissances ont largement profité des recherches consacrées à l'histoire des professions en Allemagne. Ces travaux ont en effet privilégié l'étude des dimensions institutionnelles comme correctif et complément de la tradition antérieure, moins critique, des études intellectuelles et biographiques. Insistant sur les questions d'intérêt, de pouvoir et de conflit, ils ont, entre autres choses, mis en évidence les continuités et les complexités de l'évolution professionnelle tout au long du Troisième Reich (Jarausch, 1986). L'idée d'une espèce de « culture nazie » généralisée imposée unilatéralement et uniformément du sommet a laissé place à une appréciation de la dynamique historique plus compliquée de l'interaction des institutions, des individus et des idées dans la société. Ainsi que l'a observé l'historien Konrad Jarausch, « le caractère envahissant du modèle de l'autonazification dans [...] les corps professionnels tels que celui des médecins [...] donne à penser qu'il faut moins voir dans la dynamique sociale du national-socialisme une force irrésistible que la sommation d'innombrables luttes individuelles ou collectives dont les effets se sont mutuellement renforcés » (Jarausch, 1985, p. 394).

Ces conclusions corroborent d'autres recherches sur l'histoire intérieure de l'Allemagne hitlérienne montrant que la transformation institutionnelle de la société par le régime fut assortie de limites bien nettes, et que les élites, les classes et les groupes d'intérêt d'autrefois furent à même de composer avec le nouveau régime (Kershaw, 1983). Ainsi, malgré la dictature, les spécialistes purent préserver une partie de l'autonomie et du prestige que leur valait leur compétence technique dans les sociétés démocratiques (Freidson, 1984). Le progrès de nos connaissances sur ce curieux mélange de désordre et de contrainte propre à l'Allemagne nazie suggère qu'il y avait place pour des manœuvres individuelles et institutionnelles, et qu'il y avait donc un champ plus large ouvert aux initiatives de la base au service des mauvais, des indifférents et à l'occasion même des bons.

Sous le Troisième Reich, les psychothérapeutes se trouvaient dans une position particulièrement avantageuse pour faire avancer leurs intérêts professionnels. Il en allait ainsi pour un certain nombre de raisons, mais surtout du fait de la présence dans leurs rangs d'un cousin du second de Hitler, Hermann Goering. Le prestigieux journal de Joseph Goebbels, *Das Reich*, devait en résumer le résultat en 1944 : « [...] la psychothérapie [...] a réalisé de sérieux progrès au cours des dix dernières années et, en Allemagne, elle a été manifestement reconnue par l'Etat à travers l'élévation récente de l'Institut allemand de Recherche psychologique et de Psychothérapie (de Berlin) au rang d'Institut du Reich dans le cadre du Conseil de la Recherche du Reich » (Goitsch, 1944).

Mais, alors que nous en savons aujourd'hui assez long sur l'histoire professionnelle et institutionnelle de la psychothérapie et de la psychanalyse sous le Troisième Reich, nous avons encore bien des choses à apprendre sur le rôle de la médecine et de la psychologie dans les systèmes nazis de contrôle social de la population allemande et, plus généralement, sur la place de ces disciplines dans la vie de la société sous Hitler — une vie complémentaire de la mort infligée par les nazis aux ennemis de la communauté raciale allemande.

Quoique imparfaitement exécutée, la politique sociale des nazis témoignait d'un intérêt soutenu pour la promotion, ou tout au moins l'apparence de promotion, du bien-être et de l'énergie productive de la population allemande. Leurs mobiles étaient mélangés. Le pragmatisme politique leur dictait de faire quelque chose à propos du chômage consécutif à la grande crise afin de prévenir tout risque de troubles ou de révolte de la part de la classe ouvrière. Par ailleurs, leur racisme les poussait à cultiver et à exploiter les qualités raciales prétendument supérieures des « Aryens », en particulier en vue de l'inévitable lutte raciale pour la survie contre des hommes biologiquement inférieurs mais supérieurs en nombre. Enfin, comme ils avaient hérité d'une société industrielle moderne qu'ils souhaitaient mettre au service de la guerre et de l'extermination, les nazis devaient admettre que « les programmes de sécurité sociale constituent un trait structurel uniforme des sociétés modernes, indépendamment du système politique ou de l'option idéologique officiels » (Armour et Coughlin, 1985, p. 779). Bien que les desseins nazis en ce domaine fussent quelque peu limités par le « darwinisme institutionnel » chaotique de leur bureaucratie, les profits confortables garantis au grand capital, la substitution de la camaraderie aux avantages matériels (Salter, 1980, p. 83), et le recours constant à la terreur, en particulier contre la classe ouvrière, même pendant la guerre, l'inertie bureaucratique ne put que faire progresser la planification dans le domaine de l'assurance sociale (Recker, 1985).

Comment les sciences de la santé, en particulier la psychothérapie, s'accommodèrent-elles donc de cette situation ? Sans perdre de vue les décalages importants entre les paroles et les actions, la rhétorique et la politique, mais aussi entre les intentions et les résultats, il apparaît que la campagne nazie pour la santé de la « race des maîtres » comportait trois éléments essentiels. En premier lieu, les médecins nazis appelaient de leurs vœux des programmes encourageant les pratiques sanitaires, l'hygiène publique, la médecine préventive et la rééducation. Voici un exemple dramatique de ce dernier idéal, et qui donne la chair de poule quand on songe à sa source : directeur du sanatorium S.S. de Hohenlychen et responsable des expériences sur les prisonniers des camps de concentration, le chirurgien orthopédiste Karl Gebhardt se fit le propagandiste zélé de la force positive de la pensée saine, ou *Ausstreuen der Heilidee* (la diffusion de l'idée de guérison) (Gebhardt, 1937, p. 737), prônant le recours à la suggestion psychologique pour rééduquer des patients dont la productivité risquait d'être autrement perdue pour la société (Gebhardt, 1936).

Le deuxième axe de la campagne sanitaire nazie répondait au désir de réduire les dépenses de santé et d'indemnisation ainsi que le coût des assurances et des pensions. Les psychothérapeutes de l'Institut Goering prétendirent à maintes reprises que la psychothérapie pouvait rapidement et à bon compte ramener les gens à la santé et au travail, épargnant aux assureurs privés ou publics de grosses sommes d'argent. Bien que la psychothérapie n'ait jamais trouvé place dans le système public d'assurance maladie avant 1945, l'Institut Goering signa en 1943 avec une compagnie privée d'assurance maladie pour employés de bureau une convention dont les directives d'application stipulaient que « l'admission des patients devait se faire avec la plus grande prudence. Seuls les patients socialement et biologiquement précieux et ayant de bonnes chances d'être guéris à bref délai peuvent être traités » (Goering, 1943). Il est difficile de déterminer la part exacte de rhétorique et de conviction racistes dans cette formulation. Ce qui est clair, en revanche, c'est la convergence des intérêts professionnels, financiers et politiques également soucieux de « l'expédition » rapide des perturbations psychologiques. Ces intérêts firent le jeu du courant « néo-freudien » prônant une thérapie raccourcie plutôt qu'une longue analyse didactique. La Luftwaffe essaya la psychanalyse pour la rejeter aussitôt parce que les exigences de traitement en vue de réadapter le patient à la vie n'étaient pas compatibles avec le désir de l'armée de le renvoyer au combat (Hattingberg, 1950, p. 1068). Il est un point commun entre ces deux exemples et une tendance au demeurant universelle dans l'histoire de la psychothérapie au XXe siècle : l'accent socialement conditionné sur l'efficacité des institutions sociales, économiques et publiques.

Le troisième et dernier élément de l'intérêt des nazis pour la santé exploitable de la population était lié à des idéaux interdépendants de race, de caractère et de volonté. Ces idéaux résumaient la conviction nazie que la supériorité « aryenne » reposait sur des qualités humaines intrinsèques naissant d'un cheptel humain sain et de mélanges raciaux efficaces. Le racisme nazi exploita le darwinisme social existant dans le corps médical et contribua à pousser les médecins allemands, par intérêt personnel autant que par conviction, à embrasser l'idée nazie du devoir de santé (Jacke, 1983). Ainsi les nazis chargèrent-ils le tout jeune système judiciaire de déterminer dans quelle mesure un délinquant était apte à recevoir des soins psychologiques ou psychiatriques; s'il y avait peu de chances qu'une réadaptation fût couronnée de succès, on appliquait des méthodes plus traditionnelles et plus brutales (DeWitt, 1972, p. 273). Abstraction faite de l'absurdité totale de leur théorie raciale, les nazis compromirent toute amélioration possible de la santé du peuple allemand par les impératifs d'une haute productivité, du sacrifice matériel et, enfin, de la guerre (Mason, 1978, p. 314-315). Il n'est pas jusqu'à leur insistance sur la productivité individuelle qui ne minât toute contribution que l'idéal de communauté raciale aurait pu apporter au sentiment de bien-être psychologique au sein d'un milieu propice en créant un climat de compétitivité, se soldant par des tensions et des maladies communes à toutes les sociétés capitalistes avancées (Kershaw, 1983, p. 147).

C'est donc dans ce contexte des desseins nazis et des réalités sociales de l'époque qu'il faut replacer les activités professionnelles des psychothérapeutes allemands. Etant donné la nature même de leur travail, ceux-ci ne furent pas directement impliqués dans les efforts parallèles des nazis pour stériliser et exterminer les personnes stigmatisées comme « malades mentaux incurables ». Leurs compétences relevaient plutôt du domaine des soins médicaux et de la promotion du conformisme social et politique. Sous le nazisme, la première compétence était défendable au nom du serment d'Hippocrate, bien qu'elle fût aussi hypocrite en pratique puisque, officiellement, les Juifs se voyaient refuser tout traitement; et, plus généralement, elle était aussi critiquable dès lors que, pour les citoyens du Reich, les soins médicaux étaient synonymes de culture de ressources humaines au profit d'un régime mauvais et agressif. La seconde compétence correspondait à un trait intrinsèquement problématique de la psychothérapie dans la société moderne — trait qui devient particulièrement dangereux dans une dictature.

Le comble de l'ambiguïté et de la lâcheté morales dans la pratique de la psychothérapie fut atteint dans l'Allemagne nazie lorsque la médecine et le droit pénal collaborèrent, par exemple, à propos des homosexuels. Amplifiant monstrueusement les lois existantes contre l'homosexualité et un travers social presque universel, les nazis percevaient dans l'homosexualité un exemple de dégénérescence biologique et devaient en conséquence exterminer plusieurs milliers d'homosexuels (Eckhardt, 1935). L'Institut Goering fut ainsi amené à s'intéresser directement au problème de l'homosexualité dans la société, les mouvements de jeunesse nazis et l'armée allemande au cours de la Deuxième Guerre mondiale. Les psychothérapeutes militèrent pour que l'on traitât les homosexuels au lieu de les châtier, et aidèrent les nazis à faire face à l'incidence chronique et embarrassante de l'homosexualité dans les Jeunesses hitlériennes et la Ligue des Filles allemandes. Dans le cas de l'armée de terre, le point de vue psychothérapeutique se heurta à une opposition scientifique et politique plus forte. La Wehrmacht et les Waffen-S.S. s'en tenaient strictement aux châtiments prévus par l'article 175 du Code pénal et, en 1944, ils exclurent spécifiquement, sauf circonstances bien particulières, tout recours à un traitement médical dans les conditions prévues par l'article 51 du Code (Schulte *et al.*, 1985). Le psychanalyste Felix Boehm participa aux délibérations qui aboutirent à la criminalisation complète de l'homosexualité dans l'armée, consacrant ainsi la victoire des nazis partisans de la manière forte, des partisans de la guerre totale et des psychiatres militaires qui s'étaient toujours opposés à toute complaisance thérapeutique envers les dégénérés sexuels. A compter de ce jour, l'Institut Goering s'illustra en soutenant clairement les mesures brutales prises pendant la guerre contre les homosexuels.

Mais les nazis eux-mêmes étaient en fait partagés quant au problème de l'homosexualité. D'un côté, ils s'efforcèrent de débarrasser la société des individus qui, à l'instar des homosexuels, paraissaient incapables de devenir des membres productifs de la *Volksgemeinschaft* (la communauté du peuple). De l'autre, ils souhaitaient exploiter autant que châtier, et l'incidence des tendances homosexuelles à travers la population, en particulier dans les mouvements de jeunesse nazis, donnait à penser qu'il fallait prendre des mesures réparatrices. Goering et les psychothérapeutes ne furent que trop heureux de saisir cette chance pour démontrer la valeur de leur discipline — d'autant qu'ils pouvaient établir ainsi la supériorité de la psychothérapie sur le « nihilisme thérapeutique » de la psychiatrie nosologique en place. Les psychothérapeutes reçurent l'appui de la Police criminelle du Reich qui, pour des raisons pragmatiques, rangeait les homosexuels en trois catégories : les « traitables », les « incurables » et les « délinquants occasionnels ». L'armée de terre devait elle-même reprendre cette classification dans ses directives de 1943. Les individus relevant de la première catégorie devaient être envoyés par la police en psychothérapie, tandis que ceux de la deuxième prenaient le chemin des camps de concentration. Quant à ceux qui relevaient de la dernière catégorie, il convenait de les affecter dans des bataillons disciplinaires (Der Chef des O.K.W., haut commandement de l'armée de terre, 1943). Et dans la Luftwaffe, où les psychothérapeutes avaient quelque influence, les services médicaux continuèrent jusqu'en 1944 à déclarer, contrairement aux médecins de la Wehrmacht, que l'homosexualité congénitale était traitable et que les personnes dont la perversion sexuelle était le résultat de facteurs liés au milieu étaient curables (Sanitätsinspekteur der Luftwaffe, 1944).

Ces quelques indications sont l'amorce d'une étude plus exhaustive du rôle de la psychothérapie, de la psychanalyse et de la psychologie dans le cadre et les limites de l'exploitation de la médecine par les nazis comme instrument de contrôle social. Une telle étude éclairera d'un jour différent l'évolution en ce domaine de la société bureaucratique allemande moderne. Elle mettra en évidence les continuités touchant la nature professionnelle et l'usage social de la psychologie dans la médecine allemande avant et après 1945 — largement ambigus d'un point de vue éthique, partiellement condamnables sans appel, très rarement au-dessus de tout reproche, mais jamais sans rapport avec des questions importantes intéressant la société humaine en général au XXe siècle. En même temps, une étude des usages et des effets de la psychothérapie nous sera d'un grand enseignement sur la dynamique de la société sous la dictature nazie (Blasius, 1973, p. 467). S'agissant du Troisième Reich, ceci est d'autant plus important que nous avons encore bien des choses à apprendre sur la « couche intermédiaire » — psychologique et sociale — sous le fanatisme, l'oppression et l'opposition qui a traditionnellement préoccupé les historiens. Après tout, c'est bel et bien sur cette « couche intermédiaire » que l'autoritarisme a pu prendre racine et fonctionner à travers un mélange de victimisation, de culture, d'adaptation et de mimétisme. La reconnaissance de ce terrain, rendue possible par l'incroyable masse de documents et de témoignages qui nous sont parvenus du fait de l'immense impact du nazisme sur l'humanité, puis de sa défaite totale qui a transformé ses bureaux en archives, est donc de la plus haute importance.

Pour conclure, abordons trois questions fondamentales relatives à l'histoire de la psychanalyse et de la psychothérapie en Allemagne depuis 1939 — trois questions qui doivent inspirer nos recherches ultérieures. La première est celle de la déformation de la théorie, de la pratique et du personnel à la suite des déprédations du régime nazi. On ne saurait se contenter de parler, comme le fit Harald Schultz-Hencke (1949) en présentant sa propre école de pensée dans les pages des *Temps modernes* en 1949, de la survie et de la protection de la psychanalyse. Divers témoins oculaires et participants ont continué à publier de tels plaidoyers défensifs, en partie pour répondre aux attaques dirigées contre l'ancienne génération d'analystes allemands. Pour précieux qu'ils soient en termes d'information de fond sur l'ère nazie, ces plaidoyers se caractérisent habituellement par leur fidélité envers tel ou tel individu, telle ou telle fonction (Bräutigam, 1984), compromettant par là même leur valeur d'analyses historiques. Ce genre de feux croisés intradisciplinaires ne rend que plus nécessaire la poursuite de recherches historiques systématiques permettant de recréer le contexte de l'époque.

La deuxième question est de savoir dans quelle mesure les nazis ont sciemment ou par inadvertance aggravé des tendances persistantes caractéristiques de l'usage de la psychothérapie comme instrument de contrôle social oppressif dans la société bourgeoise, et jusqu'à quel point ils ont créé les anomalies qui rendent compte des malformations spécifiques de la psychanalyse, de la psychothérapie et de la psychologie allemandes avant et après 1945. Et cette question conduit à son tour à s'interroger sur le degré d'autonomie morale et professionnelle que les psychothérapeutes réussirent à conserver sous la dictature nazie. Les faits suggèrent que, si extrêmes que fussent les conditions dans lesquelles la psychothérapie, comme pratique et comme profession, a pu se développer dans l'Allemagne nazie, il existe des continuités théoriques, pratiques, institutionnelles et professionnelles significatives qui rattachent la période hitlérienne aux développements précédents et ultérieurs en ce domaine — en Europe centrale comme dans l'ensemble du monde occidental.

La troisième question fondamentale est celle des continuités sociales et historiques plus générales dont la psychothérapie n'est qu'un aspect et à l'étude desquelles son histoire peut contribuer. Nous avons effleuré plus haut quelques-unes de ces questions, mais énumérons-les brièvement ici puisqu'elles portent sur l'histoire de la médecine et des soins médicaux en général. Comment la médecine et la psychothérapie ont-elles répondu aux exigences de conformisme, de discipline et d'efficacité ? Dans quelle mesure les objectifs en ce sens influencèrent-ils la vie du régime ? Jusqu'à quel point ces idées correspondaient-elles à des préoccupations communes aux médecins allemands avant 1933 ? Les différents corps de spécialistes les ont-ils acceptées et appliquées différemment ? Y a-t-il eu des variations théoriques et pratiques en fonction de la classe sociale des patients ? En fonction de la maladie ? Les femmes ont-elles été traitées autrement que les hommes ? Et enfin, dans quelle mesure ces idées et ces pratiques reflétaient-elles la dynamique sociale d'une société industrielle moderne et non pas seulement la dynamique propre à l'Allemagne et aux nazis ?

Mais il est une question sociale qui renferme et recoupe toutes les autres : quels sont les facteurs qui ont permis aux individus de vivre et de travailler dans un régime comme celui de Hitler et dans quelle mesure retrouve-t-on ces mêmes facteurs dans la société humaine en des temps plus cléments ? Telle est, peut-on plaider, *la* question du xxe siècle par excellence, et une étude des usages et des abus de la psychothérapie sous le nazisme peut largement contribuer à notre intelligence de problèmes aussi cruciaux. La terreur et le fanatisme ont été les deux pôles de ce phénomène social, mais les champs entourant ces pôles étaient eux aussi chargés d'énergies issues d'institutions, d'habitudes et de réponses humaines plus générales. L'institutionnalisation (Grunert, 1984) de la psychothérapie, de la psychanalyse et de la psychologie au xxe siècle au service de diverses fins sociales et professionnelles a contribué à privilégier les thérapies à court terme reflétant l'intérêt du patient, du thérapeute et des tiers pour une bonne adaptation au milieu social, au détriment de la quête de la connaissance de soi de la part du patient et de la recherche scientifique pour le thérapeute. Les ambiguïtés morales qui vont de pair avec cette tendance se sont aggravées à des degrés diversement affligeants sous le nazisme tout en accompagnant les crimes associés à cette période. Ce simple fait nous oblige plus que tout autre à ne pas faire abstraction des continuités marquant le développement de la psychanalyse et de la psychothérapie en Allemagne depuis 1939. Si, comme le pensait Freud, la morale est évidente, son respect et sa promotion dans la « cage de fer » des institutions dont Weber devait constater en 1903 la construction sont loin d'être acquis.

Traduit de l'anglais
par Pierre-Emmanuel Dauzat

Geoffrey Cocks,
Albion College,
Albion, MI 49224, U.S.A.

Mots clés

Armée (et Psychothérapie) – Institut Goering – Médecine – Nazisme – Psychanalyse – Société allemande.

BIBLIOGRAPHIE

Armour P. K. et Coughlin R. M. (1985) Social Control and Social Security : Theory and Research on Capitalist and Communist Nations, *Soc. Sci. Q.*, 66, p. 770-788.

Blasius D. (1973), Psychoanalyse — eine « historische » Wissenschaft ?, *Neue polit. Lit.*, 18, p. 453-468.

— (1981) Psychiatrischer Alltag im Nationalsozialismus, *in* D. Peukert et J. Reulecke, eds., *Die Reihen fest geschlos-Beiträge zur Geschichte des Alltags im Nationalsozialismus*, Wuppertal, Peter Hammer.

Bräutigam W. (1984) Rückblick auf das Jahr 1942. Bettachtungen eines psychoanalytischen Ausbildungskandidaten des Berliner Instituts der Kriegsjahre, *Psyche*, 38, p. 905-914.

Broszat M. (1985) Plädoyer für eine Historisierung des Nationalsozialismus, *Merkur*, 39, p. 373-385.

Burlingham D. et Freud A. (1942) *Young Children in War-time ; a Year's Work in a Residential War Nursery*, Londres, G. Allen & Unwin.

Cocks G. (1985) *Psychotherapy in the Third Reich : The Göring Institute*, New York, Oxford University Press; *La psychothérapie sous le III*e *Reich*, trad. franç. C. Davenet et J.-L. Roy, Paris, Les Belles-Lettres, 1987.

Decker H. (1977) *Freud in Germany : Revolution and Reaction in Science, 1893-1907*, New York, Int. Univ. Press.

Der Chef des Oberkommandos der Wehrmacht (1943) *Richtlinien für die Behandlung von Strafsachen wegen widernatürlicher Unzucht*, 19 mai 1943, H20/474, Bundesarchiv-Militärarchiv.

DeWitt T. (1972) *The Nazi Party and Social Welfare, 1919-1939*, thèse de doctorat, University of Virginia.

Dörner K. (1973) Zur Entwicklung der Psychiatrie in der B.R.D., *in* M. Cramer et P. Gottwald, eds., *Verhaltenstherapie in der Diskussion*, Munich, G.V.T.

Eckhardt (1935) Widernatürliche Unzucht ist todeswürdig, *Das Schwarze Korps*, 22 mai, 8.

Freidson E. (1984) The Changing Nature of Professional Control, *Ann. Rev. Sociol.*, 10, p. 1-20.

Frevert U. (1985) Professional Medicine and the Working Classes in Germany, *J. Contemp. Hist.*, 20, p. 637-658.

Gebhardt K. (1936) Allgemeines zur Wiederherstellungschirurgie, *Zentralb. f. Chirurgie*, 63, p. 1570-1576.

— (1937) Erziehungsfragen im Behandlungsgang versicherungspflichtiger Kranker, *Deut. med. Wochenschr.*, 63, p. 736-738.

Geuter U. (1984) *Die Professionalisierung der deutschen Psychologie im Nationalsozialismus*, Francfort, Suhrkamp.

Goitsch H. (1944) Heilwege für die erkrankte Seele, *Das Reich*, 20 août, 20.

Goldstein J. (1982) The Hysteria Diagnosis and the Politics of Anticlericalism in Late Nineteenth-Century France, *J. Mod. Hist.*, 54, p. 209-239.

Goering M. (1938) Lettre à F. Wirz, 28 mai, *Kl. Erw.*, 762/3, Bundesarchiv.

— (1943) Ausführungsbestimmungen, 1er janvier, *Kl. Erw.*, 762/4, Bundesarchiv.

Grunert J. (1984) Zur Geschichte der Psychoanalyse in München, *Psyche*, 38, p. 865-903.

Hattingberg I. (1950) Medical Care for Flying Personnel, in *German Aviation Medicine. World War II*, Washington, Department of the Air Force.

Horowitz L. (1977) Whose Interests Should the Psychotherapist Represent ?, *in* R. Stern, L. Horowitz et J. Lynes, eds., *Science and Psychotherapy*, New York, Haven.

Huerkamp C. (1980) Ärzte und Professionalisierung in Deutschland, *Geschichte und Gesellschaft*, 6, p. 349-362.

Jacke R. (1983) Medizin im Nationalismus und ihr Widerschein in der Gegenwart, *Frankfurter Hefte*, 38, 3, p. 31-38.

Jacoby R. (1983) *The Repression of Psychoanalysis : Otto Fenichel and the Political Freudians*, New York, Basic Books; *Otto Fenichel : Destins de la gauche freudienne*, trad. franç. par P.-E. Dauzat, Paris, P.U.F., 1986.

Jarausch K. (1985) The Crisis of German Professions, 1918-1933, *J. Contemp. Hist.*, 20, p. 379-398.

— (1986), The Perils of Professionalism : Lawyers, Teachers, and Engineers in Nazi Germany, *Ger. Studies Rev.*, 9, p. 107-138.

Kater M. (1985*a*) Doctor Leonardo Conti and His Nemesis : the Failure of Centralized Medicine in the Third Reich, *Cent. Eur. Hist.*, 17, p. 299-325.

— (1985*b*) Professionalization and Socialization of Physicians in Wilhelmine and Weimar Germany, *J. Contemp. Hist.*, 20, p. 677-701.

— (1987) Hitler's Early Doctors : Nazi Physicians in Predepression Germany, *J. Mod. Hist.*, 59, p. 25-52.

Kershaw I. (1983) *The Nazi Dictatorship : Problems and Perspectives of Interpretation*, Londres, Edward Arnold.

Lifton R. (1986) *The Nazi Doctors : Medical Killing and the Psychology of Genocide*, New York, Basic Books.

Lockot R. (1985) *Erinnern und Durcharbeiten. Zur Geschichte der Psychoanalyse und Psychotherapie im Nationalsozialismus*, Francfort, Fischer.

Mason T. (1978) *Sozialpolitik im Dritten Reich. Arbeiterklasse und Volksgemeinschaft*, Opladen, Westdeutscher.

Menninger W. (1948) *Psychiatry in a Troubled World : Yesterday's War and Today's Challenge*, New York, Macmillan.

Recker M. (1985) *Nationalsozialistische Sozialpolitik im Zweiten Weltkrieg*, Munich, R. Oldenbourg.

Salter S. (1980) Class Harmony or Class Conflict ? The Industrial Working Class and the National Socialist Regime 1933-1945, *in* J. Noakes, ed., *Government, Party and People in Nazi Germany*, Exeter, University of Exeter.

Sanitätsinspekteur der Luftwaffe (1944) Anweisung für Truppenärtze zur Beurteilung gleichgeschlechtlicher Handlungen vom 7-6-1944, H20/474, Bundesarchiv-Militärarchiv.

Schulte, Becker, Rodenberg, Prentzel-Beyme et Boehm (1985) Begutachtung von Strafsachen wegen widernatürlicher Unzucht, 15-12-1944, *in* K. Brecht *et al.*, « *Hier geht das Leben auf eine sehr merkwürdige Weise weiter...* » *Zur Geschichte der Psychoanalyse in Deitschland*, Hambourg, Michael Kellner; Expertises en procédures pénales pour actes sexuels contre-nature, in « *Ici, la vie continue de manière fort surprenante...* » *Contribution à l'histoire de la psychanalyse en Allemagne*, trad. franç., Paris, Association internationale d'Histoire de la Psychanalyse, 1987, p. 156-157 et 267.

Schultz-Hencke H. (1949) La psychothérapie et la psychanalyse en Allemagne, *Les Temps modernes*, 5, p. 526-537.
Turkle S. (1978) *Psychoanalytic Politics : Freud's French Revolution*, New York, Basic Books; *La France freudienne*, trad. franç. par Y. Tenembaum, Paris, Grasset, 1982.
Veatch R. (1973) Scientific Expertise and Value Judgments : Generalization of Expertise, *Hasting Center Studies*, 1, 2, p. 29-40.

RÉSUMÉS

L'histoire de la psychanalyse en Allemagne au cours de la Deuxième Guerre mondiale doit être resituée dans le contexte de l'évolution institutionnelle et professionnelle à l'intersection de la médecine et de la psychologie dans la première moitié du XXe siècle. Les ambiguïtés morales de l'intégration de la psychanalyse et de la psychothérapie aux structures de la société industrielle moderne furent amplifiées et brutalement augmentées au cours de la professionnalisation partielle de ces disciplines en Allemagne sous la dictature nazie. Une étude des continuités de l'histoire de la psychanalyse et de la psychothérapie en Allemagne depuis 1939 est de nature à nous éclairer sur les vicissitudes morales et pratiques du professionnalisme dans la société moderne aussi bien que sur l'histoire sociale de l'Allemagne sous Hitler.

Developmental continuities of psychoanalysis and psychotherapy in Germany since 1939

The history of psychoanalysis in Germany during the Second World War must be seen in the context of institutional and professional developments along the lines of the intersection of medicine and psychology during the first half of the twentieth century. The moral ambiguities of the integration of psychoanalysis and psychotherapy into the structures of modern industrial society were magnified and brutally supplemented in the course of the partial professionalization of these disciplines in Germany under the Nazi dictatorship. A study of the continuities in the history of psychoanalysis and psychotherapy in Germany since 1939 can provide insight into the moral and practical vicissitudes of professionalism in modern society as well as into the social history of Germany under Hitler.

Konstanten in der Entwicklung von Psychoanalyse und Psychotherapie in Deutschland seit 1939

Die Evolution der deutschen Psychanalyse im Laufe des zweiten Weltkrieges muß im Zusammenhang gesehen werden mit der institutionellen und beruflichen Entwicklung, die sich parallel zu Medizin und Psychoanalyse in der ersten Hälfte des XX. Jahrhunderts abspielte. Die moralischen Zwiespälte, die Psychoanalyse und Psychotherapie mit den Struckturen der modernen industrialisierten Gesellschaft in Einklang zu bringen, wurden verstärkt und abrupt erhöht durch das teilweise öffentliche Lehren dieser Disziplin während der

Naziherrschaft. Eine Untersuchung über die andauernde Entwicklung der Psychoanalyse und -therapie in Deutschland seit 1939 gibt uns Aufschluß über die moralischen und zweckmäßigen Abwechslungen des Lehrens im heutigen Leben, genauso wie in der Gesellschaft Hitlerdeutschlands.

Continuità e sviluppo della psicanalisi e della psicoterapia in Germania dal 1939

La storia della psicanalisi in Germania durante la Seconda Guerra mondiale deve essere risituata nel contesto dell'evoluzione istituzionale e professionale in cui si verifica il punto d'incontro tra medicina e psicologia nella prima metà del XX secolo. Le ambiguità morali provocate dall'integrazione della psicanalisi e della psicoterapia alle strutture della società industriale moderna ne risultarono amplificate e aumentarono in modo brutale nel corso della professionalizzazione parziale di queste discipline nella Germania nazista. Uno studio delle continuità della storia della psicanalisi e della psicoterapia in Germania dopo il 1939 è tale da illuminarci sulle vicissitudini morali e pratiche del professionalismo nella società moderna, come anche sulla storia sociale della Germania ai tempi di Hitler.

Continuidad y desarrollo de la psicoterapia y el psicoanálisis en Alemania a partir de 1939

La historia del psicoanálisis en Alemania durante la Segunda Guerra mundial debe ser ubicada en el contexto de la evolución institucional y profesional que ocurre en las fronteras de la medicina y la psicología en la primera mitad del siglo XX. Las ambigüedades morales de la integración del psicoanálisis y la psicoterapia en las estructuras de la sociedad industrial moderna se amplificaron e incrementaron brutalmente con motivo de la profesionalización parcial de esas disciplinas en Alemania bajo la dictadura nazi. El estudio de las continuidades de la historia del psicoanálisis y la psicoterapia en Alemania a partir de 1939 nos puede ilustrar sobre las vicisitudes morales y prácticas del profesionalismo en la sociedad moderna, así como sobre la historia social de la Alemania hitleriana.

Conditions et limites de la productivité scientifique des psychanalystes en Allemagne de 1933 à 1945 — un premier tableau d'ensemble et un essai à titre d'exemple sur Alexander Mette (1897-1985) et son projet sur Novalis

LUDGER M. HERMANNS

« En dépit de toutes ces difficultés, les psychanalystes n'ont pas perdu le courage et l'envie de participer aux soirées de conférences scientifiques, et pendant toutes ces années jusqu'à l'effondrement on a maintenu la vieille coutume d'organiser une soirée scientifique toutes les deux semaines [...]. Une autre retombée productive de notre capacité psychanalytique qui put se maintenir sans souffrir pour l'essentiel fut l'exercice de la pratique psychanalytique ainsi que celle des traitements conduits par les psychanalystes en policlinique, sur lesquelles personne n'a pu exercer de contrôle — Dieu merci ! » Nous citons ici les propos de Carl Müller-Braunschweig, le président de la D.P.G. (*Deutsche Psychoanalytische Gesellschaft*, Société allemande de psychanalyse) lors de l'assemblée générale de 1948 (Müller-Braunschweig, 1948, p. 2-3).

Si « le courage et l'envie de participer aux soirées de conférences scientifiques » mentionnées plus haut ne doivent pas être contestés (il existe une liste[1] bien fournie des thèmes de conférence de cette époque), en revanche il convient de mettre en doute la « retombée productive » affirmée de la capacité psychanalytique. A mon avis, ces affirmations sur l'exercice de la pratique psychanalytique ainsi que celle des traitements conduits en policlinique par les psychanalystes ne résistent pas à un examen poussé. La pratique n'a pas pu se maintenir sans souffrir pour l'essentiel,

Ludger M. Hermanns est membre de la Deutsche Psychoanalytische Vereinigung.

1. Publié pour la première fois dans F. Baumeyer, 1971, p. 211-215.

et il n'est pas vrai que personne n'a pu exercer de contrôle. J'ai un exemple particulièrement tragique, accessible grâce à un vidéofilm réalisé en commun avec U. Schultz dans lequel la psychothérapeute berlinoise Marianne Stark raconte le traitement d'un garçon de quatorze ans. Pendant le traitement dans le cadre de la policlinique du *Deutsches Institut für psychologische Forschung und Psychotherapie* (qu'on surnommait Institut Goering), ce garçon commit des vols d'armes qui ne furent connus d'abord que par la psychothérapeute. Comme le directeur de l'Institut rompit le devoir de silence, ce fait fut introduit comme circonstance aggravante dans un procès qui aurait été sinon plutôt bénin et attira au garçon un verdict sévère : ce ne fut qu'avec peine qu'on put lui éviter l'euthanasie pour enfants dans un organisme spécialisé. Quand le Pr-Dr M. H. Goering finit par obliger par serment tous les collaborateurs du *Deutsches Institut für psychologische Forschung und Psychotherapie* à lui signaler les déclarations défaitistes des patients pour qu'il puisse prendre les mesures qui s'imposaient, le contrôle extérieur, voire l'influence, devint certainement un problème pour les cures et les analyses — même si nous n'avons pas trace de rapports effectivement présentés à Goering et même s'il est vraisemblable qu'ils durent ne jamais voir le jour, ou très rarement.

Que dans ces conditions que nous venons d'esquisser — absence de liberté, oppression intellectuelle et soumission à des influences — la capacité psychanalytique de l'individu ait pu s'exercer productivement dans la pratique psychanalytique, cela semble douteux.

C'est la même impression qui ressort quand nous dressons la liste des conditions indispensables pour un travail scientifiquement productif des psychanalystes, c'est-à-dire entre autres :

1 / pouvoir innover à partir d'expériences cliniques, qui en général proviennent de la pratique analytique propre au chercheur;
2 / l'observance d'une méthodologie scientifique dans l'étude des problématiques entrant en jeu;
3 / l'appartenance à un groupe de travail ou à une association scientifique de psychanalystes au sein desquels on peut soumettre à la discussion les résultats de ses recherches;
4 / la continuité entre théorie et pratique de la psychanalyse dans une communauté de psychanalystes dotée d'une existence réelle au niveau national ou international;
5 / des possibilités de publication dans des revues spécialisées reconnues au plan national ou international selon les cas;
6 / le libre accès à la littérature spécialisée internationale et la possibilité de participer à des congrès dans son pays et à l'étranger.

Pour le 1 / : à partir de 1935, le travail en pratique individuelle ne fut plus possible que pour des psychanalystes qui n'étaient pas Juifs et qui se rattachèrent à partir de 1936 au *Deutsches Institut für psychologische Forschung und Psychotherapie*. Les non-Juifs purent exercer la psychanalyse jusqu'au début de la guerre; à cette date, ils furent enrôlés dans l'armée, réquisitionnés, transférés de force. L'annexion trop nette au fameux Institut Goering faisait peser des menaces toujours plus nettes sur la liberté et l'indépendance de l'exercice de la psychanalyse.

Pour le 2 / : l'interdiction de la langue technique et scientifique de la psychanalyse, la métapsychologie, contraignit les psychanalystes à se réfugier dans une sorte de « langue de camouflage » où les concepts connus de tous devaient être récrits, en général d'une façon descriptive et au gré des circonstances. D'ailleurs, le mot de Freud : « Je n'aime pas céder à la pusillanimité. On ne sait jusqu'où on peut aller dans cette voie; on commence par céder sur les mots et on finit parfois par céder sur les choses » (Freud, 1921, p. 99), donne ici à penser et fait naître une question : jusqu'à quel point cela n'a-t-il pas entraîné aussi une perte de substance sur le fond. Cela devait être le cas plus particulièrement pour cette jeune génération de psychanalystes qui avaient été entièrement élevés et formés dans cette « langue d'esclave » (Dräger, 1971, p. 264) et ne purent jamais garder les yeux fixés sur le système scientifique de référence de la psychanalyse classique.

Pour le 3 / : le groupe se maintint effectivement jusqu'à la fin, d'après ce que nous pouvons déduire de la citation initiale de Müller-Braunschweig. Comme des officiels de l'Institut prenaient part comme inspecteurs à leurs réunions régulières qui se déroulaient obligatoirement à l'Institut, là aussi un échange libre des expériences faites n'était pas possible. Cet échange se limitait à des rencontres privées organisées en secret.

Pour le 4 / : dans ses « Réflexions sur l'auto-analyse de Freud », Heinz Kohut est arrivé à la constatation suivante : « Si la psychanalyse devait se modifier [...] si soudainement et si profondément qu'elle perde le sentiment de sa continuité, le psychanalyste individuel ne ressentirait plus le moindre attrait pour l'appartenance à la communauté scientifique des analystes, il perdrait son sentiment d'appartenir à un corps scientifique vivant, en évolution, à la croissance duquel il peut contribuer, et sa productivité s'effondrerait » (Kohut, 1975, p. 97).

Le sentiment de la continuité de la psychanalyse en Allemagne — sur quoi pouvait-il encore se fonder après toutes les mesures prises contre la D.P.G. ? Après l'exclusion des Juifs hors du Comité directeur, puis hors de la Société, après leur proscription, après la dissolution de l'Institut intégré à l'Institut Goering, la défection envers l'I.P.V. (*Internationale*

Psychoanalytische Vereinigung / Association psychanalytique internationale), l'interdiction d'enseignement et de publication qui frappa Müller-Braunschweig et Boehm, et après la dissolution de la D.P.G. ? Peut-être l'attachement frénétique à la D.P.G. en tant qu'institution (au lieu de procéder par exemple à son autodissolution) était-il précisément la preuve d'une identité de groupe en réalité encore incomplète, dont la fragilité serait devenue encore plus nette sans la cohésion produite par le caractère d'association. C'est dans cette direction que va aussi la proposition de Böhm et Benedek à l'assemblée des membres de la D.P.G. du 27 novembre 1935 (à laquelle participait Ernest Jones); pendant la discussion de l'éventualité de quitter de leur propre chef l'I.P.V., ils firent remarquer « que l'on pouvait difficilement garantir que la psychanalyse réduite à ses propres forces pourrait se maintenir dans sa pureté et sans altérations en Allemagne » (Brecht *et al.*, 1985, p. 121).

Après la dissolution de la D.P.G. et l'abandon de l'I.P.V., il n'est pas étonnant qu'un système de référence concurrent — la néo-analyse de Schultz-Hencke — ait pu de plus en plus venir au premier plan. La cohésion de groupe que l'on continue néanmoins à observer chez les freudiens dans leur « existence de catacombes » (Kemper, 1973, p. 276) à l'Institut Goering n'est plus due qu'en partie à l'enracinement dans la continuité entre théorie et pratique psychanalytiques, mais doit beaucoup aussi à différentes lois de la dynamique de groupe, à la persistance de vieilles relations personnelles et à l'enseignement qui continua à fonctionner et fut maintenu.

Pour le 5 / et le 6 / : jusqu'à l'occupation de l'Autriche et à l'interdiction, doublée de confiscation, de l'*Internationaler Psychoanalytischer Verlag*, il y avait encore une maison d'édition et une revue de psychanalyse en langue allemande en service[2]. Des articles isolés de psychanalystes se rencontrent dans la revue *Zentralblatt für Psychotherapie*, asservie au régime, et dans la revue viennoise *Psychotherapeutische Praxis*, dont on fit à partir d'une ancienne fondation Stekel une sorte de contraire du *Zentralblatt*. Le contact avec la discussion scientifique internationale fut ainsi interrompu. Müller-Braunschweig se trompait carrément avec son idée de créer une revue *allemande* de psychologie — ce qui n'était qu'une expression pitoyable pour désigner la déchéance de la science psychanalytique, jadis cosmopolite, sous Hitler[3]. Au lieu de participer aux congrès psychanalytiques à l'étranger, les analystes restés en Allemagne prenaient part au moins aux congrès

2. Lorsque les numéros de 1938 d'*Imago* et *Internationale Zeitschrift für Psychoanalyse* ne purent paraître, les deux revues rassemblées purent encore être éditées à Londres en langue allemande jusqu'en 1941, mais sans articles venant d'Allemagne.

3. Cf. à ce sujet R. Lockot, 1985, p. 302-303.

internationaux de l'*Internationale Ärtzliche Gesellschaft für Psychotherapie* (Société médicale internationale de Psychothérapie) qui avaient lieu dans différents pays sous la présidence de C. G. Jung.

Pour résumer, on peut constater que les psychanalystes eurent des patients, certes, dans leurs cabinets, au moins jusqu'au début de la guerre, et purent travailler avec eux[4], mais qu'aucune des autres conditions énumérées de 2 / à 6 / ne fut remplie suffisamment, et donc qu'il ne fallait pas s'attendre à une véritable production scientifique.

Puisque le facteur « productivité scientifique » n'est pas mesurable, il faut avoir recours comme paramètre auxiliaire aux publications des psychanalystes allemands de 1933 à 1945, qui doivent être différenciées d'après leur qualité et leur fréquence — si problématique et douteux que puisse être un tel paramètre[5]. Au vu de la situation décrite plus haut, il est étonnant qu'un si grand nombre de travaux aient été *publiés* ou *rédigés* pendant cette époque, au rebours de l'opinion commune. Les publications peuvent être réparties en trois grands groupes :

Le premier groupe comprend les publications qui ont été rédigés ou présentées sous forme de communication avant 1933, mais n'ont été imprimées qu'après 1933, ou rédigées encore en allemand par des émigrés déjà passés à l'étranger. On y trouve également quelques publications de membres de la D.P.G. restés en Allemagne, datant des premières années de l'hitlérisme, qui dans leur tradition restaient dans la ligne de la recherche et de l'enseignement d'avant 1933, comme par exemple la conférence de Müller-Braunschweig pour fêter la quinzième année d'existence de l'Institut de Psychanalyse de Berlin le 16 février 1935, Die erste Objektbesetzung

4. Ce n'était nullement évident pour l'époque de l'après-guerre. Dans une lettre de Carl Müller-Braunschweig à Mme Eva Hildebrand (veuve John Rittmeister) du 1er novembre 1948, on lit : « Comme c'est beau que votre jeune fils vous donne tant de joie et qu'il vous aide à surmonter les difficultés économiques. Nous aussi nous avons été durement touchés par celles-ci : nous sommes plongés dans les dettes jusqu'au cou et nous ne savons toujours pas comment en sortir. Du fait du blocus, il n'y a plus de liaisons possibles du centre-ville à nous, et le manque d'argent retient les patients. Depuis maintenant trente-six ans de pratique, je n'ai jamais connu une situation aussi mauvaise que maintenant — mais on n'a jamais le droit de désespérer. » Je remercie tout spécialement Mme Rittmeister-Hildebrand de m'avoir remis cette lettre.

5. Cf. J. Frosch (1987), *Journal of the American Psychoanalytic Association* : A Retrospective (1953-1972), *J. Amer. Psychoanal. Assn.*, 35, p. 303-336. A la p. 303, on trouve entre autres : « Ultimately the scientific publications are the raison d'être of a scientific organization » (« Fondamentalement, les publications scientifiques sont la raison d'être *(en français dans le texte)* d'une organisation scientifique »), et plus bas : « The extent to which Freud concerned himself with the Verlag and with psychoanalytic publications underlined his realization that only through the scientific productions recorded in the various publications would psychoanalysis survive, rather than through its political structures. » (« L'importance que Freud accordait au Verlag et aux publications psychanalytiques souligne sa prise de conscience du fait que c'est seulement à travers les productions scientifiques rassemblées dans les diverses publications que la psychanalyse est susceptible de survivre plutôt que par le biais de ses structures politiques. »)

des Mädchens in ihrer Bedeutung für Penisneid und Weiblichkeit (Le premier investissement d'objet de la petite fille dans ses conséquences pour l'envie du pénis et la féminité), publiée dans l'*Internationale Zeitschrift für Psychoanalyse* de la même année (Müller-Braunschweig, 1936).

Le deuxième groupe comprend les publications de 1933 à 1945 dans des quotidiens, des revues spécialisées ou culturelles, des livres, des brochures ou des mélanges, parmi lesquelles nous mentionnerons ici à titre d'exemple l'interview de Müller-Braunschweig dans l'*Illustrierte Nachtausgabe* du 22 août 1939 (Brecht *et al.*, 1985, p. 162) et l'article de Schultz-Hencke dans un recueil de vulgarisation populaire qui parut en 1937 sous le titre *Du bist dein Schicksal. Gespräche mit führenden Vertretern der psychotherapeutischen Wissenschaft* (Tu es ton destin. Entretien avec des représentants éminents de la science psychothérapeutique) aux éditions Lehmann de Munich, proches du N.S.D.A.P.

Dans le troisième groupe, il s'agit de manuscrits rangés dans le secrétaire et de vieilles conférences des années de 1933 à 1945, qui furent publiés après 1945 dans des revues spécialisées, en particulier dans la revue de psychanalyse que fonda Müller-Braunschweig après la guerre et qui échoua après deux numéros, et dans la revue *Psyche* lancée en 1947 par Mitscherlich, Kunz et Schottländer. Deux exemples peuvent être représentatifs ici. La conférence de Johann Rittmeister à l'Institut Goering au printemps 1942 (et auparavant devant le groupe de travail A des psychanalystes) sur la « crise mystique du jeune Descartes » ne fut imprimée que vingt ans plus tard en Suisse (Rittmeister, 1961). Hans Kalischer, pédagogue et analyste non médecin, que j'ai pu encore rencontrer ces dernières années, et dont je voudrais spécialement rappeler la mémoire aujourd'hui puisqu'il est mort le 18 mars de cette année 1987 en Suisse à l'approche de ses quatre-vingt-douze ans, dut attendre trente-cinq ans pour voir imprimer son article *Der Umgang mit dem « Angstangriff » in der psychoanalytischen-pädagogischen Arbeit*, de 1937-1938, dans *Psyche* sous la rubrique « Archiv der Psychoanalyse » (Kalischer, 1971). En 1939, il avait utilisé ce travail lorsqu'il était émigré pour se faire admettre dans la Société psychanalytique de Paris; du fait de son internement au début de la guerre, l'impression et la discussion de son travail furent interrompues.

Je ne veux ni ne peux fournir ici une appréciation quantitative, évidemment souhaitable, de tous les écrits inclus dans les trois groupes ci-dessus. L'étude scientifique des textes de C. Müller-Braunschweig, Schultz-Hencke, Rittmeister, Graber, Schottländer et Riemann a commencé ces dernières années, mais n'a pas encore démarré systématiquement à propos de Boehm et Kemper, qui ont joué un rôle tout aussi décisif, pour ne pas parler de Besold, Kalau vom Hofe, March, Roellenbleck, Scheunert, von Sydow, Vollrath et d'autres pour lesquels même les études préliminaires manquent jusqu'à ce jour[6].

Comme, selon moi, c'est seulement sur la base d'une masse d'études consacrées à la vie et l'œuvre de tel ou tel et d'enquêtes sur l'histoire locale, institutionnelle et théorique, et grâce à une répartition des tâches entre historiens, sociologues et psychanalystes qu'il sera possible d'arriver à des synthèses sur la psychanalyse dans l'Allemagne nazie, j'ai pris ici comme échantillon le cas particulièrement intéressant et bien documenté du psychanalyste *Alexander Mette* (1897-1985). Les sources de ma documentation sont mes entretiens et ma correspondance avec Mette en 1981 et 1985, ses quatre livres parus entre 1928 et 1940 (A. Mette 1928, 1934*a*, 1939, 1940), ses deux articles dans *Imago* de 1932 et 1934 (A. Mette 1932, 1934*b*) et sa correspondance avec les psychanalystes viennois Edmund Bergler (de 1934 à 1937) et Alfred von Winterstein (de 1934 à 1945)[7].

Alexander Mette était un médecin d'une large culture, qui frappait par son haut niveau de langue et d'écriture[8]. En 1926-1927, il se fit une analyse didactique avec Therese Benedek, en 1928 il fit contrôler ses analyses en policlinique par Karen Horney à Berlin, et s'installa en 1928 à Berlin-Steglitz comme neurologue d'une caisse d'assurances. Il fut admis en 1929 à la D.P.G.[9]. Le 24 octobre 1933, il tint devant la D.P.G. une conférence sur Nietzsche qui fut publiée un an plus tard dans *Imago*. Mette était un des membres non juifs qui, après le départ forcé des membres juifs des fonctions officielles et des charges d'enseignement de l'Institut, prirent leur place; il tint une conférence de six heures pendant le semestre d'été 1934 sur « Aus der Psychologie des Tragischen und Dionysischen » (Approche de la psychologie du tragique et du dionysiaque), qu'il fit paraître la même année au Dion-Verlag même sous le titre *Die tiefenpsychologischen Grundlagen des Tragischen, Apollinischen und Dionysischen* (Les fondements en psychologie des profondeurs du tragique, de l'apollinien et du dionysiaque). D'octobre à décembre 1934, Mette présenta pendant sept soirées « des chapitres choisis de

6. A cet endroit, je ne veux pas oublier de citer les vastes travaux de pionniers de Geoffrey C. Cocks et Regine Lockot à qui nous devons plus d'une idée de recherche.

7. Pour m'avoir confié ces deux correspondances inédites et m'avoir fourni une aide en bien d'autres domaines, la première femme d'Alexander Mette, Mme Margarete Mette (Berlin-Ouest), et son fils Thomas Mette (Berlin D.D.R.) méritent un hommage spécial.

8. Après le diplôme d'Etat de médecine, obtenu à Munich en 1923, Mette a travaillé à la clinique neurologique de l'Université de Halle, à la clinique neurologique Hilbersdorf et à l'Institut Harthek près de Leipzig.

9. Mette avait auparavant fait une communication à la session du 1er mars 1932 de la D.P.G. « Psychoanalytische Betrachtungen zu einem expressionistischen Gedichtzyklus von Kurt Liebmann » (« Considérations psychanalytiques sur un cycle de poèmes expressionnistes de K. Liebmann »), à la suite de laquelle il fut admis le 19 mars 1932 comme membre extraordinaire de l'association. Ces informations proviennent de la rubrique « correspondance » de l'I.P.V. dans le volume 18 de l'*Internationale Zeitschrift für Psychoanalyse*.

la psychologie psychanalytique de l'art », qu'il fit suivre le trimestre suivant d'encore sept heures (de janvier à mars 1935) sur des « chapitres choisis de la théorie psychanalytique de l'art, tirés en particulier des écrits de Freud et Sachs ». Il continuait ainsi la tradition surtout de Hanns Sachs et Theodor Reik, dans certains cas aussi de Franz Alexander, qui dans les années précédentes avaient enseigné sur ce sujet et étaient déjà émigrés.

Contrairement à Werner Kemper — qui par son âge et sa formation est tout à fait comparable à Mette — la carrière de Mette dans l'Institut psychanalytique « croupion » connut une fin brutale. Il n'apparut plus jamais dans le programme des cours comme enseignant, il n'initia pas les jeunes à l'analyse, ne fut mentionné dans aucun des comptes rendus de soirée scientifique de la D.P.G.[10], pas même comme intervenant, n'occupa aucune fonction au « Deutsche Institut für psychologische Forschung und Psychotherapie » et ne publia jamais dans le *Zentralblatt für Psychotherapie*. Il a pourtant publié entre 1934 et 1940 plus que pratiquement tout autre psychanalyste allemand resté en Allemagne à cette époque, avec trois monographies — d'ailleurs pas très épaisses. Comment expliquer ce paradoxe ?

Pour cela, nous devons nous reporter au Berlin de 1917, secoué par la guerre, où l'étudiant en médecine Mette, conjointement avec son ami Kurt Liebmann originaire de Dessau, étudiant en littérature, philosophie et histoire de l'art, assiste aux expositions et aux soirées de conférences au *Sturm* de Herwarth Walden. Une édition à compte d'auteur d'un cycle de poèmes expressionnistes de Liebmann avec une postface sur la théorie de l'art de Mette en 1921 va contribuer à fonder la collaboration ultérieure des deux auteurs pendant des décennies. En 1925, ils fondèrent le Dion-Verlag à Dessau, qui présentait son programme d'édition comme suit : « Les publications du Dion-Verlag sont la mise en forme et la proclamation d'une volonté d'art univoque sans ambiguïté. L'œuvre de l'édition s'adresse à la jeune génération créatrice dans le futur d'opinion et de développement. » Les deux fondateurs expliquaient ainsi en 1970 le choix du nom de l'édition : « pour libérer et augmenter les possibilités d'art de la parole afin de donner une nouvelle expression à des données concrètes fluctuantes et d'exprimer des sensations demi-conscientes, nous envisagions un moment dionysiaque au sens de la terminologie de *La naissance de la tragédie* de Nietzsche. C'est ainsi que se présenta à nous le nom que nous donnâmes alors à l'édition » (Liebmann et Mette, 1970, p. 66).

A côté d'aphorismes, de livres consacrés au rêve et à la mascarade et de recueils de poèmes expressionnistes, on vit paraître dans cette édition en 1928 la dissertation de Mette, *Über Beziehungen zwischen Spracheigentümlich-*

10. Après sa dissolution forcée, la D.P.G. fut obligée de s'intituler « groupe de travail A », puis « soirées de rapports sur les cas rencontrés et leur thérapie ».

keiten Schizophrener und dichterischer Produktion (Des rapports entre les particularismes linguistiques des schizophrènes et la production poétique), qui, rédigée entièrement du point de vue de la tendance phénoménologique de la « psychologie compréhensive », obtint des recensions flatteuses de Prinzhorn et Gruhle (« ce que l'on a écrit de mieux jusqu'à présent à ce sujet ») et fut mentionnée d'un point de vue critique par Walter Benjamin[11].

A côté de son engagement professionnel dans sa pratique de neurologue d'une caisse d'assurances, l'entreprise du Dion-Verlag devint pour lui un passe-temps et un hobby investi de libido. En plus de ses propres essais de poésie et de ses dissertations sur la théorie de la culture, il imprima Rudolf Pannwitz, Otto Nebel et Johannes Schlaf, pour ne citer que les auteurs les plus connus. Thomas Mann avait répondu par lettre au texte de la conférence de 1934 mentionnée ci-dessus en remarquant : « [...] des études et des recherches de ce genre sont les plus importantes aujourd'hui. Elles contribuent à une anthropologie à la pointe de la modernité, à une connaissance approfondie des hommes et donc à une nouvelle humanité » (Liebmann et Mette, 1970, p. 68-69). Après des menaces répétées d'interdiction de la firme — la première fois en mai 1933 — on put toujours l'éviter par la négociation, la dernière fois début 1942. L'édition reçut d'ailleurs le 8 mai 1935 la lettre suivante de la *Geheime Staatspolizei* (Gestapo) (Liebmann et Mette, 1970, p. 69) :

> A la requête de Monsieur le ministre du Reich pour l'information du peuple et la propagande, conformément à l'article 7 de l'ordonnance du 4 février 1933 pour la protection du peuple allemand édictée pour la Prusse, la brochure éditée par votre établissement, *Die tiefenpsychologischen Grundlagen des Tragischen, Apollinischen und Dionysischen*, d'Alexander Mette, est confisquée et suspendue de publication en raison de sa tendance destructrice et du danger qu'elle crée pour la sécurité publique.
>
> Par procuration
> Dr. Gotthardt
>
> En septembre 1935, en raison d'une décision de la chambre des écrivains du Reich, mon collaborateur Kurt Liebmann dut se séparer de l'édition, parce que, étant « non-aryen » à 25 %, il était considéré inapte à « représenter la civilisation allemande ». [...] Les exemplaires encore disponibles du conte de Liebmann, *Kreuzigung* (Crucifixion), durent être retirés de la circulation et détruits. Le 6 mars 1936, Liebmann fut exclu de la chambre des écrivains du Reich.

Dans la rétrospective de 1970, Mette et Liebmann écrivent :

> Dans cette situation nous décidâmes de camoufler les idées que nous défendions qui s'opposaient au fascisme hitlérien de telle sorte que les publications

11. La recension par Walter Benjamin, dans la rubrique littéraire de la *Frankfurter Zeitung* du 21 avril 1929, est reproduite dans le volume III de ses *Gesammelte Schriften* (Francfort-sur-le-Main, 1972).

échappent à la confiscation autant que possible [...]. Nous avons retiré le volume d'illustrations *Sächsische Landschaft* (Paysage de Saxe) de Steinbach parce que nous pûmes apprendre la mesure d'un Gauleiter nazi, Mutschmann, assez tôt pour éviter qu'on en arrive à la confiscation. En dépit des difficultés, nous tenions à continuer aussi longtemps que possible à défendre notre orientation dans l'art et dans le domaine scientifique, tant que nous pouvions encore en attendre une quelconque efficacité (Liebmann et Mette, 1970, p. 69-70).

En 1939, Mette publia deux ouvrages au Dion-Verlag : *Der Weg zum Märchen* (Le chemin des contes) de Bruno Jöckel et son propre livre *Der Weg zum Traum* (Le chemin des rêves). Une recension à l'étranger, dans la *Neue Züricher Zeitung*, prit bien la mesure du dilemme de Mette dans son livre : « A partir d'un certain nombre de rêves empruntés à la littérature poétique, Mette essaye d'expliciter la thématique humaine universelle qu'ils contiennent et de les comprendre à partir des sources affectives [...]. Il est clair que Mette ne cherche pas à enrichir la littérature scientifique sur les rêves avec des contributions originales, il veut plutôt créer chez les lecteurs ignorants de la psychologie une capacité à comprendre les phénomènes oniriques et leur interprétation par la "psychologie des profondeurs". De ce fait, il renonce tant à la terminologie habituelle qu'aux interprétations plus concrètes "choquantes"; mais il le fait d'une manière extrêmement raffinée. »

Malgré cette formulation prudente, il n'y avait aucun doute dans l'Allemagne nazie sur l'esprit dont procédaient l'auteur et son œuvre. Le blâme, paru précisément dans la revue médicale *Hippocrates* dont le psychanalyste Heinrich Meng de Stuttgart avait été autrefois l'un des fondateurs, disait entre autres : « un livre qui n'apporte rien de neuf, mais qui est encore complètement embourbé dans des idées freudiennes pas très claires. Il appartient à une époque dépassée ».

En 1963, Mette définissait son livre de 1940, qui désormais ne s'intitulait plus les racines « psychologiques profondes », mais « les racines psychologiques du dionysiaque et de l'apollinien », comme suit : « c'était la tentative risquée d'introduire dans le débat, pour ceux qui étaient prêts à le citer, l'essentiel des conceptions antérieures, mais sous une forme nouvelle [...]. Nous avions jugé qu'il valait la peine d'essayer ce nouveau départ sous la forme de l'époque qui laissait éventuellement encore une chance. Cette fois encore, il n'y eut pas de procès, alors que les recensions à l'étranger avaient noté le fondement freudien même de ce petit volume »[12].

12. Lettre au docteur en médecine Claus Ruda, du 26 octobre 1963. Je le remercie de m'avoir aimablement communiqué cette lettre.

Dans une lettre du 22 août 1943, à Winterstein, Mette rangeait cette tentative renouvelée dans la « catégorie du publicitairement possible » : il aurait réintroduit sous une forme nouvelle dans le débat l'opposition déjà commentée antérieurement entre les créations artistiques dionysiaques et les apolliniennes, « même si cela implique de renoncer aux concepts fondateurs et à la bibliographie adéquate ».

Il faut ajouter les conséquences que la confiscation de son ouvrage entraîna pour Mette : la nécessité de suspendre désormais ses conférences à l'Institut[13]. Après avoir été l'un des rares à signaler « les dangers d'origine extérieure qu'il y avait à rester dans l'I.P.V. » lors des discussions au sein de la D.P.G. sur l'éventualité de quitter l'I.P.V., il démissionna finalement de la D.P.G. en 1935 pour assurer l'existence de son édition en bloc et la protéger d'une interdiction[14], mais fut réintroduit comme membre en 1937 (Lockot, 1985, p. 147).

Il y a encore une autre raison qui explique que Mette n'ait occupé aucune fonction au Göring-Institut, et par exemple n'ait pas été recommandé par les freudiens pour diriger la policlinique, en tant que médecin expérimenté pendant ses fonctions auprès d'une caisse d'assurances (à la différence de Scheunert, Rittmeister et Kemper), d'autant qu'on n'aurait pas eu à le faire venir spécialement d'Erfurt comme directeur désigné, comme Scheunert[15], ou qu'on ne lui aurait pas imposé une charge trop écrasante, comme à Rittmeister qui avait une pratique insuffisante de l'analyse (Hermanns, 1985, p. 38-41).

Dans l'ancien Institut de Psychanalyse de Berlin, Mette appartenait de 1928 à 1933 au groupe de jeunes psychanalystes réunis par Otto Fenichel et Siegfried Bernfeld, plutôt orienté à gauche, surnommé *Kinderseminar* (le séminaire des enfants). On a de lui une réfutation, « Zur marxistichen Kritik an der Psychoanalyse » (A propos de la critique marxiste de la psychanalyse), parue dans la revue marxiste des sciences de l'éducation *Aufbau* en 1930, dirigée « du point de vue de l'analyste » contre les critiques de la psychanalyse émises dans le numéro précédent par un autre auteur. Mette argumentait contre les conceptions marxistes communes et leur platitude, et présentait ce plaidoyer : « Aujourd'hui en revanche, à mon avis, la reconnaissance de l'existence de l'inconscient psychique est un point incontournable pour la science matérialiste. Cette reconnaissance ne modifiera pas plus ses fondements que celle par exemple de la loi de la relativité » (Mette, 1930, p. 53). Même si la psychanalyse n'est pas une science dialectico-matérialiste et ne peut pas se qualifier de « fil directeur d'une

13. Mette a posé explicitement ce rapport dans une lettre du 27 juillet 1946 à Werner Kemper.
14. Information personnelle donnée en 1981.
15. Information personnelle donnée par le Pr Scheunert le 21 juillet 1979.

pratique changeante », on ne pouvait pas pour autant la considérer comme pessimiste et conservatrice. Le problème clé qu'il finissait pas formuler était de savoir « si la doctrine marxiste sur la société considère comme acceptable l'addition d'une sociologie préhistorique fondée sur la libido » (Mette, 1930, p. 55). En concluant sur une citation de Bernfeld tirée de *Sisyphos oder die Grenzer der Erziehung* (Sisyphe ou les limites de l'éducation), il remarquait que « pratiquement tous les analystes marxistes (pourraient) y souscrire » (Mette, 1930, p. 55).

Je n'ai rien pu trouver sur l'activité politique concrète d'Alexander Mette avant et après 1933. Après 1945, il adhéra aussitôt au *Kulturbund* démocratique et invita déjà pour le quatre-vingt-dixième anniversaire de Freud en mai 1946 la section locale à une conférence d'hommage à Freud à son propre domicile à Berlin-Lichterfelde. Il enseignait la psychanalyse dans quatre établissements différents de Berlin, ce qui lui permit de présenter son orientation dans l'annonce de ses cours à la *Volkshochschule* de Steglitz : « mais il est dans l'intention et la ligne de pensée de l'enseignant, et inhérent à l'objet lui-même, d'insister sur la parenté entre les résultats de la recherche de Freud et ses théories d'une part, et la science matérialiste voisine, en particulier avec le matérialisme dialectique ». Lorsque son vœu d'exercer un enseignement à l'*Institut für Psychotherapie* que venait de fonder Schultz-Hencke eut reçu une réponse négative[16] — il voulait renouer ainsi avec un projet (« Erkenntnisse und Probleme der jüngeren psychoanalytischen Kunstwissenschaft dargestellt in Pathographien » — Découvertes et problèmes de la recherche psychanalytique récente sur l'art, exposé sous forme de pathographies) qu'il avait interrompu contraint et forcé à l'ancien Institut de Psychanalyse de Berlin —, il se transporta dans la zone d'occupation soviétique d'alors, entra dans l'office de santé du Land de Thüringe à titre de directeur remplaçant, détint par la suite des postes de direction dans le ministère de la Santé de la D.D.R. et fut même membre du Comité central du S.E.D. de 1958 à 1963. En 1954, il fut nommé professeur avec charge d'enseignement en psychothérapie à l'Université Humboldt, et de 1959 à 1962 professeur titulaire de chaire sur l'histoire de la médecine à la même université.

Une citation d'une présentation de Mette par lui-même en 1949 montre à quel point la psychanalyse avait cessé de l'attirer pour des raisons pratiques : « d'après son opinion, on arrive, au terme d'une appréciation critique de Freud et Adler, au résultat que les acquis théoriques et techniques de la psychanalyse et de la psychologie individuelle constituent un gain dont

16. Cf. la lettre de Carl Müller-Braunschweig du 1er août 1946 à Alexander Mette, où Müller-Braunschweig consolait d'une façon presque sadique Mette dont l'exposé avait été jugé faux et rejeté par Schultz-Hencke. Je remercie Regine Lockot de m'avoir communiqué cette lettre.

on peut difficilement se passer du point de vue du pathologue et du thérapeute dans leur pratique, mais qu'ils ne fournissent qu'une aide limitée à la création des bases socio-politiques de la santé publique d'aujourd'hui » (Mette, 1949). L'abandon de la psychanalyse fut alors complet. Si dans un autre passage il faisait allusion à l' « outillage de la psychanalyse, dont j'étais alors encore partisan », il relativisait en fin de compte son adhésion à la psychanalyse : « le retour à ces conceptions m'aurait été économisé, si [...] j'avais eu assez présent à l'esprit [...] l'article d'I. P. Pavlov paru dès 1926 »[17]. Nous ne pouvons retracer ici dans le détail cet itinéraire de Freud à Pavlov qui demande une étude spéciale; de même, je ne peux que mentionner ici l'hommage curieusement ambivalent de Mette pour le centième anniversaire de Freud, sans pouvoir l'étudier (Mette, 1956)[18 19].

Passons maintenant à ce que j'ai appelé le « projet Novalis », entrepris en commun par Mette et le psychanalyste viennois Edmund Bergler du 8 février au 8 mai 1935 : une étude biographique et psychanalytique du caractère du poète romantique allemand Friedrich von Hardenberg, qui signait Novalis, étude qu'ils comptaient publier dans *Imago*. Ce plan fut conçu dans le cadre d'une correspondance nourrie à partir d'août 1934, pendant laquelle Bergler avait exprimé sa joie « [...] de pouvoir saluer en votre personne un analyste qui accepte intérieurement les mécanismes oraux ». Mette, dans son article d'*Imago* paru en 1934, a ramené à des mécanismes oraux et anaux les deux types de création artistique définis par Nietzsche, l'apollinien et le dionysiaque. Il en résulta un échange épistolaire détaillé sur l'importance de la mère phallique préœdipienne pour le type d'artiste dionysiaque. Lorsque Bergler eut dégagé certains

17. Cette citation est tirée du petit ouvrage *Zur Symptomatik und Genese einer Gruppe frühkindlicher Angstzustände* (Sur la symptomatique et la genèse d'un groupe d'états de peur de la petite enfance), p. 31. Je cite d'après un tiré à part dont je dispose qui ne permet pas de préciser bibliographiquement le lieu d'édition.

18. Le Pr Scheunert a rapporté les données suivantes que lui aurait communiquées Mette lui-même en 1957 à Fribourg-en-Brisgau lors d'un débat public auquel ils participaient tous deux : Mette aurait souffert constamment d'abominables douleurs dorsales et de lumbagos lorsqu'il travaillait à sa biographie de Freud. Pendant la rédaction, il dut même s'imposer de porter un corset. Les douleurs auraient disparu d'un seul coup après la parution du livre sans qu'il puisse dire pourquoi. Scheunert exprimait son étonnement de voir que dans ce cas un ancien psychanalyste puisse s'aveugler à ce point sur des phénomènes psychosomatiques (information personnelle du 21 juillet 1979).

19. On retrouve un point de comparaison des efforts de Mette pour combiner Freud et Pavlov dans l'évolution qu'a décrite Livia Nemes pour la Hongrie. Elle écrit : « La psychanalyse fut considérée dans les années 1949-1950 comme une "science bourgeoise", comme une idéologie de l'irrationnel et du fascisme. Le pavlovisme fut promu au rang de psychologie officielle, et devint même une doctrine psychiatrique. Les analystes ont mené un combat d'arrière-garde. Ils ont essayé d'argumenter contre les accusations d'idéologie, ou au moins de démontrer que les deux théories, de Pavlov et de Freud, pouvaient coexister (Schönberger). Néanmoins lorsqu'en 1949 on procéda à la dissolution des associations en général, ce destin s'étendit aussi à l'association de psychanalyse » (L. Nemes, 1986, p. 329).

types de caractère « en langue clinique » chez Grabbe, Stendhal, Napoléon et Talleyrand, il proposa à Mette d'étudier en commun un poète dionysiaque du point de vue de sa structure orale. Un poète de l'époque romantique semblait tout indiqué. Le choix tomba sur Novalis en éliminant Tieck pour des considérations pratiques : l'œuvre de Novalis était plus facile à dominer et plus ramassée. Au cours de l'étude poussée qu'ils lancèrent aussitôt sur la littérature classique donnant les éléments biographiques sur Novalis, en échangeant une foule de notes et les citations sélectionnées, ils firent alors presque le tour de la renaissance des études sur Novalis qui prenait corps à cette époque en histoire littéraire, en philosophie et en histoire de la médecine, représentée par des noms comme Bach, Benz, Bluth, Bietak, Hecker, Herder, Kluckhohn, Leibbrand, Unger et Ritter. Dans un premier projet de dix pages avant le travail définitif, Novalis était comparé avec Grabbe « oral pessimiste », dans la mesure où tous deux voyaient « leur production poétique (stimulée) par le refus de l'échec de la fiction infantile de la toute-puissance ». Novalis y était présenté comme un type différent du type I de Karl Abraham de la phase orale, un type dont la fixation orale était marquée par la logorrhée, l'engloutissement des livres, les phantasmes de la femme dévorante, des tendances à vouloir tout réunir et une attitude chaleureuse, hédoniste et cordiale. Il refusait le fiasco de la fiction infantile de la toute-puissance à travers son « idéalisme magique ». Dans son œuvre, le sadisme supposé de la femme était liquidé par une exagération de son essence céleste et une exagération de sa propre toute-puissance. Dans son éloge dithyrambique des femmes, la tendresse se séparait de la sensualité. La capacité d'aimer se réduisait à la capacité de projection narcissiste suivie de réintériorisation. Il maîtrisait l'agression, d'une part, en s'identifiant amoureusement à la mère agressée inconsciemment, après la mort de celle-ci, et, d'autre part aussi, par une régression masochiste à l'affirmation de la mort et de la maladie. Novalis arrivait à s'identifier avec sa mère intériorisée oralement, et réprimait le reste de sa peur grâce à sa religiosité.

Voilà en bref le contenu de cette étude dans l'état où elle fut interrompue par la confiscation du livre de Mette le 8 mai 1935. Mette écrivait à Bergler le 11 mai 1935 entre autres : « La situation ainsi créée me rend vraisemblablement impossible de collaborer à l'étude que nous avions envisagée [...] il me semble que c'est mon devoir d'éviter toute occasion que cela se reproduise. » Le 20 mai, Mette ajoute : « c'est justement le sujet d'étude choisi qui risquerait de me créer des difficultés : notre poète a été élevé d'une façon emphatique au rang de concept planant, avec un prédicat axiologique : l'intouchabilité ». Bergler tire le trait final sous leur projet le 22 mai 1935 : « L'affaire de notre poète devient peu à peu un scénario de comédie. Moi aussi, j'en ai conçu des soucis grandissants ces dernières semaines. Ils ont été balayés par un événement qui a placé notre objet d'étude dans la sphère de l' "intouchable" dont vous parliez : il y a quelques semaines, une rue a reçu le nom de Novalis; on a justifié cette mesure par "son lyrisme si actuel". Je juge donc plus sage de laisser ce sujet en repos. » L' « esprit du temps » soufflait dans une autre direction : le romantisme connaissait une renaissance après avoir été décrié pendant presque un siècle par le rationalisme lié aux sciences exactes et qualifié de rechute intellectuelle dans les catégories mentales des ténèbres médiévales. Déjà avant 1933, Thomas Mann, dans son fameux discours sur la place de Freud dans l'histoire des idées de l'époque moderne, avait signalé le caractère de Janus du mouvement romantique, et y avait mis au jour aussi des tendances progressistes, contredisant implicitement la condamnation par exemple de Heinrich Heine (Mann, 1929)[20].

Du côté de la prétendue *Deutsche Seelenheilkunde**, il s'agissait d'annexer idéologiquement Novalis comme « précurseur de notre psychologie des profondeurs », comme l'avaient déjà fait Döhl, Graber et Mohr en 1941 dans le troisième volume supplémentaire du *Zentralblatt für Psychotherapie* à propos de Leibniz, Carus et Nietzsche (Bilz, 1941). Dans sa préface, M. H. Goering expliquait nettement cette tendance : « lorsque vers le début du siècle la jeune science de la psychologie des profondeurs vit le jour, on ne supposa pas qu'en réalité la doctrine de l'inconscient humain remonte à très loin dans ses origines. On redécouvrit alors des phénomènes qui avaient été découverts et décrits depuis longtemps [...]. Il nous paraît important de nous rattacher maintenant aux prédécesseurs les plus importants historiquement de notre psychologie des profondeurs » (Bilz, 1941, p. 3). Leibniz est évoqué par Döhl comme « un chercheur des âmes, comme le premier découvreur moderne européen, allemand du Nord de l'inconscient » (p. 7); ce serait seulement parce que l'on a négligé et mis sous le boisseau ses textes que « le chemin qui mène à la découverte et à

20. Une controverse a justement lieu sur l'appréciation du mouvement romantique et l'idée qu'en avait Heinrich Heine. Les thèses de Chasseguet-Smirgel à la Conférence de Francfort de décembre 1985, qui tracent une filiation du romantisme au fascisme allemand, ont reçu une réponse de Döpp dans la livraison de mai 1987 de *Psyche*.

Je trouve appropriée la caractérisation des romantiques que Hans Mayer nous a proposée il y a peu : « Donc un mouvement fait de contradictions manifestes. Il ne s'agissait pas de paradoxes formels, au sens de plusieurs fragments de l'Athénée, mais d'une attitude contradictoire face à la société et à l'histoire. Parce qu'ils contenaient les deux à la fois, continuation du mouvement progressiste bourgeois *et* protestation contre Thermidor, le Directoire et le bonapartisme, les deux conséquences étaient également possibles : esthétique romantique comme "romantisme révolutionnaire" et restauration romantique larmoyante » (H. Mayer, 1986, p. 447).

* Littéralement « art allemand de guérir les âmes »; mot forgé uniquement à partir de radicaux germaniques pour donner à la psychanalyse une appellation conforme au goût nazi. *(N.d.T.)*

l'orientation des fonctions psychiques inconscientes [...] a été le lot de Freud et son école ».

Le psychanalyste Graber analysait l'inconscient chez Carus qu'il jugeait plus profondément placé et précisément non influençable en son noyau par des pulsions, ce qui distinguait « la psychologie de Carus fondamentalement de celle *d'un Freud** qui dut lui-même reconnaître plusieurs fois que dans son vécu psychique il ne put jamais atteindre les profondeurs d'un sentiment religieux (ou "océanique") » (Bilz, 1941, p. 37).

Mohr présentait Nietzsche comme un « psychologue des profondeurs et héraut d'une nouvelle médecine », et comme « homme véritablement allemand » et précurseur d'une « psychothérapie orientée du point de vue allemand » (p. 66). Sans nommer clairement Mette, il polémiquait dans une longue note contre son étude sur Nietzsche parue dans *Imago*, et se défendait de ne percevoir « dans la description enthousiaste (par Nietzsche) du dionysiaque que le chant de louange d'un hédonisme sans frein » (p. 58-59).

L'éditeur de l'ensemble du volume, Rudolf Bilz, proposa à la suite de ce « volume sur la Saxe » (Leibniz, Carus et Nietzsche étaient de fait tous originaires de Saxe) un travail collectif dans un numéro spécial suivant sur « les précurseurs souabes de notre psychologie de l'inconscient » (un « volume sur la Souabe ») qui devait être suivi d'autres volumes sur Goethe, Lichtenberg, Jean Paul et Novalis, plus un numéro spécial sur les poètes et penseurs de la zone nordique (Bilz, 1941, p. 67). Dans le contexte créé par de telles études qui essayaient de gommer la honte liée au fait que c'était justement un Juif, Sigmund Freud, qui avait été le fondateur de la psychanalyse et le découvreur de l'inconscient, et devaient rabaisser son rôle exceptionnel grâce à ces recherches généalogiques qui contournaient sa personne ou remontaient plus loin dans le passé, l'étude analytico-biographique de Novalis par Mette et Bergler devait donner l'impression d'un sacrilège.

En conclusion, je tiens à tirer de l'exemple d'Alexander Mette quelques thèses qu'il conviendra de mettre à l'épreuve :

1 / En tant que neurologue assuré de la clientèle d'une caisse à partir de 1928, Mette jouissait d'une sécurité matérielle, et n'était pas contraint d'assurer des traitements en policlinique à l'Institut Goering, comme la plupart de ses collègues psychanalystes. Il put ainsi préserver une indépendance intérieure plus profonde, mais n'avait vers la fin des années 30 que bien peu de patients en analyse classique. C'est en partant de sa propre psychanalyse de formation que Mette a utilisé la psychanalyse pendant une vingtaine d'années, surtout à titre de science auxiliaire dans ses études

* C'est moi qui souligne. *(N.d.A.)*

de philologie et de philosophie des idées. C'est particulièrement net dans ses deux derniers livres de 1939 et 1940, comme si l'on cherchait désespérément un thème aussi peu dangereux que possible sur lequel il pourrait faire montre de son art de psychanalyste publiquement et plutôt pour un public de non-initiés cultivés, « dans le cadre du publicitairement possible ».

2 / La raison de ce fait était la fondation, le développement, la défense et le maintien en vie du Dion-Verlag qu'il avait fondé en 1925 avec Liebmann. Ce fut là pour lui, surtout à partir de 1933, le noyau d'une opposition active au national-socialisme dans la science et la vie intellectuelle en général.

En cela, l'attachement à la forme de l'institution qu'il avait créée lui-même et sa protection contre toutes les agressions extérieures à partir de mai 1933 semblent être particulièrement importants pour maintenir un sentiment de sa propre dignité et pour constituer une certaine capacité de résistance contre toutes les séductions et les offres d'intégration du régime terroriste national-socialiste.

Une comparaison avec l'institution D.P.G. et l'art et la manière dont les membres et le bureau ont réagi aux attaques du système à contrecœur, mais sans fléchir, serait passionnante. Cela a finalement conduit à un effondrement partiel, et en tout cas a provoqué des dommages sévères dans la compétence et l'identité psychanalytiques des membres.

Pour Mette, c'était sans aucun doute une satisfaction toute personnelle de maintenir la combativité et l'intégrité de sa maison d'édition pendant la période du régime nazi. Pour sauvegarder l'existence de l'édition, il a dû aussi faire des compromis. Comme Müller-Braunschweig avec son article conciliant dans *Reichswart* (K. Brecht *et al.*, 1985, p. 97), Mette avait aussi rédigé un article, *Zwei psychologische Begriffe Nietzsches* (Deux concepts psychologiques de Nietzsche), pour le *Deutsches Ärzteblatt* du 1er septembre 1934, pour appuyer son livre qui devait paraître à la même date. Il commençait par les formules classiques : « l'attitude de la pensée médicale envers le tout que forme le peuple [...] » (A. Mette, 1934*c*). Par-dessus le marché, Mette donna une recension générale dans la revue *Das deutsche Wort* du 2 janvier sur le thème suivant : « trouver (pour l'orientation de recherche de la psychanalyse) un étalon qui permette de différencier des autres les études qui créent de la connaissance, pour leur accorder l'hommage qu'ils méritent » (Mette, 1935, p. 9). L'étude en trois volumes de Marie Bonaparte sur Edgar Poe trouvait dans cette recension une approbation explicite.

Deux autres projets pouvaient être mis en parallèle avec le Dion-Verlag de Mette pour une comparaison. D'abord le projet de Müller-

Braunschweig de fonder une revue allemande de psychanalyse, projet qui échoua *avant* et *après* 1945. Müller-Braunschweig avait même proposé à Mette, dans une lettre de novembre 1945, de combiner leurs deux projets, l'édition bien réelle de Mette et la revue encore à l'état de projet de Müller-Braunschweig, et de réaliser au Dion-Verlag l' « édition d'un périodique psychanalytique »[21]. L'autre projet comparable, de nature théorique, serait le système de la néo-analyse échafaudé par Schultz-Hencke, conceptualisé dans les grandes lignes dès avant 1933, qu'il put améliorer jusqu'en 1945, l'époque où la fortune lui sourit.

3 / Pour le problème du degré d'intégralité morale et de capacité de résistance des psychanalystes au plan professionnel, on peut difficilement réunir des éléments convaincants à propos de la personne d'Alexandre Mette. En tout cas, on voit confirmé le fait bien connu qu'un attachement philosophico-religieux ou politique solidement ancré remontant à l'époque antérieure à 1933 pouvait représenter un danger plutôt qu'autre chose pour une opposition durable.

Si l'on reprend la classification des membres du mouvement psychanalytique que fit Freud en 1908[22], il apparaît dans le cas de Mette que la psychanalyse n'est pas son complexe directeur, il n'était qu'effleuré par certains éléments de la psychanalyse. Le regard d'aujourd'hui jeté sur l'ensemble de sa carrière nous montre que son identification à la psychanalyse ne fut que partielle, pas très profonde ni durable. Dans d'autres circonstances sociales la figure directrice de Freud put être remplacée par celle de Pavlov après 1945[23]. Il est permis de supposer que les identifications

21. Lettre de Carl Müller-Braunschweig à Alexander Mette du 3 novembre 1945 : « Ce serait parfait si vous faisiez publier par votre édition une série d'articles de psychanalyse scientifique, en partie de contenu actuel, en partie des réimpressions de publications anciennes. Il m'est même venu à l'idée que, au cas où il serait possible d'en obtenir l'autorisation, nous pourrions peut-être penser [à] l'édition d'un périodique psychanalytique. En ce qui me concerne, j'ai une foule de textes pas encore publiés, et, même si ce n'était pas le cas, je me ferais fort de fournir constamment de la matière. »

22. Freud écrit le 24 août 1908 à Karl Abraham : « Parmi les membres, seul Juliusburger sera vraisemblablement une acquisition pleine et entière, car les autres ont d'autres complexes directeurs; mais même si ces autres ne sont qu'effleurés par des composantes, ce sera toujours précieux » (Freud-Abraham, 1969, p. 57).

23. On rencontre un tel revirement entre autres chez l'écrivain Arnold Zweig, qui en 1948 revint de la Palestine où il avait émigré en D.D.R. où il parvint à de hautes fonctions. J. Cremerius a interprété la relation de Zweig à Freud, documentée par sa correspondance, comme « une histoire agitée d'amour de transfert », et suivi sa carrière ultérieure dans un article. « Une autre conséquence des opérations de défense réussies se reconnaît au relâchement de sa relation au monde intellectuel de Freud, qui commence peu après la mort de celui-ci — monde qui jusqu'alors avait été aussi le sien — et à la quête qui s'instaure peu à peu, puis se renforce, d'un nouvel objet de soutien. Contrairement à beaucoup d'autres [...] qui même après la mort de Freud ont continué à défendre les concepts psychanalytiques ou les ont mis à l'œuvre dans leur production, son contact avec la psychanalyse s'interrompt complètement après quelques années » (p. 663) et plus bas : « il ne se produit même pas un travail de deuil à propos du "cher père"

qui le guidèrent sur son chemin indépendant de 1933 à 1945 ne procédaient pas de processus proches du Moi, imitatifs autant que possible (comme s'appuyer sur Freud ou sur Pavlov), mais de formation d'idéaux dans le Surmoi dont nous ne connaissons pas les racines génétiques chez Mette[24].

Mais cela signifie aussi que le facteur de l'identification à la psychanalyse de Sigmund Freud ne doit pas être surévalué dans l'appréciation du comportement des psychanalystes en Allemagne de 1933 à 1945.

Traduit de l'allemand
par Liliane Desroches

Ludger M. HERMANNS,
Roscher Strasse,
1000 Berlin 12, R.F.A.

Mots clés

Dion-Verlag (Berlin) – Nazisme – Politique (contrainte) – Psychanalyse appliquée.

BIBLIOGRAPHIE

Abraham H. C. et Freud E. L., eds. (1965) *Sigmund Freud - Karl Abraham Briefe 1907-1926*, Francfort-sur-le-Main, S. Fischer; *Correspondance 1907-1926*, trad. franç. F. Cambon et J.-P. Grossein, Paris, Gallimard, 1969.

Baumeyer F. (1971) *Zur Geschichte der Psychoanalyse in Deutschland. 60 Jahre Deutsche Psychoanalytische Gesellschaft*, Göttingen, Verlag für Medizinische Psychologie.

Benjamin W. (1929) Zwei Bücher über Lyrik, *Gesammelte Schriften*, vol. III : *Kritiken und Rezensionen*, Francfort-sur-le-Main, Suhrkamp, 1972.

Bilz R., ed. (1941) « Leibniz, Carus und Nietzsche als Vorlaüfer unserer Tiefenpsychologie », 3e num. spécial du *Zentralblatt für Psychotherapie*, Leipzig, S. Hirzel.

Brecht K. *et al.* (1985) *In* K. Brecht, V. Friedrich, L. M. Hermanns, I. J. Kaminer, D. H. Juelich (eds.), « *Hier geht das Leben auf eine sehr merkwürdige Weise weiter...* » *Zur Geschichte der Psychoanalyse in Deutschland*, Hambourg, Kellner.

Chasseguet-Smirgel J. (1986) Das Paradoxon der Freudschen Methode (De l'abolition de l'altérité à la loi), *Zeitschrift für psychoanalytische Theorie und Praxis*, 1, p. 131-151.

perdu. Au lieu de cela, il se tourne vers un nouvel objet. Il répète ici le schéma névrotique fondamental de sa vie pour la troisième fois. La première idole était Nietzsche [...]. La dernière fut le marxisme » (J. Cremerius, 1973, p. 664).

24. Cf. E. Simenauer, 1981, p. 15-16, qui rapproche « le retour de la mentalité de persécuteur dans la deuxième génération [...] de déplacements et de fixations dans le domaine du Surmoi et du Moi idéal ». « Je ne veux que mentionner ici que l'influence tenace du Moi idéal sur le Surmoi et le Moi fournit le moteur des phénomènes observés. Nous assistons au processus apparemment paradoxal que les mêmes adolescents qui *se rebellent* contre les pères et contre tout ce qu'ils représentent sont également de nouveau prisonniers de l'idéologie des pères. J'en suis venu à l'idée que ces jeunes gens n'ont abandonné que ces identifications avec leurs pères (ou leurs parents) qui étaient localisées dans leur Moi. En revanche, la formation originelle d'idéal dans le Surmoi n'a jamais été modifiée. »

Cocks G. (1985) *Psychotherapy in the Third Reich : the Göring Institute*, New York, Oxford University Press; *La psychothérapie sous le IIIe Reich : l'Institut Göring*, trad. franç. Cl. Davenet et J.-L. Roy, Paris, Les Belles-Lettres, 1987.

Cremerius J. (1973) Arnold Zweig - Sigmund Freud. Das Schicksal einer agierten Übertragungsliebe, *Psyche*, 27, p. 658-668.

Döpp H. J. (1987) Psychoanalyse zwischen Gesetz und Methode. Eine Entgegnung, *Psyche*, 41, p. 448-456.

Dräger K. (1971), Bemerkungen zu den Zeitumständen und zum Schicksal der Psychoanalyse und der Psychotherapie in Deutschland zwischen 1933 und 1949, *Psyche*, 25, p. 255-268.

Freud S. (1921) *Massenpsychologie und Ich-Analyse*, *Gesammelte Werke*, XIII; Psychologie des foules et analyse du moi, in *Essais de psychanalyse*, Paris, Petite Bibliothèque Payot, 1981.

Frosch J. (1987) Journal of the American Psychoanalytic Association : A Retrospective (1953-1972), *J. Amer. Psychoanal. Assn.*, 35, p. 303-306.

Hermanns L. (1985) Psychoanalytische Ausbildung am « Deutschen Institut für psychologische Forschung und Psychotherapie » ? — Überlegungen am Beispiel John F. Rittmeisters, *P.S.A.-Info*, n° 26, p. 37-42.

Jöckel B. (1939) *Der Weg zum Märchen*, Berlin-Steglitz, Dion.

Kalischer H. (1971) Der Umgang mit dem « Angstangriff » in der psychoanalytisch-pädagogischen Arbeit, *Psyche*, 25, p. 603-615.

Kemper W. W. (1973) Selbstdarstellung, dans L. J. Pongratz (ed.), *Psychotherapic in Selbstdarstellungen*, Berne, Huber.

Kohut H. (1975) Kreativität, Charisma, Gruppenpsychologie, Gedanken zu Freuds Selbstanalyse, dans *Die Zukunft der Psychoanalyse*, Francfort-sur-le-Main, Suhrkamp.

Köhn-Behrens Ch. (1937) *Du bist dein Schicksal. Gespräche mit führenden Vertretern der psychotherapeutischen Wissenschaft. Mit einen Geleitwort von Prof. Dr. M. H. Göring*, Munich, J. F. Lehmanns.

Liebmann K. et Mette A. (1970) Zur Geschichte des Dion-Verlages, *Marginalien*, n° 38, p. 65-70.

Lockot R. (1985) *Erinnern und Durcharbeiter. Zur Geschichte der Psychoanalyse und Psychotherapie im Nationalsozialismus*, Francfort-sur-le-Main, Fischer Taschenbuch Verlag.

Mann Th. (1929) Die Stellung Freuds in der modernen Geistesgeschichte, *Die psychoanalytische Bewegung*, 1, p. 3-32.

Mayer H. (1986) *Das unglückliche Bewusstsein. Zur deutschen Literaturgeschichte von Lessing bis Heine*, Francfort-sur-le-Main, Suhrkamp.

Mette A. (1928) *Über Beziehungen zwischen Spracheigentümlichkeiten Schizophrener und dichterischer Produktion*, Dessau, Dion.

— (1930) Zur marxistischen Kritik der Psychoanalyse, *Aufbau*, 3, p. 53-56.

— (1932) Nietzsches *Geburt der Tragödie* in psychoanalytischer Beleuchtung, *Imago*, 18, p. 67-80.

— (1934*a*) *Die tiefenpsychologischen Grundlagen des Tragischen, Apollinischen und Dionysischen*, Berlin-Steglitz, Dion.

— (1934*b*) Zur Psychologie des Dionysischen, *Imago*, 20, p. 191-218.

— (1934*c*) Zwei psychologische Begriffe Nietzsches, *Dtsch. Arztebl.*, 64, p. 860-862.

— (1935) Neues Arzttum-Forschung und Wissen, *Deutsches Wort*, 3, p. 8-9.

Mette A. (1939) *Der Weg zum Traum*, Berlin-Steglitz, Dion.
— (1940) *Die psychologischen Wurzeln des Dionysischen und Apollinischen*, Berlin-Steglitz, Dion.
— (1949) Der « Blick in die eigene Tiefe », *Forsch. u. Fortschr.*, 25, p. 91.
— (1956) *Sigmund Freud*, 3e éd. avec en annexe : *Von Freud zu Pawlow*, Berlin, Volk und Gesundheit, 1958.
Müller-Braunschweig C. (1936) Die erste Objektbesetzung des Mädchens in ihrer Bedeutung für Penisneid und Weiblichkeit, *Internationale Zeitschrift für Psychoanalyse*, 22, p. 137-176.
— (1948) *Skizze der Geschichte der « Deutschen Psychoanalytischen Gesellschaft » von 1936 bis 1947* (rapport du président à l'Assemblée générale du 17 avril 1948); inédit *(N.d.T. : Esquisse de l'histoire de la Société allemande de Psychanalyse de 1936 à 1947).*
Nemes L. (1986) Die Vergangenheit und der gegenwärtige Zustand der Psychoanalyse in Ungarn, *Sigmund Freud House Bulletin*, num. spécial, 10, p. 325-333.
Rittmeister J. (1961) Die mystische Krise des jungen Descartes (avec une postface d'A. Storch), *Confin. psychiat.*, 4, p. 65-98.
Simenauer E. (1981) Die zweite Generation — danach. Die Wiederkehr der Verfolgermentalität in Psychoanalysen, *Jahrbuch d. Psychoanal.*, 12, p. 8-17.

RÉSUMÉS

Dans les conditions de persécution et de répression de l'Allemagne nazie, on ne constate aucune contribution productive à la science psychanalytique. Les limitations qui en sont la cause sont décrites. Après un classement en groupes des écrits psychanalytiques de ces années, on étudie à titre d'exemple la praxis de production et de publication de l'époque à travers l'œuvre d'Alexander Mette. Même la mise à l'écart des problématiques cliniques dans les sujets de psychanalyse appliquée, comme dans l'étude analytico-biographique sur Novalis entreprise en commun avec Edmund Bergler en 1935, ne suffisait pas à garantir la possibilité de mener l'étude à terme. Novalis faisait partie de ce groupe de poètes et penseurs allemands qui étaient portés aux nues comme découvreurs de l'inconscient, afin de diminuer l'importance du travail de pionnier de Freud. Malgré l'échec du projet Novalis, l'effort de Mette pour conserver une facilité de publication autonome sous la forme de son édition (Dion-Verlag) doit être considéré comme une tentative digne d'attention de s'opposer à la « mise au pas ». On indique brièvement l'évolution personnelle de Mette après guerre, lorsqu'il remplaça Freud par une nouvelle idole, Pavlov.

The conditions of the scientific productivity of psychoanalysts in Germany from 1933 to 1945 — a preliminary assessment and a tentative evaluation of Alexandre Mette (1897-1985) and of his project on Novalis

Under the conditions of persecution and repression imposed by Nazi Germany there was no productive contribution to psycho-analytical science. The limitations responsible for this are outlined. After classing the psycho-analytical writings of these years into groups, the production and publication practice of the period is examined through the works of Alexander Mette. Even when the clinical problems of applied psycho-analysis were set aside, as in the analytico-biographical study of Novalis, made jointly with Edmund Bergler in 1935, this was insufficient to guarantee the possibility of completing the study. Novalis was among that group of German poets and thinkers who were lauded as discoverers of the unconscious in order to diminish the importance of Freud's pioneer work. In spite of the failure of the Novalis project, Mette's effort to preserve publishing autonomy, through his publishing house (Dion-Verlag) must be considered a noteworthy attempt to oppose official regimentation *(Gleichschaltung)*. Mette's personal development after the war, when he replaced Freud by a new idol, Pavlov, is treated briefly.

Bedingungen und Grenzen wissenschaftlicher Produktivität bei Psychoanalytikern in Deutschland 1933 bis 1945; ein Versuch am Beistiel Alexandr Mettes (1897-1985) und seines Novalis Projektes

Unter den Bedingungen der Verfolgung und Unterdrückung in N.S.-Deutschland sind keine produktiven Beiträge zur psychoanalytischen Wissenschaft geleistet worden. Die hierfür verantwortlichen Begrenzungen werden aufgeführt. Nach einer Gruppeneinteilung psychoanalytischer Schriften jener Jahre wird beispielhaft am Werk von Alexander Mette die damalige Produktions- und Publikationspraxis untersucht. Selbst das Ausweichen von klinischen Fragestellungen auf Themen der angewandten Psychoanalyse, wie die 1935 zusammen mit Edmund Bergler projektierte analytisch-biographische Studie über Novalis, konnte nicht deren Realisierbarkeit sichern. Novalis gehörte in jene Reihe deutscher Dichter und Denker, die zu den Entdeckern des Unbewußten hochgejubelt wurden, um Freuds Pionierleistung zu schmälern. Trotz des Scheiterns des Novalis-Projektes muß Mettes Ringen um den Erhalt einer selbständigen Publikationsmöglichkeit in Form seines Dion-Verlages als beachtenswerter Versuch angesehen werden, sich der Gleichschaltung zu widersetzen. Auf Mettes persönliche Entwicklung in der Nachkriegszeit, wo er Freud durch sein neues Idol Pavlov ersetzte, wird kurz hingewiesen.

Condizioni e limiti della produttività scientifica degli psicanalisti in Germania dal 1933 al 1945 : primo pånorama e saggio su Alexander Mette (1897-1985) e il suo progetto su Novalis

Nelle condizioni di persecuzione e di repressione in cui si trovava la Germania nazista, non si constatano contributi produttivi alla scienza psicanalitica. Vengono descritti i limiti che ne sono la causa. Dopo una classificazione per gruppi degli scritti psicanalitici di questi anni, a titolo esemplificativo viene studiata la prassi di produzione e di pubblicazione dell'epoca nell'opera di Alexander Mette. Nemmeno il fatto di non prendere in considerazione le problematiche cliniche nei casi di psicanalisi applicata — come nello studio analitico-biografico su Novalis intrapreso con Edmund Bergler nel 1935 — bastava a garantire la possibilità di portare a termine lo studio. Novalis faceva parte di quel gruppo di poeti e di pensatori tedeschi che erano portati alle stelle come scopritori dell'inconscio, al fine di sminuire l'importanza del lavoro da pioniere di Freud. Malgrado il fallimento del progetto Novalis, lo sforzo di Mette per conservare una facilità di pubblicazione autonoma sotto la forma della sua edizione (Dion-Verlag) deve essere considerato come un tentativo degno d'atlinzione di opporsi alla « messa in riga ». Viene poi indicata brevemente l'evoluzione personale di Mette dopo la guerra, quando sostitui' Freud con un nuovo dolo, Pavlov.

Condiciones y límites de la productividad científica
de los psicoanalistas en Alemania de 1933 a 1945 :
Panorama inicial y ensayo sobre el caso de Alexander Mette (1897-1985)
y su projecto sobre Novalis

En las condiciones de persecución y represión vigentes en Alemania en la época del nazismo no hubo ninguna contribución productiva a la ciencia psicoanalítica. Se describen las limitaciones imperantes. Se clasifican los escritos psicoanalíticos de esos años y se estudia la obra de Alexander Mette como ejemplo de la práctica de la época en materia de producción y publicación. Aún dejando de lado los problemas clínicos, pues se trataba de psicoanálisis aplicado (el estudio analítico-biográfico de Novalis iniciado con Edmund Bergler en 1935), la empresa no pudo llevarse a cabo. Novalis figuraba entre los poetas y pensadores alemanes ensalzados como descubridores del inconsciente con el objeto de reducir la importancia del descubrimiento de Freud. Pese al fracaso del proyecto Novalis-Mette logró resistir a las presiones políticas y conservar, en su editorial (Dion, Verlag), una vía de expresión autónoma. Se indica brevemente la evolución personal de Mette después de la guerra, cuando reemplazó a Freud por un nuevo ídolo, Pavlov.

La psychanalyse sous l'Allemagne nazie : adaptation à l'institution, relations entre psychanalystes juifs et non juifs

KAREN BRECHT

Dans les années 1930, tandis que la Société allemande de Psychanalyse (Deutsche Psychoanalytische Gesellschaft, D.P.G.) comptait quelque 56 membres, seuls neuf étaient « aryens ». Max Eitingon était président de la D.P.G. et dirigeait l'Institut psychanalytique de Berlin (B.P.I.) qu'il avait fondé en 1920 et qu'il finançait avec sa fortune personnelle. Le 1er avril 1933, les membres des sections d'assaut mirent à sac les échoppes juives, et le 7 avril furent proclamées une série de lois visant à écarter les Juifs de certaines professions, dans les institutions publiques comme dans le secteur privé. Le jour même, Eitingon remit les pleins pouvoirs à Felix Boehm (secrétaire de la D.P.G.) et à Carl Müller-Braunschweig (trésorier), l'un et l'autre non juifs et comptant parmi les premiers psychanalystes formés à Berlin. Pensant que les nazis pourraient aryaniser la D.P.G. ou le B.P.I. pendant son absence, il autorisa Boehm et Müller-Braunschweig à prendre sa succession. Il s'attendait à des pressions. Mais ses collègues non juifs agirent sans même attendre des pressions indirectes de la part des nazis et sans consulter Eitingon[1]. Et le 9 avril un journal médical de Berlin

Karen Brecht est psychanalyste, membre du Heidelberg-Karlsruhe Psychoanalytic Institute.

La version originale, en anglais, de cette étude paraîtra in *Psychoanalysis and Contemporary Thought*, num. spécial : « Réflexions sur le Congrès de Hambourg », 1988, sous presse.

L'auteur remercie Pearl H. M. King, archiviste honoraire, de lui avoir permis d'utiliser les matériaux intéressants déposés aux Archives de la British Psychoanalytical Society.

1. Jamais Boehm ne prit la peine de consulter Eitingon ou les autres membres du conseil, Otto Fenichel et Ernst Simmel. Dans ses rapports (Boehm, 1934, 1935, 1951), il s'attacha surtout à se laver de toute responsabilité dans ses actes, tentant de démontrer que sa conduite avait été approuvée par quelque autorité. Or ladite autorité appartenait à Eitingon et aux autres membres du conseil. S'il les avait consultés, ils nous l'auraient dit.

publiait un décret officiel écartant tous les Juifs des instances dirigeantes des organisations médicales. Or, les vacances d'Eitingon devaient commencer le 11 avril. Le 10 avril, et sans consulter Eitingon, Boehm se précipita au bureau médical compétent pour demander si cette règle s'appliquait également à la D.P.G. Insatisfait de la confirmation verbale qu'il reçut, il sollicita, mais en vain, une confirmation écrite. Il semble aussi qu'en avril 1933 il effectua un séjour à Vienne, prévu de longue date, sans en avertir Eitingon, et qu'il demanda à Freud, « comment il fallait s'y prendre pour satisfaire aux exigences du gouvernement allemand sans trop blesser le Dr Eitingon » (Boehm, 1934, p. 100/247). Mais comme Eitingon lui avait déjà remis les pleins pouvoirs pendant son absence, il est probable que, dans ses calculs pour obtenir le consentement de Freud, Boehm ait obéi à d'autres mobiles que la nécessité de se plier aux exigences du gouvernement.

Au début du mois de mai, Boehm, soutenu cette fois par Müller-Braunschweig, agit de nouveau en l'absence de toute pression. Lors d'une assemblée extraordinaire de la D.P.G., ils présentèrent une motion visant à changer le conseil. La motion fut repoussée, mais tous semblèrent convenir que tôt ou tard il faudrait en venir là pour préserver la D.P.G. et l'Institut. Fenichel, qui était alors vice-président de la D.P.G., lâcha un commentaire qui l'illustre on ne peut mieux : « Mon intelligence me dit de voter pour, mais mon sentiment contre; si je savais avec certitude que la modification était décidée au vote, alors je voterais conformément à mon sentiment : contre » (Boehm, 1934, p. 101-102/247). En fait, il devait s'abstenir.

L'autodafé du 10 mai bouleversa la situation, et le danger se précisa pour la psychanalyse. De surcroît, la D.P.G. comptait dans ses rangs plusieurs membres marxistes, ce qui donnait une raison supplémentaire d'avoir peur et laissait craindre des mesures contre elle et l'Institut. Boehm et Müller-Braunschweig tentèrent donc de dissiper la méfiance des nazis à l'encontre de la psychanalyse. Müller-Braunschweig écrivit divers articles pour démontrer l'utilité du B.P.I. et de la psychanalyse pour l'Etat nazi (Dahmer, 1983; Müller-Braunschweig, 1933*a*, 1933*b*, 1934; Antonovsky, sous presse). Boehm se montra fort soucieux de s'orienter dans le dédale des agences civiles ou des services publics et partisans, et prit contact avec tous les membres du parti qu'il connaissait afin de trouver le moyen de préserver la D.P.G. et le B.P.I. Et tout ceci, bien évidemment, sans prendre la peine de consulter les membres juifs du conseil encore en activité. N'oublions pas, cependant, que dans le courant de l'été Eitingon se rendit souvent en Palestine pour préparer son émigration et la fondation de la *Chewra Psychoanalytith b'Erez Israel* ainsi que du *Palestine Institute of Psychoanalysis* de Jérusalem. Mais cela ne suffit point à prouver que Boehm et

Müller-Braunschweig étaient dans l'impossibilité de le consulter ou de prendre conseil auprès d'autres membres. Au contraire, cela ne fait que mettre en évidence l'éventail limité des intérêts partagés et le manque de solidarité. Dans son rapport du 21 août 1934 à Ernest Jones, alors président de l'Association psychanalytique internationale, Boehm écrit : « Les collègues allemands du Reich qui avaient décidé de rester en Allemagne étaient de plus en plus agités à cause de la passivité du Comité de Direction. A plusieurs reprises, on utilisa l'expression "hara-kiri" à mon égard » (Boehm, 1934, p. 102/247).

A l'époque de l'Assemblée générale qui se tint comme prévu en novembre 1933, un fort contingent de membres juifs avait déjà démissionné de la D.P.G. et émigré. Maint autre, dont Eitingon, s'apprêtait à émigrer, et le 18 novembre Eitingon en personne profita de l'Assemblée générale pour désigner de nouveaux responsables. Cette fois, Boehm et Müller-Braunschweig furent élus à l'unanimité. Avec cette vague d'émigration s'acheva la première crise entre psychanalystes juifs et non juifs. Dans leur majorité, ceux qui quittèrent l'Allemagne en 1933 démissionnèrent de la D.P.G., tandis que ceux qui partirent en 1934 eurent tendance à rester adhérents. En 1935, on dénombrait encore une douzaine de psychanalystes juifs à Berlin, dont quelques-uns qui venaient d'achever leur didactique ou étaient sur le point de le faire. A l'époque, la D.P.G. comptait au total 25 membres vivant à Berlin.

Dans le courant de l'automne 1935, les pressions extérieures amplifièrent encore les tensions émotionnelles. Le 15 septembre, la proclamation des Lois de Nuremberg rendit plus aiguë la « question juive ». Qui plus est, Edith Jacobson, didacticienne depuis 1933 et membre du comité de formation du B.P.I., fut arrêtée pour de fort obscures raisons. La crainte se renforça que la D.P.G. fût déclarée hors la loi et le B.P.I. fermé. Boehm et Müller-Braunschweig interprétèrent une conversation avec deux psychothérapeutes nazis comme un avertissement : la présence de Juifs dans ses rangs risquait d'entraîner l'interdiction de la Société. Aussi est-ce dans une atmosphère d'extrême tension émotionnelle que la D.P.G débattit de trois options possibles : démanteler l'organisation, se retirer de l'A.P.I., et/ou se séparer de ses membres juifs. Boehm et Müller-Braunschweig ne voulaient pas prendre la moindre décision sans assurer leurs arrières. Boehm fit venir Jones à Berlin et, à la faveur d'une journée et demie de discussions, celui-ci plaida contre les trois options envisagées. Si l'on en croit le rapport de Boehm du 4 décembre, aucune divergence d'opinion n'apparut concernant la démission des Juifs lors d'une assemblée de la D.P.G. qui eut lieu le 27 novembre; les Juifs étaient prêts à démissionner de leur plein gré (Boehm, 1935, p. 120-121/253-254). Mais ce même rapport indique aussi que les membres juifs avaient été acculés à la démission. Jones avança un nouvel argument contre cette solution et réussit ainsi à ranimer un violent conflit, amenant les Juifs à revenir une fois de plus sur leur décision de démissionner volontairement. Eva Rosenfeld « trouvait que, face à une situation de contrainte qu'elle ne pouvait que refuser dans son for intérieur, les collègues ne pouvaient pas démissionner volontairement, parce que cela mettrait en jeu un degré trop élevé de masochisme, comme si on devait volontairement s'exécuter soi-même » (Boehm, 1935, p. 127/255). Au terme d'un long débat, les Juifs acceptèrent de nouveau de prendre le fardeau sur eux.

Les non-Juifs durent aussi résoudre un autre conflit d'une nature bien différente, mais qui les concernait directement. Rien n'indique qu'ils auraient pu envisager la solution du « nous ne voulons pas de la démission des collègues juifs ». Seuls deux membres non juifs prirent le parti des Juifs[2]. Pour les membres non juifs, en effet, tout le dilemme venait de ce que leurs préférences allaient à cette solution, notamment le Comité de Direction, tout en se refusant à l'avouer au grand jour. Avec l'appui de Jones, le Comité repoussa une requête invitant à demander par écrit la démission des membres juifs et fit en sorte qu'il fût bien clair pour l'A.P.I. que la démission était volontaire et que nul n'avait été chassé (Brecht *et al.*, 1987, p. 129/255-256).

Un an plus tard, Jones fut contacté par la D.P.G. sur instruction de la *Devisenstelle*, l'Office des Changes, pour solliciter le remboursement de prêts précédemment accordés à des candidats juifs. Et la D.P.G. de justifier sa demande en multipliant les sermons moralistes : « Il nous semble que ce ne sont pas uniquement les circonstances économiques qui empêchent les intéressés de rembourser leur dette mais qu'un ressentiment envers la Société psychanalytique allemande, qui ne compte désormais que des non-Juifs, pourrait bien contribuer au peu d'empressement à payer. A notre avis, cela ne saurait néanmoins constituer une raison pour délier les obligés d'un engagement moral qui demeure, quels que soient par ailleurs leurs sentiments. » « Quant à nos boursiers, on devrait assurément pouvoir exiger qu'ils ne considèrent pas comme tout naturel de transférer, purement et simplement, le ressentiment qu'ils peuvent éprouver envers le nouvel Etat sur les membres actuels de la D.P.G. Après tout, c'est le gouvernement, et non notre Société, qui a édicté les lois dont ils ont à souffrir actuellement » (Müller-Braunschweig à Jones, 29 décembre 1936, et 7 janvier 1937, *in* Brecht *et al.*, 1987, p. 69/232-233). La requête émanait certes des autorités responsables des mouvements de devises, mais l'attitude moralisatrice

2. Karl Maria Herold et Ewald Roellenbleck.

était celle de la D.P.G. Plus que toute autre action spécifique, ce semblant de morale est le signe d'une rupture.

Comme on va le voir, la D.P.G. devait alors s'engager sur la voie d'une adaptation et d'une collaboration institutionnelles intégrales. A peine s'était-il « libéré » de ses membres juifs que Boehm redoubla d'efforts pour obtenir une autorisation d'enseigner en 1936. Dans ce contexte, le ministère de l'Intérieur proposa que la D.P.G. fût cofondatrice d'un Institut allemand de Psychothérapie qui serait dirigé par Matthias Heinrich Goering, cousin du maréchal. L'Institut en question devait coordonner les efforts de toutes les écoles thérapeutiques — psychiatres, psychothérapeutes, disciples d'Adler et de Jung, et psychanalystes freudiens, etc. — pour développer une *Neue Deutsche Seelenheilkunde* (Nouvelle théorie allemande de la santé mentale). La D.P.G. accepta ce projet. Mais, pour préserver l'autonomie de la psychanalyse par rapport aux autres écoles thérapeutiques, les deux présidents de l'A.P.I., Jones et Brill, se rendirent à Bâle le 19 juin 1936 afin d'y retrouver Boehm, Müller-Braunschweig et M. H. Goering. Ce dernier prit des engagements qu'il ne put ou ne voulut tenir par la suite. La formation à la psychanalyse ne put rester plus longtemps une branche séparée à côté des autres programmes de formation psychothérapeutique. Les candidats suivaient un programme de formation théorique uniforme pour se concentrer ensuite sur l'école de leur choix en se décidant pour tel ou tel didacticien. Ainsi avortèrent les efforts de la D.P.G. pour préserver le B.P.I. au sein de l'Institut allemand de Recherche psychologique et de Psychothérapie.

Pourtant, en raison de leur compétence thérapeutique et de leur programme de formation qui avait fait ses preuves, M. H. Goering tenait les psychanalystes en si haute estime qu'en 1938, à la suite de l'invasion de l'Autriche, on envisagea d' « épargner » l'Institut de Vienne et sa maison d'édition psychanalytique internationale pour en faire une branche de l'Institut Goering. Malgré cela, et après quantité de retournements de situation, la « Mission de Vienne » conduite par Müller-Braunschweig échoua pour de bon le 1er septembre 1938 (Huber, 1977; Lockot, 1985). L'Association psychanalytique de Vienne, qui existait toujours sur le papier bien que le plus clair de ses membres eussent émigré, fut dissoute par les nazis, tandis qu'à Berlin la D.P.G. connut le même sort — ses membres formant désormais *l'Equipe A* de l'Institut allemand. Boehm et Müller-Braunschweig furent tous deux interdits d'enseignement et de publication. Ce qui ne veut pas dire pour autant qu'ils furent mis hors d'état de nuire au sein de l'Institut.

L'Institut Goering dans sa totalité se vit, en effet, confier une importante mission dans l'effort de guerre. Ainsi devait-il participer à la « guerre totale » et soutenir l'économie et la Wehrmacht en menant à bien divers projets de recherche. Les psychanalystes participèrent largement à ces projets et, à l'occasion, s'intégrèrent même à l'appareil nazi de destruction (Cocks, 1985; Lockot, 1985; Brecht *et al.*, 1985).

Après coup, il est impossible d'oublier que, pour la plupart, ces décisions, exception faite de la « Mission de Vienne », eurent pour effet de renforcer la sécurité personnelle et professionnelle. Certaines carrières s'en trouvèrent tout à la fois favorisées et entravées. Mais ce triomphe du conformisme chez les psychanalystes ne vint pas de ce que leur vie était menacée. Il est clair, semble-t-il, qu'au départ, à l'exception peut-être d'Eitingon, tous étaient d'accord pour se donner comme but avoué de sauver les institutions psychanalytiques. Il ne manque pas d'indices prouvant que la plupart, y compris Freud, Anna Freud, Jones et d'autres commencèrent par espérer que c'était chose possible (Neiser, 1978; correspondance inédite entre Anna Freud, Jones et d'autres en 1933-1934). Des documents, désormais accessibles, montrent avec quelle assiduité les psychanalystes allemands non juifs cherchèrent et réussirent assez largement à tirer leur épingle du jeu, non sans scrupules ni sans blessures mais systématiquement, jusqu'à la fin. Ils ne voulaient pas accepter la responsabilité de leurs décisions. La coopération et la solidarité avec les collègues juifs sont absentes des documents disponibles, alors même que les psychanalystes allemands attendaient d'eux coopération et solidarité.

Les psychanalystes allemands étaient au demeurant partagés quant à « la préservation de la psychanalyse ». Boehm paraît au moins avoir conçu quelques doutes en 1935 (Boehm, 1935, p. 120-121/253-254). En 1939, c'est-à-dire trois ans après la disparition de toute formation psychanalytique indépendante, Müller-Braunschweig croyait encore que l'A.P.I. pouvait officiellement reconnaître la formation assurée par l'Institut Goering (Müller-Braunschweig à Jones, 21 juillet 1939, *in* Brecht *et al.*, 1987, p. 168/271). Harald Schultz-Hencke considérait l'amalgame des diverses théories comme une avancée de la psychanalyse (Thomä, 1963, 1969).

L'affaire Edith Jacobson ; *la résistance politique et le dilemme de l'A.P.I.*

Dans les années 1920, de nombreux analystes de gauche membres de la D.P.G. se regroupèrent autour d'Otto Fenichel, poursuivant des discussions fort animées sur le socialisme, le marxisme et la psychanalyse. Parmi ceux-ci, nous pouvons citer Ernst Simmel, Berta et Steff Bornstein, Siegfried Bernfeld, Barbara Lantos, Käte Friedländer, Edith Jacobson, et — plus tard — Wilhelm et Annie Reich (Jacoby, 1983).

Reich multipliant les activités politiques extérieures, les psychanalystes politiquement plus réservés regroupés autour de Fenichel prirent leurs distances mais continuèrent à discuter avec lui jusqu'au début des années 1930. En 1933, beaucoup avaient déjà quitté l'Allemagne tandis que d'autres s'apprêtaient à émigrer. En 1934, à Pâques, les psychanalystes scandinaves se réunirent à Oslo pour y poursuivre une discussion sur le socialisme qui n'était plus possible en Allemagne. Pour les membres de la D.P.G. engagés à gauche qui vivaient encore à Berlin, Oslo fut ainsi la première étape vers l'émigration. La seule à retourner à Berlin fut Edith Jacobson (Jacoby, 1983). Elle était membre de la D.P.G. depuis 1928 et, en 1933, après la première vague d'émigration, elle était devenue didacticienne avant d'être nommée au Comité de formation. Ainsi appartenait-elle au noyau dur de la D.P.G. Son arrestation, le 24 octobre 1935, et sa détention dans une prison berlinoise firent l'effet d'une bombe[3]. Ses collègues de Berlin se sentirent alors menacés en même temps que la D.P.G. et l'Institut. La D.P.G. venait d'adopter une résolution stipulant qu'il ne fallait pas proposer de traitement psychanalytique à des patients engagés dans la Résistance. Boehm et Müller-Braunschweig adressèrent une lettre de soutien à son avocat mais redoutèrent ensuite qu'elle fût utilisée contre la D.P.G. et l'Institut. Aussi demandèrent-ils que la lettre en question leur fût retournée, mais celle-ci avait déjà été transmise aux autorités compétentes. On évoqua, sans s'y résoudre, son expulsion de l'organisation. Mais nul ne sut au juste les raisons de son arrestation.

Le 30 octobre, Jones fut informé de sa situation, sans doute par S. H. Fuchs. La rumeur courait que Jacobson avait eu un patient communiste qui avait perdu la vie après être tombé dans les griffes de la Gestapo, et l'on craignait que celle-ci fît tout son possible pour arracher à Edith Jacobson les renseignements qu'elle avait pu recueillir à la faveur de cette analyse. Jones prit aussitôt conseil par courrier auprès d'Anna Freud et chercha des moyens de lui venir en aide. Au début du mois de novembre au plus tard, il prit contact avec Fenichel qui vivait alors à Prague et se penchait aussi sur son cas. Dans un premier temps, ils ne purent s'entendre sur la possible efficacité d'un appel direct lancé par l'A.P.I. Fenichel eut une longue discussion avec l'avocat de Jacobson qui en avait suggéré l'idée. Redoutant que cela ne mît en danger Edith Jacobson et la D.P.G., Boehm exhorta vivement Jones à n'en rien faire. Celui-ci hésita et sollicita les conseils d'une personne neutre. A cette époque, Nic Hoel, Norvégienne qui avait été formée à Berlin et qui était devenue membre de la D.P.G.

3. Les renseignements qui suivent sont tirés, pour l'essentiel, d'une correspondance inédite entre Jones, Fenichel et Anna Freud, 1933-1936 (Archives de la British Psychoanalytical Society).

en 1934, vivait à Londres. Jones la dépêcha à Berlin à plusieurs reprises, parfois *via* Vienne et Prague, afin d'y recueillir des informations de première main et de s'entretenir directement avec Anna Freud, Fenichel et les collègues de Berlin.

En réponse à un appel à l'aide pressant lancé par Boehm face à la dégradation de la situation de la D.P.G., Jones se rendit en personne à Berlin le 30 novembre 1935, et Boehm commença par le conduire chez l'avocat d'Edith Jacobson. Dans son rapport du 4 décembre, il écrit : « On a été d'accord sur le fait qu'une intervention extérieure dans une procédure judiciaire en cours pouvait être nuisible. Mais si la procédure était arrêtée et que E. J. était transférée dans un camp de redressement *(Schulungslager*[4]*)*, une intervention polie, venant de l'étranger, pourrait être importante pour elle et accélérer éventuellement sa libération » (Boehm, 1935, p. 122/254). On escomptait un procès et une libération rapides. Dans l'esprit de Jones comme de Fenichel, le danger le plus immédiat était que la Gestapo arrêtât Edith Jacobson sitôt après sa libération pour la placer en *Schutzhaft*, c'est-à-dire l'interner dans un camp de concentration. Ils tentèrent alors d'obtenir l'intervention de personnalités publiques haut placées. Fenichel, sur le Continent, et Jones, en Angleterre, recueillirent de quoi payer les frais judiciaires et consultèrent à maintes reprises l'avocat, dont tous deux se méfiaient. C'était un nazi notoire, que la famille de Jacobson avait cependant consulté en raison de son influence dans les milieux judiciaires et de ses relations importantes.

Lorsque, contrairement aux spéculations initiales, on apprit au sein de l'A.P.I. qu'elle avait été accusée de prêter son appartement pour des activités politiques, nul ne voulut le croire. Et le 2 décembre 1935, Jones écrivit à Anna Freud : « Il est peu probable que cela soit sérieux — à moins qu'elle soit tout à fait folle » (Brecht *et al.*, 1987, p. 114/252). Il est frappant de constater que, même par la suite, personne ne douta qu'elle avait été condamnée à deux ans et demi de prison à cause de l'un de ses patients plutôt qu'en raison de ses propres activités clandestines (Kronold, 1980; Jacoby, 1983). Et cela alors même que Edith Jacobson avait publié ses *Observations on the Psychological Effects of Imprisonment on Female Political Prisoners* (1949).

L'acte d'accusation[5] révèle qu'Edith Jacobson militait personnellement dans un groupe de résistants sociaux-démocrates depuis 1933 et qu'après une vague d'arrestations, en 1935, elle fut convaincue de haute trahison en même temps que maint autre membre. Ils furent accusés d'avoir

4. *Schulungslager* est un euphémisme qu'emploie Boehm pour désigner les camps de concentration.
5. Rendu public par Volker Friedrich, Hambourg.

comploté à Berlin entre 1933 et 1935 pour changer par la force la constitution du Reich — leur rôle ayant été de promouvoir ou d'entretenir la cohésion de l'organisation (Brecht *et al.*, 1987, p. 112/250). Plutôt que de préciser son rôle précis, l'acte d'accusation mettait l'accent sur son affiliation au groupe de résistance sous le nom de code de « John », ajoutant cependant qu'elle « avait versé des cotisations, prêté son appartement pour des programmes de formation politique et prononcé de multiples discours lors de ces réunions » (Acte d'accusation, Kammergericht, Berlin, 5 décembre 1935). Le procès s'étira sur près d'un an. Et Jacobson fut condamnée le 7 septembre 1936 — la peine prononcée tenant compte du temps passé en détention provisoire. Avec l'accord de son avocat, Jones et Fenichel projetèrent de faire intervenir en sa faveur le représentant spécial de Hitler à Londres, Ribbentrop. A la fin de l'année 1937, Edith Jacobson bénéficia d'une libération temporaire pour subir une opération et, avec l'aide de ses amis, put s'enfuir pour Prague puis pour New York.

Il reste quantité de points obscurs, mais l'essentiel semble être ceci : l'affaire Edith Jacobson met en évidence le dilemme irréductible de l'A.P.I., condamnant d'un côté la collaboration des psychanalystes allemands et, de l'autre, la participation à la résistance active. Jamais ce conflit ne fit l'objet d'une réflexion générale et ne trouva place dans la tradition consciente de l'A.P.I. Les minutes de l'Assemblée générale de cette association, réunie en 1949 à Zurich pour son Ier Congrès de l'après-guerre, montrent bien que l'on n'osa point aborder la délicate question de l'adaptation des psychanalystes allemands au national-socialisme. Mais on n'en éprouva pas moins la nécessité de séparer le bon grain de l'ivraie. Cette question domina la discussion autour de la réintégration de la D.P.G. au sein de l'A.P.I., bien que l'accent ne fût déplacé que sur la distinction entre bonne et mauvaise formation psychanalytique. A ce niveau, cependant, il fut possible de séparer les moutons noirs des blancs[6].

Le conflit d'après 1945 : défense, retour du refoulé et souvenir

Berlin fut bombardée et, à la fin du mois d'avril 1945, des officiers russes mirent le feu à l'Institut Goering. Avant même la reddition, d'aucuns avaient réfléchi à la restauration de la psychothérapie dans le cadre d'un nouvel institut officiellement reconnu — Harald Schultz-Hencke et Werner

6. Le D.P.V. est aujourd'hui travaillé par des tendances visant à revenir sur cette dissociation, au nom de la vérité, au risque, toutefois, de nier les différences dans les formations et leurs effets à long terme.

Kemper étant les deux initiateurs de ce frénétique effort de reconstruction. Ils envisageaient une policlinique qui assurerait un programme de formation et qui, à l'instar de l'Institut allemand de Recherche psychologique et de Psychothérapie, continuerait à s'avancer sur la voie d'une psychothérapie unifiée amalgamant toutes les écoles.

Schultz-Hencke était membre de la D.P.G. depuis 1927, mais il avait été interdit d'enseignement au B.P.I. en 1929 pour s'être engagé dans une voie théorique propre. Il flirta avec une théorie générale de la psychologie qu'il croyait capitale pour le progrès de la psychanalyse. Il n'avait pas été nazi, mais sa théorie n'ayant pas été jugée suspecte, il avait pu l'exposer et la développer sans entraves et, ce faisant, renforcer sa position de didacticien au sein de l'Institut Goering (Lockot, 1985; Thomä, 1963, 1969). Kemper, pour sa part, avait intégré la D.P.G. en 1933 et avait pu grimper rapidement les échelons en raison de l'émigration de la plupart des analystes didacticiens. Tous deux s'attelèrent avec leurs collègues à la reconstruction institutionnelle, sans prendre garde qu'ils reconstruisaient la psychothérapie institutionnelle et non pas la psychanalyse.

Müller-Braunschweig fut le seul à comprendre en 1945 que la psychanalyse allemande avait été détruite et à tenter de la reconstruire. Ainsi plaida-t-il pour une formation psychanalytique indépendante mais, en dépit de sa position de président de la D.P.G., il ne réussit pas à faire valoir son point de vue. En 1950, il se désolidarisa de la D.P.G. et du nouvel Institut de Psychothérapie qui avait obtenu la reconnaissance des autorités médicales. Ce faisant, en sa qualité d'analyste profane, il prenait un vrai risque. Aussi pourrait-on suggérer qu'il tentait de faire amende honorable. Mais force nous est de reconnaître qu'il prit sa décision avant d'être assuré de l'approbation de l'A.P.I.

A cette époque, c'est l'Institut Goering qui avait assuré, souvent exclusivement, la formation de la plupart des membres de la D.P.G. reconstituée. Le même thème, dans lequel on peut diagnostiquer pour l'essentiel une projection de la culpabilité collective, devait être repris tant et plus par différents analystes :

- l'A.P.I. est rancunière;
- l'A.P.I. ne comprend rien aux Allemands et manque de solidarité;
- on attendrait des psychanalystes en particulier qu'ils soient sans préjugés ni ressentiments;
- il n'y a pas à faire de concessions à des gens qui n'ont pas l'expérience nécessaire pour juger correctement de la situation en Allemagne;
- on n'a pas à faire amende honorable; etc. (Brecht *et al.*, 1987, p. 176/274; 190/283; 198/286; et autre correspondance inédite).

Telle fut la situation entre 1945 et 1950. Puis en 1950, Müller-Braunschweig fonda l'Association allemande de Psychanalyse ou D.P.V. (Deutsche Psychoanalytische Vereinigung). En compagnie d'un petit groupe d'autres membres, il se décida en effet à se séparer de la D.P.G. dès lors qu'il était devenu évident qu'il ne pourrait atteindre son objectif, c'est-à-dire instaurer un programme de formation psychanalytique indépendant au sein de la D.P.G. d'après guerre. La D.P.V. fut reconnue par l'A.P.I. en 1951, mais pas la D.P.G. Mais cette séparation fit entrevoir une possibilité illusoire aux membres de la D.P.V., qui crurent alors pouvoir justifier leur passé de collaborateurs et se sentir réhabilités du fait de l'exclusion de la D.P.G. de l'A.P.I.

Müller-Braunschweig ni le petit groupe fondateur de la D.P.V., pas plus que Boehm et la D.P.G. ne devaient dresser un bilan exact de leur propre histoire (Brainin et Kaminer, 1982; Juelich *et al.*, 1982; Lockot, 1985; Lohmann et Rosenkötter, 1982). Durant cette période, au contraire, la D.P.V. cultiva une fausse identité, prétendant rassembler des « Allemands meilleurs » que par le passé, et se réclamant même de « pères allemands meilleurs » que ceux de la D.P.G., ou encore de « pères juifs ». Alexander Mitscherlich finit par occuper une place de premier plan, tant au sein de la D.P.V. qu'à l'extérieur — son débat critique avec le national-socialisme assurant une façade convenable derrière laquelle disparut fort opportunément l'histoire véritable de la psychanalyse en Allemagne.

La série de projections évoquée plus haut, c'est-à-dire le sentiment d'être victime de l'A.P.I. — sous-entendu des émigrés juifs ou des psychanalystes juifs de l'étranger — commença à se faire entendre dans les années 1940. Les voix qui s'élevèrent en ce sens étaient celles des membres de la D.P.G. qui se refusèrent par la suite à rejoindre la D.P.V. Toutefois, la question de notre propre histoire s'imposant avec une force croissante avant le Congrès de Hambourg, il apparut clairement que les membres de la D.P.V. affichaient des opinions assez voisines. Cette résurgence d'attitudes latentes se laisse analyser comme un retour du refoulé. A la faveur d'une série de confrontations et de réflexions autour des différents points de vue, la D.P.V. découvre aujourd'hui le passé et s'en souvient de plus en plus correctement (Beland, sous presse). Ce processus permanent est lourd de changements; oscillant entre défense et souvenir ou remémoration, il est aussi sans fin.

Traduit de l'allemand
par Pierre-Emmanuel Dauzat

Karen Brecht,
Werderplatz 10,
D-6900 Heidelberg, R.F.A.

Mots clés

Antisémitisme – Association allemande de Psychanalyse (Deutsche Psychoanalytische Vereinigung - DPV) – Association psychanalytique internationale (API) – Nazisme – Société allemande de Psychanalyse (Deutsche Psychoanalytische Gesellschaft - DPG).

BIBLIOGRAPHIE

Antonovsky A. M. (sous presse) Aryan Analysts in Nazi Germany : Questions of Adaptation, De-Symbolization and Betrayal, *Psychanalysis and Contemporary Thought*, num. spécial : « Réflexions sur le Congrès de Hambourg », 1988.

Beland H. (sous presse) How They Know Themselves. Confronting the Past : A Contribution to the History of the German Psychoanalytical Association, *Psychoanalysis and Contemporary Thought*, num. spécial : « Réflexions sur le Congrès de Hambourg », 1988.

Boehm F. (1934) Rapport à Jones, *in* K. Brecht *et al.*, « *Ici, la vie continue d'une manière fort surprenante...* », Paris, A.I.H.P., 1987, p. 99-109/246-249.

— (1935) Rapport à Jones, *ibid.*, p. 116-127/252-255.

— (1951) Bericht über die Ereignisse von 1933 bis zum Amsterdamer Kongress im August 1951, in *Schriften zur Psychoanalyse*, Munich, Ölschläger, 1978.

Brainin E. et Kaminer I. J. (1982) Psychoanalyse und Nationalsozialismus, *Psyche*, 36, 11, p. 989-1012.

Brecht K., Friedrich V., Hermanns L. M., Kaminer I. J., Juelich D. H. (1985) « *Ici, la vie continue d'une manière fort surprenante...* », Paris, A.I.H.P., 1987.

Cocks G. C. (1985) *La psychothérapie sous le IIIe Reich : l'Institut Göring*, trad. franç. Cl. Davenet et J.-L. Roy, Paris, Les Belles-Lettres, 1987.

Dahmer H. (1983) Kapitulation vor der Weltanschauung, *Psyche*, 37, 12, p. 1116-1135.

Huber W. (1977) *Psychoanalyse in Österreich seit 1933*, Vienne, Salzbourg, Geyer-Edition.

Jacobson E. (1949) Observations on the Psychological Effects of Imprisonment on Female Political Prisoners, *in* K. R. Eissler *et al.*, *Searchlights on Delinquency*, New York, Int. Univ. Press.

Jacoby R. (1983) *The Repression of Psychoanalysis*, New York, Basic Books ; *Otto Fenichel : Destins de la gauche freudienne*, trad. franç. P.-E. Dauzat, Paris, P.U.F., 1986.

Juelich D., Otto H. H., Koppány Il, Becker S., Kaminer I. J. et Hilbert L. (1982) Psychoanalyse unter Verschluss oder warum tut sich die Psychoanalyse so schwer, sich zu erinnern ?, *in* H. Henseler et A. Kuchenbuch eds., *Die Wiederkehr von Krieg und Verfolgung in Psychoanalysen*, Ulm/Berlin, D.P.V., p. 53-57.

Kronold E. (1980) Edith Jacobson, 1897-1978, *Psychoanal. Quarterly*, LXIX, p. 505-508.

Lockot R. (1985) *Erinnern und Durcharbeiten*, Francfort, Fischer.

Lohmann H.-M. et Rosenkötter L. (1982) Psychoanalyse in Hitler-deutschland. Wie war es wirklich ?, *Psyche*, 36, 11, p. 961-988.

Müller-Braunschweig C. (1933*a*) Psychoanalyse und Weltanschauung, *Psyche*, 37, 12, 1983, p. 1136-1139.
— (1933*b*) Memorandum vom 29. September 1933, in « *Ici, la vie continue...* », *op. cit.*, p. 96/244.
— (1934) Denkschrift vom 14 Januar 1934, in « *Ici, la vie continue...* », *op. cit.*, p. 96/244.
Neiser E. M. J. (1978) *Max Eitingon, Leben und Werk*, Mainz, Dissertation.
Thomä H. (1963) Die Neo-Psychoanalyse Schultz-Henckes, *Psyche*, 17, p. 44-125.
— (1969) Some Remarks on Psychoanalysis in Germany : Past and Present, *Int. J. Psychoanal.*, 50, p. 683-692.

RÉSUMÉS

Dans cet article, l'auteur se propose de décrire les étapes du processus d'adaptation institutionnelle de la Société allemande de Psychanalyse (Deutsche Psychoanalytische Gesellschaft — D.P.G.) au national-socialisme, ainsi que les relations entre psychanalystes juifs et non juifs. Une deuxième partie, qui s'appuie sur des documents inédits, aborde « l'affaire Edith Jacobson » et met en évidence le dilemme de l'A.P.I. face au nazisme. Enfin, la dernière partie retrace la lutte entre défense, retour du refoulé et souvenir qui se développa à la faveur de la reconstruction institutionnelle de la psychothérapie comme de la psychanalyse, de la fondation de l'Association allemande de Psychanalyse (Deutsche Psychoanalytische Vereinigung — D.P.V.) en 1950, sa séparation d'avec la D.P.G., et des processus collectifs qui travaillèrent la D.P.V. avant le Congrès de Hambourg.

Psychoanalysis in Germany under nazi rule : the adjustment to the institution and the relationships between Jewish and non-Jewish psychoanalysts

The process of institutional adaptation of the German Psychoanalytic Society (Deutsche Psychoanalytische Gesellschaft — D.P.G.) to National Socialism and the relationship between Jewish and non-Jewish psychoanalysts are described step by step. In a second paragraph, based on new documents, the « case of Edith Jacobson » is represented, and a dilemma of the I.P.A. regarding National Socialism shown. In a last paragraph the struggle between defense, return of the repressed and remembrance is developed from institutional reconstruction of both psychotherapy and psychoanalysis, the founding of the German Psychoanalytical Association (Deutsche Psychoanalytische Vereinigung — D.P.V.) in 1950, its separation from the D.P.G., and group processes within the D.P.V. before the Hamburg Congress.

Die Psychoanalyse im Nazi-Deutschland : Anpassung an die Institution, Beziehungen zwischen jüdischen und nicht-jüdischen Psychoanalytikern

In diesem Artikel versucht der Autor, die Etappen der institutionellen Anpassung der deutschen psychoanalytischen Gesellschaft (D.P.G.) während des Nationalsozialismus, ebenso wie Beziehungen zwischen jüdischen und nicht-jüdischen Psychoanalytikern darzustellen. Ein zweiter Teil, welcher auf nicht-veröffentlichten Dokumenten basiert, behandelt die « Affaire Edith Jacobsen » und hebt das Dilemma der I.P.A. gegenüber den Nazis hervor. Schließlich verfolgt der letzte Teil den Kampf zwischen Verteidigung, der Wiederkehr von Erinnerungen und Verdrängtem (welches sich als positiv gegenüber dem institutionellen Wiederaufbau der Psychotherapie und Analyse erwies), der Gründung der Deutschen Psychoanalytischen Vereinigung (D.P.V.), ihrer Spaltung mit der D.P.G. 1950 und letztendlich die kollektive Entwicklung, welche die D.P.V. vor dem Hamburger Kongress bearbeitete.

La psicanalisi nella Germania nazista : adattamento istituzionale e rapporti tra psicanalisti ebrei e non ebrei

In quest'articolo, l'autore si propone di descrivere le tappe del processo d'adattamento istituzionale della Società Tedesca di Psicanalisi (Deutsche Psychoanalytische Gesellschaft — D.P.G.) al Nazional Socialismo, come i rapporti tra psicanalisti ebrei e non ebrei. Una seconda parte, che si basa su documenti inediti, abborda « il caso Edith Jacobson » e mette in evidenza il dilemma dell' I.P.A. di fronte al nazismo. Infine, in un'ultima parte, la lotta tra difesa, ritorno del represso e ricordo, si sviluppa a partire dalla ricostruzione istituzionale della psicoterapia e della psicanalisi, dalla fondazione dell'Associazione Tedesca di Psicanalisi (Deutsche Psychoanalytische Vereinigung — D.P.V.) nel 1950, dalla sua separazione dalla D.P.G., e dai processi collettivi che tormentarono la D.P.V. prima del Congresso di Amburgo.

El psicoanálisis en la Alemania Nazi : adaptación institucional y relaciones entre analistas judíos y no judíos

La autora describe las etapas del proceso de adaptación institucional de la Sociedad Alemana de Psicoanálisis (Deutsche Psychoanalytische Gesellschaft — D.P.G.) al nacionalsocialismo, así como las relaciones entre psicoanalistas judíos y no judíos. En una segunda parte, basada en documentos inéditos, examina « el caso Edith Jacobson » e ilustra el dilema de la I.P.A. frente al nazismo. En la última parte reseña la lucha entre defensa, retorno de lo reprimido y recuerdo que se establece con motivo de la reconstrucción institucional de la psicoterapia y el psicoanálisis, la fundación de la Asociación Alemana de Psicoanálisis (Deutsche Psychoanalytische Vereinigung — D.P.V.) en 1950, su separación de la D.P.G. y los procesos colectivos que tuvieron lugar en la D.P.V. antes del Congreso de Hamburgo.

La psychanalyse à Buchenwald. Conversations entre Bruno Bettelheim, le Dr Brief et Ernst Federn

ERNST FEDERN

Dans les pages qui suivent, je me contenterai d'une évocation fragmentaire du rôle que joua la psychanalyse dans les années que je passai en camp de concentration. La psychanalyse y était représentée par Bruno Bettelheim, le Dr Brief et par moi-même. Seul le deuxième d'entre nous avait achevé sa formation; ayant eu pour analyste Wilhelm Reich, il avait vécu à Brünn (Brno), en Tchécoslovaquie. Lorsque les nazis occupèrent son pays, il fut arrêté puis interné à Buchenwald dans le courant du printemps 1939. Au bout de trois ans, il fut transféré à Auschwitz où il trouva la mort.

On ne présente pas Bruno Bettelheim tant il est célèbre. Si célèbre, cependant, que le jour où il a mis les pieds à Buchenwald il n'était pas encore psychanalyste. Il avait entrepris une analyse et il s'intéressait au traitement des jeunes perturbés. Il fut arrêté par la Gestapo en raison de ses activités clandestines dans l'assistance sociale du mouvement de résistance contre le gouvernement fasciste autrichien.

Quant à moi, je me suis jadis présenté comme un « psychanalyste de naissance ». Je n'avais pas encore suivi de formation mais je travaillais depuis 1936 en qualité de secrétaire de mon père et je prenais une très grande part à ses activités scientifiques.

Il n'y a pas lieu non plus de s'étendre ici sur le camp où nous nous

Ernst Federn est auteur de nombreux essais et articles concernant l'histoire de la psychanalyse.

Rev. Int. Hist. Psychanal. 1988, 1, 109-115

rencontrâmes. Bettelheim et moi-même avions d'abord été internés à Dachau, d'où nous fûmes ensuite transférés à Buchenwald à la suite de la crise tchécoslovaque. Ce camp, qui peu de temps auparavant s'appelait *Ettersberg*, était notoirement connu comme un camp d'extermination où l'on tuait tous les jours de nombreux Juifs. Après notre arrivée de Dachau, la situation qui prévalait à l'intérieur du camp s'améliora lentement, mais non sans se solder par de nouvelles victimes parmi les Juifs. Pour finir, Buchenwald fut transformé en camp de travail[1]. A l'époque où Bettelheim y séjourna, de septembre 1938 au mois d'avril 1939, les conditions de vie y étaient très mauvaises, mais il était possible de survivre, même à une personne qui avait aussi peu le sens pratique que Bettelheim. S'il réussit à survivre, c'est qu'il eut la chance de trouver du travail dans l'atelier de raccommodage, où il put vivre dans une relative sécurité. Sans doute profita-t-il aussi du fait qu'il portait d'épaisses lunettes. Pour des raisons que je n'ai jamais pu élucider, celles-ci inspiraient un certain respect aux gardiens S.S.

Je rencontrai Bettelheim à l'occasion d'une activité qui consistait à former une espèce de chaîne humaine à raison d'un homme tous les soixante centimètres pour se passer des briques de main en main. C'est ainsi qu'à l'époque on acheminait les briques jusqu'aux maçons. Nous nous tenions debout, côte à côte, sans savoir à qui nous avions affaire. Bettelheim laissait tomber toutes les briques que je lui lançais. C'était dangereux parce que l'une d'elles risquait de lui tomber sur le pied, à moins qu'un garde ne s'en aperçût et ne décidât de lui infliger une correction. Je lui fis une remarque à ce sujet, et Bettelheim répondit : « Elle est à vous, cette brique ? » Au cours de l'échange qui suivit, j'apostrophai mon vis-à-vis :

« Rien-du-tout !

— Qui est un rien-du-tout à vos yeux ? Parce que vous êtes quelqu'un ? Moi c'est Bettelheim.

— Et moi je m'appelle Federn.

— Etes-vous un parent de Paul Federn ?

— Je suis son fils. »

1. A l'intention de ceux qui connaîtraient mal le système des camps de concentration nazis, voici quelques indications. On pouvait en effet distinguer les camps en fonction de leurs objectifs ultimes : camps d'extermination des prisonniers, camps de travail sans considération de la vie ni de la santé des internés, et camps de travail au service de la production de guerre. Placé sous les ordres du ministre de la Guerre, Albert Speer, Buchenwald était passé dans la dernière catégorie en 1942 après que tous les Juifs, à l'exception de deux cents transformés en briqueteurs, eurent été acheminés vers Auschwitz. A la fin de l'année 1944 fut érigé dans l'enceinte même de Buchenwald un camp destiné à accueillir les prisonniers évacués des camps d'Auschwitz. C'est là que furent prises les horribles photographies témoignant des conditions effroyables qui y régnaient. La situation dans l'ancien camp n'était pas aussi mauvaise.

Nous nous serrâmes la main et à compter de cette heure nous restâmes amis. Je crois même, des amis d'une espèce bien particulière parce que, pour autant que je m'en souvienne, jamais Bettelheim ne devait élever la voix contre moi. Ma rencontre avec le Dr Brief se passa de la façon la plus simple. Il vint dans mon baraquement et nous nous présentâmes. Quelles peuvent donc être la valeur et la signification d'événements aussi anecdotiques ?

Bettelheim et moi avions remarqué la fréquence, parmi les prisonniers, des mécanismes de défense qu'Anna Freud a décrits comme l'identification avec l'agresseur. Qui fit cette observation le premier, il m'est impossible de le dire aujourd'hui, mais elle avait une grande portée. Ce processus qu'Anna Freud avait décrit à propos des enfants, et que toute maîtresse de maternelle peut confirmer, se retrouve également parmi les adultes, surtout lorsqu'ils traversent un état mental de régression. Autrement dit, Bettelheim, moi-même et plus tard Brief pûmes trouver la confirmation de deux découvertes importantes de la psychanalyse : en situation de très forte tension mentale, l'homme régresse et développe des mécanismes de défense infantiles. Ni Bettelheim ni moi-même ne devions cependant nous servir de ces mécanismes pour notre propre compte. Ainsi que je l'ai dit, il réussit à dissimuler, et il eut la chance d'être élargi après moins d'un an. Ma propre méthode de défense était plus compliquée, mais il n'est pas dans mon propos de l'aborder ici. Historiquement parlant, Bettelheim consigna nos observations dans une étude qui le rendit célèbre[2]. Plus tard, il devait montrer dans ses nombreux livres à quel point ses expériences du camp ont influencé ses travaux ultérieurs avec des enfants souffrant de maladies mentales. L'importance de Brief se limite à l'aide que je reçus de lui, que je pourrais présenter comme mon superviseur. Je m'attacherai à démontrer dans une monographie le sens de cette affaire qui fut on ne peut plus dramatique et, pour moi, de grandes conséquences. Après l'occupation des Pays-Bas, une centaine de prisonniers juifs arrivèrent d'Amsterdam jusque dans nos baraquements. Nous ignorions encore qu'ils devaient être tous exterminés jusqu'au dernier. Un jour, « l'aîné des baraques »[3], un prisonnier interné depuis 1933 qui m'était très attaché, accusa l'un d'eux d'avoir volé un morceau de pain. Il le rossa et le menaça de le tuer si cela se renouvelait. La nuit suivante, cet homme pissa entre le lit qu'il occupait et le lit voisin. Cela provoqua un beau tohu-bohu, et notre infortuné compagnon reçut de

2. B. Bettelheim (1943), Individual and Mass Mehavior in Extreme Situations, *J.A.S.P.*, 38, p. 417-452.

3. L'aîné du bloc était un prisonnier tenu pour responsable des baraquements et investi d'un pouvoir de vie et de mort. À compter du 31 janvier 1939, tous les baraquements juifs eurent un prisonnier juif pour aîné.

nouvelles menaces de mort. J'avais observé qu'il avait uriné entre les deux lits et non dans son lit proprement dit. Il ne s'agit donc pas d'un cas d'énurésie, pensais-je, mais bien d'une action symptomatique. J'avais aussi remarqué que le mot néerlandais qu'il avait employé avait le même sens que « enlever une tache » ou « purifier », Je proposai de traiter son cas et de le résoudre. On m'y autorisa, et je bavardai avec l'homme, en commençant par lui expliquer que je ne le croyais pas coupable et que j'interviendrais en sa faveur auprès de l'aîné de notre bloc. Puis j'avançai l'idée qu'en pissant il avait traduit son désir de se laver de l'accusation lancée contre lui. Il n'y eut plus aucun écart de conduite à lui reprocher. Le Dr Brief ne pensait pas que mon interprétation y fût pour quelque chose : le fait est que je l'avais soulagé de son angoisse en lui promettant de l'aider. Quoi qu'il en soit, ma réputation de psychanalyste était établie.

En janvier 1939, on reconnut donc en moi quelqu'un qui en savait long sur la psychanalyse. J'étais arrivé à l'hôpital du camp avec les deux mains gangrenées à la suite de graves gelures. Dans cette infirmerie travaillaient un médecin viennois, le Dr Verö, qui faisait office d'infirmier, et un prisonnier de longue date servant de chirurgien bien qu'il fût charpentier de métier. Etant Juif, le premier ne pouvait exercer sa profession, tandis que son collègue, non juif, était interné depuis maintenant six ans. Il était particulièrement adroit de ses mains. Tandis que j'espérais que l'on allait me soigner, le Dr Verö dit : « Le type qui est assis ici est le fils d'un homme célèbre, le psychanalyste Paul Federn. » « Le chirurgien », dont le nom m'a échappé mais dont jamais je n'oublierai les yeux bleus brillants, m'observa et me demanda avec son accent rhénan : « Y connaissez-vous quelque chose, vous aussi ? » Comme j'avais répondu par l'affirmative, il me pria alors de lui expliquer le complexe d'Œdipe. Je m'exécutai, après quoi il conclut : « C'est bon, je vais vous opérer les mains. » Je ne pense pas qu'analyste ait jamais reçu pareils honoraires. Il me sauva et les mains, et la vie.

Ma connaissance de la psychanalyse et mes talents pour la faire comprendre, y compris à des esprits ingénus, assirent ma réputation à travers le camp. Cela me valut une bonne position parmi les prisonniers dits criminels parce qu'ils avaient entendu dire que les psychanalystes considéraient la criminalité comme une maladie. Du début de la guerre jusqu'en 1942, je jouai le rôle d'un veilleur de nuit. Sans doute était-ce la position la plus appréciable pour un prisonnier juif, et plus d'un souhaitait prendre ma place. Rien n'était plus facile pour un criminel : il n'avait qu'à se débrouiller pour me tuer d'une manière ou d'une autre. En tant que juif, je valais moins que rien, mais en qualité de psychanalyste, j'avais une certaine importance. Je pus conserver mon poste trois années durant.

C'est ainsi à moi qu'incombait la responsabilité de veiller sur le feu dans le poêle au cours des longues nuits d'hiver. Beaucoup de prisonniers qui devaient se lever pour aller aux toilettes pendant la nuit s'attardaient quelques instants en ma compagnie pour bavarder avant de se remettre au lit. Nos conversations étaient riches en souvenirs attendris mais aussi lourdes d'angoisses qui n'étaient que trop justifiées par les menaces de mort permanentes. Les plus difficiles de ces conversations étaient celles que j'avais avec les hommes dont c'était la dernière nuit : ils avaient déjà été désignés pour être conduits à la mort — ce que je savais mais qu'ils ne pouvaient que soupçonner. On sait bien que la crainte de mourir crée des défenses qui déforment le sens de la réalité. Celui-ci peut à l'occasion même venir à la rescousse mais il aide certainement à alléger les pires angoisses. Je crois que mon attitude psychanalytique m'aida à les aider. Jusqu'alors, il appartenait au clergé de consoler les hommes qui vivaient leurs dernières heures; bien des années plus tard, les psychanalystes commencèrent à leur tour à s'intéresser au patient avant qu'il ne meure.

J'employais encore mes connaissances psychanalytiques d'une autre manière — en donnant des conférences. Mais je n'entrerai pas ici dans les détails. Elles avaient lieu dans les endroits les plus inattendus, parfois en présence d'un seul auditeur, parfois avec plusieurs. Il était bien sûr terriblement dangereux d'être surpris par la garde S.S., mais au bout de quelques années d'expérience c'était devenu une simple question de routine. Toujours est-il que ces conférences ne devaient pas passer inaperçues. Le dimanche était habituellement le seul jour de repos. Parmi mes auditeurs se trouvait, entre autres, Marcel Beaufrère, alias Fernand, résistant français. Je lui parlais en m'aidant d'un interprète qui n'a malheureusement pas survécu. Ces conférences firent une telle impression à Marcel qu'il en parla à David Rousset, l'écrivain, qui devait les évoquer à son tour dans *Les Temps modernes* en 1946. A cette époque, je vivais à Bruxelles, et l'article me valut une petite célébrité parmi les lecteurs de la revue.

Ainsi se referme le cercle. C'est une fois encore dans un pays francophone que je peux présenter — bien tardivement, j'en ai conscience — quelques notes marginales de l'histoire de la psychanalyse.

Traduit de l'allemand
par Pierre-Emmanuel Dauzat

Ernst FEDERN,
Kolingasse 20/41,
A-1090 Wien, Autriche.

Mots clés

Camp de concentration / Psychanalyse – Identification (à l'agresseur) – Mort (peur de la).

RÉSUMÉS

Dans le camp de concentration de Buchenwald, Ernst Federn fit la connaissance de Bruno Bettelheim et du Dr Brief, psychanalyste tchécoslovaque. Ils discutèrent de l'application des connaissances psychanalytiques à la situation concentrationnaire, en particulier du mécanisme de défense dit de « l'identification à l'agresseur ». Des trois hommes, Bettelheim fut élargi au bout d'un an, le Dr Brief trouva la mort à Auschwitz, tandis qu'Ernst Federn fut libéré par l'Armée américaine. Cet article montre comment il put exploiter ses connaissances psychanalytiques pour survivre mais aussi aider ses camarades de détention.

Psychoanalysis in Buchenwald.
Conversations between Bruno Bettelheim, Dr. Brief and Ernst Federn

Ernst Federn met in the concentration camp Buchenwald Bruno Bettelheim and the Chechoslovakian psychoanalyst Dr. Brief. They discussed the application of psychoanalytic knowledge to the situation in the camp, particularly the defense mechanism of « identification with the aggressor ». Of the three, Bettelheim was released after on year, Dr. Brief died in Ausschwitz and Ernst Federn was liberated by the U.S.A. Army. How he could use his psychoanalytic knowledge to survive but also to help fellow prisoners is demonstrated.

Die Psychoanalyse in Buchenwald.
Gespräche zwischen Bruno Bettelheim, Dr. Brief und E. Federn

Im Konzentrationslager Buchenwald lernte Ernst Federn Bruno Bettelheim und den tchechischen Psychoanalytiker Dr. Brief kennen. Sie tauschten Ansichten über die Anwendung der Psychoanalyse auf die damalige Lage die Konzentrationslager betreffend aus, im besonderen bezogen auf den sogenannten Abwehrmechanismus « der Identifikation mit dem Angreifer ». Bettelheim wurde nach einem Jahr freigelassen, Dr. Brief starb in Auschwitz, während Ernst Federn von den Amerikanern befreit wurde. Dieser Artikel zeigt, wie sie ihr psychoanalytisches Wissen einsetzten, einerseits zum Überleben, andererseits, um anderen Häftlingen zu helfen.

La psicoanalisi a Buchenwald.
Conversazione tra B. Bettelheim, il dott. Brief e Ernst Federn

Nel campo di concentramento di Buchenwald, Ernst Federn conobbe Bruno Bettelheim ed il Dottore Brief, uno psicanalista cecoslovacco. Discuterono dell'utilizzo delle conoscenze psicanalitiche in una situazione di campo di concentramento, in particolare del mecanismo di difesa detto dell' « identificazione con l'aggressore ». Di questi tre uomini, Bettelheim fu scarcerato dopo un anno, il Dottore Brief morì ad Auschwitz, mentre Ernst Federn fu liberato dall'Esercito Americano. In quest'articolo si vede come egli riuscì a sfruttare le sue conoscenze psicanalitiche non solo per sopravvivere, ma anche per aiutare i suoi compagni di prigionia.

Psicoanálisis en Buchenwald.
Conversaciones entre Bruno Bettelheim, el Dr. Brief y Ernst Federn

En el campo de concentración de Buchenwald, Ernst Federn conoció a Bruno Bettelheim y al Dr. Brief, psicoanalista checoslovaco. En sus conversaciones, los tres hombres se plantearon la manera de aplicar los conocimientos psicoanalíticos a la situación del campo, y en especial el concepto de « identificación con el agresor ». Bettelheim fue liberado al cabo de un año, el Dr. Brief murió en Auschwitz y Ernst Federn fue liberado por las tropas norteamericanas. La aplicación de sus conocimientos psicoanalíticos le permitió sobrevivir y ayudar a sus compañeros de detención.

Répétition ou nouveau départ ? A propos du rétablissement de la psychanalyse en R.F.A. après la guerre

REGINE LOCKOT

Je conçois la communication suivante comme la continuation de mon enquête sur l'histoire de la psychanalyse et de la psychothérapie[1] pendant le national-socialisme, qui est parue sous le titre *Erinnern und Durcharbeitern (Remémoration, perlaboration)* (Lockot, 1985*a*). L'allusion que contient le titre à l'article de Freud, « Erinnern, Wiederholen und Durcharbeitern » (Remémoration, répétition et perlaboration) (1914) accentue d'une manière toute spéciale la répétition. C'est sous ce signe que je voudrais placer l'histoire après guerre de la *Deutsche Psychoanalytische Gesellschaft* (D.P.G.)[2] et le lier au problème de l'existence d'un nouveau départ. L'histoire de la D.P.G. sous le national-socialisme et celle de l'après-guerre apparaissent ainsi dans une continuité réciproque. Je vois dans l'étude de l'histoire de l'après-guerre une possibilité de travailler plus à fond l'histoire de la D.P.G. sous le national-socialisme pour pouvoir l'accepter et l'intégrer comme élément de notre identité psychanalytique d'aujourd'hui.

Je crois que nous, les psychanalystes allemands, qui travaillons encore à notre identité psychanalytique, nous voulons nous épargner la douleur de constater que nos « pères » (voire « grands-pères ») en analyse étaient des

Regine Lockot est psychothérapeute, docteur en psychologie.

1. Je voudrais me limiter à ce sujet à la psychanalyse.
2. Müller-Braunschweig, président de la *Deutsche Psychoanalytische Gesellschaft,* donna à son rapport pour l'Assemblée générale de la D.P.G. le 17 avril 1948 le titre d' « Esquisses de l'histoire de la D.P.G. de 1936 à 1947 ».

Rev. Int. Hist. Psychanal. 1988, 1, 117-131

gens « petits », peureux, accessibles à la corruption, et soucieux d'une fiction de normalité qui revêt une apparence quasi fantasmatique sous les conditions extrêmes de la domination national-socialiste[3]. Il me semble que le rapport dont Freud a esquissé la constellation entre le malade et sa maladie est tout à fait transférable aux psychanalystes allemands et à leur histoire : « Le patient doit trouver le courage de fixer son attention sur ses manifestations morbides, doit non plus considérer sa maladie comme quelque chose de méprisable, mais la regarder comme un adversaire digne d'estime, comme une partie de lui-même dont la présence est bien motivée et où il conviendra de puiser de précieuses données pour sa vie ultérieure. La voie de la réconciliation du malade avec le refoulé qui se manifeste par le symptôme se trouve ainsi frayée dès le début, mais il s'y adjoint une certaine tolérance à l'égard de l'état morbide » (Freud, *op. cit.*, p. 111).

L'histoire de la D.P.G. sous le national-socialisme est caractérisée par des concessions de ses représentants qui espéraient maintenir ainsi en vie leur société et contribuèrent en fait à l'instauration de la « Deutsche Psychotherapie ». Je résume[4] :

— les *psychanalystes juifs* et le président juif, *Eitingon*, durent abandonner la société;
— la *métapsychologie psychanalytique*, le discours scientifique libre et les publications psychanalytiques furent interdits;
— la D.P.G. dut renoncer à son *autonomie* et finalement dissoudre l'association;
— la D.P.G. quitta l'Association psychanalytique internationale.

Les psychanalystes qui restèrent en Allemagne n'attendirent pas de subir la pression d'une répression politique pour faire des concessions au régime, mais vinrent au-devant des exigences du régime qu'ils anticipaient, dans une sorte d' « auto-mise au pas »[5].

Plus d'un psychanalyste perdit à chaque concession un peu plus de son estime pour lui-même, si bien que le processus d'auto-mise au pas porta atteinte aussi bien à l'intégrité personnelle qu'à l'identité psychana-

3. Autrement, il serait pratiquement incompréhensible que Müller-Braunschweig exige d'Eitingon lui-même le remboursement d'un prêt qui proviendrait prétendument du fonds pour les bourses. Le « devoir moral » qu'il imposait au « débiteur » exprimait un renversement de fond en comble des rapports réels. Il considérait comme « débiteurs » les analystes confirmés ou candidats qui durent quitter l'Allemagne et lutter à l'étranger pour survivre et exister (K. Brecht *et al.* (1985), p. 69).

4. Cf. R. Lockot (1985*b*), p. 44 sq. On y trouvera une synthèse encore plus exhaustive.

5. Cf. les mesures répertoriées dans K. Brecht *et al.* (1985), p. 99-109 et 116-127. (*N.d.T.* : la *Gleichschaltung*, « mise au pas », est l'expression officielle employée par les nazis pour désigner les mesures qu'ils prirent à partir de 1933 pour conformer l'Allemagne à leur doctrine.)

lytique[6]. L'étendue des destructions, dommages ou automutilations aux conséquences durables qu'eut à subir également l'identité psychanalytique se laisse entrevoir — quand cela est possible — dans le miroir de l'histoire de l'après-guerre.

Comme la plupart des autres grandes villes allemandes, Berlin était un champ de ruines solitaire, gigantesque. Il n'y avait presque rien à manger; des centaines de personnes étaient ensevelies sous les décombres des maisons. Les décès étaient incessants : beaucoup souffrirent de la faim et moururent de dysenterie, de tuberculose ou d'autres maladies. Tout près du domicile du Dr. med. H. Schultz-Hencke (fondateur de la tendance néo-analytique), on installa une fosse commune où 300 cadavres ne furent inhumés que superficiellement. Le paysage intérieur* de la plupart des Allemands ne devait guère être différent de celui qu'ils avaient sous leurs yeux.

Le 4 mai 1945 déjà, quatre jours avant la capitulation, Schultz-Hencke et le Dr. med. W. Kemper avaient commencé à créer une nouvelle base institutionnelle de la psychothérapie, représentée par des tenants de Freud, Jung et Schultz-Hencke (il n'y avait *de facto* plus de partisans d'Adler), et à dresser des procès-verbaux exacts de leurs discussions quotidiennes, souvent de plusieurs heures, avec des gens qui avaient de l'influence ou pourraient en avoir par la suite[7]. Schultz-Hencke s'était mis en tête que les diverses écoles psychothérapeutiques se rapprocheraient de son concept néo-analytique — qu'il appelait « concept central » *(Kernauffassung)* et dans lequel il avait essayé de rassembler les aspects empiriques qui lui parais-

6. Il convient de douter que tous les psychanalystes en vue de l'époque aient réellement eu honte de leur comportement — il suffit de penser au ténor cité dans le récit de F. Boehm (1978) ou à sa remarque sur le fait qu'il « avait personnellement souffert continuellement de la surreprésentation des Juifs dans l'ancien institut » (K. Brecht *et al.* (1985), p. 176). Les sentiments intimes de honte et de blessure d'amour-propre se dérobent assez souvent à la communication et même à la conscience du sujet. Sachant qu'il n'existe à ce sujet aucune base d'argumentation assurée, je ne peux me référer qu'à des allusions, comme celles de Müller-Braunschweig. Il parle dans une lettre à Anna Freud du 16 mai 1946 de l' « indignation bien compréhensible du monde entier contre notre pays et notre peuple [...] », et plus bas « Je ne voudrais pas [...] en écrire plus sur les misères matérielles et morales par lesquelles nous sommes passés et passons encore, parce que j'ignore si vous voulez seulement en entendre parler, et si moi-même personnellement je suis encore hors d'état de dresser correctement le compte rendu de ces événements devant autrui et devant moi » (K. Brecht *et al.* (1985), p. 183).

* L'expression « paysage intérieur » est l'une des plus courantes en allemand pour décrire l'ensemble des états d'âme; nous l'avons conservée pour rendre le jeu de mots entre sens propre et sens figuré. *(N.d.T.)*

7. Kemper commença ses procès-verbaux le 8 mai 1945 et les termina le 11 avril 1946, après la constitution du *Zentralinstitut für psychogene Erkrankungen der Versicherungsanstalt Berlin* (Institut central de traitement des Maladies psychiques de la Caisse d'Assurances de Berlin). Les procès-verbaux de Schultz-Hencke sont datés à partir du 7 mai 1945 et s'arrêtent le 23 octobre 1945. Après la fondation de son association *Neoanalytische Vereinigung*, le 7 novembre 1945, on dressa d'autres minutes, auxquelles je n'ai malheureusement pas pu avoir accès jusqu'à présent.

saient les plus importants dans les différentes tendances — et finiraient par se réunir dans son courant[8]. Kemper au contraire considérait qu'il était utile d'un point de vue pragmatique et politique que l'on constitue une représentation commune des intérêts de tous les psychothérapeutes face à l'administration. Jusqu'à son émigration (en 1948 au Brésil), il essaya d'aplanir les différends entre le Dr. phil. C. Müller-Braunschweig et Schultz-Hencke, et d'intégrer les « jungiens » dans un institut commun.

Müller-Braunschweig, président de la D.P.G. refondée le 16 octobre 1945 (réautorisation de la D.P.G. par l'administration militaire anglaise le 29 avril 1946) et représentant du courant « orthodoxe » freudien, se rallia d'abord aux considérations pragmatiques de son disciple en analyse Kemper, et soutint l'idée de Schultz-Hencke d'un institut conçu hiérarchiquement[9] jusqu'au moment où il devint toujours plus clair qu'il ne jouerait qu'un rôle marginal dans l'institut de Schultz-Hencke (*Institut für Psychopathologie und Psychotherapie* fondé le 5 juin 1945) à la fois en tant que personne et en tant que représentant de la psychanalyse classique que Schultz-Hencke tenait pour périmée[10] [11]. En plus des motifs personnels, Schultz-Hencke

8. Dans ses comptes rendus, Schultz-Hencke qualifiait de « groupe central » *(Kerngruppe)* « les partisans de ces convictions théoriques qui pour l'essentiel se rapprochent des positions exposées par Schultz-Hencke dans son livre *Gehemmte Menschen*, par opposition avec ceux qui, en gros comme Müller-Braunschweig, soutiennent que dans *Gehemmte Menschen* il ne s'agit plus du tout de psychanalyse » (5 mai 1945, III, p. 22, inédit). Dans son exposé sur le problème de la *Kernauffassung*, il explique que dès 1927 un conflit positif avec les psychologues de l'individu et la psychologie du complexe de Jung avait conduit à écarter la « théorie sexuelle et la métapsychologie qui lui est associée ». Les éléments empiriques contenus dans ces deux théories en auraient été détachés, et auraient été intégrés non seulement à un « syncrétisme au sens éclectique, ou même au sens d'un compromis », mais à une position bien fondée à partir des trois doctrines qui contenaient un ensemble achevé de psychologie des profondeurs. (*Zur Frage der « Kernauffassung » unter den 4 Lehrmeinungen*, exposé destiné au Prof. Wüssing, du 20 juin 1945, inédit.) Cf. la note 20.

9. « Il (Müller-Braunschweig) explique que l'essai de constituer un groupe central et trois groupes excentriques lui paraissait très hardi, mais qu'il était néanmoins disposé à collaborer loyalement, et que le groupe psychanalytique n'engagerait jamais une guerre névrotique. Lui-même se mettrait à la disposition de tous dans le rôle d'Agathon, et pas dans celui de Polemos » (compte rendu de Schultz-Hencke, VII, p. 3, du 26 juin 1945, inédit).

10. « Mais, par-dessus le marché, il faut prévoir que, exactement comme dans le reste du monde, l'Etat allemand refusera lui aussi de confier aux représentants déclarés de la théorie sexuelle et de la métapsychologie psychanalytiques — si critiques qu'ils puissent être sur le détail de la tradition psychanalytique — la mission de représenter l'ensemble de la psychothérapie sur le plan théorique, et surtout sur le plan pratique [...]. Pour un tel soin, il ne reste plus que le groupe central mentionné plus haut. Malgré (ou justement à cause de) ses différences internes vivantes, il représente l'état actuel de la recherche en psychologie des profondeurs et en psychothérapie » *(Zur Frage der « Kernauffassung »...)*.

11. « [...] A ce sujet, Müller-Braunschweig évoque l'idée d'une organisation démocratique paritaire de l'Institut. Schultz-Hencke repousse cette position, jugée stérile tant en théorique qu'en pratique, et fait noter sa volonté de dresser en fondation un tel groupe central à la fois étendu et cohérent, et d'inclure les groupes porteurs d'autres doctrines, mais d'une manière jusqu'alors inédite... » (compte rendu de Schultz-Hencke, VII, p. 3, du 26 juin 1945, inédit). Müller-Braunschweig pense que, précisément parce qu'il apprécie grandement Schultz-Hencke comme personne, il serait « à la longue insupportable pour le groupe de travail psychanalytique de se sentir non reconnu dans son existence et de ne pas recevoir la place qui lui revient dans le cadre de l'Institut » (procès-verbal de Kemper, du 24 juillet 1945, inédit).

avait également des raisons de carrière pour accorder peu de valeur au soutien de Müller-Braunschweig : celui-ci n'était pas médecin et gênait plutôt ses tractations avec les représentants de la bureaucratie médicale[12] qui voyaient dans la psychothérapie une méthode miracle pour leurs propres spécialités.

Au contraire de ses collègues plus jeunes de dix-huit (Kemper né en 1899) et onze ans (Schultz-Hencke né en 1892), Müller-Braunschweig restait chez lui dans l'expectative et l'épuisement[13].

A ma connaissance, la correspondance ne s'établit que lentement. Ce n'est qu'un an après la fin de la guerre (lettre du 6 juin 1946 à Bally) qu'il reçut un signe de vie d' « amis à l'étranger »[14]. Entre la grande activité des psychanalystes jeunes et l'épuisement de leur aîné, il semble n'y avoir eu aucune place pour un véritable nouveau départ. Un nouveau départ ne survient pas automatiquement lorsque l'ancien cesse d'exister. Balint écrit que l'enfant qui veut commencer quelque chose de neuf doit d'abord retourner à l' « endroit des troubles » *(Störstelle)*[15].

Un tel retour aux « endroits des troubles », aux concessions faites à l'époque de la domination national-socialiste, peut à mon avis se déceler aussi chez les représentants de la D.P.G. pendant la période de l'après-guerre : ils ont tendance à répéter dans l'après-guerre exactement les séquences qui les traumatisent. Il peut paraître étrange que je parle d'un traumatisme subi par l'identité des psychanalystes allemands — quand on pense à la persécution et au génocide des Juifs ; je veux dire par là que les psychanalystes allemands les plus en vue se sont montrés infidèles à l'idéal analytique d'une autoanalyse permanente. Ils semblent avoir cédé à leurs

12. « [...] Devoir maintenant résoudre de haute lutte aussi cette question des non-médecins, cette question scabreuse que toutes les instances dominantes du moment abordent d'une manière agressive [...]. Que l'on pense à la masse de non-diplômés qui s'accroche au groupe jungien comme un essaim d'abeilles, et à l'aversion encore plus forte qui s'attache à la psychanalyse. Il devait donc représenter un groupe à la tête duquel se trouvait le non-diplômé méritant Müller-Braunschweig... » (session du Comité de la D.P.G. le 7 août 1945, p. 2 sq., inédit).

13. Aucun des psychanalystes les plus en vue ne se retrouvait sans maison, ni n'avait perdu un proche parent à la guerre. Tandis que Schultz-Hencke doit avoir le moins souffert de la misère matérielle, diverses lettres témoignent de la détresse matérielle à laquelle Müller-Braunschweig se sentait exposé : « même nous, nous sommes empêtrés dans [...] (les difficultés économiques), nous sommes enfoncés jusqu'au cou dans nos dettes et nous ne savons toujours pas comment nous en tirer. Du fait du blocus, il n'y a plus de liaison de la ville à nous, et le manque d'argent retient les patients de venir. Pendant maintenant trente-six ans de pratique, je n'ai encore jamais connu une situation aussi mauvaise — mais l'on n'a jamais le droit de perdre l'espoir » (lettre du 1er novembre 1948 à E. Hildebrand, veuve Rittmeister). « Pendant un certain temps, j'avais des Alliés qui rapportaient bien — mais ils ont préféré retourner par avion de l'autre côté de la grande mare » (lettre du 28 novembre 1948 à E. Hildebrand) — je dois cette indication à Ludger Hermanns. Cf. aussi R. Lockot (1985*a*), p. 122 sq.

14. « Je n'ai jusqu'à présent reçu qu'un seul signe de vie des amis de l'étranger — et encore de Mme Weigert-Vowinkel » (une ancienne élève de Müller-Braunschweig) (K. Brecht *et al.* (1985), p. 182).

15. M. Balint (1965), p. 194.

propres pulsions refoulées, dans le cadre des mouvements de masse régressifs favorisés par le national-socialisme. Une anecdote rapportée par F. Boehm (le président de la D.P.G. jusqu'à sa dissolution en 1939) fait comprendre ce processus avec une netteté toute particulière : il raconte que, pendant son enfance, son désir le plus passionné aurait été d'avoir le droit de se tenir juste devant la pompe à incendie. Il eut la possibilité de satisfaire dans un sens métaphorique ce désir de se sentir spécialement important et d'avoir le sentiment subjectif de sauver quelque chose[16].

La stratégie de conservation de l'existence adoptée pendant le national-socialisme semble avoir joué avant tout le rôle d'un modèle pour les psychanalystes qui s'occupaient d'institutionnaliser la psychanalyse : Schultz-Hencke, Boehme et Kemper se firent les avocats de l'idée du *Deutsches Institut für psychologische Forschung und Psychotherapie* (surnommé « *Göring-Institut* »)[17] qui avait été fondé en 1936 par un cousin du Reichsmarschall Hermann Goering, le Prof. M. H. Goering[18] et qui avait bénéficié d'un financement généreux pendant l'époque de la domination national-socialiste[19]. Schultz-Hencke et Kemper tentèrent, avec les mêmes moyens qu'en son temps Goering et son conseiller Dr. med. W. Cimbal, de faire revivre un Institut de Psychothérapie et d'assurer une base d'existence aux psychothérapeutes.

De même que sous le national-socialisme le combat pour obtenir une place dans l'infrastructure sociale fut mené sur des fronts changeants contre des adversaires mal définis, de même, à l'époque de l'après-guerre, les représentants des différentes administrations ne cessaient de changer, si bien que des relations personnelles anciennes remplacèrent les rapports institutionnels. Schultz-Hencke décrit très exactement les conditions politiques et leur modification rapide : « L'avant-garde des Russes s'appuie d'abord à mi-chemin sur les communistes allemands et les organise à l'échelle d'un canton. Le gros de la troupe politico-militaire, déjà arrivé, s'appuie sur les spécialistes, sans s'occuper de leurs opinions politiques et pratiquement sans se soucier de leur passé politique. Ce gros de la troupe centralise ce qui avait été commencé d'une manière décentralisée. Quant à ce que dira le gros de la troupe scientifique, nous n'en savons encore rien »

16. Chaque psychanalyste semble avoir eu en ce sens son « thème » : Müller-Braunschweig qui aurait bien voulu rendre justice à tous les « pères », et Schultz-Hencke, que Freud qualifiait d' « ennemi de l'intérieur » de la D.P.G., qui se prenait à tort pour un « prince » (cf. aussi R. Lockot (1985*a*), p. 113 sq., 122, 130 sq. et 312 sq.). C'est surtout à propos de l'interprétation des rêves que Schultz-Hencke se considérait comme *le* successeur légitime et conséquent de la position freudienne (procès-verbal de Schultz-Hencke du 28 juillet 1945, inédit).

17. « Boehm regrette que l'on ait connu un si désagréable précédent avec l'autre Institut à cause d'une mauvaise direction, mais pense que cela n'empêche pas qu'il faille réaliser le plan de 1936 : il s'agirait d'une tentative » (session du Comité de la D.P.G. du 8 août 1945, inédit).

18. Cf. R. Lockot (1985*a*), p. 79 sqq.

19. Cf. K. Brecht *et al.* (1985), p. 137, et R. Lockot (1985*a*), p. 208.

(procès-verbal du 11 juin 1946, inédit). C'est précisément dans des conditions politiques où l'infrastructure sociale est détruite en grande partie et où la capacité de s'imposer des individus peut décider de leur vie ou de leur mort que les personnes et leurs particularités apparaissent au jour d'une façon plus prégnante. Il me semble donc légitime de présenter ici les psychanalystes Müller-Braunschweig et Schultz-Hencke, qui incarnent les plus petits dénominateurs communs, non seulement comme des individus agissants, mais encore de les poser comme représentants d'un événement collectif qui se manifeste par eux. Au contraire de cette situation politique « dissoute », l'individu agit en faveur de structures sociales abstraites qui sont habituellement plutôt à l'arrière-plan

Tout comme Goering, Schultz-Hencke et Kemper tâchèrent d'implanter la psychothérapie et la psychanalyse dans l'enseignement supérieur[20] (lutte pour une chaire de psychothérapie et établissement d'un manuel). De même que Kemper pour le compte de Goering avait poussé à l'installation de la psychothérapie dans le domaine médical, de même alors Schultz-Hencke et Kemper cherchaient à nouer contact surtout avec la bureaucratie médicale, les caisses de maladie et les assurances[21] jusqu'au jour où la *Versicherungsanstalt Berlin* (Caisse d'Assurances de Berlin) — aujourd'hui la *Bundesversicherungsanstalt für Angestellte* (Caisse fédérale d'Assurances des Employés) — se proposa comme support du « *Zentralinstitut für psychogene Erkrankungen* » (1er mars 1946).

Tout comme les psychothérapeutes médecins influents sous le national-socialisme, les psychothérapeutes médecins de l'après-guerre utilisèrent également les psychothérapeutes non médecins comme « masse de manœuvre » — dans les deux cas, on cherchait à instaurer une psychothérapie médicale, qui se révéla irréalisable parce que les « laïcs » portaient l'essentiel de la charge du travail en policlinique[22].

20. « Wüssing (professeur, directeur du département science) veut insister pour une chaire de psychothérapie dans une délégation... en commun avec un officier russe... Wüssing tient d'autant plus à cette chaire qu'on lui a fait savoir que le directeur de l'Académie des Sciences envisage de prendre Schultz-Hencke comme membre » (procès-verbal de Schultz-Hencke du 13 juin 1945, inédit).

21. A l'intérieur du groupe de Schultz-Hencke, les positions envers la bureaucratie médicale étaient très variées : Schultz-Hencke lui-même semble s'être surtout efforcé de faire promouvoir Sauerbruch et son idée d'une autocompréhension de la médecine des organes, puis de faire de cette position une base pour une élaboration empirico-scientifique de sa théorie (procès-verbal du 11 juin 1945, inédit). Quant au traitement court, il était plutôt sceptique, contrairement à Kemper et surtout à Wiegmann, qui espérait que l'association avec les caisses d'assurances — que tous souhaitaient — ferait pression pour développer le traitement court (procès-verbal du 30 mai 1945, inédit). Par traitement court, on entendait dix heures de traitement. Cent heures de cure étaient déjà considérées comme une longue analyse, grâce à laquelle 90 % des clients proposés pour un traitement pouvaient être guéris (d'après les chiffres de Kemper cités dans le procès-verbal de Schultz-Hencke du 1er juin 1945, p. 14).

22. « Les non-médecins ont porté le fardeau de la policlinique. Ils ont été introduits par Freud parce qu'il ne venait pas assez de médecins » (p. 4). « Sauerbruch (nommé par les Sovié-

Tout comme l'efficacité du traitement thérapeutique, définie comme « application », était sous le national-socialisme le critère du succès de la cure, de même le groupe de Schultz-Hencke s'efforçait d'obtenir des traitements efficaces et courts, qui pouvaient être utiles à l'Etat[23].

Tout comme le « Deutsches Institut... » dépendait de l'existence de porte-parole auprès du pouvoir politique, de même les psychanalystes de l'après-guerre cherchèrent protection auprès des forces d'occupation[24]. Tout comme pendant l'époque nazie, les psychothérapeutes faisaient valoir l'appartenance au parti de tel ou tel de leurs membres, de même à l'époque de l'après-guerre il leur semblait opportun d'utiliser comme arguments l'engagement de tel ou tel psychothérapeute comme communiste, résistant ou martyr du régime[25].

tiques conseiller municipal pour la santé, et destitué en octobre 1945 à cause de son lourd passé national-socialiste; *N.d.A.*) réussit peut-être dans sa décision de confier à un petit groupe de thérapeutes médecins diplômés l'exercice de la psychothérapie (peut-être en y ajoutant un petit nombre de non-médecins âgés, bien connus, auxquels nous pourrions accorder droit de cité). Il faudrait alors renoncer à avoir recours à des non-médecins moins bien connus, ainsi qu'à continuer à former d'autres non-médecins... » (p. 5) (procès-verbal de Schultz-Hencke, *Facteurs qu'il faut prendre en considération quand nous devrons décider ce que nous voulons instaurer*, 7 juin 1945, inédit).

23. « Schultz-Hencke : la fondation de l'Institut *(Institut für Psychopathologie und Psychotherapie)* doit signifier à l'Etat : voilà quelque chose d'utilisable et d'adapté... Kemper fait remarquer que nous avions une problématique analogue pendant les dernières années de guerre, où il s'agissait des moyens de rendre aux gens leurs capacités de travail, d'empêcher les arrêts de travail » (procès-verbal de la session de la D.P.G. du 8 août 1945, inédit).

24. Au cas où l'Université mettrait en question la création de l'Institut, Schultz-Hencke propose la « formule suivante, grâce à laquelle l'Institut devrait être défendu en toutes circonstances : nous sommes membres d'un Institut analogue à ceux que les Russes possèdent depuis longtemps déjà, à Charkow aussi bien qu'à Moscou. L'essai d'un gouvernement provisoire de nous interdire, comme première mesure, un Institut analogue à celui qui s'est maintenu contre le national-socialisme au prix des pires difficultés serait un acte qui en toutes circonstances nous amènerait à engager une lutte ouverte contre ce gouvernement » (Schultz-Hencke, procès-verbal du 28 mai 1945, p. 9 sq.). « On peut d'ailleurs faire valoir que dans le monde entier, autant que l'on sache, un tel processus s'est accompli. Au Congrès d'Oxford de 1938, la clinique Tavistock, de Londres, était déjà représentée essentiellement par son personnel. Ce que ceux-ci proposaient était dans une large mesure conforme à la théorie scientifique qualifiée plus haut de *Kernauffassung*... Il est sûrement connu que Mme Horney, une psychanalyste très considérée, de New York, avait alors pris explicitement le contrepied de la psychanalyse du temps et avait ainsi constitué un groupe qui était proche de l'opinion de la majorité des médecins américains : renoncement quasi complet à la théorie sexuelle et à la métapsychologie, une sorte de *Kernauffassung*... Il se produisit ainsi un accord précisément étonnant d'apparence entre la théorie élaborée ici en Allemagne par le groupe central et celle élaborée là-bas (matérialiste-réflexive, de l'Institut de Charkow). Il existe donc officiellement en Angleterre, en Amérique, en Russie et probablement aussi en France des courants dont les opinions scientifiques correspondent aux nôtres qui sont développées dans le mémorandum déposé pour la refondation d'un *Institut für Psychopathologie und Psychotherapie* » (Schultz-Hencke, *Zur Frage der « Kernauffassung »...*).

25. Le 23 janvier 1946, l'Office de la santé du *Land* refusa d'accorder une subvention à l'Institut de Psychothérapie, parce que « l'organisme... (était) dirigé par des personnes qui ont été des nazis affirmés » (Office de la santé du *Land* à l'officier de santé Wilmersdorf, dont l'expert médical, Mme le Dr. Lemke, agissait pour le compte de Schultz-Hencke). Lemke répond le 16 février 1946 que « des personnalités ouvertement anti-fascistes ont travaillé dans cet Institut pendant toute la période nazie. Ainsi par exemple le Dr. Rittmeister fut arrêté et exécuté pour avoir fondé une cellule communiste, le Dr. Müller-Braunschweig fut interdit d'enseignement à

Toute une série de parallèles, que l'on pourrait pousser encore plus loin dans le détail, montre que l'établissement social de la psychothérapie et de la psychanalyse se faisait à peu près indépendamment des circonstances politiques spécifiques. A chaque fois qu'une discipline relativement jeune cherche à se faire une place dans l'infrastructure sociale, elle s'assure de haute lutte des positions stratégiquement avantageuses — même si cela se fait avec des moyens douteux.

Mais s'agit-il ici véritablement des « endroits de troubles » évoqués au début ?

Müller-Braunschweig et Schultz-Hencke prennent eux-mêmes position sur les parallèles qu'ils remarquent :

Schultz-Hencke trouve [...] aujourd'hui la même situation structurelle du point de vue des rapports de force et des instances, et recommande d'utiliser la même méthode. Müller-Braunschweig de même est d'avis que la situation du moment présente des similitudes avec celle créée en 1936 par la fondation à l'Institut Goering, dans la mesure où les mandarins actuels de la médecine sont à la fois hostiles à la psychanalyse et hostiles à Jung... Müller-Braunschweig considère que l'Institut est placé sous une mauvaise étoile, tout comme en 1936[26]. A l'époque, Goering avait peur que nous puissions nous opposer aux principes du Troisième Reich, maintenant — toute proportion gardée — Schultz-Hencke craint l'opinion actuelle des appareils de pouvoir des médecins. Cela pourrait avoir des conséquences analogues sur les individus ; à l'époque, les psychanalystes étaient les gens dangereux : « On doit se surveiller pour ne pas risquer de sympathiser avec eux » (procès-verbal du Comité de la D.P.G. du 7 août 1945, inédit).

cause de son anti-fascisme, ainsi que Mme le Dr. Bügler en tant que demi-aryenne. Il y avait également à l'Institut le Dr. Schwidder, actuellement médecin expert de la ville de Pankow, et Mlle Dräger, membre du K.P.D. (le Parti communiste allemand, *N.d.T.*), qui travaille actuellement à l'Office de la jeunesse du K.P.D. Malgré l'interdiction d'enseignement qui pesait sur eux, l'Institut envoya régulièrement des patients à M. le Dr. Müller-Braunschweig et à Mme le Dr. Bügler ». « Le Dr. Wiegmann (proche de Schultz-Hencke) de son côté insiste beaucoup pour introduire le terme de psychanalyse au lieu de psychothérapie. Il pense avoir compris des propos de Redecker (psychiatre, ayant reçu les pleins pouvoirs de police pour l'attribution de la licence d'exercice de la médecine) que la psychothérapie, un rejeton de l'ancien Institut Goering, était chargée des connotations les plus défavorables, faisait penser à Himmler, tandis que le mot « psychanalyse » se rattachait à de vieilles traditions juives... » (procès-verbal de Schultz-Hencke, IV, du 7 juin 1945, p. 6, inédit)... « Le nom de "psychanalyse" proposé par Redecker ne convient pas (selon Schultz-Hencke)... parce qu'il rassemble par ignorance sous ce titre général les doctrines que nous séparons explicitement les unes des autres » (procès-verbal *Faktoren, die zu berücksichtigen sind, wenn entschieden werden soll, was wir durchsetzen wollen*, du 11 juin 1945, p. 5).

26. Müller-Braunschweig écrit le 12 décembre 1945 au psychanalyste A. Mette : « Il est fatal que je sois handicapé maintenant depuis longtemps (il avait une pleurésie de onze semaines). Ma série de conférences à la V. H. Sch. Wilm. (Volkshochschule Wilmersdorf) doit commencer en janvier 36, dix fois deux heures, "incursions dans la psychanalyse". J'espère que je serai alors de nouveau vraiment sur pied. » Il est évident que Müller-Braunschweig a confondu ici 1936 et 1946. Je préfère laisser au lecteur le soin de l'interprétation. (Je remercie Ludger Hermanns de m'avoir indiqué ce document.)

Tandis que, pour Schultz-Hencke, le problème de l'institutionnalisation de la psychothérapie se présente sous la forme du problème d'une tactique politico-pragmatique, Müller-Braunschweig semble s'interroger sur la possibilité de se reconnaître dans son identité de psychanalyste dans le concept proposé par Schultz-Hencke (voire celui de Göring). Comme il avait tout d'abord soutenu Schultz-Hencke — non sans hésitations il est vrai —, il ne semble avoir placé aucun espoir dans un véritable nouveau départ, qui, dans les nouvelles conditions politiques, aurait été lié à un engagement sans préjugés dans l'action psychanalytique[27]. Dans son interminable conflit avec Schultz-Hencke, Müller-Braunschweig cherchait à retrouver sa propre identité psychanalytique. Quoique d'un côté il défendît courageusement la théorie psychanalytique face à Schultz-Hencke[28], il se sentait d'un autre côté rejeté par lui-même sur le plan personnel — lui, le brillant professeur entouré d'un petit cercle de disciples jeunes et engagés qui l'admirent[29]. Comme il n'était pas médecin et n'était pas reconnu comme le guide expérimenté du Comité de constitution[30], il était contraint, d'une manière plus existentielle que ses collègues médecins plus ou moins bien établis socialement[31], de lutter avec son identité psychanalytique[32] s'il ne voulait pas perdre complètement le sentiment de sa dignité.

27. Müller-Braunschweig écrit le 16 mai 1946 à Anna Freud : « Cela fait du bien à la majorité des Allemands que l'époque du régime hitlérien et de la guerre avec toutes ses horreurs continue à peser sur eux comme un cauchemar, que la vivacité libre de la bonne santé et l'absence de soucis du moral ne puissent pas encore être retrouvées de longtemps » (K. Brecht *et al.*, 1985, p. 183).

28. Schultz-Hencke pense que, par exemple dans le cas du « petit Hans », il considère que 10 % sont du génie, et que 90 % sont des méthodes et des concepts dépassés. Müller-Braunschweig insiste : l'ensemble de l'œuvre doit être défendu comme génial (procès-verbal du 31 juillet 1945, inédit).

29. Cf. R. Lockot (1985*a*), p. 132.

30. Müller-Braunschweig écrit le 1er juin 1946 à Schultz-Hencke : « J'ai l'impression que vous... me condamnez trop à une existence marginale. Il se peut bien que je me trompe en vous prêtant cette intention. En tout cas, je ne saurais m'en satisfaire. Elle contredirait trop ce que je voudrais et pourrais être pour le nouvel Institut. Puis-je vous rappeler que depuis 1920, donc maintenant depuis vingt-cinq ans, je participe au travail de l'Institut et, dans tous les départements et tous les domaines, ... (long paragraphe) j'ai pu travailler et accumuler des expériences... J'ai été de 1922 à 1936 partie prenante de l'organisation et de la direction de ce qu'on appelait alors le département d'enseignement qui s'occupait de ces domaines, de 1922 à 1933 j'en ai été le secrétaire, de 1933 à 1936 le président. De 1936 à 1938, ce fut dans le département d'enseignement du nouveau "*Deutsches Institut*", qui, en plus du directeur I. H. Schultz, se composait de Hattingberg, Weizsäcker, Künkel et moi, que je me suis constamment efforcé de maintenir en vigueur les critères stricts qui étaient appliqués jusqu'alors dans le choix des candidats... » (inédit).

31. Le Dr. Wiegmann par exemple, en tant que directeur de l'Office de santé de Charlottenburg, pouvait influencer dans le sens du refus des psychothérapeutes non médecins. Il exigea un examen sévère des « laïcs » et menaça de faire un rapport à l'Office central de Santé, aux Chambres des médecins de Berlin, et d'une interdiction de pratique — ce qui signifiait recevoir une carte de ravitaillement de classe 5 — si certaines règles n'étaient pas satisfaites.

32. De 1945 à 1950, je connais huit lettres de Müller-Braunschweig à Schultz-Hencke, parfois longues de plusieurs pages, et sept de Schultz-Hencke à Müller-Braunschweig. De la mi-juin 1945 à octobre 1949, cette correspondance n'est plus attestée matériellement. On trouve dans les procès-verbaux de Schultz-Hencke des allusions à deux autres lettres de Müller-Braunschweig à Schultz-Hencke.

Le retour de Müller-Braunschweig aux « endroits des troubles » crée en fait une qualité de la répétition que je propose d'interpréter comme une tentative de reconstituer son identité psychanalytique.

De même qu'Eitingon, le président d'avant guerre de la D.P.G., dut quitter sa propre société, de même Müller-Braunschweig eut aussi l'idée de quitter sa société[33]. En tant que psychanalyste, Müller-Braunschweig éprouvait les mêmes sensations que jadis les *Juifs* : « on doit se surveiller pour ne pas risquer de sympathiser avec eux » — sentir que l'on cherche à vous éviter. Là aussi, il semble s'être identifié à Eitingon.

Müller-Braunschweig s'efforçait de transmettre la *théorie psychanalytique*. Il n'y est pas vraiment bien parvenu — ses cours n'attiraient presque personne — si bien qu'une discussion scientifique vivante ne pouvait guère s'instaurer — comme à l'époque de la domination nazie[34]. Sa *Zeitschrift für Psychoanalyse* dut cesser de paraître en 1949, après deux numéros seulement. Etait-ce l'interdiction de la théorie psychanalytique pendant l'époque nazie — dont Müller-Braunschweig avait spécialement souffert[35] — qui se continuait encore dans l'après-guerre, sous la forme d'une incapacité de la faire vivre ?

Même après la guerre, la D.P.G. ne sortit pas victorieuse de sa lutte pour l'*autonomie*. Tout comme à l'époque nazie, la vieille société de psychanalyse reste là comme une coque vide — vidée de ses propres membres[36] : Müller-Braunschweig fonde la *Deutsche Psychoanalytische Vereinigung* (D.P.V.) et Schultz-Hencke continue à approfondir son concept néo-analytique.

33. Une présentation précise du déroulement de ces événements dépasserait le cadre de cet article. En mai 1950, Müller-Braunschweig rédigea le plan quasi secret de fondation de la *Deutsche Psychoanalytische Vereinigung*, et fit connaître aux membres de la D.P.G. la fondation de la D.P.V. le 11 septembre 1950. On lui reprocha d'avoir fondé en secret une société concurrente de la D.P.G. dont il était pourtant le président. Le 27 septembre 1950, il reçut de l'Association psychanalytique internationale l'assurance qu'elle accepterait en son sein la D.P.V. Le 3 décembre 1950, Müller-Braunschweig et sept autres membres de la D.P.G. abandonnèrent leur ancienne société (cf. K. Brecht *et al.* (1985), p. 188 à 203).

34. « 4) La grande déception de Boehm à propos de Müller-Braunschweig est que celui-ci n'a participé qu'à trois conférences scientifiques, contrairement à son propre programme.

« 5) Le plaidoyer de Müller-Braunschweig *ad extra* : Boehm ne cesserait de se plaindre que Müller-Braunschweig donne l'impression de ne pas préparer ses cours, de perdre le fil, de se répéter souvent, etc. » (K. Brecht *et al.* (1985), p. 196).

35. Müller-Braunschweig écrit le 1er juin 1945 à Schultz-Hencke : « Je ne sais si vous pouvez vraiment mesurer, ou si vous avez jamais eu l'occasion de vous représenter à quel point je suis accablé d'être refoulé loin du centre-ville, et par là loin de la diversité du travail de l'Institut. C'est surtout la perte de mon activité de cours et de formation qui me pèse lourdement. Imaginez ce que cela signifie de devoir renoncer à tout moyen par lequel un scientifique — surtout un scientifique enseignant — peut se créer une audience... A côté de vous et des autres collègues qui ont eu le droit de continuer à jouir de ces possibilités, je me fais l'impression d'un chevalier à qui on enlève son destrier et à qui on suggère d'accompagner à pied en courant ses collègues qui filent sur leurs montures. Un chevalier dans un tel cas n'a plus d'autre choix que de se résigner et abandonner la compétition. J'ai traversé une dure période dépressive » (inédit).

36. Cf. R. Lockot (1985*b*), p. 44-47.

Au Ier Congrès international de Psychanalyse après la guerre, à Zurich en 1949, les psychanalystes allemands, Müller-Braunschweig et Schultz-Hencke, démontrèrent que la psychanalyse avait éclaté en Allemagne — Müller-Braunschweig ne pouvait formuler la « pure doctrine » que d'une façon indirecte en excluant la théorie de Schultz-Hencke. Bien que les psychanalystes allemands se soient alors déclarés surpris d'être réintégrés seulement à titre provisoire dans l'Association internationale de Psychanalyse, on pouvait déceler là aussi une tendance à répéter ce que la D.P.G. avait souvent anticipé sous forme d'auto-mise au pas sous la contrainte du régime nazi, et à provoquer ainsi une exclusion, même temporaire[37].

C'est ainsi que Müller-Braunschweig commença après la guerre à combattre pour reconstituer son identité psychanalytique blessée en procédant à un enchaînement de répétitions précisément des séquences que j'ai essayé d'expliciter comme « endroits des troubles ». Des sentiments de culpabilité refoulés, de l'agressivité contre soi-même et les autres, et une lésion narcissique furent combattus, ce qui empêcha un nouveau départ.

Le comportement de Boehm révèle une autre facette d'identité psychanalytique blessée : il semble craindre qu'il puisse éprouver à son tour ce qu'il a imposé aux psychanalystes juifs en tant que président de la D.P.G. pendant le national-socialisme en leur suggérant de partir — en décembre 1935[38] comme en février 1950[39] il exprime la même peur d'être exclu de l'A.P.I.[40].

La conduite de Schultz-Hencke et Kemper nous présente comme psychothérapie une psychanalyse délavée. Les résistances individuelles et sociales à la psychanalyse semblent se mettre en phase dans une sorte de « collusion » (Willi, 1975). La possibilité de maintenir un point de vue

37. Ce sujet mériterait une présentation plus détaillée que ce cadre ne le permet. Je ne peux ici me référer qu'à la déclaration de Böhm, certainement très chargée d'affectivité (Assemblée générale de la D.P.G. le 3 décembre 1950) :

« 11) Müller-Braunschweig a introduit sur la scène mondiale un conflit qui n'a plus d'existence objective. L'apparition de Müller-Braunschweig devant le public international à Zurich serait un impair typique des Allemands face à l'étranger. La position de Müller-Braunschweig aurait été critiquée à juste titre par la presse et des lettrés de l'étranger. La responsabilité du refus d'intégration à l'Association psychanalytique internationale incomberait à Müller-Braunschweig » (K. Brecht *et al.* (1985), p. 196 sq.).

38. K. Brecht *et al.* (1985), p. 120.

39. K. Brecht *et al.* (1985), p. 190.

40. Böhm semble craindre qu'on lui fasse subir le même sort qu'il avait réservé aux membres juifs de la D.P.G. : dans son rapport du 4 décembre 1935, il exprime ses craintes de voir la D.P.G. exclue de l'Association psychanalytique internationale parce qu'elle n'aurait pas su conserver sa pureté (K. Brecht *et al.* (1985), p. 120). Sur une question d'Anna Freud, il répond qu'il exclurait lui-même S. Freud de la D.P.G. s'il en était membre (lettre d'Anna Freud à R. Lockot du 24 septembre 1979, citée dans R. Lockot (1985*a*), p. 117). A la session du 28 février 1950, il exprime sa crainte d'être exclu de l'Association psychanalytique internationale, et conseille de prévenir cette exclusion en quittant volontairement l'I.P.V. (K. Brecht *et al.* (1985), p. 190).

extérieur, de ramener sans cesse comme thème de l'autoanalyse ses propres conditions d'existence, est subordonnée à la conservation de l'existence.

Je pense que l'identité psychanalytique doit être sans cesse de nouveau élaborée à neuf — ce qui commence une fois pour toutes n'est rien — mais est sans cesse de nouveau exposée à l'aspiration de l'inconscient. C'est ainsi que l'ambivalence à l'égard de sa propre institutionnalisation est également une part importante de l'identité psychanalytique.

Traduit de l'allemand
par Liliane Desroches

Dr. ph. Regine LOCKOT,
Zaehringenstr. 14,
D-1000 Berlin 31, R.F.A.

Mots clés

Identité psychanalytique – Institution psychanalytique – Médecine (et Psychanalyse) – Psychothérapie (en Allemagne) – Société (et Psychanalyse).

BIBLIOGRAPHIE

Balint M. (1965) *Die Urformen der Liebe und die Technik der Psychoanalyse*, Berne, Stuttgart, Huber, Klett, trad. K. Hügel et M. Spengler (1966).

Boehm F. (1978) Bericht über die Ereignisse von 1933 bis zum Amsterdamer Kongress in August 1951 (sans date), *in* F. Böhm, *Schriften zur Psychoanalyse*, Munich, Verlag Ölschläger, 1978.

Freud S. (1914) *Erinnern, Wiederholen und Durcharbeiten ; Gesammelte Werke*, t. 10, Francfort, S. Fischer, 1978 ; Remémoration, répétition et perlaboration, in *La technique psychanalytique*, trad. franç. A. Berman, Paris, P.U.F., 1953.

Lockot R. (1985*a*) *Erinnern und Durcharbeiten. Zur Geschichte der Psychoanalyse und Psychotherapie im Nationalsozialismus*, Francfort, S. Fischer Taschenbuch.

— (1985*b*) Anmerkungen zum Verhältnis von psychoanalytischer Identität und nationalsozialisticher Herrschaft, *PsA-Info*, n° 26, décembre 1985, Berlin.

Willi J. (1975) *Die Zweierbeziehung*, Hambourg, Rohwolt.

RÉSUMÉS

Les concessions que les psychanalystes firent au régime nazi les blessèrent dans leur identité psychanalytique. On établit ici des parallèles entre l'officialisation de la psychothérapie dans l'Allemagne national-socialiste et les tentatives d'officialisation du cercle néo-analytique de Schultz-Hencke. Leur comportement semble comparable indépendamment des régimes politiques. Au contraire, l'effort de Müller-Braunschweig pour faire revivre la psychanalyse classique est présenté comme caractérisé spécifiquement par la reproduction d' « endroits des troubles », et interprété comme un essai de reconstituer par ces répétitions son identité psychanalytique blessée. Ainsi apparaît l'ambivalence de l'officialisation de la psychanalyse dans un système social, en tant qu'élément de l'identité psychanalytique qui menace sans cesse de se soustraire à l'autoanalyse.

A repetition or a new start?
About the reinstalling of psychoanalysis
in West Germany after the War

The concessions which the psychoanalysts made to the Nazi regime wounded them in their psychoanalytical identity. Parallels are established here between the officialisation of psychotherapy in National Socialist Germany and the attempts at officialization by the Schultz-Hencke neo-analytical circle. The behavior seems comparable, irrespective of polical regimes. On the other hand, Müller-Braunschweig's effort to revive classical psychoanalysis is presented as specifically characterised by the reproduction of « places of disturbance » (« Störstellen ») and is interpreted as an attempt to restore, through these repetitions, his damaged psychoanalytical identity. Thus appears the ambivalence of the officialization of psychoanalysis in a social system as an element within the psychoanalytical identity which constantly seeks to elude self-analysis.

Wiederholen oder Neubeginn : Skizzen zur Geschichte
der « Deutschen Psychoanalytischen Gesellschaft »
von 1945-1950

Die Konzessionen, die die deutschen Psychoanalytiker dem N.S.-Regime machten, verletzten sie in ihrer psychoanalytischen Identität. Aufgezeigt werden Parallelen zwischen der Etablierung der Psychotherapie im nationalsozialistischen Deutschland und den Etablierungsbemühungen des neoanalytischen Kreises um Schultz-Hencke. Unabhängig vom politischen Regime erscheint ihr Vorgehen vergleichbar. Müller-Braunschweigs Versuch der Wiederbelebung der klassischen Psychoanalyse dagegen wird, als in charakteristischer Weise von, sich reproduzierenden « Störstellen » gekennzeichnet, dargestellt und in diesen Wiederholungen ein Versuch der Wiederherstellung seiner verletzten psychoanalytischen Identität verstanden. Damit erscheint die Ambivalenz der Etablierung der Psychoanalyse in ein Gesellschaftssystem als Teil psychoanalytischer Identität, das sich immer wieder der Selbstanalyse zu entziehen droht.

Ripetizione o nuovo inizio? A proposito della ricostituzione
della psicanalisi nella R.F.T. dopo la guerra

Per le concessioni fatte al regime nazista, gli psicanalisti furono feriti nella loro identità psicanalitica. Si stabiliscono qui le parallele tra l'ufficializzazione della psicoterapia nella Germania nazional-socialista e i tentativi di ufficializzazione del circolo neo-analitico di Schultz-Hencke. Il loro comportamento sembra paragonabile, indipendentemente dai regimi politici. Al contrario, lo sforzo di Müller-Braunschweig per fare rivivere la psicanalisi classica è presentato come se fosse caratterizzato particolarmente dalla riproduzione di « punti di disturbo » ed interpretato come un tentativo di ricostituire, con queste ripetizioni, la sua identità psicanalitica ferita. Cosi' appare l'ambivalenza dell'ufficializzazione della psicanalisi in un sistema sociale, in quanto elemento dell'identità psicanalitica che minaccia continuamente di sottrasi all'auto-analisi.

¿ Repetición o nuevo comienzo ? Sobre el restablecimiento del psicoanálisis en Alemania después de la guerra

Las concesiones que los psicoanalistas hicieron al régimen nazi dañaron su identidad psicoanalítica. Se establece aquí un paralelo entre la oficialización de la psicoterapia en la Alemania nacionalsocialista y las tentativas de oficialización del círculo neoanalítico de Schultz-Hencke. Las conductas resultan comparables independiente de los regímenes políticos. En cambio, la tentativa de Müller-Braunschweig de revivir el psicoanálisis clásico se presenta como una manera característica y repetitiva de crear « cortinas de humo » y restañar en esas repeticiones su identidad psicoanalítica. Ello pone de manifiesto la ambivalencia que implica oficializar el psicoanálisis en un sistema social y convertir esa oficialización en parte de la identidad analítica : esta última queda privada de su capacidad de autoanálisis.

Sur les activités et l'influence des psychanalystes britanniques durant la Deuxième Guerre mondiale

PEARL KING

Introduction

Cet article tient du bilan d'une recherche en cours et tire sa matière première des Archives de la British Psychoanalytical Society, de discussions avec des individus et des publications concernées. J'ai tenté de décrire dans ces pages les activités des membres de la British Society pendant la Deuxième Guerre mondiale et l'influence de ceux avec qui ils travaillèrent dans les forces armées sur le développement de la psychanalyse en Grande-Bretagne.

En 1944, je rentrai à Londres après avoir passé la guerre à travailler dans le Yorkshire, où j'avais fait l'épreuve d'un relatif isolement par rapport à mes collègues. Il était bon de pouvoir de nouveau rencontrer d'autres psychologues ou praticiens des sciences sociales, qui avaient été nombreux à travailler dans les forces armées. Nous étions tous animés du même dessein : tenter de découvrir comment employer nos connaissances psychologiques pour comprendre et prévenir les tensions qui sont à l'origine des guerres.

Pearl King est psychanalyste, ancienne présidente de la British Psychoanalytical Society, archiviste honoraire de la British Psychoanalytical Society.

L'auteur remercie ici la British Psychoanalytical Society qui l'a autorisée à citer ses archives, ainsi que les personnes suivantes qui l'ont aidée à préparer cette étude : Mme Lucy (Rickman) Baruch, le Dr J. Bowlby, M. H. Bridger, le Dr T. F. Main, le Pr B. S. Morris, M. H. Murray, M. R. Steiner, le Dr J. D. Sutherland et le Pr E. L. Trist.

C'est dans ce contexte que je fis pour la première fois connaissance avec des psychanalystes, dont certains avaient travaillé au sein d'équipes pluridisciplinaires de psychiatres et de psychologues cliniques et sociaux dans diverses sections des forces armées. A en croire ceux qui avaient travaillé avec eux, les psychanalystes avaient de toute évidence exercé une profonde influence sur leurs collègues qui, à leur tour, avaient nourri ces équipes interdisciplinaires de leur intelligence de la psychologie sociale et de la dynamique de groupe. Ainsi avait-il été possible d'employer fort efficacement des aperçus psychologiques pour aider les forces armées à affronter des problèmes cruciaux. D'aucuns, après avoir travaillé dans ces équipes, espéraient maintenant profiter de leur expérience et de leur savoir-faire pour résoudre les problèmes d'après guerre.

Je découvris que mainte personne, de retour de l'armée de terre, avait accompli une analyse personnelle et que d'aucuns escomptaient suivre une formation psychanalytique. Ils avaient réalisé qu'il importait de comprendre son monde intérieur et ses pulsions inconscientes si l'on voulait tenter d'aider les groupes et les institutions à affronter leurs problèmes et leurs tensions. Leurs arguments ne laissèrent pas de m'impressionner, au point que je sollicitai une formation de psychanalyste en 1946 et que, à ma grande surprise, je fus acceptée. Je suivis donc la première année du programme de formation révisé instauré après la guerre. Et ce fut le début de mon association avec la British Psychoanalytical Society dont, quarante ans plus tard, je suis aujourd'hui archiviste honoraire après avoir été son premier président non médecin.

Au cours de mes recherches pour cette étude, je découvris que certains membres de la British Society avaient été jadis indisposés par l'attitude distante et arrogante de quelques-uns de leurs responsables, surtout, me semble-t-il, de Jones et de Glover, quant à leur gestion des relations de la Société avec d'autres groupes professionnels. Ils s'étaient montrés singulièrement arrogants à l'égard de la Tavistock Clinic, centre de psychothérapie formé en 1920 et qui suivait, pour l'essentiel, les théories et la technique freudiennes, sans exclure pour autant les thérapeutes influencés par Jung. Un candidat qui travaillait dans cette clinique au moment de solliciter une formation était sommé de quitter son emploi dès lors qu'il était accepté en analyse didactique. J'imagine qu'ils craignaient d'adultérer l'or pur de la psychanalyse et qu'ils se tenaient donc à l'écart ! Bion fut le premier candidat à refuser de se plier à cette exigence, et il continua à travailler à la Tavistock Clinic.

Critiquant cette approche, Adrian Stephen (le frère de la romancière Virginia Woolf) se plaignit par la suite du secret qui avait entouré la gestion des affaires de la Société, et que rien ou pas grand-chose n'eût été fait pour amener les membres de la Société à participer à l'effort de guerre. Et d'ajouter : « Il n'est qu'à comparer cette situation avec l'œuvre accomplie par la Tavistock Clinic; toute l'organisation de la psychiatrie militaire est entre leurs mains, et si deux ou trois psychanalystes se sont vu confier des missions et peuvent prendre part à l'effort de guerre et au travail scientifique réalisé, ce n'est certainement pas du fait de leurs liens avec cette Société... Les hommes qui gèrent la Tavistock Clinic n'ont pas une intelligence profonde de la psychopathologie, mais ils ont quelque chose à nous apprendre en psychologie pratique... s'agissant du tact qu'exige la poursuite de négociations » (Stephen, 1943). En enquêtant sur le rôle que les psychanalystes et la Société britannique ont *effectivement* joué juste avant et pendant la Deuxième Guerre mondiale, j'ai commencé à prendre conscience des raisons de ce malaise.

L'éventualité d'une guerre avec l'Allemagne nazie

Les dix-huit derniers mois avant la déclaration de guerre furent une période très affairée pour Jones et bien des membres de la British Society, occupés à tenter d'évacuer autant de psychanalystes que possible d'Autriche après l'invasion par Hitler de cet infortuné pays (voir l'étude de R. Steiner). Lors d'une réunion spéciale du 30 mars 1938 sur « le problème de l'installation de nos collègues psychanalystes de Vienne (et d'ailleurs) dans ce pays », la décision fut prise de faire circuler tous les membres pour voir où il serait possible de fixer et de faire travailler les réfugiés. Puis l'on résolut de former un comité d'accueil pour accueillir les collègues autrichiens à leur arrivée dans le pays et leur fournir une aide d'urgence. Ainsi essaya-t-on de mobiliser en ce sens la Société tout entière.

Aux yeux de la plupart des analystes, il était clair, alors, qu'il fallait employer la force contre Hitler; aussi semblent-ils s'être préoccupés, à cette époque, de découvrir quelle contribution ils pourraient apporter en tant que psychanalystes et d'aider à affronter les vagues de panique et les crises de nerfs provoquées par les raids aériens, etc. La Société organisa trois colloques au cours de cette période, l'un sur « Les aspects psychanalytiques de la crise de guerre » et deux consacrés aux « Maladies mentales en temps de guerre ». Au cours de l'une de ces réunions, le Dr Mira parla de ses expériences pendant la guerre civile espagnole.

Contacts avec d'autres catégories professionnelles

Tandis que les responsables de la Société étaient trop préoccupés pour se soucier des rapports avec d'autres catégories professionnelles, c'est à des particuliers tels que John Rickman que fut laissé le soin d'expliquer à nos collègues médecins ou autres ce contre quoi nous luttions. Rickman s'était déjà rendu à Vienne pour participer à l'opération de sauvetage des collègues autrichiens et il avait pu se faire une idée sur place de ce que voulait dire être envahi par les nazis. Aussi sa parole avait-elle quelque autorité.

Il travailla avec des membres de la Medical Peace Campaign et de la Quaker Medical Society à propos de leurs responsabilités médicales dans une période de risques de guerre, et il milita dans le All London Aid Spain Council, qui se chargeait de trouver des vivres pour les enfants faméliques d'Espagne. Il organisa d'autres réunions et discussions avec des collègues de disciplines différentes, qui se retrouvèrent dans le cadre de la section médicale de la British Psychoanalytical Society (B.P.S.) pour traiter des problèmes psychologiques en temps de guerre — l'accent étant mis sur les moyens d'entretenir le moral de la population au cours des bombardements aériens. Alors que d'autres membres de la Société donnèrent à l'occasion des conférences sur des sujets du même ordre, c'est Rickman que le rédacteur en chef de *Lancet*, un journal médical de prestige, invita à écrire un éditorial à chaque crise politique importante — ses articles étant souvent cités dans la grande presse. Ainsi exerça-t-il une influence considérable sur l'opinion médicale et profane contemporaine.

Le 8 juin 1939, en sa qualité de directeur de la London Clinic of Psychoanalysis, Glover lança un appel urgent à tous les membres : « Afin de faciliter les négociations sur l'emploi le plus efficace du personnel psychanalytique en temps de guerre, il est souhaitable d'avoir une idée précise non seulement des ressources existantes, mais aussi des préférences de chacun en particulier... *a* / Quel type de travail psychothérapeutique d'urgence préféreriez-vous ? *b* / Pour quel type de travail vous estimez-vous particulièrement qualifié ? » (Glover, 1939). Jones retourna son exemplaire après avoir écrit en bas de la fiche : « Prêt pour tout ! » Sur la foi des réponses à cette circulaire, Glover transmit les renseignements recueillis à Bernard Hart, qui coordonnait les ressources psychothérapeutiques de ceux qui vivaient à Londres, tandis que les Group Officers des provinces reçurent la liste des noms de ceux qui vivaient ailleurs qu'à Londres. On ferait appel à leurs services si besoin était.

La Clinique accepta de mettre sur pied un Centre d'Aide psychologique temporaire ouvert trois après-midi par semaine afin de proposer des consultations d'orientation et des traitements d'urgence en plus de la routine des cures psychanalytiques classiques offertes aux patients. Tout cela se fit en collaboration avec le programme officiel d'organisation des malades mentaux dans la région de Londres en temps de guerre.

Le début de la guerre et ses effets sur la Société et l'Institut

Après l'invasion de la Pologne par Hitler et son refus de retirer ses forces, la Grande-Bretagne et ses alliés se décidèrent à déclarer la guerre à l'Allemagne le 3 septembre 1939. Ce fut une sombre période, mais aussi un soulagement, parce qu'il fallait faire quelque chose pour enrayer l'essor du national-socialisme et que plus on tarderait, plus on laisserait de temps à l'Allemagne pour se réarmer.

Mais Freud mourut le 23 septembre 1939 au terme d'une longue et douloureuse maladie, et, le 4 octobre 1939, la Société rendit hommage à sa mémoire, envisageant alors de lui consacrer un mémorial permanent. Parmi les autres suggestions, on évoqua la possibilité de produire une biographie ou une édition de ses œuvres complètes en anglais. Une sous-commission réunissant Anna Freud, Jones, Payne, Rickman, Riviere et Strachey fut chargée de suivre le dossier.

L'une des premières tâches des responsables fut de convoquer une assemblée extraordinaire afin d'élire un *War Emergency Committee* qui serait chargé de gérer les affaires de la Société et de l'Institut pendant les hostilités, et l'on convint alors que ladite commission serait formée de Jones, de Glover et de Payne ainsi que du trésorier ou de leurs suppléants désignés. Cette initiative était certes de toute évidence adéquate et légale, mais elle avait pour effet de concentrer tout le pouvoir entre un petit nombre de mains, même si les responsables devaient être réélus chaque année. Cette situation nourrit un ressentiment croissant — les analystes qui avaient connu l'autorité dans les forces armées se montrant moins disposés à accepter l'autorité de responsables qui n'avaient pas été élus pour plusieurs années et qui multipliaient les charges, alors même que les Statuts de la Société ne limitaient aucunement la durée de leur mandat.

Au cours de cette première période de la guerre, bien des analystes britanniques furent évacués de Londres, soit que leurs postes de travail fussent déplacés, soit qu'ils partissent par souci de sécurité dans le cadre du mouvement d'évacuation des grandes métropoles encouragé par le gouvernement. Autrement dit, il fallut suspendre la formation de nombreux candidats, le didacticien ou le candidat ayant été évacué ou appelé sous les drapeaux. La formation se poursuivit cependant sur une échelle réduite tout au long de la guerre en dépit des raids aériens ou du couvre-feu, et il en alla de même pour les réunions scientifiques. Je n'ai pu encore trouver trace ne fût-ce que d'une seule réunion annulée en raison d'actions de l'ennemi.

Evoquant cette période, Sylvia Payne écrivit : « Avant que la British Society n'ait eu le temps d'assimiler et d'intégrer les collègues venus de Vienne, elle dut faire face à l'éparpillement de ses membres consécutif aux raids dirigés contre Londres. Je ne pense pas que nous en ayons pris pleinement conscience avant que les membres eussent amorcé un retour vers Londres dans le courant de l'été 1941. L'évacuation des membres se solda non seulement par une désorganisation des pratiques privées, génératrice d'angoisses économiques, mais aussi par la cessation complète de tout contact personnel, ce qui eut tendance à accroître la portée des différences personnelles et scientifiques de perspective qui existaient déjà » (Payne, 1942).

C'est donc une cinquantaine de membres britanniques qui quittèrent Londres, laissant derrière eux quelque 45 collègues peu désireux de partir ou dans l'incapacité de le faire parce que, en tant qu'étrangers ennemis, ils n'étaient pas libres de leurs mouvements. Les réunions de la Société continuèrent à se tenir les premier et troisième mercredis du mois, comme à Vienne, et je suis certaine que la possibilité de se retrouver dans une majorité lors de telles réunions était une expérience stabilisatrice importante pour tous les réfugiés d'Europe.

Activités civiles des psychanalystes et des candidats

Peu après la déclaration de guerre, Anna Freud et Dorothy Burlingham, avec l'aide de collègues analystes et d'autres Viennois, ouvrirent les Hampstead War Nurseries. Elles mirent sur pied deux foyers à Londres puis en ouvrirent un autre à la campagne, à l'abri des bombardements, et elles poursuivirent leur projet jusqu'à la fin des hostilités.

Donald et Clare Winnicott se penchèrent sur les problèmes des soins à donner aux enfants difficiles et perturbés qu'il fallait évacuer. Ils conçurent et organisèrent à leur intention des pensions dirigées, à chaque fois, par une figure de « mère » et une figure de « père » tout en veillant à bien encadrer le personnel. Susan Isaacs prit part à *L'enquête sur l'évacuation de Cambridge : étude sur l'action sociale et l'éducation en temps de guerre* — travail qu'elle édita et publia en 1941. Glover et Winnicott participèrent à une grande enquête nationale sur la santé mentale des civils — *Neurosis Survey* — entre 1939 et 1943, et nous avons dans nos Archives les résultats qu'ils soumirent au ministère de la Santé. L'enquête devait être publiée par la suite intégralement.

La participation des membres aux activités psychologiques des forces armées

A la déclaration de guerre, de nombreux médecins psychanalystes rejoignirent l'Emergency Medical Service (E.M.S.), qui fut mis sur pied pour traiter des maladies dues à l'état d'urgence, des victimes des raids aériens et des militaires nécessitant des soins médicaux en Grande-Bretagne. Le Maudsley Hospital se déplaça en partie à Mill Hill pour s'intégrer à l'E.M.S. et traiter des cas relevant de la psychiatrie dans la région nord-ouest de Londres. William Gillespie et Clifford Scott y travaillèrent, de même qu'un certain nombre d'autres analystes et candidats d'après guerre. John Rickman rejoignit lui aussi l'E.M.S. et travailla au Wharnecliffe Hospital de Sheffield, où avec W. R. Bion il avait préparé ce que l'on a appelé le *Wharnecliffe Memorandum* — projet de communauté thérapeutique intégrant les événements et les relations hospitaliers dans le processus de guérison. C'est là qu'il rencontra pour la première fois Eric Trist, clinicien et sociopsychologue, travaillant au Mill Hill E.M.S. Hospital (Trist, 1985). Une partie des personnes qui rejoignirent l'E.M.S. ne furent pas immédiatement engagées et purent continuer à exercer leurs activités de temps de paix jusqu'aux jours où les hostilités s'amplifièrent. D'autres intégrèrent l'armée de terre à la faveur de la meilleure organisation des services psychiatriques. Néanmoins, et malgré le nombre de membres qui s'engagèrent, beaucoup se débrouillèrent pour assister aux réunions scientifiques et surtout aux séances de travail tout au long de la guerre.

Le développement des tensions au sein de la Société britannique

J'ai évoqué plus haut l'évacuation de Londres de maints analystes britanniques. A la fin de l'année, en 1941, quelques-uns d'entre eux, dont Melanie Klein, revinrent à Londres au lendemain de la débâcle de la France et de l'évacuation de l'armée britannique à Dunkerque et pendant la Bataille d'Angleterre livrée par la Royal Air Force.

En décembre 1941, Barbara Low présenta à la Société une étude sur « La Société psychanalytique et le public », dont je n'ai jamais pu retrouver la trace. Cette communication suscita un tel intérêt qu'elle fut suivie d'une discussion fort animée qui s'étira sur trois réunions scientifiques. Il fallut ainsi débattre des griefs concernant la manière dont était dirigée la Société, de ses médiocres relations avec d'autres organisations professionnelles, aussi bien que de l'inquiétude née des différences scientifiques et de ce qui pouvait être considéré comme théorie psychanalytique approuvée. A la suite de cette réunion, seize résolutions furent présentées au War Emergency Committee, qui en discuta au cours de cinq réunions de travail extraordinaires dont nous avons les procès-verbaux intégraux.

Ces réunions débouchèrent, entre autres résultats, sur la décision d'organiser des discussions scientifiques scrupuleuses des contributions de Melanie Klein. Il y fallut onze réunions qui s'échelonnèrent de 1943 à 1944 et qui sont restées dans l'histoire sous le nom de « The Controversial Discussions » (« Les discussions controversées »). Je n'en dirai pas plus puisque d'autres les ont abordées ailleurs. On décida aussi de créer une commission d'enquête pour envisager de limiter la durée des mandats et la possibilité de cumuler divers postes de responsabilité au sein de la Société. (En 1942, Glover était secrétaire scientifique, directeur de la clinique, président du Comité de formation, directeur de recherche et adjoint de Jones.) Jones avait déjà fait part de son désir de se retirer et d'aucuns redoutaient que Glover se mît en tête de prendre sa place à titre semi-permanent à moins d'une modification des Statuts.

Projets d'organisation des services médicaux et de la puériculture au lendemain de la guerre

Tandis que la Société débattait encore de ses divergences théoriques, les membres de la British Society, en particulier ceux des forces armées ou de l'E.M.S., commencèrent à s'intéresser à des problèmes de plus en plus importants, au-delà même des divergences théoriques : il s'agissait en effet d'organiser les services médicaux et la puériculture après la guerre. La guerre avait tellement bouleversé les conditions de vie qu'au lendemain de la guerre la Grande-Bretagne serait de toute évidence un pays très différent, et à moins que les psychanalystes ne formulassent et ne fissent valoir leur contribution aux projets de réorganisation de la formation médicale et psychiatrique, nul ne leur demanderait de le faire. Au fil des discussions, il apparut qu'un certain nombre d'analystes étaient membres de diverses commissions qui se penchaient déjà sur la situation : ainsi Glover et Dennis Caroll étaient-ils membres du B.M.A. Committee qui travaillait sur ces questions. Mais tous ces membres agissaient isolément et ne représentaient pas la Société.

En 1943, il était maintenant clair qu'après la guerre serait instauré un Service national de Santé (National Health Service). Lors de l'Assemblée générale annuelle de la Société, en juillet 1943, Gillespie et Bowlby présentèrent une résolution, suggérant que soit élue une commission médicale de sept membres dont la mission serait de prendre contact avec les divers organismes chargés de se pencher sur la réorganisation du corps médical et de proposer des projets de formation pour les psychiatres et les étudiants en médecine, y compris des cours de psychanalyse.

Ainsi y eut-il une longue discussion exploratoire des questions concernées. Hormis l'angoisse suscitée par l'effet que pourrait avoir un tel Service de Santé sur les psychanalystes et leur liberté de travail, le sentiment prévalait que, si l'on acceptait que le service public emploie un personnel à temps plein, son personnel ne pourrait avoir de clientèle privée, si bien que les médecins psychanalystes devraient choisir entre celle-ci et un travail à temps plein dans le cadre du National Health Service (N.H.S.). Chose plus grave, on avait le sentiment que cela priverait la Société des moyens d'amener les jeunes médecins à solliciter une formation psychanalytique. Il importait aussi de savoir si la Clinique demanderait ou non à participer au N.H.S. Il était essentiel que la Société précisât clairement son point de vue en ce domaine comme en d'autres.

Les parrains de cette résolution étaient convaincus, comme d'autres, qu'il ne fallait pas abandonner les négociations entre les mains des responsables d'avant guerre, qui, pensaient-ils, s'étaient montrés particulièrement incapables de collaborer avec d'autres catégories professionnelles avant la guerre. En appuyant la résolution, Bowlby s'expliqua : « Nous vivons dans un monde qui change rapidement et pourtant, en tant que Société, nous n'avons rien fait, rien, ce qui s'appelle rien, pour faire face à ces changements, les infléchir ou nous adapter à eux. Cette réaction n'est pas celle d'un organisme vivant mais bien d'un organisme moribond. Si notre Société mourait d'inertie, elle ne connaîtrait jamais que le sort qu'elle a recherché » (Bowlby, 1943). La résolution fut adoptée à l'unanimité, et l'élection de la commission se fit au scrutin secret.

Cette proposition d'élection de la commission soulevait un autre problème annexe. L'élection marquerait une nette rupture avec le passé, et qui obtiendrait la majorité des voix serait probablement le prochain président. Bowlby m'indiqua que la majorité des suffrages s'était réunie sur le nom de Sylvia Payne, tandis que de tous les candidats c'est Glover qui en recueillit le moins, en sorte qu'il n'y avait aucun danger qu'il ne fût élu président s'il se présentait à ce poste, ainsi que le redoutaient Klein et d'autres. Les partis pris dont il avait témoigné en tant que président des séances à l'époque des *Controversial Discussions* lui avaient aliéné bien des sympathies. La Commission médicale se réunit onze fois sous la présidence d'Adrian Stephen tandis que John Bowlby faisait office de secrétaire. Il lui fallut quatre mois pour élaborer un mémoire sur l'enseignement postuniversitaire de la médecine psychologique qui fut remis à la Commission interdépartementale du ministère de la Santé.

L'examen de l'autre proposition présentée lors de l'assemblée fut remis à l'automne : il s'agissait de désigner une commission chargée « d'étudier le rôle que l'Institut peut jouer à l'avenir dans la formation et l'éducation des diverses catégories de personnel s'occupant de puériculture ». Le sentiment d'Anna Freud était qu'il ne fallait pas former de commission de ce genre avant d'avoir réglé les différences scientifiques, mais Barbara Low suggéra que des développements nouveaux pouvaient remédier à de vieux différends. Il fut convenu d'élire une Commission de puériculture au scrutin secret. Susan Isaacs fut élue présidente et Gillespie secrétaire, mais Anna Freud refusa d'y participer.

Les deux commissions pensèrent qu'il appartenait à l'Institut de proposer des cycles de conférences sur la psychanalyse dans le cadre des études de médecine et de la formation des assistantes sociales et des puéricultrices. Cette question fut largement débattue, mais l'on finit par décider de former une commission spéciale (Lecture Committee) pour répondre aux besoins des deux autres commissions et avec des représentants de l'une et de l'autre. C'était un terrain dangereux, car quelle espèce de psychanalyse enseignerait-on dans ces cours ?

En 1944 furent enfin approuvés de nouveaux statuts limitant la durée des mandats tandis que Sylvia Payne était élue présidente.

Organisation des Services psychiatriques des Forces armées

Au départ, les Forces armées ne voulaient pas entendre parler de psychiatres civils et espéraient s'en sortir avec leurs propres médecins formés par l'armée. Mais confrontées aux effets de la conscription massive, et aux cas psychiatriques qu'elles reçurent, elles comprirent qu'il leur fallait une aide psychologique plus qualifiée et elles nommèrent des psychiatres consultants pour la Navy, l'armée de l'air et l'armée de terre.

J. R. Rees, directeur de la Tavistock Clinic (Dicks, 1970), fut désigné psychiatre consultant auprès de l'armée de terre. Il nomma à son tour quelques collègues qui avaient travaillé avec lui dans la Tavistock Clinic, et d'autres qui avaient une approche psychodynamique de la psychiatrie, à des postes de conseillers des commandements de l'armée de terre britannique, portant alors le titre de *Command Psychiatrists*.

Dans son ouvrage intitulé *The Shaping of Psychiatry by War* (Rees, 1945), J. R. Rees décrit les effets de l'intégration de tant de psychiatres d'orientation dynamique sur le cours de la guerre et l'organisation de l'armée de terre. Ainsi W. R. Bion, ancien officier de char qui avait obtenu la médaille du *Distinguished Service Order* au cours de la Première Guerre mondiale, fut-il nommé *Command Psychiatrist* auprès du commandement Ouest, tandis que Ferguson Roger rejoignait le commandement écossais et Ronald Hargreaves le commandement Nord. Mais ce qui compta davantage dans les contributions que les services psychologiques allaient pouvoir apporter à l'effort de guerre, c'est le fait que l'officier général commandant la région Nord était un intellectuel, Sir Ronald Adam, qui ne tarda pas à s'apercevoir des avantages d'une étroite collaboration avec des psychiatres comme Ronald Hargreaves, avec qui il travaillait. Peu après il fut nommé adjudant général de l'armée de terre britannique chargé de toutes les questions de personnel et, à ce titre, membre de Conseil de l'armée de terre. Ainsi J. R. Rees et Hargreaves eurent-ils un partisan qui put leur faciliter les choses dans les plus hautes instances militaires.

Exemples de problèmes dont les solutions furent trouvées grâce à une intelligence psychanalytique de la dynamique psychosociale de la situation

Le premier problème auquel furent peu à peu confrontés les psychiatres militaires vient de ce qu'ils avaient été habitués à travailler dans le cadre du modèle médical classique du face-à-face, d'une relation entre le médecin et le patient; or, avec le temps, ils reconnurent de plus en plus nettement l'importance des facteurs sociaux dans le maintien de la santé mentale au sein d'une unité militaire. On s'aperçut que les cas psychiatriques étaient « portés » dans les bonnes unités, tandis que les plus faibles avaient tendance à les refouler. Et les concepts théoriques habituellement utilisés par les psychiatres ne les aidaient guère à traiter de tels problèmes. Quelle théorie pouvait-on employer pour comprendre ce type de faits ? Eric Trist et John Rickman (qui les avait utilisés dans son travail au Wharncliffe Hospital) introduisirent, à la suite de Kurt Lewin, les notions de théorie du terrain *(field theory)* et d'influence du terrain social sur l'individu pour les associer à la théorie des relations d'objet — formant ainsi un contexte théorique au sein duquel il était possible d'employer la théorie psychanalytique avec son intelligence des facteurs inconscients du comportement social. Cette combinaison de concepts tirés de différentes disciplines était nécessaire pour que les Services psychiatriques fussent à même d'aider à résoudre les problèmes posés par les relations de groupes et à assurer le fonctionnement sain d'un système social aussi imposant que l'armée de terre.

La Direction de la Sélection du personnel

L'un des premiers problèmes sur lequel les psychiatres militaires furent invités à se pencher fut celui de la sélection du personnel de l'armée de terre. Le général de brigade J. R. Rees, psychiatre consultant auprès de l'armée de terre britannique, et le général de brigade H. A. Sandiford, directeur de la psychiatrie pour l'armée de terre, décidèrent de créer une Direction de la Sélection du personnel. Ronald Hargreaves fut nommé directeur adjoint de la psychiatrie pour l'armée de terre, et, fort de ses responsabilités, il put jouer un rôle dynamique et créatif chaque fois qu'il y eut une crise. Ainsi fut-il un acteur de premier plan dans les événements décrits plus loin. Cela signifiait également que la sélection n'était pas forcément l'apanage du corps médical, mais qu'elle pouvait être confiée à des profanes, par exemple à des psychologues.

La sélection des militaires du rang

Le premier effet de ce changement fut que les conscrits ne furent plus affectés sur la base d'une seule journée d'entretien; la nouvelle Direction fit en sorte qu'ils puissent tous séjourner six semaines durant dans un centre de recrutement, laissant ainsi plus de temps pour décider, en s'aidant de tests et d'entretiens psychologiques, comment on pourrait les employer au mieux dans l'armée de terre.

La sélection des officiers

A la suite de l'évacuation des dernières troupes britanniques à Dunkerque, en 1940, il fallut réorganiser l'armée de terre, la développer, la réarmer et l'entraîner, mais aussi sélectionner de nouveaux officiers pour remplacer les morts ou ceux qui avaient été faits prisonniers en France. En 1941, on s'aperçut du grand nombre d'échecs couronnant la formation des hommes recommandés pour le brevet par leurs propres officiers et les traditionnels Officer Selection Boards. La rumeur courut qu'il n'y avait plus d'hommes dignes d'être officiers dans l'armée de terre britannique. Au cours de l'été 1941, le psychanalyste John Bowlby avait effectué des recherches sur le pourcentage d'échec des candidats en cours de formation pour découvrir une forte corrélation entre les évaluations réalisées au cours d'entretiens avec des psychiatres et la réussite des élèves officiers au cours de leur formation.

Cette enquête fut suivie d'une discussion au sommet en Ecosse entre le général Sir Ronald Adam, adjudant général de l'armée de terre, le général de division Andrew Thorne, officier général chef du commandement écossais, et deux *Command Psychiatrists*, Ronald Hargreaves et Ferguson Roger. J. D. (Jock) Sutherland, alors psychiatre au Cartsairs E.M.S. Hospital, fut aussi prié d'y participer. On passa ainsi une journée entière à discuter des moyens de sélectionner plus efficacement de bons officiers pour l'armée de terre. Et cette discussion se solda en janvier 1942 par la décision de créer à titre expérimental un War Office Selection Board (W.O.S.B.) à Edimbourg afin d'étudier ce que l'on pourrait faire.

Le noyau dur du premier War Office Selection Board d'Edimbourg, connu sous le nom de W.O.S.B. n° 1, comprenait W. R. Bion, Jock (J. D.) Sutherland (qui devint par la suite psychanalyste, mais qui avait travaillé avec Fairbairn, psychanalyste à Edimbourg), Eric Trist (psychologue clinicien, cité plus haut, qui avait travaillé aux Etats-Unis et connaissait bien les travaux de Kurt Lewin et de Moreno) ainsi que Eric Wittkover (de la Tavistock Clinic, qui devint par la suite psychanalyste et qui avait travaillé sur le problème de la sélection des militaires du rang). Ainsi fut-il possible d'expérimenter et d'évaluer avec le concours d'officiers de l'armée de terre spécialement affectés à cette tâche de nouvelles méthodes de sélection des officiers. En l'occurrence, les membres du Bureau eurent la chance que l'officier général chef du commandement écossais fût le général de division Andrew Thorne, qui savait mieux que personne apprécier l'aide que pouvaient lui apporter des collègues cultivant une approche psychodynamique de la psychiatrie et de la psychologie sociale. Et surtout ils reçurent aussi l'appui et les encouragements de Sir Ronald Adam, adjudant général de l'armée de terre responsable du personnel.

Le système de nomination régimentaire

Afin de résoudre ce problème de la pénurie de candidats aptes à suivre une formation d'officier, les membres du W.O.S.B. n° 1 reçurent en juin 1942 l'autorisation de procéder à une expérience dans le commandement écossais : c'est ce que l'on a appelé le *Système de nomination régimentaire*.

Ils avaient pensé qu'après le traumatisme de la défaite de la France il était peu probable que les commandants de compagnie ne recommandent pour une promotion leurs meilleurs sous-officiers; sans doute seraient-ils tentés de recommander les hommes dont ils pouvaient se passer. Peut-être les officiers eux-mêmes étaient-ils en mesure d'évaluer des hommes ayant derrière eux un passé de lycéen alors qu'ils n'étaient plus sur leur terrain dès lors qu'il s'agissait d'évaluer des hommes de milieux très différents. Tout le problème était donc d'accroître l'offre de bons candidats.

Fortement encouragé en cela par Bion, Eric Trist suggéra que l'on mît à profit la connaissance mutuelle qui est le lot de tous les groupes, et l'on décida de consulter les militaires du rang aussi bien que les gradés et les officiers pour savoir qui, parmi leurs connaissances, pourrait dans leur esprit faire un bon officier. Certains chefs de corps acceptèrent de participer au système, et Trist imagina une série de questions, fondées sur les techniques de choix sociométriques de Moreno, auxquelles dut répondre chaque membre de section. L'analyse des choix ainsi obtenus mit en évidence un certain nombre d'hommes que n'auraient pas retenus les procédures habituelles. Tous les hommes sélectionnés par cette méthode furent adressés aux Officer Selection Boards en même temps que les hommes retenus en vertu des procédures habituelles, et le nombre de candidatures augmenta de 1 500 %. L'expérience ne fut pas renouvelée car le sentiment prévalait qu'elle avait suscité trop d'opposition lorsque le bruit avait couru que les militaires du rang participaient au choix de leurs propres officiers, et d'aucuns protestèrent que l'on encourageait le développement de Soviets au sein de l'armée britannique. Mais l'expérience avait atteint le but que s'étaient fixé les responsables du W.O.S.B. n° 1 : elle avait prouvé, en effet, qu'il ne manquait pas de talents de chef dans l'armée de terre.

Les membres du W.O.S.B. n° 1 d'Edimbourg mirent alors au point un programme révisé pour les W.O.S.B. Les officiers en puissance venaient par groupes de 32 et restaient là deux jours et demi, vivant ensemble dans l'atmosphère d'une communauté thérapeutique. Leurs activités comprenaient, entre autres, la participation à des groupes sans chef, où l'on pouvait alors observer le comportement spontané des hommes les uns envers les autres tandis qu'ils accomplissaient une tâche collective — la construction d'un pont, par exemple. Ils étaient aussi soumis à une batterie de tests psychologiques, et notamment à des formes adaptées d'un Word Association Test (test des associations de mots) et du test d'aperception thématique de Murray (T.A.T.) ainsi qu'à des entretiens psychiatriques et à des tests de connaissance. L'idée était que la tâche des psychologues spécialisés était de fournir aux officiers avec qui ils travaillaient une image aussi bonne que possible de la personnalité du candidat, mais qu'il appartenait à l'armée de choisir où affecter les recrues et que chacun sût que le choix était le sien. Ainsi prit-on bien soin de souligner que ce travail était celui des officiers.

Le secteur Recherche et Développement du W.O.S.B. nº 1 fut alors déplacé à Londres, où il devint le Research and Training Center (R.T.C., Centre de Recherche et de Formation) de tous les W.O.S.B. sous l'autorité d'un colonel fort enthousiaste, R. S. Rait Kerr. Le groupe s'assura les services de John Bowlby, alors responsable du suivi des résultats des méthodes de sélection des officiers. A compter de ce jour, on organisa dans le pays tout entier des W.O.S.B. sur le modèle du W.O.S.B. nº 1. On instaura aussi des W.O.S.B. pour les femmes. Un certain nombre de psychanalystes devaient travailler en qualité de psychiatres dans ces W.O.S.B. régionaux — ainsi de John Rickman, de Adrian Stephen et de Hans Thorner, et bien des personnes qui travaillèrent dans les W.O.S.B. devinrent psychanalystes après la guerre : citons, entre autres, Adam Limentani, Harold Bridger, Pière Turquet, W. R. Bion, Geoffrey Thompson et Susannah Davidson. Et, en 1945, Jock Sutherland présenta à la British Society une communication sur le thème « La dépendance de la sélection à l'égard de la psychanalyse ».

La première expérience de Northfield

Une fois le groupe installé à Londres, Bion s'en sépara pour rejoindre finalement le Northfield Military Hospital où, avec Rickman, il mit en place la première communauté thérapeutique dans un hôpital de l'armée de terre. Chargé de la formation au sein de l'hôpital, il était responsable de cent patients névrosés issus d'unités militaires. Son expérience des groupes sans chefs dans le cadre des W.O.S.B. fit naître en lui l'idée que l'on pouvait traiter la névrose comme un problème de groupe. Il refusa en conséquence d'imposer à ses patients une discipline de type militaire, expliquant que la discipline militaire qu'ils avaient connue à l'armée ne les avait pas empêchés de devenir patients. Il leur donnait une série de tâches et de missions à accomplir dans le cadre d'un programme de formation qui structurait aussi leur journée. Tous les jours, à 12 h 10, il organisait un rassemblement strictement limité à trente minutes, officiellement pour faire des communiqués et traiter des affaires de l'heure; en fait, ce rassemblement était un prétexte pour organiser une réunion communautaire, où les patients pouvaient faire part de leurs commentaires et de leurs doléances quant à l'organisation ou aux autres personnes, mais aussi où Bion avait tout le loisir de commenter le comportement collectif dans des propos que l'on pouvait interpréter comme des ébauches d'interprétations.

Au départ, à peine 20 % des patients semblèrent coopératifs tandis que les autres se contentaient de suivre le mouvement et de feindre de prendre les choses au sérieux. Quelques patients s'inquiétèrent du relâchement de la discipline, laissant entendre que Bion devait punir ceux qui ne jouaient pas le jeu, mais il rappela avec force que le remède se trouvait dans le groupe. Au bout du compte, ils se mirent à assumer la responsabilité de l'état de leur quartier; les patients furent plus nombreux à se lancer dans des activités constructives et commencèrent à s'impliquer davantage, au point d'assumer en partie la responsabilité de leur propre maladie mais aussi de leur guérison. Tout se passait comme si Bion leur avait dit : « N'attendez pas de moi ni de l'hôpital militaire que nous vous servions de surmoi ! C'est à vous de vous charger de cette fonction si vous avez envie d'aller mieux. » Alors même que l'état des patients s'améliorait, les autorités militaires de l'hôpital eurent tellement peur de ce qui leur apparaissait comme un manque de discipline qu'au bout de six semaines à peine Bion et Rickman furent affectés à d'autres postes et reprirent leur travail de psychiatres attachés aux W.O.S.B. C'est ce que l'on a appelé la première expérience de Northfield. Cette entreprise se poursuivit cependant sur une autre échelle sous les auspices de nouveaux responsables, dont Harold Bridger, S. H. Foulkes, Milicent Dewer et Tom F. Main (qui devint par la suite directeur du Cassell Hospital) — tous psychanalystes ou qui devaient le devenir.

Le développement d'unités de réinstallation civile

En 1944, d'anciens prisonniers de guerre, rapatriés pour des raisons médicales, commencèrent à rentrer au pays, et A. T. M. (Tommy) Wilson (de la Tavistock Clinic, appelé par la suite à devenir psychanalyste) se vit charger d'une enquête sur les problèmes de leur réinsertion dans la vie civile. Non seulement ils souffraient de problèmes psychiatriques dus à la culpabilité d'avoir été prisonniers ou d'avoir survécu à leurs camarades, mais encore ils n'étaient aucunement préparés à affronter les changements qui s'étaient produits en Grande-Bretagne en leur absence, en termes de valeurs, de rapports humains et même d'évolution des mœurs et de la sexualité. A la suite de son enquête, on comprit qu'il fallait prendre des dispositions pour aider les milliers de prisonniers de guerre de retour au pays à opérer la transition de leur vie en camp de prisonniers à un type de relations plus normal et à la vie civile, mais aussi pour les épauler dans leur recherche de nouvelles carrières et de nouveaux emplois. Le Cabinet de guerre donna aussi des instructions afin que l'on prît des mesures adéquates pour accueillir les prisonniers de guerre revenant par milliers de manière à éviter de renouveler les expériences de la guerre précédente.

Un centre de planification fut créé à Hatfield House, et Eric Trist fut détaché du R.T.C. pour travailler avec Tommy Wilson et créer la première Unité de réinstallation civile (C.R.U., Civil Resettlement Unit), dans un premier temps à titre expérimental. Finalement, un siège fut ouvert à Richmond Park avec un état-major formé de Hugh Murray, Harold Bridger, Isobel Menzies et Clare Winnicott (trois d'entre eux devinrent psychanalystes). 20 C.R.U. devaient être rapidement créés à travers le pays, chacun ayant une capacité d'accueil de 240 anciens prisonniers de guerre à la fois. Au total, ils devaient héberger provisoirement près de 50 000 hommes et femmes. Le suivi de leur efficacité fut assuré par un spécialistes d'anthropologie sociale, Adam Curle, qui publia les résultats de son enquête dans un article écrit en collaboration avec Eric Trist pour le premier volume de *Human Relations* (Curle et Trist, 1947).

La renommée du groupe qui avait mené à bien ces projets et d'autres gagna l'Amérique, si bien qu'il reçut la visite d'une délégation de psychanalystes américains (Karl Menninger, Harry Murry, Lawrence Kubie, John Whitehorn, John Romano et Leo Bartemier) qui évoquèrent avec ses membres leurs réalisations et leur projet de création d'un Institut des Relations humaines en collaboration avec la Tavistock Clinic. Peu après cette visite, le groupe reçut à cet effet une subvention de la fondation Rockefeller. Il fut convenu que tous les membres du personnel praticien devraient avoir accompli une analyse personnelle.

Participation à la commission de contrôle

A la fin des hostilités, une partie de ceux qui avaient travaillé avec les psychiatres militaires rejoignirent la commission de contrôle que les Alliés avaient instituée pour surveiller les moyens mis en œuvre afin d'aider la population allemande à se remettre de douze années de régime nazi. Ils créèrent la German Personal Research Branch, dont la mission était de tenter de découvrir et d'employer les personnes qui n'approuvaient pas le régime nazi et qui seraient disposées à participer à la reconstruction de l'Allemagne après la guerre. John Rickman et Roger Money-Kyrle (anthropologue, mais aussi psychanalyste) se rendirent en Allemagne en tant que membres de la G.P.R.B. afin d'y interroger des spécialistes en sciences sociales de diverses disciplines et, entre autres, Rickman rencontra les psychanalystes qui vivaient à cette époque à Berlin. De retour à Londres, il rendit compte de sa visite dans un rapport qu'il adressa à Sylvia Payne, présidente de la Société britannique, et dans une version plus confidentielle à Ernest Jones, alors président de l'International Psychoanalytical Association. En raison de la lumière que jette ce rapport sur la situation à Berlin à la fin de la guerre, nous avons décidé de le reproduire en appendice à cet article — les sections du rapport confidentiel étant insérées entre crochets (Rickman, 1946).

La participation à ces événements et ses répercussions sur les activités des psychanalystes dans la Société britannique

A la suite de l'élection de Sylvia Payne à la présidence, Glover se répandit en attaques publiques contre les psychanalystes qui avaient travaillé avec l'armée et qui souhaitaient maintenant adapter leur savoir-faire aux problèmes du temps de paix. Bowlby et Gillespie proposèrent une résolution à la Société pour condamner ces attaques publiques, mais alors même que la Société était sur le point d'en discuter, Glover donna sa démission.

Au lendemain de la guerre, et encouragée en cela par Rickman, Sylvia Payne rencontra le Professional Committee de la Tavistock Clinic pour discuter de leurs relations mutuelles, et surtout du tout nouvel Institut des Relations humaines qui venait d'ouvrir ses portes à la Tavistock et qui, suivant ce qui fut convenu, devait essentiellement s'intéresser à l'application des principes psychanalytiques aux problèmes sociaux, tandis que l'Institut de Psychanalyse serait considéré comme le centre de formation à la technique psychanalytique.

Les répercussions de cette collaboration pendant la guerre se manifestèrent surtout dans le nombre de ceux qui avaient travaillé avec ces équipes pendant les hostilités et qui dans les quelques années suivantes sollicitèrent une formation psychanalytique (au moins 25). Leur entrée dans la profession donna une bouffée d'air frais à la Société.

Conclusions

Ce qui n'allait pas, dans l'approche des responsables de la British Society avant la guerre, c'était qu'ils ne pouvaient concevoir d'employer leurs connaissances psychanalytiques autrement que pour aider des particuliers. Jamais Glover ne proposa d'aide autrement que sous la forme d'une thérapie individuelle.

Ceux qui travaillèrent au sein de l'armée de terre ne tardèrent pas à comprendre que les personnes qui s'y connaissaient en psychologie devaient apporter une aide d'une espèce différente en affrontant les problèmes posés par le moral collectif, les relations intergroupes et l'évaluation de la personnalité de ceux qui étaient appelés à agir dans un groupe et dans une situation de guerre. D'où l'importance du rôle qu'ils jouèrent dans la sélection des officiers au sein des W.O.S.B. Autrement dit, les conseillers psychologiques, dans la situation de guerre, avaient besoin d'une théorie sociopsychologique fondée sur le rôle des relations d'objet dans le comportement humain, aussi bien que d'une connaissance des processus inconscients. Néanmoins, évoquant ces événements avec moi, le Pr Eric Trist souligna avec force que rien de tout ceci ne serait arrivé si la psychanalyse n'avait pas existé. Le groupe avec lequel il avait travaillé avait adapté l'approche psychanalytique classique du patient au travail avec les groupes de militaires qui lui étaient confiés — qu'il s'agisse d'écouter le contenu manifeste ou latent de leurs communications, d'être en situation avec eux, de travailler avec eux pour comprendre et trouver des façons acceptables d'aborder leurs problèmes. S'ils furent si nombreux à devenir psychanalystes après la guerre, c'est qu'ils prirent conscience de l'aide considérable qu'ils avaient reçue des psychanalystes avec lesquels ils avaient travaillé pendant la guerre.

Traduit de l'anglais
par Pierre-Emmanuel Dauzat

Pearl King,
10, Lyndale Avenue,
London NW2 2PY, Angleterre.

Mots clés

Armée (et Psychanalyse) – CRU (Civil Resettlement Units - Unités de réinstallation civile) – Rickman John – Société britannique de Psychanalyse – WOSB (War Office Selection Boards - Centre de sélection des Armées).

ADDENDUM

REPORT ON DR. JOHN RICKMAN'S VISIT TO BERLIN TO INTERVIEW PSYCHO-ANALYSTS. 14th & 15th October, 1946.

1. Reason for visit : *a* / To find out whether among the leading members of the German Psycho-Analytical Society there were any who might be suitable as assistants to the personnel of G.P.R.B. (German Personal Research Branch of the Control Committee).

b / To discover what influence, if any, twelve years of the Nazi regime had on the personnel working in a special branch of the psychological field, both in respect of the development and enrichment of theoretical concepts and in respect of the capacity of co-operating with others in the same field but using different methods.

c / To establish contact again with German citizens engaged in the same line of scientific research, in order to ascertain whether there were ideas which might be usefully imported into England.

2. Technique employed during the investigation : *a* / By personal interview on the basis of a friendly colleaguely conversation.

b / To use the opportunity, at a scientific meeting of the German Psycho-Analytical Society, to observe what tensions, if any existing among the members, and how those tensions were dealt with.

3. (This method of investigation, if indeed it merits the grand name of "method", arises out of the experience of War Office Selection Boards in England : though of course no tests were employed, the atmosphere was sustained of a friendly, colleaguely visit, so that whatever embarrassment arose during these visits and discussions should be so far as possible the spontaneous generation in those visited.)

4. *Fräulein Kathe Dräger*, Berlin-Charlottenberg, Gotha-Allee, 5. A teacher and lecturer at a training school for teachers. Aged about 45. I had not seen this person before, but we quickly got on to terms of friendly discussion about the development of psycho-analysis in our respective countries, and a little about our personal experiences during the war. She struck me as a person of unusual integrity of character and with fine psychological perception. During the war she was employed in teaching and part-time private psycho-therapeutic practice. She felt keenly the isolation from the development of psycho-analysis in other countries, particularly England and America, and was eager to hear of the way in which the Institutes in those countries had developed.

5. *Fräulein Marguerite Steinberg*. Berlin-Charlottenberg, Gotha-Allen. Also a teacher, aged about 45, lecturer at a training school for teachers. Fräulein Steinberg came in during my talk with Fräulein Dräger (they both share the same flat) and I had the same impression of her integrity of character, though perhaps she has not such a fine psychological perception. She too was most eager to hear about the way in which the Berlin Psychological Institute had flourished after its transplantation to America.

The outstanding impression is that these two, though not themselves particularly creative minds, had during the Nazi regime kept a clear picture of what psycho-analysis ought to be, that they were tolerant of other schools of thought, and that their attitude to their fellow-beings was generous. They received the presents (coffee, toilet soap, cocoa and such like things) with the modest pleasure of one receiving something from a colleague, and the many-coloured skeins of material for darning stockings with a truly feminine joy.

They asked about the bombing of London, and when I said that it was nothing like as bad as Berlin and that there had been no panic, they seemed quite relieved. They spoke with appreciation of Dr. Kemper and said that under difficult circumstances he had behaved very finely. I did not mention the name of Dr. Müller-Braunschweig nor of Fr. Boehm — nor did they.

These two were people whom I would not hesitate to accept as members of an psychoanalytical Society — if one conversation were anything to go by — in respect of their personalities. I should say that their technical equipment was, in the case of Fräulein Dräger, high ; in the case of Fräulein Steinberg, of moderate quality. Neither, by reason of their shyness, seem to be suitable for employment in G.P.R.B.

6. *Dr. Werner Kemper*, Berlin-Charlottenberg 9, Sensburgher-Allee 6. Aged about 45, Director of the Central Institute für Psychogene Erktankungen, the address of which is Berlin-Schoneberg, General Paperstrausse Block 16A. Dr. Kemper gives the impression of one rather aged for his years, of great vigour and endurance, with considerable self-control. We discussed some of the difficulties which arise when people with two different schools of thought are forced to co-operate in such a joint enterprise as running a clinic. He told me that he had recently displaced Dr. Schultz-Hencke, formerly Director of the Institute of which he (Kemper) was now head, but that the difficult situation could probably

be handled in a satisfactory way and that Schultz-Hencke's scientific ideas were in a stage of evolution. We had little time for talk, but my impression was that of a serious-minded, reliable worker who, like Fräulein Dräger and Fräulein Steinberg, would find themselves at home in a liberal culture.

[I was told, to a certain extent by him, more by Fräulein Steinberg and, later, Müller-Braunschweig that Kemper had analysed the wife of Professor Goering (Hermann Goering's aunt) for several years including some of the war years for a severe neurosis and he had maintained a good psycho-analytical rapport and produced good results despite the fact that he was a Communist, and that he had so influenced Frau Goering and through her Professor Goering that the Psycho-Analytical Society was enabled to keep its entity during the many changes which the Nazi regime entailed. I understand that the handling of the negative transferences in situations of this kind are unusually delicate, but he said if you don't handle them, the patient's case and your state is worse than the first, which gives I think a measure of his ability and courage.]

Although I think he might be suitable for work with G.P.R.B., as I felt that he was "white", but in any case he would require a training in the technique ; I think it would be a great pity to take him away, as he is the keystone to the developments of this branch of the science in Germany at the present time.

7. *Dr. Müller-Braunschweig,* Berlin-Schmargedorf, Sulzaerstrasse 5. Aged about 67. I had met Dr. Müller-Braunschweig at various international congresses during the last twenty-five years. We welcomed each other cordially and he introduced me to his family. [His family consisted of his wife, a daughter aged about 18, who from things which were just not said I gathered had fared badly from the Russian soldiery, and a son aged about 18 or 19. Frau Müller-Braunschweig, an oppressed German hausfrau, listened eagerly to everything I had to say about England, and seemed to me desirous to make contact with foreigners again.]

A noteworthy feature of the interview was his lack of interest in the development of psycho-analysis in England and America. A second feature was the extent to which the conversation was devoted by him to the question obtaining privileges and physical advantages, such as more coal and extra food, on which he hinted that I should assist him with the authorities, pointing out that his colleague, Dr. Boehm, was well equipped, as he had a place in the country where he could grow his food. A third point was his attitude towards receiving presents (of the kind that I have already mentioned) : he became quite greedy and remarked on the frightful malnutrition that he had suffered during the war. [I know the situation is bad, but I also heard from his wife that they had presents from America. I can only give it as an impression, but it seemed to me that in some way his personality had deteriorated in this respect.]

A fourth point was the emphasis he laid on the conflict between the Russians and the English. He told me a good deal about his colleagues, most of it slightly in their disfavour, but he did not mention Dr. Boehm.

[His wife asked me how, in my opinion, German psycho-analytical colleagues would be received abroad (this was a propos of an international psycho-analytical congress). I said that I could only speak for myself as an Englishman, but that I felt sure that we, of a liberal tradition, would welcome people of whatever nationality who had throughout trials and difficulties cherished the spirit of democracy, the love of liberty and truth in their hearts. She gave a sigh of relief and looked, as I thought, in rather a frightened way at her husband. He sucked in his breath a bit, and with more hesitation looked relieved.]

Unlike Dr. Kemper I believe his personality has deteriorated during the Nazi regime. He is utterly unsuitable for employment in G.P.R.B., and I think it very likely he is "dark grey".

8. *Dr. Felix Boehm*, Berlin W. 50, Kulmbackerstrasse 3. Aged about 65. I met Dr. Boehm first about 24 years ago in Berlin, and have seen him on several occasions since at International Congresses. I rang him up and proposed visiting him at his flat. He hedged several times and told me he would be seeing me at the meeting of the Society. Eventually he was persuaded to permit me to visit him.

He was obviously a very embarrassed man and found it difficult to look me in the face. He was eating his dinner at the time (for which event there were mutual apologies) but made occasion to walk all over the room looking for odd things to show me, by way as it seemed to me of interrupting the conversation. He praised the Americans, denounced the Russians, and showed his lack of tact and underlying hostility by asking me if I, as an Englishman, could explain why it was the German women despised the British troops. They were cold and frigid sexually and hadn't the spunk of the Americans, and were altogether a queer lot. He said he didn't know much about English people, but was interested in their obvious lack of sexual characteristics.

[He opened the discussion of the difficulties in the British Psycho-Analytical Society "caused by those two women, Anna Freud and Melanie Klein". Anna Freud, he said, used to be queen and wouldn't take second place. Melanie Klein had left Berlin, had gone to London, was received as a queen and wouldn't give way to Anna Freud. "And as for Anna Freud, those books (pointing to the *Gesammelte Schriften* of Freud) are a Bible. Freud was her Pope, and she was to be Pope. That difficulty you've got in England won't be solved until those two are gone." He then asked what I had to say about it, to which I replied that I thought distance tended to increase the apparent differences in psychological outlook, and that many of us in England thought we could see ways by which these scientific differences could be reconciled. "Scientific differences — pshaw ! It isn't that, its a personal squabble between two women. The degree of vehemence and attack in this conversation was most pronounced.]

The conversation was in German, and he professed that he understood a little English, and when I tried him at an early stage of the interview on the simplest statements in English he professed not to understand. Later on in the interview he got excited in regard to Dr. Kemper and burst out in fluent English "That man's a diplomat : he has no enemies and no friends". I think he realised that he had made a mistake in betraying his knowledge of English, for he proceeded again to rummage in cupboards, looking for things to interest me, for example, a tin of English tobacco. Indeed I have never had an interview with a colleague in which he spent so much time with his head in a cupboard or down on his knees looking for a book which turned out not to be there, and so on. I gave him the same presents as I had given the others, and he took them in an off-hand manner and he seemed somewhat angry.

[During the war he was employed in the Army in the rank of Captain, to decide whether men were malingerers or not. If he pronounced them malingerers, they were — he drew his finger across his throat and made a noise like "esh" and chucked his thumb over his shoulder and then shrugged. He was not employed in any of the officer selection work in the German Army, but was just employed in the Yes or No answers, malingerers or not, in the case of deserters and neurotic soldiers. He also said that he had taken great risks in defying the Nazis and continuing to treat the Jews, but of course he could only do this if they didn't look Jewish.] I had the impression that he was not telling the truth about himself when he said that he had taken risks in defying the Nazis and continuing to treat Jews, or that if this part were true, it was to deflect my attention from something else. He it utterly unsuitable for employment in G.P.R.B., and I think it likely that he is "dark grey", if not "black".

[Comparing these five persons in the order named they seem to me to represent a ranking in psycho-analytical qualities and in the integration of their personalities, or disintegration, during the stress of 12 years of the Nazi regime and war. But the first three are widely separated from the latter two, and I think Boehm is much the worse of the two deteriorated ones.]

9. I attended a lecture given by Dr. Müller-Braunschweig to students who were taking up the study of psycho-analysis and similar aspects of psychology. [This lecture course was used, as were the others according to Müller-Braunschweig, to cast the net fairly wide and then to observe the students and single out those who showed psycho-analytical interest and promise above the average. A quite independent training course for psycho-analysts had not yet been got under way.]

There were 34 students present. The light had gone out in that district that night, so we sat round a candle. I was therefore only able to make a study of the expression of about eight of the students present.

The level of the lecture was low intellectually ; was exclusively devoted to sex, praising it as an activity, — and seemed to me far remote from the quality that you expect in a scientific man. [There was practically no reference to the unconscious or to conflict, his handling of the question of sex was crude, he said that Freud used the word sex in a wider sense than most people, and it was a much misunderstood subject, and he would be discussing it more at greater length later and so on.] Four of the students, I was able to observe, were in turn puzzled and incredulous ; two were disgusted, manifestly ; two were wrapped in thought and I was unable to form any impression of their reactions. [Comparing this group of students with others I had occasion to observe in Germany, they were dull and unresponsive, and certainly Müller-Braunschweig's dogmatic and aggressive manner seemed to me to do but little, if anything, to pave the way to these seminars which were the pride of the higher German educational institutions. I must say I was profoundly disappointed, and still more so when I had a few days later seen a group of German students handled in a way to bring out that old seminar warmth and enthusiasm.] Müller-Braunschweig came up to me afterwards and asked me what I thought of his lecture, whether I thought it was good or not, but I contented myself with saying that I was mainly concerned with the reaction of the audience, but he did not ask me what that was.

10. At the meeting of the German Psycho-Analytical Society Dr. Müller-Braunschweig was in the chair, Dr. Boehm was present, Fraülein Dräger and Steinberg, Kemper came in later, as did Schultz-Hencke still later, and there were two or three others, relatively recent members. Müller-Braunschweig began the meeting by saying that they had an English colleague present. He would not ask him to speak now but later on in the evening, at the end of the scientific session. He then opened a discussion on a paper by Frau Hanna Ries, a former pupil of his, who came to England in January 1939, and read a paper at the British Psycho-Analytical Society on the basis of which she was admitted to full membership. A copy of this paper had been sent to him and it had been circulated to about half a dozen members.

In a short time he was denouncing the paper, thumping the table with his fist, saying it was a bad paper, it wasn't psycho-analysis, "and, just think of it, the British Society actually, on the basis of this paper, made her a member" ! The theme of the badness of the paper and the stupidity of the British Society recurred during his half-hour's discourse, during which time he was several times corrected, either by Fraülein Dräger or Fräulein Steinberg for misquoting the paper or obviously misinterpreting it.

He then asked Dr. Boehm to speak, but realising that something was amiss, apologised for his display of anger but said it was justified by his intolerance of a bad presentation of psycho-analysis.

Dr. Boehm repeated the attacks on the paper, got muddled with the theme, and had to be corrected by Fräulein Steinberg. Dr. Boehm had not taken his eyes off the table the whole evening except to make a few glances at one or other person present, was obviously uncomfortable.

After these displays of animosity, most people present, except myself, were uncomfortable. Fräulein Steinberg made a few meditative remarks, that the paper was difficult to understand in parts, and apologies for not having circulated a better abstract of it. Fräulein Dräger made a few remarks in the same key, and then I was asked to speak.

When framing my remarks I have in mind that the person whose paper they were discussing had been an Associate Member of this Society, was a pupil of the President, and left for England in January 1939, had been accepted by British colleagues and had been elected to full membership six months before. I knew that she had been in friendly contact with many members including the five names above, and had sent parcels of food to each of them through American channels, but who nevertheless might well be an object of envy and her esteem among the British an occasion of resentment.

Accordingly, after expressing pleasure at being able to join in their scientific deliberations, after the separation of the war, and though not coming officially, brought good wishes from people in England, I proceeded to remark how strange it was that they who had only seen the paper, and some of them only in abstract, should have spent so much time in condemnation of it and have paid comparatively little heed to its clinical merits. Boehm and Müller-Braunschweig were angry. Fräulein Dräger and Steinberg agreed with me, Kemper saw the point and nodded but seemed neither to agree nor disagree.

I next went on to say that the reason why she had been admitted to the Society was not on the merits or demerits of the paper (and how few people after all can write a really good scientific paper), but on the kindness and good clinical feeling of its writer, and that we appreciated her spirit and integrity in our Society. This remark, even more than the former one, produced the division which I have already mentioned, but Kemper was now warming up towards her.

The third point I made, not in respect of this paper, was in regard to the way in which the pre-Nazi Berlin Institute of Psychology, which had been anti-psycho-analytical, when transferred to America (that was because the Nazis kicked them out) and psychologists on the basis of the integration of their two research findings had proved of very great use during the war, and would continue to enrich sociological and psychological studies. Fräulein Steinberg and Dräger and Dr. Kemper now got keenly interested.

My next point related to the reorganisation in the British Psycho-Analytical Society whereby the Presidency is not held for long by any single person, but the leadership revolves. In this way younger people are given an opportunity for development constructive leadership, and a far greater number take part in the government of the Society Kemper's response was a lively interest and was that of Fräulein Steinberg and Dräger ; Boehm was so angry that he pushed his chair back from the table and Dr. Müller-Braunschweig was quite embarrassed.

I next spoke about the prospect of international congresses and of the meeting of people who had been on opposite sides during the war, and said that I was sure that a common interest, liberty of thought, scientific method, a democratic government and love of truth would overcome any obstacles which an irruption like a war inevitably places upon communications and scientific co-operation. The response to these remarks again showed differences : Boehm remained cold, Müller-Braunschweig softened his attitude a bit and took in a breath as if relieved of a strain, but continued to look about him to see how others took it. Kemper nodded in a matter of fact way, as if to say "of course", and I thought that Fräulein Dräger and Steinberg, without any self-doubt, were looking forward to a meeting of colleagues on a basis so to speak of spiritual equality.

[*General Comments :* If one just man could save Sodom and Gomorrah, Berlin is trebly saved in Fräulein Dräger, Steinberg, and Dr. Kemper. The low morale, tactlessness, and indeed spite of Drs. Boehm and Müller-Braunschweig cannot, I think, be ascribed to underfeeding, bombing and the strain of war, nor indeed to twelve years of Nazi regime. Those two are most troubled men, and I think it likely that if they appear at International Psycho-Analytical Congresses, their presence inevitably will require exceptionally careful handling.

There are some very fine, untroubled spirits in Germany to whom as colleagues I think we owe every opportunity for affording them development which reasonably we can give. We must also be prepared to deal with deteriorated and objectionable personalities in the process of rendering those good ones our aid.

I have no plans for action and do not propose to take any steps in this matter (beyond the private one of arranging to have food sent to them).]

ADDENDUM

COMPTE RENDU DU SÉJOUR DU Dr JOHN RICKMAN A BERLIN POUR INTERROGER LES PSYCHANALYSTES. 14 ET 15 OCTOBRE 1946

1. Raison du séjour :

a / *Voir si parmi les membres les plus en vue de la Société allemande de psychanalyse il y en avait qui pourraient faire de bons collaborateurs de la G.P.R.B. (German Personal Research Branch de la Commission de contrôle).*

b / *Découvrir l'influence qu'ont pu avoir douze années de régime nazi sur le personnel travaillant dans une branche bien particulière du domaine psychologique, tant à l'égard du développement et de l'enrichissement des concepts théorique qu'à celui de la faculté de coopérer avec d'autres dans le même domaine, mais en employant des méthodes différentes.*

c / *Prendre contact avec des citoyens allemands engagés dans la même voie de recherche scientifique, afin de voir si certaines idées pourraient être utilement importées en Angleterre.*

2. Technique employée au cours de l'enquête :

a / *Entretiens personnels sous la forme d'une conversation amicale entre collègues.*

b / *Saisir l'occasion, lors d'une réunion scientifique de la Société allemande de psychanalyse, d'observer les tensions qui peuvent exister entre les membres et la manière dont celles-ci sont traitées.*

3. (Cette méthode d'enquête, si elle mérite bien le grand nom d'enquête, procède de l'expérience des War Office Selection Boards en Angleterre : quoique l'on n'ait, bien sûr, employé aucun test, on préserva l'atmosphère d'une visite amicale, entre collègues, en sorte que la gêne qui pouvait naître au cours de ces visites et discussions devait être aussi loin que possible de la génération spontanée de la part des personnes visitées.)

4. Fräulein Kathe Dräger, *Berlin-Charlottenberg, Gotha-Allee, 5. Professeur et chargée de cours dans une école de formation pour enseignants. Environ quarante-cinq ans. Je n'avais jamais vu cette personne auparavant, mais nous n'avons pas tardé à nous lancer dans une conversation amicale sur le développement de la psychanalyse dans nos pays respectifs, et à parler un peu de nos expériences personnelles pendant la guerre, Elle me fit l'effet d'une personne d'une intégrité de caractère inhabituelle et d'une remarquable perception psychologique. Pendant la guerre, elle a été enseignante tout en pratiquant la psychothérapie en privé et à temps partiel. Elle avait un sentiment aigu d'isolement par rapport au développement de la psychanalyse en d'autres pays, en particulier en Angleterre et en Amérique et s'est montrée avide de savoir comment les instituts de ces pays s'étaient développés.*

5. Fräulein Marguerite Steinberg, *Berlin-Charlottenberg, Gotha-Allen. Egalement enseignante, quarante-cinq ans environ, maître de conférences dans une école de formation pour professeurs. Fräulein Steinberg est venue s'entretenir avec moi accompagnée de Fräulein Dräger (toutes deux partagent le même appartement) et elle m'a laissé la même impression d'intégrité de caractère, même si elle n'a sans doute pas une sensibilité psychologique aussi fine. Elle était elle aussi fort impatiente de savoir comment l'Institut psychologique de Berlin avait prospéré après sa transplantation en Amérique.*

L'impression dominante est que ces deux femmes, sans être pour autant des esprits particulièrement créatifs, ont gardé sous le régime nazi une idée claire de ce que devrait être la psychanalyse, qu'elles se sont montrées tolérantes à l'égard des autres écoles de pensée et généreuses envers leurs collègues. Elles ont reçu les cadeaux (café, savon de toilette, cacao et autres objets du même genre), avec le modeste plaisir de qui reçoit quelque chose d'un collègue, et les écheveaux multicolores pour repriser les bas avec une joie authentiquement féminine.

Elles m'interrogèrent sur le bombardement de Londres, et quand je dis que ça n'avait amais été aussi grave qu'à Berlin et qu'il n'y avait pas eu de panique, elles parurent fort soulagées. Elles parlèrent avec estime du Dr Kemper pour expliquer qu'en des circonstances difficiles il s'était conduit très dignement. Pas plus qu'elles je n'ai mentionné le nom du Dr Müller-Braunschweig ou celui du Dr Boehm.

Voici donc deux personnes que je n'hésiterais pas à accepter en tant que membres d'une Société de Psychanalyse — pour peu qu'une conversation permette de juger de leurs personnalités. Je dirais que leur bagage technique était important, dans le cas de Fräulein Dräger ; de qualité moyenne dans celui de Fräulein Steinberg. Mais en raison de leur réserve, aucune ne me paraît qualifiée pour un emploi dans la G.P.R.B.

6. Dr Werner Kemper, *Berlin-Charlottenberg 9, Sensburgher-Allee 6. Environ quarante-cinq ans, directeur du Central Institute für Psychogene Erktankungen, dont l'adresse est la suivante, Berlin-Schoneberg, General Paperstrausse Block 16 A. Le Dr Kemper donne l'impression d'un homme plutôt vieux pour son âge, de beaucoup de vigueur et d'endurance, avec une considérable maîtrise de soi. Nous avons évoqué les difficultés qui surgissent lorsque des personnes se réclamant de deux écoles de pensée différentes sont contraintes de coopérer dans une entreprise commune telle que la gestion d'une clinique. Il me raconta qu'il avait récemment pris la place du Dr Schultz-Hencke, ancien directeur de l'Institut dont il était (Kemper) désormais le chef, mais que l'on pourrait probablement trouver une conclusion satisfaisante à cette situation fâcheuse et que les idées scientifiques du Dr Schultz-Hencke étaient en phase d'évolution. Nous n'eûmes guère le temps de parler, mais il me laissa l'impression d'un esprit sérieux, d'un travailleur fiable qui, à l'instar de Fräulein Dräger et de Fräulein Steinberg, se trouverait chez lui dans une culture libérale.*

[*Je me suis laissé dire, jusqu'à un certain point par lui-même, plus explicitement par*

Fräulein Steinberg et, plus tard, Müller-Braunschweig que Kemper avait analysé la femme du Pr Goering (la tante de Hermann Goering) pendant plusieurs années, y compris pendant une partie de la guerre, pour une grave névrose et qu'il avait entretenu un bon rapport psychanalytique et obtenu de bons résultats bien qu'il fût communiste. On dit aussi qu'il aurait influencé Frau Goering et, à travers elle, le Pr Goering en sorte que la Société de Psychanalyse put conserver son intégrité malgré les multiples changements promus par le régime nazi. Je sais bien que le maniement de transferts négatifs dans une situation de ce genre est une chose inhabituellement délicate, mais il a expliqué que, si l'on s'y refusait, le cas du patient et votre propre état ne font qu'empirer — ce qui donne, à mon sens, la mesure de son talent et de son courage.]

Je crois certes qu'il est resté « blanc » et qu'il serait en conséquence apte à travailler pour la G.P.R.B., mais il aurait en tout état de cause besoin d'une formation technique. Je crois qu'il serait très dommage de l'écarter, car il est à l'heure actuelle la clef de voûte des développements de cette branche de la science en Allemagne.

7. Dr Müller-Braunschweig, *Berlin-Schmargedof, Sulzaerstrasse 5. Soixante-sept ans environ. Depuis vingt-cinq ans, j'avais déjà eu plusieurs occasions de rencontrer le* Dr *Müller-Braunschweig lors de congrès internationaux. Nos retrouvailles furent cordiales et il me présenta à sa famille.* [*Sa famille comprenait sa femme, une fille de dix-huit ans qui à ce que j'ai pu comprendre a été mise à mal par les soldats russes, et un fils de dix-huit ou dix-neuf ans. Frau Müller-Braunschweig, hausfrau allemande opprimée, écouta avidement tout ce que j'avais à dire de l'Angleterre, et elle me parut désireuse de reprendre contact avec des étrangers.*]

L'un des traits saillants de l'entretien fut son désintérêt pour l'évolution de la psychanalyse en Angleterre et en Amérique. Un deuxième trait est la place qu'il consacra dans notre conversation à la question de l'obtention de privilèges et d'avantages matériels — plus de charbon, par exemple, ou davantage de nourriture — insinuant que je devrais l'aider auprès des autorités et faisant valoir que son collègue, le Dr *Boehm, était bien loti, et qu'il avait une parcelle de terrain à la campagne où cultiver des vivres. Un troisième point notable est son attitude à l'égard des cadeaux (de l'espèce que j'ai déjà mentionnée) : il s'est montré fort avide et a insisté sur l'effroyable malnutrition dont il avait souffert pendant la guerre.* [*Je sais que la situation est mauvaise, mais j'ai aussi entendu dire de la bouche de son épouse qu'ils recevaient des présents d'Amérique. Ce n'est jamais qu'une impression, mais il m'a semblé que d'une certaine manière sa personnalité s'était dégradée à cet égard.*]

Le quatrième point est l'insistance avec laquelle il souligna le conflit entre les Russes et les Anglais. Il me parla longuement de ses collègues, le plus souvent sur un ton légèrement critique, sans jamais mentionner le Dr *Boehm.*

[*Sa femme m'a demandé comment, de mon point de vue, les collègues psychanalystes allemands seraient reçus à l'étranger (ceci, à propos d'un congrès international de psychanalyse). Je répondis que je ne pouvais parler qu'en mon nom personnel, en tant qu'Anglais, mais que j'étais bien certain que, fort de notre tradition libérale, nous réserverions bon accueil à ceux qui, quelle que soit leur nationalité, avaient à travers les épreuves et les difficultés chéri en leur cœur l'esprit de la démocratie, l'amour de la liberté et de la vérité. Elle laissa échapper un soupir de soulagement et lança, me semble-t-il, un regard apeuré à son mari. Il prit un peu sa respiration, et avec plus d'hésitation parut lui aussi soulagé.*]

Je crois que, contrairement au Dr *Kemper, sa personnalité s'est détériorée sous le régime nazi. Il est tout à fait inapte pour un emploi dans la G.P.R.B. et il est fort vraisemblable, je crois, qu'il soit « gris foncé ».*

8. Dr Felix Boehm, *Berlin W. 50, Kulmbackerstrasse 3. Soixante-cinq ans environ. J'ai fait la connaissance du* Dr *Boehm il y a vingt-quatre ans à Berlin et je l'ai revu depuis en diverses occasions lors de congrès internationaux. Je lui ai passé un coup de fil pour lui proposer de lui rendre visite en ses appartements. Il chercha plusieurs fois des échappatoires et me dit qu'il me verrait lors de la réunion de la Société. Pour finir, il se laissa convaincre d'accepter ma visite.*

Il était de toute évidence très gêné et il avait du mal à me regarder en face. A l'heure de ma visite, il prenait son dîner (nous nous en excusâmes mutuellement) mais il profita de l'occasion pour parcourir la pièce à la recherche de choses bizarres à me montrer, histoire, me semble-t-il, d'interrompre la conversation. Il louangea les Américains, vilipenda les Russes, et montra son manque de tact et son hostilité latente en me demandant si moi, en tant qu'Anglais, je pouvais expliquer pourquoi les Allemandes dédaignaient les troupes britanniques. Celles-ci étaient froides et sexuellement frigides ; elles n'avaient pas le cran des Américains et étaient pour le moins falotes. Il ne savait pas grand-chose du peuple anglais, mais il était intéressé par son évident manque de caractéristiques sexuelles.

Il entreprit de discuter des difficultés de la Société britannique de Psychanalyse « causées par ces deux femmes, Anna Freud et Melanie Klein ». Anna Freud, dit-il, était habituée à régner et ne voulait pas d'une place de second. Melanie Klein avait quitté Berlin pour Londres où elle avait été reçue comme une reine et ne voulait point s'effacer devant Anna Freud. « Et pour ce qui est d'Anna Freud, ces livres (il montrait du doigt les Gesammelte Schriften *de Freud) sont une Bible. Freud était son pape et elle devait être Pape. Cette difficulté que vous avez en Angleterre ne trouvera pas de solution tant que ces deux-là ne seront pas parties. » Puis il me demanda ce que j'en pensais, sur quoi je répondis que l'éloignement avait, me semble-t-il, tendance à amplifier les apparentes différences de perspective psychologique, et que nous étions nombreux en Angleterre à penser que nous pourrions trouver des façons de concilier ces différences scientifiques. « Différences scientifiques — pfffuit ! Il ne s'agit pas de cela, mais d'une chamaillerie entre deux femmes. » Le ton véhément et cinglant de cette conversation était des plus prononcés.*]

La conversation se déroulait en allemand, mais il me dit qu'il comprenait un peu l'anglais ; cependant, quand au tout début de notre entretien je le mis à l'épreuve par des propos on ne peut plus simples en anglais, il confia qu'il n'y comprenait rien. Plus tard, au cours de l'entretien, il s'énerva à propos du Dr Kemper et s'exclama en anglais courant : « Cet homme est un diplomate : il n'a ni ennemis ni amis. » Il comprit, je crois, qu'il avait commis une erreur en trahissant sa connaissance de l'anglais, car il se remit à farfouiller dans ses armoires à la recherche d'objets susceptibles de m'intéresser, par exemple une boîte de tabac anglais. En vérité, jamais je n'ai interrogé un collègue qui ait passé autant de temps la tête dans une armoire ou agenouillé à la recherche d'un livre qui, au bout du compte, ne se trouvait pas là, et ainsi de suite. Je lui remis les mêmes présents qu'aux autres, et il s'en empara sans façon, d'un air un peu courroucé.

[*Au cours de la guerre, il avait travaillé dans l'armée de terre avec le grade de capitaine, sa mission étant de démasquer les tire-au-flanc. S'il décrétait qu'ils étaient des tire-au-flanc, ils étaient — il mit son doigt en travers de sa gorge et fit un bruit comme* esh, *tapota son épaule avec son pouce puis conclut par un haussement d'épaules. Jamais il n'eut à accomplir un travail de sélection des officiers dans l'armée de terre allemande ; il devait tout simplement répondre par oui ou par non, tire-au-flanc ou non, dans le cas de déserteurs ou de soldats névrosés. Il prétendit aussi avoir pris de grands risques en défiant les nazis et en persistant à traiter les Juifs, même si, bien entendu, ils n'avaient pu le faire que s'ils n'avaient pas l'air juif.*] *J'eus l'impression qu'il ne disait pas la vérité sur son compte en affirmant qu'il avait pris des risques en défiant les nazis et en continuant à traiter des Juifs, ou que s'il y avait un fond de vérité dans ses propos, c'était pour détourner mon attention d'autre chose.*

Il est totalement inapte pour travailler dans la G.P.R.B., et je le crois très vraisemblablement « gris foncé », sinon « noir ».

[Si l'on compare ces cinq personnes dans l'ordre où elles sont citées, elles me paraissent rangées en fonction de leurs qualités psychanalytiques et de l'intégration, ou de la désintégration, de leur personnalité au cours des douze années de tension imposée par le régime nazi et la guerre. Mais les trois premières se distinguent très nettement des deux dernières et je crois que Boehm est de beaucoup le plus détérioré des deux.]

9. J'ai suivi une conférence du Dr Müller-Braunschweig à l'intention d'étudiants qui se lançaient dans l'étude de la psychanalyse et des aspects similaires de la psychologie. [De même que les autres, si l'on en croit le Dr Müller-Braunschweig, cette conférence avait pour but de ratisser large puis d'observer les étudiants et de distinguer ceux qui laissaient paraître pour la psychanalyse un intérêt et des promesses supérieurs à la moyenne Il n'y a pas encore de cycle de formation pour psychanalystes totalement indépendant.]

Trente-quatre étudiants étaient présents. Cette nuit-là, il y avait une panne de courant dans le quartier et nous étions tous assis autour d'une bougie. Je ne pus donc étudier l'expression que d'une huitaine d'étudiants.

Le niveau intellectuel de la conférence était médiocre ; exclusivement consacrée au sexe, pour en faire l'éloge en tant qu'activité — et elle me parut très loin de la qualité que l'on attend d'un homme de science. [Il n'y eut pour ainsi dire pas la moindre référence à l'inconscient ou au conflit, sa manière d'aborder la question du sexe fut grossière, il affirma que Freud employait le mot sexe en un sens plus large que la grande majorité des gens, que le sujet donnait lieu à bien des malentendus et qu'il en discuterait beaucoup plus longuement par la suite.] Quatre étudiants que je pus observer se montrèrent alternativement déroutés et incrédules ; deux étaient manifestement dégoûtés, deux autres étaient plongés dans leurs pensées, et je ne pus me faire la moindre idée précise de leurs réactions. [Si je compare ce groupe d'étudiants à d'autres que j'ai eu le loisir d'observer en Allemagne, ils étaient morts et insensibles, et la façon agressive et dogmatique de Müller-Braunschweig ne me parut guère, sinon aucunement, contribuer à ouvrir la voie à ces séminaires qui furent l'orgueil des établissements allemands d'enseignement supérieur. Je dois dire que je fus profondément déçu, et que je le fus plus encore quelques jours plus tard lorsque je vis un groupe d'étudiants allemands manipulés de manière à insuffler chaleur et enthousiasme à ce vieux séminaire.] Müller-Braunschweig vint me voir ensuite et me demanda ce que je pensais de sa conférence, si je la jugeais bonne ou mauvaise, mais je me suis contenté de répondre que j'étais surtout soucieux de la réaction de l'auditoire, et il ne me demanda pas ce qu'elle avait été.

10. Lors de la réunion de la Société allemande de Psychanalyse présidée par le Dr Müller-Braunschweig, étaient présents le Dr Boehm, Fräulein Dräger et Steinberg ; Kemper arriva plus tard, et Schultz-Hencke encore plus tard ; il y avait aussi deux ou trois autres membres relativement récents. Müller-Braunschweig ouvrit la réunion en déclarant qu'un collègue anglais était présent parmi eux. Il n'allait pas lui demander de prendre la parole maintenant, mais plus tard dans la soirée, à la fin de la réunion scientifique. Puis il lança une discussion sur une étude de Frau Hanna Ries, l'une de ses anciennes élèves, qui était venue en Angleterre en janvier 1939 pour y présenter à la British Psycho-Analytical Society une communication qui lui valut d'être admise comme membre de plein droit. Une copie de cette communication lui avait été adressée, et il l'avait fait circuler à cinq ou six membres.

Il lui fallut peu de temps pour tonner contre l'étude en question, taper du poing sur la table, affirmer que c'était une mauvaise étude, que ce n'était pas de la psychanalyse. « Et, songez que sur la base de ce papier la Société britannique en a fait un membre ! » Le thème de la nullité de ce travail et de la sottise de la Société britannique revint tel un leitmotiv tout au long de sa demi-heure de discours au cours duquel il fut plusieurs fois corrigé par Fräulein Dräger ou Fräulein Steinberg pour avoir mal cité le texte ou en avoir de toute évidence dénaturé l'interprétation.

Puis il demanda au Dr Boehm de parler, mais, réalisant que quelque chose allait de travers, il s'excusa de son explosion de colère mais précisa qu'elle était justifiée par l'intolérance que lui inspirait une mauvaise présentation de la psychanalyse.

Le Dr Boehm reprit les attaques contre le texte, s'embrouilla avec le thème au point que Fräulein Steinberg dut le corriger. Le Dr Boehm n'avait pas détaché les yeux de la table de toute la soirée sinon pour lancer quelques coups d'œil à telle ou telle personne présente ; il était manifestement mal à l'aise.

Après ces manifestations d'animosité, la plupart des personnes présentes, sauf moi, furent mal à l'aise. Fräulein Steinberg nous gratifia de quelques observations réfléchies, indiquant que l'étude en question était parfois difficile à comprendre et regretta que n'en ait pas circulé un meilleur résumé. Fräulein Dräger ajouta quelques remarques de la même veine, puis je demandai à prendre la parole.

En ruminant mon intervention je songeais que la personne dont on discutait l'étude avait été membre associé de cette Société, qu'elle était une élève du président, et qu'elle était partie pour l'Angleterre en janvier 1939 où elle avait été acceptée par ses collègues britanniques et élue membre de plein droit six mois plus tôt. Je savais qu'elle avait été liée d'amitié avec de nombreux membres, dont les cinq cités plus haut, et qu'elle avait envoyé des vivres à chacun d'eux à travers des circuits américains ; mais elle n'en pouvait pas moins être un objet d'envie, et son estime parmi les Britanniques un facteur de ressentiment.

En conséquence, je leur fis part de mon plaisir de pouvoir assister à leurs délibérations scientifiques, après la séparation de la guerre et, quoique n'étant pas en visite officielle, je leur apportai les meilleurs vœux du peuple anglais, puis j'enchaînai en observant combien il était étrange qu'eux qui n'avaient vu que l'étude, et pour certains seulement en résumé, aient passé si longtemps à la condamner en prêtant relativement si peu d'attention à ses mérites cliniques. Boehm et Müller-Braunschweig s'offusquèrent, Fräulein Dräger et Steinberg me donnèrent raison, tandis que Kemper comprit le sens de mon intervention et fit un signe de tête sans, apparemment, vouloir prendre parti.

J'ajoutai qu'elle n'avait point été admise par la Société en raison des mérites ou des démérites de son papier (au demeurant, bien rares sont les personnes qui peuvent écrire des études scientifiques vraiment bonnes), mais à cause de son amabilité et de son bon sens clinique, et que nous appréciions dans notre société son esprit et son intégrité. Cette remarque plus encore que la première, provoqua la division que j'ai déjà évoquée, mais Kemper se montra alors plus cordial à son endroit.

Ma troisième observation ne devait pas porter sur l'étude, mais sur la façon dont l'Institut de Psychologie de Berlin d'avant les nazis, qui n'avait pas caché son hostilité à la psychanalyse et qui, chassé par les nazis, se fixa en Amérique, et les psychologues, sur la base de l'intégration de leurs deux domaines de recherche, s'étaient révélés d'une très grande utilité pendant la guerre et continuaient à enrichir les études sociologiques et psychologiques. Fraulein Steinberg et Dräger ainsi que le Dr Kemper se montrèrent vivement intéressés.

J'évoquai ensuite la réorganisation de la Société britannique de Psychanalyse — la présidence n'étant plus occupée pour longtemps par une seule personne mais étant sujette à un renouvellement périodique. Ainsi les jeunes gens ont-ils la possibilité de jouer un rôle constructif dans la direction tandis que les membres sont bien plus nombreux à prendre part à la gestion de la Société. Kemper laissa paraître un vif intérêt, de même que Fräulein Stein-

berg et Dräger ; Boehm s'emporta au point de reculer son fauteuil de la table, et le Dr Müller-Braunschweig se montra fort embarrassé.

Je parlais enfin de la perspective de congrès internationaux et de la rencontre de personnes qui avaient travaillé dans des camps opposés pendant la guerre, en ajoutant que j'étais sûr que l'intérêt commun, la liberté de pensée, la méthode scientifique, un gouvernement démocratique et l'amour de la vérité auraient raison de tous les obstacles qu'une interruption comme une guerre oppose aux communications et à la coopération scientifique. Ces remarques suscitèrent une fois de plus des réponses différentes : Boehm resta froid, Müller-Braunschweig se fit un peu plus conciliant et prit sa respiration comme s'il était soulagé, mais il continua à regarder autour de lui pour voir comment les autres prenaient la chose. Kemper hocha la tête de manière prosaïque, comme pour dire « bien entendu », et je me dis que Fräulein Dräger et Steinberg, sans l'ombre d'un doute, appelaient de leurs vœux une telle réunion de collègues pour parler d'égalité spirituelle.

[Observations générales : *Si un seul homme pouvait sauver Sodome et Gomorrhe Berlin est trois fois sauvée dans les personnes de Fräulein Dräger, Steinberg et du Dr Kemper. La démoralisation, l'indélicatesse et en fait la rancune des Drs Boehm et Müller-Braunschweig ne sauraient être imputées, me semble-t-il, à la malnutrition, au bombardement ou aux tensions de la guerre, pas plus qu'aux douze années de régime nazi. Ces deux hommes sont on ne peut plus agités et troubles, et il est probable que, s'ils apparaissaient lors de congrès psychanalytiques internationaux, leur présence exigerait un luxe de précautions.*

Il est en Allemagne quelques esprits paisibles et très purs auxquels, je crois, nous devons en tant que collègues offrir toutes les possibilités de développement que nous pouvons raisonnablement leur donner. En apportant notre aide à ces bons éléments, nous devons aussi être prêts à nous occuper des personnalités avilies et douteuses.

Je n'ai pas de plans d'action et je me garderai de proposer la moindre initiative en ce domaine (hormis l'initiative privée consistant à se débrouiller pour leur faire parvenir des vivres).]

BIBLIOGRAPHIE

Bowlby J. (1943) Minutes of Business Meeting, Archives de la British Psychoanalytical Society.

Curle A. et Trist E. L. (1947) Transitional Communities and Social Re-connection, *Human Relations*, vol. 1.

Dicks H. V. (1970) *Fifty Years of the Tavistock Clinic*, Routledge & Kegan Paul.

Glover E. (1939) Lettre, Archives de la British Psychoanalytical Society.

Payne S. M. (1942) Report to a Business Meeting in 1942, Archives de la British Psychoanalytical Society.

Ress J. R. (1945) *The Shaping of Psychiatry by War*, W. W. Norton & Co.

Rickman J. (1946) Report on Visit to Berlin, Octobre 1946, Archives de la British Psychoanalytical Society ; trad. franç. en annexe de cet article.

Stephen A. (1943) Statement made during a Business Meeting in 1943, Archives de la British Psychoanalytical Society.

Trist E. L. (1985) Working with Bion in the 1940's : The Group Decade, in *Bion and Group Therapy*, Malcolm Pines ed., Routledge & Kegan Paul.

RÉSUMÉS

La première partie de cet article porte sur les activités des membres de la British Society avant et pendant la Deuxième Guerre mondiale, mais aussi sur l'accueil réservé aux psychanalystes réfugiés fuyant l'Allemagne nazie, l'aide apportée aux victimes, et les projets de reconstruction des Services sanitaires et psychiatriques après la guerre.

La seconde partie traite ensuite de l'influence de ceux qui travaillèrent dans l'armée sur le développement de la psychanalyse en Grande-Bretagne. L'auteur donne des exemples du rôle joué par les psychanalystes et les collègues psychiatres, avec lesquels ils devaient collaborer pendant la guerre, dans le développement des War Office Selection Boards (W.O.S.B. — Centres de Sélection des Armées), des unités de réinstallation civile (C.R.U., ou Civil Resettlement Units) destinées à accueillir les prisonniers de guerre à leur retour, et d'autres installations de soins dans les hôpitaux militaires, avant d'évoquer, pour finir, l'influence de la participation à de tels événements sur la décision de certains non-analystes d'acquérir une formation de psychanalystes.

On the activities and influence of the British psychoanalysts during the Second World War

The first part of this paper describes some of the activities of the members of the British Society prior to and during the Second World War, including the reception of the refugee psychoanalysts from Nazi Germany, preparations to deal with casualties, and plans for the reconstruction of the Health and Psychiatric Services after the war.

The second part of the paper deals with the influence of those that they worked with in the armed forces, on the development of Psychoanalysis in Britain. The Author describes examples of the part played by Psychoanalysts and Psychiatric colleagues with whom they worked during the war, on the development War Office Selection Boards (W.O.S.B.'s), Civil Resettlement Units (C.R.U.'s) for returning Prisoners of War, and other caring facilities in Military Hospitals, and the influence of participation in these events on the decision of some non-analysts to become trained as psychoanalysts.

Über die Aktivitäten und Einflüsse der englischen Psychoanalytiker während des zweiten Weltkrieges

Die erste Hälfte dieses Textes beschreibt einige Aktivitäten britischer Vereinigungen, vor und während des zweiten Weltkrieges, wie ebenso die Aufnahme von flüchtenden Psychoanalytikern aus Nazideutschland, die Vorbereitung sich auf Unvorhersehbares einzustellen und Pläne über den Wiederaufbau der gesundheitlichen und psychiatrischen Einrichtungen.

Der zweite Teil befasst sich mit Mitgliedern der Armee und deren Einfluß auf die Entwicklung der englischen Psychoanalyse. Der Autor beschreibt Beispiele von Analytikern und psychologischen Kollegen, mit denen sie im Krieg zusammenarbeiteten, an der Entwicklung des « War Office Selection Boards » (W.O.S.B.'s), den « Civil Resettlement Units » (C.R.U.'s), um Kriegsgefangene auszutauschen, und anderen bedeutenden Sektionen in Kriegshospitälern. Ebenso wird die Auswirkung an der Beteiligung dieser Vorgänge betrachtet und die Entscheidung einiger Nicht-Analytiker, geschulte Psychoanalytiker zu werden.

Attività ed influenza degli psicanalisti britannici
durante la Seconda Guerra mondiale

La prima parte di quest'articolo descrive alcune delle attività di membri della Società Britannica prima e durante la Seconda Guerra mondiale, compresa l'accoglienza dei psicanalisti rifugiati dalla Germania nazista, le preparazioni per trattare gli incidenti, ed i piani per la ricostruzione dei Servizi di Salute e di Psichiatria dopo la guerra.

La seconda parte dell'articolo si occupa dell'influenza della gente con la quale lavorarono nelle forze armate sullo sviluppo della psicanalisi in Gran Bretagna. L'autore descrive alcuni esempi della funzione svolta dagli psicanalisti e dai colleghi psichiatri, con i quali essi collaborarono durante la guerra, nello sviluppo delle Commissioni di Selezione dell'Ufficio di Guerra (W.O.S.B.'s), nelle Unità per il Reinserimento Civile (C.R.U.'s) dei Prigionieri di Guerra al loro ritorno, ed altre possibilità di cure negli Ospedali Militari, e, infine, l'influenza della partecipazione a questi avvenimenti, sulla decisione di qualche non analista, di essere formato come psicanalista.

Actividades e influencia de los psicoanalistas británicos
durante la Segunda Guerra mundial

En la primera parte de este artículo se describen algunas actividades realizadas por miembros de la British Society antes de la Segunda Guerra mundial y durante la misma, incluyendo la recepción de analistas refugiados de la Alemania nazi, los preparativos para tratar a las víctimas de acciones bélicas, y los planes para reconstruir los servicios de salud pública y psiquiatría después de la guerra.

En la segunda parte se examina la influencia de las personas que trabajaron en las fuerzas armadas sobre el desarrollo del psicoanálisis en Gran Bretaña. La autora cita ejemplos de la actividad realizada por los psicoanalistas y los psiquiatras con quienes colaboraron durante la guerra ; de la evolución de los consejos de selección de oficiales (W.O.S.B.), los servicios de reubicación de civiles (C.R.U.) destinados a ex-prisioneros, y otros servicios creados en los hospitales militares ; y de la influencia de estas actividades en la decisión de algunos no psicoanalistas de seguir la carrera analítica.

La psychanalyse et les psychanalystes en France entre 1939 et 1945

ALAIN DE MIJOLLA

Je connais gens de toutes sortes
Ils n'égalent pas leurs destins
Indécis comme feuille mortes
Leurs yeux sont des feux mal éteints
Leurs cœurs bougent comme leurs portes

Guillaume Apollinaire, *Alcools*.

Ce travail a davantage pour but de regrouper des informations toujours éparses, de les compléter ou de les éclairer différemment que de proposer des interprétations ou des théories explicatives que je ne me sens encore ni le droit ni la capacité de formuler. Il ne constitue qu'une modeste étape sur le chemin d'une « Histoire de la psychanalyse » que les années à venir permettront peut-être de constituer.

Parlant d'hommes et de leurs comportements, j'ai veillé autant que je le pouvais à tenir la bride à mes propres options, aux ambiguïtés d'une entreprise qui me faisait retrouver un passé que j'ai traversé avec des yeux d'enfant et qui me voyait reconstruire avec l'esprit de l'homme mûr que je suis devenu un fragment de la biographie de personnages appartenant à la génération de mes parents. Je ne suis historien ni de formation ni de métier et ne voudrais pas que ma maladresse nuise à ceux que je vais évoquer en me faisant apparaître comme un juge décidant du bon et du mauvais, trop en accord avec l'un ou trop opposé à l'autre. Psychanalyste, je n'ai pas à instruire de procès, mais à recenser des faits-souvenirs et à les mêler dans ma propre mémoire, avec l'espoir que mes reconstructions éveilleront chez le lecteur, au-delà de tout intellectualisme défensif, les siennes propres ou les diversifieront. Il s'agit certes d'histoire, de documents, d'archives, mais également, et ici plus encore peut-être qu'en d'autres domaines, de fan-

Alain de Mijolla est psychanalyste, président de l'Association internationale d'Histoire de la Psychanalyse.

Rev. Int. Hist. Psychanal. 1988, 1, 167-223

tasmes dont l'importance et la « vérité » inconsciente sont tout aussi considérables. Fantasmes des psychanalystes concernant cette période, fantasmes suscités par la vie des psychanalystes, souvenirs distordus, falsifiés plus ou moins consciemment, etc. Ces témoignages de réalités psychiques effectives et leur résonance sur qui prétend en traiter constituent le matériau incontournable de l'écriture d'une histoire de la psychanalyse, en tout cas de la seule dont je sois capable.

Le 9 novembre 1944, plus de deux mois après la libération de Paris, le Dr Georges Parcheminey, président provisoire de la Société psychanalytique de Paris après la mort d'Edouard Pichon, adressa une lettre manuscrite (doc. 1) au Dr Ernest Jones, président de l'Association psychanalytique internationale dont le siège était à Londres :

CHER MONSIEUR,

La reprise de la correspondance étant chose faite, je ne veux pas tarder à vous donner des nouvelles de notre Société pendant ces quatre années si dures moralement pour nous. Notre groupe a été mis en silence en 40, comme vous le pensez. Quatre collègues sont décédés, dont Pichon et Mme Morgenstern qui jouaient un rôle important dans notre activité, Codet et Allendy étant sur un autre plan, d'autres collègues ont quitté Paris et la France — Odier en Suisse, Saussure, Loewenstein et Hartmann à New York, la princesse Bonaparte en Afrique du Sud.

Mais ce que je tiens à vous dire, avec grand plaisir, en tant que président de la Société internationale, c'est le fait que notre activité psychanalytique en dépit de la cessation de la Revue, de la fermeture de notre Institut, a pu non seulement subsister, mais a notablement progressé.

En effet, depuis cinq ans j'ai été chargé à la Faculté de l'enseignement de la psychanalyse à la Clinique des Maladies mentales à Sainte-Anne. Pendant toutes ces années j'ai pu, avec la collaboration de Leuba, Schlumberger et Lacan, faire une série de cours de cette science aux étudiants, et en même temps assurer avec eux à l'hôpital, une clinique psychanalytique régulière, où nous sommes quatre pour les traitements réguliers des névroses.

Et nous avons trouvé dans les jeunes psychiatres une grande sympathie et un intérêt scientifique réel. J'ai pu faire quatre analyses didactiques de jeunes médecins très intéressés et d'une valeur scientifique solide. Leuba de son côté a agi dans le même sens. D'autre part des consultations de psychanalyse infantile ont été régulièrement assurées dans deux hôpitaux d'enfants par Mlle Marette et le Dr Berge.

Nous attendons le retour de la Princesse pour réorganiser la Société et la Revue — mais j'ai pensé qu'il vous serait agréable d'apprendre, ainsi que Mlle A. Freud et vos collègues, que, pendant ces années d'oppression intellectuelle, le nom et l'enseignement du Pr Freud ont été publiquement mis en vedette, et que notre mouvement n'a pas subi d'éclipse, bien au contraire semble de nature à pouvoir reprendre un essor nouveau.

J'espère avoir bientôt le plaisir d'un contact plus effectif avec tous les collègues et en particulier avec ceux de Grande-Bretagne, du pays qui a symbolisé pour nous l'espoir d'un avenir digne d'être vécu.

En tout cas le groupe psychanalytique de Paris n'a pas failli à l'honneur ni à l'amour de la vérité.

Il y avait de la vérité dans cette présentation des faits, mais pas toute. L'insistance mise à souligner les rares manifestations de type psychanalytique, le gommage de ce qui, à l'époque, aurait pu se voir considéré comme ayant « failli à l'honneur », la banalisation de ces années d'un silence théorique et clinique bien particulier à la France, tout ce discours lénifiant d'autosatisfaction cocardière était caractéristique de celui de tant de Français qui, au sortir de quatre années d'occupation ennemie, sortaient la tête du trou inconfortable dans lequel ils s'étaient réfugiés, sans trop bouger, en attendant que cela passe.

Le citoyen suisse d'origine qu'était le Dr John Leuba, secrétaire de cette même Société fantomatique depuis près de cinq ans, se situait, auprès du même Ernest Jones, le 31 décembre 1944 (doc. n. 2), un peu moins dans le registre de la seule dénégation. En cet hiver rigoureux, il décrivait ainsi ses conditions de vie : « Nous nous cramponnons héroïquement à notre travail, dans des conditions lamentables : nous vivons dans des appartements glacés, ruisselants d'eau de condensation, où les sous-verres se décollent au mur. Je commence mon travail avec 5 °C, emmitouflé dans trois chandails de laine, une couverture, un édredon et une bouillotte sur les genoux. C'est totalement dépourvu d'intérêt, sans tabac. Encore suis-je bien aise d'être de ce monde et d'y voir clair », et il présentait un panorama assez complet et plus nuancé que le précédent d'une histoire dont nous reprendrons à sa suite les divers éléments.

[...] Vous savez sans doute déjà que notre groupe psychanalytique est tombé en sommeil pendant l'occupation. Toute réunion nous était interdite et la vie de la société était suspendue.

Le nombre des membres titulaires demeurés à Paris était d'ailleurs réduit à sa plus simple expression. Tous les éléments juifs avaient quitté Paris pour échapper aux persécutions boches. Hartmann, par prudence pour sa femme, avait pris les routes de l'Amérique, Loewenstein aussi. Odier, mobilisé comme médecin en Suisse, n'a pas été autorisé à rentrer à Paris, peut-être à cause de l'origine allemande de sa femme. De Saussure, dégoûté, a gagné les Amériques. La Princesse ne pouvait guère rester. Allendy, dès après la démobilisation, fut accusé d'être juif et n'osa pas rentrer. Il est mort à Montpellier. — Pichon a finalement succombé à l'horrible endocardite qu'il subissait héroïquement depuis tant d'années. — Mme Morgenstern, que rien ne retenait à la vie, après la mort de sa fille, si ce n'est nos prières et nos amicales remontrances, a pris les routes du ciel le jour même de l'entrée des Allemands. [...] Nous avons aussi perdu notre ami Codet, qui n'était plus des nôtres, car il avait démissionné, mais que nous regardions encore comme un des nôtres. — Schiff, après avoir mené une vie traquée, a finalement gagné l'Afrique du Nord, d'où il est revenu avec l'armée Leclerc, si je suis bien informé (comme officier-médecin). — Nacht est aussi à l'armée.

Ne restaient à Paris, au début de l'occupation, que Mme Dolto (ex-Mlle Marette) et moi. Plus tard, Parcheminey et Schlumberger, puis Lacan, démobilisés, sont revenus. Nous avons immédiatement serré les rangs. Parcheminey m'a fait appeler au service psychanalytique de Sainte-Anne.

Nous y avons fait, Parcheminey, Schlumberger et moi, d'excellent travail. (Je ne cite Lacan que pour mémoire, son activité ne s'étant guère manifestée à Sainte-Anne, où je ne l'ai vu qu'une fois ou deux.)

Notre activité a consisté surtout en traitements et en analyses didactiques. Plusieurs internes et chefs de clinique nous ont demandé de les psychanalyser.

[...] Il ne pouvait être question de publier quoi que ce fût durant l'occupation. Nous étions tout juste tolérés. A un moment donné, nous avons même failli pâtir durement des activités brouillonnes de Laforgue, que sa compromission maladroite avec les Boches avait fini par rendre dangereux. Je vous raconterai cela en détail de vive voix. Quand ? ? ?

Pour ma part, je n'ai publié qu'un article de couleur psychanalytique dans le *Journal de Médecine et de Chirurgie pratiques*, sur « Le mythe du bromure dans le pinard ». Parcheminey a fait passer en Suisse un article substantiel sur la suggestion et l'hypnotisme.

Laforgue, au mieux avec les Allemands, a été autorisé à publier un volume intitulé *Psychopathologie de l'échec* qui n'apporte rien de nouveau, si ce n'est la preuve de sa collusion avec les Boches.

J'ajouterai que Mme Dolto a fait d'excellent travail à sa consultation d'enfants, à l'hôpital Trousseau. Mme Codet a continué de faire des psychanalyses. Nous n'en pouvons rien dire, parce qu'elle ne discute jamais aucun cas avec nous et que nous ne savons pas exactement ce qu'elle fait. Elle a une excuse : sa santé est compromise par une énorme hypertension.

Borel et Cénac travaillent aussi de leur mieux, le premier sans conviction, parce qu'il a toujours été ambivalent, avec une forte agressivité, à l'égard de la psychanalyse, le second avec une probité parfaite, mais une technique qui laisse à désirer.

Enfin, deux nouveaux analystes se lèvent : Mlle Boutonier, docteur en médecine et agrégée de philosophie, très douée et d'une technique très sûre ; elle se fait contrôler chez moi et je puis affirmer qu'elle sera une recrue de premier plan. Le Dr André Berge, qui a fait d'excellent travail dans le service du Pr Heuyer.

Nous n'avons pas encore repris nos séances. Tout d'abord parce que nous sommes en très petit nombre ; ensuite parce que nous sommes quelques-uns à désirer ardemment faire une épuration avant de reprendre notre activité en tant que société. Nous comptons parmi nos membres titulaires deux ou tois [*sic*] sujets qui jettent sur la psychanalyse un discrédit redoutable. Nous sommes en train d'étudier les voies et moyens de nous en défaire.

J'ai préparé deux numéros complets de la *Revue de Psychanalyse*. Notre imprimeur a disparu. Il nous faut étudier la question d'un éditeur. De toute façon, il nous serait impossible de paraître avant plusieurs mois, le manque de papier limitant à l'extrême le nombre des revues autorisées à paraître.

Et voilà, cher Monsieur, toute l'histoire brièvement résumée de la Société française de Psychanalyse pendant cinq ans de guerre.

Si le début de la Deuxième Guerre mondiale a, selon Ernest Jones, permis d'éviter une grave crise au sein de l'Association psychanalytique internationale entre analystes européens et américains, elle a sans doute évité à la Société psychanalytique de Paris — au moins pour quatorze ans — une scission alors bien proche de se déclencher. Dès sa fondation en 1926, ce groupement hétéroclite dans ses origines comme dans ses intérêts s'était trouvé divisé entre promoteurs d'une psychanalyse « à la française », proche de la médecine, qui auraient conservé certains éléments de la « méthode » freudienne mais en auraient rejeté volontiers la « doctrine » jugée trop germanique (certains pensaient « juive ») (de Mijolla, 1984), et ceux qui entendaient rester fidèles à l'enseignement de Freud et se refusaient à faire de l'analyse « la bonne à tout faire de la psychiatrie », pour reprendre la crainte qu'inspiraient à Freud ses disciples américains.

L'émigration des psychanalystes allemands et autrichiens avait sans doute accentué ces différends, car le séjour à Paris de personnalités comme René Spitz ou Heinz Hartmann n'avait pu manquer de renforcer la position des « orthodoxes » groupés autour de la princesse Marie Bonaparte, forte de son analyse et de son amitié avec Freud, de qui surtout l'institution psychanalytique française dépendait financièrement, ou de Rudolf Loewenstein, analysé de Hans Sachs, formé à l'Institut de Berlin, naturalisé français en 1930 et analyste didacticien des plus récents membres titulaires parisiens : Jacques Lacan, Daniel Lagache, Sacha Nacht et Georges Parcheminey, pour ne citer qu'eux.

Certains s'étaient très précocement démenés pour aider les réfugiés, tels la Princesse, secondée par sa secrétaire Anne Bermann, Georges Mauco, attaché au secrétariat d'Etat aux Immigrés, ou René Laforgue, en relation dès 1933 avec Jones pour ce problème et alors membre de la Ligue internationale contre l'Antisémitisme (L.I.C.A.) présidée par Bernard Lecache et dans laquelle militait Bernard Steele (la *Revue française de Psychanalyse* et une collection d'ouvrages psychanalytiques dans laquelle publie Laforgue étaient alors éditées chez Denoël et Steele), deux de ses analysés.

La liste de ceux qui sont passés par la France est loin d'être complète. Leur présence est attestée par les comptes rendus des séances de la Société : Heinz Hartmann, ainsi que nous l'avons vu, qui avait fui Vienne avec sa femme; Mme Walk, membre adhérente de la Société viennoise qui sera élue membre de la S.P.P. et dont on sait seulement qu'elle mourra en déportation (doc. 13); Hans Kalischer, venu d'Allemagne. Le 21 mars 1939, lors d'une séance administrative (doc. 22), « une discussion s'établit sur la question de savoir s'il n'y aurait pas intérêt à nous attacher des candidats de valeur, non français, au titre de membres associés étrangers, selon la proposition de M. Schiff » (p. 315), mais il ne semble pas que cette proposition ait été, en ces temps si proches de la déclaration de guerre, suivie d'effets et nous n'avons aucune trace de cette discussion.

Le 1er septembre 1939, Hitler déclenche le conflit. Vingt-trois jours plus tard, Freud meurt à Londres et, si la Princesse fait paraître dans *Marianne* un témoignage d'amitié, le chroniqueur du *Figaro* traduit assez bien le sentiment d'une bourgeoisie française au sein de laquelle se recrutent la plupart de ses lecteurs et des médecins parisiens : « Nous ne savons ce que l'avenir réserve au pansexualisme de Freud. Il fut l'objet, en France comme dans le monde entier, d'un engouement qui n'a pas laissé un brillant souvenir. Le refoulement, les complexes, le jeu analytique des rêves ont mené souvent à une littérature et à des pratiques avilissantes. Si le freudisme a guéri des névroses, il apparaît aussi à beaucoup de psychiatres qu'il en a créé et qu'il a fait des victimes. »

Les membres de la S.P.P. mobilisables rejoignent leurs affectations. Les Français de souche sont officiers dans le Service de Santé de régiments normaux, les autres, comme Sacha Nacht ou Rudolf Loewenstein, médecins auxiliaires dans un « obscur "Régiment de Travailleurs" comme la plupart des médecins naturalisés » (doc. 3). Loewenstein sera démobilisé en mai 1940, vu son âge et ses trois enfants, mais, envoyant sa famille en Bretagne après l'avoir moralement confiée à la Princesse, il se réengagera aussitôt jusqu'à la fin des hostilités.

Selon le témoignage de Juliette Favez-Boutonier (doc. 4), qui s'était portée volontaire dans la Défense passive où John Leuba servira jusqu'à la fin des hostilités :

> Durant l'hiver 1939 l'Institut de Psychanalyse du boulevard Saint-Germain resta[it] ouvert et Marie Bonaparte y fit une conférence (au moins une) sur les fantasmes collectifs apparus pendant les premiers mois de la guerre : essentiellement les plaintes des femmes, adressées aux responsables de l'armée, jusqu'au ministre, qui déclaraient que leurs maris, en permission ou au cours des visites clandestines qu'elles leur faisaient, étaient devenus impuissants à cause du bromure que l'Etat faisait mettre dans le vin qu'ils buvaient. Rumeur tenace qu'aucun démenti ne décourageait.
>
> A cette conférence assistait, entre autres, Nacht en uniforme, mobilisé à Senlis dans une armée « coloniale » où les hommes fréquentant surtout des prostituées ne se plaignaient de rien.

Ce thème se trouve à l'origine des travaux sur les mythes de guerre que Marie Bonaparte entreprendra durant son exil ultérieur. Bien plus, il semble avoir particulièrement excité la veine théorique des membres de la S.P.P. puisqu'il inspirera également, nous le verrons, l'une des deux seules contributions publiées en France entre 1940 et 1945 par des psychanalystes.

Quant aux patients, nul n'en parle et nous n'en savons rien. Seuls quelques échos du *Journal* de Marie Bonaparte nous en laissent supposer l'existence. Mobilisés, femmes seules, Juifs inquiets des suites possibles de ce conflit, comment supportent-ils cette brutale interruption à la veille de la reprise de leur cure après les vacances d'août 1939 ? Freud, mettant un terme à son activité psychanalytique après l'*Anschluss*, avait commenté (Blanton, 1971) : « J'avais deux patients mais je leur ai conseillé de partir. Quand le conscient est perturbé il est impossible de prendre intérêt à l'inconscient », mais il y a de longues heures d'attente, de solitude durant lesquelles reviennent rôder les vieilles névroses. Qu'est devenu l'analyste ? Est-il en danger ? Quelle allure a-t-il avec des bandes molletières ? Que se passe-t-il durant les permissions ? Et s'il était tué ? Pourquoi le fait d'être en analyse avec une femme fait-il vraiment une différence ?

Drôle de guerre, fulgurante débâcle, honteux armistice. Marie Bonaparte, un moment en Bretagne où elle a rejoint la famille Loewenstein, puis à Paris pour constater les dégâts causés à ses propriétés par les pillages d'origine française et allemande, se rendra au début d'août au « Lys de mer », sa maison de Saint-Tropez.

De passage à Brive après avoir séjourné dans la propriété varoise de René Laforgue, l'abbé Paul Jury[1] laisse le brouillon d'une lettre au maréchal Pétain (doc. 5), en date du 24 juin, dont on ignore si elle a été envoyée :

> Non, l'armistice tel qu'il est n'est pas acceptable. Comparer la France à un champ passagèrement ravagé par la grêle n'est pas exact. La France est un champ dont on nous enlève la propriété et les fruits, tout en nous obligeant à y rester et à le cultiver. Ainsi nous sèmerons, nous moissonnerons et un autre engrangera, et cela à perpétuité. Qu'est-ce autre chose que les travaux forcés pour nous et pour la France le suicide ? Et en quoi se battre jusqu'à la mort est-il pire ?

Mais son *Journal de guerre* (doc. 5), en date du 5 juillet 1940 (p. 58.133), est représentatif d'une opinion que beaucoup de Français partagent : « La bêtise du général de Gaulle (aujourd'hui condamné en conseil de guerre à quatre ans de prison !) est d'accepter Cot, Blum, de croire utile de faire des mamours à la C.G.T., aux socialistes ! » La gauche, le Front populaire, les communistes, voilà les vrais ennemis. Beaucoup préconisent le double jeu d'une alliance « momentanée » avec les nazis — car ils soupçonnent dans le pacte germano-soviétique une simple ruse de Hitler — afin de les laisser s'affaiblir en écrasant les bolcheviques avant de prendre une revanche bien française. Ce calcul aussi subtil qu'irréaliste, il semble bien que René

1. L'abbé Jury, ancien jésuite, s'est intéressé dès 1926 à la psychanalyse. Analysé par Charles Odier, il a participé aux activités de la S.P.P. avant la guerre, s'en éloignant ensuite. Il exerçait la psychanalyse mais n'a jamais cessé d'être prêtre.

Laforgue l'ait fait et qu'il soit l'une des multiples motivations de son comportement jusqu'en 1943 (date cruciale, nous le verrons, de la bataille de Stalingrad), si l'on en croit un autre note griffonnée par Paul Jury sur son *Journal* en octobre 1939 :

> Laforgue a sur la politique étrangère des idées bizarres. Faisons la paix et, laissés à eux-mêmes, bientôt ils se battront. Ça, c'est des vues de l'esprit. Ils se battront, oui, je le crois. Mais quand ? Nous n'avons pas à les laisser à leur seul démon intense et personnel. Il faut travailler à les jeter l'un contre l'autre. Voilà la politique. Autrement, ils risquent de ne se battre qu'après nous avoir boulottés. On les tient, qu'on les écrase. Non pas laisser faire, mais faire faire. Voilà la politique [...].

Daniel Lagache, enrôlé comme médecin légiste, ce qui le conduira à s'intéresser de près à la criminologie, signale dans son *Curriculum Vitae* (Lagache, 1966) qu'il a été proposé pour une distinction en septembre 1940, mois au cours duquel il s'est évadé du camp où il se trouvait prisonnier. Dans les Côtes-du-Nord, René Laforgue s'offre dès l'entrée des troupes allemandes comme intermédiaire-traducteur efficace et apprécié (lors de son procès, en 1946, l'ancien préfet de cette région témoignera en sa faveur en rappelant cette attitude [doc. 6]) qui préfigure les démarches plus personnelles qu'il entreprendra spontanément auprès de l'occupant à son retour à Paris, deux à trois mois plus tard.

Avant l'entrée des troupes allemandes dans Paris, ville ouverte, l'Institut de Psychanalyse que la munificence de Marie Bonaparte avait permis de mettre sur pied en 1934 cesse son programme d'enseignement et, avant de fermer ses portes, déménage toutes ses archives aujourd'hui introuvables. Henri Codet, qui avait d'ailleurs démissionné de la S.P.P. en janvier 1939, meurt, ainsi qu'Edouard Pichon, tous deux de maladie. Sophie Morgenstern se suicide le jour de l'entrée des Allemands dans Paris. « Nous l'avons enterrée en petit comité, dans un Paris qui avait pris le deuil à la faveur de l'incendie des raffineries de pétrole de Rouen et des dépôts d'huile et d'essence à la périphérie de la ville, tandis que les boches coulaient comme une diarrhée verte incoercible dans nos avenues », avait précisé John Leuba dans sa lettre à Ernest Jones du 31 décembre 1944.

Dans l'introduction de son livre *Psychanalyse de l'antisémitisme* (Loewenstein, 1952), Rudolf Loewenstein raconte :

> En août 1940, deux mois après l'armistice conclu entre le gouvernement de Vichy et l'Allemagne de Hitler, j'allai visiter Mme Marie Bonaparte dans le midi de la France. Nous parlâmes de la situation politique du monde, alors si terriblement sombre. Nous discutâmes également de la situation des Juifs et de la question de l'antisémitisme. A ce propos, elle me rapporta une conversation récente avec le directeur d'un important périodique. Comme elle lui reprochait

la campagne antisémite que menait son journal, il répondit en se défendant d'être antisémite et, à titre de preuve, mentionna qu'il avait parmi ses intimes plusieurs amis qui étaient juifs. Cependant il ajouta : « Il faut bien l'avouer, nous sommes en période révolutionnaire [...]. Le sang n'a pas encore coulé [...]. Mais le peuple a besoin de s'en prendre à quelqu'un, il lui faut des victimes [...]. Alors les Juifs [...] »

« Une fois de plus, me fit remarquer Marie Bonaparte, et cette fois dans la France humiliée et vaincue, le Juif allait être utilisé comme bouc émissaire. »

Cet entretien fut pour moi le point de départ de réflexions et d'études sur le problème de l'antisémitisme dont le présent travail est sorti. Des mobiles plus personnels ont, sans aucun doute, contribué à l'intérêt suscité en moi par ce problème ; je fais allusion à la situation psychologique d'un homme qui, bien que né dans la Russie d'avant 1914, s'est entièrement identifié avec la France, et se sent brusquement moralement rejeté par son pays d'adoption, parce que juif (p. 1).

Rien ne sera plus comme avant dans la vie psychanalytique française et l'appel aux disparus, morts ou émigrés, qui inaugurait la lettre de John Leuba, sonne le glas d'une époque. Le rideau tombe sur cette psychanalyse médicalisée qu'avaient souhaité promouvoir les jeunes psychiatres entraînés quatorze ans plus tôt par Marie Bonaparte dans la fondation d'une Société psychanalytique dont ils se seraient probablement passés (de Mijolla, 1988). N'avaient-ils pas créé l'année précédente, en 1925, le Groupe de l'Evolution psychiatrique, qui fermera également ses portes durant l'automne 1940 et ne fera plus paraître sa revue ?

Parmi les dernières publications psychanalytiques, deux sont à signaler plus particulièrement : l'une, *Psychanalyse et pédiatrie. Le complexe de castration. Etude générale. Cas cliniques* (Marette, 1939), est la thèse de Françoise Marette — qui deviendra bientôt Dolto par son mariage —, une jeune pédiatre analysée par Laforgue et familière de ce « Club des piqués » (comme se surnommaient l'ensemble de ces analysés qui se rencontraient fréquemment, continuaient leur cure au long de vacances passées en phalanstère dans la propriété varoise de leur analyste) qu'elle fréquentera très particulièrement durant les années d'occupation. Son travail, original mais classique dans sa théorisation psychanalytique, va la désigner pour succéder à Sophie Morgenstern et la « psychanalyse d'enfants », dont elle deviendra une spécialiste reconnue, aura d'autant plus la possibilité de se développer dans la consultation qu'elle anime à l'hôpital Trousseau, qu'elle n'implique pas la situation divan-fauteuil caractéristique d'un freudisme dangereux puisque désigné comme juif. Elève appréciée d'Edouard Pichon, elle se rapprochera également de celui qui lui doit tant, Jacques Lacan, ce qui ne sera pas sans conséquences dans les années qui suivront.

L'autre travail caractéristique de cette époque finissante est l'article qu'Henri Ey, psychiatre qui, après la guerre, deviendra de par sa théorie

« organo-dynamique » le chef de file de toute la fraction agissante de la psychiatrie française, publie sous le titre de « Réflexions sur la valeur scientifique et morale de la psychanalyse (A propos de la thèse de Roland Dalbiez) » (Ey, 1939). Son contenu est un réquisitoire brillant et mesuré contre la psychanalyse, telle qu'elle apparaît alors, et sa conclusion donne un clair aperçu de positions dont il ne changera guère :

> En essayant de réduire la psychanalyse à ses exactes limites et en montrant qu'elle se meut elle-même dans une zone d'indétermination plus grande que ne paraît le penser M. Dalbiez, nous avons essayé d'avoir à cet égard plus d'aisance dans la critique de l'idéologie qui s'est cristallisée autour d'une grande découverte, celle de l'exploration de l'inconscient par Freud (p. 220).

On sait qu'Henri Ey restera sa vie durant sur cette même réserve, ce qui ne l'empêchera pas d'organiser des rencontres et des débats parmi les plus vivifiants de l'histoire de la psychanalyse en France. A ce titre, son article de 1939 est caractéristique d'une position qui sera suivie par nombre de jeunes psychiatres, surtout ceux qui vivent hors Paris et plus particulièrement hors du foyer encore freudien de l'hôpital Sainte-Anne. A côté du non-dit des interdits politiques, cet essai demeuré sans réplique jouera certainement un rôle dans le silence de la théorie et de la pratique psychanalytiques pendant cinq années.

Le 13 novembre 1913, Freud avait écrit à James J. Putnam (*Intr. psychanalyse aux Etats-Unis*, 1971) : « Que la psychanalyse n'ait pas rendu meilleurs, plus dignes, les analystes eux-mêmes, qu'elle n'ait pas contribué à la formation du caractère, reste pour moi une déception. J'avais probablement tort de l'espérer », constatation amère que l'étude des psychanalystes français ne dément pas. Rien ne distingue leur comportement de celui de leurs compatriotes en ces années 1940-1945, si on les considère séparément, et je pourrais mettre le nom d'un de mes proches sur presque chacun d'eux, courageux, lâches, adeptes du systèmes « D », etc. D'ailleurs, à part le petit noyau parisien, on ne peut guère les étudier qu'isolément, car le groupe psychanalytique, déjà bien fêlé avant la guerre, est désormais éparpillé, à l'image d'une France divisée en zone occupée, en zone « libre » placée sous la seule autorité du gouvernement de Vichy jusqu'au 11 novembre 1942, en territoires d'outre-mer où s'agitent des proconsuls, en « France libre » édifiée jour après jour sur une terre étrangère par l'opiniâtre général de Gaulle. La disparition ou la clandestinité de toute situation analytique régulièrement agencée, l'absence d'un temps et d'un lieu pour en confronter entre pairs les expériences, tout concourt à laisser à chacun le seul recours aux réactions de sa névrose ou de son caractère.

A Paris, le bouche à oreille qui complète les informations officielles de ce « Radio-Paris » qui « ment, Radio-Paris est allemand », brocardé par une B.B.C. peu audible, a donné le conseil de ne plus faire la moindre allusion à la psychanalyse, même si pendant quelque temps le mot figure encore sur les pancartes défraîchies de la Clinique des Maladies mentales de l'hôpital Sainte-Anne. John Leuba, dans le rapport qu'il adressera en 1945 à l'Association psychanalytique internationale (Leuba, 1945), version officialisée du premier jet de la lettre que nous avons lue, précise :

> A son retour le Dr Parcheminey fut immédiatement appelé par le Pr Laignel-Lavastine pour réorganiser le département psychanalytique de l'hôpital Sainte-Anne où il avait déjà travaillé. Ce département est une branche de la Clinique neuro-psychiatrique de la Faculté de Médecine. Il s'adjoignit d'abord le Dr Leuba, puis le Dr Schlumberger. Mention doit être également faite du Dr Lacan, qui avait déjà travaillé dans ce département, et du Dr Ph. Marette, qui peu après se retira en même temps que le Pr Laignel-Lavastine. Après le retrait du Pr Laignel-Lavastine, nous fûmes repris sans hésitation par son successeur, le Pr Jean Delay auquel nous sommes profondément reconnaissants de nous avoir gardés malgré la désapprobation allemande. [...] Le Dr Berge fait un excellent travail de propagande dans le service du Pr Heuyer. Mme Codet et le Dr Lacan ont continué leur pratique privée. Nous sommes également en dettes avec le Dr Lacan pour les cours qu'il nous donne.

Sur le terrain de la vie quotidienne à Paris, chacun tente de s'adapter aux circonstances. « Durant cette période, j'ai eu une activité psychanalytique à mon domicile avec quelques patients soit pour des cures commencées avant guerre, soit pour de nouveaux patients qui demandaient à continuer, leur psychanalyste étant absent, ou à entreprendre une psychanalyse, patients le plus souvent envoyés par un confrère plus expérimenté », se souvient Juliette Favez-Boutonier (doc. 7). Elle ajoute que, si les prix étaient restés officiellement stables, le marché noir qui s'était imposé comme unique moyen de survivre plaçait les analystes dans une situation difficile sur le plan de l'éthique professionnelle : « Les médecins n'avaient pas augmenté leurs tarifs, mais se faisaient nourrir par les aliments que leurs clients se procuraient au marché noir. Mais les psychanalystes, tenus par les règles strictes de la cure orthodoxe, s'interdisaient de recevoir quoi que ce fût de leurs clients. Je me rappelle Marc Schlumberger disant en 1943 ou 1944 : "Si ça continue, nous serons condamnés à mourir de faim." »

Faut-il faire payer les séances manquées en raison des circonstances difficiles et souvent imprévisibles de cet état de guerre chronique, pannes de métro, contrôles d'identité, etc. ? Non, bien sûr, mais quelles seront les répercussions ultérieures de toutes les entorses faites à la rigueur, tant chez les analystes qui doivent inventer des solutions au jour le jour et en co-vivent les répercussions chez leurs analysés que chez les analysés eux-mêmes, surtout s'ils deviennent psychanalystes à leur tour et doivent structurer leurs propres règles pratiques en fonction de leurs identifications conscientes et inconscientes ? Qui pensera qu'après tout les choses ne se sont pas si mal déroulées, qu'un processus analytique a pu s'établir et qu'il n'y a plus lieu désormais de se montrer extrêmement rigoriste ? Qui, au contraire, verra dans la fin de la guerre le retour à une discipline analytique accrue, comme pour compenser tous les aménagements propres à cette période où, sous le sigle de la débrouillardise, l'on ne survivait que d'expédients, pas toujours honorables au regard de la morale traditionnelle ? Mais le « procédé » tolérable, voire recommandé dans une situation donnée, extérieure aux deux protagonistes de la scène analytique, peut-il devenir « méthode » (de Mijolla, 1987) hors de cette sorte de consensus imposé par une réalité tierce ? « En cas d'alerte pendant les séances, suivant le "climat" de cette alerte, on interrompait ou continuait la séance. Les coupures de courant n'empêchaient pas, moyennant quelques bougies, de continuer », dit encore Juliette Favez-Boutonier (doc. 7). Francis Pasche (doc. 8), alors en analyse, confirme : « Lors des alertes, Leuba, qui était chef d'îlot, partait immédiatement en tenue de scout (short, etc.) avec son masque à gaz et son sifflet, moi je l'attendais. »

Ces détails ne sont pas seulement de la « petite histoire », si l'on veut bien penser aux querelles qui vont éclater dans les années suivantes autour des questions de technique, de protocole analytique et de formation. « A ma connaissance, il y avait des analystes en contrôle possible chez Leuba, Parcheminey, mais il n'y avait aucun enseignement. Ceux d'entre nous (A. Berge, moi-même) à qui des médecins ont demandé parfois, soit une formation analytique, soit des contrôles, n'ont obtenu que des réponses négatives car nous estimions n'avoir pas eu nous-mêmes une formation suffisamment longue pour prendre de telles responsabilités », écrit Juliette Favez-Boutonier (doc. 7) dont je cite longuement le témoignage car il me semble tout à fait éclairant de la vie à Paris du petit groupe d'analystes qui y étaient restés et y demeureront jusqu'à la Libération, essentiellement formé d'elle, d'André Berge, de Jacques Lacan, de John Leuba, de Françoise Marette, de Georges Parcheminey et de Marc Schlumberger, auxquels j'adjoindrai Georges Mauco, dont le statut était un peu particulier. Quatre sur sept sont d'anciens analysés de René Laforgue, notons-le en passant.

Je ne dispose d'aucun renseignement autre que les maigres informations données ailleurs (Roudinesco, 1986*a*) sur la vie et le travail de Jacques Lacan durant la période de l'Occupation[2]. Selon le rapport écrit par John

2. Alors que cet article était sous presse quelques repères biographiques sont parus et nous en extrairons ceux qui nous concernent plus particulièrement (B. Ogilvie (1987), *Lacan. La formation du concept de sujet (1932-1949)*, Paris, P.U.F., p. 5). Toutefois, une erreur manifeste

Leuba (Leuba, 1945) et publié par l'*International Journal of Psychoanalysis* en 1946, il a assuré quelques cours à l'hôpital Sainte-Anne — peu, avait souligné Leuba dans sa première lettre à Jones — et il a poursuivi sa pratique privée. De psychiatre ? De psychanalyste ? Aucun des analysés de Jacques Lacan dont Elisabeth Roudinesco (Roudinesco, 1986*a*) rapporte les souvenirs (p. 245-248) n'a commencé son analyse avant 1945.

Deux lettres adressées à Jean Ballard, le directeur des *Cahiers du Sud*, gardent la trace de ses voyages à Marseille et de la persistance de sa fréquentation des milieux littéraires. La première est une de ces cartes-lettres de sept lignes qui étaient obligatoires pour la correspondance entre la zone libre et la zone occupée (doc. 9). Elle est datée de 1941, sans plus de précision, et annonce :

> CHER AMI. J'ai tenu ma promesse sur la route de mon retour ici et je puis vous dire d'après les nouvelles que m'a fait parvenir mon ami depuis, que tout est pour vous en aussi bonne voie que possible ; on vous prendrait cent abonnements. Donnez-moi des nouvelles de vous, de votre femme et du bébé, de notre cher Marseille, de nos amis et croyez-moi votre dévoué Jacques Lacan.

L'autre est une vraie lettre (doc. 10), datée du 5 mars 1942 :

> CHER AMI,
>
> Je suis chargé par Laforgue de vous dire qu'arrêté par un incident de santé de Mme Laforgue, il ne pourra venir à Marseille que mardi. Il est encore à Paris et passera sans doute le lundi aux Chabert. Prière donc de retarder pour vos affaires communes.
>
> Pour moi il est aussi certain que je passerai à Marseille vers ce même jour avec Sylvie et j'espère vous voir.
>
> Pardonnez ce graphisme : je vous jette ce billet du train et l'écris en marche.
>
> Présentez mes hommages à votre femme et croyez-moi votre ami.
>
> J. Lacan

Jacques Lacan a-t-il profité de ces incursions dans le sud de la France pour y rencontrer son ancien analyste, Rudolf Loewenstein qui s'y trouvait encore ? Son ami Sacha Nacht ? Sous quel prétexte obtenait-il l'autorisation de franchir la ligne de démarcation ? Juliette Boutonier, qui a également

relevée dans une autre de ces indications m'incite à ne les communiquer que sous toutes réserves :

« 1939 : Rencontre Sylvia Macklès-Bataille (séparée de Georges Bataille depuis 1933). Mobilisé.

« 1941 : Naissance de Judith Bataille, fille de Sylvia et de Jacques Lacan. Il se sépare de Marie-Louise Blondin. Revenu à Paris, il conserve quelque temps ses activités à Sainte-Anne, puis se replie sur sa clientèle privée. N'écrit plus. S'occupe d'obtenir des papiers pour des amis juifs.

« 1942 : S'installe au 5, rue de Lille, dans un appartement qu'il occupera jusqu'à sa mort. »

effectué quelques déplacements vers Grasse, bénéficiait pour ce faire du statut de « cultivatrice » que lui valait la possession de quelques hectares de terre totalement incultes...

Le destin de ce curieux homme, mi-mage, mi-psychanalyste, qu'était René Allendy (Cénac, 1947; Bouvard, 1981), l'analyste dont Anaïs Nin a laissé un portrait acéré, sera plutôt cruel. Mobilisé dans la Manche puis en Bretagne, il passe ensuite en zone libre pour s'installer à Montpellier. Mais le Conseil de l'Ordre trouve une consonance juive à son nom et lui fait mille difficultés. Il doit prouver qu'il est un pur aryen, la Gestapo perquisitionne son appartement parisien et la seule dernière joie qu'il éprouvera sera sa rencontre en Suisse avec Carl G. Jung et Charles Baudouin, en octobre 1941, à l'occasion des cérémonies de réhabilitation de Paracelse. Peu après, il ressent les attaques du mal dont il va décrire la progression dans le *Journal d'un médecin malade* qui sera publié en 1944. Avant de mourir, le 12 juillet 1942, il achève trois livres, *L'enfance méconnue*, *L'amour* et *Aristote ou le complexe de trahison* qui sont tombés dans l'oubli, comme d'ailleurs l'ensemble de l'œuvre de cet écrivain prolifique. Il en est de même de la quantité considérable de petits articles que fait paraître Paul Jury qui exerce la psychanalyse à Grenoble.

Un auteur demeuré plus actuel est Daniel Lagache, mais les nombreux écrits qu'il publie entre 1940 et 1945, aboutissant par ailleurs en 1946 à sa thèse sur la jalousie amoureuse, ne se réclament pas véritablement de la psychanalyse et n'en constituent un approfondissement ni clinique, ni théorique. L'Université de Strasbourg, redevenue ville allemande, s'est repliée sur Clermont-Ferrand, et Lagache y assure la poursuite de ses recherches et de son enseignement. Il est expert-psychiatre près des tribunaux et dirige une consultation d'enfants et d'adolescents. Il semble qu'il exerce également la psychanalyse, mais ses activités médicales et cette « psychologie clinique » (Anzieu, 1977) dont il définit alors les fonctions l'accaparent davantage.

Marie Bonaparte, revenue brièvement à Paris peu après l'armistice, est repartie en août 1940 avec enfants et petits-enfants (Bertin, 1982) à Saint-Tropez. Ce ne sera pas pour longtemps car le risque d'être prise comme otage ne lui permet pas de demeurer dans la France occupée et, après un séjour en octobre 1940 à Paris durant lequel elle reçoit les rares patients qui lui restent, elle se rend en janvier 1941 à Vichy et obtient du gouvernement un visa de sortie pour elle et les siens. Avant de quitter la France, elle dépose les lettres de Freud à Fliess, dont elle avait fait l'acquisition et qu'elle était parvenue à faire sortir d'Allemagne, à la légation du Danemark, à Paris. Elles y demeureront par miracle jusqu'en 1945.

Dans le sud de la France, elle avait rencontré Loewenstein, nous l'avons noté, avec sa femme et leurs trois enfants qui y demeureront jusqu'à leur départ, en avril 1942, pour les Etats-Unis où se sont déjà réfugiés Heinz Hartmann et Raymond de Saussure. Durant ces longs mois d'attente, Loewenstein assure à Marseille un enseignement psychanalytique, mais nous ne savons rien de ses conditions de vie ni des amis qu'il y fréquente.

De l'autre côté de la Méditerranée, Angelo Hesnard poursuit sa carrière militaire dans une Marine nationale demeurée fidèle au gouvernement de Vichy et plutôt encline aux intrigues. Il gravit sans anicroches les échelons de son avancement : en 1940, il est nommé chef du Service de Santé de la Marine en Algérie, puis directeur du Service de Santé de la IVe Région maritime, en 1943 inspecteur général du Service de Santé de la Marine en Afrique (doc. 21). En poste à Bizerte, il rédige en 1942-1943 un essai intitulé *Sur l'israélisme de Freud* (Hesnard, 1946) qui ne sera publié qu'en 1946. Elisabeth Roudinesco (Roudinesco, 1982), qui s'y arrête longuement (p. 403-406), en souligne le racisme latent derrière un philosémitisme proclamé, sans peut-être prendre assez en considération ce que cette seule prise de position pouvait en soi avoir d'inhabituel à l'époque pour le milieu d'officiers supérieurs de la « Royale » dans lequel Hesnard vivait, en Afrique du Nord qui plus est.

Il n'y a pas grand-chose de spécifiquement psychanalytique dans ce que nous parvenons à reconstruire de la vie de ces hommes et de ces femmes qui, ayant dû renoncer à la double recherche théorique et clinique par laquelle ils assuraient de façon plus ou moins conflictuelle leur identification à Freud et leur identité de « psychanalystes », avaient également perdu cette structure de groupe dont la guerre avait concrétisé le caractère éphémère.

Le phénomène le plus surprenant aux yeux de qui a pu constater la véritable graphomanie dont ont été atteints la plupart des psychanalystes à partir des années 50, si l'on excepte le cas très particulier de Jacques Lacan, reste l'absence quasi totale de leurs écrits, publiés ou acucmulés, durant les années 1939-1945. L'argument selon lequel il eût été alors dangereux d'éditer des textes se référant à la psychanalyse ou, pis, à Freud, semble inattaquable. Mais, à y regarder de plus près, il n'est pas totalement convaincant, car il y a eu des exceptions.

Je citerai en premier Michel Cénac qui, si le mot « psychanalyse » est absent de l'index alphabétique de la revue qui le présente, a intitulé bravement un article des *Annales médico-psychologiques*, Psychiatrie et psychanalyse. L'apport de la psychanalyse à la psychiatrie (Cénac, 1943). Son contenu est plutôt ambivalent, et ses citations de Freud ou de Hesnard, mises entre guillemets, ne sont pas suivies de références bibliographiques précises, mais il a au moins le mérite d'exister. Il a surtout le courage — nous sommes en 1943 — de se désigner dans le texte comme psychanalyste lui-même, ce qui compense largement la négativité de ses prémisses :

> Il faut bien reconnaître certaines difficultés à ce mode d'exposition. La première réside dans le caractère ésotérique de la terminologie freudienne, aussi m'efforcerai-je de suppléer par des commentaires ou des explications en langage courant à cette obscurité verbale (p. 279),

et de sa conclusion :

> Pour conclure il nous faut reconnaître que l'apport de la psychanalyse dans l'étude de la pathogenèse des maladies mentales se réduit à bien peu de chose et que nous pouvons dire avec Freud « que l'édifice théorique de la psychanalyse n'est en réalité qu'une superstructure que nous devons asseoir sur sa base organique. Cela ne nous est pas encore possible ».

Quant au petit article de John Leuba, Le mythe du bromure dans le « pinard », paru en 1943 dans le *Journal de Médecine et de Chirurgie pratiques* (Leuba, 1943), il est d'une écriture volontairement si vulgarisatrice qu'il serait abusif de le classer dans la littérature psychanalytique proprement dite. L'étude de Georges Parcheminey, « La question de l'hypnotisme », si elle constitue une honnête « question de cours » sur le thème et cite en les privilégiant, à côté de celles d'autres auteurs, les hypothèses freudiennes, n'a pas été publiée en France, mais en Suisse (comment y est-elle parvenue, d'ailleurs ?), dans la *Revue suisse de Psychologie et de Psychologie appliquée* (Parcheminey, 1944).

Donc plus de Freud, plus de psychanalyse dans les imprimeries de l'Hexagone ? Eh bien, non. Le nom interdit apparaît sans qu'aucune censure ne le biffe dans un certain nombre d'écrits. Romain Rolland, par exemple, qui fait paraître en 1942 *Le voyage intérieur* dans lequel il peut noter que « la psychanalyse s'est vite révélée, à partir de Freud lui-même et de l'évolution constante de sa doctrine, bien plus un mouvement culturel qu'une discipline au but déterminé et close ». Jean-Paul Sartre qui, dans *L'être et le néant*, discute largement en 1943 les thèses psychanalytiques, même pour battre en brèche l'inconscient et le déterminisme freudiens.

C'est dans les pages de l'austère *Revue de Philosophie*, publiée par les Presses Universitaires de France, que nous relevons le plus de travaux qui argumentent ou font référence à Freud et aux notions psychanalytiques. « Le surmoi, le moi inné et l'origine de la morale », de H. Birnbaum, paraît dans le numéro daté de « mai-juin 1940 », donc imprimé postérieurement à l'armistice. Dans le numéro daté d'avril-juin 1941 et dans celui d'avril-juin 1942-1943, c'est Charles Beaudouin qui parle de Freud dans un travail intitulé « La psychologie est-elle la science de l'action ». En avril-juin 1944,

L. Jeantet cite *Le mot d'esprit et ses rapports avec l'inconscient* dans sa « Psychologie du rire » et Juliette Boutonier pourra faire paraître en 1944, sans intervention particulière et sans avoir le moindre ennui avec une censure devenue pourtant de plus en plus tatillonne, sa thèse de doctorat ès lettres et philosophie *L'angoisse* (Boutonier, 1944), qui expose en détail les thèses freudiennes sur ce thème.

Silence paradoxal, donc, des professionnels de la psychanalyse qui s'autocensurent et n'investissent apparemment plus ce véhicule de la recherche et de la transmission psychanalytique que sont les écrits, alors qu'ils semblent maintenir, au moins pour quelques cas de leur pratique privée, la tradition du cadre prévu par la méthode freudienne. La parole reste aux philosophes pour citer et discuter les théories de Freud, phénomène que l'on peut juger annonciateur de l'intérêt porté par certains d'entre eux dans les années suivantes aux disputes analytiques qui se tiendront dans un langage de plus en plus proche du leur.

Apparemment, un seul parmi tous les psychanalystes français se montre préoccupé par ses écrits, la notoriété qu'il en attend et la nécessité de se démener pour les faire publier. Cet analyste est René Laforgue dont la personnalité m'apparaît si complexe qu'il me faudrait à mon tour noircir quelques centaines de pages pour tenter d'en cerner les aspects contradictoires, et sur l'histoire duquel nous allons devoir nous attarder.

Dans un précédent travail sur « La psychanalyse en France » (de Mijolla, 1982), je n'avais pu que citer côte à côte les accusations de « collaboration » que proféraient ses adversaires et les témoignages d'aide à la « résistance » qu'accumulaient ses zélateurs. Les séquelles d'un transfert demeuré positif, d'autant plus peut-être que l'image de l'analyste admiré s'était vue mise au banc d'infamie, ne simplifiaient pas le travail de qui voulait seulement essayer de savoir, avant même de tenter de comprendre, ce qui s'était réellement passé. Il m'a fallu attendre qu'Elisabeth Roudinesco (Roudinesco, 1986*b*) fasse traduire et paraître la presque totalité des documents que la psychanalyste et historienne allemande Regine Lockot[3] avait découverts dans les Bundesarchiv de Coblenz et lui avait adressés pour avoir une connaissance assez complète de la correspondance échangée entre René Laforgue et Matthias Heinrich Goering, cousin du maréchal et patron de la « psychothérapie » en Allemagne, ainsi que de certaines de ses imprudentes vantardises, telles en tout cas qu'elles figurent sur les rapports que ses interlocuteurs allemands chargés de vérifier ses dires rédigeaient après l'avoir rencontré.

3. On peut lire sa contribution dans ce numéro de la *Revue*.

Mais l'étude de ces documents — surtout depuis que Regine Lockot m'a fait parvenir l'intégralité des photocopies de ce dossier (doc. 11) —, si elle éclaire certains aspects de l'homme, ne constitue pas « la preuve » sans appel d'une collaboration confirmée. Les informations désormais en notre possession, pas plus que les explications sexuelles données à des enfants qui ne veulent ni ne peuvent les entendre, ne convainquent ni ceux qui veulent rester fidèles à un homme qui leur a fait tant de bien, ni ceux qui continuent de voir en lui un complice des nazis. D'autant qu'il avait adopté dans sa propriété du midi de la France une attitude politique diamétralement opposée à celle dont il maintenait les liens à Paris et que les traces de cette dernière vont en s'amenuisant après 1943.

Cette période était si troublée, allez savoir — me laisse-t-on entendre — peut-être s'agissait-il d'un double jeu pour couvrir l'aide qu'il apportait par ailleurs à des Juifs, des résistants... Et de fait, Laforgue, nous l'avons déjà noté, semble n'avoir jamais cessé de se vouloir une sorte de « M. Bons Offices » et de rendre service à qui le lui demandait. Le témoignage de Georges Mauco (Mauco, 1982) me paraît ainsi tout à fait significatif du « vécu », précisément, de cette période où toute prise de position, quelle qu'elle soit, se voyait interprétée comme héroïque, traîtresse ou liée à un double jeu, sans autre appel souvent que la mort.

> Le Dr Laforgue, alsacien ayant fait ses études en Allemagne, fut naturellement sollicité d'intervenir en faveur de réfugiés. Il en abrita plusieurs dans sa propriété du Var. Je lui envoyai moi-même deux réfugiées autrichiennes. Les artistes connus des Allemands, tel Sacha Guitry, intervinrent auprès des occupants en faveur d'étrangers ou de Français menacés ou inquiets. Par contre l'opposition à la venue d'immigrés étrangers demeurait vive dans l'opinion et même des Israélites, tel Blocq-Mascart en 1942, menant double jeu, préconisaient dans les cahiers de l'O.C.M. l'arrêt de l'immigration juive « pour éviter la survivance de groupes de Juifs non assimilés ». Je fus frappé de voir nombre d'Israélites français intervenir auprès des autorités d'occupation pour que des mesures soient prises contre les réfugiés étrangers en France (p. 106).

Aussi, plutôt que de verser dans la plaidoirie ou le réquisitoire, de tomber dans un psychologisme primaire, de faire de René Laforgue un traître opportuniste ou la victime de collègues envieux plus ou moins inféodés à l'Association psychanalytique internationale, je tenterai de placer cette étrange histoire sous l'éclairage un peu particulier que j'ai esquissé plus haut : celui d'un homme qui veut jouer un rôle social dont il s'estime injustement écarté et tient par-dessus tout à faire paraître le livre qui le fera reconnaître dans ses deux patries d'origine comme un maître incontestable et incontesté, quelqu'un qui voit clair et pense juste, un post-freudien véritablement novateur.

Il me semble en effet que la publication des œuvres de Laforgue a représenté une part importante de sa vie. Elles constituaient à ses yeux le véhicule le plus approprié pour répandre ses idées neuves auprès d'un public réticent à la psychanalyse freudienne. Il se savait sans doute un mauvais orateur, gêné qu'il se trouvait par son fort accent alsacien, ainsi que Paul Jury le note dans les pages de son *Journal* de 1939 (doc. 5), en traçant de lui un portrait (p. 44 à 47 du *Journal*, 2e Dict., p. 57.797-57.803) qui, au seuil de la guerre, me paraît important pour comprendre la suite des événements :

> 5 octobre. Laforgue voudrait être député. Quelle drôle d'idée pour un psychanalyste. Il a l'air de croire qu'il ne peut influer sur les destinées du pays que par le Parlement [...]. Laforgue parle mal. De ce chef, le voilà handicapé [...]. Il a aussi une mentalité qui est à cent lieues du paysan provençal qu'il lui faudra gagner. Il se l'est déjà aliéné : on ne le comprend pas et je serais bien étonné s'il avait ici bonne presse, tout excellent homme qu'il soit.
>
> Il est angoissé et hésitant. Il n'aura jamais la stabilité qu'exige la fonction de chef.
>
> Enfin il applique à la vie quotidienne, à ses rapports avec chacun, ses cadres psychanalytiques. La psychanalyse est une chose admirable, Dieu sait si je le pense. Laforgue connaît admirablement la psychanalyse. Il est, en outre, admirablement doué en même temps que grand travailleur. Cependant, la psychanalyse étant encore à ses débuts, vouloir ne considérer la réalité, toute réalité qu'à travers la psychanalyse, c'est vouloir mettre l'océan dans une cuiller. Laforgue, à chaque instant, me paraît juger à faux des hommes et des choses que je connais justement bien [...].
>
> En outre, il est faible. Il écoute trop Délia qui, très intelligente, très forte surtout, prend, elle aussi, ses connaissances psychanalytiques, très inférieures, c'est rien de le dire à celles de René, trop à la lettre et l'excite, le pousse dans des voies qui me paraissent, à certains moments, dangereuses [...].
>
> Pour tout résumer d'un mot : c'est en restant psychanalyste que Laforgue fera l'œuvre de sa vie. Il a levé la Névrose familiale. Il a transposé les découvertes de l'analyse sur l'individu à la famille et même à l'Etat (cf. sa brochure *Angoisse et civilisation*). Cela, approfondi, suffit à influencer le monde. C'est ce filon qu'il faut exploiter. Au fauteuil de l'analyste, pas dans un siège au Palais-Bourbon, cher ami !

Ce témoignage amical et bourru sonne juste et, surtout, donne quelques clés du comportement si contradictoire qu'aura René Laforgue durant les cinq années qui suivront ces lignes.

Son souhait d'en être le représentant comme député s'accorde avec l'attitude d'aide et d'intervention active dont témoigneront en 1946 plusieurs notables de la région provençale où se situe sa résidence campagnarde, encore que, toujours étonnamment ambivalent, il en vienne un jour à écrire à Paul Jury (doc. 5) le 7 novembre 1944 : « Le monde est passablement agité même dans nos régions retirées. Les Chabert ne sont plus un ermitage. Je sens que je vais quitter pour toujours peut-être ce pays que je n'aime pas vraiment mais auquel je me suis attaché quand même. »

Sa « faiblesse » transparaît dans ses lettres à Matthias Goering et se laisse également deviner dans son besoin de se faire valoir, au prix parfois de paroles dangereuses que rapportent ses interlocuteurs allemands, après l'avoir rencontré dans un bureau, voire déjeuné avec lui. A les lire, je ne peux m'empêcher d'imaginer ces bavardages que le désir de briller et la chaleur communicative des banquets font aller plus loin dans les mots que ne l'autoriserait une pensée plus vigilante. L'interlocuteur, en mission d'observation, pousse à l'imprudence verbale et prend des notes...

Autre détail qui semble authentique dans la description de Paul Jury, mais que les histoires officielles ont tu jusqu'ici : le rôle de Délia Laforgue. Je ne voudrais pas rompre l'attitude de discrétion à laquelle chacun s'est jusqu'à présent tenu en ce qui la concerne, mais il est incontestable qu'elle a été très proche de son mari durant toute cette période et que son témoignage serait essentiel. Si je peux admettre la réserve d'Elisabeth Roudinesco qui a supprimé de la traduction qu'elle a fait publier des documents les passages qui la mettaient en scène ou, plus souvent, faisaient allusion à son père, dernier ambassadeur de France à Vienne, et à ses liens avec le maréchal Pétain[4], il n'en demeure pas moins vrai que tout indique sa fréquente présence auprès de son époux lors des rencontres, repas, réceptions, discussions, voyages, etc., dont les textes désormais connus nous donnent quelques aperçus. Je ne peux que regretter qu'elle n'ait pas encore versé son témoignage au dossier de l'histoire, même si l'on comprend bien à quels refus peut mener un excès de souffrance, l'impression d'être poursuivie par une bande de procureurs acharnés à salir la mémoire d'un homme aimé, sans parler des conseils amicalement prodigués en de semblables circonstances de laisser le silence de l'oubli s'abattre sur toutes ces histoires. Cette dernière attitude est le pire choix, bien souvent, car les dissimulations ne peuvent mener qu'à un dévoilement scandaleux d'intensité proportionnelle au secret qui l'avait précédé, chaque psychanalyste en fait quotidiennement l'expérience en ce qui concerne le passé de ses patients et, sur un autre plan, « l'affaire Jeffrey Masson » l'a récemment montré avec violence.

Paul Jury, renvoyant René Laforgue « au fauteuil de l'analyste », faisait plutôt référence au bureau sur lequel son ami écrivait ces textes qui lui semblaient plus mobilisateurs que toute activité parlementaire. Très précocement, René Laforgue a eu une importante production littéraire psychanalytique, publiée en français comme en allemand, et c'est autour

4. Lui-même ambassadeur dans l'Espagne franquiste, le maréchal Pétain, auréolé de son prestige de vainqueur de Verdun, n'était pas une relation infamante pour un autre ambassadeur, et je trouve bien anachronique le caviardage de la référence qui peut être faite aux bonnes relations que les parents de Mme Laforgue pouvaient avoir entretenues avec lui.

de cette dernière que commence l'histoire de ses relations fort troubles avec les autorités d'occupation.

Dès la fin de 1938, puisqu'une lettre datée du 23 février 1939 (doc. 11) lui indique longuement comment et à quel prix il peut espérer faire envoyer à Berne les invendus de deux de ses livres stockés en Autriche et en Allemagne, *Libido, Angst und Civilisation* et *Der gefesselte Baudelaire*. La démarche est assez particulière car il ne s'agit pas ici banalement d' « essayer de récupérer des exemplaires d'un de ses livres publié à Vienne à compte d'auteur et confisqué par les nazis », ainsi que le résume E. Roudinesco (Roudinesco, 1986*b*), mais de les extraire du stock des ouvrages de l' « Internationaler Psychoanalytischer Verlag » placés sous séquestre par la Gestapo dans les jours qui suivirent l'*Anschluss* dans des circonstances qui, mettant en danger Anna et Martin Freud, décidèrent Freud à émigrer. Loin d'être brûlés ou détruits, comme on l'a parfois dit, ils se virent entreposés et conservés par les autorités nazies, d'où les démarches de René Laforgue, sollicité par les « liquidateurs » à en croire une lettre de 1941, pour racheter ce qui restait d'ouvrages parus quelques années plus tôt dans cette collection réservée aux analystes freudiens de qualité qui, pour la plupart, contribuaient financièrement à l'édition de leur œuvre.

S'il veut se faire adresser les deux livres « saisis » *(die beschlagnahmenten Vorräte)*, lui explique-t-on, il lui faut, après avoir prouvé qu'il n'est pas allemand, payer rétroactivement les frais de stockage et d'assurance liés à ce dépôt, sans oublier ceux de leur éventuel envoi à partir de Leipzig et de Vienne chez l'éditeur bernois Hans Huber qui doit les accueillir et sans doute les commercialiser. Comme fort peu ont été vendus (244 exemplaires du premier, 65 du second), la somme exigée, près de 700 Reich Marks, semble trop importante à René Laforgue qui ne donne pas suite à son projet, d'autant que la guerre éclate...

Mais il reviendra à la charge deux ans plus tard, lorsque ses relations avec Matthias Goering lui permettront de réitérer sa demande. Le 22 mai 1941, il lui raconte l'histoire :

> Notre confrère Dillenburger m'a parlé de votre lettre au sujet de mes livres qui se trouvent à Vienne. En l'occurrence, il s'agit principalement d'un ouvrage sur Baudelaire qui a été publié entièrement à compte d'auteur, afin de venir en aide à la maison d'édition. Après l'*Anschluss*, on m'a demandé ce qu'il fallait faire de ce livre. J'ai répondu qu'on devait l'envoyer à Berne à l'éditeur Huber qui était prêt à prendre les livres et à en assumer les frais de transport. Là-dessus, j'ai reçu de Vienne la nouvelle que l'on ne débloquerait le livre que si je payais tant de frais de magasin par jour à partir d'une certaine date. Cette demande ne correspondant pas à nos conventions et la somme réclamée pour le paiement des frais de magasin étant incroyablement élevée, j'ai laissé tomber toute cette affaire.

Le 28 mai, Goering lui répond : « J'écrirai à Mme Berta Steiner qui est chargée de liquider le Psychoanalytischer Verlag » et le 9 juillet précise à Dillenburger :

Je vous envoie ci-joint une lettre de Mme Berta Steiner, qui a été chargée de liquider le Psychoanalytischer Verlag à Vienne *(die mit der Liquidation des Psychoanalytischen Verlages in Wien beauftragt worden ist)*. Lorsque je l'ai vue lors de mon dernier séjour là-bas, elle m'a dit qu'elle avait tellement de frais de magasin qu'elle était dans l'impossibilité de conserver les livres dont la livraison n'avait pas encore été demandée. Veuillez dire à notre confrère Laforgue que Mme Steiner ne peut attendre jusqu'à la fin de la guerre pour que cette affaire soit réglée. Il faudrait donc qu'il paie les 300 R.M. qu'on lui demande à présent afin que les livres puissent être envoyés à l'éditeur Huber à Berne ou bien qu'il se déclare d'accord pour que l'envoi soit fait contre remboursement.

La fin de l'histoire de ces livres ne m'est pas encore connue.

En revanche, celle des rapports entre René Laforgue et le Pr Matthias Göring, surnommé « Papi » (Cocks, 1987; « Ici la vie... », 1987), président de l'*Internationalen Allgemeine Ärztlichen Gesellschaft für Psychotherapie* (Société médicale internationale de Psychothérapie), directeur de l'Institut volé — pardon, récupéré — aux psychanalystes berlinois après le démantèlement de la *Deutsche Psychoanalytische Gesellschaft*, l'est désormais trop bien de tous pour que je la raconte à mon tour en détail. Aussi, ne mettrai-je l'accent que sur quelques points caractéristiques ou qui me demeurent obscurs.

Le premier, que je m'explique mal, est la précipitation avec laquelle René Laforgue multiplie les contacts avec les occupants, la guerre à peine terminée. Il est tout juste revenu des Côtes-du-Nord qu'une lettre de Matthias Goering, datée du 9 novembre 1940, lui propose déjà un rendez-vous dont on peut penser qu'il n'a pas lieu, mais dont on doit se demander ce qui l'a motivé : pourquoi cette proposition lui a-t-elle été faite plutôt qu'à René Allendy qui avait appartenu à l'*Internationalen Allgemeine Ärztlichen Gesellschaft für Psychotherapie* (doc. 12) trois ans auparavant ?

Une quinzaine de jours plus tard, René Laforgue devance la rencontre que le Dr Knapp, chargé par Goering de le sonder, avait prévue, ce qui nous vaut le compte rendu d'une visite au cours de laquelle lui sont prêtés, à côté de notations paraissant exactes, des propos tout à fait ahurissants : il se déclare membre du P.P.F.[5], il prétend être devenu antisémite et avoir quitté la L.I.C.A. en 1936[6], il prétend songer à opter pour la nationalité

5. Ce que je ne suis pas parvenu à établir après avoir écrit aux spécialistes de l'histoire de Doriot et de son mouvement.

6. Ici encore, je n'ai pas obtenu de renseignements, mais cela me semble impossible et bien imprudent comme affirmation au cas où, comme d'ailleurs le Dr Knapp laisse entendre qu'il le fera, des vérifications de ses dires pouvaient être effectuées.

allemande et demande à son interlocuteur « quelle serait pour lui la meilleure façon de servir la cause commune », puis, s'engageant rapidement après cinq mois seulement d'occupation allemande, il s'avance assez pour que Knapp note :

> Le Dr Laforque [*sic*] se croit en mesure de réunir sans difficulté ceux des médecins français qui travaillent dans sa spécialité et dont la collaboration serait importante et précieuse pour la nouvelle Europe, en excluant les Juifs et les amis des Juifs, et de les faire adhérer à la Société internationale de Psychothérapie que vous dirigez. En tout cas, il m'a fait cette offre, qui me paraît mériter d'être prise en considération.

Nous ne sommes pourtant qu'en novembre 1940, deux mois seulement après que ses collègues et amis de l'Evolution psychiatrique réunis à Sainte-Anne, selon le témoignage de Charles Durand (doc. 17), aient décidé d'arrêter toute activité et toute publication du Groupe, alors que les Français envahis se remettent à peine de la honte de leur défaite, alors que les Allemands, ayant encore pour consigne de paraître à leur avantage, se gardent bien d'exercer quelque pression que ce soit. Qu'espère René Laforgue ? Lorsque E. Roudinesco commente qu'il « réussit à les berner, allant jusqu'à leur faire croire qu'il était devenu antisémite alors qu'il était membre de la L.I.C.A. » (Roudinesco, 1986*b*), elle semble laisser entendre par les mots de « réussite » et de « berner jusqu'à leur faire croire » qu'il poursuivait un but secret et cherchait à tromper volontairement un adversaire. Mais elle ne souffle mot de ce qui motive tant d'intelligence et de ruse et, bien sincèrement, je ne distingue rien de ce genre dans la suite de toute l'affaire, encore qu'une preuve de l'engagement de Laforgue dans une mission clandestine anti-nazie puisse un jour émerger de quelque archive pour le moment encore inconnue. Elle seule expliquerait par la nécessité d'un « double jeu » une si vive complaisance.

D'autant que cette attitude n'est ni universelle ni exigée par le Pr Matthias H. Goering dont le « Rapport sur des entretiens avec des Psychothérapeutes dans les territoires occupés (doc. 11)[7] fait bien la différence :

> En Hollande et en Norvège il semble régner parmi les intellectuels une ambiance négative à l'égard de l'Allemagne. Le Dr Van der Hoop ne s'en est pas caché ; il a dit que je devais bien comprendre que sa femme ne me recevrait pas. [...] En Hollande aussi bien qu'en Norvège, une bonne entente objective a été possible ; il existait aussi le désir de rester en contact personnel ; on a toutefois refusé une collaboration active pendant la guerre, mais elle a été envisagée après la guerre. [...]
>
> En France, il faut d'abord fonder un groupe national. Le Dr Laforgue a fait la Guerre mondiale dans l'armée allemande et il a déclaré qu'aujourd'hui encore il était du côté de l'Allemagne et voulait opter pour l'Allemagne, malgré

7. Non publié dans le dossier *Confrontation.*

que sa femme soit française. *(Dr. Laforgue hat den Weltkrieg im deutschen Heere mitgemacht und hat erklärt, dass er heute noch zu Deutschland stünde und für Deutschland optieren wolle, obwohl seine Frau Französin sei)* [...][8].

J'avais demandé au délégué du chef du ministère de la Santé du Reich, le Dr Knapp, et à notre collègue de l'Institut, le Dr Dillenburger, actuellement médecin commandant à l'hôpital militaire de Clichy (Paris), de vérifier la fiabilité du Dr Laforgue. Tous les deux ont donné un avis favorable.

Aujourd'hui encore, le problème demeure, que je ne voudrais pas réduire aux seules péripéties d'une « crise de l'âge mûr » : un homme de quarante-cinq ans, intelligent, agissant apparemment seul, jouissant d'une certaine notoriété, de l'estime de la quasi-totalité de ses collègues psychanalystes alors présents en France et qui sont pour une part liés à lui par les reliquats de liens transférentiels, se lance, sans avoir subi à notre connaissance la moindre pression externe, sans avoir à cacher quelque crime ou, pis encore, quelque origine juive réelle ou supposée (rappelons-nous le malheureux Allendy), dans une sorte de fuite en avant et joue spontanément le va-tout de son existence personnelle et professionnelle.

On me pardonnera, j'espère, cette insistance, mais j'ai toujours été fasciné par ces moments où se décide le destin d'un individu, où se profère un *alea jacta est* qui condense, parfois en quelques fractions de seconde, toutes les complexités d'une vie. Le reste s'ensuit plus banalement, dans le mieux ou le pis, mais se situe à nouveau dans l'ordre d'une certaine logique. Un moment suspendu, le cours des événements a repris son allure habituelle.

Dans le cas de René Laforgue, ce sera par exemple sa demande d'affiliation individuelle à la Société de Psychothérapie dirigée par Goering. Elle va de soi et celui-ci lui annoncera son admission le 25 janvier 1941. Ce qui est moins évident, c'est la raison pour laquelle il ne l'avait jamais formulée auparavant, alors qu'un psychanalyste français, en octobre 1936 (doc. 12), était allé lors d'un de ses congrès présidé par Carl G. Jung jusqu'à proposer d'en créer à Paris une section nationale. Ce projet n'avait pas abouti. Cet homme n'était pas Laforgue, mais, ironie du destin, René Allendy...

En décembre 1940, donc, cette adhésion constitue le premier but à atteindre, et René Laforgue assure :

> Je crois qu'avec le temps il me sera possible de créer ici un groupe qui remplira les conditions nécessaires à une fructueuse collaboration avec vous et la Société de Psychothérapie. En ce qui me concerne personnellement, vous pouvez compter sur moi. Je consacrerai toute mon énergie à la mise en place de cette collaboration.

8. Je censure donc à mon tour une phrase concernant la famille de Mme Laforgue qui ne nous apprend rien de plus sur ses relations et ses sympathies pour le maréchal Pétain, détails qui viennent jouer en faveur d'un Laforgue vis-à-vis duquel les Allemands se sentaient encore bien méfiants.

Les mots sont les mots. C'est tout ce qu'il nous reste, à nous qui ne sommes pas liés à ce psychanalyste par un transfert, un attachement affectif ou des souvenirs communs. Sans doute les lisons-nous trop froidement, comme s'ils étaient tout nus devant notre regard pseudo-« objectif ». Il est toutefois nécessaire de les citer, de les confronter aussi à ceux qui prétendront plus tard les recouvrir et présenter autrement les engagements et les faits. *La psychopathologie de l'échec*, par exemple, ce livre qu'en fou des livres moi-même je place au cœur de ce qui sans lui ne m'apparaîtrait que comme la petite histoire d'un petit homme au regard de l'horreur qui déferlait sur le monde au nom de l'idéal national-socialiste, ce livre accumule au long de ses rééditions toutes les vérités successives.

Lorsqu'en 1947 René Laforgue rédigera la préface de son ouvrage consacré à Talleyrand[9], il écrira :

> Dans une certaine mesure, ce travail est la suite de *Psychopathologie de l'échec*, où j'ai essayé d'aborder les problèmes redoutables de la psychologie des foules et des nations, en rapport avec le sort individuel de certains dictateurs comme Robespierre et Napoléon, par exemple. La première rédaction de *Psychopathologie de l'échec* remonte à 1939. Le manuscrit, à cette époque, contenait un chapitre sur le cas de Hitler qui a été remplacé en raison des circonstances par le chapitre consacré à Napoléon et destiné à exprimer, quoiqu'en termes voilés, ma véritable pensée. Menacé d'une perquisition par la Gestapo en tant que membre du Comité directeur de la Ligue internationale contre le Racisme, j'ai malheureusement détruit ce chapitre sur Hitler, connu de quelques intimes seulement, de mon ami Jean Rostand, notamment, qui, dans une lettre du 12 septembre 1945[10], en parle de la façon suivante : « [...] Vous m'avez donné à lire, en 1939, une longue étude sur Hitler, qui devait en principe faire partie d'un volume sur les "mécanismes d'échec" envisagés dans leur rapport avec la psychologie des foules et des nations. Dans ce chapitre, vous faisiez voir, avec une pénétration prophétique — et bien méritoire à l'époque — comment, par le jeu de ses propres tendances inconscientes et auto-punitives, ce chef paranoïaque devait infailliblement aller à la catastrophe, en y précipitant son peuple tout entier. »

Six ans auparavant, le 22 mai 1941, le même René Laforgue avait présenté à Matthias Goering le même livre dans des termes assez différents :

> Ma femme et moi avons tous deux rapporté de notre voyage à Berlin une profonde impression. Nous avons pu mesurer tout ce qui se fait de nouveau chez vous, dans notre spécialité aussi, et nous avons eu l'agréable surprise de

9. Puis-je ici rappeler que ce même « Diable boiteux » avait fourni prétexte au retour sur la scène de Sacha Guitry, en janvier 1948 ? Moins pour ironiser sur cette convergence que pour les implications identificatoires que ne peut manquer de suggérer au psychanalyste une telle concordance dans le choix du héros transcendant les trahisons.

10. Ceci est un extrait du témoignage en sa faveur que René Laforgue avait demandé en 1945 à Jean Rostand, comme à d'autres amis et relations, pour sa défense lors de son passage devant le tribunal d'épuration (doc. 6).

constater avec quelle rapidité vous défendez et enrichissez notre patrimoine intellectuel, qui a tant d'importance pour l'évolution sociale.

Là-dessus, j'ai repris mon travail ici avec un courage renouvelé et achevé un livre sur le problème de « l'échec et du destin dans la vie humaine ». Un chapitre de ce travail est consacré à Rousseau, un autre à Robespierre, d'autres chapitres traitent de la psychologie du bonheur ou aussi de celle des masses. Puis-je vous envoyer le manuscrit et vous demander de me dire sincèrement si on pourrait envisager une traduction en allemand ?

Le 3 juillet suivant, il revient à la charge :

J'ai pu constater l'importance qu'on attache en Allemagne à la façon dont nous concevons la relation « production-psychè » et ressenti à quel point nous sommes encore isolés ici en France. C'est pourquoi il m'apparaît d'autant plus important que soit publié mon livre, dont Mme Jaeger vous aura communiqué le manuscrit. Ce livre ne sera malheureusement accessible qu'à un cercle restreint, mais c'est à partir de ce cercle que se recruteront les membres de la future association de psychothérapeutes (Société de Thérapeutique psychologique) [...].

La publication de mon livre montrera de façon exemplaire qu'il ne faut pas avoir peur, même dans les circonstances actuelles, de continuer à travailler à l'application pratique de nos théories sur la production et la psychè. Elle montrera aussi que précisément le national-socialisme favorise la poursuite de ce travail en essayant d'amener les hommes à une conception plus saine de l'humanité, de la vie et de la création.

Le livre... « mon livre »... que ne dirait-il pas pour qu'il soit édité, diffusé, quel prix ne payerait-il pas pour qu'il ait la répercussion qui lui semble lui être due ? Il faut se refuser à mettre des mots psycho-pathologisants et réducteurs pour commenter une telle virevolte, mais je ne puis m'empêcher de penser que je n'ai connu que des organisations psychiques de type pervers ou paranoïaque pour avoir, chacune à l'opposé, un tel rapport à la vérité. Pour les unes comme pour les autres il n'y a pas de mensonge, les unes parce qu'elles ne peuvent être que mensonges, les autres parce qu'elles ne se veulent que vérité.

Le 20 juillet, même insistance auprès de Goering, suivie d'une de ces petites phrases sur lesquelles nous aurons à revenir :

Vous trouverez dans ce travail un chapitre sur J.-J. Rousseau et un autre sur Robespierre. Je mettrai à profit le temps qui s'écoulera d'ici à votre réponse pour ajouter encore un chapitre sur Napoléon.

Nous partons demain pour notre campagne afin de nous occuper des moissons. En pensant à ces héros qui mènent un grand combat à l'Est pour une grande cause au prix de quels sacrifices. Ici aussi, nous combattons pour la même cause, quoique avec d'autres armes.

Je parlais de mystère. En voici un exemple. Le lendemain même de cette dernière phrase va débarquer aux Chabert, sa maison varoise, un

René Laforgue qui y donnera une tout autre image dont témoignera quatre ans plus tard, le 5 août 1945, à l'occasion de son procès d'épuration, le Dr Louis Gauvin (doc. 6), conseiller général S.F.I.O., maire de La Roquebrussanne, membre du Parti socialiste et membre de son directoire dans la clandestinité :

Pour ne parler que de notre petit rayon, je puis confirmer combien tu as protégé dès le début, c'est-à-dire en 41, contre le P.P.F. et leurs porte-parole dans la région, les victimes qu'on leur avait désignées. Ainsi, tu as sauvé, en le prenant à ton service, un homme qui te doit probablement la vie car il était trésorier de la cellule communiste du village de Garéoult, je veux parler de Raoul Baudissère qui est dans ta maison depuis 1940. Tu as défendu également sa femme contre les calomnies de ceux qui ont voulu la faire emprisonner à cause de propos irrespectueux tenus au sujet de Pétain. Il s'agit de Jeannette Baudissère, née Frestet, qui est depuis douze ans à ton service et qui, comme son mari, aujourd'hui conseiller municipal communiste du village, te témoigne un dévouement à toute épreuve. N'oublions pas le cas de l'ancien chef de la cellule communiste de Garéoult, M. German, aujourd'hui adjoint de la commune et que, depuis 1941, tu as énergiquement et ouvertement défendu avec succès contre les imbéciles P.P.F. et d'autres qui ont voulu faire passer ce pauvre homme pour un mauvais Français et l'interner. Je sais qu'au moment où sa vie était en danger, tu l'as caché chez toi, avec d'autre encore, car les gens renseignés dans la région : réfractaires au S.T.O. et maquisards, savaient trouver aux Chabert aide et protection. Je sais par ailleurs qu'à Saint-Pierre à Tourtour tu n'as pas hésité à engager des dépenses importantes pour organiser un lieu de refuge pour les malheureux traqués de la Gestapo et de leurs complices vychissois. Dès 1942, tu y as recueilli des réfractaires, des confrères israélites et des prisonniers évadés.

Ce n'est pas de ta faute si tu n'as pas pu donner à ton action toute l'ampleur voulue puisque l'un de tes protégés, par son imprudence, a failli causer ta perte, ainsi que celle de tes amis, en attirant l'attention de la Gestapo sur toi. Il a fallu toute ton habileté et ta connaissance de la langue allemande pour circonvenir les Boches et pour échapper au danger qui, d'une façon très précise, te menaçait dès le mois d'août 1943. Je sais également que tu as protégé et reçu chez toi, où je l'ai connue sous un faux nom et avec des papiers falsifiés, la petite fille de Freud, Eva Freud, que tu as aidée à traverser toute l'époque dangereuse de l'occupation, après avoir facilité à ses parents leur départ en Espagne. Inutile de te dire que ce seul fait aurait suffi, s'il avait été connu des Allemands, pour te faire interner dans quelque camp comme Buchenwald. Et bien d'autres faits que je ne puis énumérer dans une lettre et qui tous tendaient vers le même but : défendre nos compatriotes et démoraliser l'ennemi, but auquel tu as sacrifié Paris, ainsi que ta clientèle en te réfugiant en zone libre en 1942 pour échapper à toute emprise des Allemands qui pouvaient te revendiquer en tant qu'Alsacien.

« 1941... 1942... », car à partir de 1943 beaucoup de choses basculent, ces dates sont clairement indiquées. Celles qui s'inscrivent en haut et à droite des lettres de René Laforgue à Goering ne le sont pas moins, et ce sont les mêmes. Nous avons cité plus haut la petite phrase sur les « héros qui mènent un grand combat à l'Est pour une grande cause », mais il y en a d'autres : le 17 septembre 1942, toujours à Matthias Goering : « Nous avons une très belle fin d'été. Bien que la pensée ne nous quitte jamais de ceux qui luttent pour la sécurité de tous, notre vie ici à la campagne est relativement paisible. Mais comme on aimerait que les choses avancent plus vite... » Et le 2 novembre suivant : « De plus en plus, je ressens le besoin de contribuer à la réalisation des idéaux auxquels vous vouez votre activité, aujourd'hui où il y a tant à faire pour adoucir la détresse humaine par cette compréhension nouvelle qui nous permet de surmonter tant de conflits intérieurs. »

En juillet 1945, M. J. Feschotte (doc. 6), ancien préfet des Côtes-du-Nord et du Var, apportera en ces termes son témoignage :

Dès le début de l'occupation allemande, le Dr René Laforgue qui, alsacien, parle très bien la langue allemande, put jouer un rôle exceptionnellement utile, tant en faveur des militaires français en traitement (en multipliant, pour sa part, interventions et démobilisations) qu'à l'égard du corps médical. M. Brillaud, maire de Saint-Brieuc, et moi-même le chargeâmes de démarches constantes, notamment pour éviter et réduire les réquisitions. A la demande du maire et de la mienne, le Dr Laforgue accepta de faire fonction de directeur des services municipaux d'hygiène et ceci malgré les dangers certains qu'il courait du fait de sa qualité de membre du Comité directeur de la Ligue internationale contre le Racisme et de son origine alsacienne.

Son action efficace « d'homme de liaison » se poursuivit ainsi qu'au début de décembre [1940], date à laquelle, étant devenu moins indispensable à Saint-Brieuc, il rentra à Paris avec mon autorisation et reprit sa vie médicale civile. Je lui avais demandé de continuer, dans la mesure possible, à assurer ce rôle si utile d'intermédiaire avec les personnalités allemandes, pour défendre les intérêts français et préparer ainsi les voies de la résistance telle qu'il la concevait.

Mais je devais retrouver en août 1943 le Dr Laforgue dans le Var, où j'arrivais comme préfet. Le docteur et Mme Laforgue possèdent, en effet, une propriété dans le Var à Garéoult. Nous étions restés en relations épistolaires très amicales et j'eus grand plaisir à les revoir. Le Dr Laforgue rendit les plus grands services à la population de cette région, tant par ses interventions auprès du commandement allemand que par la liaison qu'il établit aussitôt avec moi. En particulier, il organisa à Tourtour (Var), une propriété qui, dès 1941, devint un véritable lieu d'asile pour personnes poursuivies et inquiétées, et où se succédèrent des Juifs, des prisonniers évadés, des réfractaires, etc. A Garéoult même, il protégea des personnes menacées, en abrita, fit des certificats pour éviter le S.T.O., protégea les dirigeants communistes de la commune (notamment MM. Baudissère et German, actuellement conseillers municipaux).

J'ai tenu à donner ces quelques indications précises, dont je souligne tout le poids ; le Dr Laforgue, animé toujours par une grande et agissante bonté, a mis l'ardeur de son patriotisme d'Alsacien au service de la France et de ses concitoyens sans jamais compter ; je lui en adresse ici un témoignage formel et reconnaissant.

René Laforgue n'en continue pas moins ses déplacements vers Paris, la lettre de Jacques Lacan du 5 mars 1942 que nous avons citée en témoigne, tout comme, de juin à décembre 1942, sa correspondance avec Matthias Goering pour obtenir le laissez-passer que l'envahissement par les Allemands de la zone « libre », le 11 novembre 1942, rend obligatoire pour regagner la capitale. Leurs relations semblent toujours bonnes, alors qu'un document nous apprend que « le livre » a été sévèrement jugé et refusé à Berlin par son lecteur, le Pr von Hattingberg, qui explique longuement au directeur de l'Institut de Psychothérapie, le 31 décembre 1941, les raisons de son opposition.

Nous devons les lire, car elles montrent la complexité d'un René Laforgue à ce point aveuglé par la certitude de la valeur de son œuvre et de l'importance de ses idées qu'il a pu donner à lire et à juger par les censeurs nazis, même purgé de son chapitre sur Hitler (mais on peut se demander, à la limite, par quel sursaut d'autocensure il l'a supprimé), un ouvrage qui se voit ainsi argumenté :

> Après une étude approfondie, je suis parvenu à la conclusion que le travail de Laforgue ne peut en aucun cas être imprimé sous sa forme actuelle. Je ne crois pas non plus possible de remanier ce manuscrit (en supprimant les passages particulièrement contestables) parce que ce ne sont pas seulement des détails qui doivent être rejetés, mais toute la conception et l'interprétation. La seule chose bien vue et neuve dans un certain sens est la description clinique du syndrome d'échec. [...] Du point de vue scientifique, il n'apporte rien de nouveau, c'est au contraire une répétition sans critique des conceptions de Freud qui sont depuis longtemps obsolètes, d'une à deux décennies en retard sur l'état actuel de la psychologie des profondeurs. [...]
>
> Afin de justifier ce jugement, nous nous permettons de donner cet exemple : au titre « L'homme au service de sa destinée » correspond effectivement à peu près l'introduction. Ici, on décrit à l'aide de cas pratiques et de façon tout à fait suggestive le tableau clinique de la « névrose d'échec », la névrose de ceux qui échouent au bord du succès. Ce tableau est cliniquement bien vu, je le répète, et en lui-même plein de sens. Et pourtant, lorsque l'auteur essaie de faire comprendre l'évolution de ce trouble, il échoue totalement, empêtré qu'il est dans son credo freudien. Il incrimine le « complexe de castration » et, sans qu'on saisisse la relation, il introduit le concept d'un super-ego, mélange peu clair du concept freudien du Surmoi et de la conception de l'inconscient collectif de C. G. Jung (ainsi, il est supposé l'existence d'un *Sur-je de classe* [en français dans le texte], d'un Sur-je juif, aristocratique, etc.)[11]. Comme troisième principe explicatif, il avance alors, et là encore sans liaison avec les deux autres facteurs, l'homosexualité latente. Il prétend notamment (p. 32) que celle-ci se trahit toujours (!) par une tendance plus ou moins forte à être vaincu plutôt que vainqueur.

11. J'ai ici corrigé la traduction de *Confrontation* qui proposait « un Sur-je de classe, d'un super-ego Juif et d'un Sur-je aristocratique » pour « *So werden ein Sur-je de classe, ein jüdisches, ein aristokratisches Sur-je usw. angenommen* ».

Le ressassement, sans esprit critique, de la doctrine de Freud est particulièrement manifeste dans le chapitre 3 sur la libido où toute la « mythologie de la libido » (en commençant par l'enfant pervers polymorphe) reproduit les phases orale, anale et phallique. [...]

Je pense que ces exemples suffisent à motiver la décision de rejet.

René Laforgue s'est vraiment mis au service d'une destinée vouée à l'échec, la sienne, en multipliant de tous côtés des provocations qui, quel que soit le prix dont il les a payées dans la réalité, eûssent pu lui coûter bien davantage encore. Qu'il ait présenté un aussi simpliste « credo freudien » comme une illustration du fait que le national-socialisme amène « les hommes à une conception plus saine de l'humanité, de la vie et de la création », laisse une impression de déréel et accentue l'étrangeté de ces conduites qui n'ont rien à voir, il me semble, avec une « Collaboration » banale, comme il y en eut tant, même si je ne crois pas que les mots de « berner » ou de « faire croire » donnent une réponse satisfaisante à des comportements et à des écrits qui semblent se juxtaposer, et ceci après 1945 encore, au sein d'une personnalité clivée. Songeons aux réactions que de telles contradictions risquaient de susciter chez des hommes qui, pour se présenter comme des « psychothérapeutes », n'en étaient pas moins des nazis tout à fait actifs et parfois impliqués dans des entreprises comme le programme d'euthanasie des malades mentaux ou les mesures de déportation prises à l'encontre des homosexuels, etc.

Quoi qu'il en soit, il n'est plus question du livre dans la correspondance que l'année 1942 voit se continuer, sauf le 17 novembre 1942, dans une lettre que Matthias Goering envoie au Dr Knapp :

Je reçois une lettre de Laforgue du 2 novembre dans laquelle il me dit qu'il se trouve actuellement dans l'ancienne zone libre et ne peut en sortir pour rentrer à Paris. C'est très ennuyeux pour lui ; il exprime également le désir pressant de venir me voir à Berlin, initiative que personnellement je salue, puisque je préfère lui dire moi-même ce que nous reprochons à son livre. Je suis convaincu que nous avons besoin aujourd'hui de tous les Français qui sont de notre côté.

La suite de la correspondance ne permet pas de savoir si ce voyage et cette explication ont eu lieu et si nous devons leur attribuer, en liaison peut-être également avec l'incident du mois d'août auquel le témoignage du Dr Gauvin fait allusion, le changement apparent d'attitude de René Laforgue en 1943. C'est un homme qui se présente comme menacé par la Gestapo que Juliette Boutonier voit à cette époque arriver chez elle, à Paris. Il lui confie que son appartement risque d'être perquisitionné et lui donne en garde le dossier de sa correspondance avec Freud. Non sans courage, elle conservera jusqu'à la Libération ce précieux colis. Je suggérerais d'ailleurs volontiers, tenant pour véridique l'allusion à la Gestapo glissée par

René Laforgue dans sa préface de 1947, que c'est durant ce même moment d'affolement qu'il a définitivement fait disparaître le fameux chapitre sur Hitler. Sans doute est-ce aussi à l'agitation de cette période qu'il convient de rattacher l'allusion, demeurée assez énigmatique, contenue dans la lettre de John Leuba de 1944 relative aux dangers que « les activités brouillonnes » de René Laforgue auraient fait courir aux analystes parisiens.

Tout ce que l'on peut encore dire, c'est que dans la toute dernière lettre de Matthias Goering présente dans le dossier, datée du 18 janvier 1943, la perspective du voyage des Laforgue à Berlin semble très proche. Par ailleurs, il serait totalement faux de croire que René Laforgue, enfermé dans sa propriété des Chabert, soit devenu un opposant farouche aux Allemands à partir de 1943 puisqu'il obtiendra sans peine au début de 1944 l'autorisation de faire paraître son livre chez Payot, en dépit de tout ce qui en avait été dit à Berlin, ce qui lui vaut le commentaire de Leuba : « [il] n'apporte rien de nouveau, si ce n'est la preuve de sa collusion avec les boches ».

Parvenus à ce point, il nous faut noter une incertitude dans l'histoire de ce livre si important à ce moment de la vie de René Laforgue. Une première édition est signalée à l'emplacement des copyrights dans l'édition de la Petite Bibliothèque Payot imprimée en 1969 : « Editions des Cahiers du Sud, Marseille, 1941 ». Il n'y en a pas trace à la Bibliothèque nationale où je l'ai fait rechercher, car j'aurais aimé comparer les différentes versions de ce livre dont les chapitres s'ajoutaient ou disparaissaient au gré des circonstances. J'étais prêt à croire à son inexistence lorsque j'ai reçu la copie d'une lettre de Jean Ballard (doc. 14) qui écrivait le 17 décembre 1947 à René Laforgue :

> Nous avons trouvé un éditeur qui s'intéresse à *Psychopathologie de l'échec*, mais il nous demande de lui procurer des extraits de la critique, française ou autre. [...]
>
> Je fais des recherches de mon côté. Mais vous vous souvenez que votre livre est paru dans un moment où l'on ne se souciait pas d'émouvoir la critique, le sujet étant considéré comme dangereux. C'est plutôt l'édition de Payot, parue au grand jour, qui a pu déclencher les articles importants. Pouvez-vous m'en adresser copie ?

Qu'était donc devenue cette première édition ? Précisons déjà qu'elle ne pouvait précéder la fin de l'année 1941, car une lettre de René Laforgue à Jean Ballard du 3 septembre 1941 semblait indiquer que le manuscrit ne lui aurait été présenté que peu de temps auparavant :

> Nous aussi nous avons pensé avec reconnaissance aux courts moments que nous avons passés ensemble avec vous dans notre mas paisible — alors que

notre destinée à nous tous est en train de se jouer sur des champs de bataille lointains — et que la fatalité semble mettre tout ce que nous aimons en question.

Ajoutons à cela l'effet du soleil provençal qui mûrit les raisins et les âmes, et vous comprendrez que je vous ai parlé presque à regret des champs de bataille de notre âme desquels il est question dans le manuscrit que je vous ai confié.

N'est-il pas curieux, ou plutôt significatif de la folie de ce temps, de constater que Jean Ballard jugeait « dangereux » le manuscrit qu'il allait donc éditer à Marseille au moment précis où ce même texte se trouvait présenté comme conforme à l'idéal national-socialiste et soumis à l'approbation des nazis en vue de sa publication en allemand ?

Incohérences, contradictions, autant de mots pour traduire le fait qu'il nous manque encore trop de pièces du puzzle pour qu'il soit possible de reconstituer sans dire de sottises ou sans glisser du passionnel dans les interstices de l'inconnu concernant le contenu et le cheminement de la pensée de René Laforgue durant ces années, les motivations conscientes et inconscientes de ses engagements verbaux ou écrits et de ses comportements en deçà ou au-delà d'une ligne de démarcation qu'il semble bien avoir continué à franchir sans difficultés.

Car le mystère de cette édition princeps a été levé lorsque, grâce à l'obligeance des actuels responsables des Editions Payot, j'ai appris qu'elle avait été simplement retirée du commerce, à la demande de René Laforgue lui-même, tant en province (certains témoins m'ont affirmé l'avoir trouvée à Grenoble) qu'à Paris, où un certain nombre d'exemplaires en avaient été mis en dépôt chez le libraire José Corti qui était l'habituel correspondant des *Cahiers du Sud*.

C'est que la nouvelle édition (René Laforgue se disait plutôt mécontent des coquilles de la première) devait comporter de très nombreuses corrections et ajouts, et impliquer correspondances et déplacements entre Garéoult et la capitale entre juillet 1943 et le début de l'année 1944 qui allait voir enfin paraître le « Livre », tout ceci au vu et au su de ceux qui, à Paris, avaient à des titres divers gardé des liens avec lui. Les pièces du puzzle finissent (presque...) toujours par se présenter et s'emboîter.

La psychanalyse était-elle impliquée dans cette affaire, sinon par le double ratage du transfert paternel que Laforgue avait sans doute fait sur Freud et de la tentative de cure amorcée jadis avec Eugénie Sokolnicka ? « Elle a eu beaucoup de mérite à tenir bon, car elle n'a pas eu la tâche facile et m'a plus d'une fois traité de véritable diable », avait-il écrit lors d'une de ses premières lettres à Freud, en 1923 (doc. 23). Très sincèrement, je n'en doute pas !

Nous avons dû nous attarder sur l'histoire de cet homme parce que sa personnalité peu commune et le rôle qu'il avait jusqu'alors tenu dans la réception et la conception de la psychanalyse en France ne nous autorisaient pas à en traiter avec légèreté. Elle a eu, de plus, des conséquences encore difficilement mesurables car ses analysés ont été marqués d'une façon ou d'une autre par ce qu'ils avaient pu percevoir consciemment — ou surtout inconsciemment, avec toutes les organisations défensives que cela implique — de l'incohérence de son comportement et des images incompatibles entre elles qui leur en étaient présentées, ce qui, dans les années suivantes, n'a pas pu rester sans retentir sur les options théoriques, cliniques ou institutionnelles qu'ils ont été amenés à prendre et qui, je l'ai déjà écrit en 1982, me semblent lui être en partie liées.

J'aurais aimé en rester là, mais il persiste encore quelques points aussi pénibles qu'obscurs à la lecture des documents. J'ai tenté d'y voir plus clair, mais les recherches historiques que peut effectuer un psychanalyste dont les journées sont consacrées à son activité clinique sont condamnées à demeurer lacunaires. D'autres les reprendront, je l'espère, ou me feront connaître les éléments qui permettront de compléter voire de rectifier ceux qui viennent seulement de sortir de leurs cachettes.

Il me paraît impossible de continuer à esquiver d'une phrase ou d'une coupure de texte deux questions qui me semblent avoir été occultées jusqu'ici dans ce dossier encore si incomplet. Sans doute n'est-ce pas par hasard, puisqu'elles ont trait à ce que la vie en général et la vie en France durant l'Occupation en particulier voient éclore de plus répugnant : la délation, la dénonciation. Et comment aborder ces thèmes sans risquer de tomber soi-même sous l'accusation d'être un délateur, un dénonciateur, de remuer de vieilles histoires que chacun devrait plutôt enfouir pour que les morts, comme chantait Georges Brassens, continuent d'apparaître comme de braves types ? J'ai choisi de laisser la parole aux textes et le soin de les peser à ceux qui les liront, prenant donc délibérément le parti de les citer plus complètement que cela ne s'était fait jusqu'à présent.

Dans un premier cas, c'est l'image de René Laforgue lui-même qui se trouve mise en cause, et je sais quelles réactions risquent d'être soulevées par ces lignes qui ne sont en fait qu'un document et ne constituent en rien une « preuve ». Je n'ai eu ni le temps ni la possibilité d'effectuer les recherches à mon avis indispensables pour savoir si les propos, rapportés par le Dr Dillenburger dans la « copie, extraite d'une lettre » que nous allons rapporter intégralement, ont été ou non suivis d'effets dans la réalité de ces temps de guerre, et si le serviteur du Reich qu'était cet homme a mis ses menaçants projets à exécution. Par ailleurs, contrairement à Elisabeth Roudinesco (Roudinesco, 1986*a*) qui, à la suite des indications fournies par les Bundesarchiv de Coblenz, la situe en septembre 1941 (p. 172), je date personnellement cette note de ses tout premiers contacts avec René Laforgue, vers la fin de l'année 1940, en raison des détails que son auteur se croit obligé de donner pour présenter des personnages supposés mal connus de celui auquel il s'adresse, et de l'orthographe « Laforque » qu'il utilise encore. Cette date relativement précoce, alors que la répression nazie demeurait camouflée derrière les bonnes manières et que les camps de la mort n'apparaissaient à la majorité des Français que comme des sortes de « camps de prisonniers », rend moins odieuses des déclarations sans doute davantage liées à de la vantardise, à un besoin infantile d'être celui qui sait et prodigne ses conseils, qu'à un désir délibéré de nuire.

Vu sa gravité, je ne me sens pas le droit de censurer le texte de ce document, contrairement au choix de discrétion adopté par Elisabeth Roudinesco qui n'en cite qu'un fragment dans son livre (p. 172) et l'a fait totalement disparaître du dossier publié dans *Confrontation.*

Voici le texte original, non daté donc, classé parmi les documents de juillet 1941 par les Bundesarchiv de Coblenz, mais dont on pourrait mieux préciser la date en cherchant quelque trace du voyage à Bruxelles du Dr Dillenburger :

Abschrift
aus dem Brief Dillenburger

Bei Dr. Knapp bin ich kurz nach meiner Rückkehr von Brüssels gewese. Er bat mich, Sie bestans zu grüssen. Er war inzwischen bei Dr. Laforque (sic) *zum Essen eingeladen gewesen, hatte dort einen sehr netten Nachmittag verlebt und äusserte sich über beide Eheleute sehr günstig. Sein sonstiger Bericht über L. ergab keinerlei Bedenken gegen die beabsichtigte Anknüpfung. Nun hatte Herr L. vor 3 Jahren noch ziemlich liiert mit jüdischen Grössen geestanden, was er selbst mir auch schon erzählt hatte. Aus eigenen Erfahrungen — auch mit Freud selbst — ist er aber seitdem zu deren Gegner geworden u. wird von ihnen bekämpft. L. besuchte mich hier nach meiner Rückker von Brüssel und wir unterhielten uns über 2 Stunden recht angeregt. Er scheint mir für die von Ihnen angestrebten Dinge durchaus geeignet zu sein. Nebenher ist er aber sehr nützlich für politische Dinge über die wir auch sprachen. Zum Schluss lud er mich zu Sonntag zum Essen zu sich. Mit ihm u. seiner Gattin, eine junge Frau, Tochter eines Grafen X., der der letzte französische Botschafter in Wien bis zum dortigen Umbruch war, habe ich sehr schöne, anregende Stunden gehabt. Seine Frau, die in Konstantinopel u. Wien aufgewachsen ist, spricht recht gut deutsch. L. nannte mir Pariser Persönlichkeiten, die er für eine grosse Gefahr für die Annäherung zwischen beiden Völkern hält. Er meinte, noch sei es Zeit, aber nicht mehr lange dürfe gewartet werden, um den unheilvollen Einfluss gewisser Persönlichkeiten durch Ausweisung auszuschalten. Er meinte, ich sollte Minister Göbbels davon wissen lassen. Ich will nun mal zum « General » der Flieger von Paris gehen u. mit dem über diese Dinge sprechen u. dann mit der Gestapo, so meinte mein Chefarzt, den ich mal fragte, ob ich mich mit diesen Sachen überhaupt befassen dürfe. Er wär sehr dafür.*

En voici la traduction française que nous proposons, sa lourdeur étant due à notre désir de nous en tenir au plus près de l'original[12] :

Copie
extrait de la lettre de Dillenburger

J'ai été chez le Dr Knapp juste après mon retour de Bruxelles. Il m'a demandé de vous envoyer son meilleur souvenir. Il a été entre-temps invité à déjeuner chez le Dr Laforque [*sic*], a passé chez lui un très agréable après-midi et s'est exprimé très favorablement sur le couple. D'ailleurs son rapport sur L. n'émet aucune réserve sur la prise de contact prévue. Seulement M. L. a été jusqu'à il y a encore trois ans assez lié avec des personnalités juives, ce qu'il m'a lui-même déjà raconté. A la suite d'expériences personnelles — également avec Freud lui-même — il est depuis devenu leur adversaire et combattu par eux. L. m'a rendu visite ici après mon retour de Bruxelles et pendant deux heures nous avons eu une conversation très animée. Il semble être tout à fait apte pour les affaires [*Dinge*] que vous avez en vue. En outre il est aussi très utile pour des affaires [*Dinge*] politiques dont nous avons également parlé. A la fin il m'a invité à manger pour le dimanche suivant chez lui. Avec lui est son épouse, une jeune femme, fille d'un comte X..., qui a été le dernier ambassadeur français à Vienne jusqu'au changement qui a eu lieu là-bas [*dortigen Umbruch*], j'ai passé des heures très belles et stimulantes. Sa femme, qui a été élevée à Constantinople et à Vienne, parle assez bien l'allemand. L. m'a nommé des personnalités parisiennes qu'il considère comme un grand danger pour le rapprochement de nos deux peuples. Il pensait qu'il était encore temps mais qu'il ne faudrait plus attendre très longtemps pour éliminer l'influence néfaste de certaines personnes en les expulsant. Il pensait que je devrais en informer le ministre Goebbels. Je vais donc aller chez le « General » des aviateurs de Paris et parler avec celui-ci sur ces affaires [*Dinge*], puis avec la Gestapo, c'est au moins ce que pensait mon médecin-chef, à qui j'ai demandé si j'avais le droit de m'occuper de ces choses [*Sachen*]. Il serait très pour.

J'ai tenté de savoir s'il pouvait y avoir des traces des suites que le Dr Dillenburger semblait vouloir donner à cette conversation : notes à son médecin-chef, au « General », traces d'un avertissement donné à la Gestapo, mais sans doute n'ai-je pas su frapper aux bonnes portes, car je n'ai même pas obtenu l'adresse des services pouvant, en Allemagne ou en France, détenir de telles archives. L'enquête reste donc à faire avant de conclure à la réalité, non du document lui-même car il ne me semble pas apocryphe, mais des conséquences que laisserait supposer son contenu. En ce qui concerne sa datation, j'insiste à nouveau sur la mauvaise ortho-

12. L'extrait cité par Elisabeth Roudinesco (p. 172) se limite à : « Laforgue m'a cité le nom de personnalités parisiennes qu'il considère comme représentant un grand danger pour le rapprochement entre nos deux peuples. Il pensait qu'il était encore temps mais qu'il ne fallait pas tarder pour éliminer l'influence néfaste de certaines personnalités en les expulsant. Il était d'avis que je devais en avertir le ministre Goebbels. Je vais maintenant aller voir le "général" des aviateurs à Paris et parler de tout cela avec lui, puis avec la Gestapo. C'est ce que pense mon médecin-chef auquel j'ai demandé si je pouvais m'occuper de cette affaire. Il serait très pour. »

graphe du nom de Laforgue, sur la description de sa femme et sur la référence au rapport Knapp pour le situer aux environs de la fin de l'année 1940. En effet, une lettre de la main de Dillenburger orthographie correctement en juillet 1941 le nom devenu familier de ce collègue chez lequel, dans le premier semestre de l'année 1941, il se verra plusieurs fois reçu.

Car, avec ces visites et ces réceptions, nous abordons le deuxième mystère de cette correspondance. Lui aussi semble avoir été quelque peu banalisé, alors que son élucidation, en dehors du seul fait de percer à jour ce qui se présente à tout chercheur comme le défi d'une énigme, éclairerait peut-être certains aspects de l'histoire de la psychanalyse en France après la Libération, ainsi que l'allure bien trouble du procès malencontreusement intenté en 1946 à un René Laforgue qui apparaîtra un peu aux yeux d'Elisabeth Roudinesco (Roudinesco, 1986*b*) comme une victime de John Leuba (et derrière lui, de la communauté psychanalytique française elle-même, bien évidemment, liée à l'Association psychanalytique internationale...) et aux miens comme le bouc émissaire chargé d'expier seul des responsabilités partagées avec d'autres restés inconnus.

Une fois de plus, laissons parler les textes. Pas seulement la liste manuscrite (doc. 11), de la main de Matthias Goering, qui note « *Psychotherap. um Laforgue* »[13] en marge d'une liste écrite d'une autre écriture et d'une autre encre et qui inscrit les uns sous les autres les noms suivants : « Dr. Parcheminey, Dr. Mâle, Dr Rouard [*sic*], Dr Lacan, Dr Lagache Prof, Fr J. Boutonier *x*, Fr Dr Marette *x*, *x* Dr Marette (le frère), *x* Dr Schlumberger, *x* Dr Berge, *x* Dr Mauco. phil, *x* Prof Hesnard Generalarzt Algerier. » J'ai reproduit le texte inscrit, le « *x* » tenant place du signe qui coche certains noms, soit devant, soit à leur suite. Aucune date n'est indiquée sur cette feuille où d'autres annotations peu compréhensibles figurent, dont certaines — deux cartes de visite, par exemple — ne sont là, me semble-t-il, que par un voisinage de photocopie de petits documents réunis sur la même feuille par les archivistes.

N'oublions pas que, depuis les premiers contacts de novembre 1940, il est question de créer une section française de la Société de Psychothérapie de Goering, c'est-à-dire de renouveler à Paris ce qui s'est produit à Berlin. Apparemment, cela ne se fera pas, mais il est assez parlant d'enchaîner dans l'ordre chronologique les extraits des lettres (doc. 6) que nous n'avons pas encore cités où ce projet est abordé :

Le 27 novembre 1940, lettre du Dr Knapp à Goering : J'ai l'impression que nous ne devrions pas laisser échapper l'occasion de profiter de cette aide et, surtout,

13. « *um* » et non « *zum* » comme l'indique E. Roudinesco (p. 171) qui par ailleurs ne la reproduit pas telle qu'elle apparaît sur le document.

que nous devrions accepter son offre de rassembler les chercheurs et médecins de cette branche à l'intérieur d'un groupe français en vue de leur adhésion ultérieure à l'association internationale que vous dirigez. Ce faisant, on aurait suffisamment l'occasion d'observer Laforque [*sic*] et de décider comment l'utiliser par la suite.

Le 11 mars 1941, lettre de René Laforgue à Matthias Goering : La revue qui nous intéresse le plus est celle que nous avons fondée, le Pr Hesnard et moi : l'*Evolution psychiatrique*. Nous faisons actuellement des démarches en vue d'obtenir l'autorisation de la faire paraître.

Le 22 mai 1941, lettre de René Laforgue à Matthias Goering : Je crois avoir travaillé avec succès pour la Société internationale de Psychothérapie. J'ai renoué mes contacts avec le Pr Claude et différents collègues, afin de créer la base nécessaire à la constitution de la Société. Je suis avec le Pr Claude membre du conseil de surveillance d'une assez grande clinique psychiatrique, que nous avons montée ensemble à Garches il y a à peu près huit ans. [...] Vous obligeriez énormément le Pr Claude et mes collaborateurs si vous pouviez nous aider à récupérer l'établissement, occupé en partie actuellement par la Luftwaffe, afin de le rendre à son ancienne destination.

Le 28 mai 1941, lettre de Matthias Goering à René Laforgue : Nous sommes tous très heureux de votre intense activité dans le domaine de la psychothérapie, tant sur le plan scientifique que sur le plan organisationnel. Je vais prendre des renseignements pour l'agrément de la clinique psychiatrique.

Le 3 juillet 1941, lettre de René Laforgue à Matthias Goering : C'est pourquoi il m'apparaît d'autant plus important que soit publié mon livre, dont Mme Jaeger vous aura communiqué le manuscrit. Ce livre ne sera malheureusement accessible qu'à un cercle restreint, mais c'est à partir de ce cercle que se recruteront les membres de la future association de psychothérapeutes (Société de Thérapeutique psychologique). J'ai commencé à mettre la chose en train et j'espère que nous y arriverons d'ici à la fin de l'année. Le Dr Dillenburger que j'ai invité à participer à une réunion avec quelques confrères pourra vous rendre compte de ce qui a été dit. [...] Merci beaucoup aussi de tout ce que vous pourrez faire pour Garches. J'ai profité de cette occasion pour mettre en relation le Dr Dillenburger et le Pr Claude. Il n'y a plus de ce côté aucun obstacle à ce que j'apporte éventuellement ma collaboration au Dr Dillenburger, au cas où il jugerait nécessaire de recevoir mon aide pour la conduite de certains traitements.

Le 6 juillet 1941, lettre du Dr W. Dillenburger à Matthias Goering : J'étais hier à une réunion assez nombreuse chez les Laforgue, le Pr Reiter et le Dr Knapp y étaient également avec d'autres. Quelques jours auparavant, j'avais fait la connaissance du Pr Claude et de trois autres médecins français. Il semble maintenant acquis qu'avec leur soutien, le groupe local des psychanalystes sera constitué au plus tard à la fin de l'année. On a discuté également la question de savoir s'il ne serait pas mieux de remplacer les dénominations de psychanalyse et de psychothérapeute par d'autre. Il n'a pas été trouvé de solution satisfaisant tout le monde.

On comprend cette ultime constatation, et force est de noter que notre connaissance du projet s'achève bizarrement sur ces phrases pourtant optimistes quant à sa réussite. Aucun document ultérieur des Bundesarchiv de Coblenz ne présente la moindre allusion concernant cette « Société de

Thérapeutique psychologique », pour employer la dénomination que René Laforgue lui avait attribuée, qui semble donc ne s'être jamais constituée. A moins qu'on ne la découvre un jour soigneusement enfouie dans quelque journal annonçant la création des associations soumises à une loi de 1901 dont j'ignore si elle était encore en vigueur dans la France occupée. A moins également que quelque élément nouveau ne vienne éclairer la raison de ce subit et définitif silence.

Quoi qu'il en soit, quelques questions restent en suspens. René Laforgue les avait-il inventés ou existaient-ils ces personnages censés vouloir ressusciter *L'Evolution psychiatrique*, lorsqu'il écrivait : « *nous f*aisons actuellement des démarches en vue d'obtenir l'autorisation de la faire paraître » ? Auprès de qui s'effectuaient de telles demandes ? Et que dire des « trois médecins français » qui, outre René Laforgue et le Pr Henri Claude opérant à visage découvert, prétendaient dépecer dans l'anonymat la psychanalyse freudienne et qu'a bel et bien rencontrés Dillenburger ? Il est à porter au crédit de René Laforgue d'avoir respecté la loi du silence dans les années qui suivirent. On peut toutefois se demander comment ils ont, eux, vécu les accusations portées contre leur ancien complice, le procès qui lui a été intenté, sa mise à l'écart de la Société psychanalytique de Paris, sa triste fin de vie. Ont-ils cherché à l'aider ou se sont-ils terrés comme des rats ? Ces mystérieux et discrets « autres » ont-ils quelque chose à voir avec quelques petites phrases qu'on peut noter dans une correspondance encore soumise à l'allusif précautionneux après cinq ans de méfiance ? Par exemple, dans la lettre de John Leuba du 31 décembre 1944 :

> Nous n'avons pas encore repris nos séances. Tout d'abord parce que nous sommes en très petit nombre ; ensuite, parce que nous sommes quelques-uns à désirer ardemment faire une épuration avant de reprendre notre activité en tant que société. Nous comptons parmi nos membres titulaires deux ou tois [*sic*] sujets qui jettent sur la psychanalyse un discrédit redoutable. Nous sommes en train d'étudier les voies et moyens de nous en défaire.

Deux ou t(r)ois..., que peut-être, à en croire son lapsus, Leuba tutoie... Quant à Marie Bonaparte, y fait-elle allusion dans les lettres qu'elle adresse régulièrement à Rudolf Loewenstein mais que malheureusement Célia Bertin résume plus qu'elle ne cite, ce qui ne nous permet pas de préciser les raisons pour lesquelles elle juge une scission nécessaire, solution drastique qui ne sera pas adoptée... tout au moins dans l'immédiat ?

Il est plus difficile de tenter de comprendre le destin de ceux à qui l'histoire a donné tort que de raconter le sort des hommes victorieux, même si cette victoire a pu leur être fort coûteuse. On ne m'en voudra pas, j'espère, d'avoir accordé à René Laforgue plus de place que je n'en consacrerai aux autres acteurs de ce panorama du mouvement psychanalytique français que j'avais pour tâche d'exposer encore plus brièvement que je ne le fais ici. Leur vie n'a pas été jugée honteuse et j'en ai déjà moi-même décrit en 1982 les principaux éléments, récits qui ont été complétés par les études qui ont suivi. Chacun ne se sent-il pas à son aise dans son identité de psychanalyste pour glorifier le comportement de ceux qui, d'une façon ou d'une autre, ont combattu le nazisme et refusé toute forme de compromission ?

Agissaient-ils ainsi parce qu'ils étaient psychanalystes — mais alors René Laforgue ne l'aurait-il pas été ? — ou parce que leur tempérament, notion vague que j'utilise ici volontairement, les poussait à la révolte, à l'action, ce qui d'ailleurs pourrait poser la question inverse du choix de l'impossible profession de psychanalyste dans le courant de leur vie civile ? L'opposition entre une élaboration dans le calme du temps suspendu des séances analytiques et des « passages à l'acte » abrupts apparaît vaine en ces temps de guerre où le conscient et la réalité extérieure, avec ses couleurs de mort, empêchaient de « prendre de l'intérêt à l'inconscient »...

Certains, comme Paul Schiff (Boutonier, 1948), tentent cependant de s'y intéresser, tout au moins au début. Après sa démobilisation, il reprend à Paris son activité médicale et psychanalytique, mais, entamant dans le même temps de ces actions d'opposition aux occupants (tracts, lacération d'affiches, etc.) qui préludent à ce qui sera la Résistance, il ne peut tenir longtemps sans risques ce double visage. Ayant échappé de justesse, ainsi que sa femme, à une arrestation par la Gestapo, il commence une vie de baroudeur qui ne s'achèvera qu'après la victoire et à la fin de laquelle il ne survivra guère. Arrêté par les Allemands à la frontière espagnole, il réussit à s'évader, croupit dans un camp avant de rejoindre le Maroc et les troupes gaullistes dans les rangs desquelles il va se battre sans relâche : campagne d'Italie en 1943, débarquement dans le sud de la France en 1944, passage par Paris libéré pour retrouver saines et sauves sa femme et sa fille, nouveau départ pour délivrer l'Alsace, prisonnier des Allemands en janvier 1945 lors de la contre-offensive de von Rundstedt, délivré trois mois plus tard, reparti avec les Forces françaises libres jusqu'à l'armistice et démobilisé en octobre 1945...

Un simple paragraphe pour résumer ce qui mériterait un chapitre, voire un livre... Car, si la question se posait de comprendre pourquoi le psychanalyste René Laforgue a présenté le comportement que nous avons tenté de démêler, une autre interrogation se révèle aussi importante pour notre étude : qu'est-ce qui faisait ainsi courir le psychanalyste Paul Schiff ? Pourquoi lui, parmi les autres, pour tenir ce rôle du Juif combattant après avoir, rappelons-nous sa proposition lors d'une réunion administrative de la S.P.P. en 1938, tenté d'être celui qui accueillait ses frères réfugiés, ce qui était loin de représenter l'attitude générale des communautés françaises ?

Autre personnage dont la vie n'est pas si simple à comprendre et qui va trouver durant ces années de guerre l'occasion de mettre à l'épreuve son énergie, certains plus tard diront sa brutalité. Il s'agit de Sacha Nacht, analysé de Loewenstein, assez peu aimé de ses collègues, malgré ou à cause de la petite tranche d'analyse qu'il est allé faire chez Freud, grâce à l'intervention en 1936 de Marie Bonaparte (Bertin, 1982), et de la « tranche » effectuée avec Heinz Hartmann.

Il figure sur les listes officielles du ministère des Armées comme « agent P1 », agent permanent de réseau, directement relié à Londres, du réseau Brick des Forces françaises combattantes, du 1er novembre 1942 au 30 septembre 1944. Son terrain d'action est le sud de la France, mais il effectue plusieurs déplacement dus à des missions. Il sera arrêté à l'occasion de l'une d'elles par la Gestapo en 1943. Interné à Compiègne, il échappe au camp de concentration grâce aux relations de sa femme, Lydie Farman, et à la généalogie « aryenne » qui lui est rapidement fabriquée. A l'époque de la Libération, il reprendra des fonctions de médecin capitaine en psychiatrie et c'est en uniforme, ou presque, qu'il commencera les analyses de ceux qui deviendront les prochains membres titulaires de la Société psychanalytique de Paris et organiseront avec lui en 1953 l'Institut de Psychanalyse.

Puisque nous parlons de Résistance et de listes officielles, il faut citer deux noms, même si le récit qu'ils font de leur équipée tient plus de la joyeuse aventure de journées exaltées que de l'existence menacée qu'ont dû mener Paul Schiff ou Sacha Nacht. Il s'agit de ces jeunes internes dont John Leuba signalait l'engagement dans l'analyse durant l'Occupation, Francis Pasche et Michel Renard, qui apparaissent dans la liste du groupe F.F.I. du XIVe arrondissement, secteur Sud, du 18 au 25 août 1944, pour leur participation à la libération de Paris. Plus sérieux est l'engagement de Serge Lebovici, également connu du ministère des Armées.

Ces noms sont à ajouter à ceux, hors listes, qui font écrire à Elisabeth Roudinesco[14] (Roudinesco, 1986*a*) :

> Les praticiens de la troisième génération n'entrent pas dans le cadre d'une telle évaluation. Aucun d'eux ne fait encore partie du mouvement psychanalytique pour la période de l'occupation. Néanmoins, ils sont plus nombreux que leurs aînés à faire preuve d'héroïsme ou simplement d'engagement dans la lutte. Notons quelques noms : Jean-Paul Valabrega, Guy Rosolato, Jean-Claude

14. Elle signale (p. 167) que « peu de psychanalystes de la S.P.P. participent à titre individuel à des activités de résistance », oubliant que la moyenne nationale française a été évaluée à 2 % seulement..., encore qu'elle reconnaisse que « la plupart des fondateurs n'en ont pas le loisir : ils sont morts ou en exil ».

Lavie, Jenny Aubry, Léon Chertok, Louis Beirnaert. Leurs activités sont prises en compte par nous de manière parcellaire et sans être rapportée à la saga collective du mouvement pour la période 1940-1945.

Mes premières recherches auprès des services officiels n'ont en effet porté que sur les noms des membres de la S.P.P. figurant sur les listes de 1939 et de 1948, une autre méthode me paraissant conduire à des choix forcément incomplets et, par conséquent, injustes, partiaux, trop liés à tout ce que réveille de mouvements affectifs, je ne cesserai de le répéter, la reconstitution d'une telle période et de telles actions. Je m'en tiens donc pour ma part aux noms enregistrés, ce qui, je l'ai bien indiqué à propos des souvenirs pittoresques qu'en raconte Francis Pasche, ne constitue en rien un brevet d'héroïsme ou seulement d'authenticité dans la lutte contre le nazisme qui serait refusé aux autres.

C'est au livre de Célia Bertin que je renverrai le lecteur désireux de suivre en détail le récit de l'exil « austral » de Marie Bonaparte vers Athènes, la Crète puis l'Afrique du Sud où elle demeurera du 8 juillet 1941 jusqu'en 1945. Elle ne cesse de travailler, bien évidemment, elle écrit de nombreuses lettres, des essais psychanalytiques, comme *Les mythes de guerre* ou *L'essentielle ambivalence d'Eros*, elle noircit les pages de son journal intime, se remet à l'étude du grec, prend des patients en analyse, donne des cours aux étudiants de l'hôpital psychiatrique, participe à un meeting de protestation lorsqu'elle apprend l'existence des camps de la mort (en 1942 seulement, alors qu'elle vit dans un milieu de personnages officiels de haut rang que l'on aurait supposés mieux informés de l'incroyable[15]), bref elle est la Princesse, telle qu'en elle-même, avec toutefois un cri, le 30 octobre 1943, dans une lettre à son fils : « Horrible d'être un réfugié. On est une "nuisance" à tout le monde qui vous le laisse très bien sentir, et comment » (p. 345).

Au cœur de la France, l'Allemand Hans Kalischer enfermé depuis le début de la guerre dans un « camp de réfugiés », précisément, réussit à s'enfuir en 1942 vers New York (« *Ici la vie...* », 1987), juste à temps avant l'invasion de la zone libre. J'ai déjà signalé que la Viennoise Mme Walk n'avait pas eu cette chance et avait été considérée (doc. 13) comme morte en déportation.

C'est que nous approchons, après la bataille de Stalingrad, de la défaite de l'Allemagne. Chacun durcit ses positions ou commence à discrètement changer d'attitude, voire de camp. L'année 1943 est une année charnière, personne ne fera plus de quartier, de part et d'autre, pendant

15. P. Vidal-Naquet, à la lecture de ce texte, commente : « C'est en réalité très tôt, surtout s'il s'agit du printemps ou de l'été. Voyez Raysky et Courtois : qui savait quoi ? »

au moins quatre années. Les plaies ne cicatriseront pas avant longtemps. Beaucoup, quarante-cinq ans après, restent vives.

A Clermont-Ferrand, comme l'écrit Jean-Pierre Azéma (Azéma, 1979) : « La Gestapo et les services secrets du Reich parvenaient à introduire dans les réseaux et les mouvements certains de leurs agents ou des résistants "retournés". Pour de l'argent, Georges Mathieu livra en novembre 1943 l'organisation de la Résistance implantée dans l'Université de Strasbourg repliée à Clermont-Ferrand » (p. 171). Certains parmi les proches collaborateurs de Daniel Lagache doivent se cacher ou s'enfuir, tel Salem Shentoub. Daniel Lagache, dont la femme, Hélène Gorodische, morte en 1942, était juive, a durant les années d'occupation abrité et aidé Juifs et résistants. Il rappellera lui-même (Lagache, Note autob.) « le beau travail de mon élève André Lévy sur les types de chefs, travail dont les observations furent recueillies pendant son passage aux Chantiers de la Jeunesse. Résistant audacieux, André Lévy devait être fusillé par les occupants en 1944; ce n'est qu'après la guerre que j'ai publié dans *Enfance* son mémoire » (p. 26). D'autres, comme Vica Shentoub, se souviennent (doc. 16) :

> Après la rafle, l'arrestation et l'évasion de Salem [...], Lagache me prend entièrement en charge. D'abord à Chamalières. Puis il m'expédie à Saint-Alban, dans un hôpital psychiatrique qu'il pense être un abri idéal. Or cet hôpital est déjà bourré de résistants (Aragon, Elsa Triolet, etc.) et l'on redoute la dénonciation. On me prie de quitter les lieux et Lagache organise mon retour à Clermont où l'on m'introduit de nuit à l'hôpital général où je passe plusieurs jours dans son bureau médical. [...] Salem était dans les F.T.P., vers fin 1942-1943, connu comme « Raymond ». Ce groupe était formé d'étrangers comme lui et lié au M.O.I. [...] Après la rafle, il était parti pour Paris. Là, il fut arrêté une deuxième fois, car la police de Clermont avait retrouvé sa trace. Condamné à trois mois de prison pour faux papiers. Lagache est intervenu plusieurs fois pour expliquer qu'il n'était pas juif mais que les faux papiers étaient dus à la nécessité de passer la ligne de démarcation afin de venir à Paris pour préparer sa thèse. Il fut libéré car la police sentait le vent tourner et tenait à ce qu'il témoigne de leur bon comportement, ce qu'il n'a jamais fait.

C'est de Juliette Boutonier (doc. 4) que je tiens la remarque suivante : « Les interférences de la situation due à l'Occupation et du traitement analytique étaient rares. Il est arrivé cependant qu'à la fin de la guerre des patients venus en traitement aient dit qu'ils n'avaient pas osé venir plus tôt, parce que, résistants, ils craignaient, devant dire tout ce qu'ils pensaient, que s'ils étaient arrêtés leur psychanalyste soit interrogé et torturé pour l'obliger à parler... »

Le 6 juin 1944, c'est le débarquement de Normandie, le 15 août, celui de Provence et, le 25 août, la garnison allemande de Paris capitule.

Mais la vie reprend ses droits et, passée l'euphorie de la Libération pour ceux qui sont devenus la majorité du peuple français, les conflits font à nouveau surface. La princesse Marie Bonaparte, de retour en Europe, « s'attend à des remous parmi les psychanalystes français. Elle prévoit déjà les rivalités, les attaques des uns contre les autres. Elle devine qui se prévaudra de sa situation de résistant au détriment de tel autre. Elle voudrait faire ce que Jones fit à Londres après la guerre de 1914-1918 où la société fut dissoute puis reconstituée. Elle expose ses idées dans une lettre à Loewenstein (6 janvier 1945) où elle raconte aussi ce qu'elle sait de chacun de leurs anciens confrères. « "Je ne me réjouis pas trop de rentrer dans ce guêpier", conclut-elle » (p. 348), écrit Célia Bertin (Bertin, 1982) qui nous fait regretter sa discrétion quant au contenu de cette lettre du 6 janvier 1945...

Ernest Jones, alerté, répond le 9 janvier 1945 à la lettre de John Leuba du 31 décembre en des termes dont je fournis le texte original (doc. 19), car ils sont à verser au dossier de la sorte de procès qui est actuellement fait à sa politique de président de l'Association psychanalytique internationale en ce qui concernait le nazisme et les nazis[16] :

La Princesse m'a dit qu'il était question de reconstituer, ou même de dissoudre, la Société comme moyen d'agir avec quelques membres[17] dont la conduite durant l'occupation allemande a été insatisfaisante. Ceci est entièrement une affaire interne française, mais néanmoins peut-être me permettrez-vous de faire quelques commentaires basés sur des expériences quelque peu connues. [*Ici suit un passage que je résume : il a dissous la London Society et le regrette à cause de la rupture dans la continuité. Depuis, ils ont mis au point l'expulsion de membres par 80 % de votes de la Société. C'est un meilleur plan.*]

La question d'expulser des membres ou même des sociétés entières pour collaboration avec les nazis a surgi en 1933, de sorte que j'en ai aussi l'expérience. Si l'on peut se tenir à l'écart de la passion du moment il y a un petit doute selon lequel il est plus avisé de ne pas expulser d'une société scientifique qui que ce soit du fait de positions politiques, aussi perverses qu'elles puissent être. Le problème de la collaboration avec les Allemands en France doit être extrêmement difficile à juger du fait du nombre infini de degrés par lesquels elle a pu se manifester. D'un autre côté s'il peut être prouvé que quelque membre s'est réellement mal comporté — pour prendre un cas extrême, en dénonçant des collègues ou des compatriotes à la Gestapo — alors ce serait sûrement une bonne raison pour son expulsion. Ce ne serait pas alors pour des positions politiques mais pour un comportement indiquant un tel caractère mauvais qu'il serait incompatible avec le véritable travail psychanalytique. Je serai heureux de savoir si vous êtes d'accord avec ces principes. [*The Princess had told me that there was some talk of reconstituting, or even dissolving, the Society as a means of dealing with some members whose behaviour during the German occupation was unsatisfactory.*

16. On lira sur ce problème l'article de Riccardo Steiner dans ce numéro de la *Revue*.
17. René Laforgue semble donc, une fois de plus, n'être pas seul en cause.

This is entirely a French internal affair, but nevertheless perhaps you would allow me to make a couple of comments based on somewhat cognate experiences. [...]

The question of expelling members or even whole Societies from the Association for Nazi collaboration came up in 1933, so I have experience in that too. If one can get away from the passion of the moment there is a little doubt that it is wiser not to expel from a scientific Society anyone on account of political views, however wrongheaded these may be. Science cannot advance, or even exist, without freedom or tolerance. The matter of collaborating with the Germans in France must be an extremely delicate one to judge because of the infinite number of degrees in which it could be manifested. On the other hand if it could be proved that any member behaved really badly — to take an extreme case, by betraying colleagues or compatriots to the Gestapo — then that surely would be a good reason for expulsion. It would then not be for political views but for behaviour indicative of a bad character such as is incompatible with the true psycho-analytic work. I shall be happy to hear if you agree with these principles.]

Il n'y aura pas de dissolution et, le 28 avril suivant, Marie Bonaparte confie à Anna Freud : « J'ai l'impression d'être rentrée dans un désert intellectuel. » Le 2 juillet, c'est au fidèle Rudolf Loewenstein — qui va prendre la décision de ne plus revenir en France — qu'elle donne les dernières nouvelles de la Société :

La Société de Paris devra en grande partie se passer de moi [*à cause de sa mauvaise santé*] [...]. Ceci est une des raisons — sans compter la financière — pour lesquelles je n'ai pas repris l'Institut. Si d'autres veulent s'en charger, j'en serais heureuse... Nous sommes peu à Paris de vrais [*souligné dans le texte*] analystes. Je citerai Odier, s'il revient, Schiff et Nacht dont la formation est bonne. Leuba vaut par le caractère mais pour lui tout est psychique... Quant à Lacan, il est par trop teinté de paranoïa et fait des choses d'un narcissisme discutable, se permettant trop d'interventions personnelles.

Quant à la *Revue* je ne puis plus la soutenir non plus. Elle n'a jamais volé bien fort d'ailleurs. Peut-être Rodker pourrait-il fonder à Londres une revue ressuscitant *Imago* en trois langues — où nous pourrions faire paraître nos articles en français. On craint seulement des difficultés avec Jones qui ne veut que sa revue anglaise avec des articles superkleiniens. Vous savez qu'à Londres on est scindé en deux. Le groupe officiel avec Jones et celui d'Anna Freud qui ne fusionnent pas et sont à peu près aussi nombreux l'un que l'autre. Quand on visite Londres on va aux deux, comme autrefois à Rome chez le pape et chez le roi. Les sociétés de psychanalyse vont d'ailleurs dans le monde entier un peu au diable. Ça me dégoûte profondément et je veux surtout me consacrer à mes travaux personnels.

C'est pourtant à l'occasion de sa visite, en septembre 1945, à Londres et à certains membres de cette Société britannique divisée que Jacques Lacan va écrire le premier — le seul, pourrais-je même dire — texte d'un psychanalyste regardant les événements de ces années passées à travers ces célèbres lorgnons que l'on invoque si souvent depuis Freud.

Peu avant, il avait publié un article annonciateur du tournant pris par ses élaborations théoriques, « Le temps logique et l'assertion de certitude anticipée. Un nouveau sophisme », dans des conditions qu'il rappellera vingt ans plus tard (Lacan, 1966) :

> Il nous fut demandé en mars 1945 par Christian Zervos de contribuer avec un certain nombre d'écrivains au numéro de reprise de sa revue *Les Cahiers d'Art*, conçu au dessein de combler au palmarès de son sommaire la parenthèse de chiffres sur sa couverture : 1940-1944, signifiante pour beaucoup de gens (p. 197).

Quelques-unes des significations que ces chiffres ont pu avoir pour lui personnellement se lisent dans l'article La psychiatrie anglaise et la guerre qu'il fera paraître en 1947 (Lacan, 1947) dans *L'Evolution psychiatrique* — dont la renaissance a précédé celle de la *Revue française de Psychanalyse* — mais qu'il ne reprendra pas dans ses *Ecrits*. J'y relèverai moins ce qui traduit son intérêt, son enthousiasme même, devant l'utilisation faite par Bion et Rickman d'une pensée authentiquement psychanalytique — malgré le titre où le mot « psychiatrie » figure seul — dans l'entraînement psychologique des soldats anglais en vue de la victoire finale, ni ce qui s'y montre de l'importance qu'il accorde à cette exploitation des considérations sur la notion d'identification développée par Freud dans « Psychologie collective et analyse du moi », que ce qu'il laisse transparaître de son regard sur la France de ces années noires :

> La guerre m'avait laissé un vif sentiment du mode d'irréalité sous lequel la collectivité des Français l'avait vécue de bout en bout. Je ne vise pas ici ces idéologies foraines qui nous avaient balancés de fantasmagories sur notre grandeur, parentes des radotages de la sénilité, voire du délire agonique, à des fabulations compensatoires propres à l'enfance. Je veux plutôt dire chez chacun cette méconnaissance systématique du monde, ces refuges imaginaires, où, psychanalyste, je ne pouvais qu'identifier pour le groupe, alors en proie à une dissolution vraiment panique de son statut moral, ces mêmes modes de défense que l'individu utilise dans la névrose contre son angoisse, et avec un succès non moins ambigu, aussi paradoxalement efficace, et scellant de même hélas ! un destin qui se transmet à des générations.
>
> Je pensais donc sortir du cercle de cet enchantement délétère pour entrer dans un autre règne : là où après le refus crucial d'un compromis qui eût été la défaite, l'on avait pu sans perdre prise à travers les pires épreuves, mener la lutte jusqu'à ce terme triomphant, qui maintenant faisait paraître aux nations la vague énorme qu'elles avaient vu près de les engloutir, n'avoir été qu'une illusion de l'histoire, et des plus vite rompues.
>
> Dès cet abord ni jusqu'à la fin de mon séjour qui dura cinq semaines, cette attente d'un autre air ne fut déçue. Et c'est sous forme d'évidence psychologique que je touchai cette vérité que la victoire de l'Angleterre est du ressort moral — je veux dire que l'intrépidité de son peuple repose sur un rapport véridique au réel, que son idéologie utilitariste fait mal comprendre, que spécialement le terme d'adaptation trahit tout à fait, et pour quoi même le beau mot de réalisme

nous est interdit en raison de l'usage infamant où les « clercs de la Trahison » ont avili sa vertu, par une profanation du verbe qui pour longtemps prive les hommes des valeurs offensées. [...]

Assurément moins décisive est cette expérience que celle que j'eus en 40 d'un phénomène moléculaire à l'échelle de la nation : je veux dire l'effet macérant pour l'homme d'une prédominance psychique des satisfactions familiales, et cet inoubliable défilé, dans le service spécial où j'étais attaché, de sujets mal réveillés de la chaleur des jupes de la mère et de l'épouse, qui, par la grâce des évasions qui les menaient plus ou moins assidûment à leurs périodes d'instruction militaire, sans qu'ils fussent l'objet d'aucune sélection psychologique, s'étaient trouvés promus aux grades qui sont les nerfs de combat : du chef de section au capitaine. Le mien ne permettait pas d'accéder autrement que par ouï-dire aux échantillons que nous avions de l'inaptitude à la guerre des cadres supérieurs. J'indiquerai seulement que je retrouvais là à l'échelle collective l'effet de dégradation du type viril que j'avais rapporté à la décadence sociale de l'imago paternelle dans une publication sur la famille en 1938.

De fait, l'article de Pearl King[18] montre clairement le travail psychanalytique entrepris en Angleterre, au moins sur deux plans laissés pratiquement à l'abandon par les psychanalystes français. Le premier se trouvait lié à l'effort de guerre et l'on conçoit que les conditions d'une occupation par l'ennemi n'aient pas permis en France une semblable adaptation de la psychanalyse aux impératifs militaires, encore que l'on puisse *aujourd'hui* rêver d'une aide psychique individuelle ou de groupe apportée à tels réseaux de Résistance, à la réadaptation des prisonniers revenant d'Allemagne, au soutien de ceux qui partirent au S.T.O., etc.

Mais ces considérations sont utopiques et nous ne pouvons faire vraiment grief aux psychanalystes français de s'être cantonnés à leurs seules activités cliniques, publiques ou privées. Je suggérerai même que la tentative effectuée par Daniel Lagache au printemps de 1942 (donc avant l'invasion de la zone « libre » par les Allemands) pour appliquer sa méthode de sélection psychologique aux troupes françaises (Mornacco, 1975) — bien dans la ligne de ce qui se pratiquait en Angleterre — avait tout de même le défaut de se dérouler sous les auspices du ministère des Armées du gouvernement Pétain... Le seul, peut-être, ayant fait montre d'une certaine ardeur propagandiste liée aux circonstances serait John Leuba, introduisant la psychanalyse auprès des médecins du XVIe arrondissement de Paris à l'occasion des contacts que lui valaient ses activités constantes dans la Défense passive, mais je n'ai pas trouvé trace d'un apport nouveau à la théorie ou à la pratique dérivé de ces expériences.

L'autre plan inexplicablement négligé par les Français, contrairement à leurs collègues d'outre-Manche — à en juger toutefois par l'absence, à

18. Cf. ce même numéro de la *Revue*.

ma connaissance, de signes de telles réflexions —, fut celui de l'élaboration d'une nouvelle organisation du mouvement psychanalytique français dans son ensemble. Nous savons que certains analystes (pensons au « Quatuor de Sainte-Geneviève », comme se surnommaient en plaisantant André Berge, Juliette Boutonier, Françoise Dolto et Marc Schlumberger [doc. 4], au petit groupe travaillant autour de Daniel Lagache, à celui œuvrant dans l'hôpital Sainte-Anne, par exemple) se réunissaient parfois, se voyaient en tout cas assez souvent pour qu'il m'apparaisse très surprenant qu'ils n'aient jamais préparé quelque plan pour restructurer une Société psychanalytique de Paris dont nous avons rappelé la fragilité en 1939; que l'on n'ait pas songé à innover, les lettres datant de la Libération ne parlant que d'analyses « didactiques » entreprises dans une continuité que démentaient les faits nouveaux du monde environnant; que la question ne se soit pas posée de l'intégration des jeunes candidats, d'une origine toute différente, qui allaient affluer dans le cadre désormais caduc de la Société.

Ce que nous allons maintenant évoquer montre bien que tout avait doucement continué « comme avant », ce qui était aussi « déréel » que les comportements de René Laforgue, dans une institution réouverte comme un vieil appartement (ce qui n'est qu'une métaphore, car elle ne possédait plus de locaux propres !) et dont les membres allaient gaspiller leur énergie en règlements de comptes. C'est sans doute en raison de cette impéritie que la scission un moment projetée n'eut pas lieu en 1945, mais huit ans plus tard. Personne n'avait le moindre plan mobilisateur en poche. Pour le petit nettoyage prévu, une simple mise à l'écart devait suffire...

Irréalité... Décadence de l'image paternelle, rappelait Jacques Lacan... Faut-il achever l'étude de cette période par la sinistre farce du procès d'épuration de René Laforgue ?

Voici ce qu'en écrit Elisabeth Roudinesco (Roudinesco, 1986*b*) qui en a retrouvé les traces :

> Le 27 mars 1946, la section d'épuration se réunit à la première chambre de la cour d'appel de Paris sous la direction du président Janvier, magistrat de profession. Celui-ci constate qu'aucune preuve n'a pu être apportée par l'accusation, qui s'appuie sur des rumeurs. Il souligne en revanche que la défense a pu montrer que Laforgue avait protégé des victimes du nazisme après 1942. L'inculpé parvient également à prouver que son voyage en Allemagne était motivé par des raisons d'ordre familial. En conséquence, il est relaxé et le tribunal ordonne le classement du dossier, ce qui équivaut à un non-lieu. [...] Ce procès en épuration, mené sans aucune preuve par Leuba, est aussi lamentable que l'attitude collaborationniste de Laforgue durant l'Occupation. Quant au jugement du tribunal, il est équitable. On ne condamne pas sans preuve et l'on ne juge pas sur des rumeurs (p. 176).

Raminagrobis avait également sa façon bien personnelle de réserver un sort équitable aux deux parties en présence, et je ne suis pas aussi convaincu de l'égalité des poids en présence sur les plateaux de cette justice, tout comme je ne partage pas les conclusions de cet auteur que je rappellerai après avoir laissé de nouveau la parole à ceux qui peuvent, les ayant partagées, nous faire mieux percevoir les tensions violemment contradictoires de « ce temps déraisonnable », pour reprendre l'expression de Louis Aragon.

Marie Bonaparte d'abord qui tient Rudolf Loewenstein au courant de ce qui se passe dans la Société psychanalytique de Paris :

> On n'a rien pu trouver contre lui de précis et aucun témoin — sauf Leuba, rapporteur de *L'Evolution psychiatrique* — n'a paru. Dans ces conditions on ne peut rien faire dans notre groupe contre lui ; c'est aussi l'avis d'Anna Freud à qui j'ai exposé le cas. J'ai vu l'inculpé lui-même. Il avait parlé d'intenter un procès en diffamation, mais il a renoncé à cette idée. Je crois que Borel l'a beaucoup calmé... Toutes ces histoires de groupe me dégoûtent et j'ai hâte d'aller travailler en paix à Saint-Tropez et de ne plus voir aucun collègue (p. 356).

Autre témoignage, copie d'une lettre de l'abbé Paul Jury à Rudolf Loewenstein, datée de 1946 (doc. 5) :

> Ne pouvant sortir, retenu que je suis dans mon bureau par mon travail, je n'ai pas eu jusqu'en janvier 46 de contact avec l'extérieur. D'après ce que j'ai compris, la Société de Psychanalyse est devenue un panier de crabes. La guerre a fait ces choses. La princesse règne toujours ou du moins le voudrait, mais elle ne paie plus rien, alors nos analystes qui en étaient encore au stade oral, n'ayant ni lait ni maman nourricière ne savent que faire. On se chamaille ferme. Parcheminey menant le concert, méprisé par tous mais actif. On a fini par faire passer Laforgue devant une commission d'épurateurs, Parcheminey menant les choses en cachette, et Leuba au premier plan. Mais au procès tout s'est effondré, on a dû en séance renoncer à l'accusation (*Second dictionnaire*, p. 61.866).

Georges Mauco, autre témoin de ces événements, a été plus prolixe et a laissé transparaître, tant dans son livre *Vécu 1899-1982* que dans une lettre complémentaire qu'il m'a adressée, l'existence d'autres courants que purement psychanalytiques dont la force était considérable en 1945-1946. L'attitude de René Laforgue ne pouvait être vécue que comme une complicité avec les bourreaux des Juifs, en dépit de ses engagements antérieurs à 1939 et de l'aide apportée à des réfugiés juifs, à la liste desquels il faut ajouter le nom d'un de ses analysés, Henri Stern (Roudinesco, 1986*a*). L'attitude de ses accusateurs ne pouvait être interprétée par certains de ses fidèles amis que comme une vengeance, liée à tout ce que le monde sourd et aveugle apprenait jour après jour depuis un an sur les camps de la mort. Dans son livre (Mauco, 1982), Georges Mauco écrit :

A la libération le milieu des psychanalystes n'échappa pas aux excès de « l'épuration », révélant les jalousies professionnelles. Le Dr Laforgue fut ainsi accusé de collaboration et par ceux-là mêmes qui lui avaient demandé d'intervenir en leur faveur[19] auprès des autorités allemandes parce qu'il avait fait ses études à Berlin, alors que l'Alsace était soumise à l'Allemagne. Et l'on parla d'envoyer Laforgue au camp de Drancy que devait connaître Sacha Guitry, auquel on fit les mêmes reproches. Les Juifs ayant connu l'angoisse et le refoulement de leur agressivité[20] se montrèrent particulièrement inquisiteurs. Robert Desoille me dit que des psychanalystes dont Schiff lui avait [*sic*] déclaré qu'ils « auraient la peau de Laforgue et de quelques autres »[21].

A peine apaisés les règlements de compte de l'épuration, le Dr Leuba et Lagache me dirent reconnaître que les jalousies professionnelles y avaient joué un rôle important.

Un an plus tard, je recevais de Georges Mauco la lettre suivante (doc. 18), datée du 7 janvier 1983 :

En classant mon courrier des années d'après guerre et notamment les lettres de Laforgue et copies de mes réponses à ses lettres (dont je vous ai communiqué quelques exemplaires) apparaît bien sa crainte de la « dictature du rationalisme communiste », allant même jusqu'à la crainte de la voir s'imposer en France. Ce qui fut un élément de son repli au Maroc.

Or la source de cette hostilité puisait en partie dans le fait que les éléments de la Société de Psychanalyse demandant son « épuration » étaient surtout formés des Juifs particulièrement hostiles aux « collaborateurs », ou jugés comme tels, et que ceux-ci étaient très favorables au communisme, et certains même communistes actifs, comme Lebovici et sa femme. Cette sympathie pour le communisme se comprenait du fait que l'U.R.S.S. avait été le grand vainqueur de Hitler et ne connaissait pas encore l'antisémitisme. Ce n'est qu'avec la condamnation des médecins juifs par Staline que le groupe des analystes hostiles à Laforgue devait se détacher du communisme.

Je crois utile de vous signaler ces faits, bien apparents dans le courrier de Laforgue, et qui sont particulièrement négligés par Roudinesco dans son dernier ouvrage.

Ce n'était que l'avant-dernier, car, dans le suivant, Elisabeth Roudinesco concluait ainsi ce sous-chapitre de l'*Histoire de la psychanalyse en France* :

Il semble bien que la communauté psychanalytique française ait eu besoin, après Auschwitz, de destituer Laforgue de sa position symbolique de père fondateur. Il était devenu gênant, lui qui n'avait pas su régner. Il semble bien aussi que ce père fondateur se soit toujours comporté en vaincu : face à l'Allemagne

19. Il conviendrait de préciser : à qui est-il fait allusion ici, sinon, apparemment, John Leuba et Georges Parcheminey ? Quelles interventions avaient-elles été demandées ? Auprès de qui ? Pourquoi ?

20. *Sic.*

21. Mme C. Doz-Schiff, ayant lu mon manuscrit, me demande d'indiquer qu'elle émet des réserves sur l'authenticité des propos attribués à son père par M. G. Mauco. Dont acte.

nazie à laquelle il raconte des fables, face à sa communauté qui ne gardera de lui que le souvenir de son ambivalence, sinon de son génie clinique. Sans doute ce meurtre était-il nécessaire au mouvement français pour se donner l'image qu'il souhaitait avoir de lui-même après la guerre : plus orthodoxe, plus freudien, plus internationaliste et plus oublieux de son passé chauvin (p. 176).

« Il semble bien », plutôt, que, pour n'avoir jamais pu accepter, pour des raisons intimes que j'ignore, son allégeance affective inconsciente à Freud, véritable père fondateur, René Laforgue n'ait tenu à aucun moment, sinon aux yeux de ses seuls analysés, ce rôle qu'Elisabeth Roudinesco lui attribue au sein du « mouvement français ». Il l'a espéré, certes, mais comme tous ceux qui souffrent de cette névrose d'échec dont il a su parler avec une telle vérité. Toute « paternité » passe par la reconnaissance préalable d'une filiation et d'une généalogie. Sans doute celles qui venaient, à partir de Vienne, d'un passé juif d'Europe centrale n'étaient que bien difficilement acceptables dans la France de leur époque par la plupart des premiers médecins français d'origine qui s'intéressèrent à la psychanalyse, ce qui d'ailleurs les distinguait de l'ensemble encore plus « chauvin » de leur milieu socioprofessionnel. La « fondation » du mouvement psychanalytique français n'a jamais été le fait de René Laforgue, pas davantage d'ailleurs que celui d'Angelo Hesnard, encore plus précocement que lui intéressé par ce que pouvaient apporter à la pratique psychiatrique les propositions de Freud. Il n'est que de se rappeler avec quelles réticences ils se firent arracher la création de la Société psychanalytique de Paris (de Mijolla, 1988) pour s'en persuader.

La réalité de ces temps de l'Occupation, de la Libération et de l'épuration est plus complexe, mêlant aux causes psychologiques ou institutionnelles de vieilles rancœurs de classe, de race, de religions et d'engagements politiques dont la psychanalyse — pour ceux tout au moins qui s'y étaient personnellement soumis — n'avait fait qu'abraser les aspérités de surface. Le grand bouleversement de la guerre a laissé ressurgir la bête infantile toujours vorace au cœur de l'homme et, si la « douceur de vivre » du milieu psychanalytique de notre monde occidental nous conduit en 1988 à l'oublier, je ne donnerais pas longtemps, en cas de circonstances extérieures aussi tragiques que le furent celles de la Deuxième Guerre mondiale, pour voir réapparaître chez tous les psychanalystes d'aujourd'hui des clivages et des réactions bien semblables à ceux que nous venons d'évoquer.

Le « passé chauvin » n'était pas le fait de ceux qui, comme le Suisse John Leuba ou Georges Parcheminey, menèrent contre René Laforgue une action justifiée à leurs yeux par tout ce qu'ils avaient appris ou perçu de son comportement et de ses privilèges au long de ces années d'un asservissement physique et moral dont on semble avoir oublié le poids et la honte, pondérée à nos yeux actuels par tout ce que nous commençons à apprendre, sans parler de tout ce que nous ne savons pas encore. Qui nous fera croire que les réceptions mondaines, réunissant un grand nombre de personnalités françaises et allemandes, que ces déjeuners, ces dîners qu'attestent les lettres de 1941, aient pu passer inaperçus du petit clan des psychanalystes parisiens ? Ne pas éveiller en ces temps de méfiance, d'appauvrissement et de disette des rancœurs tenaces qui n'attendaient que l'occasion propice pour se manifester ?

Quant au « plus d'orthodoxie », au « plus de freudisme », il est lié à un ensemble de résistances aux théories de Freud qui dépassent de loin le seul sacrifice propitiatoire présumé de René Laforgue. Le « retour à Freud » prôné par Jacques Lacan quelques années plus tard en montrera bien la valeur de surenchère, celle-même qui risque de pousser aujourd'hui un nombre grandissant de psychanalystes vers un « plus de Freud du tout ».

A partir de 1948, date de la première liste officiellement publiée de la Société psychanalytique de Paris, et sur laquelle figure encore René Laforgue, les noms qui apparaissent sont pour la plupart nouveaux. Une proportion non négligeable d'entre eux pense alors avoir gagné dans le sang et le deuil le droit de se réclamer du Juif Freud et de jeter au panier les vieilles réticences du « génie latin » cher aux psychiatres français des années d' « avant la guerre », ainsi que l'on a pris désormais l'habitude de dire, comme pour montrer que quelque chose d'irrémédiable s'est passé. S'est cassé. Il faudra encore quelques années pour qu'une « filiation à Freud » s'élabore en termes différents, vingt-trois ans pour qu'une marée de jeunes en vienne à crier : « Nous sommes tous des Juifs Allemands... » Quant au réflexe qui a poussé après 1945 des psychanalystes à se regrouper dans un internationalisme corporatiste qui avait finalement sauvé tant d'entre eux, précipités dans cette « nouvelle diaspora » dont parle, après Anna Freud, Riccardo Steiner[22], j'y vois au départ une sorte de précaution : si « cela » recommençait un jour...

Qu'ensuite, pansées les plus cruelles blessures, les événements reprennent leur cours, que les bêtes humaines acharnées à survivre redeviennent des hommes apparemment policés se bousculant pour seulement mieux vivre et vivre mieux que l'autre, c'est une histoire différente. C'est la nôtre, au moment où j'écris. Il ne faut pas mélanger les temps, ni prétendre appliquer les grilles de jugements anachroniques à ces années dont les images ne cessent de m'habiter.

C'est avec Paul Schiff (doc. 20), ce héros que nous aimerions tous être,

22. Cf. ce même numéro de la *Revue*.

qu'à cette époque de mes dix ans j'aurais voulu devenir et que je reprochais au fond de moi à tant de mes proches de n'avoir pas su incarner, que je conclurai momentanément un travail qui ne satisfera ni les psychanalystes avides d'idées originales ou d'interprétations éclairantes, ni les historiens soucieux d'une meilleure mise en relief de conditions socio-économiques ou de stratégies géopolitiques que je n'ai pu que négliger, parce que je suis incapable de faire autre chose que de raconter, d'essayer de comprendre et surtout de ne pas expliquer l'histoire de ces hommes et de ces femmes qui sont le matériau de l'Histoire :

> De plus en plus je crois qu'il faut réviser tout ce qu'on raconte en bien et en mal des autres, et réviser aussi en bien et en mal tout ce que les gens racontent d'eux-mêmes sur cette période frénétique. Le mieux serait de ne pas faire attention à quoi que ce soit, de se tourner vers l'avenir et de glisser dans le flux bergsonien de la vie.

Ce serait certes le mieux, dans un monde sans conflits où il n'y aurait plus de souvenirs obsédants ni de traces mnésiques inconscientes, aucune exigence venant d'une pulsion d'investigation vissée dans le passé, plus d'histoire ni de préhistoire, bref un monde où l'on ne cesserait de courir vers le futur, en véritable héros.

Alain de MIJOLLA,
46, rue de Grenelle,
75007 Paris, France.

Mots clés

Collaboration / France – Laforgue René – Occupation allemande – Résistance / France – Société psychanalytique de Paris.

BIBLIOGRAPHIE

Allendy R. (1942*a*) *L'amour*, Paris, Denoël & Steele, 1942.

— (1942*b*) *L'enfance méconnue. Solutions pédagogiques*, Genève, Ed. du Mont-Blanc, 1942.

— (1944) *Le journal d'un médecin malade, ou six mois de lutte avec la mort*, Paris, Denoël, 1944.

Anzieu D. (1977) Préface, *in* D. Lagache, *Œuvres complètes*, t. I, Paris, P.U.F., 1977.

Azéma J.-P. (1979) *De Munich à la Libération, 1938-1944*, Paris, Ed. du Seuil, 1979.

Baudouin Ch. (1941, 1942) La psychologie est-elle la science de l'action ?, *Revue philosophique*, CXXXI, avril-juin 1941 et CXXXII, avril-juin 1942-1943.

Bertin C. (1982) *La dernière Bonaparte*, Paris, Perrin, 1982.

Birnbaum H. (1940) Le sur-moi, le moi inné et l'origine de la morale, *Revue philosophique*, CXXIX, mai-juin 1940, 5-6, p. 317-335.

Blanton S. (1971) *Journal de mon analyse avec Freud*, trad. franç. I. David, Paris, P.U.F., 1973.

Boutonier J. (1944) *L'angoisse*, Paris, P.U.F., 1944.
— (1948) Paul Schiff, *Rev. franç. de Psychan.*, 1948, XII, 2, p. 163-166.
Bouvard L. (1981) *La vie et l'œuvre du Dr René Allendy*, thèse pour le doctorat en médecine, 1981, Université Paris - Val-de-Marne, Faculté de Médecine de Créteil.
Cénac M. (1943) Psychiatrie et psychanalyse, L'apport de la psychanalyse à la psychiatrie, *Ann. méd.-psych.*, 101e année, t. 1, janvier-février-mars 1943, p. 278-288.
— (1947) Nécrologie de René Allendy, *Evolution psychiatrique*, 1947, 1, p. 3-6.
Cocks G. (1985) *La psychothérapie sous le IIIe Reich, L'Institut Göring*, trad. franç. C. Davenet, Paris, Les Belles-Lettres, 1987.
Ey H. (1939) Réflexions sur la valeur scientifique et morale de la psychanalyse (A propos de la thèse de Roland Dalbiez), *L'Encéphale*, avril 1939, XXXIV, 4, p. 189-220.
Hesnard A. (1946) *Freud dans la société d'après guerre*, Genève, Ed. du Mont-Blanc, 1946.
« *Ici la vie continue d'une manière fort surprenante...* », *Contribution à l'histoire de la psychanalyse en Allemagne*, Paris, Ed. A.I.H.P., 1987.
L'introduction de la psychanalyse aux Etats-Unis, Autour de James Jackson Putnam (1971), trad. franç. C. Cullen, Paris, Gallimard, 1978.
Jeantet L., Psychologie du rire, *Revue philosophique*, CXXXIV, avril-juin 1944.
Lacan J. (1947) La psychiatrie anglaise et la guerre, *Evolution psychiatrique*, XII, 1, 1947, p. 293-318.
— (1966) Le temps logique et l'assertion de certitude anticipée. Un nouveau sophisme, in *Ecrits*, Paris, Le Seuil, 1966, p. 197-213.
Laforgue R. (1944) *Psychopathologie de l'échec*, Paris, Payot, 1944.
— (1947) *Talleyrand*, Genève, Ed. du Mont-Blanc, 1947.
Lagache D. (1942) Introduction et notes à A. Lévy, Portraits de meneurs et psychologie du groupe. Observations recueillies dans les Chantiers de la Jeunesse, 1942 (inédit). Publié par D. Lagache, *Enfance*, 1949, no 1, p. 7-40.
— (1946) *Titres et travaux de Daniel-Louis-Constant Lagache*, Paris, P.U.F., 1966.
Leuba J. (1943) Le mythe du bromure dans le « pinard », *Journal de Médecine et de Chirurgie pratiques*, janvier 1943, p. 43 et s.
— (1945) Activities of the French Psycho-Analytical Society during the German Occupation, *Internation. Journ. Psycho-anal.*, 1945, XXVI, 1 et 2, p. 84-85.
Loewenstein R. (1952) *Psychanalyse de l'antisémitisme*, Paris, P.U.F., 1952.
Marette F. (1939) *Psychanalyse et pédiatrie. Le complexe de castration. Etude générale. Cas cliniques*, Paris, Amédée Legrand, 1940.
Mauco G. (1982) *Vécu 1899-1982*, Paris, Emile-Paul, 1982.
Mijolla A. de (1982) La psychanalyse en France (1893-1965), in *Histoire de la psychanalyse*, dir. R. Jaccard, t. II, Paris, Hachette, 1982, p. 9-105 ; nouv. éd. en « Livre de Poche », 1985.
— (1984) Quelques avatars de la psychanalyse en France. Lecture du Disque vert (juin 1924), *L'Evolution psychiatrique*, 49, 3, 1984, p. 773-795.
— (1987) De la pratique psychanalytique de Freud à la nôtre, *Etudes freudiennes*, 30, 17-37, 1987.
— (1988) Le rôle de la princesse Marie Bonaparte dans la création de la Société psychanalytique de Paris, Colloque international de Duino, Trieste, 26-27 septembre 1987 (à paraître).

Mornacco H., Lettre à Monsieur D. Anzieu, *in* Hommage à Daniel Lagache, *Documents et Débats*, bulletin intérieur de l'A.P.F., 1975.

Parcheminey G. (1944) La question de l'hypnotisme, *Revue suisse de Psychologie et de Psychologie appliquée*, III, 102-124, 1944.

Rolland R. (1942) *Le voyage intérieur*, Albin Michel, 1942.

Roudinesco E. (1982) *La bataille de cent ans*, I, Paris, Ramsay, 1982.

— (1986*a*) *Histoire de la psychanalyse en France* ; 2 : *1925-1985*, Paris, Seuil, 1986.

— (1986*b*) René Laforgue ou la collaboration manquée : Paris-Berlin 1939-1942, *Confrontation*, 1986.

Sartre J.-P. (1943) *L'être et le néant*, Paris, Gallimard, 1943.

DOCUMENTS CITÉS

Je remercie tous ceux qui m'ont aidé à titre personnel dans ce travail en m'adressant les documents sans lesquels je n'aurais pas pu le réaliser. Je cite leurs noms pour chacun d'entre eux, mais je tiens tout particulièrement à signaler que Miss Pearl King et Mrs. Jill Ducan m'ont autorisé à publier les documents appartenant aux Archives de la British Psychoanalytical Society et que Frau Dr. Regine Lockot en a fait autant en ce qui concerne les Bundesarchiv de Coblenz. J'ai, tout au long de ce travail, utilisé les renseignements si vivants que Mme le Pr Juliette Favez-Boutonier a bien voulu me communiquer dans une série de lettres dont les historiens de demain ne pourront se passer. D'autres ont eu une action plus discrète mais non moins efficace, tels M. Riccardo Steiner, Mme Eva Rosenblum, Mme Mireille Nathan Murat, Mme Christa von Petersdorff, Maître Alec Mellor, Mmes Thérèse Albenque et Madeleine Aderhold (Bibliothèque de la Société psychanalytique de Paris), M. Rault (Bibliothèque de l'hôpital Sainte-Anne), M. Lucien Orsenne, M. Dominique Veillon (Institut d'Histoire du Temps présent) et tant d'autres correspondants grâce à qui j'aurais pu rédiger un texte trois fois plus copieux et documenté que celui que je me suis permis d'infliger ici aux lecteurs. D'autres ont choisi de ne pas répondre à mes demandes. Cela fait aussi partie de cette histoire.

(1) Document des Archives of the British Psychoanalytical Society, Lettre de Georges Parcheminey à E. Jones du 9 novembre 1944.

(2) Document des Archives of the British Psychoanalytical Society, Lettre de John Leuba à E. Jones du 31 décembre 1944.

(3) Dossier de lettres adressées par Rudolf Loewenstein au Dr Paul Denis, communiquées par le Dr Paul Denis à A. de Mijolla.

(4) Lettre du Pr J. Favez-Boutonier à A. de Mijolla, le 27 mars 1987.

(5) Dossier concernant Paul Jury, envoyé par M. André Michel à A. de Mijolla.

(6) Documents concernant l'histoire de la psychanalyse en France durant l'Occupation, Bundesarchiv de Coblenz et Regine Lockot, trad. G. Jastaz, prés. E. Roudinesco, *Confrontation*, 1986.

(7) Lettre du Pr J. Favez-Boutonier à A. de Mijolla, le 14 avril 1987.

(8) Lettre du Dr F. Pasche à A. de Mijolla, le 11 avril 1987.

(9) Carte-lettre de Jacques Lacan à M. Ballard, Archives de la Ville de Marseille, Fonds des Cahiers du Sud, photocopie adressée par Mme Charlotte Delwardre à A. de Mijolla.

(10) Lettre du 5 mars 1942 de Jacques Lacan à M. Ballard, Archives de la Ville de Marseille, Fonds des Cahiers du Sud, photocopie adressée par Mme Charlotte Delwardre à A. de Mijolla.
(11) Documents des *Bundesarchiv in Coblenz Kl. Ew. 762*, photocopies intégrales du dossier transmis par Mme le Dr Regine Lockot à Alain de Mijolla.
(12) *Zentralblatt für Psychotherapie*, 10, 1937, p. 134 et 135, adressé par le Pr G. Cocks à A. de Mijolla.
(13) Document des Archives of the British Psychoanalytical Society, Lettre de Philippe Loyer, début janvier 1945.
(14) Lettre du 3 septembre 1941 de René Laforgue à M. Ballard, Archives de la Ville de Marseille, Fonds des Cahiers du Sud, photocopie adressée par Mme Charlotte Delwardre à A. de Mijolla.
(15) Lettre du 17 décembre 1947 de M. Jean Ballard à René Laforgue, Archives de la Ville de Marseille, Fonds des Cahiers du Sud, photocopie adressée par Mme Charlotte Delwardre à A. de Mijolla.
(16) Note sur Daniel Lagache adressée par Mme V. Shentoub à Alain de Mijolla le 29 avril 1987.
(17) Lettre du Pr Charles Durand au Dr A. de Mijolla, le 16 mars 1987.
(18) Lettre de Georges Mauco à Alain de Mijolla, le 7 janvier 1983.
(19) Document des Archives of the British Psychoanalytical Society, Lettre de E. Jones à John Leuba du 9 janvier 1945.
(20) Lettre de Mme Claire Doz-Schiff, adressée à A. de Mijolla, le 29 mars 1987.
(21) Lettre de Mme E. Hesnard-Félix à A. de Mijolla, 23 février 1987.
(22) *Rev. franç. Psychanal.*, 1938, X, 4.
(23) La correspondance entre Freud et Laforgue, 1923-1937, prés. A. Bourguignon, *Nouvelle Revue de Psychanalyse*, 15, 1977.

RÉSUMÉS

Un grand silence psychanalytique, tant théorique que clinique, s'abat sur la France durant les quatre années de l'occupation allemande. L'Institut de Psychanalyse a fermé ses portes et la *Revue française de Psychanalyse* a cessé de paraître dès l'armistice de 1940. Certains, comme Rudolf Loewenstein ou la princesse Marie Bonaparte, émigrent, d'autres combattent, tels Sacha Nacht ou Paul Schiff. Daniel Lagache continue ses recherches au sein de l'Université de Strasbourg réfugiée à Clermont-Ferrand. René Laforgue se compromet avec l'occupant et se verra, après la Libération, mis à l'écart d'un groupe dans lequel, quelques années auparavant, il avait pu espérer jouer un rôle prédominant. Nombre de ses analysés lui demeureront fidèles, ce qui ne sera pas sans influence sur l'évolution du mouvement psychanalytique en France après 1945, lorsque la nouvelle génération, formée durant les derniers soubresauts de la guerre, se groupera autour des maîtres à penser que deviendront Sacha Nacht et Jacques Lacan. Ce n'est en effet qu'après la latence de ces années de silence, d'action violente ou de lâcheté qu'apparaîtront, dans une atmosphère conflictuelle qui aboutira à la scission de 1953, les élaborations psychanalytiques et les querelles institutionnelles auxquelles elles ont donné naissance.

Psychoanalysis and psychoanalysts in France between 1939 and 1945

France was affected by a deep psychoanalytic silence, both in theoretical and clinical fields, throughout the four years of German occupation. The psychoanalytic Institute closed its doors and the *Revue française de Psychanalyse* interrupted its publication as soon as the armistice of 1940. Some people, e.g. Rudolf Loewenstein or Princess Marie Bonaparte, emigrated, others fought, e.g. Sacha Nacht or Paul Schiff. Daniel Lagache went on with his researches within the works of the University of Strasburg, which had sought shelter in Clermont-Ferrand. René Laforgue cooperated with the German occupant ; after the Liberation of France in 1944 he was discarded from a group in which, a few years before, he may have entertained the hope of playing an outstanding part. Quite a few of those he analyzed remained faithful to him — which will have an important bearing on the evolution of the psychoanalytic movement in France after 1945. In 1945, indeed, the new generation emerging from the last convulsions of the war, will gather around the most influential potential leaders : Sacha Nacht and Jacques Lacan. Only after the latency of those silent years, only after those years of violent struggles and cowardice, will the psychoanalytic elaborations appear, and also the institutional feuds to which they gave vent — in a conflictual climate amounting to the schism of 1953.

Psychoanalyse und Psychoanalytiker in Frankreich zwischen 1939 und 1945

Ein grosses psychoanalytisches Schweigen, sowohl in der Theorie als auch in der Praxis, fällt während der vier Jahre der deutschen Besatzung über Frankreich. Das Psychoanalytische Institut hat seine Tore geschlossen und die *Revue française de Psychanalyse* ist seit dem Waffenstillstand von 1940 nicht mehr erschienen. Manche, wie Rudolf Loewenstein oder die Prinzessin Bonaparte, wandern aus ; andere wieder, wie Sacha Nacht oder Paul Schiff, kämpfen. Daniel Lagache setzt seine Forschungen im Rahmen der Universität von Strassburg fort, die in Clermont-Ferrand Zuflucht gesucht hat. René Laforgue kompromittiert sich mit der Besatzung und wird nach der Befreiung von einer Gruppe zur Seite geschoben, in der er einige Jahre zuvor die Hoffnung hegen konnte, eine führende Rolle zu spielen. Eine gewisse Anzahl seiner Analysanden bleiben ihm treu, was einen Einfluss auf die Entwicklung der psychoanalytischen Bewegung nach 1945 in Frankreich ausüben wird, als die neue Generation, die während der letzten Kriegserschütterungen ausgebildet worden ist, sich um die Leitfiguren Sacha Nacht und Jacques Lacan schart. Die psychoanalytischen Arbeiten und die durch sie ausgelösten Streitigkeiten zwischen den verschiedenen Schulen erscheinen erst nach der Latenzzeit dieser Jahre des Schweigens, der heftigen Auseinandersetzungen oder der Feigheit, in einer Konfliktstimmung, die im Jahre 1953 zur Spaltung führt.

Psicoanalisi e psicoanalisti in Francia tra il 1939 e il 1945

Un grande silenzio psicoanalitico, sia teorico che clinico, cala sulla Francia durante i quattro anni dell'Occupazione tedesca. L'Istituto di Psicoanalisi ha chiuso e la *Rivista francese di Psicoanalisi* non è più stata pubblicata dopo l'armistizio del 1940. Alcuni personaggi, come Rudolf Loewenstein o la Principessa Marie Bonaparte, emigrano, altri combattono, come Sacha Nacht o Paul Schiff. Daniel Lagache prosegue le sue ricerche nell'ambito dell'Università di Strasburgo trasferita a Clermont-Ferrand. René Laforgue si compromette con gli occupanti e dopo la Liberazione, sarà emarginato da un gruppo nel quale, qualche anno prima, aveva potuto sperare di svolgere un ruolo predominante. Un gran numero dei suoi pazienti gli resteranno fedeli, cosa che non sarà senza influenza sull'evoluzione del movimento psicoanalitico in Francia dopo il 1945, quando la nuova generazione, formata durante le ultime convulzione della guerra, si raggrupperà attorno ai « maîtres à penser » Sacha Nacht e Jacques Lacan. Difatti, soltanto dopo il periodo di latenza di quegli anni di silenzio, di azione violenta o di vigliaccheria appariranno, in un clima conflittuale che condurrà alla scissione del 1953, le elaborazioni psicoanalitiche e le dispute istituzionali che ne derivano.

El psicoanálisis y los psicoanalistas en Francia entre 1939 y 1945

Un gran silencio cae sobre el psicoanálisis francés durante los cuatro años de la ocupación alemana, tanto en los aspectos teóricos como clínicos. El Instituto de Psicoanálisis ha cerrado sus puertas y la *Revue française de Psychanalyse* ha dejado de publicarse desde el armisticio de 1940. Algunos emigran, como Rudolf Loewenstein y la princesa Marie Bonaparte ; otros combaten, como Sacha Nacht y Paul Schiff. Daniel Lagache prosigue sus investigaciones en la Universidad de Estrasburgo trasladada a Clermont-Ferrand. René Laforgue se compromete con el ocupante y después de la liberación se verá alejado de un grupo en el que pocos años antes podía esperar una participación importante. Muchos de sus analizados le guardan fidelidad, lo que no dejará de influir en la evolución del movimiento psicoanalítico en Francia después de 1945, cuando la nueva generación formada durante los últimos sobresaltos de la guerra se agrupe en torno de los nuevos maestros Sacha Nacht y Jacques Lacan. En efecto, después de la latencia de esos años de silencio, de acción violenta o de cobardía aparecerán, en una atmósfera de conflicto que conducirá a la escisión de 1953, las elaboraciones psicoanalíticas y las luchas institucionales que en ellos tuvieron su origen.

Psychanalyse et fascisme : deux approches incompatibles. Le rôle difficile d'Edoardo Weiss

ANNA MARIA ACCERBONI

Un seul psychanalyste italien, Emilio Servadio, fut en mesure de participer au XVe Congrès international de Psychanalyse qui eut lieu à Paris à la fin du mois d'août 1938. Edoardo Weiss, le fondateur du mouvement psychanalytique en Italie, était déjà sur le point d'émigrer en Amérique.

Si l'on en croit les souvenirs de Servadio, le Congrès fut dominé par « une atmosphère lourde et tendue » et bien que dans son discours inaugural Ernst Jones, encore sous le « choc terrible » de la dissolution forcée de la Société psychanalytique de Vienne, eût affirmé que « le temps n'était plus où l'on pouvait balayer la psychanalyse »[1], beaucoup se demandaient si, où et quand pourrait se tenir un nouveau congrès des psychanalystes européens.

1938 fut aussi l'année de la grande crise d'une Société psychanalytique italienne encore jeune et modeste. « L'occupation de l'Autriche, l'exil de Freud, l'élimination de la psychanalyse de tous les pays germanophones conduisirent les analystes italiens à penser qu'à la prochaine progression des hordes nazies ils seraient eux-mêmes balayés, étant donné l'existence d'un axe Rome-Berlin subordonnant tous les choix politiques de l'Italie

Anna Maria Accerboni est docteur en philosophie, enseigne l'histoire de la psychanalyse à l'Université de Trieste.

1. E. Jones (1938), *Opening Address* in Fifteenth International Psychoanalytical Congress, *Bulletin of the International Psychoanalytical Association*, 1938.

aux décisions du IIIe Reich » (Servadio, 1965, p. 7). Il y avait eu un temps, cependant, où les psychanalystes européens avaient perçu dans la politique de Mussolini un frein, une protection contre la menace toujours plus proche du racisme nazi; mais ils durent bientôt se raviser. Freud lui-même, légitimement inquiet, avait écrit à Ernst Jones en mars 1937 : « Hélas, le seul protecteur que nous ayons eu jusqu'à présent semble laisser les mains libres à l'Allemagne » (Jones, 1953, vol. III, p. 244).

Lorsqu'en 1938 Mussolini promulgua à son tour en Italie des lois raciales, s'alignant ainsi complètement sur la politique de Hitler, il devint évident que l'on ne pouvait guère compter sur le Duce pour défendre les droits de l'homme et la liberté de la culture.

Mais, les propos de Jones aidant, on croyait communément que Mussolini ferait une « démarche », que, fort de son autorité, il interviendrait personnellement au nom de Freud après l'Anschluss afin de garantir la sécurité du psychanalyste et de lui permettre de quitter Vienne : Weiss, disait-on, était en effet en bons termes avec le Duce.

C'est là un de ces malentendus historiques qu'il est impossible de réfuter et que l'on continue aujourd'hui encore à colporter — ce qui revient non seulement à travestir la vérité, mais aussi à enlever à Edoardo Weiss le mérite d'une attitude antifasciste continue et cohérente qui rendit plus courageux encore son difficile rôle de pionnier de la psychanalyse en Italie.

Il m'a été donné de prendre l'exacte mesure de ce problème en examinant quelques lettres à ce sujet que Weiss adressa à Jones quand celui-ci rédigeait sa biographie de Freud.

On sait que l'intérêt de Mussolini pour la psychanalyse et son attitude favorable à l'égard de Freud remontaient au jour où, sur les conseils de Gioacchino Forzano — célèbre auteur de comédies et ami intime de Mussolini —, Freud avait écrit quelques mots sur un livre en guise de dédicace. Forzano avait accompagné sa fille — suivie par Weiss — à Vienne pour une consultation avec Freud.

Comme Weiss le souligna plus d'une fois, Freud ne pouvait refuser d'écrire cette dédicace par crainte de porter préjudice à son fidèle élève italien et à la Société psychanalytique qu'il venait de fonder. Cette dernière se trouvait au demeurant dans une situation pour le moins précaire en raison de tous les obstacles auxquels elle s'était heurtée dès le début.

Teintée d'une imperceptible nuance d'ironie, la dédicace indiquait : « A Benito Mussolini, de la part d'un vieil homme qui salue dans le Duce le héros de la culture » (Weiss, 1970, p. 20).

Interrogé en 1952 par K. R. Eissler — qui en sa qualité de secrétaire des Archives Freud recueillait les témoignages directs des pionniers de la psychanalyse européenne —, Weiss devait interpréter en ces termes cette mémorable dédicace : passionné d'archéologie, Freud avait peut-être été impressionné par la campagne de fouilles patronnée à cette époque par le Duce. Weiss pensait que cette dédicace avait un sens caché : « Je vous admire pour autant que vous serviez la culture », dans cette seule limite[2].

Cet aspect de la politique de Mussolini, autrement dit l'utilisation de son pouvoir au service de la culture, était le seul que Freud pût accepter sans hésitation. Le titre même du livre que Freud choisit de dédicacer à Mussolini — *Pourquoi la guerre ?*, un échange de lettres avec Einstein dans lequel il analysait les déterminants psychologiques d'une agressivité irréductible qui pousse toujours les hommes à faire la guerre — était en soi très significatif si l'on songe à la politique de Mussolini qui cherchait sans cesse à s'affirmer et à accroître son pouvoir.

Dans son entretien avec Eissler, Weiss affirma avec force que, même s'il était impossible de saisir dès l'origine l'essence exacte du fascisme, Freud lui avait déjà indiqué son hostilité, lui expliquant qu'il y voyait « un régime totalitaire, une tyrannie ».

Lors de la montée au pouvoir de Mussolini, cependant, on avait accusé Freud de n'être « ni noir ni rouge, ni fasciste ni socialiste » ; et Freud aurait répondu : « Non, on devrait être couleur chair » (Jones, 1953, vol. III, p. 389).

Abstraction faite de cette équidistance à la Salomon — si l'on souscrit au point de vue de Jones — par rapport aux deux idéologies qui étaient totalitaires et auxquelles, en conséquence, il ne pouvait adhérer, Freud, à l'instar de bien d'autres intellectuels juifs européens, s'abstint probablement de porter sur le fascisme un jugement totalement négatif tant que Mussolini parut relativement tolérant dans ses attitudes comme dans ses propos, apparaissant ainsi comme un champion de la cause juive contre le racisme violemment antisémite du nazisme.

Comme tant d'autres hommes de science, juifs ou non, qui vivaient en Italie, Weiss avait cependant une expérience personnelle du fascisme et savait donc qu'il ne pouvait guère prêter foi aux intentions déclarées de Mussolini. Son attitude envers l'intervention supposée de Mussolini en faveur de Freud témoigne de son scepticisme à l'égard du fascisme.

La fille de Forzano, qui était encore une patiente de Weiss, l'avait mis au courant de l'intervention de Mussolini, si l'on peut se fier à ce que Weiss écrivit à Jones en 1956[3], après lui avoir remis les lettres qu'il avait

2. Le texte de l'entretien enregistré le 13 décembre 1952 figure parmi les *Papers of Edoardo Weiss*, dans les Archives Freud à la Bibliothèque du Congrès, Washington.
3. La lettre inédite du 30 juin 1956 figure parmi les *Papers of Edoardo Weiss*.

reçues de Freud, y compris les conseils relatifs à des cas précis. Ces lettres ne devaient être publiées qu'en 1970, juste avant sa mort. La fille lui apprit que Mussolini avait adressé un message aux autorités de Vienne, intercédant pour le psychanalyste viennois, car « il était dans de bonnes dispositions à son égard en raison de la dédicace que lui avait adressée Freud ». Signalant ce fait à Jones, Weiss s'empressa d'ajouter qu'il n'en existait aucune preuve et qu'il n'accordait donc pas grande importance au renseignement de sa patiente. Au demeurant, quelque temps auparavant avait eu lieu un événement assez significatif qui prouvait bien que la psychanalyse et ses adeptes ne pouvaient guère compter sur un soutien ou une intervention de ce genre.

En 1934, après deux années d'existence seulement, la *Rivista italiana di Psicoanalisi*, revue officielle de la Société psychanalytique italienne, dut cesser de paraître, faute d'avoir obtenu le renouvellement de son autorisation de publication.

Pour Weiss et le petit groupe des analystes italiens, ce fut un coup très dur sur lequel nous reviendrons plus loin.

En sa qualité de président de la Société psychanalytique italienne, Weiss obtint une audience de Galeazzo Ciano, le gendre de Mussolini qui était à l'époque sous-secrétaire du ministère de la Presse et de la Propagande, pour essayer de faire lever l'interdiction. Il fut à deux doigts d'atteindre son objectif grâce, une fois encore, à Gioacchino Forzano qui, tablant sur l'amitié de Mussolini, avait appuyé la demande des analystes italiens en présence du Duce.

On sait que c'est le Vatican qui se trouvait à l'origine de cette interdiction, à la suite des pressions exercées par le puissant P. Schmidt, adversaire farouche de Freud à Vienne. Freud lui-même fit allusion à cet épisode dans une lettre adressée en 1934 à Arnold Zweig : « [...] Mon cher Edoardo Weiss a fondé à Rome un groupe psychanalytique et a publié plusieurs numéros d'une *Rivista italiana di Psicoanalisi*; du jour au lendemain, la publication de sa revue a été interdite, et bien que Weiss fût en bons termes avec Mussolini et que ce dernier se fût montré bien disposé envers lui, il n'a pas été possible d'obtenir la levée de l'interdiction » (Freud, 1960).

Tout en signalant que Weiss était en bons termes avec Mussolini, Freud devait aussi évoquer l'intervention de Forzano en médiateur, alors que Weiss n'avait jamais été en contact direct avec le Duce — chose que le psychanalyste de Trieste ne devait jamais manquer de rappeler.

Forzano serait parvenu à ses fins si, comme Weiss l'indique dans sa lettre à Jones mentionnée plus haut, le P. Gemelli — un franciscain qui était aussi psychiatre et psychologue à l'Université catholique de Milan et qui jouissait d'une grande influence au Vatican — ne s'était opposé abruptement à cette demande. Ainsi n'était-il plus possible d'en appeler à Mussolini[4].

Outre l'amertume qu'ils conçurent de leur échec, Weiss et ses élèves italiens acquirent alors la conviction — si tant est qu'ils dussent encore être convaincus — que Mussolini ne serait jamais totalement disposé à protéger les droits de quiconque s'il devait pour cela s'opposer à une institution aussi puissante que l'Eglise catholique en Italie.

Le petit groupe que formaient les analystes italiens ne pesait pas d'un grand poids, tandis que maints préjugés faisaient obstacle à l'acceptation des doctrines de Freud.

Mussolini, quant à lui, ne connaissait pas grand-chose de la psychanalyse même si, suivant l'une des idées reçues les plus courantes de l'époque, il y percevait un produit de l'esprit juif[5]. Peut-être s'était-il fait une petite idée de l'emploi thérapeutique de la psychanalyse, et pas seulement par l'intermédiaire de son ami Forzano. J'ai dernièrement obtenu une information d'une source parfaitement digne de foi : un parent du Duce était à l'époque en analyse chez Nicola Perotti, l'un des premiers élèves de Weiss, tandis qu'un membre de la famille royale avait demandé à ce dernier de le prendre en analyse. Le psychanalyste avait cependant préféré ne pas accéder à cette demande après avoir songé à toutes les difficultés auxquelles il risquait de se heurter à l'occasion de la relation de transfert avec son patient.

Fort de son pragmatisme sans scrupule, Mussolini aurait pu laisser en paix le petit groupe des analystes italiens; dès qu'il sut, toutefois, que l'Eglise leur était farouchement opposée, cette possibilité disparut. Mussolini adopta le même type d'attitude — quoique dans des circonstances plus graves et avec des conséquences plus tragiques — à l'égard de la question juive qui, suivant ses dires, n'avait aucune raison de se poser en Italie.

Un historien qui s'est penché sur les rapports entre Mussolini et l'hébraïsme a décrit en ces termes l'attitude changeante du Duce suivant les cas : « Si Mussolini n'était pas disposé à se heurter aux Juifs pour rendre hommage à Hitler, il n'était pas non plus disposé à perdre la considération de Hitler pour rendre hommage aux Juifs » (Michaelis, 1982, p. 68). Du jour où il se départit de cette attitude ambivalente pour se ranger aux côtés

4. Voir la lettre du 30 juin 1956 mentionnée plus haut.

5. Mussolini ne devait qu'une seule fois faire explicitement référence à Freud dans un article anonyme, que l'on peut lui attribuer sans l'ombre d'un doute, paru dans *Popolo d'Italia* le 20 juin 1933; il y dénonce « la nouvelle science ou fraude baptisée psychanalyse et dont le Pontifex Maximus est le professeur viennois Freud ». Commentant ce passage, Michel David observe que « Mussolini a dû penser que le sens de psychanalyse était grosso modo équivalent à "cabale" » (M. David, 1970, p. 603).

de Hitler en promulguant sa politique raciale, le Duce révéla son véritable style.

Revenons à Weiss. Compte tenu de ce que nous savons aujourd'hui, on comprend parfaitement que Weiss ait été déçu par la déformation que Jones fit subir au récit de ses démêlés avec Mussolini : d'abord parce qu'il avait explicitement demandé à Jones de ne pas évoquer l'incident et ensuite, parce que l'épisode paraissait indiquer que Weiss avait des liens directs avec le Duce, ce qui était absolument faux et projetait une ombre sur son antifascisme. « Il faut que les choses soient claires » — éprouvera-t-il le besoin de préciser en recevant les lettres de Freud. « Jamais je n'ai été en contact avec Mussolini, ni directement ni indirectement. A compter du premier jour, mon opposition au fascisme ne devait jamais se démentir et je me heurtai à des difficultés croissantes du fait de ma position » (Weiss, 1970, p. 21).

Les propos de Weiss nous ramènent bien des années en arrière, dans la Trieste des années 1920, à l'époque où Weiss débutait comme pionnier de la psychanalyse en Italie.

Avant d'étudier cette première période de ses activités, il serait bon d'expliquer brièvement comment il en vint à s'intéresser si tôt à Freud et à la psychanalyse.

Weiss entendit pour la première fois parler de Freud et de ses découvertes révolutionnaires par un ami plus âgé, alors qu'il était dans sa dernière de *gimnasio* (l'équivalent italien de notre lycée, dont le programme consiste essentiellement en matières classiques : latin, grec, etc.); son ami, qui était en première année d'université à Vienne, fut à ce point enthousiasmé par la psychanalyse qu'il incita Weiss à poursuivre ses propres recherches en commandant *L'interprétation des rêves* à un libraire de Trieste.

L'ouvrage laissa une telle impression à Weiss qu'une année plus tard — au moment de s'inscrire en faculté — il était déjà déterminé à faire des études de médecine, de même qu'il avait l'intention d'approcher Freud et de lui demander « comment il pouvait apprendre à se mieux comprendre, et comment il pouvait devenir analyste » (Weiss, 1966).

La sûreté de Weiss dans le choix de ses études et de sa future profession — alors qu'il commençait tout juste sa première année d'université — a de quoi surprendre; on peut se demander si sa première inclination vers la psychanalyse n'était pas due non seulement à des raisons personnelles mais aussi favorisée par le fait qu'il était né et avait grandi à Trieste à la fin du XIXe siècle[6]. Cette ville cosmopolite de l'Empire des Habsbourg

6. Edoardo Weiss est né à Trieste le 21 septembre 1889. Son père, entrepreneur, était d'origine juive-bohémienne tandis que sa mère était issue d'une famille triestine.

était certes largement ouverte au commerce, mais aussi aux courants d'idée et de pensée d'Europe centrale les plus significatifs. Il était certainement plus facile de prendre connaissance de la littérature allemande qui n'avait pas encore été traduite en italien à Trieste qu'en Italie, de même qu'il était plus facile d'être au courant des nouvelles tendances culturelles et de les suivre. Il ne s'agissait pas pour autant d'une simple assimilation superficielle de ces nouveaux courants culturels — assimilation qu'auraient favorisée les conditions géographiques et l'environnement bien particuliers de Trieste. De toutes les villes du vaste Empire des Habsbourg — qui à cette époque approchait déjà de sa fin —, Trieste était en fait l'une des plus réceptives; elle était plus que les autres disposée à accepter les courants, faits et idées nouveaux qui se diffusaient à partir de Vienne vers les frontières de l'Empire.

Etant donné ses origines commerciales et cosmopolites, Trieste n'avait ni passé ni tradition à sauvegarder et pouvait ainsi accepter l'influence de Vienne plus facilement et promptement que d'autres capitales de l'Empire.

Ainsi Trieste assimila-t-elle la psychanalyse elle-même plus tôt que le reste de l'Italie; on y connaissait l'existence des doctrines de Freud à une époque où Freud n'était qu'un médecin viennois fort controversé pour le manque d'orthodoxie de sa thérapie.

Ce n'est que lorsque Weiss revint à Trieste en 1919 et commença à prendre régulièrement des patients en analyse, que les milieux culturels triestins — pour l'essentiel composés de Juifs — découvrirent les idées de Freud et les acceptèrent avec enthousiasme. Dans ses souvenirs sur les « années de psychanalyse » à Trieste, Giorgio Voghera a évoqué avec malice et bonhomie ce phénomène, employant ainsi l'expression de « cyclone psychanalytique ».

Revenons à Weiss et à ses études de médecine à Vienne. Du jour où il fit la connaissance de Freud — un événement qu'il ne devait jamais oublier —, il exprima son intention de devenir psychanalyste. Freud lui conseilla alors de prendre contact avec Paul Federn pour suivre une analyse.

Weiss fut profondément influencé par Federn — l'un des premiers et plus proches collaborateurs de Freud — et il devait en rester marqué jusqu'à la fin de ses jours. L'analyste et son élève devinrent des amis intimes et partagèrent dès le début les mêmes vues; Weiss finit par adopter l'orientation phénoménologique spécifique de la psychologie du moi élaborée par Federn. Par ailleurs, il devint membre de l'Association psychanalytique de Vienne dès 1913, avant même d'avoir achevé ses études de médecine.

Au début de la Première Guerre mondiale, il se trouvait à Vienne, où il venait d'achever sa formation. Il fut immédiatement mobilisé et envoyé sur le front polonais en tant que médecin militaire sur un train-hôpital.

Sitôt la guerre terminée, Weiss rentra à Trieste, que l'Italie avait annexée. Il trouva aussitôt un poste à l'hôpital psychiatrique provincial et commença simultanément un travail d'analyste privé. Refusant d'italianiser son nom de famille et d'adhérer au Parti fasciste, il quitta son poste hospitalier en 1927. Depuis 1926, en effet, la réglementation des emplois publics était devenue très stricte en Italie : nul ne pouvait plus être employé par l'Etat s'il n'était membre du Parti fasciste.

Il est vrai que Weiss pouvait encore compter sur son activité d'analyste privé, même si, pour des raisons complètement différentes, il devait trouver parfois difficile de pratiquer la psychanalyse pendant la période qu'il passa à Trieste. L'intérêt « épidémique » et morbide des Juifs triestins — pour la plupart viscéralement antifascistes — pour la psychanalyse s'expliquait en partie par des raisons historiques. Le poète Umberto Saba, qui fut sans doute à Trieste le plus célèbre patient de Weiss et qui, plutôt que d'être guéri par l'analyse[7], avait trouvé en elle une nouvelle source d'inspiration poétique, considérait la psychanalyse comme le dernier recours, l'ultime refuge spirituel des Juifs. Cela résume bien l'expérience que firent de la psychanalyse les Juifs de Trieste.

En partant pour Rome, Weiss se « réfugia » en partie dans « la défense personnelle — et comme il avait raison de se défendre » (Voghera, 1980).

Weiss ne pouvait se contenter d'analyser Saba, aussi stimulant que cela pût être, ni de contester les traits psychanalytiques[8] de *La conscience de Zeno*, ce chef-d'œuvre d'Italo Svevo qui allait devenir un écrivain célèbre et dont le livre devait être disséqué à loisir par la critique.

En tant que seul et unique élève de Freud en Italie, il s'estimait responsable de la diffusion de ses doctrines à travers le pays et du prosélytisme (durant les dix années qu'il passa à Trieste, il ne réussit pas à attirer un seul élève); son objectif était ainsi de fonder un mouvement psychanalytique italien.

Dès le début, il avait aussi tenté d'entrer en contact avec quelques personnalités italiennes telles que Marco Levi Bianchini, Sante de Sanctis et Vittorio Benussi, qui avait fait montre d'un intérêt plus que sporadique pour la psychanalyse. Il publia aussi divers articles éclairants, comptes rendus et traductions des œuvres de Freud dans des revues spécialisées afin de faire connaître la psychanalyse et de la défendre contre tous les malentendus possibles et les préjugés qui l'entouraient.

7. Pour plus de détails sur l'analyse de Saba, voir A. M. Accerboni (1984).

8. Italo Svevo a confié qu'il avait demandé à Weiss, devenu son parent à la suite du mariage du frère de Weiss avec sa nièce, d'écrire un compte rendu de son roman dans *Internazionale Zeitschrift für Psychoanalyse*; mais Weiss lui répondit « qu'il ne pouvait parler du livre parce qu'il n'avait rien à voir avec la psychanalyse » (I. Svevo, 1954, p. 176).

Le fait de vivre à Trieste — ville située à l'écart du centre de l'Italie et dont la tradition culturelle était différente de celle du reste du pays — ne devait pas lui faciliter les choses. Il avait bien pensé s'installer ailleurs, ou même partir à l'étranger, et ce plus d'une fois au cours de cette période; et les soucis financiers consécutifs à son départ de l'hôpital psychiatrique, l'obligation dans laquelle il était de vivre de ses revenus d'analyste privé ne firent que le renforcer dans cette intention.

A plusieurs occasions, Freud le persuada de ne pas quitter l'Italie. « Je ne puis que vous déconseiller l'émigration, lui écrivit Freud en 1927. Partout on est importun et c'est particulièrement difficile pour un étranger. [...] Jamais on n'a de meilleures perspectives de réussir au bout du compte que dans son propre pays. » Puis, après avoir laissé entendre que la « vague analytique » qui inondait la France à cette époque allait aussi gagner l'Italie, Freud conclut en disant : « Je sais que ce sont des temps fort peu propices, et des temps où l'on se laisse volontiers aller au désespoir. J'espère que ces temps vont passer et que vous resterez le légitime représentant de l'analyse en Italie » (Freud, 1970, p. 59).

Freud était naturellement soucieux que Weiss ne renonçât pas à son œuvre de pionnier de la psychanalyse en Italie. Quoique passablement sceptique — on le sait — sur la possible diffusion future de ses découvertes en Italie, il ne cessa d'encourager son disciple triestin. Dès 1923, il lui avait écrit : « N'ayez aucun doute à ce sujet : la psychanalyse a un avenir en Italie. Il vous faudra seulement attendre pendant un bon moment. Convaincu que votre intérêt et votre capacité de travail ne diminueront pas avant cette heure, je vous salue cordialement » (Freud, 1970, p. 51).

Ainsi qu'on peut le lire entre les lignes dans ses commentaires des lettres de Freud, cependant, Weiss eut parfois l'impression que le « Professor » n'était pas vraiment en mesure d'apprécier les difficultés auxquelles se heurtait la diffusion de la psychanalyse en Italie.

La scène scientifique italienne restait dominée par des courants positivistes attardés; la psychiatrie dominante était platement classificatoire et rigidement organiciste, et Enrico Morselli, déjà cité — celui-là même qui devait se heurter à Weiss au cours du XVIIIe Congrès national de Psychiatrie qui se tint à Trieste en 1925 — en était l'un de ses plus distingués représentants. Pour la toute première fois, la psychanalyse avait été inscrite au nombre des sujets de discussion, et Weiss avait présenté un long rapport exhaustif et courageux sur les rapports entre psychiatrie et psychanalyse. Si son discours éveilla l'intérêt des personnes présentes, il fut âprement critiqué par Morselli, alors président de la Société italienne de Psychiatrie. Un peu plus tard — fort de toute son autorité universitaire —, il résolut de dire le dernier mot sur la psychanalyse en lui réglant son compte par des affirmations présomptueuses et péremptoires rassemblées dans un livre[9] qui demeure un exemple unique de littérature sur Freud aussi malveillante que mensongère.

La psychologie, quant à elle, rencontrait fort peu d'écho en Italie; au demeurant, elle était tournée vers la recherche expérimentale, obsédée de quantification et, en conséquence, à l'opposé des doctrines de Freud.

De même, l'orientation générale de la culture italienne était foncièrement hostile à Freud du fait de l'empire exercé par Croce et par l'idéalisme de Gentile, en vertu duquel la psychologie n'avait pas droit de cité dans le domaine de l'esprit; et, si la psychologie expérimentale était à peine tolérée, la psychologie fondée sur le concept d'inconscient paraissait totalement absurde et était entièrement rejetée.

Nous avons déjà évoqué l'opposition cachée — mais également ferme — de l'Eglise catholique, et nous aurons l'occasion de revenir sur le thème de l'incompatibilité entre l'idéologie fasciste et la psychanalyse. Mais les choses ne devaient guère aller mieux avec les partisans de Freud, ou même avec ses avocats.

L'exemple le plus typique est celui de Marco Levi Bianchini, qui avait adhéré aux doctrines de Freud dès le début du siècle; il avait embrassé ouvertement la psychanalyse, avec enthousiasme, bien qu'il ne fût jamais réellement capable de l'assimiler correctement. Après avoir pris contact avec Freud par lettre, il lança la *Biblioteca psicoanalitica internazionale*, publiant ainsi les premières traductions — assez inexactes — de l'œuvre de Freud en italien. En 1920, il fonda les *Archivo di Neurologia, Psichiatria e Psicoanalisi*, publiant pour la première fois régulièrement des articles sur les théories de Freud. En 1925, enfin, il créa la Société italienne de Psychanalyse, qui initialement — avant que Weiss ne la reprît en main — n'était qu'une association purement nominale, formée — pour l'essentiel — par les collègues de Levi Bianchini à l'hôpital de Teramo; sans préparation spécifique, ils n'avaient que de vagues notions de psychanalyse.

Weiss avait aussitôt informé Freud de la véritable nature de la Société qui venait d'être créée; et Freud de répondre que pour l'heure il fallait l'accepter de toute façon, et que souvent « la forme apparaît avant le contenu ».

Dans son entretien avec Eissler, Weiss donna quelques explications laissant pleinement apparaître sa gêne face à Levi Bianchini. « Je crois que Freud à dû être contrarié par toute cette affaire. Et pourtant, sur un plan affectif, les adeptes de la psychanalyse avaient droit à toute sa sympathie. Et il pensait que Levi Bianchini était comparable à un *Privatdocent* allemand

9. E. Morselli (1926), *La psicanalisi*, Turin, Bocca.

ou à quelque chose de ce genre, sans comprendre que ce titre comptait beaucoup moins en Italie qu'en Allemagne. Ce n'est que bien plus tard qu'il prit conscience de la véritable situation. Lorsqu'en 1921-1922 je traduisis en italien l'*Introduction à la psychanalyse*, Freud me demanda de laisser Levi Bianchini la publier, m'expliquant que celui-ci était aussi éditeur et qu'il souhaitait éditer en italien la traduction de tous les livres de Freud dans sa collection d'ouvrages psychanalytiques. Et Freud me pria de bien vouloir lui laisser publier ma traduction de l'*Introduction*. Aussi remis-je ma traduction à Levi Bianchini. Je payai tous les frais de ma poche, soit 12 000 lires. Et Levi Bianchini ne prit même pas la peine de m'envoyer les épreuves à corriger; il me mit devant le fait accompli. Il commençait par une introduction stupide et il avait laissé passer 400 coquilles. Tout le plaisir que j'avais pris dans cette traduction fut ainsi gâché. » Et Weiss d'ajouter sans mâcher ses mots : « Levi Bianchini a largement entravé » les progrès de la psychanalyse en Italie parce que « aucun homme intelligent ne le prenait au sérieux ».

En 1931, Weiss se décida enfin à quitter Trieste pour Rome. Au départ, il eut du mal à s'adapter à la nouvelle situation : il avait fort peu de patients et l'aide que lui avait promise S. de Sanctis — professeur de psychologie au département de neuro-psychiatrie de l'Université de Rome — se révéla chimérique. La période que traversait Weiss exigeait de sa part des efforts encore plus soutenus. Mais sa persistance fut bientôt récompensée : le nombre de ses patients commença à augmenter et, surtout, il finit par trouver ses premiers disciples, parmi lesquels devaient se distinguer Emilio Servadio et Nicola Perotti qui, avec Cesare Musatti, allaient diriger la psychanalyse italienne après la Seconde Guerre mondiale.

Weiss réforma la Société italienne de Psychanalyse en 1932 et en déplaça le siège à Rome. La fondation du mouvement psychanalytique italien fut ratifiée en février, tandis que les nouveaux statuts de la Société étaient approuvés par ses membres — une dizaine, membres à part entière et adhérents compris — au domicile de Weiss à Rome, via dei Gracchi, qui devint le siège de la nouvelle société. Le groupe des analystes se réunissait habituellement le deuxième mercredi de chaque mois, exactement le même jour et avec la même régularité que la Société mère de Vienne.

Weiss, qui à son arrivée à Rome avait obtenu la *venia docendi* pour l'Italie, participa officiellement avec une délégation italienne à trois congrès de l'Association psychanalytique internationale (Wiesbaden, 1932; Lucerne, 1934, et Marienbad, 1936); en raison de ses efforts — qu'il avait dû déployer pour surmonter quelque opposition — la petite Société italienne avait été reconnue par l'A.P.I. l'année précédente.

La même année, en 1932, paraissait la première livraison de la *Rivista italiana di Psicoanalisi*. En sa qualité de rédacteur en chef de la revue, Weiss se mit aussitôt en quête de contributions étrangères.

Ernst Jones, le rédacteur en chef de l'*International Journal of Psychoanalysis*, avait accepté de procéder à un échange régulier d'articles scientifiques avec la revue italienne; il donna ainsi un article demeuré jusqu'ici inédit pour le deuxième numéro de la *Rivista italiana* sous le titre « Psicoanalisi e folklore ». Au cours de ses deux années d'existence, la revue italienne publia aussi des articles de F. Alexander, M. Bonaparte, H. Meng, P. Federn et L. Jekels, aussi bien que la traduction en italien par Weiss de la seconde série de conférences formant l'*Introduction à la psychanalyse* et la traduction par Servadio du *Moïse de Michel-Ange*.

La revue devait donner la priorité aux collaborations originales de Weiss et de ses élèves, accordant beaucoup de place aux comptes rendus d'ouvrages italiens et étrangers et aux rapports relatifs aux réunions scientifiques de la Société.

Etant donné le niveau encore assez peu élevé des études psychanalytiques en Italie, la revue de Weiss représenta un bond en avant qualitatif, et il convient de prendre acte de ses interventions opportunes en vue de prévenir tout risque de malentendu ou de mésinterprétation des idées de Freud. La plus célèbre controverse qui se déroula dans les colonnes de la revue opposa deux éminents spécialistes de l'époque, Francesco Flora et Guido de Ruggiero.

A peine la revue semblait-elle avoir trouvé une certaine continuité qu'elle essuya un choc terrible : l'autorisation de paraître ne fut pas renouvelée et le premier numéro de l'année 1934, déjà imprimé, ne put être distribué.

La réaction de Weiss et de ses collaborateurs n'est pas difficile à imaginer : « Je n'ai pas encore réussi à me remettre du choc essuyé par ma revue, écrivit Weiss à Federn en 1934. La revue m'a coûté beaucoup d'argent, de temps et d'effort, et elle commençait à susciter un intérêt croissant. C'est sous couvert de protéger la morale qu'ils ne me laissent pas continuer à publier la revue ! C'est vraiment plus que j'en puis tolérer ! »[10].

La psychanalyse était surtout accusée par ses adversaires d'immoralité — les esprits étroits voyant dans le pansexualisme l'élément de base des idées de Freud. Alors que le catholicisme avait déjà pris position contre la psychanalyse dans une série d'articles publiés dans *Civilta cattolica* entre 1924 et 1925, le fascisme mit plus longtemps à comprendre que l'idéologie du régime était incompatible avec les doctrines de Freud. Ainsi n'est-ce

10. La lettre du 17 septembre 1934 que Weiss adressa à Paul Federn se trouve parmi les *Papers of Edoardo Weiss*.

qu'en 1932 que les psychanalystes commencèrent à se faire âprement critiquer par la presse fasciste et en particulier par des revues telles que *Critica fascista* ou la tristement célèbre *Difesa della Razza*.

Bragaglia, Guerriero, Rende, Bottari, pour n'en citer que quelques-uns, se firent les champions de la cause fasciste et critiquèrent la psychanalyse « dégénérée », insistant sur les éléments incompatibles des deux théories complètement opposées de l'homme — sur des tons fréquemment grotesques.

Le premier élément discordant était le refus de Freud de tracer une ligne bien tranchée entre le « sain » et le « pathologique », d'en faire deux concepts bien distincts. Or, abstraction faite du mythe de la bonne santé latine, cette croyance se heurtait à l'axiome fasciste de la « différenciation congénitale, de l'inégalité naturelle, de la supériorité ou de l'infériorité psychique et morale et, par voie de conséquence, à la nécessité pour l'Etat — le gardien officiel de la morale — de châtier (et souvent de ségréger) l'homme » (Meldini, 1976, p. 20).

Le prétendu pansexualisme des doctrines de Freud — qui était la cible de critiques mal informées, superficielles et truquées — se heurtait aux « attitudes antihédonistes, néo-ascétiques et sexophobiques qui prenaient une grande ampleur dans les milieux fascistes et que dissimulaient mal l'étalage de la virilité, la suffisance sexuelle et la coprolalie » (P. Meldini, 1976, p. 21).

Et quel fossé entre le déterminisme de Freud et l'idée fasciste d'un libre arbitre absolu, entre le pessimisme radical freudien et l'optimisme vitaliste évident affiché par le régime ! La critique essentielle visait le concept d'inconscient, que la presse fasciste devait présenter tour à tour comme le « musée des horreurs », le « cloaque du subconscient », l' « abysse de cauchemars et de crimes monstrueux »; rétrospectivement, on devait plutôt y voir, à juste titre, une projection. « Non seulement les fascistes sont absolument convaincus — quoi qu'ils puissent dire — que l'inconscient existe, mais ils le définissent par les expressions les plus terrifiantes et les plus sales; ils ne rejettent pas le concept d'inconscient, pas même l'inconscient tel que Freud le conçoit, mais le possible dévoilement, redouté, de leur enfer intime : pour cette raison, ils accusent continuellement les psychanalystes d'"étendre leur linge sale à la fenêtre dans les rues où les gens vont faire leur promenade dominicale", d'être incapables de "préserver quoi que ce soit, même un tout petit secret, de leurs incessantes explorations" » (Meldini, 1976, p. 22).

Sans doute n'est-ce pas pure coïncidence si le régime prit position sur la psychanalyse en même temps qu'il lança sa première campagne antisémite dans la presse italienne entre 1933 et 1934. Après l'accession de Hitler au pouvoir en janvier 1933, Mussolini se vit contraint de réviser son attitude à l'égard des Juifs. Certes, il ne pouvait encore se permettre un affrontement avec les pays de l'Ouest en acceptant pleinement l'idéologie hitlérienne et en partageant les mêmes idées qu'un persécuteur du peuple juif, pas plus qu'il ne pouvait approuver une croisade idéologique contre le régime nazi, dès lors qu'il s'était auto-proclamé chef du « fascisme universel ». Il était donc fort embarrassé tant par la manie raciale de Hitler que par la croisade anti-hitlérienne organisée par les Juifs du monde entier. Il était pour ainsi dire forcé de ménager la chèvre et le chou; la controverse anti-juive qui se développa dans la presse italienne en 1933-1934 était partie intégrante de cette stratégie.

Cette stratégie apparaît une fois encore très clairement dans les conclusions paradoxales que l'inspecteur en chef de la police fasciste, Carmine Senise, devait tirer dans un rapport rédigé le 20 avril 1935. L'objet du rapport était une enquête menée par le ministère des Affaires étrangères après qu'Emilio Servadio eut posé sa candidature pour devenir membre de la Société psychanalytique de Vienne et de l'Association psychanalytique internationale.

Sur la foi d'informations recueillies à la hâte en Autriche fut alors établi un rapport présentant la Société psychanalytique de Vienne comme un mouvement subversif de Juifs très marqués à gauche; suivant le rapport, « une telle association pourrait contribuer à dissimuler des intérêts politiques et être manipulée par des courants politiques certainement hostiles au fascisme »[11].

D'après le rapport susmentionné, Freud, que la préfecture de Rome avait déjà dépeint en février 1930 sous les traits d'un « individu louche à dépister et à soumettre à interrogatoire », était en relations avec des extrémistes de gauche, et notamment avec l'anarchiste italien Bernari. Qui plus est, le rapport prétendait que Freud avait émigré en Amérique en février 1934 — ce qui témoigne de la qualité pour le moins douteuse des informations des autorités fascistes.

En ce qui concerne les autres membres de l'Association viennoise, c'est Paul Federn qui était dépeint sous les traits les plus négatifs : il était en effet présenté comme un membre du Parti communiste tandis que son fils Ernst était défini comme un « socialiste et un contrebandier de presse subversive »[12]. Fort heureusement, la mauvaise information des autorités

11. C. Senise, Indagine di polizia, 26 avril 1935, édité par P. et A. Bellanova (1982), in *Le due Gradive*, Rome, Cepi.

12. Ernst Federn a scrupuleusement commenté toutes les affirmations mensongères concernant son père Paul et lui-même contenues dans le rapport de Senise *in* Politik und Psychoanalyse, *Zeit Geschichte*, 6, 9/10, 1979, p. 315-317.

fascistes était telle qu'elles ignoraient totalement qu'Edoardo Weiss avait été l'élève de Federn ! Compte tenu des jugements entièrement négatifs du rapport, Servadio ne fut bien sûr pas autorisé à adhérer aux deux associations.

Lorsque, un an plus tard et au nom de la Société italienne de Psychanalyse qui avait obtenu une reconnaissance officielle lors du Congrès de Marienbad, Weiss sollicita l'autorisation d'affilier le groupe italien à l'Association psychanalytique internationale, il se heurta lui aussi à un refus absolu.

De nouvelles demandes vinrent d'Italie et même de l'étranger. En sa qualité de président de l'Association psychanalytique internationale, Ernst Jones écrivit alors une lettre[13] pour venir en aide aux analystes italiens accusés d'avoir enfreint la loi en adhérant à une association étrangère; il déclara au consulat italien de Londres que l'A.P.I. n'avait jamais reconnu le moindre groupe italien. Le droit effectif de mettre sur pied la petite société italienne n'en fut pas moins remis en question en 1938.

Revenons cependant à Weiss, plus précisément à l'époque où il dut joindre ses efforts à ceux de son petit groupe d'analystes, après l'interdiction de la revue, afin de poursuivre ses activités. Malgré l'interdiction de la revue — et Weiss, entre autres choses, avait tenté en vain de créer à l'étranger une revue qui pourrait accueillir des contributions italiennes —, le groupe pouvait encore compter sur la *Biblioteca psicoanalitica internazionale*, qui publia quelques traductions des œuvres de Freud *(Délire et rêves dans la Gradiva de Jensen, Le Moïse de Michel-Ange*, et *Introduction à la psychanalyse)* aussi bien que quelques études originales de Weiss *(Agorafobia, isterismo d'angoscia)* et d'autres analystes européens, parmi lesquels il convient de citer Anna Freud et Marie Bonaparte.

La publication d'*Educazione e sessualita*, par Marie Bonaparte, eut maille à partir avec la censure fasciste. La soumission de toute publication à l'approbation préalable des censeurs bornés du régime fasciste n'était certainement pas de nature à encourager les psychanalystes à publier des livres.

En 1936 la *Biblioteca psicoanalitica internazionale* publia sous le titre *Saggi in onore di Sigmund Freud* un recueil d'articles dont le propos était de rendre hommage à Freud à l'occasion de son quatre-vingtième anniversaire. C'est la seule et unique occasion où l'école nouvellement créée de Weiss réussit à faire paraître un recueil collectif.

Weiss indiqua dans sa préface que les collaborateurs avaient été laissés « entièrement libres dans le choix et le développement des divers sujets »

13. Lettre du 19 mai 1938 adressée par Jones au consul général d'Italie à Londres, publiée in *Le due Gradive*, *op. cit.*, p. 35.

et que « chaque contribution pouvait au fond se défendre seule ». De fait, un rapide examen de l'ouvrage atteste de la multiplicité des sujets — allant des rêves à l'interprétation de quelques symboles, de l'étude psychanalytique des perturbations intestinales à la psychologie des criminels à côté d'un essai métapsychologique original de Weiss.

De la lecture de ce premier et dernier travail collectif on retire l'impression que le groupe italien n'a jamais été une véritable école. Dans son activité, Weiss s'est toujours heurté à tant de difficultés et il a disposé de si peu de temps que jamais ses élèves n'ont pu réellement assimiler les points de vue qu'il avait développés et étudiés systématiquement sous l'influence de Federn — ainsi de ses idées sur le rôle de la projection dans le choix d'objets hétérosexuels, la création du surmoi, la pulsion de mort — rebaptisée par ses soins « *destrudo* » — et l'agoraphobie. Les analystes italiens des générations suivantes n'ont donc guère été marqués par son enseignement.

On doit aussi noter que d'une manière générale, au cours de cette période, Weiss et ses élèves n'ont pas été particulièrement intéressés par le fascisme comme événement à interpréter d'un point de vue psychanalytique suivant les orientations dégagées par Freud dans « Psychologie collective et analyse du moi ». Les psychanalystes italiens eussent-ils employé les toutes dernières découvertes dans le champ de la psychologie collective pour interpréter le fascisme que la science de Freud eût inspiré plus de méfiance encore en Italie. Il n'est pas exclu non plus que ces pionniers de la psychanalyse, « dont les engagements idéologiques stricts ont été perturbés plutôt que stimulés par l'imbécillité sans bornes du fascisme, aient peut-être manqué de l'empressement et du plaisir nécessaires pour prêter une attention suffisante et soutenue à l'interprétation d'un phénomène dont ils n'avaient pas seulement une expérience de victimes mais aussi de spectateurs privilégiés » (Carloni, 1976).

En ce qui concerne Weiss, cependant, une lettre de 1942 permet de se faire une idée non seulement sur le jugement moral qu'il portait sur le fascisme et le nazisme, mais aussi sur son interprétation du phénomène d'un point de vue psychanalytique. Et ceci grâce à un ouvrage qu'Umberto Saba publia en 1946 sous le titre *Scorciatoie e raccontini*. Il consiste en une série d'aphorismes dans lesquels le poète, s'inspirant de quelques-uns des thèmes de prédilection de Reich, interprète le fascisme comme une forme de paranoïa et de régression.

Le jugement de Saba sur le peuple italien face à la dictature est original et intelligent : « Les Italiens ne sont pas des parricides; ce sont des fratricides... (Pour autant que je le sache) ils forment le seul peuple dont l'histoire (ou la légende) a commencé par un fratricide. Or on ne peut lancer une révolution que par un parricide (le meurtre de son vieux père). Les

Italiens veulent se donner à leurs pères en échange de la permission paternelle de tuer davantage encore de frères » (Saba, 1946, p. 13-14).

On peut sans exagération suggérer que les propos de Saba sont le reflet d'opinions précédemment exprimées par Weiss : non seulement Saba fut analysé par Weiss à qui il devait tout ce qu'il savait de la psychanalyse — Saba ne s'est jamais fait prier pour le reconnaître — mais il n'a pas craint d'affirmer explicitement dans une lettre que la substance de ses aphorismes devait être attribuée à Weiss. « Tous les *Scorciatoie* (les chemins de traverse) appartiennent à Weiss; seul le style est mien ! »

Weiss, pour sa part, prit très clairement position sur les crimes du fascisme et du nazisme dans la lettre déjà mentionnée qu'il adressa à Federn en novembre 1942. Après avoir remercié son analyste de la sympathie qu'il avait exprimée lorsque son beau-frère, sa sœur et toute la famille de sa femme eurent péri dans des camps d'extermination nazis, il ajouta : « Il se trouve que nous vivons dans une société où la vie est insupportable. Peut-être ne sommes-nous pas meilleurs — tout au moins en ce qui me concerne. Personnellement je ne saurais tolérer de telles horreurs sans éprouver un désir de vengeance envers ceux qui en sont directement responsables. Mes sentiments sont tels que je ne saurais imaginer une revanche assez juste contre Hitler et ses complices. L'horreur que j'éprouve déclenche mon désir de revanche contre ces personnes mauvaises. Quand bien même elles seraient plusieurs millions, je les condamnerais certainement toutes à mort. Si je me laissais aller à mon impulsion, il faudrait en tuer beaucoup, dont Hitler, Himmler, Goebbels, Goering et Mussolini. Je sais que ce que j'éprouve n'a rien à voir avec le jugement rationnel »[14].

Les mots mêmes de Weiss attestent de sa furieuse impuissance, que partageait tout homme civilisé face à l'holocauste.

L'une des sœurs de Weiss, qui avait aussi émigré en Amérique, me raconta que tous les Juifs qui s'étaient expatriés au cours de cette période avaient tendance à chasser complètement l'holocauste de leur esprit, presque comme s'ils ne pouvaient soutenir le choc de la terrible tragédie qui se déroulait en Europe. A l'époque où Weiss ouvrit son cœur dans sa lettre à Federn, il vivait depuis quelques mois déjà à Chicago, où il devait s'installer définitivement.

A peine avait-il posé le pied à New York, et avant de venir renforcer l'équipe de Franz Alexander à Chicago, Weiss passa quelque temps à Topeka, où il travailla dans la clinique de Menninger tout en poursuivant des études de médecine en vue de repasser ses examens et d'être ainsi officiellement autorisé à exercer comme analyste.

14. Lettre du 17 novembre 1942 adressée par Weiss à P. Federn, in *Papers of Edoardo Weiss*.

Dans une certaine mesure, il fut encore un pionnier en Amérique, puisqu'il s'efforça de diffuser les doctrines développées par son maître Paul Federn qui, après la mort de Freud et l'émigration de la psychanalyse vers les pays anglo-saxons, avait presque été considéré comme un déviationniste. De tous les élèves de Federn, Weiss fut en fait le seul qui ait pleinement adopté le concept du moi défini par Federn et qui ait repris son héritage théorique. N'eussent été ses efforts continus, il y avait de fortes chances pour que l'œuvre de Federn tombât dans l'oubli.

Weiss n'avait pas la tâche facile : en prenant fait et cause pour une théorie complexe et difficile, il risquait de devenir impopulaire. Pour un certain nombre de raisons, les idées de Federn avaient peu de chances d'être comprises dans le monde psychanalytique américain des années 1950 monopolisé par la psychologie du moi de Heinz Hartmann. Les deux approches étaient totalement différentes.

Revenons aux dernières années que Weiss passa à Rome, où la psychanalyse était l'objet de mesures de restriction de plus en plus nombreuses malgré les efforts continus de Weiss et de son groupe. Entre autres choses, Ernst Bernhard quitta Berlin pour Rome. Il devait par la suite se détacher de Freud au profit de Jung et fonder l'école jungienne italienne après la Seconde Guerre mondiale. Weiss accueilla Bernhard dans sa société et s'efforça de l'aider à s'installer en Italie.

Mais la situation européenne prenant un tour de plus en plus dramatique, Weiss comprit qu'il devait s'expatrier en Amérique. Après avoir surmonté une série d'obstacles avec l'aide de Federn, qui avait déjà quitté l'Europe, il réussit à obtenir un « *affidavit* » (attestation sous serment) de J. Brill.

Exception faite de Levi Bianchini, tous les autres Juifs membres de la Société italienne de Psychanalyse décidèrent d'émigrer : Servadio se réfugia en Inde, Hirsch au Vénézuela, Kovacs en Suisse. Les trois ou quatre analystes restés en Italie se retrouvèrent coupés du mouvement psychanalytique mondial; de surcroît, et cela va de soi, ils durent « donner la priorité aux intérêts vitaux (se battre, se défendre, survivre, par exemple) au détriment de leurs intérêts techniques, professionnels et scientifiques » (Servadio, 1976, p. 165).

En janvier 1939, Weiss embarqua à Naples à bord d'un navire qui allait le conduire en Amérique : le rideau était définitivement tombé sur la fin du premier acte de l'histoire de la psychanalyse en Italie.

Traduit de l'anglais
par Pierre-Emmanuel Dauzat

Anna Maria ACCERBONI,
Via del Ricreatorio 49,
Opiciona 34016 Trieste, Italie.

Mots clés

Catholicisme / Psychanalyse – Italie – Mussolini / Psychanalyse – Société italienne de Psychanalyse – Trieste.

BIBLIOGRAPHIE

Accerboni A. M. (1984) Il mito personale di U. Saba tra poesia et psicoanalisi, *Rivista di Psicoanalisi*, XXX, 4, p. 546-559.
Bellanova A. et P. (1982) *Le due Gradive*, Roma, Cepi.
Bonaparte M. (1934) Introduction à la théorie des instincts, *Revue française de Psychanalyse*, 2, p. 217-271.
Carloni G. (1976) Introduction à *Mussolini contro Freud*, Rimini, Guaraldi.
David M. (1966) *La psicoanalisi nella cultura italiana*, Turin, Boringhieri.
Federn E. (1979) Politik und Psychoanalyse, *Zeit Geschichte*, 6, 9/10, p. 315-317.
Freud S. (1907) *Il delirio e i sogni nella Gradiva di W. Jensen*, trad. par G. De Benedicty, Rome, Cremonese, 1933.
— (1914) *Il Mosé di Michelangelo*, traduit par E. Servadio, Rome, Cremonese, 1933.
— (1915-1917) *Introduzione alla psicoanalisi*, traduit par E. Weiss, Naples, Idelson, 1921.
— (1933) *Nuova Serie delle Lezioni introduttive alla psicoanalisi*, traduit par E. Weiss, *Rivista italiana di Psicoanalisi*, II, 1-2-3-4-5/6, Rome, 1933.
— (1960) *Lettere 1873-1939*, Turin, Boringhieri.
— (1970) *Sigmund Freud as Consultant*, par E. Weiss, New York, Int. Med. Book Corporation.
Jones E. (1932) Psicoanalisi e folklore, *Rivista italiana di Psicoanalisi*, I, 2, p. 87-105.
— (1953) *La vie et l'œuvre de Sigmund Freud*, Paris, P.U.F., 1969 (vol. III) ; trad. ital., *Vita e opere di Freud*, Milan, Il Saggiatore, vol. III, p. 255, 405.
Meldini P. (1976) édité par *Mussolini contro Freud*, Rimini, Guaraldi, p. 20-23.
Michaelis M. (1978) *Mussolini and the Jews*, Oxford, Clarendon Press.
— (1982) *Mussolini e la questione ebraica*, Milan, Edizioni di Comunità.
Morselli E. (1926) *La psicanalisi*, Turin, Bocca.
Saba U. (1946) *Scorciatoie e raccontini*, Milan, Mondadori.
Servadio E. (1965) La psicoanalisi in Italia, *Rivista di Psicoanalisi*, 11, p. 3-8.
— (1976) Il movimento psicoanalitico in Italia, *Rivista di Psicoanalisi*, 22, p. 162-168.
Svevo I. (1954) Soggiorno londinese, in *Saggi e pagine sparse*, Milan, Dall'Oglio.
Voghera G. (1980) *Gli anni della psicoanalisi*, Pordenone, Studio Tesi.
Weiss E. (1936*a*) *Agorafobia, isterismo d'angoscia*, Rome, Cremonese.
Weiss E., Musatti C. L., Servadio E., Perotti N., Hirsch G. H., Kovàcs, Merloni R. (1936*b*) *Saggi in onore di Sigmund Freud*, Rome, Cremonese.
Weiss E. (1966), Paul Federn. The Theory of the Psychosis, in *Psychoanalytic Pioneers*, New York, Basic Books.
— (1970) *Sigmund Freud as Consultant*, New York, Int. Med. Book Corporation.

RÉSUMÉS

Edoardo Weiss, le seul disciple direct de Freud en Italie, revint à Trieste, sa ville natale, en 1919 au terme d'une longue période d'études de psychanalyse à Vienne. L'acceptation enthousiaste des idées de Freud dans les milieux culturels, essentiellement juifs, de Trieste alla de pair avec une certaine méfiance à l'égard de l'idéologie fasciste. En 1930, Weiss décida de s'installer à Rome, où il espérait pouvoir fonder un mouvement psychanalytique italien. Mais l'Eglise catholique, l'idéologie fasciste, l'idéalisme philosophique et le positivisme scientifique sont autant de facteurs qui entravèrent l'essor de la psychanalyse en Italie. En 1932, il fonda à Rome la Société italienne de Psychanalyse avec un tout petit nombre d'adeptes. Les rapports entre la nouvelle Société de Weiss et la dictature allaient être extrêmement difficiles. Weiss devait d'ailleurs accuser énergiquement Jones d'avoir dénaturé la nature de ses « rapports » avec Mussolini. Grâce aux efforts de Weiss, la Société italienne finit par obtenir la reconnaissance de l'A.P.I. On évoquera enfin dans ce texte l'émigration forcée de Weiss en Amérique à la suite des lois raciales, ainsi que ses conséquences pour l'avenir de la psychanalyse en Italie.

Psychoanalysis and facism : two incompatible approaches.
The difficult role of Edoardo Weiss

Edoardo Weiss, the only direct disciple of Freud in Italy, returned to Trieste, his native town, in 1919 after a long period of psychoanalitical studies in Vienna. An enthusiastic acceptance of Freud's ideas in the cultural, mainly Jewish, circles in Trieste was parallel to a sort of distrust of the Fascist ideology. In 1930 Weiss decided to move to Rome where he hoped to be able to found an Italian psychoanalytical movement. The Catholic Church, Fascist Ideology, philosophical Idealism and scientific Positivism were all factors hampering the spread of psychoanalysis in Italy. In 1932 Weiss founded the Italian Psychoanalytical Society in Rome with a very small number of followers. The relations between Weiss' newborn Society and the dictatorship were going to be quite troublesome. Ernst Jones was drastically accused by Weiss of misrepresenting his entrée with Mussolini. Thanks to Weiss' efforts the Italian society was acknowledged by the I.P.A. Finally, mention will be made of Weiss' forced move to America as a result of the racial laws, and of the consequences for the future of Psychoanalysis in Italy.

Psychoanalyse und Faschismus, zwei unvereinbare Gegensätze :
die schwierige Aufgabe von Edoardo Weiss

Eduardo Weiss, der einzige direkte Schüler Freuds in Italien, kehrte 1919 nach einem langen Studium der Psychoanalyse in Wien in seine Geburtsstadt Triest zurück. Die enthousiastische Annahme Freuds Gedankenguts in kulturellen Kreisen von Triest, welche sich hauptsächlich aus Personen jüdischer Herkunft zusammensetzten, hing mit dem Mißtrauen gegenüber der faschistischen Ideologie zusammen. 1930 beschloß Weiss sich in Rom niederzulassen, wo er hoffte, die italienische Bewegung der Psychoanalyse aufbauen zu können. Aber die katholische Kirche, das faschistische Gedankengut, der philosophische Idealismus und der Positivismus gegenüber der Wissenschaft sind alles Faktoren, die verhinderten, daß der Psychoanalyse in Italien zu einem Aufschwung verholfen wurde. Darauf gründete Weiss 1932 in Rom die Gesellschaft der italienischen Psychoanalyse mit einigen wenigen Anhängern. Die Beziehungen zwischen dieser neuen Vereinigung und der Diktatur sollten schwieriger Natur werden. Weiss hätte vorab Jones energisch beschuldigen sollen, die Natur seiner « Beziehungen » mit Mussolini abgestritten zu haben. Dank Weiss' Einsatzes wurde die italienische Gemeinschaft von der I.P.A. anerkannt. Schließlich wird die forcierte Auswanderung von Weiss nach Amerika erörtert, welche auf die Rassengesetze zurückzuführen ist, wie ebenso die Auswirkungen seines Fortgehens auf die Zukunft der italienischen Psychoanalyse.

Psicanalisi e fascismo : due approcci incompatibili.
Il ruolo difficile di Edoardo Weiss

Edoardo Weiss, l'unico discepolo diretto di Freud in Italia, torno' nel 1919 nella sua città natale, Trieste, dopo aver trascorso a Vienna un lungo periodo dedicato allo studio della psicanalisi. L'accoglienza entusiasta delle idee di Freud negli ambienti culturali di Trieste, essenzialmente ebraici, si accompagno' ad una certa diffidenza nei confronti dell'ideologia fascista. Nel 1930, Weiss decise di stabilirsi a Roma dove egli sperava di poter fondare un movimento psicanalitico italiano. Ma diversi fattori ostacolarono lo slancio della psicanalisi in Italia : la Chiesa cattolica, l'ideologia fascista, l'idealismo filosofico e il positivismo scientifico. Nel 1932 Weiss fondo' a Roma la Società italiana di psicanalisi insieme ad un ristretto numero di discepoli. I rapporti tra la nuova Società di Weiss e la dittatura dovevano diventare estremamente difficili. D'altra parte, Weiss accusava energicamente Jones di aver alterato la natura dei suoi « rapporti » con Mussolini. Grazie agli sforzi di Weiss, la Società italiana fini' con l'ottenere il riconoscimento dell' I.P.A. Infine, verranno menzionate in questo testo l'emigrazione forzata di Weiss in America a seguito delle leggi razziali, come anche le conseguenze per il futuro della psicanalisi in Italia.

Psicoanálisis y fascismo : dos realidades incompatibles.
El difícil papel de Edoardo Weiss

Edoardo Weiss, único discípulo directo de Freud en Italia, regresó a Trieste, su ciudad natal, en 1919 al término de un largo periodo de formación psicoanalítica en Viena. Junto con la aceptación entuasiasta de las ideas freudianas en los círculos culturales de Trieste, esencialmente judíos, encontró una cierta desconfianza en la ideología fascista. En 1930 decidió instalarse en Roma, donde esperaba fundar un movimiento psicoanalítico italiano. Pero la Iglesia católica, la ideología fascista, el idealismo filosófico y el positivismo científico se erigieron como obstáculos a ese desarrollo. En 1932, Weiss fundó en Roma, con un pequeño número de adeptos, la Sociedad Italiana de Psicoanálisis. Las relaciones entre la nueva sociedad de Weiss y la dictatura fueron muy difíciles. Por otra parte, Weiss acusó enérgicamente a Jones de presentar de manera falsa la índole de sus « relaciones » con Mussolini. Gracias a los esfuerzos de Weiss, la Sociedad italiana obtuvo finalmente el reconocimiento de la I.P.A. El artículo concluye con una referencia a la emigración forzada de Weiss a los Estados Unidos de resultas de las leyes raciales, así como sus consecuencias para el porvenir del psicoanálisis en Italia.

« Episkepsis ». Pensées autour de la visite d'Anna Freud à Athènes

ANNA POTAMIANOU

Pour Freud, on le sait, le voyage à Athènes fut une affaire longue et pénible, même si elle s'est avérée fructueuse du point de vue de son auto-analyse. Pour sa fille, Anna Freud, qui fit ce même voyage en janvier 1949, les choses ont été sans difficultés, et le plaisir a été de la partie. C'est du moins ce que laisse entendre la lettre de remerciements chaleureux qu'elle a adressée le 13 janvier 1949 à D. Kouretas, l'interlocuteur préféré de la princesse M. Bonaparte. C'est justement grâce à l'activité de la princesse, grande amie et protectrice bienfaisante de la famille Freud, que le premier groupe psychanalytique grec s'était rassemblé, constitué par A. Embiricos, G. Zavitzianos et D. Kouretas.

La visite d'A. Freud et la conférence organisée à cette occasion, dont le thème était « La valeur de la psychanalyse pour la compréhension et pour l'éducation des enfants » devaient inaugurer les débuts officiels de la psychanalyse en Grèce.

Au sujet de la lettre de remerciements mentionnée, deux points sont à relever :

a / A. Freud se dit ravie d'avoir été accueillie avec tant de chaleur et d'amitié. Elle ajoute : « c'est gratifiant pour moi de constater le bon et le sérieux des débuts du travail psychanalytique à Athènes ».

Elle parle d'un extrait de journal (il s'agit du journal *Kathimerini* du 4 janvier 1949) qui se référait à sa conférence, annonçant également la série

Anna Potamianou est membre de la Société psychanalytique de Paris, vice-présidente de l'Association internationale d'Histoire de la Psychanalyse.

Rev. Int. Hist. Psychanal. 1988, 1, 247-254

des conférences qui y feraient suite, dont trois de la princesse M. Bonaparte, prévues pour le mois d'après.

b / Deuxième point : A. Freud remarque que chaque nouvelle Société est une garantie « en plus » que la psychanalyse sera utilisée, appliquée, enseignée et développée.

C'est ce deuxième point qui a donné matière à ma réflexion et a constitué le fil conducteur de ce dont je voudrais vous parler aujourd'hui.

En grec visite est dit « *episkepsis* », mot qui fait la synthèse de la préposition ἐπί et de σκέψις = pensée. Ce mot peut donc être entendu *comme* σκέψις ἐπί, *pensées sur*, exigence d'un examen attentif, d'une revue et d'une recherche au sujet d'une invitation adressée à la fille de Freud. C'est à la suite de cette invitation qu'il y a eu « visite ». Or, invitation est un autre mot qui prête à la réflexion dans la mesure où « πρόσκλησις » en grec renvoie à l'idée d'un appel à... où d'un appel pour... (κλῆσις πρός...). A quoi donc A. Freud était-elle conviée exactement ?

Inauguration officielle et triomphale du mouvement psychanalytique par la mobilisation de ce que la société athénienne et l'establishment médical avait de meilleur; le projet, bien sûr, semble clair.

Mais, dans l'après-coup de la visite, comment ce projet et les résultats auxquels il a conduit peuvent-ils être compris et évalués ?

Vu les limites du temps à respecter, je ne pourrai que tracer les deux grandes lignes qui me semblent devoir être suivies pour la compréhension du destin de ce projet, laissant de côté maints détails qui à coup sûr pourraient illustrer de manière efficace ce que j'ai à dire.

Deux lignes donc. La première se rattache au terrain sur lequel la Société psychanalytique grecque avait à s'implanter. Plus, le choix du moment.

La deuxième ligne a affaire avec l'activité de ceux qui pendant cette phase ont pris en main le mouvement psychanalytique à Athènes.

En joignant les données des deux axes, on peut éventuellement entrevoir pourquoi ce projet, qui s'annonçait si bien, a finalement avorté, laissant la place de la psychanalyse en Grèce vide pendant une vingtaine d'années au moins, ce qui n'a pas manqué d'avoir des répercussions qui se font sentir encore aujourd'hui.

Pour le terrain d'abord.

C'est Oscar Pfister qui a dit ce que plusieurs psychanalystes pensent, c'est-à-dire qu'en vue de son passé, de son héritage culturel et de ce que l'esprit grec a offert à la psychanalyse, le peuple grec est mieux préparé que n'importe quel autre pour accepter et apprécier la théorie et la pratique psychanalytiques.

En fait, dès 1915 des écrits et des traductions de textes psychanalytiques apparurent en Grèce. Ils furent l'affaire des intellectuels de gauche ou de l'avant-garde libérale, mais leur influence se fit sentir surtout dans les milieux des lettres et de l'éducation. Cette attitude positive des milieux de la gauche devait d'ailleurs changer radicalement après la Deuxième Guerre, peut-être à cause de la position défavorable à l'analyse, adoptée par l'U.R.S.S.[1]. Dès lors on aurait pu s'attendre à ce que l'influence américaine, très importante chez nous après la Deuxième Guerre, vienne jouer en faveur de la psychanalyse, qui était à ce moment-là largement utilisée dans la formation de médecins aux Etats-Unis et dans la thérapeutique. En réalité il n'en fut presque rien, cette influence ne s'étant fait sentir que sur le nombre significatif... de trois médecins de l'armée, dont un seul a décidé de demander la formation analytique.

En 1946, moment du retour en Grèce de M. Bonaparte, quatre personnes manifestaient le désir de devenir analystes. Le poète surréaliste Embiricos, deux psychiatres, D. Kouretas et G. Zavitzianos, et un médecin, N. Dracoulidès, qui finalement ne fut pas accepté dans le groupe.

Personnellement, je pense que c'est la réponse donnée à ce désir qui est largement responsable de ce qu'a été le développement, ou plutôt le non-développement, de l'analyse en Grèce.

Mais, avant d'aborder ce point, il est nécessaire de dire quelques mots sur certaines particularités du caractère des Grecs et de leur social, particularités sur lesquelles je n'ai cessé d'insister à partir des années 60. Il m'est impossible de m'étendre ici sur ce sujet, et je ne peux que renvoyer ceux qui sont intéressés à une série d'articles publiés, portant sur ces questions[2].

Ce que je peux dire maintenant à ce propos, c'est que la constellation familiale et les structures professionnelles et sociales de la Grèce moderne favorisaient — et favorisent encore malgré les changements survenus — des rapports inter- et intrapersonnels tels que la prise en charge de l'individu par lui-même est loin d'être recherchée. Dépendance et mécanismes projectifs tenant la scène, la rencontre avec soi-même que la psychanalyse implique n'était pas pour attirer.

1. Pour cette trajectoire, voir les articles de D. Agrafiotis, P. Hartocollis, D. Ploumbidis, A. Tzavaras, G. Zavitzianos et D. Kouretas, *La psychanalyse et la Grèce*, Athènes, Soc. d'Etudes de la Civilisation néohellénique et de l'Education, 1984.

2. A. Potamianou, Personality and Group Participation in Greece, *Center for Mental Health and Research*, Athens, 1965; « On aspects of change in Greek Urban Families », I.A.C.A.P.A.P. Congress, Melbourne, 1978; Dynamique de la famille grecque, Revue *Synchrona Themata*, n° 14, Athènes, 1982, p. 88-92; Réflexions autour d'une organisation psychique, *Kathimerini*, 8 janvier 1985; Le parti et l'Etat; pour qui et par qui ?, *Kathimerini*, 21-22 juillet 1985. — A. Potamianou et Fr. Carapanos, La relation mère-enfant en Grèce, facteur constituant de l'identité, revue *Synchrona Themata*, n° 23, Athènes, 1984, p. 53-59.

A y ajouter : le scandale de la théorie de la sexualité pour un milieu conservateur, méfiant de ce qui risquait de mettre en cause les valeurs familiales et sociales en vigueur; plus, la tendance accentuée de mes compatriotes à tout avoir et au plus vite.

Dans ce contexte, il est évident que le long et pénible parcours de la formation analytique était difficile à assumer.

S'il est abusif et injuste de dire comme d'aucuns ont pu le faire « que les sciences humaines n'ont jamais connu d'essor véritable en Grèce et que le pays n'a pas produit une pensée qui lui fût propre »[3], on doit, par ailleurs, admettre qu'en ce qui concerne le discours psychanalytique celui-ci n'a jamais été accepté en tant que tel par le milieu médical, ni par aucun autre milieu; qu'il n'a pas réussi à s'implanter dans le pays alors que divers sous-produits ont été utilisés; qu'il n'a pas passé dans la culture de la masse et qu'il n'a pu se manifester autrement que comme production d'individus isolés.

Mais, tout en tenant compte des facteurs sociaux et individuels qui ont rendu difficile l'épanouissement du mouvement psychanalytique chez nous, je crois qu'il est nécessaire de prendre en considération ce qui de l'intérieur de l'organisation psychanalytique elle-même a pu entraver le mouvement.

Nous voilà donc aux prises avec le deuxième fil qui a tissé l'étoffe de la réalité psychanalytique grecque.

Dès son retour à Athènes, la princesse M. Bonaparte a très naturellement pris contact avec ceux qui s'intéressaient à la formation analytique. Personnalité active et généreuse, son rôle dans la constitution de la Société française est connu. Entretenant des liens privilégiés avec la famille Freud, la princesse aimait s'occuper de politique psychanalytique internationale. Comment ne prendrait-elle pas sous son aile le développement de la situation en Grèce ?

C'est ce qu'elle fit avec zèle et enthousiasme, organisant pendant les mois d'hiver où elle séjournait à Athènes des réunions de contrôle et des séminaires chez elle pour les trois intéressés, plus quelques invités, interlocuteurs de marque, appartenant au milieu intellectuel de l'époque.

Mais c'est à ce point que les choses ont cessé d'être simples. La princesse désirait la nomination et la reconnaissance officielle d'un groupe grec. Elle voulait donner à la psychanalyse un début brillant à Athènes. C'est ce qu'elle fit en invitant A. Freud pour la conférence inaugurale.

Mais la question se pose de savoir si le groupe grec était prêt à assumer

3. A. Karavatos, Plaidoyer pour une (certaine) psychanalyse dans un pays en voie de développement : un cas, la Grèce, *L'Evolution psychiatrique*, n° 50, fasc. 3, 1985, p. 739-743.

son activité et si les personnes impliquées dans cette affaire avaient pris le temps de réfléchir sur le moment et sur les moyens choisis pour une présentation officielle de la psychanalyse à Athènes. De toute façon, la décision d'inviter A. Freud fut prise.

Introduite par le professeur de la chaire de neuropsychiatrie, la conférence d'A. Freud a rassemblé l'élite intellectuelle, le monde de la médecine, de l'éducation, etc.

Trois autres conférences de la princesse elle-même y firent suite. La première eut comme sujet la vie et l'œuvre de Freud; la deuxième s'est référée à l'interprétation psychanalytique des rêves et aux lois de l'inconscient, la troisième avait comme thème « Psychanalyse et anthropologie ».

Or, une recherche effectuée récemment dans les journaux de cette époque a prouvé qu'un seul journal, celui dont l'extrait fut envoyé à A. Freud par D. Kouretas, s'est occupé de la conférence.

Il est vrai que les Grecs avaient d'autres chats à fouetter à ce moment-là. Preuve en est les titres d'articles dans les journaux de ces jours-là : « Karpenissi reconquis; les communistes battus; l'armée des rouges en fuite... », etc.

Entre-temps, avec l'accord d'Anna Freud et d'E. Jones, les trois Grecs furent exceptionnellement acceptés par la Société psychanalytique de Paris comme membres adhérents. Ils publièrent chacun un travail dans la *Revue française de Psychanalyse* en 1950. Zavitzianos, seul survivant du groupe, se référant à son travail d'alors, m'a écrit : « Voilà ce que j'ai pu faire sans aide aucune... ignorance is a bliss... Mais finalement tout a bien marché. »

Malheureusement, en fait, rien n'a marché. Grâce à M. Bonaparte, le groupe grec a été officiellement reconnu comme groupe d'études de l'Internationale, mais dans le courant de la même année 1950, Zavitzianos a décidé de quitter la Grèce pour les Etats-Unis, prévoyant, comme il l'a dit, la stagnation de la psychanalyse en Grèce[4]. A noter qu'il entreprit ce voyage avec un prêt de la princesse, qui a écrit à Kouretas être très peinée de cette décision[5].

Empirikos, ayant eu quelques ennuis en tant que non-médecin exerçant la psychanalyse, M. Bonaparte conseilla au groupe un silence prudent.

Après un accident (fracture au col du fémur), la princesse quitta définitivement Athènes. Empirikos ne voulut plus exercer la psychanalyse. Kouretas continua de l'exercer avec ce qu'on pourrait appeler une prudence tout à fait particulière.

4. G. Zavitzianos, lettre du 11 mars 1986.
5. A. Tzavaras, art. cité, p. 102.

La dissolution du groupe nouveau-né s'est faite sans bruit, mais elle a eu des répercussions importantes sur le développement du travail d'hygiène mentale dans le pays. Cette question ne peut évidemment pas être traitée dans le contexte de cette présentation, mais c'est une histoire à écrire. De toute manière, la constatation est unanime. La Grèce pendant des années s'est détournée de la psychanalyse de Freud. Celle d'Adler a été mieux reçue.

Que peut-on conclure au sujet du destin de la première tentative pour introduire la psychanalyse en Grèce ?

Je pense que la préparation du projet a été pour le moins hâtive, et l'étude — si étude il y a eu — a été peu réaliste. Il me semble évident que les membres du groupe étaient peu et mal préparés pour les exigences du travail analytique. Travail lent, fait de patience silencieuse, de persévérance, de solitude. L'analyse intégrée, fêtée, acceptée par les milieux universitaires, activée par des poussées extérieures, risque de se diluer dans le contentement placide de son succès ou de se perdre en s'écoulant par les béances de contenants non prêts à la recevoir.

Je crois que c'est ce qui est arrivé en Grèce et c'est un exemple à retenir pour notre organisation internationale. M. Bonaparte a voulu faire vite et peut-être aussi trop donner chez nous. A. Freud s'est prêtée à cet effort qui porte, selon moi, la marque d'un élan de générosité enthousiaste, mais également la charge ambivalente que contient tout don.

M. Bonaparte a-t-elle voulu offrir dans la brillance à la fille de Freud ce que Freud, lui, n'a pu contempler que dans un sentiment d'inquiétante étrangeté après s'être engagé sur une route qui fut longue ?

A-t-elle voulu, elle l'étrangère, donner aux Grecs ce qui ne peut être gagné que par l'épreuve du temps et du travail[6] ? Cette épreuve a été court-circuitée pour les premiers analystes grecs. Les circonstances ont donné naissance à un prématuré dont la vulnérabilité a littéralement déterminé la mort à la naissance.

Je ne désire pas aller plus loin et essayer d'évaluer ce qui de cet esprit de don persiste encore aujourd'hui chez certains psychanalystes, côté donneurs et côté demandeurs.

Je voudrais simplement conclure en disant que la Grèce n'a pas seulement offert à l'analyse les mythes d'Œdipe et de Narcisse. Elle a également proposé le mythe de Prométhée, elle a signalé le cheval de Troie et la boîte de Pandore, l'espoir inclus. A nous d'en tirer les conclusions qui peuvent nous rendre plus clairvoyants pour tout ce qui touche à notre désir de la survivance et de l'étendue de la psychanalyse dans le monde.

6. A. Potamianou, La Promethia d'Eschyle, in *Psychanalyse et culture grecque*, Paris, Belles-Lettres, 1980, p. 229-243.

Malgré ce qui a été dit et écrit[7], je pense que la Grèce a un passé psychanalytique et une histoire. A partir de Freud et de sa famille, à travers les pionniers du premier groupe psychanalytique grec, à travers d'autres psychanalystes encore, comme par exemple Adler, le fil du passé historique s'est déroulé.

Quant à la reconstruction de l'histoire, elle revient, bien sûr, aux psychanalystes grecs d'aujourd'hui, puisque l'avant ne se retrouve qu'à partir de l'après, et que l'après de notre passé est pour nous déjà là aujourd'hui.

Anna Potamianou,
4, rue Karneadou,
Athènes 139, Grèce.

Mots clés

Adlériens – Bonaparte (Princesse Marie) – Débuts (du mouvement psychanalytique grec) – Parrainage – Politique (du mouvement psychanalytique grec).

RÉSUMÉS

A propos de la visite à Athènes d'A. Freud qui est comparée à celle de S. Freud, l'auteur se réfère à la création du premier groupe psychanalytique en Grèce.

Elle parle des circonstances et des motivations qui ont présidé à sa formation et du rôle joué par la princesse M. Bonaparte. Ses conclusions concernent tout projet touchant au désir de la diffusion et de la survivance de la psychanalyse dans le monde d'aujourd'hui.

« *Episkepsis* ». *Thoughts on Anna Freud's visit to Athens*

Describes Anna Freud's visit to Athens, comparing it with Freud's own visit. Refers to the creation of the first psychoanalytic group in Greece. Tells the circumstances and motivations which attended its formation and the role played by Princess M. Bonaparte. Conclusions concern all projects involving efforts to spread psycho-analysis and ensure its survival in today's world.

« *Episkepsis* ». *Gedanken über den Besuch Anna Freud's in Athen*

Anlässlich des Besuchs Anna Freud's in Athen, welcher mit dem S. Freud's verglichen wird, bezieht sich der Autor auf die Entstehung der ersten psychoanalytischen Gruppe in Griechenland.

Sie spricht von Umständen und Motivationen, welche dieser Gründung vorausgingen, genauso wie über die Rolle, die Prinzessin M. Bonaparte dabei zukam. Ihre Schlußfolgerung bezieht sich auf jegliche Projekte, die der Verbreitung und dem Überleben der Psychoanalyse in der heutigen Welt zugute kommen wollen.

7. A. Tzavaras, La psychanalyse en Grèce a-t-elle une histoire ?, *Journal de l'A.I.H.P.*, nº 2, 1986.

« *Episkepsis* ». *Riflessioni sulla visita di Anna Freud ad Atene*

A proposito della visita di A. Freud ad Atene, che è paragonata a quella di S. Freud, l'autrice fa riferimento alla creazione del primo gruppo psicanalitico in Grecia.

Parla delle circostanze e delle motivazioni che hanno guidato la sua formazione e del ruolo sostenuto dalla principessa M. Bonaparte. Le sue conclusioni riguardano qualsiasi progetto legato al desiderio della diffusione e della sopravvivenza della psicanalisi nel mondo d'oggi.

« *Episkepsis* ». *Reflexiones sobre la visita de Anna Freud a Atenas*

En relación con la visita de Anna Freud a Atenas (y comparada con la de S. Freud), la autora examina la creación del primer grupo psicoanalítico en Grecia.

Se refiere a las circunstancias y motivaciones que presidieron su formación, así como al papel que desempeñó la princesa Marie Bonaparte. Sus conclusiones interesan a todo proyecto relativo a la difusión y la supervivencia del psicoanálisis en el mundo de hoy.

Deux tournants historiques dans le sort des psychanalystes hongrois au cours des années 40

LIVIA NEMES

Dans les années 40, on assiste à deux tournants historiques troublant la vie des psychanalystes hongrois. Il s'agit de deux périodes critiques que l'on pourrait illustrer à leur commencement — curieusement — par une courbe qui monte, et qui tombe ensuite au fond de l'abîme. Dans la première période, durant les années du fascisme, dans toute l'Europe c'est en Hongrie que la psychanalyse a pu survivre pendant le plus longtemps, puis en 1944, le quart des analystes hongrois ont péri, victimes du fascisme. L'autre période, après 1945, a commencé dans l'espoir du renouveau et de la reconnaissance sociale de la psychanalyse mais, au bout de quelques années, l'association s'est vue dissoute, et, pendant quinze ans environ, les psychanalystes se sont trouvés contraints de choisir l'émigration interne.

Evoquons quelques épisodes de ces deux périodes.

Entre les deux guerres mondiales, le petit groupe des analystes hongrois a occupé un rôle relativement important pour sa grandeur numérique dans le mouvement international. L'école de Budapest comprenait Ferenczi, tout d'abord, et quelques psychanalystes renommés tels que M. Bálint, I. Hermann, I. Hollós, S. Radó, G. Róheim — pour ne mentionner que les plus connus. Dans les années 30 encore, ils étaient en contact étroit avec Vienne et avec les mouvements psychanalytiques des pays environnants. C'est ce que prouvent par exemple les « Vierländer Tagung », dont la deuxième session a eu lieu en Hongrie, en 1937, avec des participants autrichiens, tchèques, italiens, hongrois, et d'autres hôtes venant de l'étranger.

Livia Nemes est psychanalyste, présidente de la Société psychanalytique hongroise.

Rev. Int. Hist. Psychanal. 1988, 1, 255-262

Cependant, la situation interne des analystes dépendait toujours des changements politiques : ainsi, à partir des années 20 déjà, les analystes hongrois ont été refoulés de la vie intellectuelle officielle de Hongrie. Toutefois, ils ont pu garder leur rang dans la vie littéraire et culturelle et poursuivre librement leur pratique thérapeutique, leur activité scientifique et de publication. La policlinique de l'Association a fonctionné à partir de 1931 et c'est là que se tenaient, tous les quinze jours, les réunions de l'Association, les séminaires et les plus importantes sessions scientifiques.

Plusieurs années avant même l'éclatement de la guerre, il fallait annoncer à la police toutes les conférences de l'Association. Bien que, à l'époque, toutes les associations aient été politiquement contrôlées, les psychanalystes étaient suspects à deux titres : en tant que Juifs et en tant qu'hommes de gauche. Un détective assistait à chaque réunion, prenant assidûment des notes. Si les rapports concernant les réunions n'ont jamais eu de suites, les assemblées publiques n'étaient pas sans danger, étant donné que parmi les participants des conférences se trouvaient aussi des membres du mouvement de gauche clandestin. A cause de cela, le nombre des conférences publiques était limité et, au lieu des thèmes cliniques, on tenait des cours sur des sujets plus abstraits. Ainsi, à cette époque, Hermann s'occupait de la biopathographie des mathématiciens, Zsigmond Pfeifer traitait de la psychanalyse de la musique. Ces travaux de Hermann ont été publiés plus tard en 1945 (1945*b*) et en 1949, et en langue française en 1980. Les manuscrits de Pfeifer ont péri — comme leur auteur.

Les chefs de l'Association, le président István Hollós, pensaient qu'une direction « aryenne » pouvait assurer à l'Association un sursis. En 1941, la direction juive fut remplacée. László Révész qui, à ce moment, était encore considéré comme aryen selon la loi anti-juive, devint le secrétaire de l'Association, mais plus tard, à cause de son origine juive, il fut exécuté par les croix-fléchées. Le président « aryen » de l'Association, Endre Almásy, était cependant en mesure d'apporter beaucoup d'aide et c'est grâce à lui qu'après l'occupation allemande la société n'a pas été officiellement dissoute.

En 1943, le livre d'Imre Hermann intitulé *L'instinct filial* a pu transgresser le filet de la censure. Certes, il a fallu retirer du texte les passages sur l'activité sexuelle de la femme et sur la masturbation qui « offensaient la morale publique », mais les parties traitant du militarisme et de l'antisémitisme ont échappé à la censure. Plus tard (1972) ce livre a été publié, avec de nouveaux compléments, et traduit en langue française également.

Ainsi qu'il ressort de ces quelques brefs épisodes, les psychanalystes hongrois ne se trouvaient pas dans la situation de leurs collègues allemands qui se voyaient contraints à collaborer avec le pouvoir officiel. Ils ne faisaient pas de politique, même pas à la manière des freudo-marxistes, et ne prenaient pas part activement aux mouvements de gauche. Néanmoins tout naturellement, ils appartenaient à l'intelligentsia de gauche, car, à partir de Ferenczi, la psychanalyse hongroise faisait, dès le début du siècle, partie intégrante des mouvements radicaux progressistes.

« Après l'Anschluss, puis après la mort de Freud — dit Leupold-Löwenthal (1974) — une nuit noire est tombée sur toute l'Europe, l'un des rares endroits où l'on n'a pas pu étouffer la psychanalyse était Budapest. »

De l'Anschluss autrichien jusqu'à l'occupation de la Hongrie par les Allemands, six ans se sont écoulés. Le temps qui passait nourrissait l'espoir et l'illusion de la délivrance. Après 1938, moins d'analystes ont émigré de la Hongrie que des autres pays, et même quelques Autrichiens se sont réfugiés en Hongrie. Après l'occupation allemande et surtout sous le régime des croix-fléchées, il n'y eut plus de possibilité de s'enfuir : avec plusieurs centaines de milliers de Juifs hongrois, de nombreux analystes et leurs familles ont été anéantis, parmi eux Zsigmond Pfeifer et László Révész déjà mentionnés, puis Erzsébet Kardos (première épouse d'Endre Pető), Miklós Gimes père, József Eisler, et d'autres. J'ai décrit cette période plus amplement dans mon article publié l'an dernier dans *Le Coq-Héron* (Nemes, 1985).

La deuxième période a commencé en janvier 1945. A Budapest, les gens venaient de sortir de l'enfer des bombardements, des caves, de la famine, de la dysenterie. La libération soviétique s'est associée au sentiment de la liberté sur les ruines d'une société et d'une ville détruites. La Hongrie dévastée était marquée par un obscur état arriéré et par la pauvreté. Et l'intelligentsia de gauche se trouvait envahie par l'enthousiasme du chant du mouvement alors très à la mode : « Pour demain, nous renversons le monde entier ».

On peut caractériser l'attitude des psychanalystes en 1946 (1946*a*) par le rapport de Hermann envoyé à l'A.P.I. : « Quelque difficile que soit la vie dans le pays dévasté, nous vivons dans une atmosphère libre, nous avons dans notre travail de nouvelles possibilités et des problèmes qui doivent être réglés d'une nouvelle manière. Le vif intérêt se révélant pour les problèmes psychologiques exige de nous une activité publique de plus en plus efficace. » Les analystes, privés pendant longtemps de toute publicité pouvaient tenir des conférences à la radio, ils avaient un jeune public enthousiaste aux universités libres, ils participaient à différentes enquêtes psychologiques, œuvraient dans le syndicat des médecins. Imre Hermann a été nommé « privatdocent », il a été invité à faire des cours psychanalytiques à la Faculté de Médecine et à la Faculté des Lettres. Malgré la pénurie de papier et la limitation des publications, de nouvelles traductions de Freud, par exemple celle de *L'avenir d'une illusion*, et les livres d'auteurs hongrois, comme *La psychologie de l'antisémitisme* de Hermann, ont été publiés.

En 1947-1948, le secrétaire de l'Association, Endre Petó, rapporte à l'A.P.I. que, certes, l'Association n'a pas encore de consultations, mais que des services analytiques commencent à être organisés dans les dispensaires, dans le cadre de la Sécurité sociale. La démocratie populaire offre aux membres de l'Association différentes possibilités scientifiques, sociales et d'organisation. Les analystes remplissent aux différents postes de l'appareil d'Etat — surtout dans l'hygiène publique et dans la pédagogie — un rôle consultatif, ils travaillent dans les différents domaines de l'hygiène mentale et de la protection des enfants.

On peut donc constater que, tandis qu'antérieurement les analystes avaient une vie intensive d'association, dominée par le travail scientifique et par le soin approfondi des malades, après la guerre, c'est plutôt l'extensivité qui caractérise leur activité. Ils prennent des responsabilités dans la vie publique et se chargent des tâches sociales et étatiques. Entre-temps, la formation des candidats se poursuit, petit à petit les séminaires s'ouvrent et les réunions scientifiques recommencent. En 1951, quelques-uns ont même eu la possibilité de participer au Congrès psychanalytique international d'Amsterdam.

Mais l'essor est de nouveau brisé en 1948.

Beaucoup de domaines scientifiques et culturels ont subi des attaques, et la psychanalyse n'a pas été non plus épargnée. Au sein de l'Association les différends internes se sont aussi aggravés, car certains qui jusqu'alors avaient observé avec inquiétude les efforts d'intégration y sont devenus ouvertement hostiles. Plusieurs aspects et détails de cette situation restent encore dans l'ombre, on ne peut donc conclure que par déduction à l'existence de tensions dont les conséquences se maintiennent encore de nos jours.

Je voudrais souligner que, contrairement à certaines affirmations fausses — je pense au livre de Pál Harmat (1986) publié en langue hongroise —, aucun psychanalyste n'a été mis au banc des accusés pour son métier ou pour sa conviction psychanalytique. Aux temps des procès conceptionnels quelques analystes ont été effectivement emprisonnés en raison d'autres accusations sans fondement, mais non à cause de leur qualité de psychanalyste. A partir de 1948, une lutte idéologique était menée contre la psychanalyse, stigmatisée comme idéologie bourgeoise et psychologie familiale de l'impérialisme.

Dans *La psychologie de l'antisémitisme* (1945*a*), Hermann avait fait l'analyse du phénomène : pourquoi la haine raciste apparaît-elle dans l'accusation et dans la symbolique du « parasitisme », du « parasite à détacher », du « noyau intermédiaire de la contagion », et, quelques années plus tard, une nouvelle attaque allait donc se servir de cette symbolique pour argumenter et justifier sa haine de la psychanalyse : « le freudisme est le semeur de bacilles de toutes les idées délirantes bourgeoises, il est le milieu nutritif potentiel du fascisme [...] ».

Un livre, paru sous le titre de *Freud, ou l'origine d'une illusion* (1948), exige de la psychanalyse de nettoyer sa doctrine des éléments idéologiques, car, selon lui, « [...] elle offre le simulacre de fondement scientifique à l'irrationalisme du capitalisme en voie de désagrégation; elle est le porteur et le propagateur de l'idéalisme philosophique; elle est le vulgarisateur de la cogitation métaphysique [...] ».

Deux ans auparavant, Hermann (1946*b*) luttait encore contre l'idéologie du fascisme, mais il répliquait déjà aux nouvelles attaques : « Serait-ce à cause des oppositions de "vision du monde" que l'Allemagne hitlérienne a jeté sur les bûchers les livres de Freud, et a mis au pilon en Hongrie les publications psychanalytiques ? La psychanalyse est une science et n'a donc pas de "vision du monde" *(Weltanschauung)*, mais c'est une science qui a trait à l'homme, elle a donc une vision de l'homme. Cependant, on y retrouve le reflet des mouvements scientifiques et sociaux de grande portée, caractéristiques de l'époque. Est-il possible — se demande Hermann peut-être avec quelque prévoyance — que ce soit encore sur la psychanalyse qu'en retombe la responsabilité ? »

En 1949, lorsque l'Association a été dissoute, tout comme les autres associations sociales, les psychanalystes ont été condamnés au silence et ils ont dû choisir l'émigration interne. Cependant, quelques-uns d'entre eux n'ont jamais cessé d'exercer la thérapie psychanalytique.

Un relèvement a pu recommencer au milieu des années 60. Depuis, une vingtaine d'années se sont écoulées, et une nouvelle génération d'analystes s'est affirmée. Mais c'est déjà une autre histoire.

Dr Livia Nemes,
Rumbach S. u. 12,
1075 Budapest, Hongrie.

Mots clés

Antisémitisme – Censure – Croix-fléchées – Emigration – Hermann Imre.

BIBLIOGRAPHIE

Freud S. (1927) *Egy illúzió jövője (L'avenir d'une illusion)*, traduit en hongrois, préfacé et annoté par I. Schönberger, Budapest, Bibliotheca.

Harmat P. (1986) *Freud, Ferenczi és a magyarországi pszicho-analízis (Freud, Ferenczi et la psychanalyse en Hongrie)*, Bern, Az Európai Protestáns Magyar Szabadegyetem kiadása (en hongrois).

Hermann I. (1943) *L'instinct filial*, traduit par Gy. Kassai, avant-propos par N. Abraham, Paris, Denoël, 1972.
— (1945*a*) Psychologie de l'antisémitisme, traduit par G. Gachnochi, Gy. Kassai et Gy. Gachnochi-Tattay, *Patio*, 5, Editions de l'Eclat.
— (1945*b*) János Bolyai. Naissance d'une pensée, traduit par E. Füzesséry, in *Parallélismes*, Paris, Denoël, 1980.
— (1946*a*) Report, *Int. J. Psycho-Anal.*, *27*, 87-92.
— (1946*b*) Qu'est-ce que la psychanalyse ?, *Le Coq-Héron*, nº 98, 1986.
— (1949) Considération psychologique sur la théorie mathématique des ensembles, traduit par C. Lorin, in *Parallélismes*, Paris, Denoël, 1980.
Leupold-Löwenthal H. (1974) « Geschichte der Psychoanalyse in Ungarn », conférence, Budapest.
Nemes L. (1985) Le destin des psychanalystes hongrois pendant les années du fascisme, *Le Coq-Héron*, nº 98, 1986.
Pálóczi-Horváth Gy. (1948) *Freud vagy egy illuzió eredete (Freud ou l'origine d'une illusion)*, Budapest, Hungaria.
Pető E. (1947) Report, *Int. J. Psycho-Anal.*, *28*, 211-212.
— (1948) Report, *Int. J. Psycho-Anal.*, *29*, 192.

RÉSUMÉS

Entre 1940 et 1950, l'histoire hongroise a porté deux graves coups au mouvement et à la vie personnelle des psychanalystes. L'article évoque quelques épisodes de ces temps et trace brièvement la naissance et le développement de « l'école de Budapest ». Entre les deux guerres mondiales, le petit groupe des analystes hongrois a occupé un rôle relativement important dans le mouvement international. Durant les années du fascisme, c'est en Hongrie que la psychanalyse a pu survivre pendant le plus longtemps, mais en 1944 le quart des analystes hongrois ont péri. Après la guerre, c'est plutôt l'extensivité que caractérise l'activité des analystes, mais au bout de quelques années, l'Association s'est vu dissoudre. L'article souhaite présenter les problèmes des analystes, avec leurs péripéties et encore les efforts qu'ils déploient sans cesse dans l'espoir du renouveau théorique et pratique de la psychanalyse hongroise.

Two historical changes in the vicissitudes of Hungarian psychoanalysts in the forties

Between 1940 and 1950, Hungarian history struck two blows at psychoanalysts — as a movement and in their personal lives. The paper relates several episodes from this period and briefly traces the birth and development of the « Budapest School ». Between the two world wars, the small group of Hungarian analysts played a relatively important role in the international movement. During the years of Fascism it was in Hungary that psychoanalysis was able to survive the longest. But in 1944, a quarter of all the Hungarian analysts perished. After the war the analysts' activity was notable chiefly for its extensive nature but after a few years the Association was dissolved. The paper describe the analysts' problems and fluctuating fortunes and also their incessant efforts, inspired by the hope of a theoretical and practical renewal of Hungarian psycho-analysis.

Zwei historische Wendepunkte
im Schicksal der ungarischen Psychoanalytiker
in den vierziger Jahren

Zwischen 1940 und 1950 haben die Zeitgeschehnisse in Ungarn zwei schwere Schläge der Bewegung und dem persönlichen Leben der Psychoanalytiker versetzt. Der Artikel bringt einige Episoden dieser Zeit hervor und verfolgt kurz die Entstehung und Entwicklung der « Schule von Budapest ». Zwischen den zwei Weltkriegen hat die kleine Gruppe ungarischer Analytiker eine relativ wichtige Rolle im internationalen Geschehen eingenommen. Während der Zeit des Faschismus war es in Ungarn, wo die Psychoanalyse am längsten überleben konnte. 1944 kamen allerdings ein Viertel aller ungarischen Analytiker um. Nach dem Krieg schien die Bewegung sich auszuweiten, doch nach wenigen Jahren lösten sich die Vereinigungen auf. Der Artikel zeigt die Probleme, die Peripetie und den Versuch der Psychoanalytiker, sich ohne Ablaß auszubreiten, um auf eine Erneuerung der Theorien und Praktiken der ungarischen Psychoanalyse hinzuarbeiten.

Due svolte storiche
nel destino degli psicanalisti ungheresi
negli anni Quaranta

Tra il 1940 e il 1950 la storia ungherese ha inferto due gravi colpi al movimento e alla vita personale degli psicanalisti. L'articolo evoca alcuni episodi di questo periodo e traccia brevemente la nascita e lo sviluppo della « scuola di Budapest ». Tra le due guerre mondiali, il piccolo gruppo degli analisti ungheresi ha occupato un ruolo relativamente importante nel movimento internazionale. Fu in Ungheria che la psicanalisi poté sopravvivere più a lungo durante gli anni del fascismo ; ma nel 1944 un quarto degli analisti ungheresi perí'. Dopo la guerra, l'attività degli analisti è caratterizzata soprattutto dalla tendenza ad ampliare il campo d'indagine, ma dopo qualche anno l'associazione è stata sciolta d'autorità. L'articolo vuole presentare i problemi, le peripezie e gli sforzi che gli analisti dispiegarono incessantemente nella speranza di un rinnovamento teorico e pratico della psicanalisi ungherese.

Dos momentos cruciales en el destino
de los analistas húngaros en los años 40

Entre 1940 y 1950, el psicoanálisis y la vida personal de los analistas de Hungría sufrieron por dos veces las consecuencias de los acontecimientos históricos generales. En este artículo se evocan algunos episodios de ese periodo y se reseña la evolución de la « escuela de Budapest ». Entre las dos guerras mundiales, el pequeño grupo de analistas húngaros tuvo un papel relativamente importante en el movimiento internacional. Durante los años del fascismo, fue en Hungría donde el psicoanálisis pudo sobrevivir durante más tiempo; pero en 1944 pereció la cuarta parte de los analistas húngaros. Después de la guerra se asiste a un periodo de expansión que se ve interrumpido al cabo de pocos años con la disolución de la sociedad. Este artículo está destinado a presentar esos problemas y vicisitudes, así como los esfuerzos que realizan los psicoanalistas húngaros para lograr la renovación teórica y práctica de su ciencia.

« C'est une nouvelle forme de diaspora... » La politique de l'émigration des psychanalystes d'après la correspondance d'Ernest Jones avec Anna Freud

RICCARDO STEINER

Cette étude est dédiée à tous ceux, non aryens comme aryens, qui n'ont pas trouvé de foyer pendant la diaspora nazie et qui ne connurent d'autre tombe que le vent qui dissipa la fumée des chambres à gaz nazies.

J'aimerais, dans cette étude, attirer l'attention sur les enseignements que l'on peut tirer d'une analyse de la correspondance échangée entre E. Jones et A. Freud, en m'aidant aussi, au besoin, d'autres documents. Cette correspondance consiste, au total, en deux cent vingt lettres échangées entre 1933 et 1939 et se terminant par une lettre écrite par Anna Freud le 20 janvier 1939 et adressée à Jones de son domicile du 20 Maresfield Gardens, N.W. 3, où elle avait trouvé refuge avec son père quelques mois auparavant : cette même maison, où Freud mourra en septembre 1939, allait rester le domicile londonien d'Anna jusqu'à sa propre mort. Ces lettres sont partie intégrante d'une correspondance encore plus abondante échangée entre A. Freud et E. Jones depuis la fin des années 1920 jusqu'à la mort de ce dernier en 1959 et qui ont été déposées à Londres, dans les Archives de la British Society of Psychoanalysis.

Riccardo Steiner est psychanalyste, docteur ès lettres et psychologie de l'Université de Milan.

L'auteur tient à remercier ici les Archives de la British Psychoanalytical Society et les Sigmund Freud Archives, qui l'ont autorisé à citer et à publier des documents inédits.

Il voudrait aussi remercier le Dr J. Stross et Mlle I. Helmann, Ph.D., de leur aide et de leurs conseils.

Il est également redevable à A. Paskauskas de plus d'une information précieuse.

Que J. Mac Gowan, qui a préparé la publication de ce texte, trouve ici l'expression de sa gratitude.

Etant donné l'intérêt suscité par les deux correspondants et la stature intellectuelle (mais aussi la « stature institutionnelle », pourrait-on dire en ce qui concerne la psychanalyse proprement dite) qui s'attache à leurs personnes, sans oublier que jusqu'à présent leur correspondance a été presque systématiquement passée sous silence (ceux qui se sont penchés, par exemple, sur la biographie d'Anna Freud n'ont, dans le meilleur des cas, guère fait référence à cette correspondance — Dyer, 1983; Peters, 1985), j'en suis arrivé à la conclusion qu'il pourrait bien être de quelque intérêt de tenter une étude critique de cette correspondance — d'autant que le contenu de nombre de ces lettres, surtout de celles de 1933, intéresse directement le sort de la psychanalyse sous le nazisme.

En fait, bien souvent, Anna et Ernest devaient consacrer une bonne partie de leurs échanges de vues aux problèmes liés à l'émigration des psychanalystes, se préoccupant d'abord de ceux de Berlin puis des psychanalystes autrichiens lorsque, au lendemain de l'*Anschluss*, ceux-ci jugèrent à leur tour que leur situation déjà précaire était devenue complètement intenable. Compte tenu du rôle fondamental que joua Jones dans ces circonstances bien particulières, j'ai le sentiment que cette correspondance devrait être d'une exceptionnelle importance dès lors que l'on cherche à comprendre la signification de ce que, dans le titre de cette étude, j'appelle leur « politique », ou plus précisément des questions directement liées à la nécessité tactique ou à des choix politiques au sens le plus général. Cependant, ces mêmes questions touchent également à la forme spécifique de gestation des institutions psychanalytiques ainsi qu'aux traits caractéristiques qui sont devenus les leurs depuis la persécution raciale des psychanalystes juifs par les nazis à Berlin et à Vienne.

Ces questions découlent de la manière même dont E. Jones et A. Freud ont abordé leur tâche difficile, et souvent douloureuse, tâche qui les a conduits à intercéder en faveur de leurs amis et collègues au sens large, mais aussi à découvrir et à choisir, parmi la multitude des circuits d'émigration possibles, ceux qui convenaient le mieux aux victimes des persécutions nazies qui allaient en s'amplifiant.

En indiquant les noms des personnes impliquées, et tout en attirant votre attention sur divers détails, divers ou insignifiants, d'épisodes de leur vie personnelle, j'espère mettre en lumière quelques-unes des raisons qui, pour reprendre la formule biblique d'Anna Freud, ont donné à cette « nouvelle forme de diaspora » les caractéristiques qu'elle a revêtues et qui, à certains égards, ont contribué à marquer en profondeur l'histoire du mouvement psychanalytique dans chacun des pays où l'on continue à pratiquer la psychanalyse aujourd'hui.

La place dont je dispose ne me permettra pas de longues digressions méthodologiques, mais je n'en tiens pas moins à rappeler que mon intervention ne saurait être qu'une approche partielle de la question qui nous intéresse et que, par ailleurs, la correspondance déposée aux Archives de Londres n'est aucunement complète. A vrai dire, il manque de nombreuses lettres, tant d'Ernest Jones que d'Anna Freud. Et il est plus que probable que parmi la quantité de lettres d'A. Freud qui se sont retrouvées aux Etats-Unis (et il semblerait qu'elles soient destinées à y rester pendant des temps immémoriaux), ceux qui y ont accès pourraient découvrir d'autres matériaux intéressant notre sujet. Tel pourrait être aussi le destin de quelques-unes des lettres d'E. Jones que A. Freud mentionna en passant mais qui, de fait, manquent également des Archives de la British Society of Psychoanalysis. Qui plus est, les Archives ne conservent que des copies des lettres adressées, et parmi celles-ci plus d'une s'est perdue.

Outre ces évidentes limites, pour ainsi dire « objectives », je voudrais attirer brièvement l'attention sur un problème plus général. La nature limitée de mon intervention est aussi le résultat de toute une série de facteurs plus complexes, à commencer par le caractère restrictif qu'a en soi toute étude d'une correspondance dans la mesure où celle-ci témoigne avant tout de ce qui s'est passé durant une période donnée, pour ne pas parler des aspects nullement impartiaux des documents eux-mêmes. Il faut constamment les interpréter et les réinterpréter, et ceci aussi invite à conclure qu'en ce domaine comme en tant d'autres, il ne saurait y avoir d'interprétation historique définitive. Qui plus est, l'histoire n'est pas fondée sur les seuls documents écrits, et cela est particulièrement vrai en ce qui concerne l'histoire de la psychanalyse. Dans un pays renommé, comme la France, pour ses historiographes, il semblerait, sans doute, passablement naïf sinon tout à fait ridicule (et je ne pense pas simplement à l'Ecole des Annales) qu'un psychanalyste, eût-il un peu la bougeotte comme moi, se fasse un devoir de citer M. Bloch, L. Febvre et tous ceux qui leur ont emboîté le pas. Néanmoins, si vous me le permettez, je voudrais rendre un modeste hommage à un homme qui a par-dessus tout payé dans sa personne son attachement à son métier d'historien, victime des persécutions nazies, parce qu'il était juif et démocrate convaincu. Ainsi voudrais-je citer un ouvrage célèbre de Marc Bloch qui demeure pour moi l'un des documents de l'historiographie du XXe siècle — mais aussi des documents humains — les plus importants. Je veux parler d'*Apologie pour l'histoire ou métier d'historien*, dans lequel M. Bloch évoque la manière dont il convient de se pencher sur les documents historiques :

En dépit de ce que semblent parfois imaginer les débutants, les documents ne surgissent pas, ici ou là, par l'effet d'on ne sait quel mystérieux décret des Dieux. Leur présence ou leur absence, dans tel fonds d'archives, dans telle bibliothèque, [...] relèvent de causes humaines qui n'échappent nullement à l'analyse [...] car ce qui se trouve ainsi mis en jeu n'est rien de moins que le passage du souvenir à travers les générations (p. 67).

Je souscris entièrement à ces propos pour une multitude de raisons sur lesquelles je tâcherai de revenir un peu plus loin. Pour l'heure, toutefois, j'aimerais ajouter quelques affirmations du médiéviste et pénétrant théoricien de la méthodologie historiographique contemporaine qu'est J. Le Goff. Etablissant une subtile distinction entre monuments et documents, il aborde la vieille discussion sur leur signification et en conclut que le document historique est un monument qu'il faut sans cesse soumettre à une réinterprétation judicieuse. Aucun document n'est innocent, rappelle-t-il en substance. Tout document est un monument qu'il faut savoir isoler, dépecer. L'historien doit non seulement savoir discerner la fausseté d'un document ou en évaluer la crédibilité, mais aussi savoir le démystifier... Le document, ajoute-t-il, est le résultat de tout un montage, tant conscient qu'inconscient, de l'histoire touchant à une époque particulière, et de la société qui l'a produite. Le document est le résultat de forces mises en branle par les sociétés historiques précédentes, sciemment ou sans dessein, afin de produire et de transmettre d'elles une certaine image... J'ai tenu à évoquer ces considérations, ne fût-ce que très brièvement et en passant, parce que ce n'est qu'en prenant en considération ces points théoriques fondamentaux que l'on peut entreprendre d'essayer de dégager le sens du monument-document que constitue la correspondance E. Jones - A. Freud. Cependant, s'agissant de ceux qui doivent aborder des problèmes directement liés à l'histoire de la psychanalyse et à ses personnalités et institutions les plus en vue, tout en tentant (au moins en partie) de comprendre les interactions entre cette histoire particulière et les événements ou circonstances d'une histoire qui embrasse un champ bien plus large, j'ajouterais que l'on ne doit jamais perdre de vue une difficulté supplémentaire.

Je commencerai par borner mes observations aux problèmes directement concernés par la correspondance entre E. Jones et A. Freud. Et aussitôt force m'est d'avouer que cette correspondance appelle sans conteste, même au niveau de la recherche traditionnelle (s'il est permis de l'évoquer en tant que telle), toute une série de questions fort intéressantes relevant de l'histoire des idées. Lesdites questions sont liées au caractère inévitablement fragmentaire de la correspondance en soi, mais aussi à la nécessité, du moins en théorie, d'étendre le domaine de recherche de ce recueil de lettres particulier à d'autres lettres, à celles qui forment la correspondance entre Jones et Freud et à celles de la foule d'individus mentionnés dans leur correspondance. On pourrait en dire autant, bien entendu, des personnes mentionnées dans la correspondance d'A. Freud. On doit aussi aborder toute la série de problèmes associés à ses discussions quotidiennes avec son père, ainsi que la part que son père a prise, tant directement qu'indirectement, en lui suggérant diverses remarques et réponses (à inclure dans ses lettres), et ainsi de suite. Se pose alors le problème central de cette forme particulière de discours narratif : ce que raconte la correspondance, comment elle le fait, et toutes les questions qui pourraient se poser à cet égard. On ne saurait certainement dire que les deux correspondants, Anna et Jones, faisaient précisément référence à une tradition établie en écrivant et en poursuivant leur correspondance; toujours est-il que, à l'intention de ceux que de tels détails intéressent, il n'est sans doute pas sans intérêt de noter, par exemple, que les lettres d'Anna sont parfois écrites en anglais et à l'aide d'une machine à écrire, parfois encore en allemand sur du papier à en-tête ou sur du papier ordinaire, où le nom d'Anna Freud est imprimé en haut de la page; en d'autres occasions, ses lettres sont manuscrites sur des pages de carnet, tantôt rayé, tantôt non. Tel était généralement le cas lorsqu'elle se trouvait en dehors de chez elle, quand elle accompagnait son père dans l'une de ses nombreuses visites à l'hôpital dans le cadre des multiples opérations chirurgicales, plus ou moins graves, qu'il subit pour son cancer de la bouche. Il est hors de doute que ce passage de la machine à écrire à la lettre manuscrite devait parfois, mais pas toujours, donner à ses écrits un ton plus familier et direct, en particulier pendant les derniers mois impossibles qu'elle passa à Vienne dans le courant du printemps 1938.

Cependant, abstraction faite de ces détails mineurs, il faut aussi se demander dans quelle mesure Ernest et Anna écrivaient en pensant au public et dans la perspective d'une publication. A ce stade, on ne saurait donc se dérober à cette question (surtout quand on songe aux étroits rapports de dévouement filial et de collaboration intellectuelle et professionnelle qui existèrent à cette époque entre Freud et sa fille et à la signification d'une telle intimité, mais aussi quand on ne perd pas de vue le rôle que joua E. Jones et les relations qu'il entretint avec S. Freud comme avec Anna) : intentionnellement, que voulaient dire, écrire et faire comprendre au juste les deux correspondants, et qu'ont-ils délibérément évité de mentionner, ou encore qu'ont-ils laissé entendre de manière sciemment camouflée et inéluctablement déformée ? A ce problème, il faut en ajouter d'autres liés à ce que l'on pourrait définir, pour paraphraser un peu légèrement le titre d'un intéressant essai de Umberto Eco (1979), non pas tant comme le *Lector in fabula* et le rôle que cela suppose, mais plutôt comme *Lector in fabula epistolarii* (lecteur dans la « fabula » de la correspondance), au rôle qui lui revient sitôt qu'il est mis en contact avec la somme des diverses parties, mais aussi aux multiples combinaisons possibles de rôles offerts aux « interlocuteurs » de ce type de narration de l'histoire de la psychanalyse (comme de ses événements), à travers une lecture de la correspondance.

Poussée à bout par les persécutions raciales et toutes les mesures discriminatoires dont elle était l'objet, notamment la confiscation de leurs biens et de leurs économies, etc., toute la famille de Freud (tant personnelle qu'analytique), déjà fort élargie et étendue, connut, dans une plus ou moins grande mesure, la même destinée : des membres de la famille d'origine exerçant à Vienne à ceux qui vivaient à Berlin, à Budapest, à Prague, en Hollande ou en Suède en passant même par les Italiens et les Français, sans oublier bien sûr les Britanniques et les Américains, tous se trouvèrent subitement pris dans un colossal séisme institutionnel, personnel, psychique et émotionnel. Chacune de ces familles psychanalytiques, chacun de ces sous-groupes, avait déjà une histoire propre à raconter, une histoire faite de différences culturelles et historiques de tradition et d'apprentissage (et ces différences étaient parfois tout à fait considérables). La diaspora les accula tous à un mouvement de migration, de diastole et de systole, de dépossession culturelle, de désorientation ou d'acculturation plus ou moins forcée (en employant ce terme avec une certaine prudence suivant les cas particuliers et les idées de Wachtel, 1974). Si j'en ai le temps, je reviendrai sur ce sujet, ainsi que sur le problème de la fragmentation sociale et culturelle. Pour diverses raisons, toutes d'importance centrale pour ma thèse, quelques-uns des réfugiés fuyant Berlin, Vienne ou Budapest, ne finirent pas à Londres ou à New York mais se fixèrent en Palestine, en Afrique du Sud, en Australie, en Amérique du Sud, et même à Ceylan et à Honolulu. Tout se passe comme si la diaspora avait provoqué une tragique démultiplication des distances, presque en progression géométrique, sur toute la surface de la planète.

Cependant, abstraction faite de ces problèmes, et outre les questions que posent certains d'entre eux, il faut aussi (comme je l'ai indiqué plus haut) prendre en considération la présence d'un « élément spécifique », dont il est virtuellement impossible de faire abstraction dans la mesure où c'est un aspect essentiel pour qui se consacre à l'étude de la psychanalyse : et cet élément n'est autre que l'inconscient. Il est extrêmement difficile, pour ne pas dire impossible, d'en parler en termes historiques : pourtant, et paradoxalement, l'inconscient fait partie de cette histoire et il ne faut jamais le perdre de vue. Il suffit de mentionner sa présence, à travers les problèmes associés à ce que Granoff a justement nommé la « filiation ». En l'occurrence, on n'a pas affaire à un seul et unique ensemble de « filiations » mais à des « filiations multiples » — ce qui va de soi quand on songe au grand nombre de psychanalystes impliqués, près de sept cents en tout, entre les réfugiés proprement dits et ceux qui leur vinrent en aide, et aux énormes problèmes inconscients liés à l'opération sauvage déclenchée pour sauver S. Freud et sa famille, sans oublier les institutions concernées : l'Association psychanalytique internationale, en particulier, et les diverses sociétés locales et nationales de psychanalyse en général. Il s'agissait cependant de problèmes spécifiques touchant, pour ainsi dire, une élite, en particulier si l'on compare ce groupe au phénomène de l'émigration massive des Juifs qui eut lieu pendant ces années. Toujours est-il que, pour ne citer que l'un des cas les mieux connus et qui suscita le plus d'émotion, il devrait suffire de songer à la mobilisation d'angoisses conscientes (mais aussi inconscientes) chez A. Freud comme dans les cercles viennois et berlinois proches d'elle et de son père, ainsi qu'aux angoisses de même nature qui assaillirent M. Klein et de nombreux membres des milieux psychanalytiques britanniques, lorsque tous durent envisager la perspective d'une vie commune au sein de la British Psychoanalytical Society avec tout ce que cela signifiait. J'y reviendrai dans la suite de ce texte.

Il est de surcroît absolument indispensable d'ajouter le problème de la filiation dans la mesure où il est un facteur incontournable pour qui se consacre à l'étude de ces documents; et naturellement, je ne saurais moi-même m'exclure des effets associés à la « filiation » — en ma qualité d'historien, certes, mais aussi, et de manière plus significative, en ma qualité de psychanalyste fort influencé par les enseignements de M. Klein et de son école de pensée. C'est un paramètre que je garde en permanence à l'esprit et sur lequel j'attire votre attention afin d'insister une fois encore sur le caractère ouvert et la nature nécessairement approximative de ma recherche. Celle-ci a débuté en un moment précis, en un « ici et maintenant » qui n'est rien de plus que l'apposition d'un point d'interrogation personnel sur le passé et sur l'avenir.

J'ai déjà évoqué le nombre considérable de lettres et d'autres documents auxquels je dois me référer. Mais il importe de ne jamais oublier une chose : il pourrait bien être presque impossible d'aborder les questions que j'évoque — *i.e.* les problèmes associés à l'émigration des psychanalystes du vieux continent européen (bien « vieux » en vérité, si l'on en juge à la correspondance échangée entre E. Jones et A. Freud) sans prendre en considération le contexte plus général de cette émigration, ainsi que toute la série des problèmes liés à l'émigration juive d'Allemagne, d'Europe centrale, d'Autriche et des Etats d'Europe centrale en général vers la Grande-Bretagne et les Etats-Unis au cours de ces années.

N'étant pas un spécialiste en ce secteur de la recherche historique, j'ai dû naturellement fonder mes observations (outre les sources que j'ai personnellement découvertes) sur des travaux de seconde main et sur les matériaux préexistants touchant ces questions, en particulier au sujet de l'émigration juive vers la Grande-Bretagne et l'Amérique du Nord. De même, il est manifestement impossible ici d'aborder l'ensemble des problèmes intéressant l'historiographie anglo-américaine officielle de l'holocauste — question qu'a cependant fort bien étudiée Dawidowicz (1975, 1981), montrant à quel point l'historiographie officielle avait pratiquement passé sous silence l'holocauste. D'une manière générale, les sources sur lesquelles je me suis appuyé sont donc le fruit de recherches menées par des historiens juifs, étant donné les maigres indications que l'on peut glaner dans les sources historiographiques officielles. Je voudrais simplement ici attirer votre attention sur quelques dates et statistiques de l'histoire politique et sociale allemande et autrichienne touchant à l'émigration juive entre 1933 et 1938. Laissant de côté la question de l'antisémitisme dans les pays germanophones et ceux d'Europe de l'Est, mais aussi de ses causes générales, sociales ou psychologiques, je n'aborderai donc, très superficiellement, que la question de l'antisémitisme en Grande-Bretagne (l'Amérique du Nord restant dans mon propos au second plan).

Il importe de bien garder ces dates et ces statistiques présentes à l'esprit parce que leur influence est patente et que l'on en trouve des traces et un écho dans la correspondance entre E. Jones et A. Freud. Toutefois, et là encore dans un souci de brièveté, je ne signalerai qu'en passant qu'Anna et Ernest ont évalué et, jusqu'à un certain point, constamment pesé et analysé ces événements historiques (en particulier, ceux qui touchent aux divers épisodes de l'accession de Hitler au pouvoir et à ses conséquences, mais aussi à tout ce qui a pu précipiter l'*Anschluss* en Autriche — Carsten, 1986; Pauley, 1987). Une étude détaillée de leurs diverses réactions au cours des événements et à leurs conséquences, en particulier si l'on devait comparer leurs commentaires à ceux de S. Freud, écrivant à la même époque sur les mêmes sujets à E. Jones, M. Bonaparte et A. Zweig, notamment, exigerait en soi un essai, qui pourrait s'avérer fort intéressant pour peu que l'on cherche à comprendre comment certaines grandes figures de la science de l'inconscient (Jones et Anna Freud, par exemple) ont réagi au cours de ces années face à la sauvagerie de la *Macht- und Realpolitik* hitlérienne, pour reprendre les termes mêmes de S. Freud dans une lettre inédite du 14 avril 1932 à E. Jones, et face aussi à la manifestation de la pulsion de mort dans ces événements socio-historiques. Les implications de leur façon d'interpréter les événements et leurs conséquences devaient jouer un rôle déterminant dans les conseils qu'ils donnèrent sur l'organisation de l'émigration; mais, avant toutes choses, elles expliquent la priorité qu'ils devaient donner à l'urgence de préparatifs immédiats (jugés d'importance cruciale), mais aussi la valeur qu'ils attachaient au bon choix d'un calendrier pour le déroulement de cette émigration.

A cet égard, je préciserai qu'il peut bien exister un parallèle direct entre ce qu'ont noté les sources historiques et les écrits les plus dignes de foi à ce sujet et ce qu'il est possible de suivre dans la correspondance recueillie entre la fille de Freud et E. Jones. Il ne faut pas oublier, par exemple, l'ouvrage de B. Wasserstein, *Britain and the Jews of Europe* (1979) ou la célèbre étude de A. J. Sherman, *Island Refuge* (1973), qui reste à ce jour la recherche la plus fouillée sur la question de l'émigration juive vers la Grande-Bretagne. S'agissant de l'Amérique du Nord, il faut compter avec la contribution importante de S. Norris Neuringer, *American Jews and United States Emigration Policy 1881-1953* (1980) — ouvrage qui a le mérite de nous donner une conscience immédiate de la dimension temporelle de la question de l'émigration —, il y eut en effet une première, puis une deuxième et enfin une troisième vague d'émigration — et des différences numériques des diverses vagues d'émigration d'Allemagne en 1933-1934 en comparaison de l'émigration des années 1935 et 1936, puis de l'émigration autrichienne massive des années 1938 et 1939. Toutes ces statistiques ont un rapport direct avec les événements et circonstances décrits et commentés par A. Freud et E. Jones, ainsi qu'avec le nombre effectif de réfugiés allemands et, par la suite, viennois. Aussi, pour bien comprendre la logique de la dimension temporelle et quelques-unes des raisons objectives du choix du lieu d'exil de tel ou tel psychanalyste : par exemple, la possibilité ou la nécessité de partir pour la Grande-Bretagne plutôt qu'en Amérique ou dans quelque autre partie du globe, il faut avoir ne fût-ce qu'une très vague idée de l'accession de Hitler au pouvoir en 1933, de la promulgation des lois de Nuremberg cette même année et de l'introduction par l'Etat nazi de mesures encore plus draconiennes concernant la population juive en 1935 (Pultzer, 1964; Brecht *et al.*, 1985). Il ne faut pas non plus oublier l'incertitude de la situation autrichienne à cette époque (Huber, 1977; Huber et Weinzell, 1978; Wittman, 1982; Carsten, 1986) — le pays étant alors balayé par des factions politiques et sociales turbulentes qui s'affrontaient violemment. Ces violents conflits débouchèrent sur le soulèvement de Vienne en février 1934 (Fischer, 1974; Wittman, 1982), la défaite des sociaux-démocrates autrichiens et enfin l'assassinat de Dolfuss (Rainer, 1981; Carsten, 1986) — incarnation de l'austro-fascisme que Mussolini avait soutenu jusqu'en 1936-1937 dans le cadre de sa politique étrangère dirigée contre Hitler. Dans ce contexte, il suffit, peut-être, de songer (ne fût-ce qu'un instant) aux commentaires judicieux, et aucunement négatifs, sur Mussolini qui pointent à travers les lettres de S. Freud, ainsi qu'aux jugements analogues que l'on retrouve d'une manière ou d'une autre sous la plume d'Anna et de Jones. Comme je l'ai déjà noté, la brève période de domination austro-fasciste déboucha sur l'*Anschluss* en mars 1938 — évolution due, au moins en partie, à la nouvelle coalition de forces consécutive à l'entrée de Mussolini dans le camp de Hitler et à son renoncement à protéger plus longtemps l'Autriche. A la suite de l'*Anschluss*, les lois de Nuremberg (abstraction faite de la rigueur plus ou moins grande de leur application) entrèrent en vigueur pour la population juive d'Autriche. Ainsi, près de 180 000 Juifs autrichiens passèrent directement sous la coupe de Hitler. Sur la foi de l'étude de Sherman (1973), on peut dire que près de 140 000 Juifs autrichiens quittèrent leur pays entre 1933 et 1939 tandis que, durant la même période, 230 000 Juifs allemands se décidaient à émigrer. A ces détails historiques nécessairement brefs et très généraux, il faut aussi ajouter la présence d'autres facteurs tels que les lois relatives à l'émigration et à l'immigration, d'abord introduites dans l'Allemagne nazie (Lacina, 1982), puis imposées par le régime austro-fasciste et perpétuées par les nazis en Autriche (Schwager, 1984). Les mêmes régimes firent aussi payer très cher la délivrance d'un visa de sortie et d'un permis d'émigrer. Outre tout ceci, il faut encore prendre en considération les lois régissant l'émigration et l'immigration tant en Grande-Bretagne qu'aux Etats-Unis (Neuringer, 1980; Strauss, 1983), et, en l'occurrence, nous limitons nos commentaires à la situation de ces deux seuls pays, puisque c'est en eux que, dans leur grande majorité, les psychanalystes placèrent leurs espoirs de trouver un refuge. De même, il ne faut pas oublier les pressions exercées par l'opinion publique de ces deux pays sur leurs gouvernements respectifs ni les pressions des diverses associations juives. Il n'est qu'à songer, à cet égard, à la puissante influence d'associations telles que l'Anglo-Jewish Community ou le Committee for Refugees, multipliant les démarches pour faire augmenter les quotas d'émigration pour les Juifs quand la position précaire des communautés juives allemande et autrichienne devint complètement intenable. Reste à considérer un autre facteur, peut-être moins immédiatement tangible, et pour cette raison même plus difficile à étayer alors même que son importance est considérable et qu'il ne faut jamais le perdre de vue : je veux parler des singularités de chaque pays envisagé comme un lieu possible de refuge, de son infrastructure institutionnelle particulière et de son climat culturel en général, sans parler de la manière bien particulière dont on concevait la psychanalyse en Grande-Bretagne et aux Etats-Unis — conception qui traduisait des cultures différentes de celles de Vienne et de Berlin, en dépit de nombreuses convergences concernant la nature de l'inconscient. J'aurai l'occasion de revenir plus loin sur ce problème complexe. Quand on envisage la Grande-Bretagne dans ce contexte, par exemple, un article de P. Anderson (1968) vient à l'esprit; bien qu'il pèche par excès de dogmatisme, en particulier quand il s'agit de psychanalyse, c'est un travail qui présente un intérêt considérable. Anderson entreprend en effet une étude comparative des traits distinctifs propres à la société britannique et, à certains égards, à la société américaine, et il montre comment une culture aussi profondément traditionnelle et fondée sur de vénérables institutions universitaires et scientifiques que celle de la Grande-Bretagne, avec ses courants culturels positivistes et empiristes, s'est avérée particulièrement attrayante pour une certaine catégorie d'intellectuels réfugiés tels que K. Mannheim, K. Popper et même L. Wittgenstein; tandis que, par ailleurs, d'autres réfugiés en puissance, issus d'un milieu marxiste hautement politisé — ainsi de B. Brecht et de l'Ecole de Francfort (E. Fromm, T. Adorno et H. Marcuse) — choisirent de préférence la direction de l'Amérique. Toutefois, l'analyse d'Anderson fait abstraction du sort que connurent nombre de ces mêmes réfugiés après leur arrivée en Amérique; je songe en particulier à des psychanalystes tels que Reich et O. Fenichel (voir l'ouvrage de Jacoby, 1983) ou d'autres, étant donné la similitude de leurs origines culturelles. En vérité, nous pouvons peut-être jeter quelque lumière sur ces questions et ajouter d'autres précisions en lisant la correspondance échangée entre Anna Freud et Ernest Jones. Une telle entreprise pourrait bien s'avérer féconde, et je m'y essaierai un peu plus tard. Ceux qui sont conscients de ces problèmes (sans être nécessairement psychanalystes pour autant) ne doivent pas non plus perdre de vue les aspects plus ou moins inconscients de certaines idéologies mais aussi leurs effets; il suffit de se reporter aux travaux d'un Norman Cohn sur les « protocoles de Sion » ou à la récente étude remarquablement intéressante de S. Gilmann (1985) sur l'histoire idéologique de l'antisémitisme — ouvrage qui insiste sur les tendances historiques antisémites plus ou moins latentes des divers pays disposés à accueillir en leur sein des émigrés juifs. Même si, sur ce point, toutes les sources historiques s'accordent à reconnaître que, nonobstant l'existence bien réelle à cette époque d'un parti fasciste, la Grande-Bretagne compte parmi les pays où l'immigration juive était tolérée, et les immigrés eux-mêmes traités avec une notable générosité, en comparaison d'autres pays — et ce malgré le climat de peur engendré par les considérables difficultés économiques et sociales liées à la crise de 1929 et au niveau élevé du chômage tant en Grande-Bretagne qu'aux Etats-Unis. Ces circonstances bien particulières appelèrent diverses restrictions et mesures défensives (imposées en conséquence directe) frappant tous les émigrés issus de toutes les couches sociales, et pas uniquement les Juifs, au cours des années 1930. Sans perdre de vue les diverses pressions institutionnelles et culturelles auxquelles furent soumis les psychanalystes réfugiés, il faut aussi se rappeler que cette catégorie de réfugiés faisait partie des professions libérales. Aussi les lois sur l'émigration étaient-elles plus draconiennes à leur égard. Cela est surtout vrai pour le corps médical — l'exercice de la médecine étant largement fermé aux émigrés en Grande-

Bretagne, même après qu'ils eurent repassé tous les examens obligatoires afin d'être de nouveau habilités à pratiquer leur spécialité. Je reviendrai plus loin sur cette question en abordant la polémique qui agita l'Association psychanalytique internationale à ce sujet, et les difficultés auxquelles se heurtèrent Jones, A. Freud et d'autres dans leur combat contre l'ostracisme frappant notamment les psychanalystes dépourvus de diplôme de médecine aux Etats-Unis, mais aussi les difficultés qu'ils durent aussi affronter en Grande-Bretagne à cette époque faute de patients. Tout ceci ne pouvait, bien sûr, qu'aggraver les problèmes dans lesquels se débattaient les émigrés. Ce n'est guère un hasard, par exemple, si dans son travail sur la question de l'émigration juive en Grande-Bretagne, Sherman insiste lourdement pour attirer l'attention du lecteur sur les craintes de la British Medical Association, redoutant ce qui pourrait se passer si un fort contingent de médecins parfaitement qualifiés quittait l'Allemagne, l'Autriche et d'autres pays pour débarquer soudainement en Grande-Bretagne. « Lorsque Lord Dawson, président du Royal College of Physicians, explique Sherman, en appela au ministre de l'Intérieur, il reconnut qu'il y avait sans doute place en Grande-Bretagne pour une poignée de médecins réfugiés particulièrement éminents, mais il ajouta aussitôt que le nombre qui pouvait être utilement absorbé ou qui était susceptible de nous apprendre quelque chose se laissait compter sur les doigts d'une seule main. »

A en croire le Dr Stross, cette femme pédiatre qui devait accompagner (à la place de Schur) Freud dans son voyage d'exil de Vienne à Londres et qui, entre autres choses, n'avait jamais auparavant pratiqué en tant que telle, il ne se trouva en tout et pour tout dans la communauté des réfugiés juifs qu'une centaine de médecins qualifiés habilités par la British Medical Association à exercer en Grande-Bretagne. D'autres facteurs, d'apparence moins importants ou même mineurs, n'en méritent pas moins de retenir l'attention pour compléter ce panorama général de l'émigration. Je pense, par exemple, à toutes les difficultés liées à la nécessité d'obtenir le fameux « visa » ou « permis de travail », aux heures tourmentées et interminables qu'il fallait passer à patienter dans les couloirs et les bureaux de la Gestapo puis dans les divers consulats et ambassades de Berlin, de Vienne et d'ailleurs. A. Freud en personne en a fait une excellente description en évoquant les tribulations des psychanalystes viennois candidats à l'émigration. Elle en brossa un tableau particulièrement saisissant, typique de tels événements, dans le discours qu'elle prononça à Londres en 1979 à l'occasion du centième anniversaire de la naissance de Jones. Evoquant ces bâtiments flottants de misère humaine, ancrés dans les ports et pleins à craquer de réfugiés vietnamiens, qui à l'époque faisaient le siège des ports sur les côtes du Viêt-nam dans l'espoir de pouvoir monter à bord ou d'obtenir un permis d'embarcation, A. Freud développa d'instinct un parallèle avec le triste sort des réfugiés juifs sous la persécution nazie, attendant désespérément des permis de sortie et des visas d'entrée dans les divers pays de l'Europe libre à cette époque ou aux Etats-Unis. Et pour nombre d'entre eux, ainsi qu'elle le rappela, l'impossibilité d'obtenir de tels visas ne tarda pas à devenir synonyme de peine de mort. Sur un plan général, il reste encore à prendre en considération non seulement l'aide offerte par les communautés juives britanniques (Sherman, 1973; Wasserstein, 1979) et américaines (Steuringer, 1980; Strauss, 1983) pour veiller au bien-être des réfugiés juifs dans ces deux pays, mais aussi les secours prodigués par la British Society of Psychoanalysis et l'American Psychoanalytic Association, en particulier grâce à Brill — l'une et l'autre entreprenant de collecter des fonds pour les réfugiés dès 1933-1934. De fait, ainsi que me le rappela avec force le Dr Stross, il était entre autres choses interdit aux réfugiés d'emporter avec eux argent et objets de valeur (leurs bijoux, par exemple), même s'ils furent autorisés jusqu'en 1939 à quitter l'Allemagne et l'Autriche avec leur mobilier. Ce n'est donc qu'en gardant à l'esprit ces détails circonstanciels, que j'ai dû considérablement condenser, qu'il est possible de donner tout leur sens aux lettres échangées entre A. Freud et E. Jones entre 1933 et 1939. Ce n'est qu'en considérant l'interaction de tous ces facteurs, sans oublier les problèmes spécifiques liés à l'histoire intérieure de la psychanalyse ni la manière dont l'inconscient s'est exprimé à travers les tensions, les rivalités et les divergences théoriques des Sociétés psychanalytiques de Berlin, de Vienne, de Londres et de New York (pour ne mentionner que les grandes familles psychanalytiques citées dans la correspondance) que l'on peut espérer parvenir, ne fût-ce que partiellement, à jeter quelque lumière sur ces problèmes compliqués.

Si l'on suit cet axe de recherche, je crois que le parallèle entre les problèmes liés à l'émigration forcée de l'ensemble des Juifs au cours de ces années et ceux de l'émigration forcée des psychanalystes, dans leur grande majorité juifs, devrait être maintenant plus qu'évident.

Il importe néanmoins de signaler une différence capitale en comparaison de l'holocauste : fort peu de psychanalystes devaient trouver la mort en camps de concentration. De ce point de vue, on peut dire que la prise de conscience de ce que promettait une indécision prolongée, la solidarité et l'aide des psychanalystes britanniques, américains et autres à leurs collègues réfugiés furent en fait l'un des exemples les plus touchants de la force de la pulsion de vie contre la pulsion de mort, tout au moins en ce qui concerne la psychanalyse dans ces années d'effroi.

Partant de l'existence suggérée d'un parallélisme entre les grands traits de l'émigration juive et de celle des psychanalystes, il suffit, à cet égard, de garder la mémoire de l'enchaînement des événements qui suivirent la prise du pouvoir par Hitler et à la lumière desquels Anna et Jones discutèrent du sort de la psychanalyse à Berlin avec l'entrée en vigueur des lois de Nuremberg — de ces mêmes lois qui devaient convaincre Eitingon d'émigrer en Palestine quelques mois plus tard. Son départ eut entre autres conséquences celle de laisser F. Boehm maître de la Société psychanalytique de Berlin — situation qui eut à son tour pour effet d'interdire aux psychanalystes juifs d'occuper quelque poste officiel que ce soit au sein de la société berlinoise (Brecht, 1985 ; Cocks, 1985). Provoquant la démission des membres juifs de la Société, cette interdiction ne put ainsi que les encourager à partir pour des pays inconnus. Et, comme par un fait exprès, les noms des psychanalystes juifs qui devaient former par la suite la première vague d'émigration de l'Allemagne, qui s'amorça aux mois d'avril et de mai 1933, commencent à être cités dans la correspondance A. Freud - E. Jones. N'oublions pas non plus à ce propos l'autodafé officiel des œuvres de Freud qui eut lieu à Berlin en mai 1933.

Afin de mieux comprendre les traits caractéristiques que devait prendre cette vague d'émigration, qu'Anna Freud devait définir quelques mois plus tard comme « une nouvelle forme de dispora » dans sa lettre à Jones du 8 mars 1934 (avant d'ajouter : « vous savez certainement ce que le mot veut dire : la dispersion des Juifs à travers le monde après la destruction du temple de Jérusalem »), il faut savoir que maints analystes berlinois et viennois avaient précédemment visité la Grande-Bretagne ou les Etats-Unis ou avaient déjà émigré dans l'un ou l'autre pays. Le plus célèbre de ces cas fut sans doute à l'époque celui de Melanie Klein qui avait émigré à Londres suivant le conseil donné à E. Jones par Alix Strachey, qui avait elle-même suivi de 1924 à 1925 une analyse à Berlin avec Abraham. Telle était en effet la ligne de conduite que James Strachey avait recommandée à Jones à Londres. En ce qui concerne les Etats-Unis, outre le voyage historique de Freud, Jung et Ferenczi en 1909 et les autres tournées similaires de Ferenczi en compagnie de Rank et d'autres, il ne faut pas non plus oublier qu'entre 1919 et 1923 Alexander et Rado (tous deux originaires de Hongrie — le premier fuyant le régime de Béla Kun, le second celui de Horty, c'est-à-dire deux régimes diamétralement opposés sur un plan politique) avaient eux aussi débarqué dans ce pays, si bien que vers 1930 ils en étaient venus avec H. Sachs, autre émigré berlinois, à jouer un rôle fort important dans les milieux psychanalytiques américains. A New York, Rado commençait déjà à prendre ses distances par rapport à l'orthodoxie viennoise, tandis qu'à Chicago Alexander avait fondé l'Institute of Psychoanalysis; Sachs, quant à lui, s'était fixé à Boston où, passant outre au désaveu de Freud, Félix et Hélène Deutsch devaient se fixer en 1935.

Néanmoins, ainsi que je l'ai indiqué, c'est dans les mois qui suivirent avril 1933 que l'on vit poindre les premiers signes d'une vague montante d'émigration. Et pour la première fois aussi commencent à apparaître dans la correspondance Anna Freud - Ernest Jones le nom de certains individus et certains détails sur leur situation. Dans une lettre du 5 juin 1933, Anna évoque le triste sort de Simmel et de Landauer qui connaissaient alors de graves difficultés financières et parle d'eux comme de *Sorgenkinder*, c'est-à-dire comme d' « enfants qui donnent bien du souci » — expression que nous retrouverons régulièrement dans ses lettres jusqu'à ce qu'elle se décide à son tour à quitter Vienne pour se fixer à Londres cinq ans plus tard. L'emploi qu'elle fait de cette expression semble revêtir une signification particulière que l'on ne saurait ignorer, en particulier si l'on songe à mes précédentes remarques à ce sujet parce que, par sa forme condensée, l'expression évoque l'idée d'une famille élargie comprenant nouveau-nés et enfants, d'un côté, grands frères, grandes sœurs et parents, de l'autre, dont le devoir est de veiller sur eux. A vrai dire, le choix d'Anna paraît d'autant plus significatif quand on songe que par ces termes elle faisait allusion à des psychanalystes adultes qui, se trouvant dans une situation fort précaire, étaient forcés de régresser, en un sens, au point d'être dépendants d'Anna, de Jones et de l'aide des Américains[1].

Pour l'heure, il me paraît préférable de faire abstraction des multiples connotations possibles du mot *kinder* pour concentrer directement mes efforts sur le problème du *Sorge*, sur les angoisses des réfugiés mais aussi sur les tracas de ceux qui étaient à même de leur trouver un refuge et de les aider, autrement dit sur les inquiétudes qui furent celles des membres de la famille psychanalytique. A cet égard, la somme des informations que l'on peut glaner dans les lettres pourrait conduire à d'interminables discussions quand bien même on se contenterait tout simplement de citer le nom de toutes les personnes qui y sont mentionnées, ou encore si l'on se bornait à suivre leur trajectoire personnelle dans les multiples occasions où elles se virent forcées de se déplacer d'un endroit à un autre. De même je préférerais pour l'heure passer sous silence la question qui vient spontanément à l'esprit : à un moment ou à un autre, Jones a-t-il pu aussi bien considérer

1. Divers éléments attestent du caractère, que l'on a parfois jugé régressif, de cette situation : il n'est qu'à parcourir les nombreuses lettres évoquant l'aide fournie aux réfugiés ou encore, par exemple, la lettre d'Anna Freud à Jones du 4 mars 1934, où elle confirme que Simmel n'avait pas un sou vaillant à Bruxelles, où il attendait son départ pour Los Angeles, et que c'était « ici à Vienne dans la famille et dans l'entourage » que l'on avait trouvé de quoi financer son périple. Dans le même sens, on peut consulter la lettre de Jones à Max Eitingon du 24 février 1937, où Jones évoque en ces termes la mauvaise passe dans laquelle se trouvait Simmel : « Simmel et Frau Deri [...] ont déjà quelque peu régressé du fait de l'influence singulièrement débilitante de l'Amérique. »

comme des *Sorgenkinder* Sigmund Freud, sa fille et leur cercle d'amis et de connaissances ?

Quiconque s'intéresse à ce type de recherche doit le savoir parfaitement : seule la personnalité dominante peut nous donner le sens de l'époque dans laquelle les hommes évoluent et vivent; mais, en vérité, il y a souvent beaucoup à apprendre de la masse des acteurs secondaires ou même des personnages de moindre importance, et en ce cas on a affaire à ceux dont les noms auraient seulement figuré sur les registres des diverses sociétés psychanalytiques de Berlin, de Vienne et de Budapest. Aussi, à côté de noms tels que ceux de W. Reich, Spitz et E. Fromm, Reichmann, B. Lantos et E. Simmel, Landauer, Th. Reik, M. Eitingon et R. Benedek, que l'on trouve mentionnés dans les lettres écrites par A. Freud à compter du mois d'avril 1933, date à laquelle elle se mit à écrire à Jones, lequel Jones devait à son tour écrire à P. Federn et M. Eitingon pour les tenir informés du déroulement des événements (voir E. Jones, lettre à A. Freud du 20 avril 1933; E. Jones, lettre à M. Eitingon du 20 mai 1933, et lettre à P. Federn du 20 octobre 1933), on commence aussi à trouver dans ces mêmes lettres des noms comme ceux de Lowtki, Oppenheimer et Jekels (voir Jones, lettre à A. Freud du 20 avril 1933), sans oublier toute une série de noms d'autres personnes qui avaient trouvé refuge à Paris ou qui y séjournaient à cette époque (d'après Laforgue, alors la principale source de renseignements pour Jones), mais aussi ceux de Reich, alors à Vienne, de Landauer, à Stockholm, ou de Pearls, Cohn et Fuchs, à Londres (voir E. Jones, lettre à Eitingon du 20 mai 1933).

La diaspora avait bel et bien commencé et ces seuls noms, pour ne rien dire de ceux des nombreux autres individus déjà pris au piège d'allées et venues frénétiques à travers l'Europe, indécis sur le parti à prendre avant de se résoudre finalement au départ (le coup d'Etat de Hitler ne remontait qu'à quelques mois à peine), nous donnent une idée du *Heimatweh* et du désir compréhensible de maintes personnes concernées de nier parfois l'ampleur du danger qu'elles couraient — attitude qu'il faut rapprocher des difficultés auxquelles elles se heurtaient déjà pour essayer d'obtenir aussi vite que possible un visa de sortie; qui plus est, beaucoup n'avaient qu'une connaissance fort rudimentaire, dans le meilleur des cas, de l'anglais parlé, et ainsi de suite. Dans un très beau livre rédigé bien des années plus tard (1984), Leon Grinberg et sa femme décrivent les effets psychologiques de l'émigration et de l'exil, et nombre de leurs observations sur leur fuite devant la dictature argentine pourraient rétrospectivement s'appliquer aux psychanalystes auxquels nous nous intéressons ici, et qui ont pareillement souffert des angoisses de la séparation. Il ne faut pas non plus oublier que dès le mois de mai 1933 Ferenczi encourageait Freud et sa famille à s'installer en Grande-Bretagne, mais il fallut attendre cinq années encore avant que Freud ne prît enfin la décision de suivre son conseil et, ce faisant, de quitter sa « prison ». A cet égard, il faut aussi se souvenir de la réaction grosse d'ambiguïtés de ceux qui restaient au départ de leurs collègues qui quittèrent non seulement Berlin mais aussi Vienne au cours de ces tout premiers mois, redoutant à juste titre ce qui allait se passer par la suite. Je tâcherai de revenir plus loin sur cette ambivalence de ceux qui restaient face à ceux qui partaient. Cependant, à la préoccupation générale de l'avenir de la psychanalyse en tant qu'institution au cas où toutes les personnes intéressées par sa pérennité se décideraient brusquement à prendre la fuite en masse vinrent s'ajouter d'autres angoisses, liées cette fois à la possibilité de partir. Dans un important *Rundbrief* du 29 mars 1933, Anna Freud résume la situation de ceux qui vivaient encore à Berlin. Si beaucoup étaient déjà partis, Simmel et Eitingon n'en continuaient pas moins tranquillement à travailler : « *Wegfahren ist eine zu einfache Lösung und man lässt damit zu viel im Stich. Wenn man hinausgeworfen wird, dann bleibt einem nichts anderes mehr übrig...* » (« Partir est une solution bien trop facile, et l'on part trop souvent dans le pétrin. Si l'on est expulsé, il n'est pas, alors, d'autre solution... ») Et Anna de poursuivre en évoquant le cours des événements à Vienne et la situation générale, les tensions considérables et l'incertitude qui était dans l'air, avant de confirmer que bien des amis de son père lui avaient déjà conseillé de partir mais qu'il s'obstinait à vouloir rester : « *er denkt nicht daran, ist sicher der Ruhigste unter sehr vielen Aufgeregten hier* » (« il n'y songe pas, et de tous ceux qui s'agitent ici c'est bien lui le plus tranquille »).

Nous voici donc aux origines de la position adoptée par Freud, mélange de scepticisme et presque de remontrance à ceux qui abandonnaient le groupe, en particulier à Vienne. Faute de documentation et étant donné le risque de céder à la spéculation abstraite, il est difficile d'établir avec un minimum de précision si ceux qui quittèrent Vienne dans les premiers mois de 1933 n'ont pas pu, *au milieu de toutes leurs inquiétudes*, se sentir dans la peau de quelqu'un qui provoque inconsciemment de nouvelles angoisses venant s'ajouter aux angoisses déjà présentes, ou si en décidant de quitter Vienne ils se sont d'une manière ou d'une autre distingués, attirant ainsi l'attention sur eux. En conséquence, lorsque Anna répond à Jones, qui lui demandait des nouvelles de Jekels (A. Freud, lettre du 27 avril 1933 à E. Jones), la découverte dans sa lettre de l'observation qui suit ne peut qu'exciter notre curiosité : « *Jekels hat schon lange den Wunsch Wien zu verlassen ; er glaubt wohl wie manche andere dass hier ähnlich gehen konnte wie bei den deutschen Freuden.* » (« Depuis quelque temps déjà Jekels a dit son souhait de quitter Vienne, parce qu'il croit que ce qui est arrivé à nos amis allemands va se reproduire ici. ») Et Anna d'ajouter à la main : « *Wir glauben es nicht.* » (« Nous ne le croyons pas. ») Anna achève cependant sa lettre sur une note éminemment personnelle et profondément touchante, comme ce sera souvent le cas dans les années suivantes, surtout après le Congrès de Lucerne (août-septembre 1934) lorsque, dans son courrier, elle ne lui donnera plus du « Cher M. Jones » ou « Lieber Dr. Jones », mais tout simplement « Dear Ernest » ou « Lieber Ernest ». La lettre d'Anna se termine donc ainsi : « *Manchmal wundert mich dass auch in solchen Zeiten, wie die jetzigen der Frühling und der Sommer kommt, als wäre nichts geschen.* » (« Je suis parfois stupéfaite que même en de telles périodes le printemps et l'été puissent arriver comme si rien ne s'était passé. ») Que la question ne fût aucunement simple (pour ne pas en dire plus), Jones lui-même nous en apporte la preuve lorsque, dans ses lettres à Anna, il prend soin de ne point évoquer explicitement la situation ou ne le fait qu'avec un grand luxe de précautions : ainsi en atteste sa lettre à Anna du 1er juin 1933 où, évoquant l'idée de Martin Freud de partir avec son père à Paris, Jones observe prudemment (peut-être parce qu'il avait en tête un plan de son cru, mais peut-être aussi parce qu'il redoutait ce qui pouvait arriver si les Viennois arrivaient soudainement à Londres : « [...] pour autant que mon jugement vaille quelque chose, je ne pense pas que ce soit le moins du monde nécessaire. » Plus tôt, cependant, dans une lettre à Brill du 2 mai 1933, Jones avait montré davantage de sincérité en expliquant :

> La situation des analystes allemands est assez terrible. Il n'en reste plus guère à Berlin et je comprends qu'aucun Juif n'y soit autorisé à occuper le moindre poste officiel dans la Société. Des cris de détresse me parviennent de toutes parts. Le malheureux Landauer a échoué à Stockholm sans la moindre perspective, etc. Freud lui-même fait preuve d'une grande superbe et continue à espérer que l'Autriche ne succombera pas à la menace nazie ; mais, cela me paraît quant à moi fort douteux...

Jones revint plus ou moins sur les mêmes idées dans une lettre du 24 juin 1933 à Eitingon lorsqu'il redit sa conviction que la situation à Vienne risquait fort d'aller de mal en pis.

Que Jones fût à sa façon informé de ce qui se passait et qu'en sa qualité de président de l'Association psychanalytique internationale il estimât en conséquence de son devoir d'assumer la responsabilité générale de la situation de ses collègues ne prête pas au doute. Dans cet essai pour retrouver les origines de cet aspect particulier du *Sorge* de Jones, il faut signaler que dès le printemps 1933 il n'est pas une de ses lettres qui n'ait quelque rapport avec les origines de sa position. Il demanda sur-le-champ à Anna et à Eitingon de lui fournir (suivant ses propres termes) « une liste exacte de ceux qui ont quitté l'Allemagne pour savoir où ils vont et ce que l'on peut faire pour leur venir en aide » (voir Jones à Anna Freud, lettre du 1er juin 1933; et lettre de Jones à Eitingon, 29 mai 1933). Jones s'opposa aussi à Van Ophuissen qui avait suggéré que les membres de la Société psychanalytique de Berlin rejoignissent en nombre la Société de Vienne, évoquant les risques auxquels ils se trouveraient exposés si la même chose se reproduisait à Vienne, et défendant le droit de la Société allemande de poursuivre ses activités tant qu'elle le pourrait, ou, comme le dit Jones, « aussi longtemps qu'elle restera en vie » (voir Jones à A. Freud, lettre du 1er juin 1933). Jones eut aussi une réaction positive en tâchant d'apporter une aide concrète aux premiers réfugiés arrivés à Londres, à savoir « le Dr Pearl de Hambourg, le Dr Cohon et le Dr Fuchs » (voir Jones à Eitingon, lettre du 20 mai 1933). Toutefois, il est aussi intéressant de noter ce que Jones écrivit immédiatement à Eitingon à propos de ces premiers réfugiés : « ces hommes sont naturellement les bienvenus, mais la situation extérieure est hélas ! fort défavorable ». Cela ne devait cependant pas gêner ses efforts pour aider P. Heimann et Frau Misc Franckl, nonobstant les difficultés qu'il rencontra pour leur trouver des postes hospitaliers. De fait, en septembre, elles avaient reçu l'autorisation de pratiquer la psychanalyse (voir Jones à A. Freud, lettre du 19 septembre 1933[2]).

Les diverses observations qui parsèment ses lettres à Anna Freud montrent à l'évidence que, dès les tout premiers mois, son activité a reflété, en miniature, non seulement les espoirs des émigrés fraîchement débarqués (hébreux ou non), mais aussi les difficultés que leur réservait la situation générale. Mais on peut aussi deviner les préoccupations de Jones dans l'analyse lucide qu'il développe de la situation générale dans une lettre du 12 juillet 1933 à Eitingon. Cette analyse nous donne à la fois une idée de son réalisme et de sa prudence politique : il n'entend pas entretenir de fausses illusions et espère prévenir un afflux massif et aveugle d'émigrés allemands :

Mon point de vue est le suivant. Nous ne saurions recommander à qui que ce soit de venir ici parce que, quand bien même toutes les difficultés majeures sont surmontées, il n'y a pas assez de travail pour nos propres ressortissants et, en vérité, les possibilités de gagner ici sa vie sont à présent fort réduites. Naturellement, les choses pourraient s'améliorer si la situation économique se redressait, mais on n'a pas le droit de prendre la responsabilité de conseiller à quiconque d'affronter une aussi mauvaise situation. D'autre part, si un demandeur affirme qu'il va mourir de faim et n'a d'autre choix que de venir, alors nous lui souhaiterons certainement la bienvenue et nous ferons de notre mieux pour l'aider. Une très sincère sympathie prévaut parmi tous nos membres, et nous sommes tous disposés à consentir les sacrifices possibles, mais nous ne pouvons créer

2. « Voici de bonnes nouvelles : ce matin, Frau Dr. Misc Frankl et Frau Dr. Heimann ont reçu des pouvoirs publics l'autorisation (que j'ai obtenue en faisant jouer mes relations) de se fixer définitivement en Angleterre afin d'y pratiquer la psychanalyse. »

des patients. Qui plus est il serait déraisonnable d'accueillir qui que ce soit si nous n'avons pas les moyens de les entretenir sans travail pendant une année au moins, et naturellement il leur faut apprendre l'anglais aussi tôt et systématiquement que possible. Je suis sûr que les premiers arrivés seront les mieux placés et je n'ose pas penser à ce qui arrivera à ceux qui seront peut-être forcés d'en faire autant l'automne ou l'hiver prochains. Encore une fois, il convient de dissuader tout étranger de venir ici sans voyage préliminaire quand nous pouvons donner à qui le veut tous les renseignements nécessaires.

C'est le même homme qui, dans une lettre bien antérieure à Freud, dans une lettre du 19 juin 1910 pour être précis, s'était présenté comme un homme manquant d'originalité, et dont l'ambition suprême, à l'en croire, était alors apparemment de « rester dans les coulisses », et qui, se comparant à son correspondant, ajoutait une glose lourde de sens : « pour moi, le travail c'est comme une femme qui porte un enfant, pour des hommes de votre trempe, j'imagine, c'est plutôt une fécondation ». Et voici que ce même Ernest Jones se retrouvait maintenant dans une formidable situation pour réaliser ses rêves. Dans la coulisse (mais pas trop, faudrait-il sans doute ajouter), il se dévoua corps et âme au sauvetage des émigrés, mais en prenant le contrôle des opérations, convient-il de préciser. Fort de son autorité de président de l'Association psychanalytique internationale, de ses relations avec les diverses associations étrangères de psychanalyse et de ses contacts avec les ambassades comme avec les ministères de l'Intérieur et des Affaires étrangères, Jones se trouva en position d'exercer une influence considérable sur le tour qu'allait prendre la Diaspora. Il n'est pas moins intéressant de voir dans quel esprit Jones agissait. J'ai déjà évoqué l'opiniâtreté de son approche pratique et de son réalisme en général, ainsi qu'en atteste la réponse, citée plus haut, qu'il donna à la lettre que lui avait adressée Anna Freud — lettre qu'elle concluait en évoquant la quasi-impossibilité de se faire une joie de l'arrivée du printemps. Voici maintenant une autre réponse de Jones, où son *Sorge* apparaît sous une forme impeccablement britannique (voir. E Jones à A. Freud, lettre du 2 mai 1933) :

> Votre passage sur le printemps, ma chère Anna, m'a beaucoup touché. L'état du monde nous inflige aujourd'hui force souffrances et douleurs, mais je pense que nous devrions tenter de combattre le sentiment qu'il nous faudrait nous impliquer dans les souffrances d'autrui. Nous sommes déjà bien assez impliqués par nos sympathies pour ne pas ajouter en plus notre compulsion morale. Certes, il est de notre devoir, si l'on veut employer ce mot, de ne pas nous laisser trop accabler ; ainsi serons-nous le plus utiles...

Peut-être devrait-on cependant ajouter que Jones n'était point hébreu, et qu'il ne se trouvait pas non plus à Vienne ou à Berlin à cette époque.

La réserve de Jones ne l'empêcha pas, néanmoins, d'apporter une aide financière à la femme d'Abraham quand elle se trouvait encore en Allemagne. Jones lui prêta de l'argent comme il l'avait fait à Eitingon. Dans le cas de la femme d'Abraham, cependant, il ne put récupérer le prêt, ainsi qu'il l'expliqua dans sa lettre à Eitingon du 21 juin 1934, « en raison de l'un des premiers actes commis par l'idole de l'Allemagne », ce « *Räuberhauptmann* » (« chef de brigands ») comme l'avait justement baptisé Freud dans une lettre récente : tous les biens étrangers furent confisqués. A vrai dire, on pourrait passer des heures d'affilée à suivre Jones dans toutes ses allées et venues ; il faudrait prendre en considération tous les efforts qu'il déploya pour tenter d'obtenir des permis de travail et trouver des postes à l'intention des émigrants, après que ces derniers se furent prêtés à des entretiens conduits par la British Psychoanalytical Society — entretiens qui ne devaient pas toujours être de tout repos pour Jones et son cercle de collaborateurs. Et il ne faut pas négliger non plus ses efforts et sa prudence (parfois excessive, sans doute, si l'on songe à ce qui devait suivre) pour se tenir au courant de l'évolution de la situation à Berlin à la faveur de ses liens étroits avec Anna Freud et son père, dans l'espoir de sauver non seulement les réfugiés mais aussi la Psychanalyse en tant qu'elle était une Institution en Allemagne. Pour finir, il faut encore mentionner le rôle de Jones dans les activités du Verlag. Cela devait l'amener à rencontrer Müller-Braunschweig que Jones crut initialement moins antisémite que F. Boehm, si bien qu'il entreprit de rédiger un rapport aucunement pessimiste pour informer Anna Freud de ce qui se passait en Allemagne, et ce malgré la présence à Berlin de Göring, le cousin du ministre nazi (voir E. Jones à A. Freud, lettre du 2 octobre 1933). Jones se laissa émouvoir au point d'adresser des éloges à F. Boehm, le complimentant d'être intervenu pour arracher maints psychanalystes juifs aux camps de concentration en août et en septembre 1933. Ainsi qu'il l'expliqua à Anna (en péchant peut-être par optimisme), il restait encore à cette époque à Berlin plus de neuf psychanalystes juifs. Et Jones d'achever sa lettre dans le ton suivant : « Il est indûment pessimiste de penser que la psychanalyse ait été détruite en Allemagne. »

Et nous aurions encore fort à dire quant à l'activité de Jones sur le front international lorsque, dans ses efforts en vue de trouver un asile possible aux réfugiés il devait suivre de près les événements, non seulement en Allemagne et en Autriche mais aussi à Paris, en Italie et en Afrique du Sud, et surtout aux Etats-Unis (voir Jones à A. Freud, letre du 19 septembre 1933). Dès le 19 septembre 1933, Jones informait Anna de ses efforts pour convaincre Brill « qu'il fallait constituer un fonds pour payer les frais des collègues qui souhaitent émigrer en Amérique. Je suis sûr qu'il y a de la place pour ça »[3], à condition, ajoutait-il, qu'ils ne s'installent pas à New York. Sans doute parce que Rado, qui était hostile aux Viennois, était bien implanté à New York, et parce qu'il était impossible aux profanes d'y pratiquer l'analyse. Jones n'en aborda pas moins aussitôt le problème, « à la recherche de détails sur les autres Etats de l'Union où le droit n'est pas aussi strict » (voir Jones à A. Freud, lettre du 19 septembre 1933). Il serait impossible de brosser ici un tableau complet des innombrables lettres échangées entre Jones et Anna sur la situation en Amérique — lettres qu'ils devaient continuer à s'adresser aussi longtemps que se posa la question de l'émigration. Si je devais le faire, force me serait d'élargir mon intervention et de procéder à un examen détaillé de la correspondance similaire échangée entre Jones, Brill, Eitingon et d'autres, mais aussi de la correspondance de ceux-ci avec Anna et Sigmund Freud.

Les tendances séparatistes des Américains qui ne devaient jamais cesser de se manifester par rapport à l'A.P.I., l'irritation provoquée par la création du *Psychoanalytic Quarterly*, qui eut le don de rendre Jones furieux (voir Jones à A. Freud, lettre du 7 mars 1934); les chamailleries entre Brill, Rado et Zillborg (voir E. Jones à M. Eitingon, lettre du 24 juin 1933); la question compliquée des désaccords et des dissensions dans les rangs et celle de la non-acceptation des analystes qui n'avaient pas suivi de formation médicale (en particulier de la part de la Société de New York) sont autant d'éléments qui formaient un énorme problème auquel Anna (avec l'aide de son père et, bien sûr, de Jones) dut consacrer son attention tout en faisant preuve de la plus grande sagesse politique afin de pouvoir diriger vers l'Amérique, d'abord les Berlinois, puis maints psychanalystes du groupe de Vienne. Qui plus est, il ne faut point méconnaître l'existence de diverses difficultés objectives. Ce ne fut certes pas toujours sa perspicacité politique qui permit à Jones de prévoir ou de prévenir l'apparition de tel ou tel problème. Dans une lettre du 4 janvier 1934, écrite quelques jours avant les émeutes de Vienne annonçant la fin de la fragile République autrichienne née des cendres de l'Empire austro-hongrois, Jones se laisse sans doute aller à prendre ses désirs pour des réalités : « 1934 sera certainement plus paisible que 1933; je suis devenu plus optimiste encore sur l'Autriche ! ! ! »

Cependant, il était parfois même difficile de rester en contact avec les Berlinois ou les Viennois parce que le courrier était intercepté en Allemagne et devait en conséquence transiter par la Suisse; de fait, on ne pouvait pénétrer dans l'un ou l'autre pays que par la Suisse (voir Anna Freud à

3. Jones en fit autant en ce qui concerne la Grande-Bretagne. L'un des membres de la Société britannique chargé de recueillir de l'argent pour les réfugiés n'était autre que M. Klein.

Ernest Jones, lettre du 19 mai 1934). Le même problème se posa lorsqu'il fallut organiser le Congrès de Psychanalyse de 1934 (à Lucerne) et, surtout, celui de 1936 (Marienbad) — interdiction étant faite aux Viennois d'origine juive de passer par l'Allemagne (voir Anna Freud à Ernest Jones, lettre du 19 mai 1934). Cela étant, il fallait trouver un lieu de rendez-vous convenable, sans perdre de vue que dans le choix d'un site le critère le moins important n'était pas les difficultés croissantes auxquelles Sigmund Freud se heurtait pour quitter Vienne ou voyager, sans compter les problèmes toujours plus nombreux que posait toute séparation d'avec Anna, ne fût-ce que pour quelques jours.

Qu'à l'occasion il ait pu y avoir une différence d'accentuation dans le *Sorge* de Jones et dans celui d'Anna et des Viennois était inévitable, en particulier durant les premiers mois de l'émigration. Je ne fais pas simplement allusion au ton plus anxieux et parfois plus familier des lettres d'Anna (même si l'on pourrait aussi, peut-être, soulever la question de la différence due à la féminité de son écriture, pour ainsi dire), mais aussi au fait que son écriture était symptomatique de son appartenance à la famille de Freud, surtout si l'on songe aux relations étroites qui existaient entre Anna et son père. Il est intéressant de noter combien de fois l'on trouve le mot « famille » dans les lettres d'Anna : ainsi, par exemple, dans le cas de Simmel qui, étant dans la gêne, ne pouvait assumer les frais de l'émigration et qu'il fallut donc aider en collectant des fonds à Vienne ou, suivant l'expression employée par Anna dans sa lettre à Jones, « ici, dans la famille, et autour de nous » (voir Anna Freud à Ernest Jones, lettre du 4 mars 1934). Somme toute, je me hasarderais à affirmer que les références à la famille, de la part d'Anna, se rapportent, selon toute apparence, à une famille aux connotations plus distinctement raciales.

En de tels cas, il faut cependant savoir interpréter les documents tout en s'efforçant toujours de n'en point forcer le sens ou la valeur et de les replacer dans le contexte général qui est le leur. A cette époque, ledit contexte était fort compliqué. Toujours est-il que l'on peut sans conteste repérer et une différence d'accentuation et une différence de perspective entre Jones et Anna en ce qui concerne la question des psychanalystes, et des psychanalystes juifs en particulier. Commençons par la position de Jones à l'égard de ces derniers : il entreprit de les sauver et, avec eux, l'institution psychanalytique proprement dite. Anna, quant à elle, était certes entièrement d'accord avec Jones, mais elle ne pouvait qu'être amenée à insister sur ce point : dans le cas de Berlin, par exemple, c'étaient les Juifs, et personne d'autre, qui payaient le prix le plus élevé et ils étaient presque seuls à le faire. Les mois terribles qui suivirent août 1934 et la transformation de l'Autriche en Etat fasciste donnèrent lieu à de très vives tensions. En réponse à une lettre de Jones (que je n'ai pu retrouver mais qui, à mon sens, exposait les griefs de celui-ci[4] concernant la présence d'une erreur dans une déclaration des Viennois à propos des documents préparatoires rassemblés en vue du Congrès de Lucerne qui devait se tenir en août 1934), Anna s'efforce de rassurer Jones tout en se faisant probablement l'écho de ces mois de vive tension :

Je ne sais si vous me prêtez à moi en particulier, à nous autres, ici, ou encore au groupe viennois l'intention de revendiquer pour notre nation ou notre race le monopole de la psychanalyse. Quel que soit le sens de vos propos, je crois votre remarque sans fondement aucun. Jamais au grand jamais il ne fut question de race ou de nationalité entre nous. Il n'y a pas lieu, pour vous, de défendre contre nous le point de vue international dans l'analyse.

La différence d'accentuation est toutefois plus évidente encore dans une lettre adressée par Anna à Jones le 18 août de cette même année. Dans cette lettre, Anna n'écrit pas seulement en son nom propre, mais aussi au nom de son père pour commenter le projet de discours d'ouverture que Jones devait prononcer au prochain Congrès :

Votre allocution d'ouverture, mon père et moi l'avons trouvée excellente. Nous avons particulièrement apprécié ce que vous dites de Ferenczi et de la combinaison d'activités analytiques et politiques. Une observation s'impose, cependant, sur la situation en Allemagne. Sur le fond vous avez évidemment raison, mais votre analyse ne coïncide pas parfaitement avec les faits. Assez curieusement, en effet, jamais les pouvoirs publics ne s'en sont pris à l'analyse ni n'ont restreint en aucune façon son activité. Les vingt-cinq membres qui sont partis l'ont fait parce qu'ils étaient Juifs, non point parce qu'ils étaient analystes.

Si nous en avions le temps, il serait fort intéressant d'examiner les implications rhétoriques de ce que Jones avait à dire (les allusions qu'il fait et ce qu'il tait) dans son allocution d'ouverture au Congrès de Lucerne

4. Un écho de ces tensions et discussions paraît filtrer dans les propos tenus par Jones à Lucerne. « On ne saurait, hélas ! prétendre que notre Association soit entièrement dépourvue des préjugés nationaux ou même raciaux que nous déplorons tant dans le monde qui nous entoure et qui ont eu de si funestes conséquences. Tout au long de l'histoire de notre Association je me suis battu, parfois avec acharnement, pour un principe élémentaire à ce sujet. Tout en respectant les conditions sociales et les lois du pays dans lequel le sort nous oblige à vivre, j'ai soutenu avec force que nos intérêts communs, comme ceux de tout corps de travailleurs scientifiques, sont de caractère strictement international ou supranational, et qu'il convient de chercher à écarter toute forme d'intrusion de préjugés locaux. Nous devrions tous, j'imagine, donner notre assentiment intellectuel à ce principe même s'il est souvent violé en pratique. Les influences émotionnelles du type de celles que nous voyons jouer de manière si désastreuse dans l'univers politique paraissent parfois infecter des analystes en particulier, sinon même des sociétés entières. Jamais plus qu'aujourd'hui nous n'avons pourtant été confrontés à d'aussi difficiles circonstances, jamais il n'a été plus nécessaire de s'unir. Dans notre intérêt propre et pour le travail qui nous tient tant à cœur, nous ne devons pas ménager nos efforts pour balayer ces préjugés nationaux et nous réunir dans un cercle d'amicale coopération. »

en 1934. Ce serait un exercice intéressant, mais pas uniquement dans le cas de ce Congrès; on pourrait en effet le répéter s'agissant du Congrès de Marienbad, en 1936, puis, une fois encore, s'agissant de l'ultime et dramatique Congrès qui se tint à Paris en 1938. Pressé par les circonstances, Jones, en 1934, met surtout l'accent sur la question du rapport entre psychanalyse et politique, sur leur caractère exclusif, tout en faisant implicitement mais clairement référence à Reich, certes, mais aussi à tout ce qui se passait à Berlin, multipliant les vagues observations concernant les interventions politiques et les préjugés raciaux interférant à cette époque avec le travail psychanalytique[5]. En 1936, toutefois, Jones estimera impossible de ne pas évoquer explicitement le sort des collègues juifs de Berlin, acculés à démissionner, de même qu'il ne put éviter de condamner les régimes dictatoriaux responsables. Entre-temps, le Rapport du Congrès sur les activités des Sociétés nationales avait officiellement annoncé l'intégration de la Société psychanalytique de Berlin au Deutsche Institut für Seelekunde und Psychotherapie.

Cependant, même au cours de son intervention officielle lors du Congrès de 1938, et en dépit de ses références au « choc terrible provoqué par l'éparpillement de la Société de Vienne [...] la mère de toutes les sociétés de psychanalyse [...] le lieu de naissance même de la psychanalyse [...] », etc., Jones ne se risquera pas à de franches allusions au régime nazi proprement dit, bien qu'il fasse quelque mention de la stupidité et du caractère destructeur

5. Il est intéressant de citer les propos que Jones a réellement tenus dans son discours d'ouverture au Congrès de Lucerne. Après avoir évoqué la mort de Ferenczi, il embraya : « Ce XIIIe Congrès se déroule cependant dans une autre période fatidique de l'histoire de la psychanalyse. Je pense, bien sûr, au choc perturbateur qui a secoué l'un de ces centres les plus anciens et les mieux établis [...]. Il serait facile de dénoncer solennellement la manière dont les activités politiques ont entravé le travail de nombre de nos collègues, mais ce serait assurément vain. Qui plus est, ce serait nous abaisser pour prendre part au trouble émotionnel des autres. Il sera plus digne mais aussi plus profitable d'opposer à cette sorte de politique l'attitude de la science. Quand elle est attaquée, la science n'a de meilleure réponse que de reformuler ses dogmes [...]. Contrecarrer sous quelque prétexte que ce soit la liberté des travailleurs scientifiques revient ni plus ni moins à entraver la marche de la Science [...]. Dès lors qu'ils se lancent dans de telles ingérences, ou qu'ils les tolèrent, les pouvoirs publics minent à n'en point douter les bases de la civilisation, d'abord dans leur propre pays et, dans une mesure moindre, dans le monde entier [...]. Cependant, nous pouvons aussi tirer une leçon du présent état de choses. Une fois de plus nous constatons que la Politique et la Science ne se marient pas mieux que l'eau et l'huile. En tant que psychologues, nous savons que les mobiles poussant les hommes à changer un ordre social donné sont de nature fort variée, mélange de pulsions louables ou viles dans lequel le désir d'établir la vérité joue rarement un rôle autre que des plus subalternes. Si bien que quiconque se livre à de telles activités est nécessairement animé de mobiles autres que scientifiques. Quoique, on le sait, fort attaché aux désirs humanitaires d'amélioration de la vie humaine, le maître de notre école a toujours su dissocier strictement ses aspirations de son œuvre scientifique, laquelle n'a donc jamais souffert dans sa pureté. Sur ce terrain, comme sur bien d'autres, il nous a donné un exemple que nous serions bien inspirés de suivre. Il ne manque pas, parmi nous, de signes d'exaspération devant les conditions sociales, et d'ardent désir de changement. *Il s'ensuit que quiconque cède à de tels élans est d'autant moins psychanalyste. Et tenter de propager ses idées sociales au nom de la psychanalyse, c'est en pervertir la véritable nature, se rendre coupable d'un abus que je tiens à dénoncer et à condamner.* » (C'est moi qui souligne.)

de l'Homme qui n'avait néanmoins pas réussi, en cette occasion non plus, à détruire totalement la psychanalyse. Etant donné tout ce qui précède, il est naturellement très difficile de tirer la moindre conclusion précise, et il est fort probable que, parmi les multiples facteurs variables qui inspirèrent à Jones sa position, figuraient le désir de sauvegarder la place de la psychanalyse en Autriche et celui de venir au secours de ceux qui y étaient encore à cette époque[6].

Suivant cet axe de recherche, qui marque les différences d'accentuation tactique entre Anna et Jones, nous pourrions citer un autre épisode où Jones tenta subtilement de se démarquer en évitant d'approuver la conduite de la psychanalyste allemande K. Happel — à laquelle Jones hésita à accorder le statut de membre de l'Association psychanalytique internationale alors même qu'il devait plus tard accorder officiellement ce statut à tous les réfugiés de Berlin au cours des cérémonies d'ouverture du Congrès de Marienbad en 1936 (à l'origine, Happel avait démissionné en signe de protestation contre la façon dont les psychanalystes non allemands et non juifs s'étaient conduits envers leurs collègues juifs en 1933). Ainsi que Jones l'écrivit dans sa lettre à Anna du 25 février 1935, « elle est la seule Juive d'Allemagne qui juge nécessaire de s'isoler de ses collègues sur ce terrain » (en l'occurrence, Jones fait allusion au fait que Happel n'a pas apprécié « la façon dont les membres de la Société allemande ont traité leurs collègues juifs deux ans plus tôt »); et Jones de poursuivre : « La soutenir officiellement serait d'une certaine manière ratifier une condamnation de la Société allemande. Il me répugne naturellement d'agir ainsi à moins d'une sérieuse raison. D'autant que je soupçonne que ses raisons sont pour le moins subjectives... » Sur quoi Anna lui répondit (et je ne crois pas que les raisons de son approche différente ne puissent être comprises) dans une lettre du 13 mars 1935 : « Passons maintenant à Frau Happel. Si elle pense encore qu'elle ne pourra réintégrer le groupe allemand, nous devrions, je crois, lui accorder le statut de membre direct. Je dirais que tout analyste juif, condamné à vivre dans un groupe où les circonstances le privent du plein exercice de ses droits de membre, y a droit. »

Que Jones eût à l'esprit les intérêts de l'Association internationale en tant que telle, indépendamment de toute discrimination raciale, ne prête pas au doute; il n'en tenait pas moins à assurer la diffusion de textes psychanalytiques en Allemagne dans toute la mesure du possible et dans une lettre

6. Ce que R. Sterba écrit dans son livre (1982) confirme aussi que Jones était avant tout soucieux de sauver la psychanalyse comme Institution viennoise. A en croire Sterba, Jones n'approuva pas son départ de Vienne, et lorsqu'il lui demanda de l'aide, celui-ci lui répliqua qu'il aurait dû rester à Vienne avec Aichorn parce qu'il n'était point juif qu'il pouvait donc tenter de sauver la psychanalyse en Autriche. Par la suite, Jones suggéra à Sterba de partir en Afrique du Sud.

du 5 octobre 1935 adressée à Anna et concernant les décisions prises par F. Boehm à Berlin, il précisa : « S'agissant des membres juifs, je pense que sa suggestion [celle de Boehm] est la seule possible, car il ne serait certainement pas sensé de prendre l'initiative (qui n'impressionnerait personne) de dissoudre la Société tout entière sous prétexte que les pouvoirs publics font d'absurdes distinctions raciales. » Il faut aussi noter que Jones espéra jusqu'au bout sauver la situation en rencontrant une dernière fois le cousin de Goering, à l'occasion d'une entrevue qu'il rapporta à Anna dans sa lettre du 20 juillet 1936. Jones comprenait bien les pressions que subissait Anna et il continua à prêter une oreille à ses angoisses, qu'elle exposa dans une lettre qu'elle lui adressa le 8 novembre 1935, dénonçant avec force la politique de compromis suivie par Boehm et demandant à Jones de se rendre une fois de plus à Berlin pour voir ce qui s'y passait, parce que le cours des événements pouvait bien se traduire (et tel fut bien le cas) par « l'exclusion définitive des membres juifs » — lesquels étaient traqués par la police et se trouvaient dans une « position des plus difficiles et même dangereuses ». Dans une lettre semblable écrite quelques jours plus tard (le 13 novembre), Anna s'adressa à Jones dans les termes suivants : « La nuit dernière, j'ai reçu un coup de fil des membres juifs de Berlin. Ils sont naturellement très excités et fort inquiets. Evidemment, leur "paradis" du dernier semestre n'a pas été tout à fait l'idéal que Boehm a décrit. »

Nul doute que la conduite de Boehm et des autres membres non juifs de la Société allemande était pour le moins difficile à comprendre et à apprécier et que la situation ne faisait qu'empirer en Allemagne. Pourtant, si l'on prend en considération quelques-unes des déclarations et initiatives de Jones, bien qu'en défendant la psychanalyse allemande comme institution il ait apparemment pris le parti de Freud et de ses disciples viennois, au moins jusqu'à un certain point, je suis personnellement enclin à insister sur les limites et les dangers de son réalisme. Néanmoins, inférer de ses propos parfois contradictoires qu'il était antisémite et prônait une franche collaboration avec le régime nazi me paraît aller contre la réalité historique. La suite des événements est bien connue. Nonobstant les difficultés et restrictions exceptionnelles auxquelles se heurtaient les personnes en quête d'une carte de travail puis d'un emploi en Grande-Bretagne, Jones put annoncer à Marienbad (1936) que son pays avait pu donner asile à 15 ou 16 membres de Berlin, abordant dans ces dispositions la seconde vague d'émigration de psychanalystes berlinois après les premières arrivées de 1933.

Il faudra attendre ensuite février-mars 1938, après une période de vive tension qui se prolongea presque une année et durant laquelle Jones, Anna et leurs amis continuèrent à tenter d'aider d'autres psychanalystes à quitter l'Autriche et l'Allemagne, pour que Jones se retrouve de nouveau en plein cœur de l'action, nous permettant ainsi de jauger l'expression variable des modalités de l'emploi par Jones de *Sorge*, dans son *Sorgenkinder*. Cette fois, ainsi qu'il allait le reconnaître dans son allocution d'ouverture du Congrès de Paris, le 1er août 1938, et malgré son ampleur, la tragédie qui se déroula alors ne prit pas Jones et les autres par surprise (contrairement à ce qui s'était précédemment passé à Berlin), car ceux-ci purent alors profiter de l'expérience acquise antérieurement. Les contacts qu'il multiplia à Vienne au cours de l'année 1937, et les allées et venues de délégations entre Vienne et Londres afin d'aplanir les différences théoriques complexes existant entre les freudiens plus orthodoxes et les psychanalystes londoniens influencés par l'œuvre de Melanie Klein n'eurent guère d'autre effet que de lui permettre de faire mieux connaissance avec quelques-uns des psychanalystes qu'il lui faudrait sous peu aider : Bibring, Balint, Kris et Waelder, pour ne citer qu'un petit nombre de personnalités extérieures au cercle de candidats triés sur le volet plus directement associés à Freud et à sa fille. En un sens, on a ici affaire à une sorte d'inspection générale, Jones soumettant maints individus à une appréciation globale (ainsi qu'on peut en juger à la teneur de ses lettres à Anna), dont les résultats allaient lui servir presque immédiatement, du moins dans un petit nombre de cas que je tenterai d'illustrer. L'histoire de l'exode de Vienne vu de l'extérieur est déjà bien connue, et les lettres échangées entre Anna et Jones n'ajoutent rien à ce que l'on sait déjà des contacts de Jones avec les ministères de l'Intérieur et des Affaires étrangères, l'ambassade d'Autriche à Londres et de nombreuses autres ambassades afin d'obtenir des permis de séjour pour Freud, sa famille et son cercle de collaborateurs. La correspondance nous renseigne aussi sur le voyage de Jones à Vienne en catastrophe pour aider Freud et sa famille, de même que les lettres d'Anna nous éclairent sur la maladie de Freud et la dégradation de son état de santé (voir Anna à Jones, lettre du 25 janvier 1938). Ce n'est pourtant que dans une lettre dramatique du 20 février 1938 qu'Anna décrit l'état de panique qui régnait alors à Vienne à la suite du brusque retournement de la situation politique; Anna ne s'en voulait pas moins rassurante dans son appréciation de la situation : « *Wir machen die Panik nicht mit. Es ist zu früh, man kann di Folgen des Geschehenen noch nicht voll beurteilen.* » (« Nous ne nous laissons pas aller, quant à nous, à la panique. Il est encore trop tôt pour juger exactement de ce qui se passe. ») Cependant, il ne faut pas perdre de vue qu'en cette occasion Anna écrivit sa lettre de la clinique où elle avait accompagné Freud qui devait y subir l'une de ses opérations les plus douloureuses, et l'on a parfois la très nette impression que certaines de ses appréciations de la situation politique ont bien pu être dictées par son ardent désir de ne pas affronter trop de sources d'inquiétude au même moment. Et pourtant, à son corps défendant, c'est bel et bien le bouleversement politique qui devait brusquement sortir Anna de sa torpeur pour mettre une fois de plus en lumière les caractéristiques de son propre *Sorge*.

Dans ses lettres, Anna change soudain de ton ou, plus précisément, retrouve celui de l'époque des réfugiés de Berlin — et ce revirement apparaît d'autant mieux qu'on le compare au détachement de Jones. Prudente, compréhensive et profondément concernée, telle que nous avons eu plus d'une occasion de la voir dans le cas des Berlinois, Anna affiche un visage carrément angoissé et pathétique maintenant que les menaces visent directement sa propre famille et les analystes viennois. Tandis que Jones entreprend aussitôt de recueillir des fonds, multiplie les pressions sur les Américains et tente de faire augmenter le quota de visas d'entrée pour les analystes viennois, qu'ils aient ou non reçu une formation médicale, Anna commence à le bombarder anxieusement de toute une série de cas personnels pour qu'il aide les parents des analystes et les candidats à partir en même temps qu'eux (A. Freud à E. Jones, lettre du 5 mai 1938); ou, inversement, elle intervient au nom d'amis tels que l'urologue A. Zinner, qui était fort attaché à la famille de Freud et qu'Anna appelle « *den ersten Urologen von Wien* » — « le meilleur urologue de Vienne » (A. Freud à E. Jones, lettre du 26 avril 1938). Elle multiplie les interventions pour qu'il se penche sur le cas de tel ou tel : « Vous devriez voir Eidelberg, il veut quitter la ville et il a des parents en Angleterre », écrit Anna à Jones le 22 avril 1938. Ou encore, évoquant le cas du jeune Holitscher : « C'est un homme studieux, doué, et d'exceptionnelles capacités : il pourrait accomplir un travail très utile au Centre bibliographique de Londres... » (A. Freud à E. Jones, lettre du 4 mai 1938).

Par ailleurs, il fallait se pencher sur les inquiétudes de ceux qui avaient déjà obtenu des visas de sortie pour la Grande-Bretagne mais attendaient toujours des attestations *(affidavits)*, à présenter, aux Etats-Unis, à ceux qui leur demandaient des renseignements plus précis sur leur situation. Et une fois de plus, c'est Anna qui écrivait à Jones. Les réponses de ce dernier aux autres membres du groupe viennois étaient lues par toutes les personnes concernées rassemblées autour d'Anna, échangeant anxieusement leurs opinions sur les renseignements donnés par Jones et évaluant ses propositions d'aide. Fort du soutien de toute la British Psychoanalytical Society, Jones devait se trouver des mois durant au centre d'une tornade de noms et de détails personnels, de décisions à prendre et de fonds à réunir puis à distribuer à tel ou tel. Il ne faut pas oublier, à ce propos, que l'entrée des émigrés juifs était à cette époque soumise à un certain nombre de restrictions en Grande-Bretagne (Sherman, 1973). Ils devaient donc subvenir à leurs propres besoins sans compter sur les pouvoirs publics.

Une fois encore, nous pouvons observer un parallèle entre l'émigration en masse des Juifs autrichiens et allemands en 1938 et le sort des psychanalystes réfugiés. Et de fait, pour de multiples raisons, nombre de psychanalystes et de candidats se trouvèrent dans une situation financière dramatique. De même, d'aucuns répugnaient à s'ouvrir directement à Jones de leurs problèmes, ce qui rendait les choses plus difficiles encore. Il fallait donc beaucoup d'habileté et de diplomatie à Anna pour traiter certains cas — ainsi dans celui de Stengel qu'elle recommanda à Jones dans les termes les plus cordiaux :

> *Er weisst nicht ob du weisst, dass er tatsachlich absolut mittellos ist, und auch nicht wie die Anderen die Moglichkeit hat fur die erstetste Zeit von Verwandten etwas aus zuleihen* (A. Freud à E. Jones, 14 mai 1938).
> Il ne sait pas si tu sais qu'il est absolument démuni ; qui plus est, il ne saurait, comme d'autres, compter sur l'aide de parents dans l'avenir immédiat.

A vrai dire, nous pourrions passer une heure entière à citer tous les noms mentionnés dans ces lettres et tous les détails de leur vie qui y sont exposés. Ce qui frappe, outre la constante efficacité de Jones dans cette situation, c'est la force de caractère d'Anna et son désir profond de se pencher sur les problèmes de tous, mais aussi la manière dont elle traite la Grande-Bretagne comme une espèce de mère tendre et bienveillante, qui allait faire venir à elle tous les *Kindersorgen* et pas seulement ceux qui n'y voyaient qu'une escale vers l'Amérique, vers une Amérique qu'Anna ne pouvait s'empêcher de trouver plus distante et hostile étant donné toutes les tensions de l'heure[7].

Elle ne manque pas non plus d'évoquer avec un certain remords les « *hilflos* » (sans défense) qu'elle allait devoir laisser derrière elle (A. Freud à E. Jones, 14 mai 1938). Cependant, avant de conclure mes gloses sur le *Sorge* d'Anna et celui de Jones, je voudrais m'arrêter, fût-ce très brièvement, sur certaines lettres d'Anna qui en disent bien plus long sur les multiples aspects de sa personnalité. Je ne pense pas à ces bribes d'information mineures, quoique fort intéressantes, qui nous montrent, par exemple, une Anna attendant l'heure de l'arrivée à Londres, plongée dans la contemplation d'une carte de la ville alors qu'elle vit encore à Vienne (A. Freud à E. Jones, 3 avril 1938); pas plus qu'à ces deux lettres à Jones, où elle lui confie qu'elle essaie de pousser son père à marcher, si diminué (mais aussi maintenant « *unruhig* ») fût-il (Anna à Jones, 30 mai 1938), afin de l'habituer à se tenir debout, malgré son grand âge et sa fragilité, en vue de son départ

7. On peut trouver d'autres détails sur les sentiments négatifs d'A. Freud à l'égard de l'Amérique à cette époque dans une lettre de mai 1938 (Sonntag), où Anna mentionne Kubie et critique sa conduite.

pour Londres (A. Freud à E. Jones, 20 et 28 mai 1938). Ce sont des détails qui parlent par eux-mêmes et qui nous permettent presque d'avoir un aperçu d'Anna et de son père durant ce terrible printemps de Vienne, dans une Vienne aux murs partout couverts de swastikas — Anna et son père parcourant les rues, observant les inscriptions murales et échangeant leurs points de vue[8].

Parfois, il semble que l'on puisse presque détecter chez Anna un signe de rébellion ou d'envie, pour la bonne fortune des autres. Ainsi, par exemple, après qu'elle eut réussi à faire partir pour Honolulu deux pédagogues (du Kinderheim qui avait ouvert ses portes en 1937 pour cesser toute activité avec l'entrée des nazis à Vienne un an plus tard).

A cette occasion, Anna confesse à Jones que « *Wenn ich nicht in der Weise gebunden wäre, in der ich bin, hätte ich Lust es mit einer ganz neue Welt zu versuchen* [...] » (« Si je n'étais pas tant liée par mes engagements, je me risquerais volontiers dans un monde entièrement nouveau [...] »). Je tiens cependant par-dessus tout à attirer votre attention sur une lettre d'Anna dans laquelle elle informe Jones de ceux qui étaient déjà partis ou qui étaient sur le point de le faire :

> *Heute früh sind Kris und Bibrings abgereist, morgen fahren Wälders. Hoffers und Hartmanns haben ihre Pässe schon in Ordnung und warten nur noch* [...]
>
> Ce matin, Kris et les Bibring sont partis. Demain, ce sera au tour des Waelder. Les Hoffer et les Hartmann ont déjà reçu leur passeport et n'attendent plus que le jour du départ [...]

Et lui ayant indiqué que les choses paraissaient s'arranger, elle hésite pour évoquer un instant les difficultés auxquelles elle se heurtait dans ses efforts pour venir en aide à des amis au bord de la crise de nerfs, dépressifs et angoissés, en particulier les plus âgés tels P. Federn, Hitschmann et Steiner, obligés de quitter leur pays sans grande perspective devant eux. Et Anna d'interrompre par une remarque son tour d'horizon, comme pour donner une idée des difficultés qu'elle rencontrait, tout en prenant sur elle toutes les tensions auxquelles elle était exposée :

> *Und während ich es nicht schwer habe, den jungen Leuten aus ihren Stimmungen zu helfer nützt es bei den anderen nichts ; sie beneiden mich höchstens dass ich noch nicht so alt bin, und mehr Aussichten habe als sie. Was macht man da ? Es ist sehr traurig es mit anzusehen* [...]
>
> Alors que je n'ai pas de mal à venir en aide aux plus jeunes, je n'y parviens pas avec les plus âgés. Ce que pour la plupart ils m'envient, c'est le fait que je ne sois pas encore aussi âgée et que j'aie encore beaucoup plus de « perspectives »

8. Pour de plus amples détails sur les sentiments d'Anna, cf. les mêmes lettres à Anna des 26 et 28 mai 1938.

qu'eux. Que faut-il faire dans des cas de ce genre ? Il est déchirant de devoir observer en simple témoin. (Cette lettre ne porte pas de date, mais elle devrait être de la mi-mai 1938.)

Et enfin, parmi les nombreuses lettres que l'on pourrait retenir, je voudrais attirer votre attention sur ce propos que l'on trouve dans l'une des lettres d'Anna, qu'elle souhaitait être sa dernière, expédiée le 25 mai 1938 ; sur un ton caustique, certes, mais toujours lucide, elle nous donne une idée de l'atmosphère cauchemardesque qui régnait sur Vienne dans les derniers jours :

Manchmal ist das Ganze wirklich so, dass man auch nicht erstaunt wäre wenn es hundert Jahre so weiter gent. Wir sind nicht mehr ganz hier und noch gar nicht dort. So ist es sonst nur in den Hemmungs Traumen, in denen zwei Tendenzen gegeneinander wirken und mann immer wieder am gleichen Ort steht. Aber der Vergleich ist eher optimistisch, denn die erledigen sich ja am Ende, immer durch das Aufwachen.

De temps à autre, tout ce qui se passe ici prend un tel tour que l'on ne serait point surpris que tout dût continuer ainsi pendant encore une centaine d'années. Nous ne sommes plus entièrement ici, sans être pour autant entièrement là avec vous. C'est une situation que l'on ne rencontre que dans les rêves d'inhibition où deux tendances contradictoires s'affrontent si bien qu'au bout du compte on se retrouve toujours au même point qu'auparavant. Mais le parallèle avec ce qui se passe dans les rêves tient plutôt de l'illusion optimiste parce que dans les rêves les contradictions se résolvent toujours dans le réveil.

Il faut ajouter que le cauchemar ne se prolongea pas cent ans, ni les mille ans dont rêvait Hitler; et pour ce qui est du sauvetage de ses *Sorgen Kinder* et de sa famille (abstraction faite des parents de Freud qui trouveront la mort dans des camps de concentration), Anna obtint avec l'aide de Jones un succès quasi total. Les dernières lettres de cette période (écrites à Jones de Londres) attestent tout simplement de la *Sorge* d'Anna pour ceux qui étaient restés à Vienne. Tout en intervenant auprès de Jones pour qu'il aide à trouver un toît pour la psychanalyste hongroise Kata Devy et ses enfants (voir Anna à Jones, lettre du 24 août 1938), elle revint sur ce même thème dans ce qui devait être sa dernière lettre, datée du 1er janvier 1939. Ainsi devait-elle demander à Jones : « Que peut-on y faire ? »

Peut-être est-il temps de voir ce que l'on peut désenfouir de l'analyse que j'ai présentée et de mes brèves observations sur le *Kinder*, qui forme la seconde moitié de l'expression composée *Sorgen Kinder*. J'en ai déjà fait l'hypothèse : de la part de Jones, tout au moins *Sorgenkinder* pouvait fort bien s'appliquer à Freud et à sa famille. Le chef-d'œuvre politique et stratégique de Jones, ou plutôt son plan pour faire venir à Londres Freud et sa fille, paraît avoir mûri (pour autant que l'on puisse en juger d'après ses lettres à Anna) dans les premiers mois de 1938, compte tenu de l'incertitude de la situation politique en Autriche — alors comme par le passé. Et ses lettres n'en disent guère plus long que ce que l'on a déjà noté quant à l'attitude de Freud à l'égard d'une possible émigration — la décision étant remise *in extremis* puis affrontée dans le plus grand calme, ainsi que cela ressort du récit des événements consigné par Anna à l'intention de Jones. On a parfois l'impression, de la part de Freud, d'un mépris délibéré du danger. Evoquant cette possibilité avec le Dr Stross, je découvris qu'elle était du même avis et elle ajouta, en guise de plaisanterie, que tout cela pouvait être considéré comme un exemple de *Wiener Schlamperei* !

S'agissant du type précis de *Sorge* et de *Kinder* que Freud, sa fille et leur cercle représentaient aux yeux de Jones et pour la British Psychoanalysis Society, il est cependant une certitude : force nous est de revenir aux documents pour les examiner, fût-ce fugitivement, parce que ceux-ci ont beaucoup à nous apprendre sur ces questions. Pour comprendre exactement ce qui s'est passé et être à même de considérer pleinement les aspects politiques des diverses tensions et des conflits qui agitèrent l'Association internationale, mais aussi les sociétés locales et nationales du fait de l'émigration de quantité de collègues et de la disparition des Société psychanalytiques de Vienne et de Berlin, il faut procéder à un tour d'horizon d'un point de vue bien particulier : il ne faut pas voir seulement dans ces problèmes des difficultés liées à l'organisation d'une opération de sauvetage pour les psychanalystes forcés à émigrer mais adopter une optique qui fasse apparaître cette opération comme une action habile et mûrement réfléchie pour accueillir les réfugiés, certes, mais aussi pour profiter de l'occasion afin de les trier en vertu de critères discriminatoires — processus qui ne devait pas aller sans profondes conséquences dans la suite des événements, ni effets à long terme sur la psychanalyse en général. Et une fois de plus, nous voici confrontés à l'aspect « monumental » de ces documents qu'il faut savoir soumettre à un processus continu d'interprétation et de réinterprétation.

J'ai eu plus d'une occasion d'attirer votre attention sur ce point : le problème de l'émigration s'est posé à une époque de rapports particulièrement difficiles entre l'Amérique et l'Europe en ce qui concerne la psychanalyse. Et ceci ne fit qu'amplifier la *Sorge* pour maints psychanalystes de Vienne et de Berlin poussés ou même « destinés » à émigrer de l'autre côté de l'Atlantique. Il n'y a pas l'ombre d'un doute à ce sujet. Pour se faire une idée de cette époque, de cette période de crise majeure dans les relations entre le Vieux Continent et le Nouveau, peut-être serait-il utile de citer ce qu'écrivait Anna Freud dans sa lettre à Jones du 27 février 1936 :

Ich weiss nicht, wie ernst du die Frage nimmt, dass wir einen amerikanischen Zentral Präsidenten bekommen könnten. Der Gedanke soheint mir vollig unausdenkbar. Die europäische Analyse, hat schliesslich ein Recht auf ihre eigene Entwicklung und darft nicht zu einem Anhängel der amerikanischen Bewegung werden.

J'ignore le sérieux que vous accordez à la question de savoir si nous pourrions avoir un président américain à la tête de l'Internationale. Cela me paraît complètement impensable. L'analyse européenne a le droit de connaître un développement autonome et elle ne doit pas devenir un simple appendice du mouvement psychanalytique américain.

Et ses propos sont d'autant plus lourds de sens que l'on songe à ce qui allait se produire immédiatement après, lorsqu'un grand nombre de Viennois se débrouillèrent pour gagner l'Amérique et s'y installer !

Deux épisodes, que je tiens pour un peu plus que le sommet d'un iceberg qu'il faut examiner de plus près, montrent bien qu'il ne s'agissait pas seulement de la psychanalyse américaine, mais que la question de l'émigration mit en branle toute une série de problèmes, qui ne devaient pas disparaître avec la fermeture de la Société psychanalytique de Vienne.

Les Archives de la British Society of Psychoanalysis contiennent toute une série de lettres fort intéressantes échangées entre Anna Freud et Ernest Jones à propos de Reich. Compte tenu des problèmes qu'elles soulèvent, ces lettres mériteraient à elles seules une très longue analyse. Que fallait-il faire de Reich qui avait déjà commencé ses allées et venues entre Berlin et Vienne en mars et avril 1933, avant de partir pour le Danemark, où il fut expulsé pour la Scandinavie, toujours suivi ou soutenu de loin par des hommes tels que Fenichel, Bernfeld et d'autres ?

Quand de Vienne elle aborde ce sujet, Anna se montre péremptoire dans ses jugements du fait qu'elle écrivait avec son père à ses côtés. Ainsi qu'elle l'affirme dans une lettre à Jones du 27 avril 1933, Reich représente un danger bien trop grand pour la psychanalyse, du fait de ses idées, certes, mais aussi parce que les circonstances historiques de l'heure étaient déjà préjudiciables à l'égard de la position de la psychanalyse en Allemagne et en Autriche. Peu importait, en apparence, qu'il fût farouchement opposé aux nazis.

Was das in heutigen Zeiten für die analytische Vereinigung bedeuten kann, weisst jeder. Wir sind hier alle jederzeit bereit uns für die Analyse zu exponieren, aber keineswegs für Reich's Ideen, die keiner von uns teilt. Der Ausspruch meines Vater darüber ist : wenn die Psychoanalyse verboten wird, so soll sie als Psa. verboten werden, aber nicht als das Gemisch von Politik und Analyse das Reich vertritt [...]. *Mein Vater kann nicht erwarten, Reich als Mitglie loszuwerden. Ihn beleidigt die Vergewaltigung der Analyse ins Politische, wo sie nicht hingehört.*

Ce que tout ceci (les activités politiques de Reich à Vienne) pourrait signifier pour la communauté psychanalytique, tout le monde le sait déjà. Ici, nous sommes tous disposés à prendre des risques pour la psychanalyse, mais certainement pas pour les idées de Reich, auxquelles personne ne souscrit. Voici à ce propos la sentence de mon père : si la psychanalyse doit être interdite, elle doit l'être pour ce qu'elle est et non pour le mélange de politique et de psychanalyse qu'incarne Reich. Mon père ne saurait attendre que l'on se débarrasse de lui en tant qu'adhérent. Ce qui est offensant, c'est la violence faite à l'analyse quand on prétend la politiser, alors qu'elle n'a rien à voir avec la politique[9].

Anna demanda à Jones son avis sur cette question, et celui-ci ne fit pas attendre longtemps sa réponse. D'abord extrêmement prudent au point de dissocier (à son tour) l'intérêt de Reich pour la politique de ses talents d'analyste, que Jones ne dénigrait pas (voir Jones à Anna Freud, lettre du 20 avril 1933), il répondit :

Avant de me former une opinion sur le problème Reich, il faudrait que je sois mieux informé sur les objections qu'on lui adresse. A ma connaissance, c'est un psychanalyste fort intelligent, mais un tantinet fantasque et peu fiable dans ses jugements théoriques. Que le groupe de Berlin lui ait reproché de mêler psychanalyse et communisme, je puis le comprendre sans mal. Je comprends aussi qu'il a été jusqu'à maintenant accrédité à Berlin en qualité de didacticien. S'il en est bien ainsi, je pense qu'il aurait le droit d'aller ailleurs, pour y trouver un Lehren Institut et je ne vois pas comment Eitingon ou qui que ce soit d'autre pourrait le lui interdire.

Quelques jours plus tard, cependant, Jones en était arrivé au point de conseiller l'expulsion de Reich du groupe berlinois, soulignant qu'il fallait profiter de ce que la Société de Berlin entendait se débarrasser de ses derniers analystes juifs et, avec davantage de raisons, des communistes[10] (voir Jones à Anna Freud, lettre du 2 mai 1933; Jones à P. Federn, lettre du 29 novembre 1933; et Jones à Anna Freud, lettre du 2 décembre 1933). Encore quelques mois plus tard, cependant, après avoir rencontré Reich à Londres, Jones parut se raviser, bien qu'il eût personnellement pris la peine d'écrire aux autorités danoises pour les prier de s'opposer aux activités de Reich dans ce pays (voir Jones à Anna Freud, lettre du 7 novembre 1933). J'ai déjà évoqué plus d'une fois la conception que Jones avait de la psychanalyse (et, sur ce terrain, Freud et sa fille étaient entièrement d'accord) : il tenait celle-ci pour une science pure, dont le domaine de

9. C'est dans ce contexte bien particulier, je tiens à le rappeler une fois de plus avec force, qu'il faut comprendre ces propos. Les divergences entre Freud et Reich étaient apparues beaucoup plus tôt (Grunberger, Chasseguet-Smirgel, 1986; Roazen, 1985; Sharaf, 1983; Sterba, 1983; K. Brecht *et al.*, 1985).

Que Reich fût ou non en vérité un fanatique d'une forme de totalitarisme ou du marxisme n'intéressait guère Freud et son cercle. La situation était si difficile et confuse, étant donné le danger objectif auquel la psychanalyse était exposée, que l'impossibilité de se différencier s'en trouvait accrue tandis que la cassure entre Freud et Reich ne cessait de se creuser. Ces propos d'Anna Freud paraissent confirmés par le récit que F. Boehm a laissé des événements de 1933 en Allemagne, Il rapporte que Freud lui aurait dit : « *befrein Sie mich von Reich* » (« délivrez-moi de Reich ») (Abschrift (double) daté de Berlin, le 21 août 1934).

10. En fait, Reich avait été formé à Vienne avant de se fixer à Berlin au début des années 1930.

recherche était l'étude de la vérité psychique et rien de plus, et en tant que telle elle était fermée à toute influence ou contamination politique; cette approche était un produit typique du contexte culturel dans lequel la psychanalyse avait d'abord pris racine à la fin du siècle dernier, mais Jones, en sa qualité de président de l'Association psychanalytique internationale au cours de cette période, devait aller plus loin : non content d'accepter cette position traditionnelle, il l'adopta stratégiquement pour des raisons de convenance politique. Toujours est-il qu'après avoir rencontré Reich à Londres, et après l'avoir interrogé en même temps que M. Klein et J. Rivière notamment (n'oublions pas que tous étaient plus ou moins liés au groupe de Berlin), Jones n'avait pas tant changé d'avis qu'il n'était devenu une fois de plus hésitant au point même d'affirmer le droit de tout psychanalyste à s'engager dans la vie politique. Dans une lettre du 9 décembre 1933, il s'exprima dans les termes suivants :

> Nous avons le sentiment qu'il serait grave de prétendre qu'aucun analyste ne saurait être autorisé à prendre une part active dans la vie et les mouvements sociaux, quels qu'ils puissent être, et nous pensons qu'il appartient à la Société du pays où un conflit apparaît entre les activités d'une personne et la législation de trancher une telle question[11]. (Cf. Documents en annexe.)

En fait, Jones affirma même avoir été favorablement impressionné par la personnalité de Reich, quand bien même il jugeait ses théories passablement naïves (Jones à A. Freud, lettres des 9 et 15 décembre 1933). Anna semble avoir partiellement souscrit à son appréciation du caractère de Reich, mais elle n'en tint pas moins à rappeler avec force qu'il était instable et que les choses risquaient de mal tourner pour lui — ainsi qu'elle pouvait en juger d'après l'analyse que la femme de Reich, Annie, avait suivie avec elle (voir Anna Freud à E. Jones, lettre du 1er janvier 1934).

Ainsi que je l'ai déjà indiqué, tout ceci mériterait une analyse beaucoup plus fouillée dès lors que le cas de Reich met en lumière des problèmes infiniment plus compliqués. A l'origine de la condamnation de Reich, que Freud souhaitait vivement, se trouve une interprétation très spécifique de la psychanalyse dans ses rapports avec une idéologie particulière : le bolchevisme de Reich. Peut-être faut-il observer, même si cela nous est assez facile aujourd'hui avec le recul, que Sigmund Freud, sa fille et Ernest Jones étaient eux-mêmes politiquement actifs, dans la mesure où ils se mettaient en position de décider qui devait appartenir ou non à l'Associa-

11. Au Congrès de Lucerne, cependant, Jones profitera de son discours inaugural pour condamner Reich, sans le citer nommément. Cela met bien en relief les difficultés et contradictions de Jones trop sensible aux pressions de Freud, mais aussi la complexité de la situation politique et institutionnelle de la psychanalyse en Allemagne et en Autriche à cette époque. Voir aussi p. 287 de cet article.

tion internationale de Psychanalyse sur la base des idées politiques des candidats. Jones semble parfois en avoir eu conscience, du moins quand il se trouvait en compagnie de ses amis. Peut-être ne faut-il point perdre de vue non plus la complexité du problème qui se posait aux analystes de Berlin et aux Berlinois qui avaient émigré à Londres, mais aussi toutes les tensions et discussions internes liées au problème de la dépendance à l'égard de Vienne pour qui, à l'instar de M. Klein, voulait développer ses propres idées. Qui plus est, Jones avait une autre responsabilité, celle de défendre l'Association internationale. Si l'on en croit le témoignage de Pearl King, en effet, les nazis avaient tendance à confondre l'Association internationale de Psychanalyse avec l'Internationale communiste, tant et si bien, par exemple, qu'Ernest Jones dut faire tout ce qui était possible pour obtenir la libération d'E. Jakobson en 1936 sans pour autant engager officiellement l'Association internationale en tant que telle. Les lettres d'E. Jones à Anna Freud et à P. Federn au sujet de Jakobson vont dans le même sens. Pour le reste, la complexité de la situation en Allemagne à cette époque a été bien mise en lumière par quelques-uns de nos collègues, dont K. Brecht, V. Friedrich, L. M. Hermanns, I. J. Kaminer et D. H. Juelich. Que, somme toute, les choses étaient bien aussi complexes que je l'ai suggéré, je n'en veux pour preuve que le fait que S. Freud et son cercle de collaborateurs durent finalement quitter Berlin et Vienne en réponse à la dégradation de la situation politique, certes, mais aussi en un geste politique de condamnation des valeurs totalitaires qui empêchaient la psychanalyse de continuer à exister, non seulement au niveau institutionnel mais aussi en tant que science, avec ses valeurs ancrées dans une conception particulière de l'homme et des rapports humains, le respect de l'individualité du patient, et le culte de la tolérance dans la pratique clinique et en général. Cet ensemble de circonstances a, ou devrait avoir, les répercussions les plus importantes, tant sur la vie institutionnelle de la psychanalyse que, pour le dire succinctement, sur la contribution potentielle de la psychanalyse aux sciences sociales.

Que la conclusion de l'affaire Reich n'ait pas épuisé le problème, on peut le voir au fait que ce thème des rapports entre politique et psychanalyse continue à inspirer tous les efforts déployés pour construire une histoire de notre discipline et, de fait, je me hasarderais à soutenir que ce même thème forme la base de notre présent congrès et, plus généralement, des préoccupations de la psychanalyse aujourd'hui. Il devrait suffire de garder présente à l'esprit toute la discussion qui s'est déroulée autour des implications idéologiques de la naissance de la psychanalyse dans un milieu donné (celui de la bourgeoisie juive progressiste de Vienne à la fin du XIXe siècle), sans oublier les caractéristiques qui devaient être celles de la psychanalyse du fait des influences qu'elle allait subir au contact des diverses traditions culturelles de cette époque transmises par le truchement des organismes sociaux du Vieux comme du Nouveau Monde (Jacoby, 1983). Il ne faut pas non plus oublier les problèmes que dut affronter la psychanalyse dans les pays de l'Est, ni ses horribles vicissitudes dans certaines régions de l'Amérique latine — en Argentine, par exemple, ou au Brésil et en d'autres pays où les dictatures militaires sont monnaie courante. L'affaire Reich, pour sa part, souleva le problème des valeurs auxquelles la psychanalyse donne libre cours, non seulement pour ce qui est de son statut de science pure, mais aussi quant à sa nature de discipline et d'institution sociale; or, étant donné les besoins propres à la psychanalyse et son système de recherche, elle ne pouvait de toute évidence prendre parti pour une idéologie qui, au fond, niait la possibilité du développement de l'individu comme du développement institutionnel et social sous un régime dictatorial. Mais il est un autre épisode sur lequel j'aimerais attirer votre attention et qui, jusqu'à un certain point, se rattache à mes précédentes observations sur l'affaire Reich, tout au moins en ce qui concerne la manière particulière dont fut traité le problème de l'émigration et ses inévitables conséquences de nature politique au sein des institutions associées à la psychanalyse comme sur le caractère culturel et social des sociétés de psychanalyse qui avaient offert d'accueillir des émigrants : l'épisode auquel je songe est lié à une gaffe de J. Rickmann. En mai et juin 1938 celui-ci fit un séjour à Vienne, dans une période de tension et d'angoisse exceptionnelles pour tout le groupe viennois, et il se répandit en commentaires auprès d'Anna Freud, laissant entendre (tout au moins si l'on en croit l'interprétation de celle-ci) que les Viennois se heurteraient à des problèmes considérables pour s'installer à Londres (ne perdons pas de vue les longs et virulents désaccords qui opposaient Melanie Klein et Anna Freud depuis plus de dix ans et qui venaient juste d'être aplanis à la faveur d'échange de visites entre Londres et Vienne en 1937) (voir Jones à A. Freud, lettres des 20, 25 et 26 avril 1938; et A. Freud à Jones, lettres des 26 et 28 avril 1938). Jones dut faire appel à tous ses talents de diplomate pour apaiser une fois de plus la tempête, attirant l'attention d'Anna sur le caractère très émotif de Rickmann à cette époque et n'hésitant pas à l'occasion à employer des mots très durs à l'encontre de Rickmann. Celui-ci était alors en analyse avec Melanie Klein, et Jones ne manqua pas d'insister sur ce point auprès d'Anna Freud tout en lui rappelant avec force que Rickmann n'était pas venu à Vienne en tournée officielle et que, cela étant, il s'agissait d'une fausse alerte (voir Jones à Anna Freud, lettre du 25 avril 1938). A cette même époque, cependant, peu avant cet épisode mais aussi peu après, alors que Jones et Anna échangeaient la correspondance que je viens de citer, Jones ne devait pas craindre de procéder par affirmations, expliquant clairement et précisément à Anna que « pour se réaliser, les rêves doivent pactiser avec la réalité, et aucun de nous n'est donc tout-puissant ». Et, parlant de lui, Jones ajouta :

pour ce qui est de mon omnipotence propre, je ne saurais faire entièrement abstraction de l'attitude de mes collègues britanniques, sans quoi je perdrais tout pouvoir d'atteindre mon but, qui est de promouvoir la plus grande harmonie possible entre nous et les nouveaux venus, et de rendre la vie de ces derniers aussi féconde et heureuse que possible. (Voir Jones à Anna Freud, lettre du 20 avril 1938.)

En vérité, il serait omnipotent de ma part d'affirmer, étant donné les déclarations qui précèdent et ses activités ultérieures, que Jones aurait pu éviter toutes les discussions qui se déchaînèrent par la suite et prêtèrent à controverse *(Controversial Discussions)*. Au bout du compte, la British Psychoanalytical Society réussit à émerger de l'affrontement entre Anna Freud et Melanie Klein en 1943-1944 (Steiner, 1985). Même s'il est relativement facile d'en discuter après coup, ces conflits étaient probablement inévitables. Et il est indubitable que de ce point de vue Freud, sa fille et leur cercle d'amis et d'associés (compte tenu de l'aide que Jones et la British Society étaient en position de leur offrir[12], et la gratitude si souvent exprimée dans les lettres d'Anna à Jones, alors comme par la suite) n'étaient pas autre chose que des *Sorgen Kinder*, et qu'à ce titre ils furent exposés à toutes les angoisses qui sont le lot de toute personne forcée de quitter son milieu culturel propre (dans certaines limites, évidemment) puis de lutter pour conserver son identité.

En soi, l'émigration exige toujours que l'on paie ce prix. On ne saurait non plus douter que la réaction du milieu culturel que représentait la British Society mérite d'être prise en considération. A cet égard, c'est à James Strachey en personne que nous devons l'un des commentaires les plus divertissants (teinté d'une ironie qui en dit plus long que n'en peuvent dire les mots sur ce qui se cache derrière l'humour). Ses remarques se trouvent dans une lettre adressée à Glover le 28 avril 1940. (C'est Pearl King qui a exhumé cette lettre des Archives de la British Society et qui m'a aimablement autorisé à en prendre connaissance.) Invoquant la fièvre pour s'excuser de ne pouvoir participer à l'une des nombreuses réunions alors organisées pour essayer de contenir dans des limites acceptables qui ne faisaient alors que commencer, Glover évoque ce qui pour lui n'était

12. Voir, par exemple, une circulaire du 1er avril 1938, signée par Glover et adressée à tous les membres de la British Psychoanalytical Society. Cette circulaire montre bien les efforts que consentirent les responsables de la Society pour venir en aide aux réfugiés.

rien de plus qu'une manifestation de fanatisme religieux non scientifique de la part d'Anna Freud comme de Melanie Klein qui, à en croire Strachey, entendait tout bonnement infléchir et maîtriser l'avenir de la psychanalyse à travers la formation de candidats. Et Strachey d'exploser :

> En fait, je me sens dans la peau de Mercutio. Pourquoi faut-il que ces misérables fascistes et communistes (foutus étrangers) envahissent notre île de paisible composition ? [...] Mais je vois, je suis plus fébrile que je ne le pensais[13].

Et si l'on doit parler vrai en de telles occasions, alors il faut dire en l'occurrence qu'à ce stade Melanie Klein, arrivée à Londres quinze ans plus tôt, n'en devait pas moins être considérée comme *Sorgen Kinder* par ses hôtes britanniques.

La correspondance échangée entre Ernest Jones et Anna Freud aurait encore bien des choses à nous apprendre sur la British Society of Psychoanalysis, ses caractéristiques, son environnement culturel et la manière dont elle réagissait aux événements et, s'agissant de ces questions, il conviendrait de toute évidence d'étendre cette analyse à l'Amérique. Qui plus est, à cet égard, les « Controversial Discussions » ne furent rien de plus que le sommet d'un iceberg aux ramifications fort complexes, vouées à exploser après un long retard — ce qui permit à Jones et à ses semblables d'en surveiller les conséquences, précisément parce qu'ils avaient eu dès le début une conscience claire des complexités de la question de l'émigration, même si, dans le cas de Freud et de ses proches, je dois le répéter, ils durent affronter et traiter des problèmes présentant de considérables difficultés. Ainsi qu'on le voit très bien dans les lettres, Jones et ses pareils souhaitaient gérer la question de l'émigration suivant un plan préalablement concocté qui préserverait l'identité et les caractéristiques de leur conception particulière de la psychanalyse. Sans en être au point d'accepter sans réserve la thèse de P. Anderson, que j'ai citée au début de mon intervention, je

13. « Je tiens à ce que vous le sachiez pour votre gouverne personnelle, écrivait Strachey à Glover; s'il faut en venir au fait, je suis farouchement partisan d'un compromis à tout prix. Toutes les difficultés me paraissent tenir à l'extrémisme dans les deux camps. Mon point de vue personnel est que l'on doit à Mme Klein quelques contributions de la plus haute importance à la psychanalyse, mais qu'il est absurde de soutenir : *a* / qu'elles épuisent le sujet, ou *b* / que leur validité est axiomatique. Par ailleurs, je pense qu'il n'est pas moins risible, de la part de Mlle Freud, de prétendre que la psychanalyse est une chasse gardée appartenant à la famille de Freud et que les idées de Mme Klein sont fatalement subversives. Ces attitudes de part et d'autre sont bien sûr purement religieuses et représentent l'antithèse même de la science. Les deux camps sont, je crois, animés d'un désir de dominer la situation et, surtout, l'avenir — et c'est bien pourquoi les uns et les autres insistent tant sur la formation des candidats. En vérité, imaginer que vous puissiez maîtriser les opinions des personnes que vous analysez au-delà d'un point très limité tient du mirage de mégalomane. Mais quoi qu'il en soit, le but d'une analyse didactique doit être naturellement de mettre l'élève en position d'arrêter ses propres décisions sur le plus clair des points, et non pas de lui bourrer le crâne de vos propres dogmes [...] »

dirais néanmoins que nous sommes ici confrontés à un exemple de certaines composantes d'une culture indigène et nationale qui accepte et réagit aux choses, en opérant en permanence des choix quant à ce qu'il convient d'accepter ou non, sur la base de certains paramètres, parmi ses plus profonds. Mais que l'on ne se méprenne pas. Il n'est pas une seule lettre où Jones et ses acolytes n'expriment ouvertement leur désir de venir à la rescousse d'un individu dans l'espoir qu'il serait capable de poursuivre sa carrière avec dignité, fût-ce en s'ouvrant de leur préférence pour tel ou tel analyste et même en recommandant qu'il soit dirigé vers l'Afrique du Sud, comme dans le cas de Sterba, et contre sa volonté, peut-on ajouter (voir Jones à A. Freud, lettre du 6 mai 1938) ou, précédemment, dans celui de Reich, qui souhaitait s'établir entre Paris et Londres; Jones lui conseilla toutefois l'Amérique ou la Russie et, comme nous le verrons, il en alla de même pour bien d'autres psychanalystes.

Abstraction faite ou, si l'on préfère, compte tenu des difficultés objectives associées à la crise économique et, par suite, aux difficultés touchant le marché du travail en Grande-Bretagne, Jones et ses collaborateurs exigeaient si possible des individus capables de s'intégrer à la société britannique. Nul n'est besoin, je crois, d'une exceptionnelle faculté d'interprétation pour comprendre des déclarations comme celle-ci, qui concerne les Berlinois; pour le reste, le document en question porte sur la situation qui était née de l'émigration en Amérique d'un certain nombre de Berlinois (voir Jones à Anna Freud, lettre du 2 juillet 1934) :

> Il est en tout cas patent que la vieille Société de Berlin a transféré en d'autres pays ses interminables querelles de personne, qui après la mort d'Abraham ne devaient plus être dissimulées.

Et peut-être devrait-on lire ce que Jones a à dire sur ces mêmes questions dans une lettre à M. Eitingon du 3 juillet de la même année, car Jones est encore plus carré :

> Ce qui se passe en Amérique est certainement fort triste, et nous devons faire de notre mieux pour appuyer Brill dans ses efforts désespérés afin d'aménager une vie paisible, dans laquelle on puisse travailler. Les querelleurs d'Europe centrale semblent avoir conservé leurs petites habitudes nationales dans les autres pays et font de leur mieux pour les leur inoculer. J'espère que nous aurons plus de chance en Angleterre qu'en Amérique, *et c'est précisément dans ce but que j'ai mis le plus grand soin à opérer un tri.*

Et peut-être me pardonnera-t-on d'insister sur le caractère explicite des remarques de Jones.

Pour suivre cet axe de recherche, il serait opportun d'étudier en quel sens a joué le processus de sélection de Jones. Par exemple, celui-ci compatit immédiatement avec le sort de P. Heimann (voir Jones à Eitingon, lettre du 12 juillet 1933), et mit autant de facilité à essayer de décourager T. Reik, faisant comprendre à Eitingon comme à A. Freud que, dans ce dernier cas, il fallait compter avec un problème supplémentaire : d'une manière générale, il n'y avait pas de postes accessibles aux analystes profanes à Cambridge ou en Grande-Bretagne et peut-être valait-il mieux, en conséquence, que Reik partît pour Rome (un peu plus tard, cependant, Jones intervint pour que Reik pût donner une série de conférences à l'Université de Columbia, aux Etats-Unis). Nous pourrions de même évoquer bien d'autres cas semblables. Que des facteurs subjectifs, telles l'affection ou l'aversion pour tel ou tel individu, aient joué un rôle dans le processus de sélection était chose inévitable, surtout quand on songe que tous les analystes, même après qu'ils se sont eux-mêmes prêtés à une analyse, n'en demeurent pas moins hommes et femmes de chair et de sang; et c'est donc dans ces conditions qu'ont été conduits les entretiens, et parfois même les opérations de sélection, auxquels furent soumis les candidats à une didactique (et, en vérité tel fut surtout le cas, pour les candidats arrivant de Vienne sans avoir achevé leur formation). Qui plus est, il était inéluctable que la même procédure fût suivie bien plus tard s'agissant des émigrants viennois compte tenu des pratiques antérieures et surtout, je dois y insister une fois encore, quand on ne perd pas de vue qu'il manquait alors de travail pour les analystes, en particulier pour les analystes profanes, à Londres comme dans le reste du pays (voir Jones à Anna Freud, lettre du 28 avril 1938).

Les noms mentionnés dans la correspondance sont légion et sans doute n'a-t-il pas toujours été facile de peser les mérites respectifs des individus concernés et d'arrêter une décision définitive, au point que l'on perçoit à l'occasion des signes de circonspection et de gêne douloureuse manifestement dus aux circonstances. Voici par exemple ce qu'Anna Freud écrivit à Jones à ce sujet en mai 1938 (lettre non datée) :

Zur Frage der Placierung der Immigranten wollte ich Dich noch einmal bitten, nieman den der Wiener Immigranten (besonders nicht Bibrings oder Hoffers) wissen zu lassen dass wir über diese Frage in Korrespondenz sind. Du weisst wie schwierig die persönlichen Verhältnisse in eine Vereinigung gewöhnlich sind, wie fiel sich da von Übertragungen, Freundschaften, Konkurrenze, etc. durcheinander kreutz. Die Entsche idigungen jetzt, muss man nach sachlich nicht persönlichen Motiven treffen. Es ist dabei sehr viel leichter für mich und auch für die Leute selbst, wenn sie nicht wissen, dass ich auch etwas im negativen oder in positiven Sinn damit zu tun habe.

S'agissant de la question du placement des immigrants, je dois vous prier une fois encore de ne pas révéler aux Viennois (en particulier aux Bibring et aux Hoffer) que nous poursuivons une correspondance à ce sujet. Vous savez combien sont généralement difficiles les relations personnelles dans une Société et comment s'entrecroisent transferts, amitiés mutuelles et rivalités, etc., dans la plus grande confusion. Pour l'heure, il faut prendre des décisions sur une base pratique et non pour des raisons personnelles. Aussi vaudrait-il mieux, tant pour moi-même que pour les personnes concernées, qu'elles ne sachent point que moi aussi je prends part, dans un sens positif ou négatif, auxdites décisions.

Ainsi en fut-il pour les Waelder, Rubinstein et Lampl de Groot dont, pour toute une série de raisons, le cas fut discuté à côté de celui de nombreux candidats, même si Jones tenait en haute estime les facultés intellectuelles de Waelder, au point qu'avec le concours de Freud il devait par la suite lui obtenir un poste d'enseignant dans l'Institut dirigé par Horkheimer à New York (voir Jones à Anna Freud, lettre du 26 avril 1938); quant à Rubinstein, Jones le jugeait « [...] très agressif [...]. Je souhaite le voir partir pour l'Afrique du Sud ou l'Amérique » (voir Jones à Anna Freud, lettre du 29 avril 1938). Mais ces cas mis à part, il ne serait pas sans intérêt de se pencher sur un document officiel de la même époque, daté d'avril 1938. Jones en traita dans une lettre à Anna Freud, multipliant les allusions à une Assemblée générale, à une réunion du Conseil et à deux réunions de Comité de la British Society of Psychoanalysis concernant les diverses décisions à prendre en vue de l'arrivée des émigrés en Grande-Bretagne. Et il convient d'insister sur ce point : tous ceux qui souhaitaient venir en Grande-Bretagne, à la faveur des contacts que Jones entretenait avec le Home Office (ministère de l'Intérieur), allaient être interrogés sitôt leur arrivée. Tout se passait comme si Jones intervenait sur deux registres — en sa qualité de président de l'Association internationale et, à ce titre, symbole des efforts à consentir pour sauver tous ses collègues, d'une part, et de l'autre en tant que président de la British Society of Psychoanalysis, avec sa façon bien à elle d'aborder les choses conformément à ses caractéristiques indigènes et à ses multiples exigences et problèmes locaux. Ainsi que je l'ai déjà signalé, dans la lettre à laquelle je fais référence, Jones souligne une fois encore, explicitement et de manière formelle (ses fonctions l'y obligent), la nécessité de soumettre tous les analystes, les didacticiens et les candidats souhaitant rester en Grande-Bretagne à une sélection sitôt leur départ définitif de Vienne. Il insiste sur le problème posé par le manque de patients à Londres et, dans une lettre suivante, il revient sur ce thème :

Il est beaucoup plus dur aux étrangers de trouver du travail en Angleterre qu'en Amérique, où la présence étrangère est déjà si forte. Il existe un puissant préjugé contre les personnes qui parlent avec un accent étranger... (lettre du 29 avril 1938).

De même, dans la lettre que je citais précédemment, Jones explique qu'au cours des deux ou trois dernières années seuls huit nouveaux analystes arrivant de Berlin avaient été acceptés. Et Jones de poursuivre par des remarques d'une certaine importance :

> [...] venir en Angleterre, ce n'est pas pareil que venir à Londres [...]. Dans le meilleur des cas, il sera dur à plus de huit analystes de se fixer à Londres. Il y aura bien sûr votre père et vous-même, Dorothy, Hitschmann, les deux Kris et les Bibring ou les Hoffer, au choix. Cinq villes de province entrent en ligne de compte, bien que nous ne soyons encore sûrs que de trois. Il s'agit d'Edimbourg, de Glasgow, de Manchester, de Bristol, et d'Oxford et de Cambridge.

Et il va sans dire que Jones et la Psychoanalytic Society avaient accompli une enquête des plus fouillées sur les postes disponibles en hôpital, etc., à seule fin de voir où ils pourraient placer les analystes mais aussi les psychiatres ayant une expérience de psychanalystes. Cela leur donna aussi la possibilité de faire progresser la psychanalyse au-delà des confins de Londres, et aux possibles centres déjà mentionnés dans sa lettre, il faut ajouter Leeds, où se retrouva Stengel. Que l'on me permette de citer de nouveau la lettre de Jones :

> J'ai déjà obtenu pour le Dr Schur et pour le Dr Stross des permis de pratiquer la médecine en Angleterre sitôt qu'ils auront passé leur examen. Naturellement, tous deux se fixeront à Londres. J'ai aussi des permis pour Kris, Bibring, Hoffer et Hitschmann, autorisés à pratiquer l'analyse en Angleterre.

Et, dans la même veine, Jones s'efforça de répondre en partie aux vœux d'Anna quant à son propre avenir en Angleterre. Suivant ses propres termes, Jones caressait l'espoir qu'elle serait en mesure « de poursuivre le travail accompli à Vienne, si possible avec ceux qui collaboraient » avec elle là-bas (voir Jones à Anna Freud, lettre du 20 avril 1938). Par ailleurs, il importe de noter comment, prenant sur lui d'interpréter les souhaits de la British Psychoanalytical Society dans le document officiel en question, Jones souligne la préférence commune pour de jeunes psychanalystes plus capables de s'adapter aux conditions de vie en Grande-Bretagne :

> Notre préférence va naturellement aux membres dont nous pensons qu'ils peuvent travailler en harmonie avec notre Société et qu'ils auraient quelque chance de s'assimiler au mode de vie anglais. Je suis certain que d'aucuns seraient mieux adaptés à l'Angleterre qu'à l'Amérique, et inversement.

Et Jones de poursuivre en disant son jugement sur les Lampl, et comme d'habitude au nom de la British Psychoanalytical Society tout entière :

> Tous ceux qui les connaissent ont porté un jugement défavorable sur les Lampl pour des raisons personnelles, en particulier en ce qui le concerne lui. Le sentiment est aussi profond qu'il serait peu loyal de leur part de vouloir prendre la place de leurs collègues plus nécessiteux [...].

Cela étant, ils pouvaient donc fort bien rester en Hollande, d'autant que celle-ci n'était qu'à deux ou trois heures de voyage de l'Angleterre. Jones rendit aussi un jugement négatif sur les Waelder : « On s'accorde encore plus généralement à penser que les Waelder ne sauraient travailler harmonieusement avec notre Société, et qu'ils seraient également incapables de s'adapter à l'Angleterre [...]. » Que l'on me permette d'y insister une fois de plus : il importe de garder toutes ces variables présentes à l'esprit, sans pour autant en exagérer la signification. Peut-être devrait-on aussi ajouter une remarque ou deux sur Balint, dont l'arrivée en Grande-Bretagne n'eut apparemment pas l'heur de plaire à Jones qui s'empressa d'accuser Rickmann d'avoir encore commis l'un de ses impairs dont il avait le secret. S'excusant auprès d'Anna Freud de l'angoisse qu'avait fait naître en elle la précédente gaffe de Rickmann, Jones s'exclame dans sa lettre du 25 avril 1938 : « La première chose que j'ai entendue, c'est qu'il avait invité les Balint en Angleterre ! » Inutile de préciser que tout au long de la guerre c'est à Manchester, et non pas à Londres, que vécut et travailla M. Balint. Qui dira les secrets que dissimulent toutes ces déclarations dont Jones se fit le porte-parole, concernant tous ceux qui auraient pu « travailler en harmonie avec notre Société et auraient eu quelque chance de s'assimiler au mode de vie anglais » ! Et quelles ont pu être les implications idéologiques d'une sélection fondée sur des variables aussi complexes et si profondément liée à ce bien singulier mode de vie anglais avec toutes ses vénérables traditions et son empirisme culturel ! Tout ceci mériterait certes une analyse plus fouillée, mais force m'est de m'arrêter ici puisque la correspondance, qui est au centre de mon intervention, s'achève aussi par une lettre de janvier 1939 concernant la question de l'émigration. Il existe plusieurs fort belles lettres de Jones à Eitingon concernant la mort de Freud et l'état d'esprit d'Anna, mais aussi exprimant le vœu que la guerre en finisse au plus tôt en sorte que Eitingon puisse retourner à Berlin... Nous savons tous, cependant, le sort que connurent tous ces émigrés, et ce qui devait arriver dans les années suivantes, lorsque cette petite avalanche d'individus avec leur famille angoissée et leur nostalgie, leurs livres et leurs affaires, sans oublier la multiplicité de leurs vues théoriques et de leurs langues, se fixèrent en Angleterre (et cette analyse pourrait être étendue à l'Amérique et à plus d'un autre pays), n'est aucunement une histoire simple. J'aimerais néanmoins terminer en citant des lettres, auxquelles j'ajouterais volontiers un passage de l'un des plus beaux essais de E. Stengel, On Learning a New Language, publié en 1939 dans l'*International Journal of Psychoanalysis*.

La première lettre sur laquelle je voudrais attirer votre attention est une lettre que Paul Federn écrivit de New York à Ernest Jones ; quant à la seconde, l'une de ses dernières, Freud l'adressa peu avant sa mort à A. Zweig.

Dans sa lettre du 7 juin 1939, P. Federn écrit pour informer Jones des difficultés qu'il va avoir avec le groupe de Rado, à New York, lequel était peu disposé à lui reconnaître les qualités d'analyste didacticien au point que, si l'on en croit Federn, il pourrait être nécessaire de créer un groupe « [...] afin d'enseigner et de promouvoir scientifiquement la psychanalyse pour peu que le groupe de New York persiste à refuser d'accepter des analystes tels que Nunberg, moi-même et quelques autres membres viennois dans la New York Association ». Et Federn d'ajouter : « J'ai évité la bagarre parce que je sais qu'il faut toujours attendre quelque temps avant que les nouveaux chevaux ne soient tolérés dans une écurie, et qu'il en va de même avec les hommes et avec leurs associations. »

Par ailleurs, la lettre de Freud que je m'apprête à vous citer forme, paradoxalement, un contraste très tranché avec celle de Federn (datée du 5 mars 1939, la lettre est adressée d'Angleterre à A. Zweig) :

> Je pense que vous avez raison de choisir l'Amérique au lieu de l'Angleterre. L'Angleterre est certes mieux à beaucoup de points de vue, mais ici on s'adapte très difficilement [...]. L'Amérique me semble un anti-paradis, mais elle a tant d'espace et de possibilités, et à la fin on est intégré. Einstein a dit récemment à un visiteur que l'Amérique lui est apparue au début comme la caricature d'un pays, mais maintenant il s'y sent très à l'aise.

Nul doute qu'il traitait là d'un inévitable « malaise » lié à l'état de « non-appartenance », et que connaissent bien tous ceux qui en ont fait l'expérience un jour ou l'autre. Toutefois, on ne saurait non plus nier qu'il traitait d'un processus de greffe et d'hybridation qui, assez paradoxalement, à mon sens, n'était pas nécessairement dépourvu de traits positifs, même si la Grande-Bretagne et les Etats-Unis (à en juger d'après l'évidente contradiction entre les lettres de Federn et de Freud à cette époque) paraissaient si dissemblables. L'ampleur croissante de ce malaise, avec sa progressive accumulation de greffes qui ont profondément influencé depuis ce jour le sort de la psychanalyse tant sur le Vieux Continent que sur le Nouveau (au point que ses répercussions se font sentir sur la façon même de concevoir l'inconscient quand il entre en contact avec une pluralité de cultures, d'exigences et de traumas personnels), n'a pas encore cessé de se manifester, alors même qu'avec l'inéluctable mais progressive disparition de cette génération d'émigrés, nous assistons sans doute aujourd'hui à un mouvement de reflux et de décrue. Même si, cela étant, je dois avouer mon désaccord avec les confusions associées au mot d'ordre « embrassons-nous ». Il n'en reste pas moins que certaines différences nées au beau milieu de la Diaspora sont destinées à demeurer, ou pour être plus précis à croître et à mûrir avec le temps.

Cela étant, j'aimerais conclure en m'inspirant d'un conte célèbre puisé dans la tradition de la théologie hébraïque, en respectant la forme dans laquelle il nous est connu, retravaillé sur le mode fantasmagorique par le grand conteur que fut « Nachman von Breslav » : « La princesse égarée ». La version produite par Nachman von Breslav doit beaucoup à Luria. Or, Anna Freud, dans sa fameuse lettre à Jones (que j'ai évoquée si souvent au fil de cet article), parla d'une « nouvelle diaspora » tout en mentionnant le Temple de Jésuralem[14]. Etant donné la manière dont les Viennois vécurent leur tragédie, mais aussi pour bien d'autres raisons historiques, il ne fait aucun doute qu'ils identifièrent, dans leur esprit, leur Société comme la psychanalyse en général au « Temple de Jérusalem ». Dans mes propres efforts pour recueillir et rassembler tous ces fragments d'information, ces noms, ces dates et ces événements, pour construire ce récit inévitablement partiel et limité, je me suis retrouvé en train de méditer sur l'histoire de la Lumière de Dieu (et le Dieu de Luria), enfermée dans les dix vases des dix Sefirot. Un beau jour, les vases n'ont plus la force de contenir la Lumière et sept d'entre eux se désintègrent, laissant la lumière et les vases brisés se répandre en fragments sur la surface de la Terre, pour retomber sur les Hébreux comme sur les Gentils, sur les animaux, les plantes et les eaux des lacs ou des fleuves, et ainsi de suite — tout ceci étant le symbole d'une catastrophe et, en même temps, presque une nécessité. Avec le brisement des vases, la dernière des Sefirot, Sechina, la figure féminine de Dieu, part en exil sur les grand-routes et les chemins de traverse de l'Univers... Une fois encore, il s'agit d'une forme de diaspora. Les éclats de lumière courent le risque d'être la proie des ténèbres du Démon; et pour peu que l'on mette en regard le Temple de Jérusalem et les fragments de lumière (sans perdre de vue le Dieu de Luria : à jamais impossible à connaître, à jamais impossible à trouver), ceux-ci me paraissent mieux correspondre à la nature de l'inconscient tel que le décrit Freud dans *L'interprétation des rêves* : l'inconscient ne se laisse jamais connaître directement, mais seulement de manière fragmentaire et dérivée. Qui plus est, si nous songeons à ce qu'était la psychanalyse avant la diaspora provoquée par les nazis, je crois que l'on aurait tort de prétendre qu'elle fût jamais un mouvement parfaitement unifié. Hormis les tendances hérétiques qui se dissocièrent d'elles-mêmes du corps principal de la psychanalyse, d'autres, telle Melanie Klein, ne devaient pas être autorisés à s'aventurer au-delà du seuil du « Temple de Jérusalem » : Vienne.

Il est toujours dangereux de procéder par analogie et je serais moi-même fort perplexe si l'on me demandait d'accepter une équation directe entre psychanalyse et raisonnement ou mode de pensée religieux. Je souhaite

14. Si l'on en croit Sterba (1982), S. Freud fit allusion au même épisode, lors de leur dernière entrevue à Vienne, quelques jours à peine avant que Sterba ne quitte l'Autriche.

simplement adopter ces analogies tout en reconnaissant la ligne de partage entre un système de pensée et l'autre, entre la réflexion théologique et notre propre mode de raisonnement afin, ce faisant, de vous rappeler à vous comme à moi-même que nous avons affaire ici, et qu'à vrai dire nous avons toujours affaire, à une série de fragments de lumière qu'il convient d'arracher aux ténèbres par les lumières de notre entendement. Et en l'espèce, en tant qu'historiens de la psychanalyse, la question est pour nous d'arracher les fragments de lumière à un passé qui nous parle de la catastrophe nazie. Que ladite catastrophe ait *aussi* trouvé ses origines dans l'inconscient de la pulsion de mort, telle qu'elle s'est historiquement et socialement manifestée dans ces années de persécution et de massacre, nous donne le devoir de porter ces fragments (à exhumer de l'histoire même de notre discipline) à l'attention des générations à venir tout en prenant le temps de nous rappeler le mauvais présage de tels fragments. Parce que ce n'est qu'au prix d'un travail incessant sur nos souvenirs, et de la reconnaissance permanente de notre responsabilité personnelle de pourvoyeurs de ces fragments de lumière mais aussi d'obscurité, qu'il est possible d'entretenir l'espoir. Je ne songe pas à quelque utopique reconstruction de tous les vases brisés, pas plus qu'à un possible retour de Sechina dans le sein de Dieu ou encore à un céleste paradis de lumière. La psychanalyse doit aussi s'accommoder de son état de perpétuel exil. Peut-être est-il cependant possible de tenter d'éviter (chacun fort de son fragment de lumière et de raison face aux ténèbres de l'intérieur comme de l'extérieur) l'infernal avènement des ténèbres les plus absolues : un holocauste nucléaire qui n'épargnerait personne, sans ménager la possibilité d'une nouvelle diaspora, infiniment plus grave que l'holocauste hitlérien quoique trouvant en lui ses origines historiques.

Traduit de l'anglais
par Pierre-Emmanuel Dauzat

R. Steiner,
12 A Belsize Lane,
London N.w.3, Angleterre.

Mots clés

Acculturation – Association psychanalytique internationale – *Kindersogen* – Reich Wilhelm – Société britannique de Psychanalyse.

BIBLIOGRAPHIE

Anderson P. (1968) Components of National Culture, *New Left Review*, 50, p. 3-57.

Bloch M. (1954) *Apologie pour l'histoire ou métier d'historien*, préface de G. Duby, Paris, Armand Colin, 7e éd., 1974.

Boehm F. (1934) « Abschrift. Erignisse 1933-34 », Archives, British Psychoanalytical Society.

Brecht K. *et al.* (1985), *Ici la vie continue d'une manière fort surprenante. Contribution à l'histoire de la psychanalyse en Allemagne*, Paris, A.I.H.P., 1987.

Carsten F. (1986) *The First Austrian Republic, 1918-1938*, Londres, M. Gover & Temple Smith.

Cocks G. (1985) *La psychothérapie sous le IIIe Reich. L'Institut Göring*, Paris, Les Belles-Lettres, 1987.

Cohn N. (1967) *Warrant for Genocide*, Londres, Eyre & Spottiswade.

Dawidowicz L. (1975) *The War against the Jews, 1933-45*, Londres, Weidenfeld & Nicholson.

— (1981) *The Holocaust and the Historians*, Londres, Harvard University Press.

Dyer R. (1983) *The Work of Anna Freud*, New York-Londres, Aronson.

Eco U. (1979) *Lector in fabula*, trad. franç., Paris, Grasset, 1985.

Federn P. (1939) Lettre inédite à E. Jones, New York, 7 juin, Archives de la British Psychoan. Society.

Fermi A. (1968) *Illustrious Emigrants*, Chicago, Chicago University Press.

Fischer E. (1974) Die Kämpfe in Wien im Februar 1934. Militärische Schriften Reihe Heft 25. Wien Österreicher Bundes Verlag für Unterricht, Wissenschaft und Kunst.

Freud A. (1933) *Rundbrief* inédit du 29 mars 1933, A.B.P.S. Voir aussi, aux Archives de la British Psychoanalytical Society (A.B.P.S.), les lettres inédites à Jones des 29 mars 1933, 27 avril et 5 juin 1933 (Vienne) ; des 1er janvier, 4 et 8 mars, 19 mai et 18 août 1934 (Vienne) ; du 13 mars 1935 (Vienne) ; du 13 novembre 1936 (Vienne) ; des 25 janvier, 3, 20, 22, 25 et 29 avril 1938, 4, 5, 14, 20 et 28 mai 1938, ainsi qu'une lettre de la mi-mai (toutes expédiées de Vienne), et enfin la lettre du 1er janvier 1939 adressée de Londres.

Freud S. (1932) Lettre inédite à Jones, 14 avril, Vienne, A.B.P.S.

Freud S. et Zweig A. *Correspondance*, Paris, Gallimard, 1973.

Gilmann S. (1985) *Difference and Pathology*, Ithaca, Londres, Cornell University Press.

Granoff W. (1975) *Filiations : l'avenir du complexe d'Œdipe*, Paris, Ed. de Minuit.

Grinberg L. et R. (1984) *Psicoanálisis de la migración y del exilio*, Madrid, Alianza Editorial.

Holmes C. (1979) *Antisemitism in British Society, 1876-1939*, Londres, Arnold.

Huber W. (1977) *Psychoanalyse in Österreiche seit 1933 Wienn Salzburg Veröffentlichungen des Ludwig Boltzmann Institutes für Geschichte der Gesellschaftwissenschaften*, Geyer Ed.

Huber W. et Weinzierl E. Herg. (1978) *Beiträge zur Geschichte der Psychoanalyse in Österreich.*

Jacoby R. (1983) *The Repression of Psychoanalysis* ; trad. franç. P.-E. Dauzat, *Otto Fenichel : Destins de la gauche freudienne*, Paris, P.U.F., 1986.

Jones E. (1910) Lettre inédite à S. Freud, Londres, 19 juin, Freud Archives Colchester.
— (1933) Lettre à Brill du 2 mai ; lettres à Freud des 20 avril, 2 mai, 1er juin et 2 octobre ; lettre à P. Federn des 20 octobre et 29 novembre ; lettres à Eitingon des 20 et 29 mai, 24 juin et 12 juillet ; lettres inédites à A. Freud des 7 novembre, 2, 9 et 15 décembre, Archives de la British Psychoanalytical Society.
— (1933) Lettres inédites à S. Freud des 10 avril et 16 mai, Archives Colchester.
— (1934) Lettres inédites à A. Freud des 4 janvier et 7 mars*ff* lettre inédite à Eitingon du 21 juin, Archives de la British Psychoanalytical Society.
— (1934) Discours inaugural du Congrès international de Psychanalyse de Lucerne, 27 août, *I.J.P.A.*, vol. 15, p. 485-487.
— (1935) Lettre inédite à A. Freud, 25 février, A.B.P.S.
— (1936) Lettre inédite à A. Freud, 20 juillet, A.B.P.S.
— (1936) Discours inaugural du Congrès international de Psychanalyse de Marienbad, 3 août, *I.J.P.A.*, vol. XVIII, p. 72-74.
— (1938) Lettres inédites à A. Freud, 20, 25 et 26 avril, A.B.P.S.
— (1938) Discours inaugural du Congrès international de psychanalyse de Paris, 1er août, *I.J.P.A.*, vol. XX, p. 116-117.
— (1957) *La vie et l'œuvre de Sigmund Freud*, Paris, P.U.F., 1975, vol. 3.
Lacina E. (1982) *Aber bei uns zu Hause war es basser*, Stuttgart, Klett Cotta.
Le Goff J. et Nora P. (1974) *Faire de l'histoire*, Paris, Gallimard.
Norris Neuringer S. (1980) *American Jews and United States Immigration Policy, 1881-1953*, New York, Arno Press.
Pauley B. F. (1987) *Hitler and the Forgotten Nazi*, North Carolina University Press.
Peters U. H. (1985) *Anna Freud* ; trad. franç., Paris, Balland, 1987.
Pulzer P. G. J. (1964) *The Rise of Political Antisemitism in Germany and Austria*, New York et Londres, J. Wiley & Sons.
Rainer J. (1981) *Storia e vita culturale in Austria*, Rome, Bulzoni.
Sharaf M. (1983) *Fury on Earth : A Biography of Wilhelm Reich*, New York, St. Martin's Press.
Schwager E. (1984) *Die österreichische Emigration in Frankreich, 1938-45*, Vienne, Böhlau.
Sherman A. J. (1973) *Island Refuge : Britain and Refugees from the Third Reich, 1933-39*, Londres, P. Elek.
Steiner R. (1985) Some thought on Tradition and Change in Psychoanalysis, *I.R.P.A.*, vol. XII, nº 27, p. 27-71.
Sterba R. (1982) *Réminiscences d'un psychanalyste viennois*, Toulouse, Privat, 1986.
Strachey J. (1940) Lettre inédite du 23 avril à E. Glover, A.B.P.S.
Strauss H. A. (1983) Social and Communal Acculturalization of German Jewish Immigrants of the Nazi Period in the United States, *in* J. B. Mayer et Chaim I. Waxam, ed., *Ethnicity, Identity and History*, New Brunswick, Londres, Transaction Books, p. 227-247.
Wachtel N. (1974) L'acculturation, *in* J. Le Goff et P. Nora, *Faire de l'histoire*, Paris, Gallimard, vol. 1, p. 174-202.
Wasserstein B. (1979) *Britain and the Jews of Europe, 1939-45*, Oxford, Clarendon Press.
Wittmann E. (1982) *Zwischen Fascismus und Krieg*, Vienne, Europa Verlag.

ADDENDUM

Voici, en extraits, quelques lettres de E. Jones à A. Freud à propos de W. Reich. Ces lettres, à mon sens, peuvent aider le lecteur à mieux comprendre les difficultés et contradictions que Jones et d'autres durent affronter au cours de ces années. Toutes ces lettres appartiennent aux Archives de la British Society of Psychoanalysis.

20th April 1933

Before forming an opinion about the Reich problem I should like to be better informed about the objections to him. My own knowledge is that he is a very clever analyst, but somewhat wild and unereliable in his theoretical judgements. That the Berlin group have objected to his mixing up psycho-analysis and communism I can well understand. But is there anything further ?

I understand that he has been up till now an accredited Lehranalytiker in Berlin. If so, I think he would have the right of going to another place to found a Lehrinstitut there and I do not see how Eitingon or anyone else could forbid him. The question of a subsequent recognition of such an Institut would depend on the reports we get about its activities and could hardly be settled *a priori* in such a case ; it would be differ if it were a question of someone who had never been recognised as a training analyst. What does your father say about the problem ?

20 avril 1933

Chère Anna,

[...] *Avant de me faire une opinion sur le problème Reich, j'aimerais être mieux informé sur les objections qu'on lui adresse. A ma connaissance, il est un analyste fort intelligent, mais assez fantasque et peu fiable dans ses jugements théoriques. Que le groupe de Berlin lui ait reproché son mélange de psychanalyse et de communisme, je puis sans difficulté le comprendre. Mais y a-t-il autre chose ?*

Je comprends qu'il a été jusqu'à maintenant accrédité en qualité de Lehranalytiker à Berlin. Si tel est le cas, je pense qu'il aurait le droit d'aller ailleurs fonder un Lehrinstitut et je ne vois pas comment Eitingon, ou un autre, pourrait le lui interdire. La question de la reconnaissance ultérieure d'un tel Institut dépendrait des échos que nous aurions de ses activités et ne saurait donc guère être tranchée a priori *; il en irait différemment s'il était question de quelqu'un qui n'avait jamais été reconnu en qualité de didacticien. Que dit votre père de ce problème ?* [...]

E. Jones

2nd May 1933

[...] I am really not well enough informed to express a definite opinion on Reich's views as a purely scientific question. I have tried to read some of his Communist discussions in Berlin, but found them so obscure and tedious that I didn't get much out of them, His phrase that psycho-analysis is "ein Kernelement des Kulturbolschewismus" has really no meaning for me. If it is meant as a scientific prediction that a detached observer deduces from psycho-analytical discoveries that the tendency of human nature is towards Bolshevism, I should think it probable that his scientific interests had become mixed with other tendencies in the same way as evidently happened with Mary. But in any case, although I have always been a student of political history, I have never yet been able to isolate a given political movement into a pure tendency. Having therefore no clear perception what Bolshevism means in psychological terms I cannot compare it with my psycho-analytical knowledge. It seems to me plain that every political movement is a compound of extraordinarily mixed, and often contradictory, tendencies : oppression and freedom, etc. When Reich says that the political reaction against psycho-analysis in Germany is because of its signifying Bolshevism, I should like to know why there should be a political reaction in Russia against psycho-analysis. Were he to answer that the latter unfortunate accident is due to their misunderstanding its true nature, that leaves the same possibility for Germany.

So much for my personal attitude. Coming now to the more official one, I show without hesitation say that, according to the Statutes, the aim of the International Psycho-Analytical Association includes not only the search for specific knowledge, but also the furtherance of the *possibilities for such research*. And there is not a shade of doubt that Reich's activities, if let loose, would very seriously endanger the furtherance of this essential aim. To put it plainly, if Reich did everything he was to do, he would be acting in such a way as to endanger the opportunity for the free pursuit of psycho-analytical knowledge in Germany, and would provoke similar hindrance in other countries as well : not to speak of the risk to his colleagues' lives which is also involved. The British Society has a Bye-law enabling a three-fourths vote of members to expel even a full member from membership. I expect the German Society has some similar power, though their rules are not accessible to me at the moment. And it would seem to me they would be acting within their rights to take advantage of such powers. You have probably heard that the few remaining members in Berlin are apparently deciding to expel all Jews from official positions in the Society. This indicates they are in such a mood they would have no hesitation over the question of Communism for the grounds I have mentioned above.

I should be very sorry if anyone made to Reich the suggestion you mentioned, namely that he should found a new Society in which the word "psycho-analysis" and Bolshevism or Communism were combined. I am sure such a thing would be a danger to psycho-analysis even if outside the I.P.V. though we should of course do all we could to disavow it.

My own opinion is that Reich should come to a definite conclusion about which is more important to him, psycho-analysis or politics. It is simply impossible to have both equally at a moment when their interests are in diametrical opposition. It is to the *interest* of psycho-analysis to keep free of political entanglements, just as its *nature* is to follow only one tendency, the search for knowledge. It can of course respect a man who feels so strongly about a political movement that he puts it before everything else, but he should at east, in justice to other people, be clear about what he is doing.

2 mai 1933

Chère Anna,

[...] *Je ne suis pas assez bien informé pour exprimer une opinion définitive sur les idées de Reich d'un point de vue purement scientifique. J'ai essayé de lire quelques-unes de ses discussions communistes à Berlin, mais je les ai trouvées si obscures et ennuyeuses que je n'en ai pas retiré grand-chose. Sa formule, suivant laquelle la psychanalyse est* « ein Kernelement des Kulturbolschewismus »*, *n'a en vérité pour moi aucun sens. S'il s'agit d'une prévision scientifique par laquelle un observateur détaché déduit des découvertes psychanalytiques que la nature humaine tend vers le bolchevisme, il est probable, à mon sens, que ses préoccupations scientifiques se sont mélangées avec d'autres tendances, à l'exemple de ce qui se passe de toute évidence chez Marx. En tout état de cause, alors même que je me suis toujours intéressé à l'histoire politique, jamais je n'ai pu encore isoler un mouvement politique donné dans une tendance pure. En conséquence, faute*

* Un élément nucléaire de la culture bolchevique.

d'une idée claire de ce que signifie le bolchevisme en termes psychologiques, je ne saurais le comparer à ce que je sais de la psychanalyse. Il me semble patent que tout mouvement politique est un complexe de tendances extraordinairement mélangées et souvent contradictoires : oppression et liberté, etc. Lorsque Reich dit que la réaction politique contre la psychanalyse en Allemagne vient de ce qu'elle est un signe de bolchevisme, j'aimerais que l'on m'explique pourquoi il y a aussi une réaction politique contre la psychanalyse en Russie. Répondrait-il que ce regrettable accident procède d'une mésintelligence de sa véritable nature que cela laisserait ouverte la même possibilité pour l'Allemagne.

Assez pour mon attitude personnelle. Venons-en à l'attitude plus officielle. Je dirais sans hésiter que, suivant les Statuts, le but de l'Association psychanalytique internationale comprend non seulement la quête de connaissances spécifiques, mais aussi le développement des possibilités de telles recherches. Et il n'y a pas l'ombre d'un doute à ce sujet : si on leur lâchait la bride, les activités de Reich compromettraient très gravement la promotion de cet objectif essentiel. Pour parler franchement, si Reich faisait tout ce qui lui chante, il agirait de telle sorte qu'il compromettrait les chances d'une libre quête des connaissances psychanalytiques en Allemagne, et susciterait en d'autres pays également de semblables entraves, pour ne dire mot du risque auquel il exposerait ses collègues. La British Society possède un règlement permettant d'exclure de ses rangs un membre titulaire à une majorité de trois quarts des votants. J'espère que la Société allemande dispose d'un semblable pouvoir, bien que je ne puisse pour l'heure consulter ses règles. Et il me semble qu'elle serait dans son droit en usant de tels pouvoirs. Probablement avez-vous entendu dire que le petit nombre de membres demeurant à Berlin décident, selon toute apparence, d'écarter tous les Juifs des positions officielles au sein de la Société. Ceci prouve bien qu'ils sont dans un tel état d'esprit qu'ils n'hésiteraient aucunement sur la question du communisme pour les raisons que j'ai évoquées plus haut .

Je serais désolé que quelqu'un fît à Reich la suggestion que vous dites, qu'il fonde une Société nouvelle associant le terme de « psychanalyse » à bolchevisme ou à communisme. Une telle chose, j'en suis certain, serait un danger pour la psychanalyse, même à l'extérieur de l'A.P.I., même s'il va de soi que nous devrions faire tout notre possible pour la désavouer.

Mon sentiment est que Reich devrait tirer une conclusion définitive quant à ce qui, de la psychanalyse ou de la politique, importe le plus à ses yeux. Il est tout bonnement impossible de placer les deux sur un pied d'égalité à l'heure où leurs intérêts sont diamétralement opposés. Il est de l'intérêt de la psychanalyse de se tenir à l'écart des complications politiques, de même qu'il est dans sa nature de ne suivre qu'une tendance, la quête du savoir. Je puis, bien sûr, respecter un homme profondément attaché à un mouvement politique au point de lui donner la préséance sur tout le reste, mais au moins devrait-il, pour rendre justice aux autres, être clair sur ses agissements [...].

Ernest Jones

7th November 1933

I hope you will agree with my solution of sending a private letter direct to the Government which Dr Reich will not see. The chances are that he has already left the country.

7 novembre 1933

[...] *J'espère que vous serez d'accord avec ma solution, laquelle consiste à adresser directement aux pouvoirs publics une lettre que le Dr Reich ne verra pas. Il y a des chances qu'il ait déjà quitté le pays* [...].

Ernest Jones

9th December 1933

Dear Anna,

This is all about Reich who arrived here this week. He came to discuss his position and activities with me and to obtain my opinion whether those people are right who suggest that he should no longer be a member of the I.P.V. Externally his situation is that he is not allowed to remain in Denmark and has gone to Malmö in Sweden, which is only one hour's sea crossing away. There his students visit him and after three months there he can spend six months in Denmark. He proposes to go on playing, what we call, this Box and Cox game until they are trained and can form a new Society. After that he said he would have to decide between London and Paris for a permanent residence, though I suggested to him that a better choice would be between Russia and America. I had only known him slightly before and have received now a more favourable impression of his personality than I had got from recent accounts of him, though I suspect that this impression would not go on indefinitely improving at still closer quarters. I spent a hectic hour with him and then arranged a four hours' discussion which took place last night with him, Dr. Payne, Mrs. Riviere, Mrs. Klein, Glover, Strachey and myself. I am to see him again this afternoon, so you will see we have gone into the matter pretty thoroughly.

Our judgment about the problems was unanimous. Reich's communism is not so much economic ; it is essentially the belief that communism would give more chance of Sexualreform, which is the central idea of his life. He has taken some of your Father's early teachings very literally and pursued them with a certain consistency. On the view that neuroses are produced by a conflict brought about by the internalising of an external prohibition (Überich von Elternimagines), he turns his interest away from the complicated internal consequences of the process and bends it to dealing with what he considers the essential dynamic factor, namely, the external prohibition. Thus to him äussere Versagung, which leads to regression, etc., is the all in all and this leads to the prophylaxes of neuroses becoming identified with sexual reform. He even speaks highly of his results in thirty per cent of his cases by treating the Aktualneurose which is the kernel of every psychoneurosis. It all sounds very plausible but the trouble with Reich altogether is that, with all his cleverness, he is really rather naïve and simple-minded. At the same time he appears to be thoroughly honest and very much in earnest.

With most analysts one can of course detect side by side with their pro-analytic tendencies, i.e. towards exploration of the unconscious, also various anti-analytic tendencies. The proportion between the two is surely a variable and shifting one. When one says that a given person no longer ought to be regarded as an analyst one means really that the second set of tendencies predominates over the first. We find this hard to say in Reich's case, and I do not think that on this ground of theory alone he could be singled out from various other analysts one could mention sufficiently to warrant his being excluded from the International Association. One could only say that he has been insufficiently analysed, and in this connection I should like to ask you for some information about his original training.

On the other question of his external activities we felt that it would be a serious thing to take up the position that no analyst could be allowed to play an active part in social life and movements, whatever they may be, and we felt that such a question should be decided by the Society of the particular country where any conflict arose between the person's activities and the laws of the country. Obviously this would vary in different countries. What is allowed in England or France is not allowed in Italy or Germany, etc.

The matter is complicated by Reich's activities in a new country. Here we felt, most of all Mrs. Riviere, that it was not so much the political activity that mattered as the fact that Reich, in presenting psycho-analysis to a new audience, is seriously misrepresenting it and is not qualified to be an official exponent or teacher of it. The practical conclusion I draw is that Reich should be dissuaded from work in a new country (except perhaps Russia) and be told that his Lehranalysen there, or any Group he might found, would not receive official recognition.

Ironically enough, just when we are discussing whether his association with communism should lead us to expel him from psycho-analysis, he was himself expelled ten days ago from the Communist Party because of his association with psycho-analysis. This does not look as though the two movements felt a specially strong affinity for each other.

9 décembre 1933

Chère Anna,

Voici tout de qui s'est passé cette semaine à propos de Reich. Il est venu débattre de sa position et de ses activités avec moi et me demander si ces gens sont bien fondés à insinuer qu'il ne devrait plus faire partie de l'A.P.I. Extérieurement, sa situation est la suivante : il n'est pas autorisé à rester au Danemark, et il est allé à Malmö, en Suède, qui n'est qu'à une heure de bateau. Ses élèves lui rendent visite, et au bout de trois mois il pourra passer six mois au Danemark. Il propose de continuer ce petit manège, où l'on se croise sans jamais se rencontrer, jusqu'à ce qu'ils soient formés et puissent créer une nouvelle Société. Après quoi, il a expliqué qu'il lui faudrait choisir entre Londres et Paris pour y établir sa résidence permanente, bien que je lui aie fait valoir qu'il vaudrait mieux choisir entre la Russie et l'Amérique. Je le connaissais à peine jusqu'ici, et sa personnalité m'a laissé une impression plus favorable que les récents échos que j'avais eus de lui, quoique je soupçonne que ladite impression ne continuera point à s'améliorer indéfiniment moyennant un examen encore plus attentif. J'ai passé une heure fébrile avec lui puis j'ai organisé une discussion de quatre heures qui a eu lieu la nuit dernière avec lui, le Dr Payne, Mme Rivière, Mme Klein, Glover, Strachey et moi-même. Je dois le revoir encore cet après-midi. en sorte que vous verrez que nous sommes allés assez au fond des choses.

Notre jugement sur les problèmes fut unanime. Le communisme de Reich n'est pas tant économique ; il tient essentiellement dans la conviction que le communisme donnerait de meilleures chances à la réforme sexuelle, qui est la grande idée de sa vie. Il a pris scrupuleusement à la lettre quelques thèses de jeunesse de votre père et les a développées avec une certaine cohérence. Partant de l'idée que les névroses sont le fruit d'un conflit engendré par l'intériorisation d'une interdiction extérieure (Überich von Elternimagines), *il se désintéresse des conséquences intérieures compliquées du processus et s'applique à traiter de ce qu'il considère comme le facteur dynamique essentiel, l'interdit extérieur. Ainsi à ses yeux* l'äussere Versagung, *qui conduit à la régression, etc., est ce qui compte le plus au monde — d'où l'identification de la prophylaxie des névroses à la réforme sexuelle. Il fait même grand cas de ses résultats dans trente pour cent de ses cas, en traitant l'*Aktualneurose *qui est le noyau de toute psychonévrose. Tout cela paraît fort plausible, mais l'ennui avec Reich, c'est que malgré son habileté il est en vérité passablement naïf et candide En même temps, il semble profondément honnête et d'un extrême sérieux.*

Chez la plupart des analystes on peut bien sûr détecter à côté de leurs tendances pro-analytiques, i.e. *des tendances à explorer l'inconscient, diverses autres tendances anti-analytiques. Le rapport entre les unes et les autres est assurément variable et changeant. Quand on dit que telle personne ne mérite plus d'être considérée comme analyste, on veut dire, en fait, que le second ensemble de tendances prend le pas sur le premier. Cela nous paraît difficile à soutenir dans le cas de Reich, et je ne pense pas que sur ce seul plan théorique on puisse le distinguer de divers autres analystes que l'on pourrait invoquer en assez grand nombre pour justifier son exclusion de l'Association internationale. On pourrait uniquement plaider qu'il a été insuffisamment analysé, et à cet égard j'aimerais que vous me donniez quelques renseignements sur sa formation d'origine.*

Quant à l'autre question, celle de ses activités extérieures, nous avons le sentiment qu'il serait grave de prétendre qu'aucun analyste ne saurait être autorisé à prendre une part active dans la vie et les mouvements sociaux, quels qu'ils puissent être, et nous pensons qu'il appartient à la Société du pays où un conflit apparaît entre les activités d'une personne et la législation de trancher une telle question. Naturellement, la décision sera variable suivant les pays. Ce qui est autorisé en Angleterre ou en France ne l'est pas en Italie ou en Allemagne, etc.

L'affaire se complique du fait des activités de Reich dans un nouveau pays. Ici nous avons le sentiment, surtout Mme Rivière, que ce n'est pas tant l'activité politique qui importait que le fait que Reich, présentant la psychanalyse à un nouveau public, la présente fort mal et n'est pas qualifié pour l'exposer ou l'enseigner officiellement. Pratiquement, j'en conclus qu'il convient de dissuader Reich de travailler dans un autre pays (sauf peut-être la Russie) et lui signifier que ses Lehranalysen, *ou tout Groupe qu'il pourrait fonder, ne recevraient pas de reconnaissance officielle.*

Assez ironiquement, alors même que nous nous demandons si son association avec le communisme devrait nous conduire à l'écarter de la psychanalyse, il s'est lui-même fait exclure il y a une dizaine de jours du Parti communiste en raison de son association avec la psychanalyse. Ceci ne donne pas l'impression que les deux mouvements éprouvent l'un pour l'autre une affinité particulièrement forte.

Je vous serai reconnaissant de vos observations à ce sujet [...].

Ernest Jones

13th December 1933

Nachtrag zu Reich. I saw him again after writing to you and told him I did not propose to take any steps, at least at present, towards excluding him from the International, but that on the other hand we regarded him as being imperfectly analysed and as presenting the subject of psycho-analysis in a misleading way, so that it was more than doubtful whether any members trained by him or any Group organised by him would be officially recognised. I hope you agree with this. In reply he said that this would lead to a split in the International Association, since he has so many followers behind him who are of the same way of thinking. Among them he quoted Fenichel (!) and all the members of the new Scandinavian Union (to which he proposes to belong) with the exception of Dr. Tamm whom he says he would not allow to belong to any society of his. I expressed a doubt whether the temperament necessary for critical scientific research was compatible with that of an ardent social reformer, though obviously both types are of use in the world. He said he would prefer to do nothing but research work but felt he would not be able to resist the pressure brought to bear on him to lead a great social movement in the direction of sexual reform, and this I regard as highly probable. So we shall see what we shall see.

13 décembre 1933

Chère Anna,

[...] Nachtrag zu Reich. *Je l'ai revu après vous avoir écrit et je lui ai indiqué que je ne proposais pas la moindre mesure, du moins pour l'instant, en vue de l'exclure de l'Internationale, mais que, par ailleurs, nous estimions qu'il avait été imparfaitement analysé et qu'il présentait la psychanalyse de manière fallacieuse, en sorte qu'il était plus que douteux que des membres formés par ses soins ou tout groupe organisé par lui pussent être officiellement reconnus. J'espère que vous en êtes d'accord. A quoi il m'a répondu que ceci entraînerait une scission au sein de l'Association internationale, en raison de la masse de disciples qui pensent comme lui. Parmi eux, il a cité Fenichel (!) et tous les membres de la nouvelle Union scandinave (à laquelle il entend adhérer) à l'exception du Dr Tamm, à qui, affirme-t-il, il refuserait l'entrée de toute société sous son contrôle. Je me suis permis de douter que le tempérament nécessaire à la recherche scientifique critique fût compatible avec celui d'un farouche réformateur social, bien que les deux types fussent naturellement utiles. Et lui d'expliquer qu'il préférerait ne s'adonner qu'à la recherche, mais qu'il ne se sentait pas capable de résister aux pressions l'invitant à prendre la tête d'un grand mouvement social pour faire avancer la réforme sexuelle. Je crois que c'est fort probable. Mais nous verrons ce que nous verrons* [...].

Ernest Jones

RÉSUMÉS

Cet article s'essaie à décrire l'émigration forcée des psychanalystes allemands et autrichiens, juifs ou non, vers la Grande-Bretagne, l'Amérique et d'autres pays, sous la persécution nazie qui commença en 1933. Cette étude s'appuie, pour l'essentiel, sur la correspondance inédite échangée entre A. Freud et E. Jones, ainsi que sur d'autres documents. L'article traite des deux grandes vagues d'émigration forcée de Berlin en 1933-1934 et de Vienne en 1938 et met en lumière les initiatives de Jones et d'A. Freud pour organiser et canaliser l'émigration, avec son cortège de difficultés, de problèmes et de décisions politiques à prendre. A côté des difficultés objectives dues à la situation économique et sociale de la Grande-Bretagne et de l'Amérique à cette époque, il y eut aussi d'autres difficultés, liées cette fois à des conflits internes, opposant les écoles et les personnalités des diverses Sociétés nationales appartenant à l'Association psychanalytique internationale présidée par Jones. Prenant appui sur sa correspondance, l'auteur tente de préciser les tactiques différentes qu'adoptèrent parfois E. Jones et A. Freud face à des problèmes aussi délicats que compliqués, en particulier s'agissant de sauver l'institution psychanalytique en Allemagne. Pour illustrer les difficultés posées par l'accueil de psychanalystes venant de Berlin ou de Vienne, R. Steiner s'attarde sur l'épisode Reich, tel qu'il fut traité dans la correspondance échangée entre A. Freud et E. Jones, et, pour finir, sur les problèmes créés au sein de la British Psychoanalytical Society par l'émigration de S. Freud et de sa fille vers la Grande-Bretagne.

« *It is a new kind of diaspora...* »
Some notes on the politics of psychanalysts emigration, according to E. Jones's correspondence with Anna Freud.

This paper is an attempt to describe the forced emigration of the jewish and non jewish German and Austrian psychoanalysts, to Great Britain and to America and other countries, during the nazi persecution started in Germany in 1933. The paper is mainly based on the unpublished correspondence between A. Freud and E. Jones and other documents. The paper deals with the two major waves of forced emigration from Berlin in 1933-1934 and from Vienna in 1938 and illustrates E. Jones's and A. Freud's attempts to organize and direct the emigration and all the problems, difficulties and political decisions connected with it. There were objective difficulties due to the economical and social situation of Great Britain and America at that time. Yet there were also the difficulties related to the internal conflicts of schools and personalities of the various national Societies belonging to the International Psychoanalytical Association chaired by Jones. Using some details of the correspondence, the paper tries to show the differences in tactics to deal with very delicate and complex issues, adopted by E. Jones and A. Freud at times, especially for what concerned the attempt to save psychoanalysis as an Institution in Germany. To illustrate the difficulties related to the acceptance of some psychoanalysts coming from Berlin or from Vienna, the paper focuses on W. Reich's episode as it was dealt with in the correspondence between A. Freud and E. Jones, and finally on the problems created in the British Psychoanalytical Society, by the emigration of S. Freud and his daughter to Great Britain.

« Das ist eine Art von Diaspora... »
Anmerkungen über das Auswanderungsverhalten
der Psychoanalytiker bezogen auf den Briefwechsel von Anna Freud
mit Ernest Jones

Der Artikel versucht, die unfreiwillige Auswanderung deutscher und österreichischer Psychoanalytiker, jüdischer Herkunft oder nicht, in Richtung England, Amerika und andere Länder während der Naziherrschaft, die 1933 begann, zu beschreiben. Dieses Werk stützt sich hauptsächlich auf die unveröffentlichte Korrespondenz zwischen A. Freud und E. Jones, ebenso wie auf andere Dokumente. Es werden zwei große forcierte Auswanderungswellen von Berlin im Jahre 1933 und Wien 1938 verfolgt. Die Initiative von Jones und A. Freud, die Auswanderung zu organisieren und zu kanalisieren, wird ins Licht gerückt, sowie die Folge von Schwierigkeiten, Problemen und politischen Entscheidungen, die gefällt werden mussten, aufgezeigt. Neben den objektiven Schwierigkeiten, hervorgerufen durch die ökonomisch-soziale Situation in England und Amerika jener Zeit, gab es auch interne Schwierigkeiten zwischen Schulen und Personen diverser nationaler Gesellschaften, die der I.P.A., deren Vorsitz Jones hatte, angehörten. Sich auf den Briefwechsel stützend versucht der Autor die Taktiken zu präzisieren, die E. Jones und A. Freud gegenüber delikaten und schwierigen Problemen einnahmen, was besonders der Rettung der deutschen psychoanalytischen Bewegung galt. Um die Schwierigkeiten aufzuzeigen, die die Betreuung der Psychoanalytiker aus Berlin und Wien mit sich brachten, befaßt sich R. Stein mit dem Abschnitt Deutsches Reich, wie es im Briefwechsel zwischen A. Freud und E. Jones behandelt wurde, und schließlich mit den Problemen im Zentrum der britischen psychoanalytischen Gesellschaft, hervorgerufen durch die Auswanderung S. Freud's und seiner Tochter nach England.

« E una sorta di diaspora... »
Note sulla politica d'emigrazione degli psicanalisti secondo la corrispondenza di Ernest Jones con Anna Freud

Quest'articolo si propone di descrivere l'emigrazione forzata degli psicanalisti tedeschi ed austriaci, ebrei o no, verso la Gran Bretagna, l'America, ed altri paesi, sotto la persecuzione nazista che cominciò nel 1933. Questo studio si basa essenzialmente sulla corrispondenza inedita scambiata tra A. Freud e E. Jones, come anche su altri documenti. L'articolo tratta delle due grandi correnti di emigrazione forzata da Berlino nel 1933-1934 e da Vienna nel 1938, e mette in luce le iniziative di Jones e di A. Freud per organizzare e canalizzare l'emigrazione, con tutto l'insieme di difficoltà, di problemi e di decisioni politiche da prendere. Accanto alle difficoltà obbiettive, dovute alla situazione economica e sociale della Gran Bretagna e dell'America, a quel tempo, ci furono anche altre difficoltà legate questa volta a conflitti interni, che opponevano le scuole e le personalità delle diverse Società nazionali, appartenenti all'International Psychoanalytical Association, diretta da Jones. Appogiandosi sulla sua corrispondenza, l'autore cerca di precisare le diverse tattiche a volte adottate da E. Jones ed A. Freud, di fronte a problemi tanto delicati quanto complicati, in particolare quando si trattò di salvare l'istituzione psicanalitica in Germania. Per illustrare le difficoltà poste dall'inserimento di psicanalisti provienenti da Berlino o da Vienna, R. Steiner si attarda sull'episodio di Reich, cosi come fù trattato nella corrispondenza scambiata tra A. Freud ed E. Jones, e, per finire, sui problemi creati in seno alla British Psychoanalytical Society dall'emigrazione di S. Freud e di sua figlia verso la Gran Bretagna.

« Es una especie de diáspora... »
Nota sobre la política de emigración de los psicoanalistas a la luz de la correspondencia de Ernest Jones con Anna Freud

En este artículo se procura describir la emigración forzada de los psicoanalistas alemanes y austríacos, judíos o no, a Gran Bretaña, Estados Unidos y otros países, como consecuencia de la persecución nazi comenzada en 1933. Se toman como base la correspondencia (inédita) de Anna Freud y Ernest Jones, y otros documentos. Se examinan dos grandes oleadas migratorias : la de Berlín 1933-1934 y la de Viena 1938 ; se señalan las iniciativas de Jones y A. Freud para organizar y canalizar la emigración, con el cortejo de dificultades, problemas y decisiones políticas que correspondía tomar. A las dificultades objetivas relacionadas con la situación económica y social de Gran Bretaña y los Estados Unidos en esa época se sumaron otras, ligadas a los conflictos internos donde se oponían escuelas y personalidades de las diversas sociedades nacionales pertenecientes a la I.P.A. presidida por Jones.

Sobre la base de esa correspondencia, el autor examina las diferentes tácticas que adoptaron Jones y A. Freud en materia de cuestiones delicadas y complejas, sobre todo la de salvar la institución psicoanalítica en Alemania. Para ilustrar las dificultades que planteó la inserción de psicoanalistas vieneses y berlineses, el autor examina el episodio W. Reich, a la luz de la correspondencia Jones-A. Freud, y por último los problemas suscitados en la British Society por la inmigración de S. Freud y su hija en Gran Bretaña.

Lettres d'Amérique de Clara Happel à son fils Peter : 1936-1945

VOLKER FRIEDRICH

Je ne pouvais tenir compte ni de vos plaintes, ni de mes doutes ni des pertes de toutes sortes lorsque je sus que nous devions quitter l'atmosphère nazie (30 mai 1943).

En réalité, je n'ai rien de particulier à vous annoncer et j'ai déjà répondu à vos deux dernières lettres [...]. Mais j'ai un tout petit peu la nostalgie et je me demande souvent si Eki (Erika) passera son physical science test (examen de sciences physiques) sans inquiétude et si le Mops (Peter) en a enfin fini avec ses vaccinations ; si vous n'êtes pas tous les deux bien trop terriblement studieux et si toute cette course à ce fatras de savoir n'est pas une erreur et comment on pourrait faire pour vivre en Amérique sans courir et en trouvant des choses vraiment valables — voilà pourquoi je devais vous écrire (27 octobre 1939).

Nous possédons une collection de 88 caricatures dessinées par Olga Székely-Kovacs et Robert Berény, qui représentent les participants au VIIIe Congrès international de Psychanalyse de 1924 à Salzbourg : l'une des personnes dessinées par les auteurs comme étant les 88 pionniers de la psychanalyse est Clara Happel.

Elle naquit à Berlin le 1er octobre 1889. Elle fut parmi les premières femmes de ce siècle à faire des études de médecine et à s'intéresser très tôt à la psychanalyse. Au cours de ses études pendant la Première Guerre

Volker Friedrich est psychanalyste, membre de la Deutsche Psychoanalytische Vereinigung.

L'auteur remercie les enfants de Clara Happel, Erika Rosemark et Peter Happel, de leurs précieuses informations et Peter Happel d'avoir accepté de lui confier les lettres pour qu'il les étudie.

Rev. Int. Hist. Psychanal. 1988, 1, 323-348

mondiale à Vienne, elle était probablement déjà en contact avec Freud et la Société du Mercredi. En 1924 à Pâques, au Congrès international de Psychanalyse à Salzbourg, Freud appela son deuxième enfant, issu du mariage avec le spécialiste de médecine interne Paul Happel, le « bébé du congrès ». Il avait à l'époque à peine un an et demi; on dit que Freud avait pris soin de trouver un endroit où elle pourrait donner le sein au bébé, au cas où celui-ci n'apprécierait pas les conférences.

Au début des années 20, elle pratiquait la psychanalyse à Hambourg avec Da Costa; en outre, elle contribua à la création de l'Institut de Psychanalyse à Francfort (1920-1927) en collaboration avec l'Institut pour la Recherche sociale; de 1927 à 1930, elle travailla à l'Institut de Psychanalyse de Berlin; entre 1931 et 1934, elle constitua à Hambourg un groupe d'études psychanalytiques avec August Waterman qui fut obligé d'émigrer en Hollande en 1933. Dans une lettre datée du 17 juillet 1931, Freud la félicita pour son installation à Hambourg :

> Chère madame, je vous adresse tous mes vœux pour votre installation dans cette ville que j'aime tant ; il y a quarante-cinq ans, je suis allé y chercher ma femme. Votre très dévoué Freud.

Elle publia trois articles dans la *Revue internationale de Psychanalyse* et dans la *Revue de Pédagogie psychanalytique* : Formations de remplacement de l'onanisme (1923), Analyse d'un cas de pédérastie (1925), L'homme dans le cloaque (1927). Cette contribution est basée sur une nouvelle provenant de journaux parisiens, publiée dans le *Frankfurter Zeitung* le 24 septembre 1927. On avait trouvé par hasard dans les égouts de Paris un homme d'aspect tout à fait sauvage qui y avait vécu de manière misérable pendant de longues années. A l'exemple de cette existence souterraine, elle interprétait en tant que fantasme régressif les tentatives multiples de retourner dans le ventre maternel protecteur. Elle décrivait de manière expressive l'état d'esprit de cet homme qui avait été bibliothécaire et qui, après une déception amoureuse, avait disparu vingt ans auparavant sans laisser de trace. Elle le caractérisait comme quelqu'un qui « était resté profondément enfant ou qui l'était redevenu; dans un état de détresse psychique ou physique, il ne dispose pas de défenses propres et les remplace par sa confiance inébranlable dans la disponibilité de sa mère à lui porter secours et dans l'omnipotence de cette dernière... Cependant, M. Dublot (tel était le nom du disparu) ne veut pas mourir, il veut *vivre* sous terre. Il a renoncé à tous les intérêts spécifiquement humains et à toutes les relations avec autrui, il est psychiquement mort et se consacre exclusivement à l'absorption de nourriture, au pur maintien de la vie, mais nous nous trompons si nous le considérons encore maintenant comme malheureux, si nous croyons que sa vie continue à être sans valeur et insatisfaisante pour lui » (1927, 87).

A Detroit, son premier domicile dans l'émigration, elle continua à travailler sur des sujets qui lui tenaient à cœur : elle termina un manuscrit sur Pinocchio et le remit à Hanns Sachs pour qu'il lui donnât son avis, mais ce texte n'a malheureusement pas été retrouvé à ce jour. En 1941, en rapport avec une situation de vie psychiquement tendue, elle s'intéressa à la relation entre les œuvres de Freud et les travaux de l'épistémologue français Poincaré (1854-1912) et en 1943-1944, au cours d'une longue dépression, à Pascal et à sa contribution à la relation entre la vie et la mort, d'un point de vue psychanalytique. Elle avait également le projet d'étudier Rembrandt. Sa mort, survenue en septembre 1945, a interrompu tous ses travaux.

Elle faisait partie des rares critiques qui mettaient violemment en question le processus d'auto-intégration de la Société psychanalytique allemande (S.P.A.). Il ressort d'une lettre d'Ernest Jones à Anna Freud du 30 octobre 1935 qu'elle avait demandé pendant assez longtemps le statut de *direct membership* de l'Association psychanalytique internationale (A.P.I.), non pas parce qu'elle était juive, mais par désapprobation personnelle de la politique de la S.P.A. Jones n'était pas disposé à lui conférer ce statut, car ceci aurait représenté l'équivalent d'une désapprobation officielle de la S.P.A. par l'A.P.I.

En 1934, lorsque Clara Happel décida d'émigrer, elle avait subi une série de pertes d'objets et de crises graves. En 1933 et 1934, en l'espace de six mois, elle perdit six personnes proches, et parmi elles sa sœur, sa mère et son père. S'y ajouta le divorce d'avec son mari. Les époux s'étaient progressivement éloignés l'un de l'autre. Chacun s'adonnait à ses intérêts professionnels; la législation contre les Juifs dut également avoir son importance pour l'époux : en tant que fonctionnaire et spécialiste renommé de médecine interne occupant un poste important dans un hôpital municipal de Hambourg, il courait des risques s'il restait marié avec une Juive. Clara Happel doit avoir recommandé instamment l'émigration à beaucoup d'autres à Berlin et à Vienne, car elle était convaincue — grâce à son évaluation de la situation politique — que le départ était la seule solution.

En 1934, après son divorce, elle quitta Hambourg pour Berlin où elle se prépara en 1934-1935 à émigrer aux Etats-Unis. Son analyste didacticien Hanns Sachs lui donna l'affidavit indispensable pour le voyage. Lors de son arrivée en janvier 1936, elle fut aussitôt confrontée à des complications. Elle fut immédiatement amenée avec les enfants à Ellis Island parce qu'au Consulat américain à Berlin on avait noté sur les papiers d'immigration : « Woman with two children will become a burden to the U.S. » (« Femme avec deux enfants deviendra une charge pour les

Etats-Unis »). Sandor Rado et sa femme qui les avaient attendus à la passerelle durent user de toute leur influence pour obtenir leur libération. Hanns Sachs, avec qui elle avait une relation particulièrement chaleureuse, commença par accueillir les trois Happel chez lui et l'aida dans les premières semaines à prendre pied. Elle refusa l'offre de Menninger d'aller à Topeka. Elle décida d'aller à Detroit où régnait un vide psychanalytique. Elle se jeta immédiatement dans le travail et se fit peu à peu une clientèle propre. Au début, elle rencontra d'importantes difficultés de communication. Son fils raconte l'anecdote selon laquelle un patient s'était retranché derrière des plaisanteries comportant toutes sortes d'allusions sexuelles — utilisées comme défense — pour lui faire échec et mat. Elle fit alors appel à ses enfants qui cherchèrent à connaître auprès de leurs camarades d'école le sens des mots « sales » utilisés par le patient.

Comme elle était intelligente et cultivée, Clara Happel s'intéressait beaucoup à la vie spirituelle et culturelle. Elle était extrêmement consciencieuse et toujours soucieuse de vivre en conformité avec ses idéaux élevés. Elle se rendait la vie difficile et imposait également à ses enfants cette recherche de relations idéales et d'une culture accomplie. Comme me l'a rapporté personnellement Sterba, c'était « une personne malheureuse, triste de nature et souffrant de sa solitude ». D'après lui, elle avait le mal du pays. Sterba formula ce jugement *a posteriori* qui saisit parfaitement dans son essence même un trait de la nature de Clara Happel. Il lui était impossible de mettre en question son enracinement dans la culture allemande. Dans sa correspondance volumineuse avec son fils, elle manifestait sa souffrance due à son aliénation culturelle. Elle ne mentionnait guère d'Américains avec qui elle aurait entretenu des relations personnelles; elle était attirée par le cercle restreint des amis analystes émigrés, allemands et autrichiens. Les lettres que j'ai sous les yeux parlent de nombreuses visites et correspondances; les enfants étaient chaleureusement accueillis dans les familles de nombreux émigrants, dont Siegfried Bernfeld, Berta Bornstein, Otto Fenichel, Edith Jacobson, Fritz Moellenhoff, Sandor Rado, Theodor Reik, Hanns Sachs et Ernest Simmel. Etant petite, sa fille Erika avait été en analyse chez Melanie Klein à Berlin et plus tard chez Edith Entermann à New York. Son fils Peter était en analyse chez David Brunswick à Los Angeles et chez Ernst Kris à New York.

Dans sa relation à elle-même et à ses enfants, elle était sévère et exigeante, comme le montrent les lignes autobiographiques suivantes :

J'ai ri en voyant que tu possèdes une bonne part de ma propre attitude consciencieuse, mais peut-être faudrait-il ne pas en être si fier et penser que les autres finissent peut-être par tenir bon jusqu'au bout à cause de leur comportement moins exemplaire. Je crois néanmoins que ce principe est plus valable pour moi que pour toi et les jeunes en général ; car je suis plus âgée et je n'ai pas suffisamment cédé quand il aurait fallu adapter mes exigences à l'égard de moi-même aux circonstances. Toujours est-il que nous semblons avoir une tendance fâcheuse à vouloir nous montrer moralement supérieurs. Il est difficile de s'en abstenir, mais bon d'en savoir quelque chose pour pouvoir à l'occasion y mettre un frein (20 avril 1944).

Jusqu'en 1939, les trois Happel avaient encore des contacts avec leurs parents et amis en Allemagne. Toutefois, la surveillance du courrier du père les obligeait à écrire avec précaution. Peter correspondait avec ses vieux amis berlinois, pour la plupart des enfants juifs; à titre d'exemple, on traita de thèmes tels que les jeux Olympiques de 1936 à Berlin et le combat de boxe du siècle entre Louis et Max Schmeling en 1936.

Les écoles de Detroit et le climat antisémite fournirent à la mère l'occasion d'envoyer ses enfants à l'école à New York. Elle se préoccupa de les placer dans des familles d'émigrants avec lesquelles elle était liée d'amitié et tâcha de trouver en eux des parents de remplacement. Une correspondance intensive — parfois, l'échange de lettres entre Detroit et New York fut quotidien — devait maintenir la relation entre les enfants et la mère. Clara se souciait beaucoup du développement spirituel et intellectuel d'Erika et de Peter. La correspondance lui permit également de participer au climat intellectuel de New York et de Los Angeles.

La situation politique en Allemagne et en Europe en était le thème constant. On faisait souvent allusion à l' « alliance juive » du père qui pouvait mettre en danger sa carrière. Tous les trois suivaient avec lucidité et attention les événements en Allemagne. Ils allaient subir de dures épreuves : des amis et des parents furent victimes de la persécution des Juifs; après le pogromes de novembre 1938, des proches furent jetés dans les camps de concentration; à la fin de l'année 1938, les amis juifs de Peter durent interrompre leurs études; des amis et des parents furent incorporés dans le « service du travail du Reich »; des amis analystes furent persécutés et obligés d'émigrer sous la menace du danger de mort. Tous les trois étaient bien informés sur les réalités des camps de concentration.

Les enfants assumaient de manière positive ces nouvelles catastrophiques dans leur développement. Ils informaient leur mère des pièces de théâtre jouées par les enfants d'émigrants allemands. Par exemple, on présenta une pièce *La vengeance contre Hitler* et *La jeunesse allemande dans la débâcle*. Erika écrivit une dissertation s'intitulant *Prière du matin dans le Troisième Reich*. Cette dissertation obtint la meilleure note et fut publiée à New York. Les enfants étaient profondément impliqués dans la vie littéraire et musicale des émigrants. Parmi les artistes dont ils firent la connaissance, il y avait des noms célèbres.

Quant à Clara, elle vivait de manière très isolée à Detroit. En quatre ans, elle déménagea plus de trois fois. En plus de son travail avec les patients dont elle avait au début de grandes difficultés à augmenter le nombre, elle se rendait dans les bibliothèques publiques et étudiait la littérature allemande.

Les lettres montrent qu'elle percevait de même clairement les signes politiques avant-coureurs de la Deuxième Guerre mondiale qui menaçait. A travers l'intérêt qu'elle prenait au sort d'autres émigrants et de ses amis en Europe s'exprimait son souci pour ses propres parents. Le 25 septembre 1939, Clara Happel écrivit :

> Ça doit être horrible en Europe. Mme le Dr Deutsch a toute sa famille dans la partie détruite de la Pologne et est sans nouvelles depuis longtemps. J'aimerais avoir davantage d'analysants pour me sentir plus utile sur terre (25 septembre 1939).

Ce sentiment de devoir se sentir plus utile en vue de la catastrophe menaçante d'une guerre mondiale surgit de sentiments de culpabilité profonds. Sa correspondance en témoigne et reflète une humeur dépressive. De temps à autre, elle s'en échappa et alla à New York rencontrer ses enfants et amis émigrants. Le 29 novembre 1939, elle écrivit :

> Je suis de très bonne humeur aujourd'hui et je me réjouis d'aller à New York, bien que, pour atténuer ma joie enfantine à l'idée de cette perspective, je m'imagine déjà ce que j'aurai à entendre concernant les suites de la guerre et les misères de l'émigration, tout en me disant que je n'ai pas le droit de prendre du plaisir à une époque pareille. Mais je me réjouis malgré tout (29 novembre 1939).

A côté de sa pratique psychanalytique, elle fit désormais des efforts accrus pour se sentir plus utile dans la mise en place d'un groupe d'études psychanalytiques à Detroit. En 1939, elle fit des conférences et séminaires. Le 25 septembre 1939, elle parla d'un petit discours prononcé à l'occasion de la mort de Sigmund Freud.

En 1940, le soutien des émigrants devint le centre de ses activités. En 1941, elle s'occupa des demandes d'immigration de neuf personnes. Son engagement se révèle dans une lettre à Peter du 10 janvier 1941. Il devait obtenir d'un artiste influent à New York une lettre de recommandation pour un Juif allemand vivant en France qui avait lutté très tôt contre la domination nazie et qui, après la capitulation de la France, se trouvait alors menacé d'être livré aux Allemands.

> Tu dois le convaincre de l'importance de son attestation en vue de sauver une vie humaine... mais de tout ton cœur tu dois faire la chose tienne, lire attentivement les lettres et être au courant de leur contenu... (10 janvier 1941).

Clara Happel assimila avec sensibilité les tensions et conflits en Amérique. Comme tous les *refugees*, elle se trouvait alors exposée au processus d'être déclarée *alien* (étrangère). Elle observa avec inquiétude les confrontations violentes aux Etats-Unis concernant les mesures prises contre les *aliens* dans le cadre des débats sur l'armement. Le 18 mai 1940, elle écrivit à Peter :

> On a proposé les *fingerprinting* (empreintes digitales) de tous les *aliens*, et d'autres mesures encore. Vous avez peut-être lu qu'on interne tous les Allemands en *Angleterre* et en France. Je vous écris ceci pour attirer votre attention sur la situation inhabituelle à laquelle nous, qui ne sommes pas encore des *citizens* (citoyens), sommes maintenant exposés partout et dès à présent également ici. Toute parole, toute action est facilement mal interprétée dans des époques de ce genre (18 mai 1940).

Le 26 juin 1940, elle écrivit à Peter qui, entre-temps, était parti loin d'elle faire ses études sur la côte ouest à Los Angeles :

> Que ta devise pour l'avenir proche soit celle-ci, mon trésor : écouter beaucoup et parler peu. Aux époques de crises, il faut avoir l'oreille extraordinairement fine et être infiniment prudent.

Le 20 septembre 1940, elle écrivit :

> Il y a quelques jours, je suis allée faire les *fingerprints* — on avait même le droit de se laver les mains après. A la radio..., Thomas Mann a encore une fois encouragé amicalement les *aliens* à faire bonne figure lors de l'enregistrement, d'où je conclus que les gens ne les apprécient pas beaucoup — comme toutes les mesures d'exception.
>
> J'ai tous les jours un peu moins de patients, mais pour l'instant, je ne me permets pas d'être angoissée... J'ai proposé de faire une consultation gratuite, dans des modalités à définir, pour des jeunes entre dix-huit et vingt-trois ans (étudiants, *colored people* (gens de couleur) ou *refugees* (réfugiés)), mais dans cette ville il faut faire attention à ne pas être lynché lorsqu'on veut faire quelque chose gratuitement. Il est préférable de ne rien faire plutôt que de le faire gratuitement. Car ceci scandalise messieurs les médecins. D'ailleurs, je ne suis pas contre un paiement ultérieur, mais pour commencer je veux tenter l'expérience et être indépendante.

Elle se sentait de plus en plus mal à l'aise à Detroit. Elle y rencontrait une atmosphère qu'elle pensait justement avoir fui en Europe. Au début de la Deuxième Guerre mondiale, la ville de Detroit, jusqu'alors spécialisée dans l'industrie automobile, devint l'un des centres d'armement les plus importants.

Un article du magazine *PM* qu'elle joignait à une lettre à Peter du 19 janvier 1945 exprime ce qu'elle éprouvait à l'égard de Detroit :

> Aujourd'hui, Detroit est le centre du Ku Klux Klan, de la Légion noire, etc. Il y a ici les quartiers généraux du fascisme américain et très naturellement

un centre de l'antisémitisme fanatique. Le nègre est le bouc émissaire actif et sur lui se déverse le venin du Ku Klux Klan et des adhérents de la Légion noire. Victimes d'une discrimination et d'un abus bien plus violents que dans le Sud, les nègres sont amers et divisés. Beaucoup d'entre eux se réfugient dans un nationalisme extrême et dans des cultes... Detroit, un récipient où le mélange ne s'est pas fait[1] (*PM*, p. 45-46 du 8 janvier 1945).

En septembre 1940, elle envoya un télégramme à son beau-père, âgé de plus de quatre-vingts ans : l'adresse, le texte et l'expéditeur du télégramme reflètent le déchirement de la condition de *refugee* de Clara Happel et de ses enfants :

Happel, 35 Hitlerstrasse, Bergkamen-Hamm, Allemagne. A toi et tous ceux qui nous sont chers souhaitons santé, Clara Detroit, Eki Chicago, Peter Los Angeles (23 septembre 1940).

A cette époque lourde de menaces, de problèmes financiers dus au nombre insuffisant de sa clientèle, de soucis quant à la réussite de Peter dans ses études à Los Angeles, de bons amis lui firent également savoir que Peter avait d'urgence besoin d'une analyse.

Peter entra en analyse avec David Brunswick. Pendant ce travail, il se procura un chien dont il s'occupait de manière attendrissante. Dans les lettres échangées avec sa mère figurent également des réflexions concernant les expériences psychiques du chien. Clara traita le chien comme s'il était névrosé et donna de bons conseils en vue de la compréhension de sa situation interne, comme s'il était un analysant. Peter mentionna plus tard que sa mère était convaincue qu'il fallait analyser le chien.

Elle lui recommanda instamment de s'adresser aux émigrants amis à Los Angeles. En effet, ceux-ci accueillirent chaleureusement Peter qui raconta beaucoup de détails sur les familles Fenichel, Simmel, Moellenhof et autres. Avec ces informations, il satisfaisait simultanément la nostalgie de la mère et l'intégrait dans la communauté des émigrants, ce qui lui apporta une aide dans son isolement extrême à Detroit.

En automne 1941, Clara Happel était psychiquement très épuisée.

Chez moi, tout n'est pas aussi beau que chez toi en ce moment — je dois prendre encore une semaine de congé car je suis tout éreintée par le travail de ces premières semaines. En réalité, je ne peux pas du tout assumer ces dépenses parce que la maison et tout le reste coûtent bien plus cher maintenant, mais je ne voudrais pas non plus faire la politique de l'autruche et m'enfoncer peut-être encore davantage dans un état de fatigue extrême... (24 septembre 1941).

1. Paragraphe en anglais dans le texte original. La dernière phrase « Detroit, a pot where the melting has not taken place » comporte une inversion de l'expression courante *melting pot* : creuset où se réalise le mélange. *(N.d.T.)*

A la fin de l'année, elle se réjouit de rencontrer les enfants à New York :

... je suis terriblement fatiguée lorsque je suis à Detroit. Pour cette raison, je veux prendre des vacances à Noël et aller à New York... (24 novembre 1941).

Au lieu de passer des fêtes de Noël bien préparées à l'avance à New York, elle fut subitement arrêtée le 8 décembre 1941, un jour après l'attaque de la flotte américaine à Pearl Harbour par les Japonais et le jour de la déclaration de guerre des Etats-Unis au Japon. Dès à présent, la menace de son monde intérieur est également devenue une menace du monde extérieur : la *refugee* était devenue une *alien* et désormais elle se trouvait en prison en tant que *enemy alien* (étranger ennemi).

A partir de ce moment, Clara Happel écrivit ses lettres presque exclusivement en anglais. A part quelques exceptions, elle continua ainsi jusqu'à la fin.

Elle fut relâchée le 20 janvier 1942, six semaines après son arrestation :

Je viens de sortir — sur parole toutefois — je dois me présenter tous les mardis (20 janvier 1942).

Dix jours plus tard, elle raconta comment elle avait maîtrisé la situation de détention pour elle-même grâce à sa confiance dans sa *capacité de comprendre*.

Tu peux à peine t'imaginer combien j'étais encore plus avide d'une affection solide qui ne me quitterait jamais, lorsque je quittai « 3770 ». Car à l'intérieur, tu ne peux que te sentir abandonné et désemparé devant un pouvoir très fort qui t'écrasera peut-être. (Tu sais que je réagis malgré ce sentiment, comme si je croyais aussi en une sorte de pouvoir à l'intérieur de moi, mais ça a été surtout la foi en ma capacité *de comprendre* qui apaisait toute forme de détresse. Lire Beard était comme la rencontre avec un bon ami qui m'expliquait comment des choses telles que celles qui m'arrivaient s'accomplissent et combien de grandes personnalités, siècles et événements sont impliqués là où tu ne vois que ton pauvre petit soi)[2] (30 janvier 1942).

« Lire Beard » se référait au livre *The Rise of American Civilisation* (L'ascension de la civilisation américaine) paru en 1927, loué par les libéraux et attaqué par les conservateurs.

Ce n'est que trois mois plus tard qu'elle apprit la raison de son arrestation : elle avait été dénoncée par un patient psychotique qu'elle avait autrefois soigné.

Les suites de l'arrestation furent très graves. Elle perdit d'autres patients et connut de grandes difficultés financières. Les engagements pris à l'égard des émigrants lui pesaient également.

2. Paragraphe en anglais dans le texte original. *(N.d.T.)*

Peu de temps après, elle tomba dans un état d'inquiétude extrême : elle fantasmait alors que Peter était menacé en tant que *enemy alien* en Californie, qu'à chaque instant il pouvait être arrêté ou touché par des bombes japonaises. Elle lui demanda instamment de la rejoindre à Chicago. Avec l'aide de son analyste Brunswick, Peter réussit à faire face à l'inquiétude de sa mère de manière si sobre et claire qu'elle s'accommoda de la poursuite de ses études en Californie.

Fin mars 1942, elle se souvint du suicide de Stefan Zweig. Dans une lettre à Peter du 17 mars 1942 elle dit :

> Au sujet du suicide de Stefan Zweig, j'étais en train de m'y appesantir dans une lettre avant que la tienne n'arrive, étant donné que nous qui nous intéressons à la culture et à la littérature européennes avons été naturellement très bouleversés par cette nouvelle. Si tu réfléchis au changement intervenu dans les intérêts, les attitudes générales, les idéaux, l'évolution des personnalités à notre époque, tu peux peut-être comprendre qu'un homme comme Zweig ne se soit pas senti à sa place et qu'il ait eu le sentiment que ce n'était qu'au prix d'énormes efforts qu'il aurait pu mettre de côté tous les éléments sur lesquels son existence et sa paix intérieure étaient fondés. Pensant qu'il était vieux, qu'il avait donné sa part au monde, il se sentait peut-être le droit de laisser le monde continuer sans lui. Bien sûr, il y aurait beaucoup d'autres choses à dire et tout d'abord *à savoir* pour pouvoir comprendre cette décision problématique. Qu'en penses-tu[3] ?

Ces réflexions concernant le suicide du célèbre écrivain Stefan Zweig, qui n'avait que huit ans de plus qu'elle, nous donnent une idée de l'état interne de Clara Happel. La confrontation à cet événement et la lutte avec la conviction d'avoir fait assez pour son monde et ses idéaux déterminèrent la suite de son développement jusqu'à sa mort le 16 septembre 1945.

Ce n'est pas seulement sa détention qui rendait précaire sa situation — logement et revenus — de l'été 1942 :

> Etant donné le nombre élevé de *defense workers* et *engineers* (ouvriers et ingénieurs travaillant pour la défense), il est actuellement exclu de trouver quelque chose. Et encore moins pour quelqu'un qui est juif, non *citizen*, psychanalyste et *non licensed physician* (médecin sans autorisation d'exercer) (1er août 1942).
>
> Chose ridicule : au même moment, trois de mes patients me doivent simultanément d'assez grosses sommes et je perds deux ou trois analysants qui sont enrôlés. Subitement, tout est à nouveau si terriblement incertain que j'ai d'urgence besoin de votre aide... (21 juillet 1942).

Aussi se faisait-elle à nouveau beaucoup de soucis pour le développement de ses enfants. Erika et Peter étaient à cette époque en analyse à New York. Tandis qu'Erika réussissait à se décider définitivement pour une profession, Peter commençait un processus analytique intensif avec six

3. Paragraphe en anglais dans le texte original. *(N.d.T.)*

séances par semaine. Clara Happel revécut à travers le processus de détachement de son fils, déclenché par l'analyse, les « pertes de toutes sortes », comme elle l'écrivait, qui se situaient en arrière-plan de sa décision d'émigrer aux Etats-Unis. Elle écrivit :

A cette époque, on ne peut éviter le sentiment d'être le jouet du hasard, mais on partage ce sort avec beaucoup d'autres et on finit tout de même par faire de toute situation nouvelle quelque chose d'individuel (15 mai 1943).

Peu après, Clara Happel perdait sa patience, sa force, sa persévérance, son courage et ses forces de résistance. Fin 1943, elle entra dans une crise dépressive grave. En février 1944, elle fit savoir qu'elle avait interrompu son travail analytique depuis plusieurs semaines déjà; elle manquait de revenus, elle donnait l'impression d'être découragée et désespérée. Elle s'était rendue à Chicago pour trouver une aide analytique auprès de Therese Benedek. Alors, elle se mit à réfléchir en termes nouveaux.

Si je devais décider indépendamment de ma dépression actuelle, *en partie due à ma situation à Detroit*, de ne pas reprendre le poste à responsabilités et la vie *pleine de frustrations* à Detroit, alors il me faudrait recommencer à New York dans des conditions bien plus douteuses, passer des examens, etc. (16 avril 1944).

Elle prit la décision de quitter Detroit. L'expérience d'émeutes raciales graves, de conflits sociaux et de l'antisémitisme croissant dans le climat social explosif de Detroit en été et automne 1943 la soutint dans cette décision.

En même temps, elle suivait attentivement l'évolution de la guerre mondiale. Elle se réjouissait des succès militaires des forces alliées. Elle s'inquiétait davantage du sort de ses parents et amis. Elle apprenait les horreurs de la guerre et de la domination nazie.

Dans son monde personnel, elle se sentait de plus en plus seule, elle se repliait sur elle-même et vivait isolée. Après son arrestation, elle fut forcée d'éprouver que bon nombre de collègues, dont plusieurs émigrants, s'étaient éloignés d'elle avec méfiance.

Désormais elle aussi devenait méfiante et s'isolait avec cette méfiance des autres... En février 1944, au milieu de la crise, Peter décida d'interrompre ses études et de joindre la *navy*. A travers sa décision de devenir soldat, Clara Happel fut à nouveau confrontée à sa situation d'*enemy alien* (étranger ennemi). Elle attendait toujours sa *citizenship* (nationalité). Dans son état d'esprit dépressif, désespéré et méfiant, elle reçut une lettre d'un ami de Peter qui, après une longue attente, avait été nommé officier aspirant dans l'*army*. Elle commenta la lettre :

N'est-ce pas merveilleux ? Un ancien étranger et un Juif ! — S'il te plaît, envoie cette nouvelle à Peter dès que tu auras son adresse[4] ! (7 mai 1944).

4. Paragraphe en anglais dans le texte original. *(N.d.T.)*

Elle se plongea alors dans la littérature médicale pour préparer les examens de médecine américains. Ceci fut un nouveau pas décisif que la décision de Peter avait certainement encouragé sinon provoqué. Se soumettre aux exigences d'une seconde série d'examens de médecine difficiles après vingt-cinq ans de pratique quasi exclusivement psychanalytique fut pour Clara Happel, alors âgée de cinquante-cinq ans, une épreuve pénible. La lettre du 6 mai 1944 contient une allusion à un conflit latent :

> Je lis beaucoup, rien de psychanalytique, mais Pascal, un célèbre penseur français du XVIIe siècle ; dans un état de névrose grave, il avait complètement abandonné les sciences naturelles et la recherche pour devenir théologien, et son esprit était malgré tout si élevé et si ardent qu'il a pu dire les choses les plus sublimes sur l'homme (6 mai 1944).

« Rien de psychanalytique » contrastait dans cette lettre avec l'allusion sur l'en-tête, sous la date du 6 mai 1944, que c'était également le jour de la naissance de Sigmund Freud. Dorénavant, elle trouva insatisfaisante la théorie de Freud telle qu'elle figure dans son texte « Sur l'origine de la religion », théorie qui la désenchantait et ne la consolait pas beaucoup, et chercha dans les réflexions de Pascal sur la religion une nouvelle réponse à des questions sur le sens de son existence qu'elle croyait avoir perdu.

A cette période de réorientation, elle fut à nouveau confrontée à une perte : Peter avait décidé en peu de temps de se marier en été 1944. Tout en approuvant sa nouvelle autonomie, acquise dans le cadre de son analyse intensive, elle perdait en lui malgré tout un confident de vieille date qui avait pris la place de plusieurs objets d'amour perdus. Elle aborda cette séparation, causée par la décision de Peter, avec des sentiments ambivalents. Dans sa lettre du 17 juillet 1944, elle fit une proposition pour la cérémonie du mariage qui montre à nouveau ses efforts en vue d'une continuité de sens, en tant que tentative de contre-investissement envers le sentiment de perte d'un objet aimé. Elle suggéra que le théologien Paul Tillich fît un bref discours de mariage dans son appartement. Tillich était le professeur de l'oncle, un bon ami de son cousin et de la femme de celui-ci. Il avait aidé la famille Happel à emballer les livres avant l'émigration en Amérique; c'était un professeur et théologien célèbre, un des fondateurs du groupe « Socialistes religieux » dont faisait également partie le curé qui avait baptisé ses deux enfants. Il serait quelqu'un qui prendrait fait et cause pour l'aplanissement des différences sociales et pour un nouveau rapprochement entre les classes sociales, pour qui la bible signifierait plus que la foi.

Peter rejeta cette proposition de manière distante et sèche. Il trouvait cette idée trop prétentieuse et contraignante. Il répondit qu'il souhaitait célébrer son mariage selon les habitudes de ses camarades dans l'armée et faire simplement une *party*. Il avait décidé d'être américain. Le refus strict de sa proposition lui fit à nouveau prendre conscience de son aliénation culturelle et la confronta à sa solitude. Dorénavant, elle chercha et trouva le sentiment d'être étrangère et exilée dans les œuvres d'auteurs émigrés qu'elle connaissait bien. Elle parlait du roman de Thomas Mann, *Joseph et ses frères*, des œuvres de Franz Werfel, *Jacobowsky et le colonel*, et de Carl Zuckmayer, *Le lieutenant de Köpenick*.

Dans sa lettre du 17 juillet 1944, elle résuma le sentiment d'être menacée dans son existence et du danger de la perte de soi-même par la perte de l'idéal du moi en parlant de ses études sur Pascal :

Pascal dit : La religion ou les gens religieux se trouvent d'abord, comme les athées, dans le noir quant aux questions sur la vie et la mort. Et c'est cette obscurité — que nous ne savons pas quel est le sens de la vie, pourquoi nous vivons, ce qui nous a jetés dans la vie à tel moment précis et pourquoi nous mourons, s'il y a une quelconque *idée* derrière la vie ou si elle n'est que pure accident, si un ordre créateur ou une intention quelconque dirige l'univers, etc., ou si nous ne sommes que des animaux, simplement pourvus du pouvoir particulier et en apparence si inutile de penser, s'il y a une quelconque évolution vers quelque chose de « mieux » ou pas, si nous rêvons en vain d'une situation plus rationnelle, plus puissante, moins misérable de l'homme *parmi* les forces de la nature, tout ceci, et puis la question de savoir pourquoi, après tout, nous désirons ardemment la beauté, l'amour, le plaisir — d'où cela vient-il, à quoi cela sert-il —, tout ceci amenait les gens à penser, à chercher et à former des religions[5].

Jamais auparavant, elle n'avait formulé de manière aussi stricte et absolue l'ébranlement de son image de soi et montré à travers une réflexion — ce qui correspondait à son idéal du moi — la recherche douloureuse d'un sens perdu. Dans un de ses textes, « L'homme dans le cloaque », elle put, certes, se mettre au diapason de la vie fantasmatique régressive de celui-ci et comprendre sa solution de retrait dans le ventre maternel fantasmé. Par contre, elle résista résolument à des tendances similaires, provenant d'états d'âme mélancoliques. Ainsi, ce paragraphe montre peut-être de façon paradigmatique sa tentative d'assimiler les pertes subies et d'arriver à un nouvel équilibre intrapsychique. Peu après, fin août 1944, lorsqu'elle apprit que Peter était le premier de la famille à obtenir la *citizenship* (nationalité), elle prit conscience de manière plus nette encore du déchirement de son identité. Elle lui répondit :

Tout d'abord, encore mes félicitations au nouveau citoyen américain. Alors c'est toi, le plus jeune de notre famille, qui es le premier à recevoir les papiers ! Tu vois, je suis un peu envieuse tout en me réjouissant que tu aies atteint ce

5. Paragraphe en anglais dans le texte original. *(N.d.T.)*

but — parce que j'ai le sentiment que moi aussi, j'ai été « de service » pour les Etats-Unis, et j'ai amené Eki et toi dans ce pays, et pourtant...[6] (14 septembre 1944).

Elle était jalouse de son fils et exprimait dans ces lignes pour la première fois un sentiment d'amertume et de déception. Elle affronta ce sentiment en ouvrant un cabinet d'analyse à New York et en rétablissant des contacts intensifs avec le monde des émigrants de là-bas. Peter étant confronté à des problèmes conjugaux peu après son mariage, il reprit des contacts plus fréquents avec elle. Ainsi, elle retrouva passagèrement dans le travail analytique, chez ses amis émigrants et chez ses enfants ces *stakes* (assises) de vie qui lui redonnèrent une orientation et le sentiment de pouvoir faire quelque chose d'utile. Le danger de la perte du fils au profit de la belle-fille sembla passagèrement banni.

Vint alors une série de lettres dans lesquelles elle chercha à aider son fils à résoudre ses problèmes conjugaux. Ces lettres témoignent de la manière dont elle tentait d'identifier de façon projective son fils à son problème. Quant à sa crise conjugale, elle souhaitait avant tout lui épargner des « déceptions de toutes sortes » — comme elle l'écrivit de manière paradigmatique au sujet de la situation des émigrants —, tout en constatant également qu'il était impossible de lui épargner de telles déceptions. Les lettres qu'elle lui adressa quasi quotidiennement illustrent son combat entre la découverte de soi-même et le sentiment d'être perdue dans la tristesse profonde de sa solitude. On y trouve aussi de nouvelles allusions à des parents et amis perdus en Europe de l'Ouest et à la menace et le déclin de ses idéaux au fur et à mesure que la fin de la guerre approchait et qu'elle en réalisait les ravages.

Dans cet état d'esprit désespéré, elle fut surprise par une lettre de Peter, datée du 31 décembre 1944, lui disant qu'il avait osé effectuer un saut périlleux longtemps évité, dans le cadre d'un exercice de routine de la *navy* : « Well, I did it. » (« Voilà, je l'ai fait. »)

Elle réagit comme électrocutée à cette nouvelle : grâce au courage qu'il avait montré, elle retrouvait une capacité de *potent imagination* (imagination puissante) qu'elle avait rencontrée en lui dans le passé dans les périodes de chagrin profond. Une métamorphose étonnante se produisit en elle. Elle écrivit qu'elle avait retrouvé son vieux soi. Peu après, elle parla d'un film en faisant son autocritique, *The mother and the law* (La mère et la loi) et d'un conseil de Freud qu'elle lui rappela :

Je pensais aux règles que Freud nous a données à moi et à d'autres lorsque nous étions jeunes analystes : « Ne soyez jamais ambitieux pour un cas que vous allez traiter — ce sera certainement un échec si vous l'êtes... »[7] (9 février 1945).

6. Paragraphe en anglais dans le texte original. *(N.d.T.)*
7. Paragraphe en anglais dans le texte original. *(N.d.T.)*

Elle put à nouveau lâcher son fils. De même, elle recommença à s'intéresser aux nouvelles en provenance d'Europe. Elle reçut une nouvelle inattendue : une femme âgée de plus de quatre-vingts ans, médecin de sa tante, avait été libérée par l'armée russe à Theresienstadt. Elle eut des nouvelles plus détaillées de la famille Landauer, ses amis de la période avant l'émigration, lui apprenant que le fils Paul aurait survécu en Palestine, et que Karl, dernier-né de sa famille, avait pu joindre la résistance hollandaise et réussir également à cacher une de ses sœurs. L'assurance de cette bonne nouvelle renforça passagèrement sa confiance dans la capacité de résister aux pertes et aux ravages de l'époque. Elle apprit également d'autres nouvelles sur le sort de la famille Landauer disant que les parents auraient été déportés avec une de leurs filles en Pologne et auraient probablement été tués; cette information la laissait prisonnière de son incertitude quant à l'issue de la guerre. Ce fut pour elle l'occasion de revivre les sentiments de nostalgie et d'inquiétude les plus profonds de sa relation avec Peter; bien qu'il y eût des signes précurseurs de la fin de la guerre, elle craignit que peu après la fin de son instruction il ne fût encore envoyé au combat et qu'elle pût le perdre. Dans ses lettres, elle exprimait une profonde nostalgie, tout en sachant qu'elle n'avait plus le droit de le réclamer avec autant d'insistance. Elle ressentait à nouveau sa solitude et lui adressa en avril 1945 quelques lignes de *Nathan le Sage* de Lessing[8].

... se sentir à ce point repoussé par qui vous attire à ce point ! Vrai ! la tête et le cœur doivent longuement débattre à qui l'emportera, de la tristesse ou de la misanthropie. Souvent aussi nul ne l'emporte, et l'imagination intervenant dans la dispute engendre la rêverie, où tantôt la tête joue le cœur, tantôt le cœur la tête. Détestable inversion des rôles !

Elle avait joint à cette lettre (10 avril 1945) une série de coupures de journaux qui donnaient des informations sur l'agonie militaire du Troisième Reich. Ces articles portaient les titres suivants :

Armées alliées resserrent leur étau sur la Ruhr. — Ruhr dans la poche. La guerre est un gâchis mais on s'en tire bien. — Rapport sur la destruction de l'Allemagne. Bataille du Rhin payante. — Rapport de Max Lerner sur l'Allemagne. Une nation dévastée, son peuple anéanti par douze ans de nazisme.

La lettre contenait également une interview de l'ancien gouverneur de la Poméranie qui vivait depuis 1933 comme réfugié aux Etats-Unis. Dans son compte rendu, elle avait marqué d'un trait rouge le passage suivant :

Nous lui demandâmes sous quelles conditions il retournerait en Allemagne. Il répondit fermement : « Sous aucune condition. Les gens qui sont dehors sont

8. G. E. Lessing, *Nathan der Weise* (1871); trad. franç., *Nathan le Sage*, Ed. Théâtre de Gennevilliers, 1986.

les plus mal placés pour entreprendre la reconstruction. Ils se référeraient sans cesse au passé qui était entièrement détruit. Certains peuvent même être enclins à être sentimentaux — ce qui est la pire approche possible du problème allemand »[9] (*PM*, 18 mars 1945).

« Se sentir à ce point repoussé par qui vous attire à ce point » : à partir de la relation à son fils qui avait commencé à se séparer d'elle, le sentiment de perte d'un objet d'amour s'étendait à la destruction de la culture allemande à laquelle elle était tant attachée, culture dans laquelle se perdait aussi une partie de son soi dans la mesure où elle n'avait aucun espoir de retour et avait incontestablement changé.

Dorénavant, elle joignit régulièrement des rapports sur les camps de concentration et de prisonniers de guerre à ses lettres. Elle commentait à peine ces coupures de journaux et instruisait son fils plutôt de manière rationnelle en clivant ses affects. Elle était à nouveau soucieuse de franchir cet abîme de haine et de destruction qui s'était creusé. Elle attendait beaucoup de la conférence de fondation des Nations Unies à San Francisco en été 1945. Elle souhaitait que son fils puisse contribuer dans cette conférence à la communication des peuples entre eux, et ceci en tant qu'interprète entre les représentants des peuples américain et allemand. L'idée du Président Eisenhower d'organiser une visite commune des camps de concentration pour la population allemande et les sénateurs américains délégués à la Conférence de San Francisco fut à l'origine de ce souhait. Ceci lui sembla garantir la confrontation à la réalité historique et le partage de responsabilité des deux côtés. L'idée de la fondation des Nations Unies lui importa beaucoup; elle représenta pour elle l'essence de la démocratie américaine dont elle avait jusque-là mis en doute la réalité et qui lui avait tant fait défaut durant les années de guerre, tant elle était marquée par la xénophobie et l'antisémitisme.

Autant il lui était facile de rêver d'une entente entre les Etats belligérants et de se représenter le dépassement des oppositions dans la vie politique, autant il lui était difficile d'y parvenir dans sa vie quotidienne. Tout en prenant part à la joie triomphante de la population américaine, elle ne réussit pas à partager l'exaltation et le soulagement des hommes, liés à la fin de la guerre; elle se demandait constamment combien de parents et amis les hommes triomphants avaient perdus et combien de personnes ils avaient à pleurer. Elle ne pouvait à aucun moment oublier les pertes qui s'étaient produites de tous les côtés.

Elle assimila avidement les nouvelles en provenance d'Allemagne et les transmit à son fils. Elle fut touchée et bouleversée de voir les soldats de

9. Paragraphe en anglais dans le texte original. *(N.d.T.)*

l'armée américaine jouer au football et entreprendre des voyages touristiques dans la Haute Bavière où elle avait passé ses vacances avant d'émigrer. Elle le ressentit comme une trahison et fut ainsi à nouveau mise en présence de la réalité du national-socialisme qu'elle avait fui pour essayer d'éviter d'en être atteinte dans son vécu interne. Subitement, elle fut à nouveau confrontée à la menace de son idéal du moi, au danger de la destruction et de la perte. En outre, l'ami de son fils qui lui envoya ces nouvelles de Bavière parla dans ses lettres de son découragement et de sa lassitude en observant que le processus de dénazification, si prometteur au début, avait été arrêté pour des raisons politiques dès août 1945.

Ce qui la bouleversait dans ces nouvelles en provenance d'Allemagne, elle le vécut de même dans son entourage immédiat. L'état de santé de Hanns Sachs, son analyste didacticien et paternel ami de longue date, empira rapidement en été 1945 ; elle devait s'attendre à ce que la maladie l'emportât. En effet, il mourut après une longue maladie deux ans plus tard.

Tout en vivant au plan politique la période après la victoire sur l'Allemagne nazie comme une libération, elle sembla revivre psychiquement le fait de la perte. La confrontation avec les ravages du régime nazi et de la Deuxième Guerre mondiale lui fit perdre sa joie. Sensibilisée par la reviviscence de conflits intrapsychiques anciens, elle se pencha avec scepticisme sur les dangers naissants de l'âge nucléaire. Peu après l'explosion des bombes atomiques sur Hiroshima et Nagasaki, elle adressa une lettre à son fils en y joignant des articles du *New York Times* qui reproduisaient des interviews d'Einstein et certaines de ses conférences. Elle les résuma de la manière suivante : beaucoup de siècles se sont écoulés entre la découverte du feu et la machine à vapeur, tandis qu'il n'a fallu que six ans entre la conception de la bombe atomique et sa construction. Einstein pense que l'homme ne tardera pas à résoudre le problème de l'utilisation de l'énergie solaire, mais il ajoute, comme elle le souligna :

> ... il vaut mieux que cela n'arrive pas trop tôt puisque l'humanité n'est pas suffisamment sage pour l'utiliser de manière sensée... (13 août 1945).

Dans sa dernière lettre, elle écrivit :

> Puis-je te demander encore quelque chose ? Penses-tu qu'il est possible que tu sois très doux, patient et conciliant dans ton comportement et qu'il y ait par ailleurs en toi un mur de fer d'incompréhension ou de surdité et de cécité quant aux paroles, aux souhaits et aux besoins de l'autre (mur de fer) imperceptible pour toi mais ô combien sensible pour l'autre ? J'ai parfois noté chez moi une disponibilité immense à faire toutes sortes de choses pour l'autre, à l'exception des petites choses qu'il attendait ou désirait (4 septembre 1945).

Elle passe alors sans transition à la langue anglaise et parle de sa fille Erika et de choses matérielles de la vie courante. Elle finit par ajouter sous forme de note une allusion à un texte d'Ernst Kris, l'analyste de son fils. Au cours de cet été où la guerre avait pris fin, elle avait passé un certain temps à étudier cet article.

Dans cette étude, Ernst Kris analyse les études de caractère en bustes du sculpteur Franz Xaver Messerschmidt. Celui-ci marqua le passage du baroque au classicisme en créant un nouveau style; il était parmi ceux qui préparaient pour ainsi dire la voie de la sculpture des temps modernes, le sculpteur allemand le plus important de son époque. Il créa plus de soixante bustes après l'apparition d'une maladie psychotique à caractère paranoïde. Kris les comprend comme l'expression de tentatives paradigmatiques inconscientes de l'artiste afin de fixer son jeu mimique — en se servant de sa propre image spéculaire comme modèle — dans un état où il est envahi par une douleur physique ou une passion, où son moi succombe à la violence de la passion et n'est plus apte à exercer sa fonction, à savoir la maîtrise de la mimique. La désunion des pulsions et la régression avaient fait perdre au moi le contrôle sur les pulsions agressives et libidinales; l'artiste tenta de le rétablir par reconstitution sous la forme de bustes représentant des grimaces autoplastiques. Kris assimila ce travail de reconstitution du moi dans la psychose au comportement défensif magique. Les grimaces que l'artiste imprime dans les sculptures correspondant — vues sous l'angle de l'histoire du développement — à des formes archaïques de masques telles qu'elles sont utilisées par les peuples primitifs pour se libérer des mauvais esprits et enracinées en tant qu'héritage archaïque dans les fantasmes inconscients de l'humanité. Cependant, Kris ne démontra pas seulement la relation formelle entre l'état psychique et la réalisation esthétique; il analysa également les conflits pulsionnels libidinaux et agressifs et leur maîtrise et configuration spécifique dans la crise psychotique.

L'allusion à cette étude psychanalytique donne un aperçu de l'effort de Clara Happel de s'assurer de son propre état d'esprit par l'autoanalyse. A cette époque, son état intérieur ressemblait à celui de l'artiste tel qu'il avait été décrit par Kris. Selon lui, les bustes sont des autoportraits, il faut les « considérer comme une tentative de l'artiste de se prouver continuellement l'existence de sa personne et simultanément comme une tentative incessante d'échapper au moi propre. Ainsi, son travail sur les bustes apparaît sous une lumière nouvelle : on est tenté de les considérer comme des essais d'autoguérison... Si nous nous rappelons maintenant la série des autoportraits avec leur apathie et leur pauvreté d'expression étranges..., alors nous pouvons difficilement nous défaire de l'idée que nous avons ici affaire à une personne qui lutte devant le miroir pour une expression authentique afin de maintenir le contact précaire avec l'environnement ».

Les lettres de Clara Happel à son fils ressemblent à ces tentatives d'autoguérison de l'artiste. Ce sont les autoportraits d'un processus de deuil progressif. En fin de compte, l'état de mélancolie n'a pas permis à Clara Happel de maintenir le contact avec l'environnement et de s'assurer de l'existence de sa personne. Elle suivit Stefan Zweig dans sa décision de se suicider car les ravages de l'époque nazie, de la Deuxième Guerre mondiale et du bouleversement total apporté par l'avènement de l'âge nucléaire avaient transformé le monde au point de lui faire perdre tous les éléments de la vie qui constituaient les fondations de sa propre existence et de sa paix intérieure. Elle avait perdu sa capacité de sublimation qui l'aidait à franchir intérieurement l'abîme qui s'était creusé entre la vie et la mort. Le pays où elle s'était réfugiée avait fini par utiliser la bombe atomique, symbole de la destruction totale, ce qui balaya ses contre-investissements envers la destruction, la haine, l'agression. Elle fut dominée par un sentiment de culpabilité qui se glissa comme un « mur de fer d'incompréhension ou de surdité » entre elle et les autres.

Les extraits et résumés des lettres de Clara Happel nous donnent un aperçu du travail psychique nécessaire dans l'émigration. D'après l'exemple de Clara Happel, émigration signifie prendre sur soi « des doutes et des pertes de toutes sortes », les maîtriser et les perlaborer. Partant de la perte d'objets externes, elle était exposée à un processus de deuil des objets internes perdus avant de pouvoir se tourner vers de nouveaux objets, dans son cas « Le Nouveau Monde ». Freud écrivit dans « Deuil et mélancolie » au sujet du processus de deuil normal :

> Ce qui est normal, c'est que le respect de la réalité l'emporte. Mais la tâche qu'elle impose ne peut être aussitôt remplie. En fait, elle est accomplie en détail, avec une grande dépense de temps et d'énergie d'investissement, et, pendant ce temps, l'existence de l'objet perdu se poursuit psychiquement. Chacun des souvenirs, chacun des espoirs par lesquels la libido était liée à l'objet est mis sur le métier surinvesti et le détachement de la libido est accompli sur lui[10].

Quelle était pour Clara Happel la réalité dans l'émigration ? Qu'est-ce qui correspondait à la réalité de l'objet d'amour perdu et quel objet d'amour lui restait-il qui valût la peine de continuer à vivre ? Son destin montre que l'émigration impliquait pour elle, entre ses quarante-sept et cinquante-six ans, toute une série de « pertes de toutes sortes » et que le respect de la réalité de la perte ne pouvait être chose facile pour elle. Une fois, elle exprima sa position avec des mots amers : « Juive, *non citizen* (sans nationalité), psychanalyste et *not licensed physician* (médecin sans autorisation

10. S. Freud, Deuil et mélancolie, *S.E.*, XIV, 244-245 ; trad. franç. in *Métapsychologie*, Gallimard, coll. « Idées », 1940, p. 150.

d'exercer). » Il faudrait compléter : divorcée, mère célibataire de deux enfants grandissants, sans liens avec d'autres parents, décédés peu avant son déménagement aux Etats-Unis. Et tout ceci de surcroît à une époque où le pouvoir nazi entraînait le monde dans une deuxième guerre mondiale meurtrière, où il confrontait l'humanité à la réalité d'une politique d'extermination jusque-là inconnue à l'égard des hommes et dans le bouleversement total apporté par l'avènement de l'âge atomique qui ouvrait la possibilité d'une extermination totale.

Toutes ces « réalités » figuraient dans les lettres à ses enfants. Celles-ci témoignent d'un processus de deuil long, progressif, absorbant toutes ses forces, dans lequel étaient réactivés alternativement souvenirs et attentes, comme le décrit Freud de manière si poignante. Avec ses enfants, elle consolida les contre-investissements en tant que défense contre la mélancolie. Le soutien — sous la forme de l'aide aux immigrants — de ceux qui ne pouvaient pas encore s'échapper, le travail psychanalytique avec des patients afin d'être utile, les efforts pour transmettre à ses enfants des idéaux moralement supérieurs, l'exploration — au cours de son incarcération — de la culture et de l'histoire du pays qui l'avait accueillie : on en trouve maints témoignages dans ses lettres, résumés en une phrase : « L'esprit finit toujours par vaincre. En dépit de tous les Hitler, petits et grands ! »

Le processus de deuil de l'objet perdu la précipita dans un conflit d'ambivalence profond, fondé dans la réalité sur l'arrestation, le traitement en tant qu'*enemy alien* (étranger ennemi) et le climat antisémite et socialement explosif de Detroit, ville d'armement. La citation de *Nathan le Sage* en relation avec le rapport sur l'agonie militaire du Troisième Reich dans la lettre du 10 avril 1945 en témoigne. La perception de la réalité de l'Allemagne détruite et le rapport concernant l'interview du gouverneur de Poméranie émigré la confrontèrent avec sa propre frénésie de vengeance qui trouva son expression symbolique dans la terreur causée par l'explosion des bombes atomiques. L'éclatement de la frénésie de vengeance lui fit alors intensément prendre conscience du fait de la perte de l'objet d'amour.

L'objet d'amour perdu est déterminé de diverses manières. Dans son angoisse d'avoir perdu son fils marié, elle revécut symboliquement toutes les pertes antérieures d'objets d'amour. L'inquiétude au sujet du développement spirituel de ses enfants est un contre-investissement de son angoisse de pouvoir perdre son lien avec la culture allemande. Ce fut sans doute le bouleversement le plus douloureux qui la toucha le plus profondément dans ses identifications. Elle était originaire d'une famille de banquiers juive, depuis longtemps assimilée à la culture allemande. Lorsque ce fondement du sentiment d'elle-même fut menacé par le pouvoir nazi, elle tenta de le maintenir en décidant d'émigrer. C'est alors qu'elle connut un douloureux processus d'aliénation culturelle.

Elle ne put adopter la solution de l'état régressif de « l'homme dans le cloaque » qu'elle avait décrit de manière si sensible car elle ne disposait pas d'une mère introjectée si dénuée d'ambivalence. Dans ce sens, je reconstruis une mère introjectée à l'exemple de sa relation à la culture allemande à laquelle elle se sentait si intimement liée, sans pour autant disposer d'informations concrètes sur sa mère jusqu'à ce jour.

Que ce soit le manuscrit perdu du *Pinocchio*, les études méthodologiques sur la relation de Poincaré et la méthode freudienne ou encore l'analyse de la réception de Rembrandt dans les diverses langues mondiales, les sujets de ses études correspondaient sur le plan intrapsychique au besoin de s'assurer de son moi et de son soi. Il fallait comprendre de façon similaire sa relation à la psychanalyse. Dans les périodes de très grand déchirement psychique, elle se rappela son lien avec Freud en s'assurant de son identification à lui, que ce soit en élaborant un discours commémoratif après sa mort et en s'engageant juste après dans la constitution du groupe d'études psychanalytiques à Detroit, ou en disant qu'elle ne faisait « absolument rien de psychanalytique », mais qu'elle s'intéressait à Pascal et avait un besoin de religion, tout en rappelant à son fils dans la même lettre l'anniversaire de Freud. Il s'agissait de la confirmation et de l'assurance de son sentiment du moi et du soi, de l'expérience de l'existence de sa personne et de l'entité de son moi, de la tentative répétée de s'assurer qu'elle continuait à posséder la méthode de connaissance psychanalytique et à la supporter.

Il fallait comprendre de manière similaire la relation à son fils Peter. A côté des crises de séparation et d'individuation que tous deux devaient perlaborer, il était également un objet interne pour son propre conflit d'individuation vécu dans l'émigration. Dans sa décision de joindre la *navy* et de devenir un citoyen américain tout à fait ordinaire, elle rencontra cette division intrapsychique de la même manière que plus tard lorsqu'elle craignait qu'on ne pût encore l'utiliser dans les actions de combat. D'un côté, elle était soulagée de posséder en lui une certaine force, ce qui transparaissait également au travers de son souhait qu'il travaille en tant qu'interprète à la Conférence de San Francisco ; de l'autre côté, elle était confrontée à travers lui au fait que le pays hospitalier où elle s'était réfugiée utilisait effectivement les armes destructrices les plus redoutables que l'homme eût jamais fabriquées.

Clara Happel était une psychanalyste engagée et une personne politisée. Ses amis psychanalystes émigrés faisaient presque tous partie du cercle d'Otto Fenichel ; il faut supposer qu'elle aussi sympathisait un tant soit peu avec les idées de ses amis freudiens. Le bouleversement historique universel signifiait pour ce groupe pendant la période de leur émigration une crise d'identité grave. Elle n'était pas la seule psychanalyste émigrée à souffrir de mélancolie et à avoir pris la décision de se suicider pour répondre au destin de l'émigration, de la Deuxième Guerre mondiale et du bouleversement historique universel au seuil de l'âge atomique. Il faut noter que, parmi les émigrants qu'elle connaissait bien et qui étaient ses amis, plusieurs sont morts peu après 1945 : Otto Fenichel en janvier 1945, Hanns Sachs en janvier 1947 et Ernst Simmel en novembre 1947.

On trouve également une trace de cette image que les psychanalystes de la deuxième génération avaient d'eux-mêmes dans la décision de Clara Happel de commencer une pratique psychanalytique précisément à Detroit où elle était seule et ne pouvait compter que sur elle-même. L'ébranlement de ce sentiment d'être un pionnier qui marqua la deuxième génération de psychanalystes — et parmi eux beaucoup d'émigrants d'Europe — suivit une évolution intérieure vers une crise d'identité qui la conduisit devant la réalité d'une destruction totale possible.

Tardivement donc, neuf ans après avoir quitté l'Allemagne nazie, elle était encore intérieurement confrontée à et envahie par l'anéantissement qui avait été à l'origine de son émigration. Sa solution fut le suicide. Ainsi, il n'est pas possible de déterminer lequel des deux éléments du conflit d'ambivalence fut prépondérant dans sa décision de se suicider. Dans sa personne, elle était le sismographe de la situation conflictuelle intérieure de beaucoup de personnes de son époque. Il y a des situations où la perlaboration du conflit d'ambivalence est compliquée par la réalité des faits :

> Mais la mélancolie, comme nous l'avons appris, a quelque chose de plus dans son contenu que le deuil normal. La relation à l'objet n'est pas simple dans son cas, mais compliquée par le conflit d'ambivalence. L'ambivalence peut être constitutionnelle, c'est-à-dire s'attacher à toutes les relations d'amour de ce moi particulier, ou bien découler précisément des expériences vécues qui entraînent la menace de la perte de l'objet[11].

De même que le sculpteur dans le travail de Kris fut le témoin du passage du style baroque au classique, de même Clara Happel fut le témoin du changement radical de notre monde. L'explosion des bombes sur Hiroshima et Nagasaki fut le dernier événement à constituer un sujet d'inquiétude pour elle. C'est alors qu'elle succomba à la mélancolie. Dans sa dernière lettre du 4 septembre 1945, elle parla du « mur de fer d'incompréhension ou de surdité et de cécité quant aux paroles, souhaits et besoins

11. S. Freud, Deuil et mélancolie, *S.E.*, XIV, 256; trad. franç. in *Métapsychologie*, Gallimard, 1940, p. 170.

de l'autre... ». Sa capacité d'analyser succomba à la destruction : « Ainsi, l'ombre de l'objet tomba sur son moi. »[12] C'étaient les expériences au sens d'événements qui portaient avec elles la menace de la perte d'objet. Son ami Carl Zuckmayer, un des auteurs allemands les plus joués avant l'interdiction de représentation de ses pièces en 1933 et son expatriation, écrit ces lignes sur l'exil :

> Le voyage en exil est *the journey of no return* (le voyage sans retour). Celui qui part en exil et rêve de retour, celui-ci est perdu. Quand bien même reviendrait-il, l'endroit qu'il retrouvera ne sera plus le même que celui qu'il a quitté, et lui-même ne sera plus le même que celui qui est parti. Quand bien même reviendrait-il vers les êtres qui lui ont manqué, vers les lieux qu'il aimait et qu'il n'a pas oubliés, dans le domaine de cette langue qui est la sienne, il ne se sentira plus jamais chez lui...
>
> Tu ne peux revenir dans le pays de ton enfance, là où tu te sentais encore tellement chez toi, ni même dans un pays dont tu as dû t'exiler ; car tu voudrais le retrouver tel qu'il vit encore en toi, et cela est perdu à tout jamais[13].

Le pays de l'enfance de Clara Happel est aussi l'espoir d'un monde de paix. Nous savons que ceci ne peut être qu'un espoir, en fin de compte celui de réussir à maîtriser les conflits psychotiques en nous, en sorte que nous puissions survivre. Clara Happel succomba à son conflit psychotique dans la rencontre et la confrontation forcée avec une réalité devenue psychotique. Le monde extérieur menaçait son intégrité différenciée jusque-là si solide, le dehors devint le dedans et la psychose fut la réalité.

Traduit de l'allemand
par Christine Levy-Friesacher

Volker FRIEDRICH
Michael-Balint Institut,
für Psychoanalyse und Psychotherapie,
Averhoffstrasse 7,
2000 Hamburg 76, R.F.A.

Mots clés

Antisémitisme – Déracinement – Emprisonnement – Mélancolie – Suicide.

12. S. Freud, Deuil et mélancolie, *S.E.*, XIV, 249; trad. franç. in *Métapsychologie*, Gallimard, 1940.

13. C. Zuckmayer, *Als wär's ein Stück von mir. Horen der Freundschaft (1969/1986)* (Comme si c'était une partie de moi-même. Les heures de l'amitié), Fischer Taschenbuch, p. 389.

BIBLIOGRAPHIE

Freud S. (1917) Deuil et mélancolie, *S.E.*, XIV, p. 237-258 ; trad. franç. in *Métapsychologie*, Paris, Gallimard, 1940.

Happel C. (1923) Onanieersatzbildungen (Formations de remplacement de l'onanie), in *Intern. Ztschr. Psychoan.*, 9, p. 206-209.

— (1925) Aus der Analyse eines Falles von Päderastie (Analyse d'un cas de pédérastie), in *Intern. Ztschr. Psychoan.*, 11, p. 206-211.

— (1927) Der Mann in der Kloake (L'homme dans le cloaque), in *Ztschr. Psychoan. Päd.*, 2, p. 86-89.

Jones E. Lettre du 30 octobre 1935 à Anna Freud, Archives de la Société britannique de Psychanalyse, 63, New Cavendish Street, London WIM 7 Rd.

Kris E. (1952) A Psychotic Sculptor of the 18th Century (Un sculpteur psychotique du XVIIIe siècle), in *Psychoanalytic Explorations in Art*, New York, International Universities Press ; 2e éd. 1962.

Lessing G. E. (1871) *Nathan der Weise* ; trad. franç. *Nathan le Sage*, Ed. Théâtre de Gennevilliers, 1986.

Pascal B. *Pensées*, *Œuvres complètes*, Paris, Lafuma-Seuil.

Székely-Kovacs O. et Berényi R. (1924) *Caricatures du VIIIe Congrès international de Psychanalyse de Salzbourg*, Leipzig, Wien, Zurich, Int. Psychoan. Verlag. Réimpr. : *Caricatures de 88 pionniers de la psychanalyse. Dessinés sur le vif au VIIIe Congrès international de Psychanalyse*, New York, Basic Books, 1954.

RÉSUMÉS

De nombreux psychanalystes de la deuxième génération, dont Clara Happel (1889-1945), furent obligés d'émigrer à l'époque de la domination national-socialiste. L'expérience d'un bouleversement total dans l'histoire du monde à l'époque de l'émigration conduisit cette deuxième génération à un ébranlement du sentiment d'être pionnier ; sur le plan intrapsychique, ceci correspond à une grave crise d'identification. La situation psychique dans l'émigration est décrite de manière paradigmatique à l'exemple du destin de Clara Happel qui dut maîtriser et perlaborer « des doutes et des pertes de toutes sortes ». Elle ne réussit pas à échapper à la réalité de l'anéantissement dont elle était menacée. L'expérience de la domination nazie, des ravages de la Deuxième Guerre mondiale, de la réalité d'une politique d'extermination des hommes par les hommes et de la montée du danger de destruction nucléaire aiguisa le processus de deuil des objets perdus. Elle s'enfonça dans un conflit d'ambivalence profond. La réalisation du danger nucléaire par le lancement des bombes atomiques sur Hiroshima et Nagasaki la confronta à sa propre frénésie de vengeance. L'ombre de l'objet tomba sur son moi dans la mélancolie. Elle se trouva perdante dans sa confrontation avec une réalité devenue psychotique. Le dehors devint le dedans. Elle se suicida le 15 septembre 1945. Son destin dans l'émigration montre qu'il y a des situations qui rendent la perlaboration du conflit d'ambivalence impossible.

Letters from Clara Happel, in New York,
to her son : 1936-1945

Many psychoanalysts of the second generation, among them Clara Happel (1889-1945) were forced to emigrate at the time of the National Socialist domination. The experience of a total upheaval in the history of the world during the emigration period shattered this second generation's feeling of being pioneers. On the intra-psychic plane this was the equivalent of a serious identity crisis. The psychic state among the emigrés is described, using the fate of Clara Happel as an example. She had to master and work through « doubts and losses of all kinds ». She did not succeed in escaping the reality of the annihilation which threatened her. The experience of the Nazi domination, the ravages of the Second World War, the reality of a policy of the extermination of men by men and the rise of the danger of nuclear destruction sharpened the process of mourning for things lost. She plunged into a conflict of profound ambivalence. The materialization of the nuclear danger with the dropping of atomic bombs on Hiroshima and Nagasaki brought her face to face with her own frenzy for revenge. The shadow of objective reality fell across her ego in the form of melancholia. She lost the struggle with a reality which had become psychotic. The outside world replaced her inner life. She committed suicide on September 15, 1945. Her fate as a refugee shows that there are some situations where it is impossible to work through the conflict of ambivalence.

Clara Happels Briefe aus Amerika
an ihren Sohn : 1936 bis 1945

Viele Psychoanalytiker der zweiten Generation, unter ihnen Clara Happel (1889-1945), waren in der Zeit der nationalsozialistischen Herrschaft zur Emigration gezwungen. Das Erleben der welthistorischen Umbruch-Situation in der Zeit der Emigration führte zu einer Erschütterung des Pioniergefühls dieser zweiten Generation. Intrapsychisch entsprach dies einer schweren Identitätskrise. Am Beispiel des Schicksals der Clara Happel, mit den « Zweifeln und Verlusten aller Art » fertigzuwerden und sie durchzuarbeiten, wird paradigmatisch die psychische Situation in der Emigration beschrieben. Ihr war es nicht gelungen, der Realität der drohenden Vernichtung zu entkommen. Das Erleben der Naziherrschaft, der Verwüstungen des Zweiten Weltkrieges, der Realität einer bis dahin nicht gekannten Vernichtungspolitik von Menschen gegen Menschen und des Heraufkommens der nuklearen Vernichtungsgefahr verschärfte den Trauerprozeß um die verlorenen Objekte. Sie geriet in einen tiefen Ambivalenzkonflikt. Die Realisierung der nuklearen Drohung durch den Abwurf der Atombomben auf Hiroshima und Nagasaki konfrontierte sie mit der eigenen Vergeltungswut. Der Schatten des Objekts fiel auf ihr Ich in der Melancholie. In Konfrontation und Auseinandersetzung mit einer psychotisch gewordenen Realität blieb sie unterlegen. Das Außen wurde zum Innen. Sie beging am 15-9-1945 Selbstmord. Ihr Schicksal in der Emigration zeigt, daß es Situationen gibt, die das Durcharbeiten des Ambivalenzkonfliktes unmöglich machen.

Lettere dall'America di Clara Happel
al figlio : 1936-1945

Molti psicanalisti della seconda generazione, tra i quali Clara Happel (1889-1945), furono costretti ad emigrare al tempo della dominazione nazional-socialista. L'esperienza di uno sconvolgimento totale nella storia del mondo all'epoca dell'emigrazione portò questa seconda generazione ad un vacillamento del sentimento dell'essere un pioniere ; sul piano intrapsichico, questo corrisponde ad una grave crisi d'identificazione. La situazione psichica nell'emigrazione viene descritta in maniera paradigmatica, con l'esempio del destino di Clara Happel, la quale ha dovuto dominare ed elaborare « dubbi e perdite di ogni specie ». Non è riuscita a sfuggire alla realtà dell'annientamento che la minaciava. L'esperienza della dominazione nazista, delle devastazioni della Seconda Guerra mondiale, della concretezza di una politica di sterminio di uomini fatta da altri uomini e della crescita del pericolo nucleare rese più acuto il processo di lutto per gli oggetti perduti. Ella sprofondò in un conflitto d'ambivalenza profondo. La concretizzazione del pericolo nucleare con il lancio delle bombe atomiche su Hiroshima e Nagasaki la confrontò con la propria frenesia di vendetta. L'ombra dell'oggetto perduto cadde sul suo io nella malinconia. Ella si scoprì perdente nel suo confronto con una realtà diventata psicotica. Il fuori diventò il dentro. Ella si suicidò il 15 settembre 1945. Il suo destino nell'emigrazione mostra l'esistenza di situazioni che rendono impossibile l'elaborazione del conflitto d'ambivalenza.

Cartas de Clara Happel
a su hijo desde America, 1936-1945

Muchos psicoanalistas de la segunda generación, entre ellos Clara Happel (1889-1945), se vieron obligados a emigrar de Alemania en la época de la dominación nacionalsocialista. La migración en esa época catastrófica de la historia del mundo conmovió en esa generación el espíritu de pioneros y se tradujo en el plano intrapsíquico en una crisis de identidad. El destino de Clara Happel, quien debió asimilar y elaborar « dudas y pérdidas de todo tipo », constituye un paradigma de la situación psíquica de esos emigrantes. No le fue posible escapar a la aniquilación de que estaba amenazada. La experiencia de la dominación nazi, las destrucciones de la Segunda Guerra mundial, la realidad de una política de exterminio de los hombres por los hombres y el peligro de destrucción nuclear que hacía surgir el arma atómica agudizaron el proceso de duelo por los objetos perdidos. Clara Happel fue presa de un profundo conflicto de ambivalencia. La materialización de la amenaza nuclear con el lanzamiento de las bombas de Hiroshima y Nagasaki le permitió medir su propia furia vengativa. La sombra del objeto cayó sobre su yo en la melancolía. Se sintió perdida frente a una realidad que se había vuelto psicótica. Lo externo se convirtió en interno. Se quitó la vida el 15 de septiembre de 1945. Su destino en la emigración pone de manifiesto la existencia de situaciones que hacen imposible la elaboración del conflicto de ambivalencia.

L'intégration des freudiens dans la société américaine durant la Deuxième Guerre mondiale

EDITH KURZWEIL

Historiens, psychohistoriens, sociologues et psychanalystes sont tous d'accord pour dire que l'Amérique fut le seul pays à ouvrir ses portes aux idées de Freud, mais aussi l'unique pays où la presse populaire lui réserva un accueil chaleureux — ce qui laissait espérer que la psychanalyse évincerait les guérisseurs et autres charlatans. Comme l'a si bien dit Nathan Hale (1971), la pensée freudienne jouait le rôle d'une espèce d'antidote à la « morale civilisée »[1]. Les spécialistes conviennent aussi que les analystes immigrés furent responsables des progrès désordonnés de la profession à partir de 1932, lorsque le premier des freudiens européens mit les pieds en Amérique. Mais ceux-ci avaient été précédés par d'autres. Sandor Lorand arriva en 1925 et put constater que l'attitude générale envers la psychanalyse était fort différente de l'antagonisme rigide qui prévalait en Europe (Lorand, 1969). Ferenczi vint en 1926 et en 1927 donner des conférences à la New School of Social Research devant un auditoire de médecins, de psychiatres, de psychanalystes, de professeurs et de travailleurs sociaux aussi bien que pour le grand public. Fritz Wittels lui succéda en 1929, drainant à son tour

Edith Kurzweil est professeur de sociologie à la Rutgers University, rédactrice en chef de Partisan Review.

1. Par cette expression, Hale entend toute l'hypocrisie d'une société qui proclame sa pureté morale en ajoutant la pruderie à la vertu tout en partageant les femmes en bonnes et en mauvaises.

Rev. Int. Hist. Psychanal. 1988, 1, 349-360

un public extrêmement varié. Auparavant, Otto Rank était lui aussi venu à plusieurs reprises. A cette époque, on le sait, ces disciples avaient leurs propres divergences théoriques avec Freud, et c'est donc leurs théories psychanalytiques personnelles, plus simples, qu'ils présentèrent. De surcroît, les analystes américains auxquels ils s'adressaient avaient pour la plupart accompli des études de médecine et appris leur métier de manière *ad hoc* : en poursuivant une correspondance avec Freud, à la faveur de quelques pas en sa compagnie à l'occasion de congrès, par l'autoanalyse, par des lectures et des conversations. Mais dans le public qui assistait à ces conférences se trouvaient aussi des personnes qui n'avaient jamais suivi la moindre formation et ne s'en présentaient pas moins comme des psychanalystes tout en pratiquant la guérison par la foi, l'imposition des mains ou encore l'hypnose.

Freud était conscient des conditions qui prévalaient aux Etats-Unis et il les décrivit succinctement dans sa préface à la monographie de Dorian Feigenbaum, *Character Diseases and the Neuroses* (1930). Ainsi observa-t-il que « la popularité du terme de psychanalyse en Amérique n'est aucunement la preuve d'une attitude bienveillante à l'égard de la chose ni d'une dissémination particulièrement large ou d'une intelligence profonde de ses enseignements. Pour preuve de ma première affirmation, je suis frappé de voir que, si toutes sortes d'entreprises scientifiques ou pseudo-scientifiques ont bénéficié d'un soutien financier prompt et généreux, jamais nos institutions de psychanalyse n'ont réussi en Amérique à obtenir le moindre subside ».

En fait, après l'arrivée des émigrés à la fin des années 1930, les instituts affiliés à l'A.P.I. n'eurent plus aucun besoin du type de soutien généreux qu'escomptait Freud — le genre d'appui financier qu'avait par exemple apporté un Max Eitingon à Berlin. Mais les souvenirs des freudiens classiques aussi bien que les rapports parus dans les bulletins de l'A.P.I. insistent toujours sur les succès vus de l'intérieur — sur les avancées théoriques, la progression du nombre des adhérents, l'augmentation des candidats admis et des patients traités. Ces rapports sous-entendent également que l'acceptation générale de la pensée psychanalytique est synonyme de viabilité institutionnelle. En Amérique, cependant, l'essor des institutions a toujours été en retard sur la diffusion des idées.

En 1931, la Société de New York se vit enfin accorder l'autorisation d'ouvrir une clinique tandis qu'était créée le New York Psychanalytic Institut — Sandor Rado quittant alors Berlin pour en prendre la direction. Un an plus tard arrivait Karen Horney, la première authentique analyste émigrée. Elle rejoignit d'abord Franz Alexander à Chicago avant de s'installer à New York deux ans plus tard. S'apercevant qu'ils n'avaient pas reçu de formation rigoureuse, les analystes américains devaient admirer sa subtilité et celle des Européens qui la suivirent. Ils leur témoignèrent un grand respect — ne fût-ce qu'en raison de leur intimité passée avec Freud.

Les émigrés européens vinrent naturellement renforcer les instituts existants et jouèrent d'emblée le rôle d'analystes didacticiens. A en juger d'après les statistiques de l'A.P.I., nous constatons que le seul nombre des émigrés freudiens a suffi à changer la psychanalyse américaine : en 1932, l'A.P.A. comptait 92 membres; mais ils étaient 157 en 1938, puis 192 en 1940. En 1942, le contingent officiel des adhérents avait atteint la barre des 230 pour passer à 247 en 1945 et atteindre 273 en 1946. On est cependant en droit de se demander jusqu'à quel point cet essor professionnel fut responsable du décollage de la psychanalyse en Amérique, du nombre de plus en plus important d'intellectuels et de membres des classes moyennes en analyse, et de ce qu'en 1945 les chansonniers plaisantaient sur l'accent allemand de leurs analystes ?

Mon propos n'est pas de retirer aux freudiens la fierté de l'œuvre qu'ils ont accomplie, pas plus que je n'entrerai dans des discussions sur l'efficacité relative des méthodes de formation, de gestion du transfert et du contre-transfert ou encore de traitement des pathologies spécifiques. Mais je tiens à attirer l'attention sur un certain nombre de circonstances extérieures favorables, et en particulier sur le fait que l'intérêt populaire que suscita de prime abord la psychanalyse ne fut pas éveillé par les sociétés et instituts affiliés à l'A.P.I. Ce que nous pourrions appeler les retombées des divergences entre analystes de premier plan, et l'attrait de thérapies rivales et moins exigeantes sur un plan émotionnel furent les principales causes de l'intérêt général du public intellectuel et pseudo-intellectuel américain — toujours attiré par la nouveauté —, de l'attention des médias, et de l'intérêt soudain d'un petit nombre de hauts fonctionnaires pour la mise à contribution de la psychanalyse dans l'effort de guerre.

Au fond, l'essor de la psychanalyse, qui a coïncidé avec l'arrivée du gros des émigrés freudiens et, *grosso modo*, avec la Deuxième Guerre mondiale, s'est manifesté dans quatre domaines différents (je laisse de côté les médias qui les coiffent et les nourrissent tous) : dans le domaine de la médecine générale et de la médecine psychosomatique, autrement dit, dans celui de la profession médicale. En l'occurrence, les freudiens classiques méritent parfaitement le crédit qu'ils revendiquent. Mais dans un certain nombre de disciplines à l'intérieur de l'université, et en politique, ils eurent bien moins d'influence que les dissidents.

1 / En 1943, les deux manuels pour étudiants en médecine les plus en vogue, *Psychosomatic Diagnosis* de Flanders Dunbar, et *Psychosomatic Medicine* de Edward Weiss et O. Spurgeon English recommandaient que chaque médecin suivît une sorte de formation psychanalytique. Ainsi la

psychanalyse reçut-elle une impulsion de l'*extérieur*. (A lire aujourd'hui ces ouvrages, on est frappé par le fait qu'à cette époque on *ne* tenait *pas* pour acquis que « des changements corporels puissent être tout aussi efficacement engendrés par des stimuli mentaux et par l'émotion que par des bactéries ou des toxines, ou encore que des changements physiologiques accompagnant l'émotion puissent perturber le fonctionnement d'un organe du corps » (Dunbar, 1943, p. 91).) Ces manuels suscitèrent un intérêt considérable parmi les étudiants en médecine qui, à leur tour, se mirent à suivre les conférences des psychanalystes et à acquérir une connaissance superficielle des mécanismes inconscients. *Les freudiens classiques ont donc bel et bien influencé l'establishment médical.*

2 / Dans l'Institut d'Alexander à Chicago, certes, mais aussi dans le pays tout entier, la médecine psychosomatique réalisa de sérieux progrès. En l'occurrence, les freudiens coopérèrent avec des physiologues dont les observations empiriques des changements électriques dans les cellules, du glucose sanguin, du temps de coagulation, etc., avaient prouvé l'importance des facteurs émotionnels dans la maladie et, ce faisant, rehaussé le prestige des psychanalystes. (Les physiologistes qui réussirent à démontrer scientifiquement ces processus se taillèrent eux aussi une place de premier plan et, sous la direction des freudiens, ils contribuèrent à imposer la médecine psychosomatique comme une entreprise scientifique.) Or, voici que les psychanalystes étaient à même d'étudier quels étaient les types de personnalité les plus prédisposés à tels ou tels types de maladie psychosomatique, comment ces maladies pouvaient s'exprimer, et ce qui risquait le plus de les déclencher. D'après Dunbar, les pierres angulaires de la médecine psychosomatique avaient été posées par les contributions de Freud à l'analyse de l'hystérie de conversion, par la « direction dynamique de la pulsion » d'Alexander, par le « syndrome action » de Kardiner, ainsi que par le suivi des changements physiologiques accompagnant les rêves associé au nom de T. French. Ce dernier voyait d'un bon œil la vision psychanalytique de la libido, autrement dit les explications fondées sur la production et le déplacement d'énergie; il était le seul à avoir étudié la physiologie, et il avait été en analyse à Vienne.

Tout en supervisant divers projets de recherche portant sur les racines de la colite ulcéreuse, de l'anorexie nerveuse, de la dermatite et de l'asthme pour en faire remonter les origines à la petite enfance, les freudiens entreprirent d'initier « tous les médecins » au traitement des problèmes émotionnels de leurs patients — enseignant dans les hôpitaux et les cliniques, devenant consultants et professeurs, ou encore faisant office d'administrateurs dans les hôpitaux.

En apparence, la coopération des psychanalystes avec les autres médecins eut pour effet d'atténuer leurs différences. Initiés aux techniques psychanalytiques, les psychiatres furent mieux armés pour traiter leurs patients. Mais du jour où ils prirent des patients en analyse, tâche pour laquelle ils n'avaient pas suivi d'analyse didactique proprement dite, les freudiens n'eurent plus aucun moyen de les arrêter. *Leur influence sur la médecine psychosomatique n'en est pas moins incontestable.*

3 / S'il fallut attendre 1945 pour voir les premières publications de critiques littéraires tels que Lionel Trilling dans la *Partisan Review*, c'est pendant les années de guerre que les intellectuels new-yorkais découvrirent les analystes européens et commencèrent à y prêter attention. (C'est aussi cette année-là que la *Partisan Review* publia pour la première fois en Amérique « Dostoïevski et le parricide ».)

Emboîtant le pas à Abraham Kardiner (1945), les anthropologues étudièrent les notions de « personnalité de base » telle qu'elle s'enracine dans la discipline de l'enfance (à travers l'usage subjectif subséquent), laquelle est elle-même intégrée à des institutions et constellations culturelles. Ruth Benedict, avec *Patterns of Culture* (1934), et Margaret Mead, avec *Sex and Temperament in Three Primitive Societies* (1935), avaient présenté les idées psychanalytiques aux étudiants d'une discipline alors à la mode. En 1940, de nombreux étudiants apprirent ainsi comment les enfants introjectent les modèles d'interactions parentaux en même temps que la religion, les traditions populaires et les idéologies; et la « personnalité », perçue comme le produit de ces processus, devint alors le moyen d'étudier les cultures tribales. On leur enseignait comment Benedict avait découvert dans la manière d'élever les enfants parmi les Alorese, en Indonésie, des inconséquences qui se traduisaient par une « méfiance générale », et comment, chez les Comanches, la guerre, la conquête et le pillage laissaient aux individus un « haut degré de liberté... à des fins criminelles ». Et les étudiants apprirent enfin en quoi la comparaison établie par Mead entre Tshamboulis, Arapesh et Mundogumor montre que la culture est de la « psychologie individuelle projetée en grand sur l'écran, moyennant de grandes proportions et un long laps de temps ».

En sociologie, Talcott Parsons (1952) introduisit la pensée freudienne dans son système de personnalité — l'une des quatre composantes de son système social — et fit ainsi pénétrer la psychanalyse dans le département des Relations sociales de Harvard. Il affirmait, au fond, que « ce n'est pas seulement le surmoi qui est intériorisé... mais le moi comme système de catégorisations cognitives du monde des objets et le système du symbolisme expressif » sont également impliqués dans le processus d'intériorisation (p. 24). Ce qui conduisit Parsons à suggérer qu'il fallait modifier la conception freudienne du moi (p. 30). Encore une fois, je ne discute pas de la validité de ses assertions théoriques, je me borne à montrer la diffusion de la pensée psychanalytique.

Il ne s'agit là que d'une mince partie des données montrant que *l'influence de la psychanalyse dans les universités ne devait rien à ce qui se passait à l'intérieur des instituts affiliés à l'A.P.I.*

4 / En 1941, le psychanalyste William Langer, dont le frère Walter collaborait avec l'Office of Strategic Services de Washington, se vit demander un portrait de Hitler, permettant de prévoir ses actions futures et de les mieux comprendre (Loewenberg, 1983). Certes, jamais Langer n'aurait reçu une telle commande si la psychanalyse n'avait déjà été un tant soit peu acceptée. Or, les études de l'autoritarisme et du totalitarisme préoccupaient maintenant nombre de freudiens, et tout particulièrement les émigrés, dont beaucoup avaient des parents internés dans des camps de concentration, et qui étaient bien plus conscients que les Américains des dangers de l'idéologie.

L'analyse, par Kurt Eissler (1960), de huit soldats américains est un exemple, parmi d'autres, de coopération au service de la lutte contre les nazis. L'armée de terre avait souhaité, semble-t-il, rationaliser son organisation en trouvant une façon de prévoir quels types de personnalité feraient les meilleurs officiers et les meilleurs soldats. Quand Eissler commença à analyser les hommes qu'il avait choisis pour son étude, il fut bien incapable de discerner parmi eux une configuration cohérente de personnalité. Il nota, en revanche, que tous s'étaient mesurés avec succès à leurs pères — des pères qui ne s'étaient pas ouvertement souciés du développement moral de leurs fils, mais avaient encouragé les garçons à aller à l'église. Eissler s'aperçut aussi que la névrose n'empêchait apparemment pas d'être un bon soldat et que certains individus s'en sortaient mieux dans l'armée de terre qu'ils ne l'avaient fait dans le civil. Leur psychopathologie ne les empêchait visiblement pas d' « accomplir des tâches sociales ». Et Eissler d'expliquer : « Ce que la société appelle la normalité est un mélange équilibré de... la nécessité qui pousse quelqu'un à affirmer à tout prix son omnipotence; c'est l'abandon avec ou sans lutte intérieure aux exigences de l'instant ou de l'avenir, renforcé par l'effacement de l'individualité; et la projection d'une peur dans un domaine de la réalité qui devient l'objectif d'un élan agressif sans que le surmoi ne donne naissance à un sentiment de culpabilité... En cédant devant la réalité le moi jouit d'un plaisir masochiste et le surmoi est apaisé par la soumission au déplaisir de la réalité. En attachant une projection paranoïde à un secteur de la réalité, l'agression du ça est épuisée tandis que la rationalisation calme le surmoi » (p. 88). Qu'une étude — et d'autres de la même veine — ait pu emprunter cette terminologie psychanalytique et être reconnue par un haut responsable officiel est en soi, me semble-t-il, un indicateur de l'acceptation générale de la pensée psychanalytique. De même Robert Waelder (1951) analysa-t-il alors les processus psychologiques au fondement des attitudes politiques, prenant bien soin de distinguer l'autoritarisme, qui n'opprime que les victimes, du totalitarisme qui avilit et décourage tous ceux qui vivent dans le système. Psychologiquement, assura-t-il, le totalitarisme est enraciné dans la paranoïa, soit comme le produit d'une idéologie, soit comme le résultat d'un extrême danger : l'idéologie paranoïde convainc ses adeptes de la justesse éternelle de leur cause et, ce faisant, leur permet de se montrer impitoyables sans que leur conscience ne soit le moins du monde torturée (p. 189).

Il m'est impossible de multiplier ici les exemples de ce genre ou d'aborder les détails techniques des analyses de Waelder ou d'Eissler. Mais je dois souligner que, quel qu'ait été l'écho de ces études, les contributions de « profanes » furent au moins aussi influentes. Parmi celles-ci, il faut citer l'échelle conçue par T. W. Adorno et son équipe pour mesurer l'autoritarisme bien avant la publication, en 1950, de *The Authoritarian Personality*. Adorno n'était pas psychanalyste, mais il avait été influencé par les freudiens de l'Institut de Recherche sociale de Francfort; et à l'instar de Erich Fromm et Herbert Marcuse, il avait tenté d'associer, pour les prolonger, les composantes libératrices des idées de Freud et de Marx en vue de changer la société.

D'autres praticiens des sciences politiques poursuivirent des recherches, sous la direction de Harold Lasswell, sur les liens entre personnalité et politique — ce qui était une manière d'illustrer la thèse des psychanalystes suivant laquelle les mobiles privés peuvent se déplacer sur des objets publics pour être rationalisés et assimilés à l'intérêt public. D'autres études devaient pourtant démontrer comment les individus ont tendance à s'identifier à une idéologie totalitaire dominante ou à l'adopter comme moyen de survie; d'autres encore étudièrent la « volonté de parvenir » comme composante culturelle de l'identification.

Dès le lendemain de la guerre, les rares freudiens restés sur le Continent, et je pense notamment à l'Allemagne, à l'Autriche et à la France, reprirent contact avec leurs anciens collègues. Ceux-ci étant affiliés à l'A.P.I., la reconstruction de la discipline ne pouvait se faire qu'avec leur aide — et *via* les sociétés et instituts membres. Dès lors, il va de soi que les informations qu'ils reçurent concernaient les seuls membres — les déviants étant laissés dans l'ombre. Sans doute est-ce pour cette raison que bien des freudiens européens pensèrent si facilement que la psychanalyse américaine s'était tout entière « médicalisée » et s'était « adaptée » à la société américaine — du fait de l'influence de Hartmann sur le développement de la psychologie du moi. (Les attaques lancées par les « déviants » allaient souvent confirmer ce point de vue.)

Toutefois, ceux qu'avaient bannis les freudiens orthodoxes s'organisèrent en opposition et attirèrent ainsi toutes sortes de dissidents; les uns s'associèrent aux adlériens ou aux jungiens, les autres, tel Theodor Reik, lancèrent leurs propres groupes freudiens — à l'intention des analystes profanes. Au fond, le développement des idées de Freud se fit dans deux grandes directions : d'un côté, les analystes classiques, sous l'impulsion de Heinz Hartmann, Ernst Kris et Rudolph Loewenstein, mirent de plus en plus l'accent sur des questions scientifiques; de l'autre, les culturalistes, animés par Erich Fromm, Karen Horney et Wilhelm Reich, étudièrent comment la psychanalyse pouvait contribuer à améliorer la société.

En fait, presque tous les psychanalystes se considérèrent à un moment ou à un autre comme des experts ès culture, mais ce sont les « culturalistes » plutôt que les freudiens classiques qui entreprirent d'apporter la psychanalyse « aux masses ». Non que les théories des freudiens ne fussent pas plus rigoureuses, plus en accord avec la pensée de Freud, ou les plus influentes à la longue : le fait est simplement que *The Neurotic Personality of Our Time* (1937) de Karen Horney et ses *New Ways in Psychoanalysis* (1939) furent les premiers grands livres à souligner l'importance de la culture dans le développement de l'individu. Pour autant que ce soit précisément ces idées qui conduisirent l'association de New York à lui retirer l'autorisation d'enseigner, il s'agissait bel et bien là d'une ligne de partage des eaux.

Horney s'empressa de démissionner, en 1941, pour fonder l'Association for the Advancement of Psychoanalysis dotée de son propre institut de formation. Clara Thompson, William Silverberg et quelques autres la suivirent par sympathie. Avec Harry Stack Sullivan, Thompson fonda la Washington School of Psychiatry en 1943. En 1944, Silverberg créa un autre institut de formation d'analystes au Flower Fifth Avenue Hospital. Et lorsque Horney refusa de former des analystes profanes, le groupe de Judd Marmor la quitta. En 1942, c'est encore une autre faction qui forma le groupe de Columbia avec Binger, Kardiner, Millet et Rado. Ils protestaient contre les « tendances autoritaires » au sein de la N.Y.P.A. mais n'entendaient pas pour autant quitter l'A.P.A. Aucune de ces scissions n'eut cependant pour enjeu les divergences et controverses entre psychanalystes émigrés de « moindre importance », les psychologues, les adlériens ou les jungiens, dont l'influence sur la société croissait en proportions géométriques. En fait, le public n'en savait pas assez long pour faire la part des choses entre les multiples thérapies, en sorte que tout psychothérapeute avec un accent allemand passait désormais pour un gourou freudien. Ainsi les analystes classiques ne sauraient-ils s'attribuer le mérite de l'essor général de la psychanalyse. Toujours est-il qu'à aucun moment ils ne pensèrent avoir perdu leur position d' « élite psychanalytique ».

Pour Millet, les analystes européens et leurs élèves avaient dominé l'A.P.A. pendant les années de guerre et, au nom de leur ancienne intimité avec Freud, tentaient d'imposer le style de direction autoritaire propre à l'A.P.I. En fait, les événements politiques avaient déterminé le déplacement des psychanalystes vers les pays anglo-saxons : non seulement ils avaient emporté avec eux leurs vieilles querelles théoriques, mais le milieu américain — au moins à cette époque — leur laissait la possibilité de les mettre en acte. Ils n'avaient plus à s'inquiéter de la survie du mouvement comme Freud : le champ était libre pour toutes les orientations théoriques.

En revanche, la politique psychanalytique devint si absorbante que certains freudiens eurent de moins en moins de temps à consacrer aux questions politiques plus générales. Non que, ainsi que Russel Jacoby l'a suggéré dans *Otto Fenichel : Destins de la gauche freudienne* (1983), certains d'entre eux n'aient pas pu préférer, en tant que non-citoyens et pendant la guerre en tant qu' « étrangers ennemis », conserver un profil bas. Jacoby a en effet soutenu qu'un certain nombre d'émigrés refoulèrent alors leurs croyances politiques et, par crainte des autorités, évitèrent tout engagement politique après leur arrivée aux Etats-Unis et se laissèrent « domestiquer ». Mais, évoquant le même sujet, Anthony Heilbut insista sur d'autres problèmes, tels que les manières autoritaires de l'Institut orthogénique de Bruno Bettelheim à Chicago, ou encore sur le soulagement que ressentirent les émigrés d'avoir été sauvés, d'avoir échappé aux camps de concentration. Resté fidèle à son marxisme, Herbert Marcuse devait condamner le freudisme simpliste de Fromm et de Horney in *Eros and Civilization* (1955), leur reprochant de faire le jeu de l'idéologie américaine dominante, les accusant de s'être adaptés à l'habitude américaine consistant à transformer des questions biologiques en questions sociales.

Il est clair que les analystes émigrés influencèrent la culture américaine autant qu'ils furent influencés par elle, et que les liens croissants de *tous* les freudiens avec la médecine ne pouvaient que les conduire à adopter un langage de plus en plus scientifique. A lui seul, ce facteur expliquerait leur éloignement — à l'époque du succès populaire de Fromm et de sa *Fear of Freedom* (1942).

C'est en 1944, alors que je commençais juste mes études à l'université, que je suivis mon premier cours de psychologie au City College de New York. Mon professeur se nommait Leopold Bellak : après avoir étudié la « psychologie » à Vienne, il travaillait à l'époque pour l'armée de terre — en qualité d'interne ou de résident au Flower Fifth Avenue Hospital. Il n'initia pas seulement la classe à la psychologie physiologique et empirique mais aussi à l'hypnose et à la psychanalyse. Sur ses conseils, je lus Freud, Fromm et Horney. Je me convertis immédiatement à la pensée psychanalytique et, comme tout un chacun, entreprit mon autoanalyse. Mais comme tout un chacun, je ne savais rien des différences institutionnelles et théoriques. En fait, j'adhérai au club de psychologie qui attirait une bande d'étudiants dynamiques : non seulement nous discutions de nos lectures, mais nous allions jouer des psychodrames avec Moreno. En cela, j'étais typique des jeunes étudiants new-yorkais qu'avaient « excités » les promesses de la psychanalyse pendant les années de guerre : on y voyait l'arme contre Hitler et le totalitarisme, contre des parents bourgeois oppressifs et les refoulements qu'ils avaient imposés. Avec Fromm, nous surmontions la peur de la liberté tandis qu'avec Horney ceux d'entre nous qui étaient particulièrement inhibés s'acheminaient vers la libération sexuelle.

Mais nous ne formions qu'une petite fraction du public américain qui prenait fait et cause pour les aspects utopiques de la psychanalyse sans jamais prêter la moindre attention aux progrès et ramifications psychosomatiques et scientifiques explorés par les membres de la New York Psychoanalytic Association.

Traduit de l'américain
par Pierre-Emmanuel Dauzat

Edith Kurzweil,
1, Lincoln Plaza,
New York, NY 10023, U.S.A.

Mots clés

Emigration – Fenichel Otto – Formation psychanalytique – Médecine psychosomatique – Psychanalyse profane.

BIBLIOGRAPHIE

Adorno T. W. *et al.* (1950) *The Authoritarian Personality*, New York, Norton.
Benedict R. (1934) *Patterns of Culture*, New York, Houghton Mifflin.
Dunbar F. (1943) *Psychosomatic Diagnosis*, New York, Hoeber.
Eissler K. (1960) The Efficient Soldier, *in* W. Muensterberger et S. Axelrad, eds., *The Psychoanalytic Study of Society*, New York, International Universities Press.
Fromm E. (1942) *The Fear of Freedom*, Londres, Routledge & Kegan Paul.
Hale N. Jr. (1971) *Freud and the Americans*, New York, Oxford University Press.
Heilbut A. (1983) *Exiled in Paradise*, New York, Viking.
Horney K. (1937) *The Neurotic Personality of Our Time*, New York, Norton.
— (1939) *New Ways in Psychoanalysis*, New York, Norton.
Jacoby R. (1983) *The Repression of the Psychoanalysis*, New York, Basic Books ; trad. franç. par P.-E. Dauzat, *Otto Fenichel : destins de la gauche freudienne*, Paris, P.U.F., 1986.

Kardiner A. (1945) *The Psychological Frontiers of Society*, New York, Columbia University Press.
Loewenberg P. (1983) *Decoding the Past*, New York, Knopf.
Lorand S. (1969) Reflections on the Development of Psychoanalysis in New York from 1925, *International Journal of Psychoanalysis*, vol. 50, p. 589-595.
Marcuse H. (1955) *Eros and Civilization*, Boston, Beacon Press ; trad. franç., Paris, Ed. de Minuit, 1963.
Mead M. (1935) *Sex and Temperament in Three Primitive Societies*, New York, Morrow.
Parsons T. (1952) *Social Structure and Personality*, New York, Free Press, 1970.
Waelder R. (1951) Authoritarianism and Totalitarianism, *in* G. Wilbur et W. Muensterberger, eds., *Psychoanalysis and Culture : Essays in Honor of Geza Roheim*, New York, International Universities Press.

RÉSUMÉS

D'aucuns ont plaidé qu'en Amérique — le premier pays à avoir ouvert ses portes à la pensée de Freud — les psychanalystes classiques sont responsables, pour l'essentiel, de l'acceptation de ses idées. L'auteur soutient au contraire que les freudiens classiques ne sauraient en revendiquer tout le mérite. Après l'arrivée des émigrés, cependant, ce sont eux qu'il convient de créditer de la diffusion de la psychanalyse dans la médecine, et en particulier dans la médecine psychosomatique. Mais il y eut une convergence de forces en dehors de leur domaine — en anthropologie, en sociologie, en politique et en littérature — qui, concurremment, ont eu assez d'influence pour faire de la psychologie une discipline populaire dans la culture au sens large.

The Freudians : integration into American society during world war II

It has been maintained that in America — the country that first opened its doors to Freud's thought — classical psychoanalysis has been responsible for most of the acceptance of psychoanalytic ideas. The author argues that classical Freudians were not the only ones responsible for this acceptance. After the arrival of emigres, however, they were the ones to be credited for the spread of psychoanalysis in medicine, and particularly in psychosomatic medicine. But there was a convergence of forces outside their realm — in anthropology, sociology, politics and literature — which together were influential in turning psychoanalysis into a popular subject throughout the culture at large.

Die Integration der Freudianer in die amerikanische Gesellschaft während des zweiten Weltkrieges

Nichts spricht dagegen, daß in Amerika — das erste Land, welches Freud's Gedankengut seine Pforten öffnete — die klassische Psychoanalyse hauptsächlich verantwortlich für die Annahme seiner Ideen ist. Der Autor ist allerdings der Meinung, daß die klassischen Freudianer nicht allen. Verdienst auf sich nehmen können. Denn nach der Ankunft der Auswanderer waren sie es, die der psychoanalytischen und besonders der psychosomatischen Medizin zur Verbreitung verhalfen. Aber auch außerhalb ihres Gebietes gab es eine Vereinigung von Kräften — in der Anthropologie, der Soziologie, der Politik und Litteratur —, welche gemeinschaftlich genug Einfluß besaßen, um in der Bevölkerung eine breite Anhängerschaft für die Lehre der Psychologie zu gewinnen.

L'integrazione dei freudiani nella società americana durante la seconda guerra mondiale

Alcuni hanno sostenuto che in America — il primo paese che abbia aperto le porte al pensiero di Freud — gli psicanalisti classici sono responsabili, fondamentalmente, dell'accettazione delle idee freudiane. L'autore invece sostiene che i freudiani classici non dovrebbero rivendicarne tutto il merito. Tuttavia, è all'arrivo degli emigrati che conviene attribuire la diffusione della psicanalisi in medicina, ed in particolare in medicina psicosomatica. Si verifico' pero' una convergenza di forze al di fuori del loro campo — in antropologia, in sociologia, in politica e in letteratura — che, insieme, hanno avuto abbastanza influenza per fare della psicologia una disciplina popolare nella cultura in senso lato.

Integración de los freudianos en la sociedad norteamericana durante la segunda guerra mundial

Se dice a veces que corresponde a los psicoanalistas freudianos clásicos el mérito de la introducción del psicoanálisis en los Estados Unidos, primer país que abrió sus puertas a las ideas de Freud. Para la autora, ese mérito debe ser relativizado. Conviene reconocer a los psicoanalistas llegados de Europa la difusión del psicoanálisis en la medicina, y sobre todo el desarrollo de la medicina psicosomática. Por otra parte, en las esferas de la antropología, la sociología, la política y la literatura se produjo una convergencia de fuerzas que contribuyó a que la psicología llegara a ser una disciplina popular en la cultura general.

Les conséquences de l'immigration sur l'analyse profane aux Etats-Unis

GAIL S. REED

L'histoire psychanalytique de l'exclusion de l'analyse profane aux Etats-Unis, les non-médecins se voyant fermer l'accès à la psychanalyse « officielle », devait aboutir à la création d'une organisation psychanalytique parallèle, non officielle, qui se développa à côté de l'organisation officielle — en particulier à New York — à laquelle elle était liée de multiples manières, mais sans jamais être officiellement reconnue. Cette histoire a été marquée, entre autres, par l'émigration de nombreux analystes européens, médecins ou non, qui fuyaient la présence nazie mais qui ne devaient pas partager l'attitude prédominante aux Etats-Unis à l'égard des psychanalystes sans formation médicale. Quelques-uns de ces analystes s'offrirent à former ceux qui souhaitaient devenir analystes sans avoir accompli d'études de médecine. On accepta donc de créer, avec succès, un Institut de formation ouvert aux non-médecins désireux de pratiquer la psychanalyse classique.

Mon intérêt pour ce sujet n'est pas essentiellement d'ordre historique mais procède de mon intérêt pour les rapports entre théorie psychanalytique et écoute clinique. J'avais commencé à étudier le concept de névrose de transfert ainsi que les problèmes imaginables de contre-transfert qui peuvent se poser si l'on croit dogmatiquement qu'une névrose de transfert — définie en termes de constellation clinique apparente — est une condition

Gail S. Reed est psychanalyste, docteur en littérature comparée de Yale University, membre de l'Institute for Psychoanalytic Training and Research et de la National Psychological Association for Psychoanalysis.

Rev. Int. Hist. Psychanal. 1988, 1, 361-373

sine qua non de toute psychanalyse. Aux Etats-Unis, une polémique à laquelle prit part Alexander dans les années 1950 eut pour résultat de hisser la névrose de transfert au statut de signifiant de la psychanalyse. L'utilisation politique possible de la névrose de transfert pour distinguer l'analyse vraie de l'analyse fausse m'a conduite à m'interroger sur l'effet des pressions collectives sur l'adoption de positions qui affectent ensuite notre technique et notre intelligence cliniques. Je me suis demandé quel effet l'existence de deux groupes parallèles et inégaux, l'un officieux, l'autre officiel, avait bien pu en soi exercer sur le développement de la psychanalyse freudienne. Et je me suis aussi interrogée sur l'effet que cela pouvait avoir sur des praticiens individuels dans une telle situation.

La psychanalyse « non officielle » compte de nombreuses branches aux Etats-Unis. Parmi celles-ci, on peut ranger, entre autres, les adeptes d'Adler, de Jung et de Sullivan. Mais ce ne sont pas ceux-ci qui m'intéressent car il me paraît plus pratique mais aussi plus éclairant de traiter de la psychologie des petites différences. Ces groupes, par exemple, demeureraient probablement à l'abri de toute contamination polémique possible de l'expression « névrose de transfert » dans leur travail clinique puisqu'ils n'accordent pas grande importance à la sexualité infantile. Le groupe des cliniciens les plus vulnérables serait, par contre, celui dans lequel je me range : celui des cliniciens qui, sans être attachés à la psychanalyse officielle, n'en sont pas moins affiliés émotionnellement et théoriquement à la « psychanalyse classique » ou freudienne et pensent en conséquence en termes de théorie des pulsions, de sexualité infantile, de refoulé inconscient, etc. Se ranger politiquement en dehors de ce courant dominant tout en en faisant partie théoriquement autant qu'émotionnellement, c'est à mon sens courir le risque d'être particulièrement vulnérable à certains types de déclarations dogmatiques, entre autres à cette politisation du concept de névrose de transfert que je viens d'évoquer, aussi bien qu'à des formulations d'une prudence excessive et à l'inhibition de toute originalité. Certes, la situation peut aussi se prêter à une liberté de recherche sans précédent, mais uniquement, je crois, si les implications moins conscientes de la situation politique sont pleinement reconnues.

Si j'ai souhaité attirer l'attention des historiens du mouvement psychanalytique sur l'histoire du développement de l'analyse profane aux Etats-Unis, c'est parce qu'elle constitue un domaine très fertile pour qui veut étudier les rapports entre l'histoire de la psychanalyse et le développement d'institutions politiques psychanalytiques, de la théorie psychanalytique et, surtout, de l'écoute et de la technique psychanalytiques. Soit dit entre parenthèses, il existe une grande quantité de matériaux d'archives à la disposition de quiconque souhaiterait approfondir cette question.

Je me cantonnerai à la ville de New York, qui a l'histoire la plus variée et la plus compliquée. A l'exception possible de San Francisco et de Los Angeles, mais dans ces deux derniers cas dans une moindre mesure, c'est la seule ville où l'analyse profane ait prospéré clandestinement pendant de longues années avant d'être finalement organisée. Mon histoire informelle repose largement sur des entretiens avec des analystes profanes qui ont vécu la lutte des années 1930 et 1940 ainsi que du début des années 1950. Or, parce qu'ils ont gardé la mémoire d'un combat politique acharné contre les psychiatres en général aussi bien que contre la psychanalyse organisée en particulier, leurs souvenirs sont tout sauf neutres. A l'occasion, ils sont teintés d'une paranoïa bien compréhensible, à moins que survienne une sorte de phénomène écran. Une ancienne analysante se souvenait par exemple de Theodor Reik comme du seul analyste européen confirmé disposé à former des non-médecins dans l'Institut qu'il avait fondé. A son crédit, je dois cependant ajouter qu'elle me téléphona peu après notre entretien afin de corriger ses propos. On n'en devrait pas moins vérifier chaque fois que possible la substance de mes dires en consultant les archives écrites.

A. A. Brill, qui joua un rôle si actif dans l'organisation de la psychanalyse aux Etats-Unis et surtout dans celle de sa société la plus ancienne et la plus importante, la Société psychanalytique de New York créée en 1911, se montra aussi inflexible dans son insistance pour réserver la psychanalyse aux médecins. Fondé en 1931, le New York Psychoanalytic Institute n'en fut pas moins fermé aux candidats qui n'étaient pas médecins, lesquels devaient alors se former à Londres, Berlin ou Vienne. Le compromis passé entre l'Association psychanalytique internationale et l'American Psychoanalytical Association sur l'épineux problème de l'analyse profane prévoyait cependant que les non-médecins qui posaient leur candidature pour aller étudier à l'étranger devaient être parrainés par une société de l'American Psychoanalytic Association. Compte tenu de l'attitude générale à l'égard de l'analyse profane aux Etats-Unis, il était extrêmement difficile d'obtenir l'approbation d'un institut membre.

En 1930, néanmoins, William et Esther Menaker purent aller commencer leur formation à l'Institut de Vienne grâce à l'appui que leur apporta Fritz Wittels, membre de la Société de New York. Heureusement pour eux, au moment même où leur demande était en attente à la Société de New York, une délégation d'analystes européens de premier plan était venue participer à Washington à une conférence sur la santé mentale. Ces analystes, parmi lesquels se trouvaient René Spitz et Hélène Deutsch, se rendirent à New York pour s'assurer que la Société new-yorkaise parrainait les Menaker conformément à sa convention avec l'A.P.I. (Menaker, 1987).

De retour à New York en 1934, cependant, les Menaker trouvèrent une communauté psychanalytique complètement hostile : « Ils ne voulaient pas nous parrainer ni nous adresser des patients. Ils nous parlèrent d'une action en justice intentée contre un praticien scientiste-chrétien qui traitait quelqu'un qui avait en fait une méningite. Ils nous conseillèrent d'aller au Nebraska ! » Il s'ensuivit, pour les Menaker, une lutte solitaire afin de pratiquer la psychanalyse. Ils restèrent complètement isolés des autres analystes new-yorkais jusqu'à la fin des années 1930, lorsque commencèrent à arriver les analystes européens immigrés. Alors seulement ils purent discuter de cas avec d'autres analystes, se réunissant avec Beata Tumarin, Charlotte Feibel et d'autres dans le cadre de discussions cliniques mensuelles (Menaker, 1987).

A quelque temps de là, le William Alanson White Institute devait apparaître à bien des praticiens étrangers à la médecine comme une autre source de formation viable. Quoique sullivanien plutôt que freudien, il acceptait les travailleurs sociaux et les psychologues aussi bien que les médecins. Toutefois, le retour des mobilisés au lendemain de la guerre se solda par une telle augmentation des inscriptions médicales qu'il s'ensuivit un brusque changement de cap. Ceux qui n'avaient pas fait leur médecine, y compris ceux qui étaient en analyse didactique, ne furent plus traités sur un pied d'égalité avec les candidats médecins et ne se virent plus délivrer de certificats de psychanalystes (Gargiulo, 1987).

L'émigration des analystes profanes s'amorçant sous l'effet des persécutions nazies, la situation à laquelle ils devaient faire face à leur arrivée à New York était la suivante : s'ils étaient particulièrement éminents, s'ils avaient de solides relations et jouissaient d'une haute estime, la Société de New York pouvait les accepter. Ainsi d'Ernst Kris et Geza Roheim, qui ne furent cependant autorisés qu'à analyser des candidats (Bergmann, 1987). Inversement, les immigrés formés en Europe et qui n'étaient pas médecins pouvaient pratiquer à titre privé et n'avaient plus qu'à espérer alors recevoir des patients envoyés par leurs amis médecins. Mais ils ne pouvaient avoir ni statut officiel, ni Institut (Reppen, 1987). Tributaires des patients qui leur étaient adressés par les psychanalystes américains ayant pignon sur rue, ces analystes profanes immigrés devaient hésiter à s'opposer officiellement à l'organisation en place. Qui plus est, beaucoup étaient membres de l'A.P.I. et s'identifiaient à la psychanalyse officielle alors même qu'ils en étaient exclus à New York (Menaker, 1987).

Maints immigrés, médecins ou non, se rassemblèrent en un vague cercle autour de Paul Federn. Médecin et membre du New York Institute, celui-ci avait été un proche collaborateur de Freud à Vienne. A son domicile, les analystes immigrés débattaient de cas cliniques et de questions théoriques tandis que les candidats plus jeunes écoutaient. Pour eux, qui souvent avaient été socialistes et qui pour la plupart étaient des Européens cultivés, la formation était une question de responsabilité personnelle dont le centre même était l'analyse personnelle. Par la suite, le jeune aspirant analyste pratiquait sous surveillance. Ainsi vit-on se dégager de ce cercle un système d'apprentissage informel (Cornyetz, 1987).

Ce groupe devint l'une des plus importantes sources de formation classique pour les analystes qui n'étaient pas médecins. Les liens de Federn avec des médecins analystes immigrés, qui devaient être nombreux à prendre discrètement en analyse didactique des non-médecins, ouvrirent le monde de la psychanalyse freudienne à ceux qui autrement en auraient été exclus. Martin Bergmann procéda de la sorte et, à la mort de Paul Federn, il s'associa avec Ernst, le fils de celui-ci, pour continuer le groupe. Tous les quinze jours, Robert Waelder venait sur leur invitation de Philadelphie pour tenir un séminaire. Pour le reste, le groupe découvrit que presque tout le monde était prêt à venir discuter ses derniers travaux. Puisque les temps étaient alors aux premières études sur la psychologie du moi, la présence d'analystes venus débattre de leurs travaux était d'une grande importance pour faire progresser la connaissance. C'était en outre un moyen de contourner la règle enjoignant aux membres de l'American Psychoanalytic Association de ne pas enseigner la technique à des non-médecins et de ne pas discuter avec eux de matériaux cliniques (Bergmann, 1987).

Roheim anima aussi un séminaire privé. Un participant évoqua en ces termes l'excitation des membres qui découvraient le monde de la psychanalyse, « comme si l'on avait soulevé un voile ». Il était si important et brassait tant de choses que « nous prenions tout ce que nous pouvions » (Gordon, 1987). De fait, nombre de ces récits nous aident à comprendre comment les analystes qui n'étaient pas médecins luttèrent pour accéder aux analystes compétents qui avaient reçu une formation classique. L'analogie des voies refoulées de la découverte est tentante.

Cet apprentissage informel ne séduisait guère, cependant, les autres Américains, qui préféraient une situation plus ouverte et égale. Aussi préféraient-ils faire leur didactique au William Alanson White Institute en dépit de son insistance sullivanienne, et ils furent nombreux, par la suite, à venir former un noyau autour de Theodor Reik (Cornyetz, 1987).

Les médecins analystes se montrèrent plus accueillants envers les immigrés profanes formés en Europe qu'ils ne l'avaient été à l'égard des Menaker. Lorsque Edward Frankel, formé à la psychanalyse par la Société psychanalytique de Vienne, débarqua à New York avec ses diplômes de physique et de chimie en poche, il alla travailler dans une usine de saucisses. Tous les mois, comme convenu, il appelait Brill. Au bout de six mois,

Brill conclut que l'anglais de Frankel était assez bon pour lui permettre de pratiquer la psychanalyse et il se mit à lui envoyer des cas, le libérant ainsi de son travail dans l'usine de saucisses. Néanmoins, Frankel ne fut pas autorisé à rejoindre la Société new-yorkaise (Reppen, 1987).

Cette exclusion des analystes profanes n'alla pas sans multiples frictions au sein de la New York Society. Henry Alden Bunker, ancien président, analysa au grand jour des analystes profanes; il les encouragea et leur adressa des patients. Lorsque fut instituée une règle interdisant l'analyse de non-candidats souhaitant devenir analystes, il observa : « Que peuvent-ils me faire ? » et continua à analyser des analystes profanes (Gordon, 1987). Ces différences d'approche dans la controverse devaient partager les familles. Herman Nunberg, qui était docteur en médecine, s'installa à Philadelphie en 1933 où il contribua à fonder la Philadelphia Psychoanalytic Association. Lorsqu'il se fixa à New York, en 1940, il refusa de soutenir la politique relative à la psychanalyse profane et neuf années durant resta en dehors de la Société new-yorkaise (Hartmann, 1976). A l'opposé, le mari de sa belle-sœur, Ernst Kris, un historien d'art, devint didacticien au New York Psychoanalytic Institute, dont il contribua très largement à accroître le prestige et la renommée (Roazen, 1971).

La psychanalyse organisée multipliant les règles destinées à proscrire les formations officieuses, les profanes durent rechercher d'autres sources d'analyse et de supervision, lesquelles allaient rarement sans arbitraire ou même duperie à des degrés divers. L'un de mes interlocuteurs, qui était déjà praticien, se souvint d'avoir pris contact avec Heinz Hartmann à propos d'une seconde analyse. Hartmann parut fort intéressé jusqu'au moment où il apprit la profession du solliciteur. Sur ce, ajouta le praticien, « je me montrai plus circonspect » pour dénicher qui était disposé à analyser des analystes profanes. Ces analyses devaient être entourées du plus grand secret (Cornyetz, 1987; Cargiulo, 1987), au même titre que la supervision (Bergmann, 1987; Cornyetz, 1987; Menaker, 1987). Avant et pendant la Deuxième Guerre mondiale, Esther Menaker analysa l'éminente psychologue qu'était Helen Block Lewis, aujourd'hui disparue. Menaker reconnut qu'elle avait usé de ses relations pour assurer la supervision privée de l'analyse de Lewis. Mais alors même qu'à l'époque où j'en discutais avec elle, en mars 1987, la plupart des personnes concernées étaient mortes, elle ne voulut pas me révéler qui avait accepté de superviser Lewis (Menaker, 1987).

Le nombre même des analystes immigrés atténua un tant soit peu la difficulté d'accès en élargissant le réseau clandestin. Il y eut bien plus d'analystes qui n'avaient pas d'objection de principe pour faire des analyses, diriger des groupes d'études privés et superviser. Eissler, Schur, Jacobson,

Bychowski supervisèrent tous des non-médecins, bien que Bychowski ait demandé à l'un de mes interlocuteurs de se montrer discret parce que, si le bruit courait qu'il supervisait des analystes profanes, cela nuirait à sa réputation parmi ses collègues médecins. Mon interlocuteur n'en souffla mot à personne, allant même jusqu'à ne jamais faire figurer la supervision sur sa fiche de formation professionnelle postuniversitaire (Bergmann, 1987; Cornyetz, 1987; Reppen, 1987).

Puis le jour vint où divers Instituts de l'American Psychoanalytic Association se mirent à former un petit nombre de « chercheurs » en échange de la promesse écrite de ne pas s'installer comme praticien privé. Tout travail clinique devait être exclusivement accompli à des fins de recherche. Très peu de gens répondaient à ses exigences si bien qu'ils n'eurent pas d'effet sur la situation générale. Néanmoins, l'anomalie de la situation de ces chercheurs a pu créer des conflits intérieurs chez certains d'entre eux. L'anecdote suivante peut illustrer ce conflit : le regretté David Rapaport, qui avait un rôle de didacticien en tant que chercheur à la Fondation Menninger, fut invité par un groupe d'analystes profanes à animer un atelier de week-end. Il exigea que son chèque, une belle somme de 500 $, fût établi à l'ordre de l'Association Trees for Israël (Gargiulo, 1987). Rapaport avait en effet des liens affectifs étroits avec Israël et avait enseigné à des psychologues, du moins dans un cadre universitaire. Il est également possible de voir dans cette anecdote l'illustration de la sensibilité de certains analystes profanes à la campagne de dénigrement dont ils étaient l'objet.

Ceux qui supervisaient ou analysaient en contrevenant aux règlements, ceux qui suivaient des analyses didactiques non reconnues et ceux qui bénéficiaient de supervisions illicites prenaient part à un mouvement clandestin pratiquant la psychanalyse en secret. Et ceux qui respectaient strictement les règles, qui se refusaient à former des membres du groupe des exclus souhaitant embrasser la profession, ou refusaient même de les prendre en analyse agissaient ainsi soit par crainte d'être expulsé de l'American Psychoanalytic Association ou de leur Institut local, sinon de l'une et de l'autre, soit parce qu'ils étaient convaincus de la supériorité inhérente de la classe des médecins, soit encore parce qu'ils redoutaient la concurrence économique. Certes, ils se souciaient aussi du maintien des normes, mais leur pratique de l'exclusion *a priori* et permanente les priva de toute capacité de sélection. On pourrait imaginer, par ailleurs, qu'un processus de sélection naturelle était à l'œuvre parmi les analystes profanes. Les difficultés auxquelles ils se heurtèrent et la détermination avec laquelle ils s'y adaptèrent témoignent, à tout le moins, de leur motivation.

La fin de la Deuxième Guerre mondiale vit non seulement le William

Alanson White fermer ses portes aux candidats profanes à l'analyse didactique, mais aussi le New York Psychoanalytic Institute fermer ses séminaires longtemps ouverts à ceux que la psychanalyse intéressait d'un point de vue intellectuel. Nul doute que les non-médecins qui aspiraient à une formation clinique utilisaient ces séminaires pour développer leurs connaissances, et cela avait fini par se savoir (Gargiulo, 1987).

La restriction *officielle* croissante des possibilités offertes aux non-médecins de recevoir un enseignement psychanalytique est attestée par tous les témoins que j'ai entendus. On peut penser que le nombre d'analystes immigrés qui se fixèrent à New York jouèrent un rôle dans cette évolution. Les querelles de « secteur » sont fonction de l'inquiétude quant au nombre de patients. Comme il y avait plus d'analystes sur le marché, les voies de formation parallèle aussi bien que semi-officielles furent coupées. Les analystes profanes en herbe firent les nouveaux patients — situation qui est restée la même jusqu'à aujourd'hui.

Malgré ces possibilités de formation clandestine, un nombre conséquent d'Américains devaient s'irriter de son caractère secret et officieux (Gargiulo, 1987). En 1946, quelques-uns d'entre eux, parmi lesquels un certain nombre de candidats que la brusque cessation de toute formation non médicale au William Alanson White Institute avait laissés pour compte, contactèrent Theodor Reik afin de lancer un Institut qui accepterait des candidats non médecins (Berkeley, 1987; Sherman, 1987).

A partir de 1935, Reik avait développé une conception de la psychanalyse et une technique accompagnatrice qui, tout en continuant dans une tradition strictement freudienne, privilégiait la compréhension intuitive par l'analyste de l'inconscient du patient. Ce faisant, il s'éloignait de la position de la psychologie du moi qui s'était développée à la fin des années 1940 et dans les années 1950 et qui privilégiait l'analyse de la résistance et des défenses. Peut-être cette divergence explique-t-elle, entre autres raisons, qu'il n'ait pas été invité à rejoindre la New York Society, car lorsqu'il arriva aux Etats-Unis, s'attendant à être bien reçu en sa qualité de fidèle disciple de Freud, il reçut la visite d'une délégation de l'Institut new-yorkais le priant de venir grossir leurs rangs comme professeur et chercheur salarié mais de renoncer à toute position publique en tant que psychanalyste clinique. Reik en fut révolté. S'il accepta une invitation à venir donner quelques cours à l'Institut, il devait en profiter pour dresser la liste de ses griefs à l'encontre de celui-ci si bien qu'il ne fut jamais réinvité. Il résolut, à la place, de devenir le plus célèbre analyste des Etats-Unis (Sherman, 1987). Il intégra le White Institute en qualité de didacticien. Lorsque, peu de temps après, cet Institut cessa de former des psychanalystes profanes, c'est donc tout naturellement que les exclus se tournèrent vers lui afin de lancer un Institut non médical (Berkeley, 1987; Gargiulo, 1987).

Ces élèves animèrent autour de Reik un séminaire clinique qui devint le noyau de la National Psychological Association for Psychoanalysis (Berkeley, 1987) officiellement fondée en 1948. Jusqu'en 1959 où des schismes institutionnels prototypiques aboutirent à la formation de deux sociétés nouvelles, ce fut le seul Institut de tous les Etats-Unis où un non-psychiatre pouvait se former à l'analyse classique. Il demeure aujourd'hui le seul et unique Institut qui délivre des diplômes de psychanalyse à des candidats qui ne sont ni médecin, ni psychologue, ni travailleur social. Plus récemment, ces derniers groupes ont imité les médecins des années 1940 et 1950 en s'efforçant d'exclure les autres.

L'indignation de Reik lorsqu'on lui ferma les portes de la New York Psychoanalytic Society a fait couler beaucoup d'encre, comme si son narcissisme blessé, cette blessure d'amour-propre, avait été sa seule motivation pour fonder un nouvel Institut de formation psychanalytique. S'il est probablement déraisonnable de croire que des questions de morale y furent pour quelque chose, il *est* en revanche raisonnable d'imaginer que sa fidélité à Freud et à sa position sur l'analyse profane joua son rôle. Après tout, c'est bien pour défendre Reik que Freud avait écrit *La question de l'analyse profane*. Il est significatif que, quoique docteur en médecine, le Dr Ruth Berkeley, membre fondatrice de la N.P.A.P., m'ait indiqué que le groupe initial des huit fondateurs s'attendait à pareille contestation juridique et était déterminé à plaider leur cause comme elle l'avait été à Vienne. (A en croire Sherman, 1987, Jones se trompe lorsqu'il affirme que le procès intenté à Reik n'a pas été plaidé. Il cite une chronique judiciaire du *New York Times* évoquant cette affaire.) C'est d'elle que j'appris que l'opposition du corps des psychiatres de l'Etat de New York représenta une menace très considérable et préoccupa davantage encore l'Institut en herbe que la psychanalyse médicale (Berkeley, 1987).

Néanmoins, que ce fût en raison de l'irascibilité de Reik, de sa position technique et théorique iconoclaste, de leur préférence pour l'apprentissage ou encore de leur loyauté envers la psychanalyse organisée, rares sont les analystes immigrés profanes qui rejoignirent le groupe (Menaker, 1987) à l'instar d'Edward Frankel, Otto Spranger et John Herma. De même, Hilda Lowinsky, membre de l'A.P.I. à qui la New York Society avait fermé ses portes, rejoignit la Faculté et s'apprêtait à devenir membre du groupe au moment de sa mort. Moses Barinbaum, médecin analyste immigré membre du New York Psychoanalytic Institute et mari de Gisela Barinbaum, l'une des fondatrices de la N.P.A.P., voulut lui aussi enseigner. Ses collègues médecins le prièrent d'y renoncer ou de faire le deuil de son appartenance à l'Institut et à la Société. Le programme annonça alors un cours confié à une personnalité dont le nom serait précisé par la suite. Lorsque cette ruse fut découverte, Barinbaum se vit contraint de cesser son enseignement. Plus tard, Bychowski donna lui aussi des cours (Berkeley, 1987; Gargiulo, 1987; Reppen, 1987).

Cette réticence des autres à devenir membres de la Faculté signifiait que la formation officieuse restait une solution de rechange et un complément de la formation au sein d'un institut. Ce procédé, soit dit en passant, est toujours à l'honneur parmi les analystes profanes sérieux de New York : la formation officielle dans le cadre d'un institut est suivie par des séminaires officieux et un système de supervision privée assurée par des membres bien en place de l'American Psychoanalytic Association.

Le nouvel Institut prospéra, attirant des candidats qui, à la même époque, bénéficiaient aussi d'une formation non officielle. Moins de quatre ans après sa fondation, il assurait un programme étalé sur quatre années et prévoyant dix cours de théorie psychanalytique, dix cours de technique psychanalytique, et plusieurs séminaires outre l'habituelle exigence de formation et d'analyse supervisée (Anonyme, 1973, 1974, 1975).

Le rôle de Reik dans la mise en place d'un Institut de formation reconnu, organisé, accrédité par l'Etat et ouvert aux psychanalystes profanes a été absolument décisif. Sa réputation était celle de l'un des plus proches disciples de Freud tandis que sa popularité était due à ses livres. Et c'est cette réputation qui valut à cette entreprise respect et légitimité (Bergmann, 1987; Berkeley, 1987; Sherman, 1987). Il inspira aussi à ses jeunes collègues une grande loyauté personnelle (Anonyme, 1974, 1975; Berkeley, 1987). Les récits des premières années de l'Institut rappellent étonnamment les premières années informelles où Freud n'avait qu'un petit nombre de collègues et où les échanges entre eux n'étaient guère entravés par le fait qu'il avait analysé nombre d'entre eux. Cette situation avait bien sûr ses inconvénients. Du fait de l'influence centrale de Reik, on attachait une grande importance à l'écoute intuitive de l'inconscient du patient. Peut-être cette attitude a-t-elle favorisé un climat reléguant la discussion et l'étude théoriques au second rang par rapport à la pratique clinique concrète (Bergmann, 1987). Il n'en reste pas moins difficile d'imaginer une autre personnalité capable d'agir aussi efficacement pour devenir le centre de l'organisation de la psychanalyse non médicale aux Etats-Unis. Force nous est de reconnaître, cependant, que ces efforts n'ont pas réussi à arracher les analystes profanes à leur statut de seconde zone.

L'effet de cette exclusion de l'analyse profane sur la pratique de la psychanalyse reste à étudier. Somme toute, la situation dans laquelle pratique un analyste donne naissance à une certaine idée de l'analyse qui peut à son tour influencer sa compréhension et sa technique. Quels pourraient donc être les effets individuels d'une telle situation sur l'analyste « illégitime » ? Et qu'en est-il du « légitime » qui laisse son collègue non moins averti ni formé dans une position subalterne quand il ne l'exclut pas ? Pour répondre au plus clair de ces questions, il faudrait que chacun fasse son examen de conscience.

L'influence sur les attitudes à l'égard de la théorie classique est plus facile à définir parce que l'on peut tâcher de dégager quelques tendances générales. D'un côté, le fait que la formation psychanalytique classique soit si longtemps restée un bastion médical a favorisé une situation dans laquelle l'adoption rigoureuse de ses principes par des analystes profanes pouvait se traduire, entre autres, par une identification avec l'agresseur. Probablement en a-t-il été souvent ainsi. D'un autre côté, il pouvait également en résulter une attitude différente, qui fut probablement aussi fréquente : une rébellion contre l'oppresseur qui pousse à adopter une nouvelle formulation théorique — laquelle pourrait être en contradiction avec les dogmes de la psychanalyse classique, sans étude ni tentative d'intégration suffisantes.

Mais il s'agit là de situations psychologiques générales endémiques que l'on retrouve chez tous les candidats ou analystes en relation de transfert vis-à-vis de Freud ou de la théorie freudienne. S'agissant un peu plus précisément de la situation politique aux Etats-Unis et de la manière dont elle a pu affecter les individus, je hasarderais une conjecture pour le moins spéculative : l'idée d'une sphère du moi exempte de tout conflit eut une grande importance à New York comme dans tous les Etats-Unis au cours des années 1940, 1950 et 1960. Elle était associée au nom d'Hartmann, certes, mais aussi à celui d'Ernst Kris, le grand analyste profane que la New York Society accueillit comme membre. La nécessité d'une théorie étayant la conviction que cette politique d'exclusion n'affectait aucunement le travail des analystes a-t-elle pu être l'une des raisons de l'adoption aux Etats-Unis, et surtout à New York, de la notion de sphère du moi exempte de conflits ?

Traduit de l'américain
par Pierre-Emmanuel Dauzat

Gail S. Reed,
1199, Park Ave., Ste 16,
New York, NY 10128, U.S.A.

Mots clés

Association psychanalytique américaine – Ego psychologie – Formation psychanalytique – National Psychological Association for Psychoanalysis (NPAP) – Psychanalyse profane.

BIBLIOGRAPHIE

Anonyme (juillet 1973) Happy 25th Birthday, N.P.A.P., *N.P.A.P. News and Reviews*, 4, III, p. 1-4.

— (octobre 1974) A condensed history of N.P.A.P., *N.P.A.P. News and Reviews*, 5, IV, p. 2-3.

— (janvier 1975) N.P.A.P. History, *N.P.A.P. News and Reviews*, 6, I, p. 2-4.

Bergmann M. (1987) Communication personnelle.

Berkeley R. (1987) Communication personnelle.

Cornyetz P. (1987) Communication personnelle.

Gargiulo A. (1987) Communication personnelle.

Hartman F. (1976) *Biographical Sketches of Herman Nunberg and Theodore Reik*, éd. par Bergmann M. et Hartman F., New York, Basic Books, p. 61-63, 73-75.

Menaker E. (1987) Communication personnelle.

Roazen P. (1971) *Freud and his Followers*, New York et Ontario, New American Library, 1976 ; trad. franç. par A. Zouboff, révisée par P.-E. Dauzat, *La saga freudienne. La tragédie de l'ingratitude* (version abrégée), Paris, P.U.F., 1986.

Reppen J. (1987) Communication personnelle.

Sherman M. (1987) Unpublished reminiscences of Theodore Reik, étude présentée lors du colloque de la National Psychological Association for Psychoanalysis : *The Question of Lay Analysis : 60 years later*, New York, 18 avril 1987.

RÉSUMÉS

Cet article examine les effets de l'immigration des psychanalystes, médecins ou non, formés en Europe sur le développement de l'analyse profane à New York. S'appuyant, pour l'essentiel, sur des entretiens à bâtons rompus avec des analystes profanes qui ont pris part à la lutte pour acquérir une formation classique dans les années 1930 et 1940 ainsi qu'au début des années 1950 à New York, il relate le développement d'un réseau de formation secret et officieux, puis finalement la création d'un Institut de formation accrédité par l'Etat malgré l'opposition farouche de la psychiatrie organisée. Il s'interroge aussi sur l'effet inconscient d'une telle situation sur les psychanalystes pratiquant dans cette atmosphère professionnelle, puis se demande si la notion de sphère du moi exempte de conflit n'a pas fortuitement contribué à repousser cette question.

The effect of immigration on lay analysis in the United States

This paper investigates the effect of the immigration of European trained medical and non-medical psychoanalysts upon the development of lay-analysis in New York City. Using as a principle resource informal interviews with non-medical analysts who took part in the struggle to acquire classical training in the 1930's, 40's and early 50's in New York City, it chronicles the development of a secret, unofficial network of training and the eventual establishment of a state certified training Institute in the face of fierce opposition from organized psychiatry. It also questions the unconscious effect upon psychoanalysts practicing in such a professional atmosphere and speculates whether the concept of the conflict-free sphere of the ego did not fortuitously lend itself to denial of that question.

Die Auswirkungen der Emigration
der Psychoanalytiker auf die Entwicklung der Laienanalyse in den U.S.A.

Dieser Artikel untersucht die Auswirkungen der Einwanderung der ehemals europäischen Psychoanalytiker, Ärzte oder auch nicht, auf die Entwicklung der profanen Analyse in New York. Sich hauptsächlich stützend auf Gespräche mit Profananalytikern, die sich am Kampf um eine klassische Ausbildung in den dreißiger und vierziger Jahren, ebensowie in den Anfängen der fünfziger in New York beteiligten, berichtet er ausführlich über die Entwicklung eines geheimen und halboffiziellen Netzes und schließlich über die Entstehung eines staatlich anerkanntem Ausbildungszentrums, trotz heftiger Proteste der gegnerisch organisierten Psychatrie. Er stellt sich ebenfalls die Frage, welchen Effekt eine solche Situation auf die praktizierenden Psychoanalytiker in dieser professionellen Atmosphäre haben würde.

Le conseguenze dell'emigrazione degli analisti sullo sviluppo
dell'analisi negli Stati Uniti esercitata dai non-medici

Questo articolo esamina gli effetti dell'immigrazione degli psicanalisti, medici o no, formati in Europa sullo sviluppo dell'analisi profana a New York. Basandosi essenzialmente su conversazioni avute a più riprese con quegli analisti profani che avevano partecipato alla lotta per ottenere una formazione classica negli anni 1930 e 1940, e anche all'inizio degli anni 1950 a New York, l'autore parla dello sviluppo di una rete di formazione segreta e ufficiosa e infine della creazione di un Istituto di formazione accreditato dallo Stato, malgrado la feroce opposizione della psichiatria organizzata. Egli s'interroga anche sull'effetto inconscio di una tale situazione sugli psicanalisti che esercitavano in questa atmosfera professionale, poi si chiede se la nozione di sfera dell'io libera da conflitti non abbia portato per caso a negare questo problema.

Consecuencias de la inmigración sobre la práctica
del análisis profano en los Estados Unidos

En este artículo se examinan los efectos que tuvo la inmigración de psicoanalistas formados en Europa (médicos y no médicos) en el desarrollo del psicoanálisis profano en Nueva York. Tomando como base las entrevistas informales que realizó con analistas profanos que participaron en la lucha por obtener una formacion clásica en Nueva York en el periodo 1930-1955, el autor describe la creación de una red de formación secreta y oficiosa, y luego el establecimiento de un Instituto de formación acreditado por el Estado a pesar de la oposición tenaz de la psiquiatría organizada. Tambien se pregunta acerca del efecto inconsciente de esa situación sobre los psicoanalistas que practicaban en una atmósfera profesional de tales características : y si el concepto de esfera del yo libre de conflicto no contribuyó a que esa cuestión fuera objeto de una renegación.

Psychanalyse et engagement : Otto Fenichel et les freudiens politiques

DAVID JAMES FISHER

L'essai remarquablement bien écrit de Russell Jacoby est en fait une étude de la psychanalyse et de l'engagement politique[1]. Sa recherche tourne autour d'Otto Fenichel (1897-1946) et d'un cercle d'amis qui, dans un premier temps, se rassemblèrent autour de lui à Berlin avant de se laisser disperser par l'essor du fascisme et l'approche de la Deuxième Guerre mondiale. Plusieurs membres du cercle émigrèrent en Amérique. Ces sept collègues (Annie Reich, Edith Jacobson, Kate Friedländer, Georg Gero, Barbara Lantos, Edith Gyomroi et, peut-être, Berta Bornstein) avaient un certain nombre de points communs, outre le fait qu'ils étaient tous nés aux alentours de 1900, et qu'ils représentaient la deuxième génération de psychanalystes européens. L'adolescence de ces jeunes gens fut marquée par la Grande Guerre, et leur éveil à la conscience se fit, au lendemain de la guerre, dans une période de révolution sociale et de répression, d'anarchie économique et d'affrontements de mouvements de masse de gauche et de droite. Leurs premières années furent marquées en profondeur par les mouvements de la jeunesse extrémiste, la gauche politique, la Révolution russe à son premier souffle, une immersion conséquente dans la culture marxiste, l'attachement aux partis socialiste ou communiste et, enfin, le désir d'inté-

David James Fisher est psychanalyste, professeur au département de Psychiatrie de l'U.C.L.A., School of Medicine.

1. Russell Jacoby, *The Repression of Psychoanalysis. Otto Fenichel and the Political Freudians*, Basic Books, 1983; trad. franç. par Pierre-Emmanuel Dauzat, *Otto Fenichel : destins de la gauche freudienne*, Paris, P.U.F., 1986.

grer la psychanalyse classique au sein d'un cadre élargi de théorisation sociale marxiste.

Jacoby remet en cause le portrait traditionnel de Fenichel, qui n'aurait été qu'un auteur éminent et prolifique multipliant les contributions au « courant dominant » de la psychanalyse. Il nous oblige ainsi à réexaminer l'héritage de ce courant. Vingt ou vingt-cinq ans après sa publication, le « gros » Fenichel, sa *Théorie psychanalytique des névroses* (1945), est toujours considéré comme un compendium encyclopédique et fiable par les analystes. Quant au « petit » Fenichel, *Problems of Psychoanalytic Technique* (1941), il met en avant des principes directeurs pour une théorie de la thérapie psychanalytique; jamais Freud ne s'était hasardé à aller aussi loin, c'est-à-dire à rassembler la totalité de ses réflexions sur la technique en un seul et unique texte. Les deux ouvrages de Fenichel sont équilibrés et pleins de bon sens; l'un et l'autre se gardent du réductionnisme tant biologique que culturel et adhèrent à la théorie de la motion pulsionnelle, témoignant ainsi de l'attachement profond de Fenichel à Freud et de sa fidélité à sa formation d'origine dans le cadre de la Société psychanalytique de Vienne. C'est à peine si l'on se souvient, cependant, quand on ne l'a pas oublié, du passé engagé de Fenichel, de ses options politiques radicales et de son ambition de donner suite à un grand projet de théorie sociale psychanalytique. Non content de réhabiliter Fenichel, Jacoby exhume aussi un chapitre perdu de l'histoire de la psychanalyse. L'extinction d'une psychanalyse politique au sein d'un cadre épistémologique marxiste, plaide-t-il, s'est soldée par un déclin de la psychanalyse américaine — lequel a compromis à son tour la santé du mouvement psychanalytique tout entier.

Jacoby s'est ainsi familiarisé avec une version sophistiquée de la méthode d'analyse sociale propre à l'Ecole de Francfort, associant une psychanalyse freudienne classique à une version hégélienne, non dogmatique, du marxiste. Son principal centre d'intérêt n'est autre que la mémoire, ou plus exactement les répercussions sociales de l'oubli. De même qu'il ne mâche pas ses mots à l'égard des formes conformistes de la psychologie non psychanalytique, son marxisme s'accompagne d'une dénonciation des poses gauchistes les plus triviales, d'une exaspération face aux insipidités du léninisme et d'un mépris polémique des aspects dévots et infantiles du marxisme vulgaire. Au même titre que ses précédentes études, *Social Amnesia* (1975) et *The Dialectic of Defeat* (1981), *Otto Fenichel : destins de la gauche freudienne* met en évidence les talents de théoricien critique de Jacoby. Tous ses livres sont des exercices sur la force de la dialectique négative. Lire Jacoby, c'est ainsi affronter les aspects révolutionnaires, ou même dangereux, de la raison, tandis que son approche a pour effet de dissoudre les idées figées. Il démystifie les idées reçues, en particulier les formes de connaissance officiellement sanctionnées par les associations internationales ou l'université. Et Jacoby d'avancer une conception de la totalité qui réunit des champs apparemment distincts de l'activité humaine tout en recoupant d'autres univers du discours. Dans une prose étincelante de critique sociale, Jacoby s'adresse à un large public cultivé. Il connaît le poids des mots. En tant que styliste, il surpasse ses mentors d'origine allemande — Marcuse, Korsch et Adorno — par sa maîtrise de l'anglais et par son maniement habile, souvent heureux, des idées abstraites. C'est un hégélien qui a le sens de l'humour, ce qui suffirait à rendre la lecture de son livre fort agréable; il a un humour à froid de pince-sans-rire, plein d'ironie. Mais si son style est corrosif, il s'adresse à son public sur un ton polémique, qui ne sera pas du goût de tous. Apportant un correctif à l'histoire officielle ou à la conspiration du silence, il déforme ou dénature le sens même de la vie de ces analystes européens réfugiés. Passionné par son sujet, Jacoby se bat pour les idées et leurs conséquences. Ainsi son incursion dans l'histoire du mouvement psychanalytique a-t-elle pour dessein d'extrapoler l'esprit et les options révolutionnaires de ceux qui vécurent cette histoire. Il écrit donc d'un point de vue engagé sur l'engagement psychanalytique, bien que ses ferveurs révolutionnaires n'idéalisent ni ne sentimentalisent le passé. En comparaison du bon sens inoffensif et de l'esprit partisan des histoires officielles, l'essai de Jacoby forme un contraste rafraîchissant. Son histoire forme aussi un vif contraste avec l'apathie généralisée qui règne dans tout ce qui se rapporte de près ou de loin aux instituts psychanalytiques de l'Amérique contemporaine, dont le meilleur exemple de l'indifférence est sans doute le manque d'intérêt pour leur propre histoire, leurs fondements politiques et philosophiques et leur incapacité démontrable de se critiquer dans un esprit constructif. Soit dit en passant, Jacoby appartient aussi à un groupe de chercheurs de premier plan à qui Kurt Eissler a refusé l'accès aux Archives Freud.

En retraçant l'itinéraire de Fenichel, Jacoby fait revivre une génération presque oubliée de psychanalystes européens qui furent aussi des humanistes radicaux et des non-conformistes, profondément influencés par une tradition marxiste de théorisation sociale propre à l'Europe centrale. La culture psychanalytique de l'entre-deux-guerres était en effet inséparable d'un milieu intellectuel et politique riche en mouvements sociaux et en idéologies de gauche. Etre psychanalyste c'était, pour beaucoup, s'afficher comme un progressiste, un libre penseur, un réfractaire et un renégat. Qui plus est, Fenichel et son cercle n'étaient pas rejetés à l'extérieur comme des étrangers, à la périphérie de tout mouvement de quelque importance. Ils se situaient à l'intérieur même de la communauté psychanalytique classique, dont ils étaient des membres bien formés et respectés. C'est ainsi au début des années 1920 que Fenichel présenta sa première étude devant la Société psychanalytique de Vienne. Les membres de son cercle furent par ailleurs des didacticiens et des superviseurs appréciés ; cliniquement pénétrants, ils furent plusieurs à poursuivre des recherches et à enrichir largement la littérature psychanalytique. Jacoby le présente comme un intellectuel d'Europe centrale doté d'une solide formation et très cultivé. Et, si la psychanalyse eut le don de séduire Fenichel et son cercle, c'est parce qu'elle remettait en cause des idées scientifiques et philosophiques reçues ; la théorie et la méthodologie psychanalytiques leur permettaient aussi de s'orienter dans un monde de plus en plus déboussolé. De surcroît, la psychanalyse était irrévérencieuse. Elle était critique. Ils se rallièrent à la psychanalyse en tant que dissidents, espérant préserver (ou lui redonner vie) une tradition politique de gauche dans le cadre de paramètres classiques.

Le portrait que brosse Jacoby de Fenichel saisit bien l'exubérance et les qualités obsessionnelles de l'homme, mais il demeure beaucoup trop bref et l'on aurait aimé qu'il prenne les dimensions d'une véritable biographie intellectuelle. La manie que Fenichel avait des listes et de la remémoration allait de pair avec un goût spontané de la vie, du voyage, des plaisanteries et de la conversation. Lecteur vorace, il était aussi un brillant conférencier et savait écouter. S'il aimait compiler les œuvres des autres, il appréciait également la poésie et admirait Rilke. Autre produit typique de la « Vienne fin-de-siècle », l'identification de Fenichel avec la grande culture allemande n'était point pour autant synonyme de mépris antidémocratique des masses et des personnes économiquement et culturellement défavorisées, pas plus qu'il ne se soldait par un rejet de l'héritage culturel juif ou par un sentiment personnel de judéité. Fort de sa prodigieuse capacité de travail, de sa mémoire impressionnante, de son goût pour de multiples domaines du savoir et de sa discipline introspective, Fenichel accomplit une œuvre soignée et empathique. N'étant pas un penseur original ou novateur, il était plus doué pour élaborer la synthèse du travail des autres que pour jalonner de nouvelles directions bien à lui. Il se refusait cependant à dissocier la psychologie individuelle freudienne de l'intelligence de l'histoire et de l'édifice social. La connaissance et le changement de soi, affirmait-il avec force, doivent intervenir parallèlement à la révolution sociale. Marx et Freud devaient se compléter : Marx offrait une clé méthodologique pour comprendre les rapports sociaux tandis que Freud donnait une clé de l'intelligence des dimensions de la subjectivité et du monde intérieur. L'attachement de Fenichel à la psychanalyse sociale procédait d'un esprit juvénile de rébellion, d'un intérêt pour les aspects subversifs de la sexualité et de l'inconscient, qui ne devait jamais s'éteindre complètement avant son exil. Il n'avait rien d'un savant replié sur soi et, à en croire Jacoby, il avait un style de caractère actif, à l'opposé de la déférence. Il multipliait les interventions sans craindre de s'identifier à des causes peu populaires comme la défense des théories de Wilhelm Reich. Il n'était pas homme à s'incliner devant l'autorité par respect de la hiérarchie, de l'âge ou de l'expérience.

Jacoby relate en termes éloquents le départ de Fenichel de Vienne pour Berlin en 1922, son exil à Oslo en 1933, puis son émigration à Prague et enfin à Los Angeles. S'agissant des archives, son grand mérite est d'avoir découvert 119 circulaires, ou *Rundbriefe*, rédigées au cours des onze années et demie d'exil de Fenichel, *i.e.* de 1934 à 1945. Celles-ci comptent en moyenne de 15 à 25 feuillets dactylographiés, la dernière datant du 14 juillet 1945. Ces circulaires étaient simultanément expédiées à six autres analystes qui constituaient une opposition secrète.

Le cercle de Fenichel fut profondément marqué par le climat intellectuel et l'exubérance de l'Institut psychanalytique de Berlin s'ajoutant à l'ambiance politique et culturelle explosive de l'Allemagne de Weimar. Depuis la disparition de Karl Abraham en 1926, l'Institut psychanalytique de Berlin manquait d'un maître à penser capable de rivaliser avec Freud. Sans doute la présence paternelle de celui-ci a-t-elle renforcé la cohésion interne et un conservatisme apparent, permettant ainsi de nouveaux départs créatifs dans le champ de l'analyse des enfants et des adolescents et des développements théoriques intéressant la psychologie du moi. Toutes ces avancées, dont Vienne fut le théâtre, se firent sans nécessiter de ruptures ni de querelles acerbes. Dans l'Allemagne de Weimar, en revanche, Berlin était marqué par un climat d'ouverture sociale et culturelle, par de profonds conflits politiques et par la polarisation rapide des mouvements de masse communiste et fasciste; la psychanalyse, quant à elle, se distinguait par un goût certain des expériences éducatives, un évident esprit civique et le désir de développer des formes de thérapie psychanalytique à l'intention des démunis. L'analyse profane était encouragée, sinon même favorisée. Aussi est-ce à Berlin que l'on vit naître un certain nombre d' « hérésies » psychanalytiques : il suffit de citer les noms de Karen Horney, de Melanie Klein et de Franz Alexander pour se faire une idée de la diversité du groupe de Berlin. Ernst Simmel, qui devait par la suite fonder la Los Angeles Psychoanalytic Society, était également berlinois. Médecin socialiste, c'est lui qui créa le premier sanatorium psychanalytique, le Schloss Tegel, auquel Freud rendit quelques visites. Qui plus est, les destinataires des circulaires de Fenichel formaient à l'origine un groupe d'étude indépendant des séminaires officiels de l'Institut psychanalytique de Berlin et qui s'était baptisé, peut-être dans une intention ironique, le Séminaire des Enfants. Rejetant le formalisme, l'autoritarisme et la structure pyramidale de l'Institut, ils se rassemblèrent en un petit cercle de gauche, informel, démocratique et rebelle, soudé par de nombreux liens de camaraderie.

A l'instar de son collègue Wilhelm Reich, Fenichel paraît avoir gravité vers le communisme allemand. Il afficha d'évidentes sympathies pour la Révolution russe jusqu'en 1932, se rendit en U.R.S.S. à plusieurs reprises et donna des conférences publiques sur le thème « Psychanalyse et socialisme ». Si l'on en croit Jacoby, Fenichel maîtrisait parfaitement le marxisme classique, ou ordinaire, caractéristique des années 1930. Ce qui le séduisait dans le marxisme, c'était sa rigueur et sa méthode scientifiques; sa sociologie fournissait une théorie critique de la société dont on déplorait l'absence dans la théorie psychanalytique. Si la thérapie psychanalytique pouvait venir au secours des individus isolés, les aider à connaître une vie moins malheureuse, le psychanalyste praticien n'avait pas les moyens de promouvoir des changements sociaux en profondeur.

Pour Fenichel et son cercle, Wilhelm Reich, en particulier ses contributions à la théorie et à la technique psychanalytiques de la fin des années 1920 et du début des années 1930 — c'est-à-dire de la période la plus créative de Reich —, représenta un défi tant personnel qu'intellectuel. Jacoby évoque les rapports entre Fenichel et Reich de manière intelligente et informée, mais non sans porter sur eux un regard critique. Il évite presque tous les clichés inévitables dans toute discussion autour de Reich. Ainsi qu'en attestent les archives, Fenichel souscrivait largement au marxisme de Reich, qu'il défendait tant en public qu'en coulisses. D'accord avec le noyau dur de l'œuvre de Reich, il approuvait aussi son élaboration d'une approche systématique des interprétations psychanalytiques ainsi que l'analyse des résistances esquissée à grands traits dans la première édition de *L'analyse caractérielle* (1933). Mais, en 1933, un véritable dialogue avec Reich s'avéra impossible (Annie Reich quitta son mari en 1933 et demeura au sein du cercle de Fenichel). Reich exigeait que l'on fût d'accord avec lui au risque même de se voir exclu de l'Association psychanalytique internationale (Reich fut chassé tant du Parti communiste que de l'A.P.I. en 1934). Si Fenichel et ses camarades appréciaient l'originalité de Reich et ses capacités de théoricien, ils refusaient cependant d'accepter son dogmatisme personnel et son instabilité mentale. Ils réservèrent un bon accueil à ses grandes contributions, en particulier à son étude brillante de *La psychologie de masse du fascisme* (1933), tout en prenant leurs distances par rapport à son réductionnisme sexuel et à ses simplifications outrancières. Sur un plan technique, Fenichel rejetait comme trop ouvertement agressive l'idée, chère à Reich, qu'il convenait de mettre en pièces l'armure défensive du patient. De même, il désapprouvait le goût qu'avait Reich de précipiter des crises artificielles dans la situation analytique par des interventions histrioniques, se soldant souvent par des « éruptions » non thérapeutiques.

Le fascisme et l'exil mirent en pièces la vie et les engagements des freudiens politiques tandis que la destinée de Reich devait aussi les hanter. Fenichel et son cercle, affirme Jacoby, ne devaient jamais se remettre de leur expulsion d'Europe centrale. Ils ne voulurent pas courir le risque d'être censurés ou exclus de l'Association psychanalytique internationale. Devant l'effondrement du monde européen de leur jeunesse, leur arrivée en Amérique se traduisit non seulement par une attitude de réserve et de conservatisme intellectuels, mais aussi par un repliement sur soi, c'est-à-dire par un « refoulement » et même un « autorefoulement » de leur passé et de leur identité d'hommes de gauche. Tout en s'adaptant, en se taillant des succès personnels en leur qualité d'immigrés, en reprenant leur carrière de psychanalystes, ils continuèrent à former une opposition secrète jusqu'à la mort de Fenichel. Beaucoup firent de brillantes carrières en Amérique et en Angleterre, mais ils n'eurent pas de disciples et ne transmirent guère l'héritage de la gauche freudienne. L'américanisation de la psychanalyse ne fut rien moins qu'une « défaite culturelle » — autrement dit un éloignement des questions politiques et de la place publique. Il leur fallut enterrer leur propre passé. En s'éloignant de tout fondement progressiste ou marxiste, la culture psychanalytique enregistra un recul théorique, devenant ainsi vaporeuse et gentillette. En Amérique, le cercle de Fenichel plaida pour une version classique de la psychanalyse tout en renonçant à son projet de psychanalyse politique.

Une fois en Amérique, Fenichel découvrit une culture politique et un milieu psychanalytique très différents de ce qu'il avait connu en Europe. Si le fascisme consomma une rupture politique dans la continuité de leur vie, l'exil ne fit que les éloigner davantage encore de leurs efforts de synthèse de Marx et de Freud. Analystes immigrés en situation précaire, possédant la triple tare d'être à la fois psychanalystes, marxistes et juifs, ils choisirent la prudence. A ce stade de son essai, Jacoby change de vitesse, abandonne son portrait intellectuel de Fenichel et analyse l'impact de l'Amérique et de la psychanalyse américaine sur cette génération de freudiens politiques.

Ainsi monte-t-il en épingle quatre traits de la vie américaine qui encouragèrent la circonspection, le silence et en définitive la connivence du cercle de Fenichel dans l'entreprise de « refoulement » de leur propre version européenne d'une psychanalyse politique : médicalisation, américanisation, néo-freudisme, antimarxisme.

En 1938, l'American Psychoanalytic Association interdisit la formation de nouveaux analystes profanes. Malgré la position sans équivoque de Freud à ce sujet, la psychanalyse se transforma aux Etats-Unis en spécialité médicale, tandis que le triomphe de la médicalisation s'accompagna, suivant Jacoby, d'une banalisation théorique. Les préoccupations thérapeutiques et les intérêts carriéristes prirent le pas sur la recherche et l'attachement aux aspects subversifs des façons de penser psychanalytiques. Non seulement la thérapie l'emporta sur la science au point de la submerger, mais l'admission en analyse didactique fit l'objet de mesures de restrictions et de bureaucratisation. La psychanalyse américaine officielle devint un club privé se distinguant par une mentalité élitiste de poseurs accueillant peu volontiers les femmes, les humanistes, les dissidents et les libres penseurs. Et Jacoby d'ajouter que la professionnalisation était inextricablement liée à la volonté de réglementation et d'endiguement; ne recruter les futurs analystes que parmi les étudiants qui se destinaient à la médecine, c'était en effet se donner l'assurance que la psychanalyse américaine serait à l'avenir dominée par des médecins « conformistes et conservateurs ». De même, les bases médicales et psychiatriques s'infiltrèrent dans le courant dominant de la littérature psychanalytique. Une prose embarrassée, jargoneuse et technique se substitua aux aspects accessibles, imaginatifs et métaphoriques des écrits de Freud. Qui plus est, les interprétations forcées dans un souci de légitimité « scientifique » ne devaient pas engendrer un corpus respecté de connaissances scientifiques et de recherches susceptibles d'être reproduites. Elles produisirent plutôt une pléthorique sous-classe de spécialistes traitant avec suffisance une clientèle toujours plus abondante.

Par américanisation, Jacoby entend le processus culturel par lequel les institutions et les modes de pensée typiquement américains ont fini par absorber la psychanalyse. Dans son esprit, l'américanisation est synonyme de banalisation. Réfractées en américain, la théorie et la pratique psychanalytiques perdirent leur tranchant de rébellion, leur propension au questionnement, leur fonction de théorie générale de la civilisation, laissant la place à une psychanalyse pragmatique, foncièrement anti-intellectuelle, appauvrie et conformiste — à une psychanalyse qui paraissait, en fin de compte, étriquée, traditionnelle et conservatrice en comparaison de celle qui l'avait précédée en Europe.

Les néo-freudiens éveillèrent les espérances du cercle de Fenichel avant de les faire sombrer. Erich Fromm, Karen Horney et Clara Thompson ne dissimulaient pas leurs engagements sociaux et culturels, ni leur opposition au réductionnisme biologique. Mais Fenichel se refusa à rejoindre leurs rangs en raison de leur rejet de la théorie des motions pulsionnelles. S'inscrivant en faux contre les néo-freudiens, Fenichel était d'avis que la psychanalyse comme théorie critique ne pouvait renoncer à son intelligence de la sexualité et du processus inconscient. (Fenichel devait s'opposer au dernier Freud qui postulait une pulsion de mort, ce qui équivalait à ses yeux à « une biologisation complète des névroses ».) Sur le plan de la technique psychanalytique, pensait-il, l'orthodoxie freudienne demeurait plus radicale que ceux qui tentaient de modifier et de réformer la pratique clinique; ainsi s'opposait-il à Ferenczi, partisan de plus d'affection mais de moins de doigté et de neutralité dans la technique analytique, pour prôner un équilibre entre l'empathie et l'intuition — la proximité émotionnelle de l'analyste et de l'analysé exigeant quelque distance pour tirer le meilleur parti du processus interprétatif. Et Fenichel de jeter l'anathème sur le dogmatisme biologique autant que sur le dogmatisme culturel. L'investigation psychanalytique devait se situer sur une interface où l'expérience subjective de l'individu et le développement de la petite enfance convergeaient avec une famille et un cadre social spécifiques; elle ne pouvait être oublieuse de la réalité. En Amérique, Fenichel se retrouva donc dans une position paradoxale, se rangeant aux côtés des psychanalystes conservateurs contre les néo-freudiens tout en refusant de souscrire au jugement de la psychanalyse classique sur la théorie critique marxiste. Fenichel lui-même ne fut revendiqué par aucune des factions, et il ne devait jamais se sentir chez lui parmi les néo-freudiens comme parmi les orthodoxes.

Que l'Amérique de la fin des années 1930 et du début des années 1940 fût antimarxiste est une évidence qui ne mérite pas que l'on s'y attarde. Les communistes ou les compagnons de route *(Mitläufer)* passaient pour des « antifascistes prématurés ». Aussi comprend-on que, dans un tel climat, Fenichel et son cercle aient bel et bien dissimulé leur passé militant. Le refus de la politique propre au contexte américain, l'absence d'un parti socialiste viable ou d'un mouvement de masse à gauche se soldèrent inévitablement par une déculturation de la psychanalyse européenne classique. Afin de survivre en Amérique, Fenichel et son cercle censurèrent leur propre héritage et gardèrent le silence sur leurs engagements marxistes. Le silence, explique Jacoby, garantissait que l'opposition demeurerait secrète mais, plus pernicieusement, qu'ils n'auraient pas d'élèves ni de corpus à transmettre à la postérité. Jacoby laisse d'ailleurs entendre que le groupe de Fenichel faisait montre d'un certain opportunisme, masquant fort judicieusement leur passé militant pour faire avancer leur carrière en Amérique. En contribuant à faire de la psychanalyse une discipline technique et clinique, ils firent sans le vouloir le jeu de la domestication de la psychanalyse américaine.

Ernst Simmel avait précédé Fenichel en Californie dès 1934 et fondé un groupe d'études psychanalytiques largement placé sous sa coupe. Or, l'une des caractéristiques essentielles de ce groupe d'études, qui reçut une consécration officielle en 1946 dans le cadre de la Los Angeles Psychoanalytic Society, c'est qu'il réservait bon accueil aux analystes profanes.

De fait, bien qu'ils eussent obtenu leur diplôme de médecine en Europe, Simmel et Fenichel étaient considérés comme des psychanalystes « profanes » en vertu de la législation californienne sur l'autorisation d'exercer la médecine. Par loyauté envers Freud aussi bien que par conviction intime, Fenichel et les membres de son cercle prônaient et favorisaient ouvertement l'analyse profane. Les grandes figures des premières années de la psychanalyse à Los Angeles étaient d'ailleurs des analystes profanes, dont beaucoup avaient été formés en Europe tandis qu'un certain nombre d'entre eux avaient été analysés par Freud et ses disciples les plus en vue. Des personnalités telles que David Brunswick (le traducteur de l'ouvrage technique de Fenichel), Frances Deri et Hanna Fenichel, l'épouse de Fenichel, bénéficièrent ainsi d'une réputation de théoriciens et de cliniciens de premier plan dans les premières décennies de l'existence de l'Institut de Los Angeles. De surcroît, la question de la primauté de l'orientation médicale et psychiatrique donnée à la psychanalyse devait jouer un rôle décisif dans la scission de l'Institut en 1950; le nouveau groupe se reconstitua sous la bannière de la Society for Psychoanalytic Medicine of Southern California, accentuant l'importance de son identité « médicale » et signifiant par là sa rupture avec la version européenne de la psychanalyse classique.

Le point de vue de Jacoby est celui d'une critique professionnelle de la professionnalisation émanant d'un critique américain de l'américanisation — non sans un travers européen. Démasquant l'embourgeoisement de la psychanalyse américaine, il prétend qu'elle a perdu son caractère rebelle, sa créativité, son originalité de pensée. Mon propos n'est certes pas de contester sa perception de l'acculturation de la psychanalyse en Amérique. Il est cependant un certain nombre de problèmes dont j'aimerais débattre et qui appellent des recherches et des études critiques plus fouillées.

Tout en étant dans le vent, l'analyse de l'américanisation par Jacoby n'a guère de valeur explicative. Pour lui (comme pour d'autres auteurs qui s'inscrivent dans la lignée de l'Ecole de Francfort), l'Amérique est le pays du conformisme, de la mentalité de consensus, de l'hostilité à la théorie, du pragmatisme le plus vulgaire. Bref, l'Amérique est considérée comme une culture de seconde zone agrémentée d'un climat idéologique inférieur. Aussi l'américanisation est-elle toujours synonyme de nivellement. (Freud, soit dit en passant, aurait pu faire siens ses sentiments.) La valeur d'un tel point de vue n'en est pas moins problématique compte tenu de sa structure tautologique et de sa naïveté.

Par ailleurs, l'activité révolutionnaire de Fenichel demeure nébuleuse; il fut, semble-t-il, un intellectuel révolutionnaire, un homme réfléchi et savant, et non pas quelqu'un qui avait le temps, l'énergie ou même le goût de militer dans un parti, ou encore de participer à des manifestations et à diverses formes d'activisme ou d'agitation politique de gauche. A aucun moment Jacoby ne précise les limites de la pratique politique de Fenichel, même dans la phase ouvertement marxiste de sa vie.

Il est en outre peu conforme à l'histoire et sans doute erroné de sous-entendre qu'il n'existait pas le moindre radicalisme indigène dans le cadre de la psychiatrie ou de la psychanalyse américaines à la fin des années 1930 et dans les années 1940. Certes, ces radicaux ne représentaient qu'une minorité, et exception faite des communistes isolés, leurs penchants théoriques devaient moins à Marx qu'à des façons de penser non conformistes, romantiques et anti-autoritaires. Il existait des freudo-marxistes rassemblés autour de la revue de psychanalyse *American Imago*, que ne cite pas Jacoby, et qui mériteraient certainement une étude détaillée (au même titre que la vie et l'œuvre de son rédacteur en chef, Harry Slochower). De même, il y avait les analystes de la côte est qui lisaient *The Partisan Review* et, le cas échéant, y collaboraient à son apogée. Fenichel et les membres de son cercle réexaminèrent très vraisemblablement leurs engagements marxistes à la lumière des excès de Staline; leur évolution en Amérique traduit sans doute une désillusion et une réévaluation du socialisme autoritaire en Union soviétique à la suite des grands procès de Moscou en 1936 et du pacte germano-soviétique de 1939. Jacoby oublie que les aspects idéologiques et utopiques du marxisme dans les années 1920 et 1930 n'avaient peut-être plus grand sens dans la période stalinienne, et qu'ils n'étaient pas non plus adaptés au contexte politique et culturel américain, où la lutte tournait davantage autour d'un axe conservateurs contre libéraux. Il est difficile de savoir ce que ce cercle conserva au juste du marxisme comme méthode de recherche critique.

Dans son illustration et son appréciation du « refoulement » de Fenichel, la thèse de Jacoby est incorrecte; son titre anglais — le refoulement de la psychanalyse — met bien inutilement en cause l'intégrité de cette génération de psychanalystes européens. Leurs raisons de ne pas révéler leurs histoires personnelles et politiques étaient complexes. Suggérer qu'ils dissimulèrent consciemment leur histoire, c'est affirmer qu'ils étaient lâches, de mauvaise foi. C'est ressusciter l'idée de « vendus », fréquente dans le discours de critique culturelle des années 1960. Mais c'est une accusation qui manque de fondements.

La thèse péremptoire et vindicative d'un autorefoulement de la part des freudiens politiques passe sous silence un certain nombre de facteurs cruciaux intéressant Fenichel et ses préoccupations de toujours. Jacoby méconnaît les évidentes continuités dans la vie de Fenichel. La psychanalyse était pour lui l'air même qu'il respirait. Elle était simultanément une pratique et une théorie, non pas une immersion dans l'activité clinique à seule fin d'échafauder des théories. Tant en Europe qu'en Amérique, c'est en praticien et théoricien de la psychanalyse que Fenichel devait se définir et s'apprécier. Sa créativité exigeait qu'il restât lié à Freud, qu'il évitât de rompre avec l'A.P.I. et qu'il obtînt une certaine reconnaissance des milieux psychanalytiques américains. En l'occurrence, la comparaison avec Reich est aveuglante. En faisant grand cas de la culture européenne, Jacoby passe sous silence des considérations pratiques sous couvert de les ramener à de justes proportions. Fenichel tenta au fond d'intégrer la tradition d'abstraction et de spéculation propres à la psychanalyse européenne à la pratique clinique. Or, la critique de Jacoby a plutôt tendance à rétablir la coupure, à maintenir le divorce entre travail théorique et application clinique. Et parce que son orientation est philosophique, il oublie que la psychanalyse a pour vocation d'aider des hommes de chair et de sang à comprendre des situations concrètes qui leur gâchent la vie et à les changer.

Quant à la position de Fenichel sur les rapports entre psychanalyse et politique, elle demeura plus proche de l'éthique psychanalytique classique que de l'éthique marxiste. Les fondements libéraux, individualistes et humanistes servirent en effet à cette génération d'armature idéologique, limitant certaines formes d'engagement, même si ses sympathies allaient à des groupes et activités révolutionnaires. Cette éthique empêchait l'intrusion de la politique dans le travail clinique, aussi bien que dans la supervision et l'enseignement. Un psychanalyste se devait de dissocier ses goûts et préoccupations politiques de son activité pratique, bien qu'il eût certainement le droit de les exprimer publiquement en citoyen responsable. Fenichel s'intéressa moins, semble-t-il, à la politisation de la psychanalyse que ne l'aurait souhaité Jacoby. Son propos était plus de trouver des solutions théoriques et pratiques à des dilemmes cliniques que d'aborder des problèmes de pouvoir intellectuel, de transmission du pouvoir dans les instituts de psychanalyse, de domination personnelle d'un groupe, ou encore de domination d'un groupe sur ses rivaux (ainsi des néo-freudiens). Sans doute Fenichel avait-il découvert que la politisation de la psychanalyse était épuisante et ranimait presque toujours des conflits sans grande importance clinique ou scientifique.

Pour conclure, Jacoby aurait pu se souvenir que la psychanalyse est elle-même un engagement, et que cet engagement est infiniment plus subtil que les possibilités de comprendre et de changer radicalement la société moderne. Bien que se déroulant dans un domaine d'exploration absolument privé, l'engagement psychanalytique n'en est pas moins une forme de pensée et d'action. Si rien, dans l'éthique psychanalytique, n'interdit au clinicien d'avoir des opinions politiques et de les afficher sur la place publique, la question est toujours celle du degré et de la relativité de la pratique politique concrète de l'analyste. Fenichel et les membres de son cercle admettaient, même si cela les mettait peut-être au supplice, la nécessité pour l'analyste de conserver une personnalité neutre, impartiale et énigmatique dans l'exercice de ses fonctions afin de percer plus profondément l'inconscient de ses patients. La politisation de la situation analytique ou l'engagement politique évident de l'analyste entravent la liberté du patient et ses possibilités de libération dans la mesure où force lui est alors de voir dans son analyste un homme politique de gauche ou de droite. Jacoby fait preuve d'une grande finesse critique quand il diagnostique dans l'embourgeoisement actuel de la psychanalyse américaine un malaise *(Unbehagen)* culturel — lequel est aussi, inéluctablement, un malaise politique. Il ne saisit pas que Fenichel et les membres de son cercle percevaient eux aussi ce malaise et qu'ils luttèrent contre lui, tout en s'adaptant à un milieu américain dont ils n'étaient pas entièrement responsables, tout en demeurant à leur façon psychanalytiquement engagés.

Traduit de l'américain
par Pierre-Emmanuel Dauzat

David James FISHER,
1100 Glendon Avenue, S. 1416,
Los Angeles, CA. 90024, U.S.A.

Mots clés

Emigration – Marxisme / Psychanalyse – Médicalisation / Psychanalyse – Politique (engagement) / Psychanalyse.

RÉSUMÉS

Cet essai se présente comme une critique de l'ouvrage de R. Jacoby, *Otto Fenichel : destins de la gauche freudienne* (1983 ; trad. franç., Paris, P.U.F., 1986). Jacoby brosse de Fenichel et de ses collègues le portrait de freudiens politiques dont les premières années furent marquées en profondeur par les mouvements de jeunesse radicaux, par les partis politiques de gauche, le premier élan de la Révolution russe, une sérieuse immersion dans la culture marxiste, l'engagement dans les partis socialiste ou communiste et le désir d'intégrer la psychanalyse classique dans un cadre plus général de théorie sociale marxiste. Tout son ouvrage tourne autour de la découverte dans les archives des *Rundbriefe*, 119 circulaires écrites par Fenichel durant son exil, entre 1934 et 1945. Il analyse l'impact des idées de Wilhelm Reich et de sa carrière sur le cercle de Fenichel. Mais le fascisme et l'exil brisèrent la vie des freudiens politiques et eurent raison de leurs engagements. Cet essai porte sur l'usage, et l'abus, par Jacoby des concepts d'américanisation, de médicalisation, de concurrence des néo-freudiens, mais aussi de silence apparent et d' « autorefoulement » du passé de ce groupe, avant de s'interroger sur la notion d'identité de gauche, jadis, en Amérique. L'article se termine par une analyse critique de l'éthique psychanalytique de Fenichel qui, quoique engagé, n'était pas marxiste. Fenichel entendait apporter sa pierre à la pratique et à la théorie psychanalytiques, et son éthique interdisait précisément l'intrusion du politique dans le travail clinique, la supervision et l'enseignement.

Psychoanalysis and engagement :
Otto Fenichel and the political Freudians

This essay is a critique of Russell Jacoby's *The repression of psychoanalysis : Otto Fenichel and the political Freudians* (New York, Basic Books, 1983), translated into French by P.U.F. Jacoby depicts Fenichel and his circle of colleagues as political Freudians whose early years were decisively colored by radical youth movements, leftwing politics, the early inspiration of the Russian Revolution, a serious immersion in Marxist culture, a commitment to either socialist or communist parties, and a desire to integrate classical psychoanalysis into a broader framework of Marxist social theorizing. He centers his book around the archival discovery of the *Rundbriefe*, 119 circular letters written during Fenichel's exile from 1934 to 1945. He discusses the impact of Wilhelm Reich's ideas and career on the Fenichel circle. Fascism and exile from Europe shattered the lives and commitments of the political Freudians. This essay focuses on Jacoby's use and abuse of the concepts of Americanization, medicalization, the competition from the neo-Freudians, and the apparent silence and « self-repression » of this group's past and leftwing identity once in America. It concludes with a critical analysis of Fenichel's psychoanalytic ethic, which, while *engagé*, was not Marxist. Fenichel was oriented toward contributing to both psychoanalytic practice and theory. His ethic precluded the intrusion of politics into clinical work, supervision, and teaching.

Psychoanalyse und persönlicher Einsatz :
Otto Fenichel und die politischen Freudianer.

Man meint, dieses Essay sei eine Kritik des Buches von R. Jacoby, *Otto Fenichel : Zukunft der linksgerichteten Freudianer* (erschienen 1983 ; frz. Übersetzung Paris, P.U.F., 1986). In groben Zügen zeichnet Jacoby anhand Fenichel und seinen Kollegen das Portrait der politischen Freudianer, deren erste Jahre von der radikalen Jugendbewegung geprägt wurden, den linksgerichteten Parteien, den ersten Keimen der russischen Revolution, einem starken Versinken in den Marxismus, das sich Einlassen mit den sozialistischen und kommunistischen Parteien, und dem Willen, die klassische Psychoanalyse in generellen Einklang mit der sozialen marxistischen Lehre zu bringen. Sein gesammtes Werk handelt von der Entdeckung der *Rundbriefe*, 119 Rundschreiben, die von Fenichel während seines Exils zwischen 1934 und 1945 stammen. Er analysiert die Auswirkungen der Ideen Wilhelm Reich's und dessen Laufbahn auf den Kreis um Fenichel. Aber der Faschismus und das Exil zerstörten das Leben der politischen Freudianer und waren Anlaß für ihr Engagement. Diese Abhandlung geht über Jacobys Gebrauch und Mißbrauch der Konzepte einer Amerikanisierung, einer Medikalisierung, über eine Konkurenz mit Neo-Freudianern, aber auch über ein auftretendes Schweigen und eine « Selbstverdrängung » bezüglich der Vergangenheit dieser Gruppe ; bevor letztendlich die Frage gestellt wird, inwiefern der Begriff der einstigen linksgerichteten Identität in Amerika zutrifft.

Der Artikel endet mit einer kritischen Analyse über Fenichels ethische Psychoanalyse, der, wofür auch immer er sich eingesetzt zu haben scheint, kein Marxist war. Fenichel verstand, seinen Beitrag zur Praxis und Theorie der Psychoanalyse zu leisten. Seine Ethik verbot ihm ein Eindringen von Politik in die klinische Arbeit, in die Supervision und die Lehre.

Psicanalisi e impegno :
Otto Fenichel ed i Freudiani politici

Questo saggio si presenta come una critica dell'opera di R. Jacoby, *Otto Fenichel : destins de la gauche freudienne* (1983 ; trad. franç., Paris, P.U.F., 1986). Jacoby fà di Fenichel e dei suoi colleghi un ritratto di Freudiani politici dei quali i primi anni furono profondamente segnati dai movimenti radicali di gioventù, dai partiti politici di sinistra, dal primo slancio della revoluzione russa, da un'importante immersione nella cultura marxista, dall'arruolamento nei partiti socialista o communista e dal desiderio d'integrare la psicanalisi classica in un quadro piu generale di teoria sociale marxista. Tutto il suo lavoro è centrato sulla scoperta negli archivi delle *Rundbriefe*, 119 circolari scritte da Fenichel durante il suo esilio, tra 1934 e 1945. Egli analizza l'impatto delle idee di Wilhelm Reich e della propria carriera sulla cerchia di Fenichel. Ma il fascismo e l'esilio dall'Europa stroncarono la vita dei Freudiani politici ed ebbero ragione dei loro impegni. Questo saggio verte sull'utilizzo e l'abuso, operato da Jacoby dei concetti di americanizzazione, di medicalizzazione ; sulla concorrenza da parte dei neo-freudiani, e sull'apparente silenzio e « l'autorepressione » del passato di questo gruppo, e sulla sua identità di sinistra, un tempo, in America. L'articolo finisce con un'analisi critica dell'etica psicanalitica di Fenichel, il quale, benchè impegnato, non era marxista. Fenichel intendeva portare il proprio contributo alla pratica ed alla teoria psicanalitiche, ma la sua etica gli proibiva precisamente l'intrusione del politico nel lavoro clinico, la supervisione e nell'insegnamento.

Psicoanálisis y compromiso :
Otto Fenichel y los freudianos políticos

Este ensayo se presenta como una crítica del libro de R. Jacoby, *Otto Fenichel : destinos de la izquierda freudiana* (1983). Jacoby hace de Fenichel y sus colegas el retrato de unos freudianos políticos cuyos primeros años fueron marcados a fondo por los movimientos radicales de juventud, los partidos políticos de izquierda, el entusiasmo inicial de la revolución rusa, un serio estudio de la cultura marxista, el compromiso en los partidos socialista o comunista, y el deseo de integrar el psicoanálisis clásico en un marco más general de teoría social marxista. Todo el libro está estructurado en torno de un descubrimiento de archivo : las *Rundbriefe*, 119 circulares escritas por Fenichel durante el exilio, entre 1934 y 1945. El libro examina además la repercusión de las ideas de Wilhelm Reich y de su carrera sobre el círculo de Fenichel. Pero el fascismo y el exilio quebraron la vida de los freudianos políticos y terminaron por vencer su compromiso. Examino en este ensayo el uso y abuso que Jacoby hace de los conceptos de americanización, medicalización, competencia de los neofreudianos, silencio aparente y « autorrepresión » del pasado del grupo, para luego interrogarme sobre el concepto de identidad de izquierda en esa época de los Estados Unidos. El artículo concluye con un análisis crítico de la ética psicoanalítica de Fenichel, que tenía un compromiso claro pero no era marxista. Fenichel se proponía contribuir a la práctica y la teoría del psicoanálisis, y su ética le prohibía precisamente inmiscuir la política en el trabajo clínico, la supervisión y la enseñanza.

Les psychanalystes hongrois en exil. Le deuil et le renouveau

EVA BRABANT

Il est probablement superflu de rappeler ici le rôle important qu'a joué l'Ecole hongroise dans l'histoire de la psychanalyse, troisième, à côté des groupes de Vienne et de Berlin, à avoir marqué la théorie et la pratique.

En ce qui concerne l'histoire de la psychanalyse en Hongrie, nous rappellerons seulement que le mouvement analytique, qui a débuté dans ce pays en 1913, donc avant la dissolution de la monarchie austro-hongroise, a traversé une série de cataclysmes sociaux tels que la Première Guerre mondiale, la Révolution d'Octobre et la Commune, le coup d'Etat de Horthy, la perte d'un tiers du territoire national. Puis la Seconde Guerre mondiale faillit l'achever.

Les membres de l'Association hongroise étaient presque exclusivement juifs; son histoire est donc intimement liée à celle des vicissitudes des Juifs hongrois.

Les premiers à émigrer ont été Jenö Hàrnik et Sàndor Rado : ils fuyaient la Terreur blanche. Cette période de représailles de l'extrême droite contre les « rouges » était fortement teintée d'antisémitisme. Puis la loi du Numerus Clausus, instaurée en 1920, qui introduisait une sélection à l'entrée à l'Université, selon des critères ethniques et confessionnels, fut à l'origine de toute une vague d'émigration de jeunes Juifs. C'est alors qu'Alice et Mihàly Bàlint, souhaitant compléter leur formation universi-

Eva Brabant est chercheur au Centre de Recherches historiques, Ecole des Hautes Etudes en Sciences sociales.

Rev. Int. Hist. Psychanal. 1988, 1, 391-397

taire, ont fait un long séjour à Berlin; ils ont cependant regagné la Hongrie en 1926. Sàndor Loränd est parti en 1925 : ce médecin accoucheur, devenu analyste, n'a exercé que deux ans à Budapest. A l'époque, Ferenczi luimême, affecté par la montée de l'antisémitisme, avait été tenté par l'idée de l'émigration.

Cependant, les Juifs hongrois étaient fortement intégrés dans ce pays où l'antisémitisme officiel était un phénomène de fraîche date. C'est au cours des années 30 que l'analyse a connu son apogée : les analystes baignaient dans une atmosphère d'échanges intellectuels et d'amitié intenses. Ayant pesé le pour et le contre, rester au pays leur paraissait quand même préférable. Ce fut la décision prise par Ferenczi, ainsi que par Roheim à son retour de mission en 1932.

Ce n'est qu'en 1938-1939, devant une situation devenue pressante, que certains analystes ont choisi le chemin de l'exil. Il y eut deux vagues successives d'émigration. Sept personnes sont parties lors de la première, ce qui, à l'époque, représentait un quart de l'effectif total. Les plus connus parmi eux sont : Géza Roheim, Edit Gyömröi, Robert Bak, Alice et Michael Bàlint. Lorsqu'en 1948 le régime stalinien fut instauré et l'Association psychanalytique hongroise dissoute, treize analystes choisirent l'exil, dont Andrew Petö, Louis Levy et sa femme Kata, sœur du célèbre mécène de la psychanalyse, Anton von Freund.

J'ai présenté ailleurs, dans un ouvrage plus important, les biographies et les travaux de nombreux analystes hongrois. Ici je n'évoquerai que trois d'entre eux, en indiquant quelques repères épistémologiques.

Le couple Bàlint a pu gagner l'Angleterre et s'installer à Manchester, en janvier 1939. Cette date tardive montre à quel point le choix de l'exil leur a été difficile. Ils avaient une position centrale au sein de l'Association hongroise. Michael Bàlint était le directeur de la policlinique psychanalytique; par ailleurs, conjointement avec sa femme Alice et Imre Hermann, il venait d'entamer une réflexion sur l'œuvre de Ferenczi dont il devint en quelque sorte un des héritiers spirituels.

Dans la vie de ce couple, les relations familiales, amicales et professionnelles étaient étroitement mêlées. La mère d'Alice, Vilma Kovàcs, une ancienne analysante de Ferenczi, était non seulement la responsable et l'organisatrice de séminaires de formation, qui se tenaient dans sa villa du Naphegy (Mont-Soleil), mais aussi une sorte de mécène du mouvement analytique hongrois. Son second mari, l'architecte Kovàcs, était propriétaire de l'immeuble de la rue Mészàros qui abritait la policlinique.

Donc, pour les Bàlint, l'émigration entraînait, outre la coupure avec leur pays d'origine, leur langue et leur milieu, aussi un nouveau mode de vie. Par ailleurs, partir à ce moment-là impliquait non seulement un immense déploiement d'effort pour survivre, mais aussi l'angoisse permanente pour ceux qu'on laissait derrière soi; une angoisse fortement teintée de culpabilité. On peut penser que cette tension considérable, s'ajoutant à un état cardiaque déjà précaire, a contribué à la mort brutale d'Alice, survenue en août 1939, par suite d'une rupture — c'est le cas de le dire — d'anévrisme aortique.

Cette jeune femme de quarante ans, pleine de talent et de promesses, avait déjà toute une œuvre analytique à son actif. Elle s'intéressait à l'anthropologie et à la pédagogie, ses travaux consacrés aux problèmes de l'enfance et à la relation primaire témoignent d'une grande sensibilité, allant de pair avec une remarquable capacité de synthèse[1].

Après le décès de sa femme, Michael Bàlint dut non seulement faire le deuil d'une compagne bien-aimée, mais aussi apprendre à fonctionner sans ce dialogue constant qu'il entretenait avec sa femme et collaboratrice. D'autres pertes graves s'ajoutèrent bientôt à cette première. Vilma Kovàcs ne survécut à sa fille que de neuf mois. En 1945 Bàlint apprit que ses parents faisaient partie de ces 122 000 Juifs qui avaient péri à Budapest. On peut penser que cette série de chocs brutaux au cours des premières années de l'exil ont pu amener toute une réorganisation intérieure, comme celle qu'aurait pu produire une nouvelle tranche d'analyse.

Il n'est guère étonnant que l'œuvre riche et originale de Michael Bàlint, dont l'essentiel a été créé après son exil, soit traversée par la problématique du deuil. C'est lui qui a élaboré le concept du défaut fondamental, approfondi la réflexion sur la régression; c'est lui qui a su aborder les problèmes soulevés par la mésentente entre Freud et Ferenczi, véritable trou noir dans l'histoire de la psychanalyse[2]. A côté du thème du deuil, notons que son œuvre est parcourue par l'intérêt constant porté à la relation d'objet. Bàlint a abordé le problème de la formation analytique[3]; il a élaboré la problématique de la relation médecin-malade[4]. Signalons en passant qu'il considérait la maladie comme une forme particulière de création.

Son destin ultérieur est bien connu. Il est devenu l'initiateur de tout un mouvement de formation-recherche en techniques psychothérapeutiques à l'usage des omnipraticiens. Enfin, un an avant sa mort, il devint président

1. Alice Bàlint, Amour pour la mère et l'amour de la mère, in Michael Bàlint, *Amour primaire et technique psychanalytique*, Paris, Payot, 1972, London, Hogarth Press, 1952, p. 110-128; Alice Bàlint, *La vie intime de l'enfant*, Paris, Gallimard, 1937.

2. Michael Bàlint, *Le défaut fondamental. Aspects thérapeutiques de la régression*, Paris, Payot, 1971, London, Tavistock Publ., 1968.

3. Michael Bàlint, *Amour primaire et technique psychanalytique*, *op. cit.*, p. 309-321.

4. Michael Bàlint, *Le médecin, son malade et la maladie*, Paris, P.U.F., 1960, Payot, 1966, London, Pitman Medical Publ. Co., 1957; *Techniques psychothérapeutiques en médecine*, Paris, Payot, 1966, London, Tavistock Publ., 1961.

de la Société britannique de Psychanalyse. Son nom est davantage associé à l'Angleterre et à son travail avec les omnipraticiens, qu'à son pays d'origine et son apport à la théorie et à la technique psychanalytiques. Il n'a cependant jamais manqué de souligner le lien entre ses théories et l'activité précédant son émigration[5]. Sa méthode de formation-recherche pour omnipraticiens est directement issue de la formation hongroise, centrée sur l'analyse approfondie du contre-transfert[6]. Le concept du défaut fondamental s'enracine d'une part dans sa réflexion sur l'objet primaire[7], d'autre part dans l'examen des modes d'abord de cette notion par les différentes écoles analytiques[8]. Et s'il a créé le concept du renouveau dès 1932, alors qu'il vivait encore en Hongrie[9], il ne l'a élaboré à fond que plus tard, en 1949[10], après être passé lui-même par un véritable renouveau.

L'histoire de Géza Roheim présente avec celle de Bàlint quelques analogies, mais aussi des différences. Lui aussi a retardé le moment de son départ; il ne s'est décidé à l'exil que sur les instances de sa femme. Sa relation avec celle-ci avait pour lui une importance vitale. Tout comme Alice Bàlint, Ilonka Roheim était la collaboratrice de son mari et participait à toutes ses missions.

Après l'émigration, Roheim exerça d'abord au Worcester State Hospital, Massachusetts, comme analyste. Au bout de deux ans, son contrat n'ayant pas été renouvelé, il s'installa à New York, où il demeura jusqu'à sa mort, en 1953. Avant l'exil, il pouvait déjà faire état d'une œuvre importante : il était le fondateur d'une discipline nouvelle, l'anthropologie psychanalytique. En 1921, il avait obtenu le prix Freud, attribué à un travail de psychanalyse appliquée[11]. Il avait aussi publié le résultat de quatre années d'une enquête sur le terrain, subventionnée par Marie Bonaparte[12].

Son itinéraire, loin d'être aussi brillant que celui de Bàlint, est marqué

5. Michael Bàlint, La genèse de mes idées, *Gazette médicale de France*, 77, 3, 25 janvier 1970.

6. Vilma Kovács, Training and Controllanalysis, in *Lélekelemzési Tanulmányok*, Budapest, Somlo, 1833, *I.U.P.A.*, 17, 1936, p. 346-354.

7. Michael Bàlint, Les premiers stades de développement du Moi. Amour d'objet primaire, in *Amour primaire, op. cit.*, p. 91-109, *Imago*, 23, 1937, *I.U.P.A.*, 30, 1939.

8. Michael Bàlint, Remarques critiques sur la théorie des organisations prégénitales de la libido, in *Amour primaire, op. cit.*, p. 50-73.

9. Michael Bàlint, Analyse de caractère et renouveau, in *Amour primaire, op. cit.*, p. 175-189, in *Lélekelemzési Tanulmányok, op. cit.*, *Int. Z.F.P.A.* 20, 54, 1934. Michael Bàlint, Le but final du traitement analytique, in *Amour primaire, op. cit.*, p. 204-215.

10. Michael Bàlint, La fin d'analyse, in *Amour primaire, op. cit.*, p. 252-259, *I.U.P.A.*, 31, 1950. Michael Bàlint, Le renouveau et les syndromes paranoïde et dépressif, in *Amour primaire, op. cit.*, p. 261-281, *I.U.P.A.*, 33, 1952.

11. Géza Roheim, Das Selbst, *Imago*, 7, 1921; Remarques ethnographiques sur le totémisme et ses strates culturelles en Australie, *Z.F.P.A.*, 7, 1921.

12. Géza Roheim, *Le peuple du tjourounga*, Budapest, Leblang, 1932; Psychoanalysis of Primitive Cultural Types, *I.U.P.A.*, 13, 1-2, 1932.

par l'incompréhension provenant tant du côté des anthropologues que de celui des analystes. Il n'a jamais obtenu de chaire universitaire : on lui reprochait son adhésion aux thèses freudiennes et l'ancrage de ses idées dans l'anthropologie évolutionniste du XIXe siècle. N'étant pas médecin, il n'a pas pu devenir didacticien au sein de la Société de New York. Cependant, il n'a jamais perdu son élan, ni son immense capacité créatrice. Après l'exil, il a écrit six livres, dont certains publiés à compte d'auteur. Il éditait aussi une revue *Psychoanalysis and the Social Sciences*[13]. Il mourut quelques mois après sa femme, par suite d'une intervention chirurgicale mineure.

Un examen attentif révèle les marques de l'exil sur sa pensée. Dans son dernier livre écrit avant l'émigration, *L'énigme du Sphinx*[14], le fantasme de la scène primitive occupe une place centrale dans la théorie sur l'ontogenèse de la culture. Son premier ouvrage publié en Amérique, *Origine et fonction de la culture*[15], évoque la séparation d'avec la mère comme le traumatisme central qui nécessite l'édification de mécanismes de défense aussi élaborés que des systèmes de croyance et des rites. A côté de ce retour théorique à la pensée de Ferenczi ainsi qu'à la relation duelle, on perçoit une certaine nostalgie dans le choix de ses sujets de réflexion. Il revient plusieurs fois sur les Aranda et les Pitchentara, ces peuples d'Australie centrale pour lesquels il a éprouvé une prédilection tout au long de sa vie[16]. Les coutumes populaires et le patrimoine culturel de la Hongrie n'ont cessé de le préoccuper et font l'objet de ses derniers écrits[17]. En fin de compte, on peut penser que l'exil et les événements historiques ont joué un rôle dans le pessimisme culturel dont il faisait preuve[18] : il n'a cessé de montrer que la société est irrévocablement marquée du sceau de Thanatos.

La pensée de Bàlint, comme de Roheim, tout en étant marquée par les difficultés inhérentes au destin d'émigré, témoigne aussi d'une rencontre féconde avec la culture d'adoption. Tout se passe comme si la possibilité de s'exprimer dans une langue universelle avait élargi leur horizon et comme si le lien noué avec la culture occidentale avait contribué à affirmer l'universalité de leurs idées. Ainsi, Bàlint a pu confirmer la validité de ses

13. Géza Roheim, ed., *Psychoanalysis and the Social Sciences*, vol. I, 1947; vol. II, 1950; vol. III, 1951.

14. Géza Roheim, *L'énigme du Sphinx*, Paris, Payot, 1976, London, Hogarth Press, 1932.

15. Géza Roheim, *Origine et fonction de la culture*, Paris, Gallimard, 1972, Nervous and Mental Disease Monographs, n° 69, VI, New York, 1943.

16. Géza Roheim, *Héros phalliques et symboles maternels dans la mythologie australienne*, Paris, Gallimard, 1970; *The Eternal Ones of the Dream*, New York, I.U.P., 1945; *La panique des dieux*, Paris, Payot, 1974, New York, Harper & Row, 1972.

17. Géza Roheim, *Psychoanalysis and Anthropologie*, Paris, Gallimard, 1967, New York, I.U.P., 1950; Le chamanisme hongrois, in *Psychoanalysis and the Social Sciences*, vol. III, 1951.

18. Géza Roheim, *Les portes du rêve*, Paris, Payot, 1973, New York, I.U.P., 1952.

critiques à l'égard d'une médecine peu soucieuse de la personnalité du malade, et Roheim l'unité psychologique de toute l'humanité. La remise en cause personnelle initiée par les problèmes de l'émigration a entraîné de nouveaux développements dans la pensée de ces auteurs.

L'expérience douloureuse et féconde de l'exil a laissé son empreinte sur l'histoire de la psychanalyse dès ses origines. La coupure de la terre natale avait joué pour Freud un rôle primordial dans l'élaboration de ses idées. Cette expérience, subjective au départ, pouvait agir comme fondatrice d'une pensée qui a valeur universelle. Pourquoi ? Georges Mikes l'humoriste hongrois l'a dit si bien que je ne peux pas m'empêcher de le citer : « Jews are like everybody else only more so. » On pourrait en dire de même des émigrés.

Mme Eva Brabant,
29, allée Saint-Guillaume,
91800 Epinay-sur-Seine, France.

Mots clés

Balint Alice – Balint Michael – Deuil – Emigration – Roheim Géza.

RÉSUMÉS

Un survol historique du mouvement psychanalytique hongrois est suivi de l'évocation des deux vagues successives de l'émigration.

Après quelques données biographiques concernant trois analystes émigrés : Alice Balint, Michael Balint et Géza Roheim, l'exil est considéré sous l'angle du deuil et du renouveau et son effet est retracé dans l'œuvre de Balint et de Roheim.

Finalement l'exil est envisagé comme une épreuve fondatrice de la pensée freudienne et en tant qu'expérience commune à tous les humains.

The members of the exiled Hungarian school mourning and renewal

A historical survey of the Hungarian psycho-analytical movement, followed by a description of the two successive waves of emigration.

After some biographical details about three analysts who emigrated — Alice Balint, Michael Balint and Géza Roheim — exile is considered from the viewpoint of regretting the past and subsequent « renewal ». Its effect is traced in the work of Balint and Roheim.

Finally exile is seen as an ordeal creative of Freudian thought and as an experience common to all human beings.

Die Analytiker der Ungarischen Schule im Exil

Dem historischen Überblick auf die psychoanalytische Bewegung, folgt eine Erinnerung an die zwei aufeinanderfolgenden Auswanderungswellen. Nach einigen biographischen Angaben über drei ausgewanderte Analytiker : Alice Balint, Michael Balint und Géza Roheim, wird das Exil unter dem Winkel von Trauer und Neugestaltung betrachtet. Das Resultat wird in den Werken von Balint und Roheim betrachtet.

Letztentlich wird das Exil als eine fundamentale Herausforderung gegenüber der Freud'schen Theorie und in sich als Erfahrung für alle Menschen gesehen.

Gli analisti della scuola ungherese in esilio

Ad un « excursus » storico del movimento psicanalitico ungherese segue l'evocazione delle due ondate migratorie successive.

Dopo qualche notizia biografica su tre analisti emigrati, Alice Balint, Michael Balint e Géza Roheim, viene esaminato l'esilio sotto l'angolazione del lutto e del rinnovamento. Ed i suoi effetti sono descritti nell'opera di Balint e di Roheim.

Infine, l'esilio è considerato come una prova che si pone a fondamento del pensiero freudiano e come esperienza comune a tutti gli esseri umani.

Analistas de la escuela húngara en el exilio

En este artículo se esboza la historia del movimiento psicoanalítico en Hungría y se evocan dos oleadas sucesivas de migración.

Se examina la trayectoria de tres analistas emigrados, Alice Balint, Michael Balint y Géza Roheim, y se examina el exilio en la perspectiva del duelo y la renovación, así como sus manifestaciones en la obra de Balint y de Roheim.

Por último, se considera que el exilio constituye una experiencia fundamental en el pensamiento freudiano y una vivencia común a todo ser humano.

Etudes et documents inédits

Compte rendu du livre de Heinrich Obersteiner, *L'hypnotisme : ses aspects cliniques et ses implications médico-légales*

(« Klinische Zeit- und Streifragen », Vienne, 1887)

SIGMUND FREUD

In « Zbl. Physiol. », 1, 1888, p. 632/633

Ce texte de 80 pages[1] se propose de donner le plus brièvement possible les grandes lignes de l'état des connaissances en matière d'hypnotisme, consécutives aux recherches de ces dernières années[2], et de montrer ainsi au médecin la nécessité de se familiariser avec ce sujet. Obersteiner se fonde sur une culture littéraire très riche et sur son expérience personnelle pour traiter des méthodes permettant de parvenir à l'hypnose[3], des manifestations susceptibles de se produire au cours de l'hypnose dans le domaine de la motilité, de la sensibilité, dans la sphère végétative, des phénomènes physiques[4] ainsi que des faits et problèmes liés à ce qu'on appelle la suggestion[5]; en outre, il étudie l'utilisation thérapeutique de l'hypnose[6] qui semble appelée à jouer un rôle considérable dans la thérapie des névroses

1. Le texte ne comporte en fait que 32 pages. Freud a été induit en erreur par la pagination continue du volume dans lequel le texte numéroté de 49 à 80 forme le cahier 2. A moins que le texte ne lui ait paru important au point de tripler pratiquement ses dimensions par cet acte manqué ?

2. A côté des classiques de la littérature sur l'hypnotisme (Braid, Charcot, Bernheim), Obersteiner cite surtout la littérature française des années 1881 à 1887.

3. Obersteiner, 1887, p. 50-53.

4. Obersteiner, 1887, p. 53-57.

5. Obersteiner, 1887, p. 58-67.

6. Obersteiner, 1887, p. 70-76. Freud ne mentionne pas en particulier « L'explication physiologique de l'état hypnotique » développée dans les pages 67-70.

et la signification médico-légale des états hypnotiques[7]. Il convient de souligner particulièrement le point de vue scientifiquement correct de l'auteur qui évite soigneusement de réfuter ce qui se déroule hors du champ de ses propres expériences, dans la mesure où il estime qu'il effectuerait là une démarche impossible ou malhonnête. Ainsi sépare-t-il chaque fois le problème de la vérité d'un fait affirmé, mais d'apparence encore miraculeuse, du problème d'une éventuelle explication de ce fait par nos théories physiologiques actuelles. Quant à l'influence de l'aimant sur le système nerveux, Obersteiner soutient qu'il faut attribuer à l'homme un « sens magnétique »[8] dont les réactions demeurent normalement en dessous d'un seuil mesurable, mais le dépassent dans des états pathologiques (hypnose, hystérie). Il nous semble qu'Obersteiner fait une remarque inexacte au sujet des expériences célèbres de Babinski chez Charcot[9], dans lesquelles une suggestion est transférée d'une personne hypnotisée à une autre à l'aide d'un aimant. Si nous admettons qu'un aimant puisse agir sur un être humain, il n'y a alors pas lieu de nous étonner de ce que cet être humain agisse à son tour sur un autre, tout comme un morceau de fer mou aimanté se trouve doté de la propriété d'en attirer un deuxième. A vrai dire, cette analogie ne diminue en rien le caractère miraculeux du fait qu'un système nerveux puisse en influencer un autre par des moyens autres que les perceptions sensorielles que nous connaissons. Il faut au contraire admettre qu'une confirmation de ces expériences ajouterait à notre « Weltanschauung » quelque chose de nouveau, d'encore non reconnu, et repousserait en quelque sorte les limites de la personnalité[10].

Traduit de l'allemand
par Christine Lévy-Friesacher et Monika Romani

Sigmund FREUD,
Vienne.

7. Obersteiner, 1887, p. 76-79.
8. Obersteiner, 1887, p. 69 f.
9. Babinski, 1886; cf. Ellenberger, 1973, p. 159 f.
10. Cf. également Freud, 1941*d* (1921), 1922*a*, 1933*a* (1932).

[*Rezension :*] *Obersteiner*, [*Heinrich*] *:*
Der Hypnotismus mit besonderer Berücksichtigung
seiner klinischen und forensischen Bedeutung
(Klinische Zeit- und Streitfragen, Wien, 1887)

Freud, Sigmund

In *Zbl. Physiol.*, 1 (1888), 632 f.

[*S. 632*]

Die 80 Seiten starke Schrift stellt sich die Aufgabe, in möglichster Kürze den Standpunkt zu charakterisiehren, auf welchen die Lehre vom

[*S. 633*]

Hypnotismus durch die Untersuchungen der letzten Jahre gebracht worden ist und daraus für den Arzt die Nothwendigkeit abzuleiten, sich mit diesem Gegenstande näher vertraut zu machen. Auf Grund reichster Literaturkenntniss und eigener Erfahrung behandelt O. die Methode zur Herbeiführung der Hypnose, die Erscheinungen während der Hypnose auf dem Gebiete der Motilität, der Sensibilität, in der vegetativen Sphäre und die physischen Phänomene, sowie die Thatsachen und Probleme, die sich an die sogenannte « Suggestion » knüpfen, ferner die therapeutische Verwendung der Hypnose, welche zu einer ansehnlichen Rolle in der Therapie der Neurosen berufen scheint, und die forensische Bedeutung der hypnotischen Zustände. Besonders hervorzuheben ist der wissenschaftlich correcte Standpunkt des Autors, der sorgfältig vermeidet, als unmöglich oder als lügenhaft zurückzuweisen, was über den Kreis seiner eigenen Erfahrungen hinausgeht, und jedesmal die Frage nach der Wahrheit einer behaupteten, noch als wunderbar erscheinenden Thatsache von der Frage nach ihrer Erklärbarkeit durch unsere gegenwärtigen physiologischen Anschauungen trennt. In Betreff der Beeinflussung des Nervensystems durch den Magneten vertritt O. den Standpunkt, dass ein « magnetischer Sinn » dem Menschen zuzusprechen sei, dessen Empfindungen in der Norm unter dem Schwellenwerthe bleiben, unter krankhaften Verhältnissen (Hypnose, Hysterie) denselben aber übersteigen. Eine, wie dem Ref. scheint, unzutreffende Bemerkung macht O. über die berühmten Versuche von Babinski *bei* Charcot, *in welchen eine Suggestion von einer hypnotisirten Person auf eine andere durch Vermittelung eines Magneten übertragen wird. Wenn man annehmen müsse, dass ein Magnet unter Umständen auf einen Menschen einwirkt, so dürfe es nicht als absonderlich erscheinen, wenn dieser Mensch wieder einen zweiten beeinflusst, so wie ein magnetisehirtes weiches Eisenstück die Eigenschaft erhält, ein zweites anzuziehen. Diese Analogie verringert nämlich nicht die Wunderbarkeit der Thatsache, dass ein Nervensystem durch andere Mittel als durch die uns bekannten sinnlichen Wahrnehmungen ein anderes Nervensystem beeinflussen kann. Man muss vielmehr zugeben, dass eine Bestätigung dieser Versuche unserer Weltanschauung etwas Neues, bisher nicht Anerkanntes hinzufügen und gleichsam die Grenzen der Persönlichkeit hinausrücken würde.*

Sigm. Freud (Wien).

Freud et l'hypnose : un compte rendu encore inconnu de l'écrit d'Obersteiner *L'hypnotisme* (1887)

GERHARD FICHTNER,
ALBRECHT HIRSCHMÜLLER

« L'hypnotisme [...] est une expression introduite en 1843 par James Braid, généraliste à Manchester, [...] pour désigner un ensemble d'états atteignables artificiellement et consacrés au sommeil [...] lesquels [...] apparaissent après une stimulation durable, uniforme, d'une puissance modérée et sans excitation, des organes des sens, quand l'attention n'est pas détournée et quand on a produit par la parole ou d'autres moyens [...] une certaine coloration de la volonté, faite de docilité et d'absence de résistance, c'est-à-dire de réceptivité à la suggestion. » C'est ainsi que W. Preyer[1] en 1896 définissait dans la troisième édition de la *Real-Encyclopädie der gesammten Heilkunde* d'Eulenburg le phénomène qui passionna le monde médical dans le dernier quart du XIXe siècle, alors qu'auparavant s'occuper de l'hypnose passait plutôt pour une activité non scientifique.

Dès les années 1844-1845, il y avait eu une discussion sur l'hypnotisme dans les associations scientifiques de Vienne[2]. On reprochait à l'hypnose d'être non scientifique parce qu'elle n'était pas vérifiable et se prêtait par-dessus le marché à la charlatanerie[3]. Naturellement, les médecins de cette époque firent le rapprochement avec la « crise complète » ou le « somnambulisme artificiel » de Puységur, et avec le « magnétisme animal »

Gerhard Fichtner est professeur d'histoire de la médecine, médecin.
Albrecht Hirschmüller est médecin, neuro-psychiatre, psychothérapeute, attaché à l'Institut für Geschichte der Medizin de l'Université de Tübingen.

1. Preyer et Binswanger (1896), p. 209.
2. Purr (1968), p. 1-20.
3. Cf. aussi Hirschmüller (1978*a*), p. 126-131.

ou le « sommeil magnétique » de Franz Anton Mesmer. Ils étaient convaincus qu'il s'agissait de phénomènes analogues. Mais ils croyaient également que c'étaient justement Mesmer et son école qui, à force de trop s'en occuper, avaient plongé l'hypnotisme « dans un discrédit complet »[4].

C'est seulement dans les années 70 que l'intérêt scientifique pour l'hypnose reprit. Des physiologues comme Johann Nepomuk Czermak à Leipzig et Rudolf Heidenhain à Breslau eurent alors un rôle de précurseurs[5].

A Vienne, nous trouvons chez Josef Breuer (1842-1925), le mentor de Freud et l'ami de son père, un scepticisme encore net à l'égard de l'utilisation de l'hypnose vers la fin des années 60. C'est ainsi qu'en 1868 il conseillait à Moritz Benedikt de poursuivre des essais d'application thérapeutique de l'hypnose dans la clinique Oppolzer, mais en remarquant que c'étaient là « des expériences sur le magnétisme animal »[6]. Mais, dès 1874, Breuer reprit certaines des expériences sur les animaux que Czermak avait publiées l'année précédente[7]. Et seulement six ans plus tard Anna O., cette patiente à qui Breuer doit d'avoir mis au point la méthode cathartique, l'amena à découvrir l'importance des états hypnotiques dans le déclenchement de l'hystérie[8].

Quand et comment Freud est-il entré en contact avec l'hypnose ? Le renouveau de l'intérêt pour l'hypnose suscita également vers la fin des années 70 de nombreuses présentations publiques de tentatives d'hypnose conduites par des « hypnotiseurs » ambulants. Parmi eux figurait le marchand danois Hansen que l'on rencontre à Vienne au début de 1880. Freud, qui terminait alors ses études de médecine marquées par les sciences de la nature, et qui de prime abord nourrissait un franc scepticisme envers l'hypnose, vint à une de ces séances et fut ainsi entièrement convaincu de la réalité des phénomènes hypnotiques[9]. En novembre 1882, alors interne de l'Innere Klinik de Nothnagel, il entendit pour la première fois Breuer parler du traitement d'Anna O., et en fut si fasciné qu'il s'en faisait sans cesse répéter tous les détails par Breuer[10]. L'étincelle avait jailli.

Deux ans et demi plus tard, le 23 mars 1885, Heinrich Obersteiner (1847-1922) présente au Wiener Wissenschaftlicher Klub une conférence

4. Obersteiner (1887), p. 49; cf. aussi Obersteiner (1885), p. 101 sq.
5. Czermak (1873); Heidenhain (1880); cf. Hirschmüller (1978*a*), p. 127.
6. Hirschmüller (1978*a*), p. 129.
7. Czermak (1873); cf. aussi Hirschmüller (1978*a*), p. 130, n. 48.
8. Cf. à ce sujet Hirschmüller (1978*a*), p. 131-151.
9. Freud (1925*d*), p. 40 : « Encore étudiant, j'avais assisté à une séance publique du "magnétiseur" Hansen, et j'avais remarqué qu'un des sujets de l'expérience devint blême comme la mort, entra dans une fixité cataleptique où il resta pendant toute la durée de l'état (d'hypnose, *N.d.T.*). Je trouvai ainsi une solide confirmation de ma conviction de l'authenticité des phénomènes hypnotiques. »
10. Jones, vol. 1, p. 269. Jones se réfère à une lettre inédite de Freud à Martha du 19 novembre 1882.

sous le titre laconique *Der Hypnotismus*, qui parut en juin 1885 dans la revue mensuelle du club[11]. Obersteiner est devenu célèbre sous le titre de « maître à penser de la neurologie théorique de tous les pays civilisés »[12]. Tous ceux qui firent sa connaissance étaient émerveillés « tant par sa simplicité que par son charme naturel »[13]. Il venait d'une famille patricienne de Vienne. Fils et petit-fils de médecins, il décida très précocement de se tourner lui aussi vers une carrière médicale. En 1889, il prit la direction de l'Institut de Neurologie privé de Döbling, qu'assuraient auparavant en commun son père et Maximilian Leidesdorf (1816-1889), l'adversaire de Meynert à Vienne. Mais le véritable intérêt d'Obersteiner allait au travail scientifique théorique. Les impulsions décisives pour la méthode et le choix des points forts de sa recherche lui vinrent au laboratoire d'Ernst Brücke, où il travaillait déjà quand il était étudiant. Il est remarquable et caractéristique que les cheminements scientifiques d'Obersteiner, de ses amis Josef Breuer, Sigmund Exner (1846-1926), Ernst Fleischl von Marxow (1846-1891) et celui de Sigmund Freud se ressemblent sur ce point[14]. Déjà trois ans après la fin de ses études, Obersteiner passa en 1873 sa thèse sur de solides études neuro-anatomiques de « l'anatomie et la pathologie du système nerveux ». Par la suite, il fut l'un des premiers à soutenir le postulat de la relation entre paralysie et syphilis. Il consacra de nombreux travaux au morphinisme et aux psychoses d'intoxication. Obersteiner accéda à la gloire surtout grâce à son manuel *Anleitung beim Studium des Baus der nervösen Zentralorgane* (1888) qui devint la « Bible du travail de laboratoire sur l'anatomie du cerveau »[15].

En installant en 1882 dans des locaux modestes de l'ancienne manufacture d'armes *(Alte Gewehrfabrik)* un Institut de Neurologie dû surtout à sa propre initiative privée et financé sur ses fonds, Obersteiner devint le maître de toute une génération de neuropathologues. Beaucoup de ses travaux furent publiés dans les 22 imposants volumes de la revue qu'il avait fondée, *Arbeiten aus dem Neurologischen Institut* (Travaux de l'Institut de Neurologie, Vienne, 1892-1919).

Nous ne savons pas exactement à quelle date Obersteiner a commencé à s'occuper de l'hypnotisme. Mais son texte de 1885 révèle néanmoins que déjà à cette époque il devait disposer d'une large expérience pratique. Non seulement parce qu'il se livrait à des expériences d'hypnose avec

11. Obersteiner (1885).
12. Schönbauer (1947), p. 367.
13. Lesky (1965), p. 387. Erna Lesky donne (p. 386-388) un tableau de son activité scientifique, d'après les sources disponibles, qui met en relief avec un coup d'œil très sûr les mérites les plus importants d'Obersteiner. Cf. aussi Lesky (1981), p. 230-232.
14. A propos d'Exner et Fleischl; cf. Lesky (1965), p. 541-544 et 538-540.
15. Lesky (1965), p. 388.

Ernst von Fleischl — il se faisait par exemple hypnotiser par lui[16] — il avait déjà appliqué l'hypnose à des fins thérapeutiques, par exemple pour calmer un patient atteint de surexcitation ou pour traiter des accès de migraine[17]. Lui aussi commença par être sceptique avant[18] d'en venir à l'idée que non seulement les phénomènes hypnotiques ont une existence réelle, mais encore que l'hypnose pouvait être utilisée avec profit.

Freud doit avoir eu vent des travaux d'Obersteiner sur l'hypnotisme au plus tard en 1885. Il connaissait Obersteiner à titre d' « ami de Breuer, Fleischl, Exner et consorts [...] depuis longtemps »[19]. Nous ne savons pas s'il a assisté à la conférence d'Obersteiner au Wissenschaftlicher Klub. Mais en juin 1885, lorsque le texte de cette conférence fut publié, Freud travailla presque un mois comme suppléant à l'établissement de Döbling. Dans ses lettres de juin 1885 à sa fiancée, il donne une image concrète de la vie à l'établissement et dans la famille Obersteiner. Il se réjouit d'être stimulé sur le plan scientifique et sur le plan pratique, apprécie la possibilité de travailler dans la riche bibliothèque d'Obersteiner, et surtout trouve que la vie dans l'établissement est particulièrement agréable « à cause de la grande capacité d'Obersteiner à se faire aimer, sans hypocrisie, grâce à sa réelle bonté »[20].

A l'époque de son remplacement à Döbling, la thèse de Freud arrivait à son terme : il en avait déposé le sujet le 21 janvier 1885[21], l'entretien eut lieu le 13 juin et la soutenance le 27 juin[22]. C'est au cours de la même séance du conseil de la Faculté du 20 juin 1885 où il fut autorisé à la soutenir qu'il reçut la promesse de la bourse pour un voyage à Paris qu'il espérait depuis le printemps 1885[23].

Pouvons-nous nous permettre de supposer que durant son remplacement à Döbling Freud a pu voir à l'œuvre l'application thérapeutique de l'hypnose, ou même l'essayer en personne ? En tout cas, par ses relations avec Obersteiner il était certainement au courant des expériences de ce

16. Obersteiner (1885), p. 105.
17. *Ibid.*, p. 113.
18. *Ibid.*, p. 110.
19. Lettre à Martha Bernays du 8 juin 1885; Freud (1960*a*), p. 154.
20. Lettre du 19 juin 1885; Freud (1960*a*), p. 157. Obersteiner et Freud avaient également en commun de s'intéresser au morphinisme et aux possibilités d'utiliser la cocaïne. Le premier travail de Freud sur la cocaïne parut en juillet 1884, peu de mois après qu'il eut administré le remède à Fleischl pour la première fois. Déjà en août, Obersteiner soutint devant le VIIIe Congrès médical international de Copenhague sa proposition d'utiliser la cocaïne pour obtenir une désaccoutumance dans les cas de morphinisme, et citant nommément Freud; cf. Obersteiner (1884), p. 11, et Freud (1887*d*), col. 929. Jones (vol. 1, p. 119) place par erreur le congrès en 1885 et donne à la communication le titre d'un travail postérieur d'Obersteiner sur la cocaïne.
21. Gicklhorn et Gilckhorn (1960), p. 64.
22. *Ibid.*, p. 71, et la lettre à Martha des 26-27 juin 1885; Freud (1960*a*), p. 162.
23. Gicklhorn et Gicklhorn (1960), p. 82-89.

dernier. Il a pu ainsi affiner son regard et lui fixer un but pour les expériences qu'il allait connaître à Paris. Mais il se peut aussi que la nouvelle des travaux décisifs de Charcot en 1882[24], qui réhabilitèrent scientifiquement l'hypnotisme, soit parvenue non seulement jusqu'à Vienne, mais jusqu'à lui.

Après son retour de Paris au printemps 1886, Freud fut entièrement pris par deux thèmes, d'après son compte rendu de voyage[25] rédigé en avril : l'hypnose et l'hystérie. Il donna des conférences sur l'hypnotisme le 11 mai au Physiologischer Klub, et le 27 mai à la Psychiatrische Gesellschaft[26]. A Pâques 1886, il ouvrit son propre cabinet. Cela ne revenait-il pas à se servir du procédé thérapeutique qu'il connaissait bien, tant par ouï-dire que par sa propre expérience ?

N'a-t-il réellement utilisé qu' « occasionnellement » jusqu'à la fin 1887 l'hypnose, comme pour cette Italienne dont Jones rapporte qu'elle était prise d'un accès de convulsions chaque fois qu'elle entendait le mot « pomme » *(Apfel)* ou « poma »[27] ? Un passage d'une lettre de décembre 1887 montre en fait seulement qu'il s'occupait alors tout particulièrement de l'hypnose[28]. Cette intensité spéciale est très certainement liée à l'étude de l'ouvrage de Bernheim, *De la suggestion et de ses applications à la thérapeutique*, qu'il s'était engagé par contrat à traduire dès décembre 1887[29].

L'intensité de son travail sur l'hypnose est confirmée à cette époque par un autre témoignage : cette recension par Freud jusqu'alors inconnue que nous avons reproduite ici[30].

Johann Schnitzler[31] (1835-1893), le père du poète Arthur Schnitzler, avait lancé en 1887 une nouvelle collection qui était presque une revue, sous le titre « Klinische Zeit- und Streitfragen », dont 10 à 12 livraisons devaient paraître par an. Ce fut Schnitzler qui utilisa dès 1886 l'hypnose en laryngologie, spécialement dans le traitement des « névroses du larynx ». Un des premiers cas fut celui d'une jeune fille atteinte d' « Aphonia paralytica » et de « Dyspnoea spastica ». Il réussit à guérir cette jeune fille au bout de plusieurs séances d'hypnose. Heinrich Obersteiner fut son assistant

24. Charcot (1882).
25. Gicklhorn et Gicklhorn (1960), p. 82-89.
26. Jones, vol. 1, p. 273. On ne connaît à ce jour aucun rapport publié sur les communications.
27. Jones, vol. 1, p. 280.
28. Lettre du 28 décembre 1887 à Fliess; Freud (1985*c*), p. 5 : « Je me suis moi-même lancé dans l'hypnose ces dernières semaines... »
29. *Op. cit.*
30. Elle fait partie d'un ensemble d'environ 70 textes de Freud jusqu'alors inconnus, datant des années 1885-1895, qui ont été découverts en 1985, cf. Fichtner (1987). La réimpression du texte allemand de la recension du livre d'Obersteiner suit dans un volume de complément des *Gesammelte Werke*, une autre recension de Freud sur le thème de l'hypnose; cf. Freud (1887*n*). Nous remercions ici chaleureusement la maison S. Fischer-Verlag d'avoir autorisé la publication du texte et sa traduction française.
31. Cf. Lesky (1965), p. 418.

pour l'un de ces essais d'hypnotisation[32]. Il se peut qu'à cette occasion Schnitzler ait suggéré à Obersteiner de rédiger un nouveau travail de synthèse sur l'hypnotisme, ou lui ait proposé de faire paraître dans sa nouvelle collection le texte déjà entrepris. En tout cas, cet article parut avec le titre *Der Hypnotismus mit besonderer Berücksichtigung seiner klinischen und forensischen Bedeutung*, et constitua le n° 2 de la nouvelle revue, probablement déjà au début de 1887.

Nous ne savons pas quand Freud prit connaissance du texte nouveau d'Obersteiner qu'il estimait tant. Il est probable qu'Obersteiner lui-même lui en a envoyé un tiré à part. Un exemplaire se trouve dans la bibliothèque de Freud, dans la partie qui est actuellement conservée à New York, pour être précis[33]. Freud avait fait relier cet article, avec beaucoup d'autres textes d'Obersteiner, en un volume. La recension de Freud doit avoir été rédigée complètement au plus tard fin 1887 ou tout début 1888, puisqu'elle a paru dans la livraison du 4 février 1888 du *Centralblatt für Physiologie*[34]. La recension de Freud est l'un des premiers témoignages écrits de ses relations avec l'hypnose[35].

En raison de la nature du *Centralblatt*, Freud résume objectivement et brièvement le contenu du texte d'Obersteiner. Il laisse néanmoins percer son opinion personnelle sur un point essentiel : il parle de l'hypnose « qui semble promise à un rôle considérable dans la thérapie des névroses ». On ne peut véritablement s'exprimer ainsi que si l'on s'est personnellement convaincu de l'efficacité de ce nouveau procédé thérapeutique.

De plus, il loue « le point de vue scientifiquement correct de l'auteur » qui « sépare le problème de la vérité d'un fait affirmé, mais d'apparence encore miraculeuse, du problème d'une éventuelle explication de ce fait

32. Nous en avons des comptes rendus tant par J. Schnitzler (1888), col. 1258, que par Obersteiner (1887), p. 71 sq. Arthur Schnitzler, alors assistant de son père à la policlinique générale, a continué ses essais de traitement (A. Schnitzler, 1889). Il s'est par ailleurs occupé de l'hypnose surtout d'un point de vue littéraire. Ainsi, dans la pièce en un acte *Paracelsus* de 1894, Paracelse guérit par une suggestion hypnotique une jeune fille qui avait perdu la parole de longue date (A. Schnitzler, 1894, p. 479). Cette pièce contient d'ailleurs l'idée que la vérité apparaît dans l'hypnose — une pensée dont l'apparition ici n'est peut-être pas étrangère à la « Vorlaüfige Mitteilung » (rapport provisoire) publiée un an auparavant par Breuer et Freud.

33. Eissler (1979) (Hinterberger n° 448).

34. Mais la recension pourrait également avoir été rédigée antérieurement, c'est-à-dire juste après la parution du livre d'Obersteiner — par exemple en même temps que le compte rendu de Freud (*Centralblatt für Physiologie* du 1er mars 1887) sur l'article de Berkhan paru dans le n° 6 de la *Berliner Klinische Wochenschrift* de 1887; cf. Freud (1887*n*).

35. Freud avait par ailleurs déjà fait en 1887 le compte rendu du livre d'Obersteiner, *Anleitung beim Studium des Baues der nervösen Centralorgane* (Freud, 1887*e*); en retour, il existe au moins deux recensions de textes de Freud de la plume d'Obersteiner : en 1882, il fit le compte rendu du texte sur le cancer rhumatismal (Freud, 1882*a*) dans *Zbl. Nervenheilk.*, 5, 1882, p. 278-279, et en 1888 celui de la traduction de Bernheim (1888-1889) dans *Wien. med. Wschr.*, 38, 1888, p. 1717 sq. En plus, dans son troisième travail sur l'hypnotisme (1893), p. 44, il mentionnait avec autant d'objectivité que d'intérêt les expériences thérapeutiques de Breuer et Freud que ceux-ci avaient fait connaître par la « Vorlaüfige Mitteilung » (1893*a*).

par nos théories physiologiques actuelles ». Cela rappelle la parole fameuse que Charcot adressa à Freud à Paris lorsque celui-ci lui fit remarquer que la théorie et les symptômes cliniques de l'hémianopsie se contredisaient : « La théorie, c'est bon; mais ça n'empêche pas d'exister. »[36] Cette maxime impressionna tellement Freud qu'il ne se lassa pas de la répéter à tout propos toute sa vie[37]. La quintessence de l'opinion contraire, d'un refus par préjugé et par incompétence de l'hypnose, fut incarnée pour Freud peu après la publication de cette recension par son professeur Meynert, qu'il estimait auparavant[38].

On connaît suffisamment l'évolution ultérieure de l'attitude de Freud envers l'hypnose[39]. Nous nous contenterons donc d'un rappel succinct. 1888 est l'année de la rédaction de la traduction du livre de Bernheim. En 1889, Freud accompagne sa « cliente essentielle »[40] voir Bernheim, à Nancy avec lequel il assiste ensuite, du 8 au 12 août 1889, au « Congrès international de l'Hypnotisme expérimental et thérapeutique » à Paris. 1892 représente un nouvel apogée de son travail sur l'hypnose : Freud traduit les *Nouvelles Etudes* de Bernheim, publie son propre « cas de guérison par hypnose » *(Fall von hypnotischer Heilung)*, et donne le 27 avril et le 4 mai des conférences sur l'hypnotisme au Medizinischer Klub[41]. La même année, il commence le traitement du cas qui le conduira progressivement au-delà de ce qu'il appelle « hypnose de concentration » *(Konzentrations-hypnose)*[42] vers la technique de l'association libre, et par là à l'abandon de l'hypnose : le cas d'Elisabeth von R.[43]. Nous venons d'énumérer trois stades importants que l'on doit distinguer lorsque l'on parle de l'attitude de Freud envers l'hypnose : il la découvre comme phénomène physiologique intéressant (1880-1892); il l'utilise pour plonger le patient dans un sommeil hypnotique[44] et pour lui communiquer des suggestions sous hypnose[45] (1885 ?-1893); à la suite de la découverte de Breuer, il l'utilise dans le cadre de la méthode cathartique, autrement dit de la première méthode où l'expli-

36. Freud (1892-1894), p. 210 n.

37. Freud (1893*f*), p. 24; (1905*e*), p. 278; (1916-1917), p. 156; (1925*d*), p. 38.

38. Lettre à Fliess du 29 août 1888; Freud (1985*c*), p. 11 et n. 4. Cf. Meynert (1888). Dans sa recension du livre de Forel sur l'hypnotisme, Freud continue cette polémique avec une certaine violence et oppose à l'opinion de Meynert celle d'Obersteiner et Krafft-Ebing; cf. Freud (1889*a*).

39. Cf. par exemple B. Ellenberger (1973), Chertok et de Saussure (1979); par souci d'exhaustivité, nous mentionnons ici tous les textes de Freud où il parle en détail de l'hypnose : 1888-1889, 1889*a*, 1890*a*, 1891*d*, 1892-1893, 1893*b*, 1895*d*, 1904*a*, 1910*a* (1909), 1914*d*, 1916-1917 (1915-1917), 1921*c*, 1924*f* (1923), 1925*d* (1924).

40. Cäcilie M., cf. Freud (1985*c*), p. 12, n. 1.

41. Freud (1892*a*, 1892-1893 et 1892*b*).

42. Freud (1985*c*), p. 108 et n. 3.

43. Freud (1895*d*), p. 196-251.

44. Cf. la lettre du 28 mai 1888; Freud (1985*c*), p. 8 : « j'ai juste devant moi une dame étendue en état d'hypnose... ».

45. Cf. « Nina R. », Hirschmüller (1978*b*).

cation de la genèse d'une maladie et sa guérison ne font qu'un (1892-1895), stade où l'hypnose est de plus en plus remplacée par l'exigence de la concentration.

En 1906, Freud parle dans une lettre à Jung[46] de l'hypnose abandonnée « depuis une décennie ». Deux ans plus tard, il résume lapidairement la raison qui lui a fait abandonner l'hypnose : « celui qui utilise l'hypnose ne trouve pas la sexualité »[47]. Et, dans ses conférences de 1909 à la Clark University, il précise ce qu'il entend par là : « l'hypnose dissimule la résistance et nous rend librement accessible un certain domaine psychique, tout en dressant aux frontières de ce domaine un mur de résistance qui nous rend le reste inaccessible »[48].

On sait moins que Freud n'était pas seulement d'avis qu'il fallait « garder de la reconnaissance pour la vieille technique hypnotique qui nous a permis de mettre au jour certains processus psychiques de l'analyse en isolant et en schématisant »[49], mais que par ailleurs il considérait que l'application de l'hypnose était utile dans certains cas et l'a recommandée à ses élèves[50]. Tout le long de sa vie, Freud n'a cessé de modifier son choix de moyens thérapeutiques, d'une manière qui a souvent frappé ses successeurs. Il a résumé dans une image frappante la nécessité d'une telle mobilité : « nous serons aussi très vraisemblablement contraints dans l'application en masse de notre cure de mélanger largement le cuivre de la suggestion directe à l'or pur de l'analyse, et l'influence hypnotique pourrait elle aussi trouver là sa nouvelle place, comme pour le traitement des névrosés de guerre »[51].

Traduit de l'allemand
par Liliane Desroches

Pr G. Fichtner,
Univ. Tubingen, Goethestr. 6,
7400 Tubingen, R.F.A.

Dr A. Hirschmüller,
Goethestr. 6,
D-7400 Tubingen, R.F.A.

46. Lettre du 7 octobre 1906; Freud (1974*a*), p. 6.
47. Lettre du 11 décembre 1908 à Jung; Freud (1974*a*), p. 207.
48. Freud (1910*a* [1909]), p. 23.
49. Freud (1914*g*), p. 127. Ilse Grubrich-Simitis a mentionné cette citation dans son introduction à la réimpression de la recension dans le volume de complément des *Gesammelte Werke*.
50. Cf. la lettre non datée de Freud à un collègue qui doit avoir été écrite vers 1910, où il confie à ce collègue une patiente « souffrant depuis trois mois d'insomnie et de démangeaisons, avec des symptômes — importante perte de poids, tremblements et accélération du pouls — qui se rapprochent du facteur de MB (Morbus Basedow), pour un examen ps (psychanalytique) ». A la fin de cette lettre, il ajoute en complément : « essayer peut-être l'hypnose, mais seulement pour rentabiliser la maniabilité ps (psychanalytique) » (Freud [1975*e*], p. 95). Grâce à l'amitié d'Ernst Federn, à qui nous devons de connaître toutes les lettres (même inédites) de Freud à son père Paul Federn, nous sommes arrivés à l'hypothèse que cette lettre était adressée à Paul Federn. Le traitement par hypnose est recommandé encore plus explicitement dans d'autres lettres de Freud à Paul Federn.
51. Freud (1919*a* [1918]), p. 249.

Mots clés

Döbling (clinique de) – Psychanalyse (origine de la) – Schnitzler Arthur – Schnitzler Johann – Suggestion.

BIBLIOGRAPHIE

Les travaux de Freud récemment découverts (cf. Fichtner, 1987) ont été désignés sous leur titre abrégé que nous utilisons dans nos citations, en minuscules, en addition au chiffre de l'année, en analogie avec la bibliographie de Ingeborg Meyer-Palmedo (1982). Cette désignation doit encore être considérée comme provisoire. Concernant les œuvres de Freud, l'édition citée (*SA* ou *GW*) est toujours mentionnée en premier.

Babinski J. (1886) *Recherches servant à établir que certaines manifestations hystériques peuvent être transférées d'un sujet à l'autre sous l'influence de l'aimant*, Paris, Delahaye & Lecrosnier.

Charcot J.-M. (1882) Sur les divers états nerveux déterminés par l'hypnotisation chez les hystériques, in *Compt. rend. Acad. Sc.* (Paris), 94, p. 403-405.

Chertok L., Saussure R. de (1979) *The Therapeutic Revolution. From Mesmer to Freud*, New York, Raven Press.

Czermak J. (1873) Beobachungen und Versuche über « hypnotische » Zustände bei Thieren, in *Arch. Physiol.*, 7, p. 107-121.

Eissler K. R. (1979) Bericht über die sich in den Vereinigten Staaten befindenden Bücher aus S. Freuds Bibliothek, in *Jahrbuch der Psychoanalyse*, Bd. 11, Bern, Stuttgart, Wien, Huber, p. 10-50 [Darin auch Faksimile-Abdruck des Katalogs von Hinterberger].

Ellenberger H. F. (1973) *Die Entdeckung des Unbewußten.* [Übers. v. Gudrun Theusner-Stampa.] Bd. 1-2, Bern, Stuttgart, Wien, Hans Huber.

Eulenburg A. (1880) Über Galvano-Hypnotismus, hysterische Lethargie und Katalepsie. [Vortrag, gehalten am 6.3.1880.] In *Wien. Klin.*, 6, H. 3, p. 93-102.

Fichtner G. (1987) Unbekannte Arbeiten von Freud — Schätze im Keller, in *Med. hist. J.*, 22, H. 2/3.

Freud S. (1882*a*) Über den Bau der Nervenfasern und Nervenzellen beim Flußkrebs, in *Sitzungsber. Akad. Wiss. Wien* (Math.-Naturwiss. Kl.), 3. Abt., Bd. 85, p. 9-46.

— (1887*d*) Bemerkungen über Cocaïnsucht und Cocaïnfurcht, mit Beziehung auf einen Vortrag W. A. Hammonds, in *Wiener med. Wschr.*, 37, p. 929-932.

— (1887*e*) [Rezension :] Obersteiner, H[einrich], Anleitung beim Studium des Baues der nervösen Centralorgane im gesunden und kranken Zustande, in *Wiener med. Wschr.*, 37, p. 1642-1644.

— (1887*n*) [Rezension :] Berkhan, [Oswald] : Versuche, die Taubstummheit zu bessern und die Erfolge dieser Versuche (*Berl. kl. Wochenschr.* Nr. 6, 1887, p. 96), in *Zbl. Kinderheilk.*, 1, 36 f.

— (1888*v*) [Rezension :] Obersteiner, [Heinrich], *Der Hypnotismus mit besonderer Berücksichtigung seiner klinischen und forensischen Bedeutung* (« Klinische Zeit- und Streitfragen », Wien 1887), in *Zbl. Physiol.*, 1, 632 f.

— (1888-1889) [Vorwort u. Übersetzung :] Bernheim, Hippolyte, *Die Suggestion und ihre Heilwirkung*, Wien. [Nachdruck :] Tübingen, Edition Diskord, 1985.

Freud S. (1889*a*) [Rezension :] Forel, Auguste : Der Hypnotismus, in *Wiener med. Wschr.*, 39, p. 1097-1100, 1892-1896.
— (1892*a*) [Übersetzung :] Bernheim, Hippolyte, *Neue Studien über Hypnotismus, Suggestion und Psychotherapie*, Wien, Deuticke, 1892.
— (1892*b*) Über Hypnose und Suggestion. Vortrag, gehalten im Wiener medizinischen Klub am 27. April und 4. Mai 1892. [Referat von fremder Hand.] In *Internat. klin. Rdsch.*, 6, p. 818, 853-856.
— (1892-1893) Ein Fall von hypnotischer Heilung nebst Bemerkungen über die Entstehung der hysterischen Symptome durch den « Gegenwillen », in *GW*, Bd. 1, p. 3-17.
— (1892-1894) [Übersetzung u. Vorwort :] Charcot, J[ean] M[artin] : *Poliklinische Vorträge*, Bd. 1, Schuljahr 1887-1888, Leipzig, Wien, Deuticke, 1892.
— (1893*a*) : J. Breuer u. S. Freud, Über den psychischen Mechanismus hysterischer Phänomene. Vorläufige Mittheilung, *in* Freud (1895*d*), p. 7-19 ; *GW*, Bd. 1, p. 81-98.
— (1893*f*) Charcot, in *GW*, Bd. 1, p. 21-35.
— (1893*h*) Über den psychischen Mechanismus hysterischer Phänomene. [Vortrag] In *SA*, Bd. 6, p. 13-24.
— (1895*d*) : J. Breuer u. S. Freud, Studien über Hysterie. [Nachdruck :] Frankfurt u. Hamburg : S. Fischer 1970 (Fischer Bücherei 6001) ; [Teilabdruck :] *SA*, Erg. bd., p. 49-97 ; *GW*, Bd. 1, p. 77-213.
— (1905*e* [1901]) Bruchstück einer Hysterie-Analyse, in *SA*, Bd. 6, p. 87-186 ; *GW*, Bd. 5, p. 163-286.
— (1914*g*) Weitere Ratschläge zur Technik der Psychoanalyse : II. Erinnern, Wiederholen und Durcharbeiten, in *SA*, Erg. bd., p. 207-215 ; *GW*, Bd. 10, p. 126-136.
— (1919*a* [1918]) Wege der psychoanalytischen Therapie, in *SA*, Erg. bd., p. 241-249 ; *GW*, Bd. 12, p. 183-194.
— (1960*a* [1873-1939]) *Briefe 1873-1939*, Ausgew u. hrsg. v. Ernst u. Lucie Freud, 2. erw. Aufl., Frankfurt a. M., S. Fischer, 1968.
— (1974*a* [1906-1913]) : S. Freud et C. G. Jung, *Briefwechsel*, Hrsg. v. William McGuire u. Wolfgang Sauerländer, Frankfurt a. M., S. Fischer.
— (1975*e*) [Brief an Paul Federn) (o.D.), Teilabdruck u. Faksimile.] In *J. A. Stargardt Katalog 605*, p. 95, n° 371.
— (1985*c* [1887-1904]) *Briefe an Wilhelm Fließ 1887-1904*, Ungekürzte Ausgabe, Hrsg. von Jeffrey M. Masson, Dt. Bearb. von Michael Schröter, Transkription von Gerhard Fichtner, Frankfurt a. M., S. Fischer, 1986.
Gicklhorn J., Gicklhorn R. (1960) *Sigmund Freuds akademische Laufbahn im Lichte der Dokumente*, Wien, Innsbruck, Urban & Schwarzenberg.
Heerwagen R. (1881) *Über hysterischen Hypnotismus* [Med. Diss.], Dorpat.
Heidenhain R. (1880) *Der sogenannte thierische Magnetismus. Physiologische Beobachtungen.* Leipzig, Breitkopf & Härtel.
Hirschmüller A. (1978*a*) *Physiologie und Psychoanalyse in Leben und Werk Josef Breuers*, Bern, Hans Huber (*Jahrbuch der Psychoanalyse*, Beih. 4.), Zugl. Med. Diss. Tübingen ; *Physiologie et Psychanalyse dans la vie et l'œuvre de Breuer*, Paris, PUF, 1989 (à paraître).
— (1978*b*) Eine bisher unbekannte Krankengeschichte Sigmund Freuds und Josef Breuers aus der Entstehungszeit der « Studien über Hysterie » [« Nina R. »], in *Jahrbuch der Psychoanalyse*, Bd. 10, p. 136-168.

Jones E. (Bd. 1) *Das Leben und Werk von Sigmund Freud*, Bd. 1 : *Die Entwicklung zur Persönlichkeit und die grossen Entdeckungen 1856-1900*, Übers. v. Katherine Jones, Bern, Stuttgart, Hans Huber, 1960.
Lesky E. (1965) *Die Wiener medizinische Schule im 19. Jahrhundert*, Graz, Köln, Böhlau (« Studien zur Geschichte der Universität Wien », 6.).
— (1981) *Meilensteine der Wiener Medizin. Große Ärzte Österreichs in drei Jahrhunderten*, Wien, München, Bern, Wilhelm Maudrich.
Loewenfeld L. (1901) *Der Hypnotismus. Handbuch der Lehre von der Hypnose und der Suggestion, mit besonderer Berücksichtigung ihrer Bedeutung für Medicin und Rechtspflege*, Wiesbaden, J. F. Bergmann.
Meyer-Palmedo I. (1982) *Sigmund Freud-Konkordanz und Gesamtbibliographie*, Frankfurt a. M., S. Fischer (« Fischer Wissenschaft. », 7312.).
Meynert T. (1888) Über hypnotische Erscheinungen, in *Wien. klin. Wschr.*, 1, p. 451-453, 473-476, 495-498.
Obersteiner H. (1884) « Die Morphiumsucht und ihre Behandlung », *in* Congrès périodique international des sciences médicales, 8e session, Copenhague, 1884. Compte rendu. Bd. 3. Kopenhagen 1886. Section de psychiatrie et de névrologie, p. 10-14.
— (1885) Der Hypnotismus. [Vortrag, gehalten am 23.3.1885.] In *Mbl. wiss. Clubs* (Wien), 6, p. 101-114.
— (1887) *Der Hypnotismus mit besonderer Berücksichtigung seiner klinischen und forensischen Bedeutung*, Wien, Wilhelm Braumüller (« Klinische Zeit- und Streitfragen », Bd. 1, [H. 2]), p. 49-80.
— (1888) *Anleitung beim Studium des Baues der nervösen Central-Organe im gesunden und kranken Zustande*, Leipzig, Wien, Toeplitz & Deuticke, 1888.
— (1893) *Die Lehre vom Hypnotismus*, Leipzig, Wien, M. Breitenstein, 1893.
Preyer W. (1878) *Die Kataplexie und der thierische Hypnotismus*, Jena (Sammlung physiologischer Abhandlungen, 2. Reihe, H. 1.).
— (1881) *Die Entdeckung des Hypnotismus. Nebst einer gedruckten Originalabhandlung von James Braid*, Berlin, Paetel, 1881.
Preyer W., Binswanger O. (1887) Hypnotismus, in *Real-Encyclopädie der gesammten Heilkunde*, Hrsg. v. A. Eulenburg, 2. Aufl., Bd. 10., Wien, Leipzig, Urban & Schwarzenberg, p. 61-124.
Purr N. (1968) *Zur Geschichte des Hypnotismus in Wien im 19. Jahrhundert (1844-1860)*, Med. Diss., Frankfurt.
Schnitzler A. (1889) Über functionelle Aphonie und deren Behandlung durch Hypnose und Suggestion, in *Internat. Klin. Rdsch.*, 3, p. 405-408, 457-461, 494-499, 583-586.
— (1894) Paracelsus. Versspiel in einem Akt, in *Dramatische Werke*, Bd. 1 [= *Ges. Werke*, Bd. 3], Frankfurt, S. Fischer, 1962, p. 465-498.
Schnitzler J. (1888) Extirpation von Nasenpolypen in der Hypnose nebst Bemerkungen über Anwendung des Hypnotismus bei Neurosen des Larynx, in *Internat. Klin. Rdsch.*, 2, p. 1257-1259 [5. Aug. 1888].
Schönbauer L. (1947) *Das medizinische Wien. Geschichte, Werden, Würdigung*, 2., umgearb. u. erw. Aufl., Wien, Urban & Schwarzenberg.
Villaret (1888-1891) *Handwörterbuch der gesammten Medizin*, Hrsg. v. A[lbert] Villaret, Bd. 1-2, Stuttgart, Ferd. Enke.

RÉSUMÉS

Heinrich Obersteiner (1847-1922) était un des neurologues les plus renommés et les plus influents de son époque ; il était aussi directeur d'une clinique psychiatrique privée à Vienne. Il a joué pour Sigmund Freud dans les années de ses recherches scientifiques entre 1880 et 1890 un rôle plus important que ce que l'on savait jusque-là. Tous deux partageaient entre autres le même intérêt pour l'hypnose.

Le compte rendu jusque-là inconnu de Freud de l'écrit de Obersteiner de 1887 sur l'hypnotisme, publié ici pour la première fois en langue française, servira à présenter l'attitude de Freud à l'égard de l'hypnose. On distingue trois étapes dans son utilisation de l'hypnose : tout d'abord, il met les patients dans un état de sommeil hypnotique ; puis il fait des suggestions sous hypnose ; et enfin, celle-ci, depuis la naissance de la méthode cathartique, devient un moyen pour explorer l'inconscient. Avec ses connaissances approfondies, Obersteiner suivait avec bienveillance les travaux de Freud sur l'hypnose jusqu'à la publication de la « Communication provisoire » avec Breuer en 1893. Pendant toutes ces années, il a été une des figures qui ont stimulé et soutenu le développement de Freud.

Freud and hypnosis : an unknow review
of the Obersteiner's article « Hypnotism » (1887)

Heinrich Obersteiner (1847-1922) was one of the most famous and most influential neurologists of his time. He was also the Director of a private psychiatric clinic in Vienna. Between 1880 and 1890, in the years of his scientific researches, he played for Freud a part far more important than one ever thought. Among other things, they both shared a common interest in hypnosis.

Freud's account of Obersteiner's book — which has been up to now completely unknown — on hypnosis (published in 1887, and published here for the first time in French) will be used to introduce Freud's attitude towards hypnosis. There were steps in his discovery and use of hypnosis : first, he put his patients into a hypnotic state, then proposed suggestions under hypnotic state and finally, the latter became a means of exploration of the unconscious, and that since the birth of the cathartic method. With his thorough knowledge, Obersteiner did follow Freud's works on hypnosis quite benevolently until the « Preliminary Communication » with Breuer in 1893. For all these years, he was one of those prominent figures who stimulated and supported Freud's development.

Freud und die Hypnose :
zu einer bisher unbekannten Freud-Rezension
über Obersteiners Schrift Der Hypnotismus *(1887)*

Heinrich Obersteiner (1847-1922), zu seiner Zeit einer der einflußreichsten und angesehensten Neurologen und zugleich Leiter einer Privatheilanstalt für Nervenkranke in Wien, hat für Sigmund Freud in den Jahren seines wissenschaftlichen Suchens etwa zwischen 1880 und 1890 eine größere Rolle gespielt als bisher bekannt. Beide verbindet unter anderem das Interesse für die Hypnose.

Anhand einer bisher unbekannten Rezension Freuds über Obersteiners Hypnotismus-Schrift von 1887, hier erstmals in französischer Sprache veröffentlicht, wird Freuds Einstellung zur Hypnose dargestellt. Seine Anwendung der Hypnose läßt drei Stufen erkennen : Zunächst versetzt er Patienten lediglich in hypnotischen Schlaf ; später erteilt er in Hypnose Suggestionen, und schließlich, seit der Geburt der kathartischen Methode, ist die Hypnose ein Mittel zur Erforschung des Unbewußten. Obersteiner hat Freuds Beschäftigung mit der Hypnose bis zur Veröffentlichung der « Vorläufigen Mitteilung » mit Breuer (1893) kenntnisreich und wohlwollend verfolgt. Er ist in diesen Jahren eine der anregenden und stützenden Figuren für Freuds Entwicklung gewesen.

A proposito dalla critica sinora sconosciuta del libro Der Hypnotismus *di Obersteiner (1887). Scritto da Freud*

Heinrich Obersteiner era uno dei neurologi più famosi e più influenti del suo tempo ; era anche direttore di una clinica psichiatrica privata a Vienna.

Per Sigmund Freud, negli anni delle sue ricerche scientifiche tra il 1880 e il 1890, Heinrich Obersteiner ha avuto un' importanza assai più grande di quanto non si sapesse finora. Entrambi, fra l'altro, manifestavano pari interesse per l'ipnosi.

Il resoconto, finora sconosciuto, che Freud dedicò nel 1887 al libro di Obersteiner sull'ipnotismo, pubblicato qui per la prima volta in lingua francese, servirà a illustrare l'attegiamento di Freud nei confronti dell'ipnosi. Nella sua utilizzazione dell'ipnosi, si possono individuare tre tappe : prima di tutto, procura ai pazienti un sonno ipnotico ; poi fa delle suggestioni sotto ipnosi ; infine, dopo la nascita del metodo catartico, l'ipnosi diventa un mezzo d'esplorazione dell'inconscio. Colle sue conoscenza approfondite, Obersteiner seguiva con benevolenza i lavori di Freud sull'ipnosi fino alla pubblicazione della « Comunicazione provisoria » con Breuer nel 1893.

In tutti quegli anni, fu una delle personalità che maggiormente stimolarono e sostennero lo sviluppo di Freud.

Freud y la hipnosis : con motivo del comentario (hasta ahora no conocido) de Freud al texto de Obersteiner Der Hypnotismus *(1887)*

Heinrich Obersteiner (1847-1922) fue uno de los neurólogos más reputados e influyentes de su época ; en Viena, era director de una clínica psiquiátrica privada. En el periodo de las investigaciones científicas de Sigmund Freud (1880-1890), tuvo para éste un papel importante, hasta ahora mal conocido. Entre otras cosas, ambos se interesaban en la hipnosis.

El comentario de Freud sobre el libro de Obersteiner de 1887 sobre el hipnotismo, que publicamos por primera vez en francés, servirá para presentar la actitud de Freud con respecto a la hipnosis. Su utilización de la hipnosis permite reconocer tres etapas : en primer término, pone a los pacientes en un estado de sueño hipnótico ; luego, formula sugerencias al paciente en estado de hipnosis ; por último, con el nacimiento del método catártico, la hipnosis se convierte en medio de exploración del inconsciente. Con sus vastos conocimientos, Obersteiner siguió con simpatía los trabajos de Freud en la materia, hasta la publicación de la « Comunicación provisional » por Freud y Breuer en 1893. Durante todos esos años, Obersteiner estimuló y sostuvo el desarrollo de Freud.

Revue des livres et des revues

Albrecht Hirschmüller
*Physiologie und Psychoanalyse im Leben und Werk Josef Breuer**
Berne, H. Huber, 1978, 480 p.

Le médecin viennois Josef Breuer (1842-1925) est bien connu surtout de ceux qui s'occupent des débuts de la psychanalyse. Breuer est avec Freud le coauteur des *Etudes sur l'hystérie* (1895). C'est lui qui a fourni l'histoire devenue célèbre de la maladie d' « Anna O. ». Breuer avait réussi à la faire parler sous hypnose de ses souffrances et de l'événement qui les avait déclenchés — ce qui provoqua la disparition des symptômes hystériques. Le cas d' « Anna O. » devint un paradigme de la psychanalyse. Breuer était spécialisé en psychiatrie et s'occupait essentiellement de problèmes de physiologie. Sa découverte de la « méthode cathartique » pour traiter les troubles névrotiques et hystériques fut une étape décisive pour l'élaboration de la psychanalyse par Sigmund Freud.

Le but essentiel du livre de Hirschmüller est de faire apparaître plus clairement que dans les publications antérieures la part que prit Breuer dans la genèse et le développement de la psychanalyse, en se fondant sur ses conditions de vie, sa personnalité, ses convictions et sa conception de la science.

La connaissance de la personnalité de Breuer est un préalable important pour la compréhension de son œuvre : c'est cette thèse qui est le point de départ des efforts de Hirschmüller pour décrire avec la plus grande exhaustivité possible le contexte socioculturel de la vie de Breuer à Vienne à la fin du XIXe siècle. Il nous présente l'image d'un médecin d'origine juive qui appartenait à une classe bourgeoise moyenne vivant dans une aisance relative, aux opinions libérales. Breuer, homme d'une large culture, était, par sa vive intelligence, à même de se former un jugement indépendant sur les problèmes de son époque. Il était d'ailleurs particulièrement attaché à l'indépendance intellectuelle. L'ampleur de la personnalité de Breuer se retrouve aussi dans l'étendue de ses relations : on y comptait non seulement les grandes figures de l'avant-garde de la médecine viennoise, mais encore des érudits et des artistes comme le physicien Ernst Mach, les philosophes Friedrich Jodl et Franz Brentano, l'écrivain Marie Ebner von Eschenbach, le compositeur Hugo Wolf pour n'en citer que quelques-uns. Breuer était pour ses patients à la fois un ami personnel, un interlocuteur passionnant et un médecin. Il incarnait ce type de médecin de famille qui s'était fait rare vers la fin du XIXe siècle du fait de la spécialisation croissante.

Présenter la conception que Breuer se faisait de la science n'est pas tâche aisée : d'un côté, il se tenait dans la tradition épistémologique kantienne, en accord avec Fechner et Mach pour lesquels tout ce qui est accessible à la science appartient au domaine de validité de la loi de causalité — même le psychique — ce qui implique une solution moniste pour expliquer le concept d'âme. D'un

* *Physiologie et psychanalyse dans la vie et l'œuvre de Josef Breuer*. Une traduction en français de ce livre paraîtra prochainement dans la collection « Histoire de la Psychanalyse » aux Presses Universitaires de France.

autre côté, Breuer considérait que l'ambition des sciences naturelles pures — expliquer la nature exclusivement à partir de ses forces physico-chimiques — avait échoué. Il se proclamait vitaliste et jugeait concevable un domaine psychique qui se trouverait au-delà de l'explication causale. Selon Hirschmüller, la thèse de Bernfeld, qui voit en Breuer un disciple d'Ernst Brücke entièrement acquis à la pensée matérialiste mécaniste, n'est pas soutenable.

Pour Breuer, le fonctionnement d'un ensemble psychique est toujours intégré à un système biologique dont l'organisation douée de sens et finalisée ne peut pas être décrite uniquement avec des catégories mécanistes. Selon lui, les problèmes de la philosophie de la nature sont liés tout autant aux recherches spécialisées de la physiologie qu'aux résultats de la philosophie et de la psychologie.

Le chapitre le plus étendu du livre se divise en deux parties : physiologie et psychopathologie. Les travaux de Breuer dans le domaine de la physiologie de la respiration et de ses voies représentent des conceptions qui sont encore valides aujourd'hui — mis à part des détails insignifiants.

Du point de vue de l'histoire des sciences, Breuer a sans aucun doute donné une impulsion particulièrement efficace à la naissance et au développement de la psychanalyse. La condition préalable en fut certainement sa personnalité qui, associée aux intérêts thérapeutiques du médecin, lui faisait consacrer une patience infinie à l'observation sans préjugés des phénomènes maladifs sur une longue période. Ensuite vient son intérêt pour la physiologie liée à la psychologie, la conviction que le psychique est entièrement déterminé, et la recherche du sens biologique : voilà les facteurs essentiels des premières conclusions théoriques qui devaient aboutir à la création de la psychanalyse. Dans le cas « Histoire de Anna O. », que l'on peut maintenant apprécier plus clairement grâce à de nouvelles sources (entre autres une nouvelle histoire de la maladie), les étapes essentielles de l'évolution de Breuer en théorie et en thérapeutique sont retracées. Hirschmüller ordonne en trois phases la participation de Breuer au développement de la psychanalyse : 1 / le traitement d' « Anna O. » et les conclusions qui en furent tirées (1880-1882) ; 2 / la collaboration active et la discussion avec Freud ; 3 / leur évolution de plus en plus divergente (1894-1896).

En plus d'une partie documentaire très riche, où une abondance d'inédits sont publiés de façon exemplaire, et d'une bibliographie tout aussi minutieuse des domaines considérés, c'est une recherche d'une précision peu commune sur l'histoire des sciences que nous avons là. Albrecht Hirschmüller n'a reculé devant aucune peine pour rendre accessibles de nouvelles sources qui livrent des données importantes et intéressantes. Il a ainsi réussi à présenter une image de Josef Breuer précisée sur les points essentiels, et en même temps à fournir une contribution importante à la recherche de l'histoire des sciences sur les débuts de la psychanalyse.

Wolfgang J. A. Huber

E. James Lieberman
*Acts of Will, the Life and Work of Otto Rank**
New York, Macmillan, Free Press, 1985, 486 p.

Rank avait renoncé à écrire depuis fort longtemps lorsque, à l'occasion d'une de ses conférences à l'Université de Yale, il expliqua : « Il y a déjà trop de vérités dans ce monde, une surproduction qui apparemment ne saurait être consommée ! » Certes la vérité sur Rank lui-même ne peut être trouvée dans les écrits publiés jusqu'à présent. A part les mémoires de Jessie Taft et quelques autres articles, la littérature sur l'histoire de la psychanalyse regorge de contre-vérités et dans le meilleur des cas de demi-vérités le concernant. Ses œuvres complètes n'ont pas été publiées dans une édition d'ensemble ; il faut connaître à la fois l'anglais et l'allemand pour le lire, puisqu'il écrivit dans les deux langues et certains de ses ouvrages n'ont pas encore été traduits. De plus, nombre de ses œuvres majeures sont épuisées et les bibliothèques des Associations de psychanalyse de par le monde n'en possèdent que fort peu... Après avoir quitté le Père fondateur et la psychanalyse orthodoxe, Rank ne s'est engagé dans aucun courant professionnel existant, il n'a pas fondé d'Ecole, n'a pas cherché à faire de disciples. Ainsi, la plupart de ceux qui parlent de lui ne connaissent-ils pas la plupart du temps l'ensemble de l'œuvre des quinze dernières années de sa vie, alors que ce fut sa période la plus fertile dans des domaines aussi divers que la psychothérapie certes, mais aussi la religion, l'éducation, l'art et la psychologie sociale pour ne citer que les plus importants.

C'est dans un tel contexte que le Dr Lieberman, qui n'avait jusque-là qu'une connaissance relative de l'histoire de la psychothérapie, fut introduit par Pauline Shereshefsky (qui avait étudié avec Jessie Taft et Virginia Robinson) dans le groupe d'étude sur Otto Rank qui se tenait à Washington en 1976. A l'approche du centenaire de la naissance de Rank (1986), il décida d'écrire cette biographie qui manquait sérieusement dans les recueils de l'histoire du mouvement analytique.

Le fait qu'une biographie d'ensemble sur Otto Rank n'apparaisse que maintenant pourrait suggérer qu'il n'était qu'une personnalité de second ordre, peut-être même un des disciples mineurs de Freud. Au contraire, d'après Lieberman, il semble avoir été virtuellement son fils adoptif et avoir contribué davantage que n'importe qui d'autre à la pensée de Freud lui-même et au mouvement psychanalytique pendant une vingtaine d'années. Sa critique des limites de la psychanalyse est reprise par les partisans de la psychologie existentielle, de la thérapie de la relation et de la créativité, la plupart d'entre eux ignorant que Rank avait dit les mêmes choses qu'eux une cinquantaine d'années avant. Dans certains secteurs, comme l'anthropologie, on connaît son nom à cause de ses premiers écrits, mais l'ensemble des lecteurs et des chercheurs, les uns comme les autres, connaissent beaucoup moins ses contributions les plus récentes, en particulier

* *Actes de la volonté, la vie et l'œuvre d'Otto Rank.* Une traduction en français de ce livre paraîtra prochainement dans la collection « Histoire de la Psychanalyse », aux Presses Universitaires de France.

L'art et l'artiste, l'un des plus grands ouvrages de psycho-histoire de son époque ou de n'importe quelle époque d'ailleurs. Il est probable, comme le dit Lieberman, qu' « il était trop en avance sur son temps pour qu'on le jugeât convenablement ».

La vie de Rank peut être étudiée comme l'exemple de celle d'un homme qui aimait les livres mais qui en vint à connaître leurs limites. Il était un homme secret, extrêmement discret dans sa vie personnelle et professionnelle. « Fils blond » et surtout « vilain petit canard » du mouvement analytique, il connaissait davantage Freud que n'importe qui d'autre, mais il ne s'en est pas vengé en répandant commérages et rumeurs ou en attaquant à son tour, même lorsque l' « Establishment » freudien l'étiqueta comme malade mental. Il ne fut pas un martyr, mais il n'aimait pas combattre dans l'arène de la politique. Maintenant, on le découvre, ou plutôt on le redécouvre dans les travaux de Carl Rogers, Anais Nin, Carl Whitaker, Esther Menaker, Jessie Taft, Irvin Yalom et tant d'autres.

En 1929, le Dr Otto Rank, âgé de quarante-quatre ans, gagnait correctement sa vie comme thérapeute à Paris, avec quelques patients supplémentaires à New York. Cette année-là, son livre le plus célèbre, *Le traumatisme de la naissance*, fut publié en traduction anglaise. Après avoir été pendant vingt ans un disciple et un assistant dévoué, il s'était autonomisé depuis moins de cinq ans. Lors d'une conférence, la même année à l'Université de Yale, il avait évoqué le projet d'écrire un jour ou l'autre, à l'âge de la retraite, une histoire du mouvement psychanalytique.

Personne, avant ou après lui, n'était mieux qualifié pour le faire. Il avait servi comme secrétaire de la Société de Psychanalyse de Vienne et avait été le collègue le plus proche de Freud de 1906 à 1924. Il appartenait à cette poignée d'hommes qui avaient assisté aux neuf premiers Congrès de l'Association psychanalytique internationale. Il avait copublié deux revues et, proche de Freud, il était un des psychanalystes les plus connus. Mais il mourut jeune, avant même de prendre sa retraite, sans avoir eu le temps, donc, d'écrire « son » histoire du mouvement analytique. La plupart de ce qu'il a élaboré fut méprisé pendant la belle époque de la psychanalyse, tout simplement parce qu'il était étiqueté « dissident ». Selon Lieberman, aucun historien n'a jamais fait de commentaires sur la présentation qu'avait suggérée Rank des origines de la psychanalyse. Ce n'est que très récemment que les psychanalystes ont pris conscience de ce qu'ils étaient de bien piètres historiens de leur profession. Et même lorsque certains ont tenté une telle approche, ce fut toujours dans l'esprit de Jones et de son bel édifice. Quant à Franz Alexander ou Henri Ellenberger ils ont terminé leur travail trop tôt pour bénéficier des recherches originales de Rank car lui-même n'avait pu avoir accès à tous les documents.

Un exemple montre le danger d'une simplification hâtive. Dans son éloge funèbre de Karl Abraham, Freud écrivait : « Il avait conquis une place si haute pour lui-même que de tous ceux qui m'ont suivi à travers les sombres sentiers de la recherche psychanalytique, il n'y en a eu qu'un dont le nom puisse être accordé au sien. » Le désir de Freud de raviver une haine fraternelle lors d'un enterrement vaut la peine d'être noté, comme la note en bas de page de la *Standard Edition* qui suggère : « Freud sans aucun doute pensait à Ferenczi » (*S.E.*, XX, p. 277).

Considérant la rupture de Rank avec Freud, toute l'attention des historiens a été consacrée aux changements survenus chez Rank lui-même pour expliquer la dissidence. Mais pourquoi un tel silence sur lui ? « Peut-on, demande Lieberman, mettre sur le compte d'une certaine "politique" de la psychanalyse le rejet de ses écrits quant à leur fond du fait d'une rupture des formes de la relation au Fondateur et au Mouvement ? » Peut-on également faire intervenir le fait qu'il soit mort très jeune... ? Pourquoi tant d'analystes le confondent-ils avec Reik ou Reich ? Telles sont les questions posées par Lieberman qui retrace ici avec sérieux et pertinence la carrière du pionnier dénié.

A travers ses journaux intimes non publiés jusqu'ici, à travers sa correspondance, à travers des interviews de membres de sa famille, d'anciens patients et d'anciens étudiants, un nouveau portrait très documenté se dresse devant nous par-delà les demi-vérités et les contre-vérités qui sont passées au crible des documents. Certes l'ouvrage est celui d'un « disciple » (même si Rank n'eut pas apprécié le terme) convaincu et parfois partial, mais il marquera l'histoire de la psychanalyse par la force de sa documentation. De plus il permet, comme c'est rarement le cas des ouvrages tels que nous les lisons de ce côté-ci de l'Atlantique, de comprendre mieux certains concepts utilisés par les analystes américains dans leur souci de pratiquer une psychanalyse orientée sur le moi du patient (cf. Hartmann et ses successeurs de la « psychologie du moi ») et l'adaptation. C'est à ce titre que tout réel chercheur y trouvera certaines réponses à nombre de questions qui se posent depuis la rupture Freud/Rank et l'introduction de certaines formes de psychothérapies psychanalytiques moins orthodoxes dans les pays anglo-saxons.

Catherine Wieder

Riccardo Steiner
A world wide international trade work of genuineness ?
Some observations on the history of the English translation of the work of Sigmund Freud, focusing mainly on his technical terms*
International Review of Psycho-Analysis, 1987, 14, p. 33-102

L'article de Riccardo Steiner nous paraît remarquable à plusieurs égards : ce texte ouvre de nouveau la question de la traduction de Freud en anglais qui avait déjà fait l'objet de nombreuses critiques depuis quelques années (Balint, Schur, Bettelheim, Granoff, Pontalis, Ornston, etc.) mais il ne se contente pas de critiques corrosives et questionne le bien-fondé des critiques déjà formulées ; il propose une autre démarche qui permet aussi de comprendre comment la traduction de James Strachey a vu le jour.

S'appuyant sur la thèse que Bruno Bettelheim a exposée dans *Freud et l'âme humaine* (Paris, R. Laffont, 1984 ; et en anglais *Freud and Man's Soul*, London, Chatto & Windus, 1983), R. Steiner montre qu'elle demeure insuffisante car elle ne tient pas compte du contexte historique et sociologique qui a entouré les traductions incriminées. En effet, on s'en souvient, B. Bettelheim démontrait

* Une marque internationale d'authenticité ? quelques observations sur l'histoire de la traduction anglaise de l'œuvre de Sigmund Freud, centrée principalement sur ses termes techniques.

que les traducteurs avaient trahi l'œuvre de Freud : le lecteur était amené à avoir des idées fausses sur Freud lui-même, présenté comme un homme de science et tiré — ou plutôt réduit — du côté de la médecine ; par exemple toute référence à l'âme, *soul*, dans le sens populaire et flou, avait été éliminée à la faveur d'une traduction purement intellectuelle *mind*, ce qui paraissait à Bettelheim en contradiction avec la vie et l'œuvre de l'humaniste qu'était Sigmund Freud. Le langage de Freud « choisi avec le plus grand soin » était « devenu un charabia anglais », accusait-il, et il voulait « avant qu'il ne soit trop tard », et parce qu'il était du même milieu culturel que Freud, malgré cinquante années d'écart, corriger les « erreurs flagrantes » pour « provoquer une nouvelle traduction de l'œuvre ». Rendre le « tranchant » des mots, « leur épaisseur, leur ambiguïté, leur polysémie », lui paraissait urgent. Il fallait « dénoncer les pulsions de mort des traducteurs » et « abandonner les verres de l'abstraction » pour revenir aux mots qui éveillent des associations ; mots de l'enfance, de l'affectivité, mots de l'étrange et du familier. Mais n'oublions pas que Bettelheim disait également de cette traduction qu'elle était « bien meilleure que celle des éditions précédentes, bien que beaucoup d'insuffisances subsistent ».

Que vise Riccardo Steiner dans cet article ? Bien que partant de cette thèse dont il montre les limites, il s'intéresse moins à critiquer les traductions, et en particulier la *Standard Edition* de James Strachey, qu'à examiner les fondements de ces erreurs et les glissements sémantiques nés de ces traductions. Ainsi, il développe devant nous peu à peu l'épaisseur du problème dans les allers et retours entre deux visions, l'une macroscopique — le contexte historique et sociologique dans lequel a baigné le travail de Strachey —, l'autre microscopique — la traduction du texte freudien en soi : choix des critères linguistiques, ainsi que les sources conscientes et inconscientes de ceux qui ont mis en œuvre cette entreprise.

Comment s'y prend-il ? Il opte pour une approche historique et sociologique, tout en se défendant de la choisir par « préférence personnelle ou goût de l'archéologie », mais parce que cette méthode a rendu des services pour l'étude d'autres textes, la Bible par exemple. Il procède à un véritable essai de reconstruction historique de la traduction de Freud en anglais que nous développerons plus loin.

Quels sont les outils de son investigation ? Il a utilisé tous les documents qu'il a pu trouver à l'Institut britannique de Psychanalyse sur le traducteur. Tous les papiers de Strachey ont été passés au crible : notes personnelles, index, corrections manuscrites de traductions précédentes, dictionnaires utilisés, ouvrages de référence, correspondance avec S. Freud, A. Freud, Jones, les éditeurs (Unwin & Layne, Hogarth Press), et même les contrats signés. De même, toutes les autres correspondances : celles des analystes traitant de la traduction de Freud en anglais — Freud-Jones, Rank-Jones, Putman-Jones, Brill-Jones, etc. — ont été examinées.

Il dévoile ainsi les paramètres humains, institutionnels, relationnels — enjeux de pouvoir —, financiers, matériels, et linguistiques qui ont présidé à la « fabrication » de la *Standard*. Nous apprenons que sous le nom de Strachey c'est en fait une « entreprise collective » qui travaille à cette traduction, une équipe dont les principaux acteurs sont : James Strachey et sa femme Alix, Joan Rivière, Rickman, et surtout Ernest Jones. En conséquence, il sera nécessaire d' « uniformiser » la terminologie de ces différents traducteurs. Sous la responsabilité de l'Institut britannique de Psychanalyse, c'est une politique expansionniste de la diffusion de la psychanalyse qui se trouve mise en place. Steiner nous rappelle d'ailleurs que l'Institut, dans sa constitution même, en 1924, avait indiqué comme son premier objectif : « d'imprimer, de publier et de vendre dans toutes les langues et dans tout le monde les travaux sur la science de la psychanalyse ». Cette entreprise de l'équipe sera soutenue par la famille Freud : Sigmund et Anna Freud vérifieront la version de cette *Standard Edition* ; Ernst Freud recherchera en Amérique et rachètera les copyrights des vingt-neuf titres traduits en majorité par A. Brill.

Laissons-nous entraîner dans le labyrinthe que représente le long article de Steiner, texte assez compliqué, serré, très informatif, et fort savant, ponctué de métaphores bibliques, guerrières (il est question de « légions romaines », de « phalanges grecques », de « cheval de Troie ») et commerciales et essayons de ne pas nous perdre dans les différents temps de cette aventure.

Si le projet de la traduction de Freud existait déjà, c'est à la fin de septembre 1939 que se concrétise ce projet d'une édition « standard » en anglais : Freud vient de mourir en exil, à Londres. Sa mort met la psychanalyse en danger : l'Europe centrale est perdue pour la recherche psychanalytique, et c'est aux pays anglo-saxons qu'échoit la « responsabilité du destin de cette science ». Jones va se sentir investi d'une mission de conservation de l'œuvre. Craignant que des analystes ne manquent d'apporter à la psychanalyse des transformations que Freud ne pourra plus réguler, il lui apparaît urgent que le texte de référence allemand ne circule pas seulement dans un à-peu-près ou un ouï-dire, mais sous une forme précise qui ne prêtera pas le flanc à des adaptations plus ou moins fantaisistes. Une des formes possibles de prévention des altérations de la psychanalyse ne serait-elle pas que tout chercheur et praticien puisse avoir connaissance de ce texte freudien lui-même, mais transposé dans une autre langue plus accessible ?

C'est alors qu'il demande par lettre à James Strachey, sur la suggestion de Marie Bonaparte, d'être le traducteur officiel de Freud, les *Gesammelte Werke* constituant la référence. Pour Steiner, cette lettre est en soi une « longue histoire condensée » ; l'idée est de dresser le seul « monument digne » de Freud et d' « assurer une édition définitive pour les générations à venir ».

Un comité est constitué par Jones réunissant autour de lui Strachey, Mme Rivière, le Dr Payne et Rickman. Il lancera un appel de fonds et cherchera un éditeur. L'important est que cela « reste une affaire de famille », c'est-à-dire en Angleterre.

Jones va faire figure de leader charismatique — Moïse recevant les Tables —, ce qui n'est peut-être pas justifié, mais compréhensible historiquement : il va codifier une procédure pour éditer et traduire, et élaborer une véritable stratégie pour « sauver nos trésors culturels et scientifiques du Moloch de la destruction » (cf. lettre de Jones à Sir W. Baggs, p. 47). « Gardien des reliques », il polit l'idée d'une édition anglaise « uniforme », « sans faute », « digne de confiance » et, surtout, « définitive ». Cette idée d'une telle édition se trouvera partagée par le Comité anglais et tous les pionniers : Alexander, Brill, Sachs, Kris...

Dès 1909, en fait, Ernest Jones avait posé les premières pierres de son « empire linguistique » avec les *Collected Papers*. Puis il n'avait eu de cesse, dans les coulisses, de surveiller les toutes premières traductions de Brill, de les critiquer auprès de Freud, etc., jusqu'à ce qu'il occupe le devant de la scène à la mort de celui-ci. Steiner interprète tous ces va-et-vient successifs entre l'Amérique et l'Angleterre comme une politique de maîtrise de la traduction du texte freudien. Jones nous apparaît, en quelque sorte, comme le patron d'une entreprise d'import-export d'un « commerce de gros » *(wholesale)* de la psychanalyse, important d'Amérique tous les « articles analytiques » : langue, concepts, livres, traductions et institutions.

Dans l'Angleterre victorienne résistante à la psychanalyse, il cherchera, pour enfin mener à bien son projet, des appuis prestigieux dans l'avant-garde intellectuelle et scientifique et, en particulier, dans cette société semi-secrète, le groupe des « Apôtres de Cambridge », où l'on trouve Lytton Strachey, M. Keynes, G. Moore, B. Russell, H. G. Wells, B. Shaw, et aussi les Woolf, Virginia et Leonard. C'est du sein de cette intelligentsia que naîtra le traducteur officiel de l'œuvre de Freud : James Strachey. A cette traduction menée par les érudits de l'Establishment, pourquoi Freud aurait-il refusé de donner son aval ? Le champ transférentiel et contre-transférentiel aura vraisemblablement joué un rôle inconscient. D'autant que le travail « héroïque » de Strachey était soutenu par le désir de Freud de conquérir le monde anglo-saxon.

Riccardo Steiner nous rappelle qu'en 1913, lorsque *L'interprétation des rêves* fut éditée en Angleterre, il était précisé dans la préface que « la vente de ce livre est limitée aux membres des professions médicales, enseignantes, juridiques et ecclésiastiques ». Jones n'avait donc pas la tâche facile : la diffusion de la psychanalyse était une chose risquée en ce temps-là. Lui qui avait critiqué les premiers traducteurs, « gens qui ne comprenaient ni la psychanalyse, ni l'allemand, ni l'anglais », gardera dorénavant le contrôle de la traduction et, en quelque sorte, le contrôle du traducteur. Parce qu'il a la conviction d'être dans le « vrai », d'avoir le « monopole de la vérité » — d'où le titre choisi par R. Steiner pour son article, emprunté à Jones, mais sur le mode, cette fois, dubitatif — par rapport aux choix des critères adoptés pour la traduction. Strachey, par contre, lui, avait visé une « image raisonnablement vraie et complète du travail du professeur ».

Pour comprendre les choix des critères adoptés, Riccardo Steiner emprunte une démarche régrédiente permettant l'explicitation des limites de la *Standard Edition*. Si les premières traductions du début du siècle avaient été faites « en grande hâte », en « l'absence de critères élaborés » et n'étaient que « des traductions serviles » (cf. Paz), Steiner, après un survol des concepts clés et de leur traduction chez chacun des traducteurs, pose la question : pourquoi les erreurs ont-elles été reproduites, comment se sont-elles redupliquées avec une si étonnante constance au fil du temps ? Le premier traducteur, Brill, en porterait-il la responsabilité ? Ou bien les autres traducteurs, Strachey compris ? Il prend un certain nombre d'exemples : « Verdrängung » est traduit soit par « resistance », soit par « repressed » ; « Vorstellung » par « idea » ; « Traumdeutung » par « interpretation » ; « Einstellung » par « free association », « Verschiebung » est traduit soit par « process » (« psychic process » de Chase), soit par « mechanism » (Brill, Jones) ; « Afterzone » : « anal zone » ; « das Ich » : « Ego » (et ce mot a une histoire à lui tout seul ; il traverse toutes les traductions mais on le retrouve dans la littérature anglaise jusqu'à Kipling).

Steiner nous montre que cette constance dans la traduction vient de ce que ces termes avaient acquis une « légitimité » : ils étaient associés à un langage de la psychiatrie et de la sexologie, déjà créé avant Freud qui s'en était tenu à les resémantiser dans une axiomatique psychanalytique précise. Face au « vide linguistique », les traducteurs vont laisser ces mots se frayer incognito un chemin, parce que cela sert aussi leur stratégie d' « infiltration » du texte freudien afin de dépasser la résistance à la psychanalyse. Ainsi l'utilisation des racines latines et grecques, calquée sur le modèle médical — masque par lequel Jones veut circonvenir le corps médical ? — tient lieu de « filtre » linguistique contrôlant la diffusion de l'analyse. Réservée à l'élite, c'est-à-dire à ceux qui connaissaient le grec et le latin, la *Standard Edition* a permis aussi et surtout aux professionnels de l'analyse de disposer d'un savoir et d'une pratique, hélas ! standardisés.

C'est dire l'importance que prennent pour nous, analystes, ces problèmes spécifiques de traduction qui, loin d'être de vaines disputes d'intellectuels, sont au cœur de notre pratique de la cure car ils la conditionnent, le texte de Freud fonctionnant comme une permanente référence.

Plus qu'une redistribution des responsabilités individuelles, Riccardo Steiner expose leur collusion dans cette initiative collective de la traduction de l'œuvre freudienne en anglais. Toute traduction de Freud dans d'autres langues a-t-elle rencontré des écueils similaires ? Pour la traduction française, si les premières étaient insuffisantes, à quelles erreurs incontournables les suivantes se sont-elles heurtées, se heurtent-elles et se heurteront-elles ? Car Steiner nous amène à nous poser la question de nos illusions quant à une traduction qui se voudrait « idéale », « Standard » et « définitive », figeant le texte dans une « scientificité » d'emprunt. Il nous invite ainsi à un nouveau « retour à Freud » par une relecture « vraie », c'est-à-dire active et créative.

Michelle Moreau-Ricaud

Actualités de l'histoire de la psychanalyse

Note de la rédaction. — *Cette rubrique ne prétend pas rendre compte de tous les événements concernant l'histoire de la psychanalyse qui ont eu lieu à travers le monde, mais seulement de ceux qui se sont déroulés dans le cours de l'année précédant la parution de la* Revue *et dont les secrétaires scientifiques auront fait parvenir un compte rendu à la Rédaction au plus tard le 1er septembre de chaque année. On voudra donc bien excuser le caractère très parcellaire de cette première présentation.*

CRÉATION DE L'ASSOCIATION INTERNATIONALE D'HISTOIRE DE LA PSYCHANALYSE 25 JUIN 1985

L'*Association internationale d'Histoire de la Psychanalyse* est une association scientifique sans buts lucratifs, régie par la loi de 1901, qui a été créée le 25 juin 1985 à Paris. Son siège social est situé 46, rue de Grenelle, 75007 Paris, France, et son téléphone : (1) 45.48.26.73.

Son Bureau est composé de A. de Mijolla (président), D. Anzieu et A. Potamianou (vice-présidents), J. Sédat (secrétaire général), S. de Mijolla-Mellor (secrétaire scientifique), T. Bokanowski et E. Valentin (secrétaires administratifs), J.-P. Bourgeron (archiviste), J.-M. Varaut (conseiller juridique) et L. de Urtubey (trésorière).

Son Comité scientifique international est composé de Willy Baranger (Argentine), Harold P. Blum (Etats-Unis), Horacio Etchegoyen (Argentine), Gerhard Fichtner (Allemagne), Ilse Grubrich-Simitis (Allemagne), Sudhir Kakar (Inde), Pearl King (Angleterre), Eva Laible (Autriche), Jean Laplanche (France), Serge Lebovici (France), Harald Leupold-Löwenthal (Autriche), Adam Limentani (Angleterre), George MacLean (Canada), Mario Montessori (Hollande), Livia Nemes (Hongrie), Jean-Yves Roy (Canada), Giulermo Sanchez Medina (Colombie), Antonio Santamaria-Fernandez (Mexique), Janice de Saussure (Suisse), Albert J. Solnit (Etats-Unis).

Cette Association a pour but de permettre une connaissance aussi complète que possible de l'histoire de la psychanalyse et de son fondateur.

Elle se propose donc l'étude :

- de l'histoire de la découverte de la psychanalyse ;
- de la biographie de Freud, de ses proches, de ses disciples et des psychanalystes qui leur ont succédé ;
- de l'histoire du mouvement psychanalytique depuis son origine, tant dans ses développements internationaux qu'à travers ses principales scissions ou ramifications ;
- de la place de la psychanalyse dans l'histoire des sciences et des idées du XIXe et du XXe siècle ;
- de ses rapports avec l'histoire générale et les caractéristiques politiques, socio-économiques et culturelles de son temps.

Pour réaliser ses fins, l'Association rassemble les documents publiés ou inédits concernant ses thèmes de recherche et en assure éventuellement la publication, acquiert ou accepte en donation tout document utile à ses fins, travaille à la création d'une bibliothèque et d'une banque de données informatisées.

Elle s'organise dans plusieurs pays en groupes de travail, qui suscitent des réunions, des expositions, des conférences, etc. Elle publie également des monographies écrites par ses membres. Outre les réunions scientifiques tenues par les groupes de travail en différents pays, l'A.I.H.P. organise tous les deux ans une « Rencontre internationale » sur un thème déterminé.

Le *Journal de l'A.I.H.P.* publie deux numéros par an, en langue française et en langue anglaise. Il est réservé aux membres de l'Association.

L'A.I.H.P. est composée de « membres actifs » qui participent à la gestion de l'Association. Ils sont élus par le Bureau sur leur demande et avec le parrainage de deux membres actifs de l'Association. Elle est également formée de « membres correspondants », accueillant ainsi toute personne (psychanalyste ou non) ou groupement (associations, bibliothèques, etc.) qui en fait la demande, sans aucune exclusive.

RÉUNIONS, COLLOQUES, EXPOSITIONS

TRIESTE (ITALIE)
« LA CULTURE PSYCHANALYTIQUE. BILAN HISTORIQUE »
5-8 DÉCEMBRE 1985

Ce Congrès international, réalisé sous le patronage de la Société psychanalytique italienne, a eu pour principaux protagonistes les cinq pays (Allemagne, Autriche, Hongrie, Italie et Yougoslavie) qui font partie de la zone danubienne, berceau de la science freudienne. Ses travaux visaient à comparer l'évolution de la culture psychanalytique dans ces pays : histoire de la psychanalyse, relations entre psychiatrie et psychanalyse, psychanalyse appliquée à l'art, etc.

Il faut rappeler le rapport d'Ernst Federn (Vienne) qui a essayé de répondre à une question cruciale : est-on en mesure, à l'heure actuelle, d'écrire une histoire de la psychanalyse ? D'après lui, il s'agit d'une entreprise très difficile non seulement à cause des difficultés propres à cette tâche, mais aussi à cause des sources qui ne sont pas encore complètement disponibles, comme par exemple l'énorme patrimoine des lettres de Freud et d'autres importants pionniers du mouvement psychanalytique, encore bloquées et qui ne peuvent pas être examinées par les spécialistes.

Ce Colloque avait été organisé par Anna Maria Accerboni (Trieste), et ses actes ont été publiés en un volume : *La cultura psicoanalitica*, *Atti del Convegno Trieste, 5-8 dicembre 1985*, Edizioni Studio Tesi, 1987.

LOS ANGELES (ÉTATS-UNIS)
COLLOQUE « THE CENTURY OF FREUD »
U.C.L.A.
11 ET 12 AVRIL 1986

A ce colloque participaient R. Ekstein, J. Harrisson, A. Kaplan, D. Lebe, P. Loewenberg, J. Martin, H. Morris, B. Planter, L. Rangell, H. Van Dam, C. Whitehead. Les coordinateurs en étaient K. Welds et B. Bortnick.

LONDRES (ANGLETERRE)
OUVERTURE DU MUSÉE FREUD
28 JUILLET 1986

Le Musée Freud de Londres a été inauguré le lundi 28 juillet 1986 par la princesse Alexandra de Kent en présence de plusieurs ambassadeurs et de représentants de la New-Land Foundation, des Sigmund Freud Archives, de l'A.P.I., de la British Psychoanalytical Society, de l'Anna Freud Centre, de la Tavistock Clinic, du Musée Freud de Vienne, de l'Association internationale d'Histoire de la Psychanalyse et de diverses Sociétés psychanalytiques appartenant à l'A.P.I.

La maison que la famille Freud avait fait sienne parmi ses semblables du quartier « intellectuel » périphérique de Hampstead a été transformée en musée depuis la mort d'Anna Freud grâce à des capitaux recueillis auprès de la communauté analytique internationale.

Outre une *Newsletter* tenant ses visiteurs au courant de ses productions, le Musée Freud de Londres a l'intention d'organiser des conférences, des réunions, et de promouvoir des publications psychanalytiques. *(Musée Freud, 20 Maresfield Gardens, Hampstead, London NW3 5SX, tél. :1.435.20.02.)*

BOSTON (ÉTATS-UNIS)
« FREUD AND THE TWENTIETH-CENTURY »
BOSTON UNIVERSITY, FACULTY SEMINAR 1986

Du 16 septembre au 2 décembre 1986 plusieurs séminaires se sont tenus à l'Université de Boston concernant l'histoire de la psychanalyse, avec la participation de M. Cohen, F. Sulloway, T. S. Glick, J. Mehlman, A. Borinski et J. D. Wilkinson.

LONDRES (ANGLETERRE)
SYMPOSIUM « FREUD IN LONDON, PSYCHOANALYSIS IN TRANSITION »
29 OCTOBRE - 1er NOVEMBRE 1986

Organisé par Edward Timms et Naomi Segal, ce symposium a réuni de nombreux historiens de la psychanalyse parmi lesquels nous notons les noms de I. Oxaal, A. Paskauskas, E. Federn, M. Hall, P. King, M. Stanton, etc.

Le recueil de ces diverses interventions devrait paraître dans le courant de 1988.

PARIS (FRANCE)
RÉUNION SCIENTIFIQUE DE L'ASSOCIATION INTERNATIONALE D'HISTOIRE DE LA PSYCHANALYSE
29 NOVEMBRE 1986

Cette réunion a eu pour thème durant la matinée « Freud et le sionisme », avec un exposé introductif de Jacquy Chemouny (Le Mesnil-Eudes) et la participation de Jacques Le Rider (Paris) et de Lydia Flem (Bruxelles).

L'après-midi était réservé à « Le catholicisme et la psychanalyse (1900-1965), éléments d'une recherche historique », thème introduit par Jacques Sédat (Paris), avec la participation de Jacqueline Cosnier (Lyon), de Michel David (Grenoble), de Julia Kristeva (Paris), du Père Plé (Paris).

FLORENCE (ITALIE)
TABLE RONDE « AUX ORIGINES DE LA PSYCHANALYSE : FREUD ET FLIESS »
30 JANVIER 1987

Une journée d'étude a été organisée à Florence, le 30 janvier 1987, au Palazzo Strozzi, intitulée « Alle origini della Psicoanalisi. Freud (e Fliess) », à l'occasion de la publication aux Editions Boringhieri de la correspondance complète Freud-Fliess, avec la participation de M. Ranchetti, S. Finzi, M. Spinella et M. Lavagetto. Les textes des interventions seront publiés *(Dr Manuela Trinci, Gabinetto scientifico letterario G. P. Vieusseux, Palazzo Strozzi, Firenze, Italie).*

PARIS (FRANCE)
EXPOSITION, CONFÉRENCES ET DÉBATS A L'INSTITUT GOETHE DE PARIS
« HISTOIRE DE LA PSYCHANALYSE EN ALLEMAGNE (1907-1985) »
27 AVRIL - 27 MAI 1987

L'*Association internationale d'Histoire de la Psychanalyse* a organisé du 27 avril au 27 mai 1987 avec l'Institut Goethe de Paris la présentation de l'exposition : « Ici la vie continue d'une manière fort surprenante..., Contribution à l'Histoire de la Psychanalyse en Allemagne », exposition de photographies et de reproductions de documents d'archives pour la plupart inédits, réunies par un groupe de psychanalystes allemands.

Cette exposition avait été réalisée pour le XXIVe Congrès de l'Association psychanalytique internationale qui s'est tenu en juillet 1985 à Hambourg. Un certain nombre de jeunes psychanalystes allemands avaient résolu à cette occasion de s'interroger sur ce passé que la plupart n'avaient pas vécu et autour duquel un certain voile continuait d'être maintenu. Mais cette quête de leurs origines devait les conduire en deçà et au-delà de la seule période nazie et aboutir à l'élaboration d'une vivante et complète histoire de la psychanalyse en Allemagne, de 1907 jusqu'aux années 1960. Photographies peu connues des grands pionniers, des maîtres à penser de l' « Ecole de Francfort » et de tant d'analystes qui firent le renom de la Policlinique et de l'Institut psychanalytique de Berlin, reproductions de correspondances, de journaux et d'archives inédites se trouvèrent ainsi réunies et présentées à Hambourg puis à Berlin, Francfort, Heidelberg, Freiburg et Vienne.

L'*Association internationale d'Histoire de la Psychanalyse* a assuré également la traduction et l'édition en français du catalogue de 250 pages qui en reproduit tous les documents et photographies (« *Ici la vie continue d'une manière fort surprenante..., Contribution à l'Histoire de la Psychanalyse en Allemagne* », Paris, A.I.H.P. éd., 1987, diffusé par les Editions Les Belles-Lettres).

Mais l'histoire de la psychanalyse en Allemagne ne se borne pas aux seules années terribles du nazisme, et cinq réunions organisées au Goethe Institut en ont rappelé quelques grandes étapes, avec la participation de Didier Anzieu (France), Ilse Barande (France), Geofrey Cocks (Etats-Unis), Fanny Colonomos (France), Regine Lockot (R.F.A.), Dietrich Ohlmeier (R.F.A.), Dinorah Pines (Angleterre), Henri et Madeleine Vermorel (France). Les débats étaient animés par Georg Lechner, directeur du Goethe Institut, Alain de Mijolla et Vera Renz, coordinateurs de l'ensemble de ces manifestations.

PARIS (FRANCE)
« PREMIÈRE RENCONTRE INTERNATIONALE DE L'A.I.H.P. »
1er, 2 ET 3 MAI 1987

Les travaux de cette rencontre faisant l'objet de ce numéro de la *Revue*, nous nous bornons à la citer pour mémoire, ainsi que son thème : « Psychanalyse et psychanalystes dans le monde durant la Deuxième Guerre mondiale ».

PARIS (FRANCE)
« SIGMUND FREUD, SA FAMILLE ET SES COLLÈGUES (1928-1947) »
30 ET 31 MAI 1987

Le film de Lynne Weiner-Lehrman sur *Sigmund Freud, sa famille et ses collègues, 1928-1947*, a été présenté à trois reprises à Paris au Centre Chaillot Galliera sous les auspices de l'*Association internationale d'Histoire de la Psychanalyse* en version originale doublée en français par Catherine Wieder, les 30 et 31 mai 1987.

Ce film nous montre des images de l'Europe des années 20 et présente plus de cent analystes qui vivaient alors à Vienne, Paris, Berlin, Londres et New York. Les scènes où l'on voit Freud qui avait alors soixante-douze ans nous le présentent chez lui ou dans les rues de Vienne, au bras d'Anna, portant un long manteau de fourrure en raison de l'hiver glacial, ou en train de jouer avec ses chiens. Ces images donnent une impression d'intimité, tout en restant « historiques », et le moment le plus émouvant est certainement celui où l'on voit le professeur fumer le cigare à sa fenêtre. Si Freud est en vedette dans ce document exceptionnel, on y remarque également sa mère, ses sœurs, son épouse, ses enfants et la plupart des psychanalystes viennois, berlinois et français de l'époque.

Lynne Weiner-Lehrman écrit une biographie de son père qui sera illustrée de nombreux documents iconographiques et présentera l'ensemble de sa correspondance avec Freud.

La présentation à Paris de ce film par l'A.I.H.P. a attiré plus de 700 personnes appartenant aux différents mouvements qui se réclament en France de la psychanalyse. Parmi les invités, la princesse Tatiana (petite-fille de Marie Bonaparte), Mme Jean-Pierre Chevènement, Mme Doz-Schiff, M. François Gantheret, le Dr André Green, le Dr Georg Lechner, le Dr René Major, M. et Mme Jacques-Alain Miller, etc.

TRIESTE (ITALIE)
LE COLLOQUE DE DUINO
« LA FEMME ET LA PSYCHANALYSE, SOUVENIR DE MARIE BONAPARTE »
26 ET 27 SEPTEMBRE 1987

Un certain nombre d'organismes culturels de la région de Trieste se sont associés pour organiser dans les murs du château de Duino, avec l'aide d'Anna Maria Accerboni, un colloque international sur le thème de « La femme et la psychanalyse. Souvenir de Marie Bonaparte ». Le choix de ce château que tous les fidèles de Rainer Maria Rilke connaissent bien n'était pas le simple fait du hasard : il appartient au prince Charles de Tour et Taxis qui est le petit-fils de Marie Bonaparte. Sa sœur, la princesse Tatiana, était également venue pour cet hommage rendu à leur grand-mère, et les « films de famille » qu'elle avait apportés de Paris vinrent compléter l'agrément d'un accueil aussi chaleureux que fastueux.

Outre de nombreuses communications, il y eut durant ces deux journées des moments émouvants, à l'écoute par exemple du témoignage qu'Emilio Servadio, que son grand âge et son état de santé avaient contraint d'annuler sa venue, fit entendre à l'assistance par le truchement d'un magnétophone.

Se sont succédé à la tribune Janine Chasseguet-Smirgel (Paris), Alain de Mijolla (Paris), Glauco Carloni (Bologne), Sophie de Mijolla-Mellor (Paris), Simona Argentieri (Rome), Anna Maria Accerboni (Trieste), Johannes Cremerius (Fribourg), Eva Laible (Vienne), Helmut Dahmer (Francfort), Dita Nenning (Vienne).

GAND (BELGIQUE)
COLLOQUE DE LA SOCIÉTÉ INTERNATIONALE D'HISTOIRE DE LA PSYCHIATRIE ET DE LA PSYCHANALYSE
10 ET 11 OCTOBRE 1987

Outre une journée consacrée à l'histoire de l'anorexie et à l'histoire de la psychiatrie, la matinée du dimanche était consacrée à trois exposés sur l'histoire de la psychanalyse en Belgique par Nicole Berdondini et Michel Coddens.

RÉUNIONS ANNONCÉES POUR 1988

PARIS (FRANCE)
JOURNÉES SCIENTIFIQUES DE L'A.I.H.P.
« LA FORMATION LA PLUS APPROPRIÉE... »
23 ET 24 AVRIL 1988

En prenant pour exergue une formulation de Freud extraite de *La question de l'analyse profane*, ces journées scientifiques placées sous la responsabilité de Sophie de Mijolla-Mellor, secrétaire scientifique de l'A.I.H.P., proposent un survol historique des divers projets et processus de formation psychanalytique qui ont caractérisé et caractérisent encore les principales tendances du mouvement psychanalytique en France.

Quatre rapports principaux seront présentés par Claude Girard (sur l'histoire de la formation dans la Société psychanalytique de Paris), Jean-Claude Arfouilloux (sur l'histoire de la formation dans la Société française de Psychanalyse et dans l'Association psychanalytique de France), Alain Didier-Weil (sur l'histoire de la formation dans l'Ecole freudienne de Paris), Jean-Paul Moreigne (sur l'histoire de la formation dans le quatrième Groupe O.P.L.F.).

Ont accepté de participer aux débats : Didier Anzieu, Piera Aulagnier, Jean Clavreul, Françoise Dolto, Paulette Dubuisson, Claude Dumézil, Michel Fain, Juliette Favez-Boutonier, Jean Favreau, François Gantheret, Wladimir Granoff, André Green, Jean Laplanche, Serge Lebovici, André Missenard, Jean-Bertrand Pontalis, Jean-Paul Valabrega, Nathalie Zaltzman.

Pour tout renseignement, s'adresser au siège social de l'A.I.H.P., 46, rue de Grenelle, Paris 75007.

VIENNE (AUTRICHE)
DEUXIÈME RENCONTRE INTERNATIONALE DE L'A.I.H.P.
ORGANISÉE AVEC LE CONCOURS DE LA SIGMUND FREUD GESELLSCHAFT
22, 23 ET 24 JUILLET 1988

Cette rencontre aura pour thème : « Sigmund Freud, études et documents nouveaux ».

Les rapporteurs en sont Harald Leupold-Löwenthal (Vienne) : « Die Emigration der Familie Freud, 1938 » ; Gerhard Fichtner (Tübingen) : « Die Briefe Freuds als historische Quelle » ; Didier Anzieu (Paris) : « Vues nouvelles sur l'auto-analyse de Freud et la découverte de la psychanalyse » et Harold P. Blum (New York) : « Freud, Fliess, and Psychoanalytic Parenthood ». Une traduction simultanée sera assurée au cours des trois séances plénières. De nombreuses communications sont prévues en groupes de discussion répartis par affinités linguistiques.

Pour tout renseignement, s'adresser au siège social de l'A.I.H.P., 46, rue de Grenelle, Paris 75007, ou au secrétariat de la Rencontre internationale, Berggasse 19, A-1090 Vienne, Autriche.

PARIS (FRANCE)
JOURNÉES SCIENTIFIQUES DE L'A.I.H.P.
« LA CORRESPONDANCE FREUD-FERENCSI »
8 ET 9 OCTOBRE 1988

Les journées d'études sur la correspondance Freud-Ferenczi auront lieu à Paris les 8 et 9 octobre 1988.

Sous l'égide de l'*Association internationale d'Histoire de la Psychanalyse*, ces journées sont organisées au profit de la publication de la correspondance Freud-Ferenczi. Le Comité scientifique est formé de Judith Dupont, André Haynal, Alain de Mijolla et Jacques Sédat. L'organisation de ces journées sera assurée par Thierry Bokanowski, Nadine Mespoulhès et Eric Valentin.

Pour tout renseignement, écrire au siège de l'A.I.H.P., 46, rue de Grenelle, 75007 Paris.

NÉCROLOGIE

SANDOR LORAND (1892-1987)

Né en Hongrie en 1892, Lorand est mort d'une crise cardiaque à Long Island, New York, Etats-Unis, le mardi 29 juillet 1987. Il était âgé de quatre-vingt-quinze ans. C'était un des pionniers de la psychanalyse freudienne. Il appartenait à la fameuse Ecole hongroise de Psychanalyse marquée par l'influence de Sandor Ferenczi.

Son itinéraire, sommairement reconstruit, est le suivant : issu d'une famille juive de Budapest, il fait, après le Gymnasium, des études de médecine dans la capitale de la Hongrie à l'Université royale de Budapest. Il obtient son titre de docteur en médecine en 1918.

Il se spécialisera alors en gynécologie et deviendra médecin-accoucheur. Il s'était intéressé très tôt à l'hypnose et avait commencé à la pratiquer avec succès auprès de soldats souffrant de troubles traumatiques ainsi qu'avec des parturientes pour diminuer les douleurs de l'accouchement.

Il rencontre la psychanalyse à travers les textes de Sandor Ferenczi (en effet, celui-ci n'enseignera qu'en 1919 à l'Université, à la demande des étudiants et porté par la Révolution). S. Lorand prendra l'initiative d'écrire à Ferenczi pour discuter avec lui de sa théorie de la suggestion hypnotique. Il lui soumettra un projet de recherche alors qu'il est médecin attaché à l'hôpital de la ville de Kassa (Kosice, en Tchécoslovaquie) sur l'accouchement sans douleur sous hypnose. Ils se rencontrent en 1920. Ensuite, S. Lorand fera revenir Ferenczi à Kassa en automne 1921 pour deux journées « comme invité et conférencier » au nom de la Société médicale de Kassa (composée d'environ 150 médecins). Ferenczi donnera deux conférences : l'une « grand public », l'autre plus spécialisée. Une des conférences données à Kassa, intitulée « La psychanalyse au service de l'omnipraticien » (cf. S. Ferenczi, *Œuvres complètes*, t. 3, Paris, Payot, 1974), permet à Ferenczi d'argumenter son souhait de voir les médecins s'initier à cette nouvelle approche et redevenir des hommes de sciences authentiques, faisant de la science médicale le lieu de convergence de toutes les sciences.

Contrairement aux collègues de sa génération, S. Lorand ne participera pas à ce que Michaël Balint a appelé la « grande migration » des années 20, où ils allaient se former à Vienne ou Berlin (Institut psychanalytique), tout en échappant au régime Horthy. Il restera quelques années encore en Hongrie. Suivant la suggestion de Ferenczi — « cela pourrait vous intéresser et vous aider dans votre travail » —, il fait avec lui une analyse d'une année à Budapest, du printemps 1923 à juin 1924. Il rencontre aussi Federn en 1924, à Vienne, pour discuter de problèmes techniques.

Puis, dès 1925, il émigre aux Etats-Unis. Installé à New York, il repasse ses examens de médecine et obtient la nationalité américaine. Il exerce alors la psychanalyse en cabinet privé. En 1926, il recevra avec Brill et d'autres collègues Ferenczi venu pour huit mois donner des conférences et former des analystes à New York. De plus il a une pratique hospitalière au Mental Health Clinic au Mount Sinaï Hospital ; il devient très connu et cité par les médias. Des responsabilités institutionnelles importantes lui seront confiées ; entre autres, il sera président du Centre médical Hillside Hospital (Long Island, Jewish Hillside Hospital).

En 1931, il est le cofondateur, avec A. A. Brill, P. R. Lehrman, etc., de l'Institut de Psychanalyse de New York dont il sera un temps président. Il a également été aussi président de la Société psychanalytique de New York (octobre 1947, il prononce un discours d'ouverture). Il a épousé Rhoda, psychologue clinicienne. Il restera d'une fidélité exemplaire et d'une grande loyauté à l'égard de Ferenczi, reconnaissant sa dette envers lui et défendant la vérité des faits contre les médisances colportées à son sujet. Il semble qu'il se soit un peu écarté de la finalité de la cure telle que Freud et Ferenczi la pensaient, et qu'il se soit orienté vers une visée plus rééducative de l'analyse. Néanmoins, il fait preuve d'un grand intérêt pour l'anthropologie et reste un clinicien très fin et très souple. Et il a également fait de l'enseignement et de la recherche à la Columbia University. Ami de Gezà Roheim, proche de Balint, Grotjhan, etc., il n'est pas connu, en Europe du moins, en tant que théoricien. Est-ce pour cela qu'aucun de ses ouvrages n'a été traduit ?

En dehors d'articles dans des journaux professionnels, de conférences en « psychiatrie dynamique », il a également réalisé un petit film — suivant l'exemple de Ph. R. Lehrman, un an plus tard ? — pris lors du Congrès international de Psychanalyse d'Oxford (G.B., 1929), dont Anna Freud et Karen Horney sont les vedettes.

Connu pour son article biographique sur Ferenczi : « Sandor Ferenczi, Pioneer of the Pioneers » (*Psychoanalytic Pioneers*, New York, London, Basic Books, 1960 ; trad. franç., in *Coq Héron*, 1982, nº 5), il a aussi publié plusieurs ouvrages :

1 / *Technique of Psychoanalytic Therapy*, New York, Int. University Press, 1946.
2 / *Clinical Studies in Psychoanalysis*, Int. Univ. Press, 1950. Dédié à Ferenczi, cet ouvrage rassemble différents articles écrits précédemment : sur le fétichisme, la psychologie du nudisme, la psychologie de l'inventeur, la dynamique et la thérapie des états dépressifs, les perversions et autres essais dont un, « Les

contes de fées, les rêves lilliputiens et les névroses », dans la lignée de Ferenczi, après la conférence que celui-ci avait faite en Amérique sur ce sujet.
3 / *The Morbid Personality*, New York, Alfred Knopf, 1951.

Il a été aussi éditeur de *Psychoanalysis Today*, London, George Allen & Unwin Ltd., 1948 ; et de *Psychoanalysis and Culture* (New York, Int. Univ. Press, 1951), essais en l'honneur de Gezà Roheim, pour le soixantième anniversaire de celui-ci.

Michelle Moreau-Ricaud

Index

Noms propres cités dans les articles

Seuls les noms propres figurant dans le corps du texte des articles et des documents en français ont été pris en considération, à l'exclusion des résumés, des bibliographies, des mots clés, des documents en anglais ou en allemand, de la partie intitulée « Actualités de l'histoire de la psychanalyse » autre que la rubrique nécrologique.

Dates

Mots clés

Imprimé en France, à Vendôme
Imprimerie des Presses Universitaires de France
ISBN 2 13041788 4 — ISSN nº 0987-7878 — Imp. nº 33 645
Dépôt légal : Juin 1988